東亞古典研究會叢刊 甲編

論語義疏

（上）

根本遜志本

劉玉才 編

北京大學出版社
PEKING UNIVERSITY PRESS

目録

前言

劉玉才

皇侃《論語義疏》是中國南北朝時期義疏體解經的代表性文獻，在《論語》詮釋史上與鄭玄注、何晏《集解》並稱，具有重要地位。北宋邢昺奉敕編撰《論語正義》，成爲官學定本，《論語義疏》遂被取代，大約南宋中期在中國失傳。但是在日本方面，《論語義疏》自八世紀傳入之後，不絶如縷，留下不少古抄本。日本寬延三年（1750），根本遜志據足利學校藏古抄本整理，予以刊刻出版。清乾隆年間回傳中國，不僅被編入《四庫全書》，還被覆刊出版，在學界引發重要反響。

一、皇侃《論語義疏》的中土流傳

皇侃（488—545），南朝梁吴郡人，自幼好學，嘗師事南朝禮學名家賀瑒，精研「三禮」、《孝經》、《論語》，後爲國子助教，講學頗受歡迎，撰著有《論語義疏》《禮記義疏》《禮記講疏》諸書，堪稱南朝學界大家①。南朝解經崇尚義疏之學，即以經注爲依歸，設章分段，層層串講，敷衍彌縫，以求疏解經典義理，內容多有論理問難，頗具玄學之風。皇侃《論語義疏》《禮記義疏》是南朝義疏解經的代表之作。其中《禮記義疏》與北朝學者熊安生撰《禮記義疏》一起爲唐孔穎達《禮記正義》所取資，但是《禮記正義》作爲官書通行之後，亦導致《禮記義疏》趨於失傳。今世所傳南北朝義疏之書，唯有皇侃《論語義疏》和據考證爲北齊人所撰之《公羊義疏》，但《公羊義疏》不分章段，而《論語義疏》區分章段，最具義疏體特色，可謂考察南北朝諸儒解經的孤本文獻，彌足珍貴。

隋唐時期，《論語義疏》仍是研讀《論語》的重要讀物，學習之風頗盛。但是唐代是以五經之學爲中心，《論語》僅爲小經，地位不如五經尊顯，故官方未有「正義」之作。延至北宋，邢昺始奉敕撰定新疏，在皇疏的基礎上，又參用鄭玄等諸家注，完成《論語正義》，於宋真宗咸平二年（999）上奏。《論語正義》沿襲《五經正義》程式，原本單行，南宋刊本始將邢疏散入何晏《論語集解》各條之下，合稱《論語注疏》，并被列入《十三經注疏》的固定組合。邢疏大量採納皇疏文字，但刪簡其繁難且不合時宜的內容，更適應變化的學風，因而在朝廷敕本的光環之下，迅速成爲天下學徒使用的標準本。相形之下，鄭注、皇疏漸趨邊緣，以至佚失殆盡。

根據歷代公私目録考察，隋唐以至南宋中期，皇侃《論語義疏》記載不絕。《隋書·經籍志》著録「《論語義疏》十卷，皇侃撰」，陸德明《經典釋文序録》有云「皇侃撰義疏行於世」，《舊唐書·經籍志》著録「《論語疏》十卷，皇侃撰」，《新唐書·藝文志》著録「皇侃疏，十卷」。五代丘光庭撰《兼明書》，引用數條皇疏。北宋邢昺《論語正義》，是以皇疏爲文獻基礎。宋《國史藝文志》記載：「侃疏雖時有鄙近，然博極群言，補諸書之未至，爲後學所宗。」（引自《四庫全

① 《梁書》卷四十八《儒林傳》，北京：中華書局，1973年，680—681頁。

書總目》）[1] 晁公武《郡齋讀書志》謂《論語義疏》據何晏《集解》而成，又引江熙《集解》等十三家説以廣博異聞。尤袤《遂初堂書目》還有「梁皇侃論語疏」的記録。但是陳振孫《直齋書録解題》已不見著録，此後公私書目中皇侃此書均杳無蹤影[2]。學界據此判斷，皇侃《論語義疏》在中土大致亡於南宋中期。清余蕭客編纂《古經解鉤沉》，試圖從《經典釋文》《兼明書》中輯録，然僅得寥寥數條。王謨《漢魏遺書鈔》輯録《論語義疏》一卷，亦無新的收穫。二十世紀初，敦煌藏經洞被發現，法人伯希和從中檢出皇侃《論語疏》殘卷（伯三五七三），存有《學而》《爲政》《八佾》《里仁》四篇内容，共計六百四十九行文字。根據卷端、卷背相關信息判斷，抄寫年代應不早於九世紀，是《論語義疏》目前唯一的唐寫本孑遺，具有標本意義。

二、《論語》在日本的傳習與《論語義疏》的抄傳

中土之外，《論語》在日本亦是流傳有序。《論語》是最早傳入日本的漢籍之一，相傳公元三世紀末百濟博士王仁即將《論語》帶到日本，雖然文獻尚不足徵，但至遲到八世紀，《論語》書名明確記載於正倉院文書，奈良出土的七八世紀練習書寫的木簡，已有《論語》《論語集解》的内容。成書於九世紀末葉的《日本國見在書目録》，記録有《論語》鄭注十卷、何晏《集解》十卷、陸善經注六卷、皇侃《論語義疏》十卷、褚仲都《論語疏》十卷、《論語》六卷、《論語義》一卷、《論語音》一卷等古注本[3]，反映出全面受容的態勢。《論語》在日本儒學中被作爲根本性經典，居於核心地位，

① 永瑢等《四庫全書總目》經部四書類一，北京：中華書局，2003年，290頁。
② 明焦竑《國史經籍志》著録有梁皇侃《論語義疏》十卷，但該書所收多有失傳之書，不可信據。
③ 小長谷惠吉《日本國見在書目録解説稿》附録《日本國見在書目録》，東京：小宮山書店，1956年，5頁。

爲博士家世代傳習。《論語集解》《論語義疏》傳到日本的時間大致在唐代，此時中土是以五經之學爲中心，但是日本宮中的進講依舊是以《論語》爲中心，絶少涉及五經，反映出兩國儒學崇尚的差異。

日本古代《論語》的受容，嚴格意義講就是《論語》注釋書的流傳與接受。日本《論語》古本，以魏何晏《論語集解》影響最廣，曾長期作爲貴族課本流傳。根據現存資料記載，日本鎌倉時代（1185—1333），博士清原、中原家分别有《論語》抄本傳授；南北朝時代（1336—1392），清原家較中原家隆盛，中原家的抄本漸趨式微。日本正平十九年（1364），以清原家抄本爲底本的《論語集解》雕板刊行，這是佛典之外最早的漢籍刻本，史稱「正平版《論語》」。正平版《論語》清代回傳中土，被視爲《論語集解》的權威文本，清儒詫爲奇珍。天文二年（1533），日本第二次刊刻《論語》，也是依據清原家的抄本，史稱「天文版《論語》」。當時的讀者群主要是寺廟僧侣，他們廣事傳抄，形成衆多抄本。根據高橋智教授的研究，日本現存室町時代（1336—1573）《論語集解》抄本即近百部，而考其源流，大致有三個系統：一是根據清原家課本抄寫，二是根據「正平版《論語》」抄寫，三是參考《論語義疏》抄寫[①]。其中，參考《論語義疏》抄寫系統主要形式是竄入義疏内容，而且多是在寺院抄寫流傳。鑒於室町時代中後期諸舊抄本《論語義疏》，與足利學校或其周邊抄寫的《論語集解》等漢籍舊抄本在書式與字形方面頗爲相似，高橋智教授推斷《論語義疏》舊抄本當是以足利學校爲中心而産生，因此足利學校的學團與學僧在反復轉抄《論語集解》過程中，得以吸收《論語義疏》的内容，從而導致竄入義疏的《論語集解》抄本存在。但是，清原家本在活字印刷傳入之後，據之印行了慶長古活字本，而竄入義疏的寺院抄本卻没有被近世繼承，直到被幕末書誌學者與藏書家所發現。由此也可以推測，日本《論語義疏》主要還是在寺院之間相對封閉的環境裏流傳，有别于《論語集解》的主流地位。現存《論語義疏》舊抄本，據影山輝國

① 高橋智《室町時代古鈔本〈論語集解〉の研究》，東京：汲古書院，2008年。

教授調查，可以確認藏地者共有36種①。值得注意的是，這些抄本均爲十卷，行格大多爲半葉九行，行二十字，反映出它們可能具有共同的底本來源。

三、《論語義疏》的日本覆刊

《論語義疏》的舊抄本中，以足利學校所藏最爲有名。日本享保年間，古學派代表人物荻生徂徠門下弟子山井鼎（字君彝，號崑崙）、根本遜志（字伯修，號武夷，通稱「八右衛門」）入住足利學校。山井鼎利用其中珍善古本，撰著《七經孟子考文》（物觀等校訂補遺），頗爲中日學界所重，成爲收入《四庫全書》的唯一一部日本人著作。根本遜志在協助山井鼎進行《七經孟子考文》校勘之餘，還謄寫了足利學校所藏舊抄本《論語義疏》。返回江户之後，根本遜志依據邢昺《論語正義》的體例，仿照明刻注疏本的樣式，對舊抄本加以改編，並略作文字校訂，於寬延三年（乾隆十五年，1750）刊刻出版。刊本定名爲《論語集解義疏》，卷首有根本遜志學友服部元喬（號南郭）之序，交代刊刻緣起。此根本本是《論語義疏》首次刊布公諸於世，在江户時期日本學界頗受關注。自寬延三年刊刻之後，板木多次流轉刷印，且有增刊、補刊本出版。初刻本版權頁有「根本八右衛門校正」字樣，增刊本則有寬政七年（1795）春三月刻入的乾隆五十三年（1788）知不足齋本盧文弨序，頗可見東亞漢籍流傳之樣態。

《論語義疏》成書一千二百多年來，一直是以若干古抄本的形式流傳，根本刊本改變了其流傳樣式，挖掘傳布之功至偉，但是在從抄本到刊本的轉換過程中，其内容結構面貌也發生了改變。根據高橋均的歸納，根本本的主要改訂如下：

① 影山輝國《〈論語義疏〉鈔本與根本刻本的底本》，劉玉才主編《從鈔本到刻本——中日〈論語〉文獻研究》，北京大學出版社，2013年。

書名《論語義疏》改爲《論語集解義疏》；刪去足利本竄入的邢昺正義；改疏文字句；考慮經、注的搭配，改移疏文；經、注、疏的體裁仿效注疏本形式①。武内義雄批評説：「伯修稽古之功偉矣。然其所刊，妄更體式，以就今本，訂譌之際，亦不免師心改竄。」（《論語義疏校勘記序》）此外，根本本也没有參校其他傳本。有鑒於此，武内義雄選擇首尾完好、現存有明確抄寫紀年且時代最早的文明九年（1477）抄本（「文明本」）爲底本，又校勘寶德本等十種抄本，保存《論語義疏》傳本體式，行格亦沿襲多數抄本作九行二十字，並附以詳細的校勘記，於大正十三年（1924）由懷德堂紀念會正式排印出版，是爲武内本。武内本的出版，促進了《論語義疏》文獻學研究的飛躍性發展，雖然還存在參校文獻不完備，以及漏校、排印錯誤等問題，但仍是目前最值得信賴的版本。

四、《論語義疏》的回傳與刊布

山井鼎、物觀《七經孟子考文補遺》於日本享保十六年（1731）刊刻之後，次年即流入中國。根據近藤正齋《書籍考》記載，幕府將軍德川吉宗還特意鈐蓋印章，命令長崎的奉行將此書傳入清土。根本本《論語義疏》卷首服元喬序，亦寄望「即傳之中華，而俾知吾邦厚固有關文明，則伯修之勤有功於國華哉」。服元喬的預期，在根本本刊行二十餘年後得以實現，完成此項使命者爲往來中日間的浙江商人汪鵬。

汪鵬，字翼滄，號竹里山人，浙江仁和（今杭州）人。曾爲監生、胥吏，通文墨，擅書畫，有《袖海編》（一名《日本碎語》）等作品。清乾隆年間，往來日本，經商貿易，多次以船長身份到達長崎，並留有文字交往記録②。李浚之《清

---

① 高橋均《關於〈論語義疏〉的兩種校本》，《漢文學會會報》第47期，1989年。

② 松浦章著、張新藝譯《清代帆船與中日文化交流》，上海科學技術文獻出版社，2012年，138—141頁。

畫家詩史》卷丁下有小傳，云其「以善畫客游日本垂二十年，歲一往還，未嘗或輟」①。汪鵬逗留日本期間，頗爲留意中土散佚古籍，《古文孝經》《七經孟子考文補遺》《論語義疏》均賴其訪查而得以回歸。汪鵬友人梁玉繩《瞥記》（《清白士集》卷二十四）摘録《日本碎語》云：「書籍甚多，間有中國所無之本。……余購得《古文孝經孔傳》及《七經孟子考文補遺》，傳之士林焉。」《清畫家詩史》稱其「喜購古本書籍，歸呈四庫館，或付鮑渌飲與阮芸臺傳刻行世」②。鮑廷博《知不足齋叢書》本《古文孝經》跋語有云：「（原本）享保壬子梓行，乃皇朝康熙十一年也。汪君所至爲長崎嶴，距其東都尚三千餘里。此書購訪數年，得之甚艱，其功不可没云。」

有關汪鵬購歸皇侃《論語義疏》之事，學界已頗有考察③，原委大致清楚，即汪鵬應是在乾隆四十三年（1778）赴長崎貿易時，將根本本《論語義疏》帶回中國，並呈交給浙江巡撫衙門。時任浙江巡撫王亶望，乾隆四十四年九月二十七日專折進呈此書，以備《四庫全書》採擇。奏摺云：「浙江巡撫臣王亶望跪奏爲恭進皇侃《論語義疏》仰祈聖鑒事。竊照浙省商人認辦銅斤，前赴東洋貿易。有商夥仁和縣監生汪鵬，其人通曉文義，從前曾在臣衙門管理筆墨。兹據自東洋回籍，呈繳日本國所刻皇侃《論語集解義疏》一部。」④隨後，根本本《論語義疏》作爲浙江採進本繕入《四庫全書》，繕寫之際，省略原本返點、送假名之類符號，並循例改訂了違礙字句。館臣戴震等撰於乾隆四十六年十一月的提要，不僅闡明《論語義疏》的佚書性質與文本價值，還對其回歸不吝溢美之詞，有云：「今恭逢我皇上右文稽古，經籍道昌，

① 李浚之編、毛小慶點校《清畫家詩史》，杭州：浙江人民美術出版社，2014年，682頁。
② 李浚之編、毛小慶點校《清畫家詩史》，682頁。
③ 松浦章《浙江商人汪鵬（汪竹里）與和刻本〈論語集解義疏〉》，《清代帆船與中日文化交流》第三章；周天爽、張昇《關於〈論語集解義疏〉流傳的三個問題》，《域外漢籍研究集刊》第十六輯，北京：中華書局，2017年，229—240頁。
④ 中國第一歷史檔案館編《硃批奏折·外交類》，此據松浦章文轉録。

乃發其光於鯨波鮫室之中，藉海舶而登秘閣，殆若有神物撝訶。存漢晉經學之一線，俾待聖世而復顯者，其應運而來，信有非偶然者矣。」①

乾隆五十二年，清内府武英殿又將《論語集解義疏》校訂刊刻（「武英殿本」）。卷首依次載有皇侃《論語義疏》序、何晏《論語集解》序、《論語集解序考證》、《論語集解義疏提要》，並有「武英殿總裁户部侍郎臣曹文埴、提調少詹事臣陸費墀、侍講學士臣彭紹觀等奉敕恭校刊」題記，各卷之後附有彭紹觀按語考證。版面遵從殿版樣式，半葉十行，行二十一字，版心上方有「乾隆五十二年校刊」字樣。武英殿本因流傳不廣，各家記載互有參差。唯邵懿辰《四庫全書簡明目録標注》準確地著録爲「乾隆五十二年内府刊本」，而且引朱學勤（字修伯）曰：「日本原刻，每葉十八行，行二十字。内府覆本，用日本紙刷印，殊難辨别原翻之異，惟有乾隆某年重刊一行，爲可别識。」②朱語見於《朱修伯批本四庫簡明目録》，「日本紙」作「日本貢紙」③。但是朱學勤實際没有比對兩本，武英殿本作半葉十行，行二十一字，版式、書風均與日本原刻有别。筆者調查北京大學圖書館藏書，共檢得三種武英殿印本，其中紫色灑金紙封面、扉頁染黄紙襯者（索書號 SB/096.32/3322），用紙考究，裝幀精美，當屬内府精印，或即朱學勤所謂日本貢紙印本。此外兩種爲燕京大學舊藏竹紙印本（索書號 NC/0933/2264）和開本略小的普通白紙印本（索書號 SB/096.32/3322.1）。武英殿本如此大費周章，亦可見内府對此書之重視。

王亶望在進獻根本本《論語義疏》的同時，亦組織校訂刊刻，以留名於世。今存王亶望重刊本《論語義疏》，爲巾

① 永瑢等《四庫全書總目》經部四書類一，290頁。
② 邵懿辰撰，邵章續録《增訂四庫簡明目録標注》，上海古籍出版社，1979年，138頁。
③ 朱學勤標注《朱修伯批本四庫簡明目録》，北京圖書館出版社，2001年，141頁。

箱本形式，卷首依次載有《論語義疏敘》《論語集解敘》和《皇侃論語義疏新刻序》（附存日本元文），各卷題下，則有「魏何晏集解、梁皇侃義疏、臨汾王亶望重刊」三行文字。行數、字數皆從原刻，只是省略句讀、返點、送假名等符號，甚至「夷狄之有君，不如諸夏之亡也」之類違礙字句義疏，亦未作改訂。各卷之末，均記有校訂者籍貫、姓名。其中卷一題仁和汪鵬；卷二臨汾樊士鑒，爲乾隆四十五年進士；卷三秀水朱休度，詩書傳家，錢儀吉《國朝耆獻類徵》有傳云：「乾隆己亥，始獲皇侃氏《論語義疏》於海舶，君因著《皇本論語經疏考》。」其他校訂者仁和孫麗春、錢塘温廷楷、錢塘汪庚大致爲浙江士人，而臨汾王裘、王棨、王焯、王祜（祐）則是王亶望四子，應屬列名性質。王亶望因貪贓於乾隆四十六年獲罪被處死，覆刊本當是在此之前面世。

王亶望重刊《論語義疏》應是在鮑廷博的協助下，方得以完成的[①]。因此，重刊本不僅版刻樣式遵從鮑氏知不足齋刻書，而且原版在剷除王亶望重刊字樣及各卷末校字人名，並依從《四庫全書》文字改訂之後，收入《知不足齋叢書》第七集，卷首有乾隆五十三年盧文弨序。因爲鮑氏收藏刻書名重天下，而且交游廣泛，於此書又有刊布之功，所以時人多將《論語義疏》的校訂初刻歸美於他，甚至直接稱之爲知不足齋本。如翟灝是較早獲得《論語義疏》進行研究的學者，其《四書考異·總考三十二》曰：「長塘鮑君廷博，槧其副於《知不足齋叢書》中，以初槧一本見餽，不啻獲珍珠船也。」[②] 乾隆四十五、六年間，吴騫與陳鱣、盧文弨、鮑廷博在武林等地頗相往還，並根據從鮑廷博處所獲初刻本《論語義疏》，完成《皇氏論語義疏參訂》十卷，序云：「武林汪君航海至日本，得其本以歸，予友鮑君以文讀而異之，亟

① 周天爽、張昇《關於〈論語集解義疏〉流傳的三個問題》，《域外漢籍研究集刊》第十六輯，234—240頁。
② 翟灝《四書考異》上編卷三十二，《續修四庫全書》第167册，上海古籍出版社，2002年，136頁。

爲開梓，以廣其傳，數百年湮晦之書，一旦可使家學而人習之，謂非治經者一大幸與！」①傅增湘舊藏王亶望重刊本《論語義疏》，當爲吴騫所據之本，有其朱筆校語，卷端「臨汾王亶望」逕改作「歙縣鮑廷博」。盧文弨《皇侃論語義疏序》記述刊刻原委甚詳，或近其實：

新安鮑以文氏廣購異書，得之喜甚，顧剞劂之費有不逮。浙之大府聞有斯舉也，慨然任之，且屬鮑君以校訂之事。於是不外求而事已集。既而大府以他事獲譴死，名不彰，人曰：是鮑子之功也。以文曰：「吾無其實，敢冒其名乎？」謂文弨曰：「是書梓成時未爲之序者，人率未知其端末。夫是書入中國之首功，則汪君也；使天下學者得以家置一編，則大府之爲之也。《春秋》褒毫毛之善，今國法已伸，而此一編也，其功要不容没。子幸爲之序而并及之，使吾不尸其功，庶幾不爲朋友之所譏責，吾始得安焉。」以文之命意也如此，用是據實書之。

《知不足齋叢書》本《論語義疏》流傳甚廣，以至日本寬政七年（1795）增刊本，亦刊入盧文弨的序言。在國内，清末以降，則陸續有粤東書局《古經解滙函》、上海古書流通處等翻印本，本已失傳之書，真正可謂化身千百。

《論語義疏》回傳中土之後，長期以根本本爲祖本而衍生，而有關日本古抄本的情況，幾乎無人知曉。吴騫據《七經孟子考文補遺》，探知日本皇疏有數本，但是仍推斷根本本爲新刊定本，而不明其間差異。此後，孫志祖《讀書脞録》、陳澧《東塾讀書記》均懷疑根本本有日人竄改、妄補之處，亦不斷有學者考證《論語義疏》的真僞問題，但因未得日本古抄本參證，而無法定案。直至清末，使臣東瀛訪書，皇疏抄本樣貌方爲中土所知。其中，楊守敬最得風氣之先。

① 吴騫《皇氏論語義疏參訂·序》，《續修四庫全書》第153册，507頁。

今臺北故宫博物院楊氏觀海堂舊藏書中，古抄本《論語義疏》多達七部，中國國家圖書館亦存楊氏舊藏根本刊本兩部，滿紙日人校語。楊守敬兩相對照，豁然明了根本本改竄之非，其《留真譜》收録室町抄本《論語義疏》書影，有跋語云：

> 《論語皇侃義疏》爲海内逸書真本，無庸擬議。獨怪根本遜志所刊《義疏》，其體式全同閩、監、毛之邢疏本。按合注於疏，始於南宋。今所見十行本邢疏及元元貞刊本邢疏，皆注文雙行。安得皇疏舊本，一同明刊之式？此懷疑未釋者。及來此得見皇疏古鈔本數通，乃知其體式迥異刊本。……足知刊本之妄。且其文字爲根本以他本及邢本校改者，亦失多得少。後有重刊此書者，當據此正之。①

楊守敬歸國之後，第三任駐日公使徐承祖與公使館隨員姚文棟頗留意於中國古籍的流傳，赴任伊始即以公使館名義刊印《經籍訪古志》，向國内傳達日本存藏中國古籍信息。此後，姚文棟應總理事務衙門堂官孫紹經之請，訪查《論語義疏》善本，以作刊刻底本，遂發現足利學校藏抄本與國内翻刊根本本的體例差異。大概因爲姚文棟的反饋與推薦，清總理事務衙門遂命駐日公使館與日本外務省、足利學校交涉，借抄足利學校《論語義疏》抄本。有關借抄的詳細情形，陳捷《關於清駐日公使館借抄日本足利學校藏〈論語義疏〉古抄本的交涉》文已進行全面考察，此不贅述。可以補充的是，當年駐日公使館費盡周折借抄之本，經筆者協助影山輝國訪查，已在北京大學圖書館發現。此外，姚文棟曾購得松本家藏《論語義疏》古抄本進呈，影山輝國推測即今存南京圖書館者，但未得目驗②。

① 楊守敬編《留真譜》，北京圖書館出版社，2004年影印版，227—228頁。
② 影山輝國《まだ見ぬ鈔本〈論語義疏〉》（四）、（五），見載日本《實踐國文學》第84號（2013年10月）、86號（2014年10月）。

根本本《論語集解義疏》是《論語義疏》抄傳一千二百餘年之後，第一次刊刻出版，並且作爲佚存文獻回傳，成爲中土覆刊流傳的祖本，文獻意義重大。根本本雖然有《四庫全書》抄録以及武英殿本、知不足齋本的覆刊，但是其日本寬延三年原刊本，在中國國内收藏無多，流傳不廣。有鑒於此，謹借北京大學《東亞古典研究會叢刊》創設之機，將寒齋所藏原刊本予以影印，公諸同好，聊作紀念。根本本依據的日本足利學校古抄本，北京大學出版社已有計劃另行影印；北京大學圖書館藏影抄足利學校本，是清末中日文獻交流的重要見證，彌足珍貴，今徵得北京大學圖書館授權，予以附録刊布。爲便於讀者了解日本《論語義疏》古抄本傳世情形以及清政府借抄足利學校本的交涉經過，謹再將影山輝國《〈論語義疏〉鈔本與根本刻本的底本》與陳捷《關於清駐日公使館借鈔日本足利學校藏〈論語義疏〉古鈔本的交涉》兩文附録於後。《論語義疏》影印出版得到日本實踐女子大學影山輝國教授、東京大學陳捷教授、中國國家圖書館古籍館陳紅彦副館長、北京大學圖書館古籍部李雲主任，以及北京大學出版社典籍與文化事業部馬辛民主任和武芳、吴遠琴編輯的無私支持，在此表示衷心感謝。

2018年12月於香港沙田寓所

根本遜志本

論語義疏

義疏
八佾
里仁

皇侃論語義疏新刻序

往者根伯修與神君彝俱遊下毛足利學足利之藏昔稱石室中遺散失而厪厪乎存於今海外後世所不傳異書猶多矣君彝乃與伯修讎校七經孟子而還考文既刊

行於世矣伯修與功爲多矣而又伯修所寫而還皇侃論語義疏即亦海外後世蓋無傳焉據馬端臨考乃目論語疏十卷而晁氏云梁皇侃引衛瓘其其凡十三家之說成此書其引事雖時詭異而援證

精博。爲後學所宗。又云。皇朝邢昺等亦因皇侃所採諸儒之說刊定而撰正義。正義因皇疏則然也。未知馬氏所考。即所親覩而云歟。抑將徒耳所傳而勦說歟。夫邢疏出而後亡幾。程朱諸氏經生之學。紛

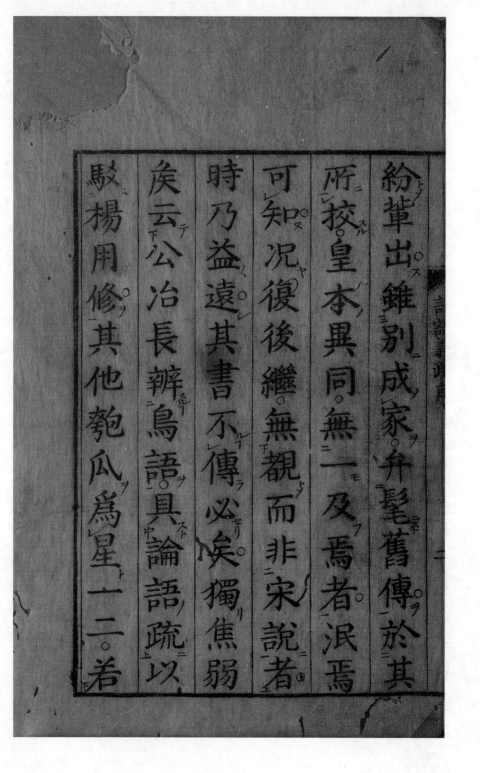

紛輩出雖別成家弁髦舊傳於其
所捄皇本異同無一及焉者泯焉
可知況復後繼無覩而非宋說者
時乃益遠其書不傳必矣獨焦弱
侯云公冶長辨鳥語具論語疏以
駁楊用修其他匏瓜爲星一二若

覩皇疏者然不可以一信百道聽
相傳文獻不足徵也因此視之海
外後世今亾矣夫要之世好事唯
新是貴乃積薪之情率以後世爲
尚而作者不厚亦不欲存其舊宋
人之弊乃爾則盖邢疏出而皇疏

廢矣。廢以至亾。無聞焉爾。亦其勢耳。夫邢氏所疏。比諸他正義。既屬丙科。皇疏雖詭。援證復博。觀聽不决。寸有所長。兩立而並行。非過存也。焉可附之烏有氏哉。惟我皇和。神明扶持。物亦與世代永久。

於是可知也唯是足利之藏我不
可保今而不傳後世恐復散失是
可惜也乃伯修氏之志如斯則鐫
刻之舉其可緩歟近有請鐫焉者
伯修既再挍以授之矣此舉也余
惟非獨海以内行既弘矣即傳之

論語義疏序 四

海外。而俾知吾邦厚固。有關文明。則伯修之勤。有功於國華哉。乃復伯修氏志。余亦喜其足以酬焉。遂爲之序。

寛延庚午春正月平安服元喬

論語集解序

魏　何晏　撰

梁　皇侃　義疏

日本根遜志　校正

敘曰漢中壘校尉劉向言魯論語二十篇皆孔子弟子記諸善言也【疏】劉向者辟彊之孫德之子前漢時為中壘校尉之官若今皇城使也其人博學經史孔子沒後而弟子共論而記之初為魯人所學故謂魯論也太子太傅夏侯勝前將軍蕭望之丞相韋賢及子玄成等傳之【疏】夏侯勝蕭及韋賢父子凡四人初傳魯論於世也齊論語二十二篇

其二十篇中章句頗多於魯論【疏】猶是弟子所記而爲齊人所學故謂爲齊論也既傳之異代又經昏亂遂長有二篇也其二十篇雖與魯舊篇同而篇中細章文句亦多於魯論也瑯琊王卿及膠東庸生昌邑中尉王吉皆以教授之【疏】此三人傳齊論亦以教授於世也故有魯論有齊論【疏】夏侯等四人傳魯王等三人傳齊並行於世故有魯齊二論雙立也魯恭王時嘗欲以孔子宅爲宮壞得古文論語【疏】漢景帝之子名餘封魯故謂魯恭王也好治宮室壞孔子舊宅以廣其宮於壁中得古文論語皆科斗文字也齊論有問王知道多於魯論二篇【疏】既有三論文皆不同齊論長有二篇一曰問王二曰知道是多魯論二篇也古論亦無此二篇【疏】齊非唯長魯論二篇

亦長於古論。古論故亦無此問王知道二篇也分堯曰下章子張問以爲一篇。疏古論雖無問王知道二篇。而分堯曰後子張問於孔子曰。如何斯可以從政矣。又別題爲一篇也有兩子張。疏一是子張曰士見危致命爲一篇。又一是子張問孔子從政爲一篇。故凡論中有兩子張篇也。凡二十一篇。疏古論既分長一子張。故凡成二十一篇也篇次不與齊魯論同。疏古論篇次既不同齊。又不同魯。故云不與齊魯論同也。安昌侯張禹本受魯論兼講齊說善者從之號曰張侯論疏禹初學魯論。又雜講齊論。於二論之中。擇善者抄集。別爲一論。名之曰張侯論也。爲世所貴。疏此論既擇齊魯之善。合以爲一論。故世之學者。皆貴重於張侯論也。苞氏周氏章句出焉。疏苞氏。苞咸也周氏。不悉其名也。章句

論語集解義疏卷一　二

者。注解。因爲分斷之名也。苞周二人。注張侯魯論。而爲之分斷章句也。古論唯博士孔安國爲之訓說。疏訓亦注也。唯孔安國一人。注解於古論也。而世不傳。疏世人不傳孔注古文之論也。至順帝之時。南郡太守馬融亦爲之訓說。疏漢有馬氏。亦注張禹魯論也。漢末。太司農鄭玄就魯論篇章。考之齊古。以爲之注。疏鄭康成又就魯論篇章。及考校齊古二論。亦注於張論也。近故司空陳群。太常王肅博士周生烈。皆爲之義說。疏此三人共魏人也。亦皆爲張論作注說也。前世傳受師說。雖有異同。不爲之訓解。疏自張侯之前。乃相傳師受不同。而不爲注說也。中間爲之訓解。至于今多矣。疏中間謂苞孔。周。馬之徒至于今。謂至魏末何平叔時也。多矣。言注者非一家也。所見不同。互有得失。疏既注者多聞。故得失互不同也。今集諸家之善說。記其姓名。疏此平叔用意也。叔言多注解家。互有得失。而已今集取錄善者之姓名。著於集注中也。有不安者。頗爲改易。疏若先儒注。非何意所安者。則何偏爲改易。下已意也。頗猶偏也。名曰論語集解。疏既集用諸注以解此書。故名爲論語集解也。光祿大夫關內侯臣孫邕。光祿大夫臣鄭沖。散騎常侍中領軍安鄉亭侯臣曹羲。侍中臣荀顗。尚書駙馬都尉關內侯臣何晏等上。疏此記孫邕等四人。同於何晏。共上此集解之論也。

論語集解序終

論語義疏敘

梁　皇侃撰

日本根遜志　校正

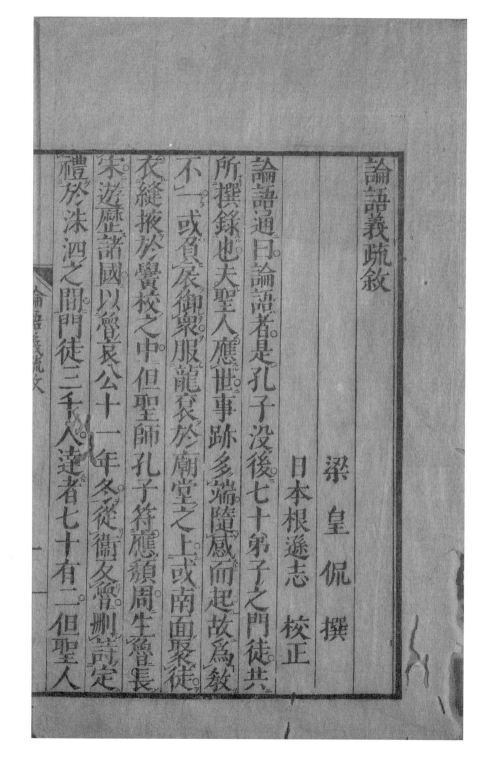

論語通曰論語者是孔子沒後七十弟子之門徒共所撰録也夫聖人應世事跡多端隨感而起故爲教不一或負扆御衆服龍衮於廟堂之上或南面聚徒衣縫掖於黌校之中但聖師孔子符應頹周生魯長宋遊歷諸國以魯哀公十一年冬從衛反魯删詩定禮於洙泗之間門徒三千人達者七十有二但聖人

雖異人者神明而同人者五情五情既同則朽没之期亦等故歎發吾衰悲因逝水託夢兩楹寄歌頽壞至哀公十六年哲人其萎徂背之後過隙匪駐門人痛大山長毀哀梁木永摧隱几非昔離索行泪微言一絶景行莫書於是弟子僉陳往訓各記舊聞撰爲此書成而實録上以尊仰聖師下則垂軌萬代既方爲世典不可無名然名書之法必據體以立稱猶如以孝爲體者則謂之孝經以莊敬爲體者則謂之爲禮記然此書之體適會多途皆夫子平生應機作教

事無常準或與時君抗厲或共弟子抑揚或自顯示物或混迹齊凡問同答異言近意深詩書互錯綜典誥相紛紜義既不定於一方名故難求乎諸類因題

論語兩字以爲此書之名也但先儒後學解釋不同凡通此論字大判有三途第一捨字制音呼之爲倫一捨音依字而號曰論一云倫論二稱義無異也第一捨字從音爲倫說者乃衆的可見者不出四家一云倫者次也言此書事義相生首末相次也二云倫者理也言此書之中蘊含萬理也三云倫者綸也言

此書經綸今古也四云倫者輪也言此書義旨周備圓轉無窮如車之輪也第二捨音依字爲論者言此書出自門徒必先詳論人人僉允然後乃記記必已論故曰論也第三云倫論無異者蓋是楚夏音殊南北語異耳南人呼倫事爲論事北士呼論事爲倫事音字雖不同而義趣猶一也侃案三途之說皆有道理但南北語異如何似未詳師說不取今亦捨之而從音依字二途幷錄以會成一義何者今字作論者明此書之出不專一人妙通深遠非論不暢而音作

論者明此書義含妙理經綸今古自首臻末輪環不窮依字則證事立文取音則據理爲義義文兩立理事雙該圓通之教如或應示故蔡公爲此書爲圓通之喻云物有大而不普小而兼通者譬如巨鏡百尋所照必偏明珠一寸鑒包六合以蔡公斯喻故言論語小而圓通有如明珠諸典大而偏用譬若巨鏡誠哉是言也語者論難答述之謂也毛詩傳云直言曰言論難曰語鄭注周禮云發端曰言答述爲語今按此書既是論難答述之事宜以論爲其名故名爲論

語也然此語是孔子在時所說而論是孔子沒後方論論在語後應曰語論而今不曰語論而云論語者其義有二一則恐後有穿鑿之嫌故以語在論下急標論在上示非率爾故也二則欲現此語非徒然之說萬代之繩準所以先論已以備有圓周之理理在於事前故以論居語先也又此書遭焚燼至漢時合壁所得及口以傳授遂有三本一曰古論二曰齊論三曰魯論既有三本而篇章亦異古論分堯曰下章子張問更爲一篇合二十一篇篇次以鄉黨爲第二

篇雍也爲第三篇內倒錯不可具說齊論題目與魯論大體不殊而長有問王知道二篇合二十二篇篇內亦微有異魯論有二十篇即今日所講者是也尋當昔撰錄之時豈有三本之別將是編簡缺落口傳不同耳故劉向別錄云魯人所學謂之魯論齊人所學謂之齊論合壁所得謂之古論而古論爲孔安國所注無其傳學者齊論爲瑯琊王卿等所學魯論爲太子大傅夏侯勝及前將軍蕭望之少傅夏侯建等所學以此教授於侯王也晚有安昌侯張禹就建學

魯論兼講齊說擇善而從之號曰張侯論爲世所貴至漢順帝時有南郡大守扶風馬融字季長建安中大司農北海鄭玄字康成又就魯論篇章考齊驗古爲之注解漢鴻臚卿吳郡苞咸字子良又有周氏不悉其名至魏司空頴川陳羣字長文大常東海王肅字子雍博士燉煌周生烈皆爲義說魏末吏部尚書南陽何晏字平叔因魯論集季長等七家又採古論孔注又自下己意卽世所重者今日所講卽是魯論爲張侯所學何晏所集者也

晉大保河東衛瓘字伯玉
晉中書令蘭陵繆播字宣則
晉廣陵大守高平欒肇字永初
晉黄門郎潁川郭象字子玄
晉司徒濟陽蔡謨字道明
晉江夏大守陳國袁宏字叔度
晉著作郎濟陽江淳字思俊
晉撫軍長史蔡系字子叔
晉中書郎江夏李充字弘度

晉廷尉太原孫綽字興公

晉散騎常侍陳留周瓌字道夷

晉中書令潁陽范寧字武子

晉中書令瑯琊王珉字季琰

右十三家爲江熙字大和所集。侃今之講，先通何集，若江集中諸人有可採者，亦附而申之。其又別有通儒解釋，於何集無好者，亦引取爲說，以示廣聞也。然論語之書，包於五代，二帝三王，自堯至周，凡一百四十人，而孔子弟子不在其數。孔子弟子有二十七人。

見於論語也而古史考則云三十人謂林放澹臺滅明陽虎亦是弟子數也

論語義疏敘

論語義疏敘　六

論語義疏敘　六

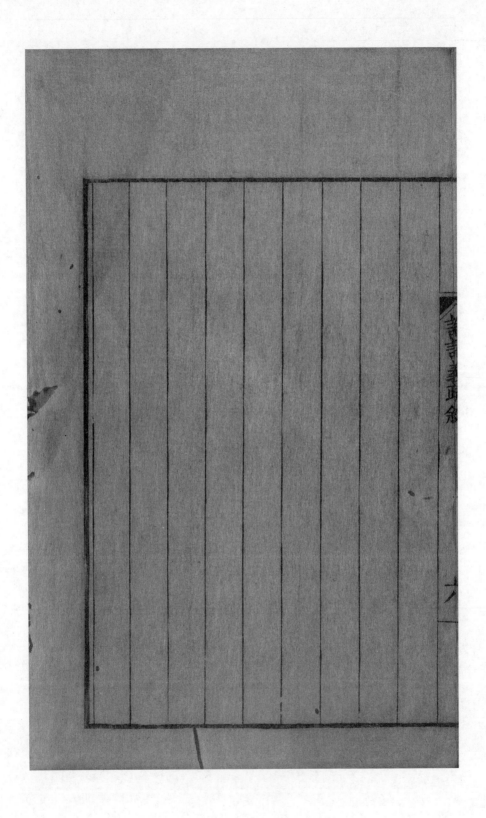

論語集解義疏卷第一

魏　何晏　集解

梁　皇侃　義疏

日本根遜志　校正

論語學而第一

【疏】論語。是此書總名。學而。爲第一篇別目。中間講說。多分爲科段矣。侃昔受師業。自學而至堯曰。凡二十篇。首末相次無別科。而以學而最先者。言降聖以下。皆須學成。故學記云。玉不琢不成器。人不學不知道。是明人必須學乃成。此書既遍該衆典以教一切。故以學而爲先也。而者。因仍也。第者。審諦也。一者。數之始也。既諦定篇次。以學而居首。故曰學而第一也。

子曰。學而時習之。不亦悅乎。【註】馬融曰。子者。男子通稱也謂孔子也【王肅曰】時者學者以時誦習也誦習以時學無廢業所以爲悅懌也有朋自遠方來不亦樂乎【註】苞氏曰同門曰朋也人不知而不慍不亦君子乎【註】慍怒也凡人有所不知君子不慍之也【疏】子曰至子乎○云子曰者子者指於孔子也子是有德之稱古者稱師爲子也曰者發語之端也許氏說文云開口吐舌謂之爲曰此以下是孔子開口談說之語故稱子曰爲首也然此一書或是弟子之言或有時俗之語雖非悉孔子之語而當時皆被孔子印可也必被印可乃得預錄故稱子曰通冠一書也云學而時習之者此以下孔子言也就此一章分爲三段自此至不亦悅乎爲第一明學者幼少之時也學從幼起故以幼爲先也又從有朋至不亦樂乎爲第二明學業

稍成。能招朋聚友之由也。既學已經時。故能招友爲次也。故學記云。一年視離經辨志。三年視敬業樂群。五年視博習親師。七年視論學取友。謂之小成是也。又從人不知。訖不君子乎爲第三。明學業已成。能爲師爲君之法也。先能招友。故後乃學成爲師君也。故學記云。九年知類通達。强立而不反謂之大成。又云。能博喻。然後能爲師。能爲師。然後能爲長。能爲長。然後能爲君是也。今此段明學者少時法也。謂爲學者。白虎通云。學。覺也。悟也。言用先王之道。導人情性。使自覺悟。而去非取是。積成君子之德也。時者。凡學有三時。一是就人身中爲時。二就年中爲時。三就日中爲時也。一就身中者。凡受學之道。擇時爲先。長則捍格。幼則迷昬。故學記云。發然後禁。則捍格而不勝。時過然後學。則勤苦而難成是也。既必須時。故內則云。六年教之數與方名。七年男女不同席。八年始教之讓。九年教之數日。十年學書計。十三年學樂。誦詩。舞勺。十五年成童舞象。並是就身中爲時也。二就年中爲時者。夫學隨時氣。則受業易入。故王制云。春夏學詩樂。秋冬學書禮。是也。春夏是陽。陽體輕清。詩樂是聲。聲亦輕清。輕清時。學輕清之業。則爲易入也。秋冬是陰。陰體重濁。書禮是事。事亦重濁。重濁時。學重濁之業。亦易入也。三就日中爲時者。前身中年中二時而所學。並日日修習不暫廢也。故學記云藏焉。修焉。息焉。游焉。是也。今云學而時習之者。而猶因仍也。時是日中之時也。習是修故之稱也。言人不學則已。既學必因仍而修習。日夜無替也。之之於所學之業也。云不亦悅乎者。亦猶重也。悅者懷抱欣暢之謂也。言知學已爲可欣。又能修習不廢。是日知其所亡。月無忘其所能。彌重爲可悅。故云不亦悅乎。如問之然也。云有朋自遠方來不亦樂乎者。此第二段。明取友交也。同處師門曰朋。同執一志爲友。朋猶黨也。共爲黨類在師門也。友者有也。共執一志。綢繆寒暑。契闊飢飽。相知有無也。自猶從也。學記云。獨學而無友。則孤陋而寡聞。君子出其言善。則千里之外應之。出其言不善。則千里之外違之。今由我師德高。故有朋從遠方而來。與我同門。共相講說。故可爲樂也。所以云遠方者。明師德洽被。雖遠必集也。招朋。已自可爲欣。遠至。彌復可樂。故云亦也。然朋疎而友親。朋至既樂。友至故忘言。但來必先同門。故舉朋耳。悅之與樂。俱是懽欣。在心常等。而貌跡有殊。悅則心多貌少。樂則心貌俱多。所以然者。向得講習在我。自得於懷抱。故心多曰悅。今朋友講說。義味相交。德音往復。形彰在外。故心貌俱多曰樂也。故江熙云。君子以朋友講習。出其言善。則千里之外應之。遠人且至。況其近者乎。道同齊味。歡然適願。所以樂也。云人不知而不慍。不亦君子乎者。此第三段明學已成者也。人謂凡人也。慍。怒也。君子。有德之稱也。此有二釋。一言古之學者爲己。已學得先王之道。含章內映。而他人不見知。而我不怒。此是君子之德也。有德。已爲所可貴。又不怒人之不知。故曰亦也。又一通云。君子易事。不求備於一人。故爲教誨之道。若人有鈍根不能知解者。君子恕之。而不慍怒之也。爲君子者亦然也。○註馬融曰至懌也。○云子者男子通稱也者。凡有德者。皆得稱子。故曰通稱也。云謂孔子也者。子乃是男子通稱。今所稱子曰。不關通他。即指謂孔子也。云王肅曰云云者。背文而讀曰誦也。然王此意。即是日中不息之時也。舉日中不息。則前二事可知也。○註苞氏曰同門曰朋也。○鄭玄注司徒云。同師爲朋。同志爲友。然何集注皆呼人名。唯苞獨云氏者。苞名咸。何家諱咸。故不言也。○註愠怒至之也。○就注乃得兩通。而於後釋爲便也。故李充云。愠。怒也。君子忠恕。誨人不倦。何怒之有乎。明夫學者始於時習。中於講肆。終於教授者也。凡注無姓名者。皆是何平叔語也。

有子曰。註孔安國曰。弟子有若也。其爲人也孝悌。而好犯上者鮮矣。註鮮。少也。上謂凡在己上者也。言孝悌之人必有恭順。好欲犯其上者。少也。不好犯上。而好作亂者。未之有也。君子務本。本立而道生。

註本。基也。基立而後可大成也。孝悌也者。其爲仁之本與。註苞氏曰。先能事父兄。然後仁道可成也。

疏有子曰至本與○云有子曰其爲人也孝悌者其。其孝悌者也。善事父母曰孝。善事兄曰悌也。云而好犯上者鮮矣者好謂心欲也。犯謂諫爭也。上謂君親也。鮮。少也。言孝悌之人。必以無違爲心。以恭從爲性。若有欲犯其君親之顏諫爭者。有此人少也。然孝悌者。實都不欲。必無其人。而云少者。欲明君親有過。若任而不諫。必陷於不義。不欲存孝子之心。使都不諫。故開其少分。令必諫也。故熊埋云。孝悌之人。志在和悅。先意承旨。君親有日月之過。不得無犯顏之諫。然雖屢納忠規。何嘗好之哉。今實都無好。而復云鮮矣者。以好見開。則生陵犯之慚。以犯見塞。則抑匡弼之心。必宜微有所許者。實在弊其志分。稱論教體也。故曰而好犯上者鮮矣。云不好犯上而好作亂者未之有也者熊埋曰。孝悌之人。當不義而諍之。尚無意犯上。必不職爲亂階也。侃案熊解意。是言既不好犯上。必不作亂。故云未之有也。然觀熊之解。乃無間然如爲煩長。既不好犯上。理宜不亂。何煩設巧明。今案師說云。夫孝者不好。心自是恭順。而又有不孝者。亦有不好。是願君親之敗。故孝與不孝。同有不好。而不孝者不好。必欲作亂。此孝者不好。必無亂理。故云未之有也。云君子務本者此亦有子語也。務猶向也。慕也。本謂孝悌也。孝悌者。既不作亂。故君子必向慕之也。云本立而道生者解所以向慕本義也。若其本成立。則諸行之道悉滋生也。云孝悌也者其爲仁之本與者此更以孝悌解本。以仁釋道也。言孝是仁之本。若以孝爲本。則仁乃生也。仁是五德之初。舉仁。則餘從可知也。故孝經云。夫孝。德之本也。教之所由生也。王弼曰。自然親愛爲孝。推愛及物爲仁也。○注本基至成也。○以孝爲基。故諸衆德悉爲廣大也。

子曰。巧言令色。鮮矣有仁。註苞氏曰。巧言。好其言語。令色。善其顏色。皆欲令人悅之。少能有仁也。疏子曰巧言令色鮮矣有仁○巧言者。便辟其言語也。令色者。柔善其顏色也。鮮。少也。此人本無善言美色。而虛假爲之。則少有仁者也。然都應無仁。而云少者。舊云人自有非假而自然者。此則不妨有仁。但時多巧令。故云少也。又一通云。巧言令色之人。非都無仁。政是性不能全。故云少也。故張憑云。仁者。人之性也。性有厚薄。故體足者難耳。巧言令色之人。於仁性爲少。非爲都無其分也。故曰鮮矣有仁。王肅曰。巧言無實。令色無質。

曾子曰。註馬融曰。弟子曾參也。吾日三省吾身。爲人

謀而不忠乎。與朋友交言而不信乎。傳不習乎。註
言凡所傳之事。得無素不講習而傳之乎。疏曾子曰至
習乎○云吾日三省吾身者。省。視也。曾子言我生
平戒慎。每一日之中。三過自視察我身有過失否
也。云爲人謀而不忠乎者。忠。中心也。言爲他人圖
謀事。當盡我中心也。豈可心而不盡忠乎。所以三
省視察。恐失也。云與朋友交言而不信乎者。朋友
交會本主在於信。豈可與人交。而不爲信乎。云傳
不習乎者。凡有所傳述。皆必先習。後乃可傳。豈可
不經先習。而妄傳之乎。曾子言我一日之中。每三
過自視。況復凡人可不爲此三事乎。言不可也。又
一通云。曾子言我一日之中。三過內視我身有此
三行否也。○註馬融曰弟子曾參也。○姓曾。名參。
字子輿。○註言凡至之乎○得無猶無得也。素猶
本也。言所傳之事。無得本不經講習而傳之也。故
袁氏云。常恐傳先師之言不能習也。以古人言必

稱師也。

子曰。導千乘之國。註馬融曰。導者。謂爲之政教也。司馬法。六尺爲步。步百爲畝。畝百爲夫。夫三爲屋。屋三爲井。井十爲通。通十爲城。城出革車一乘。然則千乘之賦。其地千城也。居地方三百一十六里有奇。唯公侯之封。乃能容之。雖大國之賦。亦不是過焉。苞氏曰。導治也。千乘之國者。百里之國也。古者井田方里爲井。井十爲乘。百里之國。適千乘也。馬融依周禮。苞氏依王制。孟子。義疑。故兩存焉。敬事而信註苞氏曰爲國者舉事必敬慎與民必誠信也節用而愛人註苞氏曰節用者不奢侈也國以民爲本故愛養之也使民以時註苞氏曰作使民必以其時不妨奪農務也疏子曰至以時○此章明爲諸侯治大國法也云導千乘之國者千乘大國也天子萬乘諸侯千乘千乘尚式則萬乘可知也導猶治也亦謂爲之政教也其法在下故此張本也云敬事而信者此以下皆導千乘之國法也爲人君者事無小大悉須敬故云敬事也曲禮云毋不敬是也又與民必信故云信也云節用而愛人者雖富有一國之財而不可奢侈故云節用也雖貴居民上不可驕慢故云愛人也云使民以時者使民謂治城及道路也以時謂出不過三日而不妨奪民農務也然人是有識之目愛人則兼朝廷也民是瞑闇

之稱。使之則唯指黔黎也。○注馬融曰至存焉。○
此明千乘法也。云司馬法六尺爲步者。司馬法者。
齊景公時。司馬穰苴爲軍法也。其法中有此千乘
之說也。凡人一舉足曰跬。跬。三尺也。兩舉足曰步。
步。六尺也。云步百爲畝者。廣一步。長百步。謂爲一
畝也。畝。母也。既長百步。可種苗稼。有母養之功見
也。云畝百爲夫者。每一畝。則廣六尺。長百步。今云
畝百爲夫。則是方百步也。謂爲夫者。古者賦田以
百畝地給一農夫也。夫所養人。自隨地肥墽。及其
家人多少耳。故王制云。制農田百畝。百畝之分。上
農夫食九人是也。云夫三爲屋者。每夫方百步。今
云夫三。則是方百步者是三也。若並而言之。則廣
一里。一里長三百步也。而猶長百步也。謂爲屋者。
義名之也。夫一家有夫婦子三者具。則屋道乃成。
故合三夫目爲屋也。云屋三爲井者。向屋廣一里。
長百步。今三屋並方之。則方一里也。名爲井者。因
夫間有遂水縱橫相通成井字也。何者。畝廣六尺。
長百步。用耜耕之。耜廣五寸。方兩耜爲耦。長沮。桀

㶚。耦而耕是也。是耦伐廣一尺也。畝廣六尺。以一尺耕伐地爲溜通水流。水流畝畝然。因名曰畝也。而夫田首倍之。廣二尺。深二尺。謂之爲遂。九夫爲井。井間廣深四尺。謂之爲溝。取其遂水相通如井字。故鄭玄曰。似井字。故謂爲井也。遂取其水始遂也。溝取其漸深有溝洫也。釋名云。田間之水曰溝。溝。構也。縱橫相交構也。云井十爲通者此十井之地並之。則廣十里。長一里也。謂爲通者。其地有三十屋。相通共出甲士一人。徒卒二人也。云通十爲城者其城地方十里也。謂爲城者。兵賦法一乘成也。其地有三百屋。出革車一乘。甲士十人。徒卒二十人也。云城出革車一乘者出一乘。是賦一成。故謂城也。云千乘之賦其地千城也者有地方十里者千。即是千城也。則容千乘也。云居地方三百一十六里有奇者方百里者。有方十里者百。若方三百里。三三爲九。則有方百里者九。合成方十里者九百也。是方三百里。唯有九百乘也。若作千乘。猶少百乘。百乘是方百里者一也。今取方百里者一。

而六分破之。每分得廣十六里長百里。引而接之。則長六百里。其廣十六里也。今半斷各長三百里。設法特埤前三百里。南西二邊。是方三百十六里也。然西南角猶缺方十六里者一。方十六里者一。有方十里者二。又方一里者五十六里也。是少方一里者二百五十六里也。然則向割方百里者爲六分。埤方三百里兩邊。猶餘方一里者四百。今以方一里者二百五十六埤西南角。猶餘方一里者一百四十四。又設法破而埤三百十六里兩邊。則每邊不復得半里。故云方三百十六里有奇也。云唯公侯之封乃能容之者周制。上公方五百里。侯方四百里。伯方三百里。子方二百里。男方百里。今千乘用地方三百十六里有奇。故伯地不能容。所以唯公侯封乃能容也。云雖大國之賦亦不是過焉者雖魯方七百里。而其地賦稅亦不得過出千乘也。故明堂位云。賜魯革車千乘也。云苞氏曰導治也千乘之國者百里之國者此夏殷法也。夏殷大國百里。次國七十里。小國五十里。故方百里國中令出千乘也。云古者井田方里爲井者此亦與周同也。云井十爲乘者此則與周異也周家十井爲通。通十爲城。城出一乘。今此一通使出一乘。則一城出十乘也。云百里之國者適千乘者方百里者。有方十里者百。方十里者。有方一里者百。今制方一里者十出一乘。則方十里者出十乘。方百里者。故出千乘也。云馬融依周禮者馬氏所說。是周禮制法也。云苞氏依王制孟子者孟子。及王制之言。皆如苞氏所說也。云義疑故兩存焉者此何平叔自下意也。言馬及苞兩家之說並疑。未知誰是故我今注兩錄存之也。

子曰。弟子入則孝。出則悌。謹而信。汎愛衆。而親仁。行有餘力。則以學文。註馬融曰。文者。古之遺文也。疏子曰至學文。○云弟子入則孝出則悌者弟子猶子弟也。言爲人子弟者。盡其孝悌之道也。父母在閨門之內。故云入也。兄長比之疎外。故云出也。前句已決子善父母爲孝。善兄爲悌。父親故云入。兄疎故云出也。云謹而信者向明事親。此辨接外也。接外之禮。唯謹與信也。外能如此。在親可知也。云汎愛衆者。汎。廣也。君子尊賢容衆。故廣愛一切也。云而親仁者。君子義之與比。故見有仁德者而親之也。若非仁親。則不與之親。但廣愛之而已。云行有餘力則以學文者。行者。所以行事已畢之跡也。若行前諸事畢竟。而猶有餘力。則宜學先王遺文。五經六籍是也。或問曰。此云行有餘力則以學文。後云子以四教文行忠信。是學文或先或後。何也。答曰。論語之體。悉是應機適會。教體多方。隨須而與。不可一例責也。○註馬融曰文者古之遺文也。○即五經。六籍也。

子夏曰。賢賢易色。註孔安國曰。子夏。弟子卜商也。言以好色之心好賢。則善也。事父母能竭其力。事君能致其身。註孔安國曰。盡忠節。不愛其身也。與朋友交言而有信。雖曰未學。吾必謂之學矣。疏子夏曰至學矣。○云賢賢易色者。凡人之情。莫不好色。而不好賢。今若有人能改易好色之心以好於賢。則此人便是賢於賢者。故云賢賢易色也。然云賢於賢者。亦是奬勸之辭也。又一通云。上賢字。猶尊重也。下賢字。謂賢人也。言若欲尊重此賢人。則當改易其平常之色。更起莊敬之容也。云事父母能竭其力者。子事父母。左右就養無方。是能竭力也。云事君能致其身者。致。極也。士見危致命。是能致極其身也。然事君雖就養有方。亦宜竭力於君。親若患難。故宜致身。但親主家門。非患難之所。故云竭力。臣主捍難禦侮。故云致身也。云與朋友交言而有信者。入則事親。出則事君。而與朋友交接。義主不欺。故云必有信也。云雖曰未學吾必謂之學矣者。假令不學。而生知如前。則吾亦謂之學也。此勸人學故也故王雍云言能行此四者雖云未學而可謂己學也生而知者上學而知者次若未學而能知則過於學矣蓋假言之以勸善行也○註孔安國曰子夏弟子卜商也○姓卜名商字子夏○言以至善也○此注如前通也

子曰君子不重則不威學則不固註孔安國曰固蔽也一曰言人不敢重既無威學不能堅固識其義理也主忠信無友不如己者過則勿憚改註鄭玄曰主親也憚難也疏子曰至憚改○云君子不重則不威者重爲輕根靜爲躁本君子之體不可輕薄也君不重則無威無威則人不畏之也云學則不固者言君子不重非唯無威而學業亦不能堅固也故孔後注云言人不敢重既無威學又不能堅固識其義理也云主忠信

者言君子既須威重又忠信爲心。百行之主也。云無友不如己者者又明凡結交取友。必令勝己。勝己。則己有日所益之義。不得友不如己。友不如己。則己有日損。故云無友不如己者。或問曰。若人皆慕勝己爲友。則勝己者豈友我耶。或通云。擇友必以忠信者爲主。不取忠信不如己者耳。不論餘才也。或通云。敵則爲友。不取不敵者也。蔡謨云。本言同志爲友。此章所言。謂慕其志而思與之同。不謂自然同也。夫上同乎勝己。所以進也。下同乎不如己。所以退也。閎夭四賢。上慕文王。故四友是四賢上同心於文王。非文王下同四賢也。然則求友之道。固當見賢思齊。同志於勝己。所以進德修業。成天下之亹亹也。今言敵則爲友。此直自論才同德等。而相親友耳。非夫子勸教之本旨也。若如所云。則直諒多聞之益。便辟善柔之誡。奚所施也。云過則勿憚改者勿猶莫也。憚。難也。友主切磋。若有過失者。當更相諫諍。莫難改也。一云。若結友過誤不得善人。則改易之。莫難之也。故李充云。若友失其人改之爲貴也○註孔安國曰固蔽也○侃案孔訓固爲蔽蔽猶當也言人既不能敢重縱學亦不能當道理也猶詩三百一言以蔽之蔽也○註鄭玄曰主親也憚難也○鄭心則言當親於忠信之人也

曾子曰慎終追遠民德歸厚矣註孔安國曰慎終者喪盡其哀也追遠者祭盡其敬也人君能行此二者民化其德而皆歸於厚也疏曾子曰至厚矣○明人君德也云慎終追遠者慎終謂喪盡其哀也喪爲人之終人子宜窮其哀戚是慎終也追遠謂三年之後爲之宗廟祭盡其敬也三年後去親轉遠而祭極敬是追遠也一云靡不有初鮮克有終終宜慎也久遠之事錄而不忘是追遠也故熊理云欣新忘舊近情之常累信近負遠義士之所弃是以慎終如始則

尠有敗事。平生不忘。則久人敬之也。云民德歸厚矣者上之化下。如風靡草。君上能行愼終追遠之事。則民下之德。日歸於厚也。一云。君能行此二事。是厚德之君也。君德既厚。則民咸歸依之也。○註孔安國曰至厚也

○此是前通也

子禽問於子貢曰。夫子至於是邦也。必聞其政。求之與。抑與之與。註鄭玄曰。子禽。弟子陳亢也。字子禽也。子貢。弟子。姓端木。名賜。字子貢也。亢怪孔子所至之邦。必與聞其國政。求而得之耶。抑人君自願與爲治耶。子貢曰。夫子溫良恭儉讓以得之。夫子之求之也。其諸異乎人之求之與也。註鄭玄曰。言

夫子行此五德而得之與人求之異明人君自願求與爲治也

【疏】子禽問至與也○云子禽問云云者是此也此邦謂每邦非一國也禽問子貢怪孔子每所至之國必早逆聞其國之風政也故問云求之與者與語不定之辭也問言孔子每所至國必先逆聞其風政爲是就其國主求而得之否乎云抑與之與者抑語助也亢又問言爲是孔子不就國主求而國主自呼與孔子爲治而聞之否乎云子貢曰云云者子貢答禽說孔子所以得逆聞之由也夫子即孔子也禮身經爲大夫者則得稱爲夫子孔子爲魯大夫故弟子呼之爲夫子也敦美潤澤謂之溫行不犯物謂之良和從不逆謂之恭去奢從約謂之儉推人後己謂之讓言夫子身有此五德之美推己以測人故凡所至之邦必逆聞之也故顧歡云此明非求非與直以自得之耳其故何也夫五德內充則是非自鏡也又一通云孔子入人境觀其民之五德則知

其君所行之政也。故梁冀云。夫子所至之國。入其境。觀察風俗。以知其政教。其民溫良。則其君政教之溫良也。其民恭儉讓。則政教恭儉讓也。孔子但見其民。則知其君政教之得失也。【云】夫子之云云【者】此明夫子之求。與人之求異也。人則行就彼君求之。而孔子至境推五德以測求之。故云其諸異乎人之求之也。諸猶之也。與。語助也。故顧歡云。夫子求知乎己。而諸人訪之於聞。故曰異也。梁冀又云。凡人求聞見乃知耳。夫子觀化以知之。與凡人異也。○【註】必與聞其國政。○與。逆也。○【註】鄭玄曰至治也。○【云】言夫子云云【者】亦會兩通也。明不就人求。故云異也。【云】明人君云云【者】此云人君自與之。非謂自呼與之也。政是人君所行。見於民下。不可隱藏故夫子知之。是人君所行自與之也。

子曰。父在觀其志。父沒觀其行。【註】孔安國曰。父在。子不得自專。故觀其志而已。父沒。乃觀其行也。三年

無改於父之道。可謂孝矣。註孔安國曰。孝子在喪
哀慕猶若父在。無所改於父之道也。疏子曰至孝
矣。○云父在觀其志父没觀其行者。此明人子之行也。其
於人子也。志謂在心未行也。故詩序云。在心爲志
是也。言人子父在。則己不得專行。應有善惡。但志
之在心。在心而外必有趣向意氣。故可觀志也。父
若已没。則子得專行無憚。故父没。則觀此子所行
之行也。云三年無改於父之道可謂孝矣者。謂所
觀之事也。子若在父喪三年之内。不改父風政。此
即是孝也。所以是孝者。其義有二也。一則哀毀之
深。豈復識政之是非。故君薨。世子聽冢宰三年也。
二則三年之内。哀慕心事亾如存。則所不忍改也。
或問曰。若父政善。則不改爲可。若父政惡。惡教傷
民。寧可不改乎。答曰。本不論父政之善惡。自論孝
子之心耳。若人君風政之惡。則冢宰自行政。若卿
大夫之心惡。則其家相邑宰自行事。無關於孝子

也○註孔安國曰至行也○云觀其志者志若好善聞善事便喜志若好惡聞善則不喜也云觀其行者得專行也○註孔安國曰至道也○此如後通也

有子曰禮之用和爲貴先王之道斯爲美小大由之有所不行知和而和不以禮節之亦不可行也註馬融曰人知禮貴和而每事從和不以禮爲節亦不可行也疏有子曰至行也○云禮之用和爲貴者此以下明人君行化○必禮樂相須用樂和民心以禮檢民跡跡檢心和故風化乃美故云禮之用和爲貴和即樂也變樂言和見樂功也樂既言和則禮宜云敬但樂用在内爲隱故言其功也云先王之道斯爲美者先王謂聖人爲天子者也斯此也言聖天子之化行禮亦以此用和爲美也云小大由之有所不行者由用也若小大

之事皆用禮而不用和則於事有所不行也。云知和云云者，上明行禮須樂，此明行樂須禮也。人若知禮用和，而每事從和，不復用禮爲節者，則於事亦不得行也。所以言亦者，沈居士云：上純用禮不行，今皆用和亦不可行也。○註馬融曰至行也○此解知和和而和不以禮爲節義也。

有子曰：信近於義，言可復也。註復猶覆也。義不必信，信不必義也。以其言可反覆，故曰近於義也。恭近於禮，遠恥辱也。註苞氏曰：恭不合禮，非禮也。以其能遠恥辱，故曰近於禮也。因不失其親，亦可宗敬也。註孔安國曰：因，親也。言所親不失其親，亦可宗敬也。疏有子曰至敬也○云信近於義言可復也者，信，不欺也。義，合宜也。復猶驗也。夫信不必合宜。合宜不必信。若爲信近於合宜。此信之言乃可復驗也。若爲信不合宜。此雖是不欺。而其言不足復驗也。或問曰。不合宜之信云何。答曰。昔有尾生。與一女子期於梁下。每期每會。後一日急暴水漲。尾生先至。而女子不來。而尾生守信不去。遂守期溺死。此是信不合宜。不足可復驗也。云恭近於禮遠恥辱也者。恭是遜從。禮是體別。若遜從不當於體。則爲恥辱。若遜從近禮。則遠於恥辱。遜從不合禮者。何。猶如遜在牀下。及不應拜而拜之之屬也。云因不失其親亦可宗敬也者。因猶親也。人能所親得其親者。則此德可宗敬也。親不失其親。若近而言之。則指於九族宜相和睦也。若廣而言之。則是汎愛衆而親仁。乃義之與比。是親不失其親也。然云亦可宗者。亦猶重也。能親所親。則是重爲可宗也。○注復猶至義也。○若如注意。則不可得爲向者通也。言信不必合宜。雖不合宜。而其交是不欺。不欺則猶近於合宜。故其言可覆驗也。○注苞氏曰至禮也。○此注亦不依向通也。故言恭不合禮。乃是非禮。而交得遠於恥辱。故曰近。禮也。即是危行言遜。得免遠恥辱也。○注孔安國曰至敬也。○亦會二通。然喪服傳云。繼母與因母同。是言繼母與親母同。故孔亦謂此因爲親是也。

子曰。君子食無求飽。居無求安。注鄭玄曰。學者之志有所不暇也。敏於事。而慎於言。就有道而正焉。可謂好學也已矣。注孔安國曰。敏。疾也。有道。者謂有道德者也。正。謂問事是非也。疏子曰至已矣。○云君子食無求飽居無求安者。此勸人學也。既所慕在形骸之內。故無暇復在形骸之外。所以不求安飽也。一簞一瓢。是無求飽也。曲肱陋巷。是無求安也。云敏於事者。此以下三句。是不飽不安。所爲之事也。敏。疾也。事。所學之行也。疾於所學之行也。云而慎於言者。言。所學之言也。所學之言。當慎傳說之也。云就有道而

正焉者有道德者也若前學之言行心有疑昧則往就有道德之人決正之也云可謂好學也已矣者合結食無求飽以下之事並是可謂好學者也

子貢問曰貧而無諂富而無驕何如子曰可也注孔安國曰未足多也未若貧而樂道富而好禮者也注鄭玄曰樂謂志於道不以貧賤爲憂苦也子貢曰詩云如切如磋如琢如磨其斯之謂與也注孔安國曰能貧而樂道富而好禮者能自切磋琢磨者也子曰賜也始可與言詩已矣告諸往而知來者也注孔安國曰諸之也子貢知引詩以成孔子

義著取類。故然之。往告之以貧而樂道。來答以切
磋琢磨者也。【疏】子貢問至來者也○云貧而無諂
者乏財曰貧。非分橫求曰諂也。乏
財者。好以非分橫求也。子貢問言若有貧者。能不
橫求。何如。故云貧而無諂也。范甯云。不以正道求
人爲諂也。云富而無驕者。積蓄財帛曰富。陵上慢
下曰驕也。富積者。既得人所求。好生陵慢。故云富
而無驕也。云何如者。陳二事既畢。故問云何如也。
云子曰可也者。答子貢也。言貧富如此。乃是可耳。
未足爲多也。范甯云。孔子以爲不驕不諂。於道雖
可。未及臧也。云未若貧而樂道者。孔子更說貧行
有勝於無諂者也。貧而無諂。乃是爲可。然而不及
於自樂也。故孫綽云。顏氏之子。一簞一瓢。人不堪
憂。回也不改其樂也。云富而好禮者也者。又舉富
行勝於不驕者也。富能不驕。乃是可嘉。而未如恭
敬好禮者也。然不云富而樂道。貧而好禮者。亦各
指事也。貧者多憂而不樂。故以樂爲勝。又貧無財

以行禮。故不云禮也。富既饒足。本自有樂。又有財可行禮。故言禮也。云子貢曰云云者。子貢聞孔子言貧樂富禮。並是宜自切磋之義。故引詩以證之也。爾雅云。治骨曰切。治象曰磋。治玉曰琢。治石曰磨。言骨象玉石四物。須切磋乃得成器。如孔子所說貧樂富禮。是自切磋成器之義。其此之謂不乎。以諂孔子也。云子曰賜也始可與言詩已矣者。子貢既知引詩結成孔子之義。故孔子美之云。始可與言詩也。言始可者。明知之始於此也。云告諸往而知來者也者。解所以可言詩義也。諸。之也。言我往告之以貧樂富禮。而子貢來荅。知引切磋之詩以起予也。江熙云。古者賦詩見志。子貢意見。故曰可與言詩矣。夫所貴悟言者。既得其言。又得其旨也。告往事而知將來。謂聞夷齊之賢。可以知不爲衛君。不欲指言其語。故舉其類耳。范甯云。子貢欲躬行二者。故請問也。切磋琢磨。所以成器。訓誘學徒。義同乎茲。子貢富而猶悋。仲尼欲戒以禮中。子貢知心厲己。故引詩以爲喻也。○注鄭玄曰。至告也○顔愿。是也。

子曰。不患人之不己知也。患己不知人也。註王肅曰。

但患己之無能知也。疏子曰至人也○世人多言己有才。而不爲人所知。故孔子解抑之也。言不患人不知己。但患己不知人耳。故李充云。凡人之情。多輕易於知人。而怨人不知己。故抑引之教。興乎此矣。

論語爲政第二

疏爲政者。明人君爲風俗政之法也。謂之爲政者。後卷云。政者。正也。子率而正。孰敢不正。又鄭注周禮司馬云。政。正也。政所以正不正也。所以次前者。學記云。君子如欲化民成俗。其必由學乎。是明先學後乃可爲政化民。故以爲政次於學而也。

子曰。爲政以德。譬如北辰居其所。而衆星共之。註鄭玄曰。德者。無爲。譬猶北辰之不移。而衆星共之也。
疏子曰至共之○云爲政以德者此明人君爲政
教之法也。德者。得也。言人君爲政。當得萬物之
性。故云以德也。故郭象云。萬物皆得性。謂之德。夫
爲政者奚事哉。得萬物之性。故云德而已也。云譬
如云云者此爲爲政以德之君爲譬也。北辰者。北
極紫微星也。所猶地也。衆星。謂五星及二十八宿
以下之星也。北辰鎮居一地而不移動。故衆星共
宗之以爲主也。譬人君若無爲。而御民以德。則民
共尊奉之而不違背。猶如衆星之共尊北辰
也。故郭象云。得其性則歸之。失其性則違之。

子曰。詩三百。註孔安國曰。篇之大數也。一言以蔽之。
註苞氏曰。蔽猶當也。曰思無邪。註苞氏曰。歸於正
也。疏子曰至無邪。○此章舉詩證爲政以德之事
也。云詩三百者。詩即今之毛詩也。三百者。詩

篇大數也。詩有三百五篇。此舉其全數也。云一言以蔽之者 一言。謂思無邪也。蔽。當也。詩雖三百篇之多。六義之廣。而唯用思無邪之一言以當三百篇之理也。猶如爲政。其事乃多。而終歸於以德不動也。云曰思無邪者 此即詩中之一言也。言爲政之道。唯思於無邪。無邪則歸於正也。衞瓘云。不曰思正。而曰思無邪。明正無所思邪。邪去則合於正也。

子曰。導之以政。註 孔安國曰。政。謂法教也。齊之以刑。註 馬融曰。齊。整之以刑罰也。民免而無恥。註 孔安國曰。苟免罪也。導之以德。註 苞氏曰。德。謂道德也。齊之以禮。有恥且格。註 格。正也。疏 子曰至且格○此章證爲政以德所以勝也。云導之以政者 將言其勝。故先舉其劣者也。導謂誘引也。政謂法制也。謂誘引民用法制也。故郭象云。政者。立常制以正民者也。云齊之以刑者齊謂齊整之也。刑謂刑罰也。故郭象云。刑者。興法辟以割制物者也。云民免而無恥者免猶脫也。恥。恥辱也。爲政。若以法制導民。以刑罰齊民。則民畏威。苟且百方巧避。求於免脫罪辟。而不復知避恥。故無恥也。故郭象云。制有常則可矯。法辟興則可避。可避則違情而苟免。可矯則去性而從制。從制。外正而心內未服。人懷苟免。則無恥於物。其於化不亦薄乎。故曰民免而無恥也。云導之以德者此即舉勝者也。謂誘引民以道德之事也。郭象云。德者。得其性者也。云齊之以禮者以禮齊整之也。郭象云。禮者。體其情也。云有恥且格者既導德齊禮。故民服從而知愧恥。皆歸於正也。郭象云。情有所恥。而性有所本。得其性。則本至。體其情。則知恥。知恥。則無刑而自齊。本至。則無制而自正。是以導之以德。齊之以禮。有恥且格。沈居士云。夫立政以制物。物則矯以從之。用刑以齊物。物則巧以避之。矯則跡從而心不化。巧避則苟免而情不恥。

由失其自然之性也。若導之以德，使物各得其性。
則皆用心不矯其眞，各體其情。則皆知恥而自正
也。○註孔安國曰：政謂法教也。○法教，即是法制
也。○註苞氏曰：德謂道德也。○亦得合郭象解也。

子曰：吾十有五而志於學，三十而立，註有所成立也。四十而不惑，註孔安國曰：不疑惑也。五十而知天命，註孔安國曰：知天命之終始也。六十而耳順，註鄭玄曰：耳順，聞其言而知其微旨也。七十而從心所欲，不踰矩。註馬融曰：矩，法也。從心所欲，無非法者。

疏子曰至踰矩。○此章明孔子隱聖同凡，學有時節。自少迄老，皆所以勸物也。云吾十有五而志於學者，志者，在心之謂也。孔子言我年十五而學在心也。十五是成童之歲，識慮堅明，故始此

年而志學也云三十而立者立謂所學經業成立也古人三年明一經從十五至三十是又十五年故通五經之業所以成立也云四十而不惑者惑疑惑也業成後已十年故無所惑也故孫綽云四十強而仕業通十年經明行修德茂成於身訓治邦家以之莅政可以無疑惑也云五十而知天命者天命謂窮通之分也謂天爲命者言人稟天氣而生得此窮通皆由天所命也天本無言而云有所命者假之言也人年未五十則猶有橫企無厓及至五十始衰則自審己分之可否也故王弼云天命廢興有期知道終不行也孫綽云大易之數五十天地萬物之理究矣以知命之年通致命之道窮學盡數可以得之不必皆生而知之也此勉學之至言也熊埋云既了人事之成敗遂推天命之期運不以可否繫其理治不以窮通易其志也云六十而耳順者順謂不逆也人年六十識智廣博凡厥萬事不得悉須觀見但聞其言即解微旨是所聞不逆於耳故曰耳順也故王弼云耳順言

心識在聞前也。孫綽云：耳順者，廢聽之理也。朗然自玄悟，不復役而後得，所謂不識不知，從帝之則也。李充云：耳順者，聽先王之法言，則知先王之德行，從帝之則，莫逆於心，心與耳相從，故曰耳順也。

云七十而從心所欲不踰矩者，從，猶放也。踰，越也。矩，法也。年至七十，習與性成，猶蓬生麻中，不扶自直，故雖復放縱心意，而不踰越於法度也。所以不說八十者，孔子唯壽七十三也。說此語之時，當在七十後也。李充曰：聖人微妙玄通，深不可識，所以接世軌物者，曷嘗不誘之以形器乎？黜獨化之跡，同盈虛之質，勉夫童蒙而志乎學，學十五載，功可與立。自志學迄于從心，善始令終，貴不踰法，示之易行，而約之以禮，爲教之例，其在茲矣。○註孔安國曰：知天命之終始也。○終始，即是分限所在也。

孟懿子問孝。註孔安國曰：魯大夫仲孫何忌也。懿，謚也。子曰：無違。樊遲御，子告之曰：孟孫問孝於我，我對曰。無違。註鄭玄曰。孟孫不曉無違之意。將問於樊遲。故告之也。樊遲。弟子樊須也。樊遲曰。何謂也。子曰。生事之以禮。死葬之以禮。祭之以禮。疏孟懿子問至以禮。○云孟懿子問孝者。孟懿子。魯大夫也。問孝。問於孔子爲孝之法也。云子曰無違者。孔子答也。言行孝者。每事須從無所違逆也。云樊遲御者。樊遲。孔子弟子樊須也。字子遲。御。御車也。謂樊遲時爲孔子御車也。云子告之云云者。孟孫。卽懿子也。孔子前答懿子之問云。無違。恐懿子不解。而他日樊遲爲孔子御車。孔子欲使樊遲爲孟孫解無違之旨。故語樊遲云。孟孫問孝於我。我對曰無違也。云樊遲曰何謂也者。樊遲亦不曉無違之旨。故反問之何謂也。云子曰云云者。向樊遲釋無違旨也。孟孫。三家。僭濫違禮。故孔子以每事須禮爲答也。此三事爲人子之大禮。故特擧之也。故衞瓘云。三家僭侈。皆不以禮也。故以禮答之也。或問曰。孔子何不卽告孟孫。乃還告樊遲耶。答曰。欲厲於孟孫。言其人不足委曲卽亦示也。所以獨告樊遲者。舊說云。樊遲與孟孫親狎。必問之也。一云。孟孫問時。樊遲在側。孔子知孟孫不曉。後必問樊遲。故後遲御時而告遲也。○註孔安國曰至謚也。○云魯大夫仲孫何忌者。仲孫。是其氏也。何忌。是其名也。然曰孟懿子。而不云仲孫者。魯有三卿。至八佾自釋也。云懿謚也者。謚者。明行之跡也。生時有百行之不同。死後至葬。隨其生時德行之跡。而爲名稱。猶如經緯天地曰文。撥定禍亂曰武之屬也。

孟武伯問孝。子曰。父母唯其疾之憂。註馬融曰。武伯。懿子之子。仲孫彘也。武。謚也。言孝子不妄爲非。唯有疾病。然後使父母之憂耳。疏○孟武伯問至之憂○云孟武伯問孝者孟武伯。懿子之子也。亦問孔子行孝之法也。云子曰父母唯其疾之憂者答也。其憂於人子也。言人子欲常敬慎自居。不爲非法。橫使父母憂也。若己身有疾疾唯此一條。非人所及。可測尊者憂耳。唯其疾之憂也。

子游問孝。註孔安國曰。子游弟子也。姓言。名偃也。子曰。今之孝者。是謂能養。至於犬馬。皆能有養。不敬。何以別乎。註苞氏曰。犬以守禦。馬以代勞。能養人者也。一曰。人之所養。乃能至於犬馬。不敬。則無以別。孟子曰。養而不愛。豕畜之也。愛而不敬。獸畜之也。疏子游問至別乎○云子游問孝者。亦問行孝法也。云子曰今之孝者是謂能養者答也。今之。謂當孔子時也。夫孝爲體。以敬爲先。以養爲後。而當時皆多不孝。縱或一人有。唯知進於飲食。不知行敬。故云今之孝者。是謂能養也。云至於犬馬皆能有養者。此舉能養無敬。非孝之例也。犬能爲人守禦。馬能爲人負重載人。皆是能養而不能行敬者。故云至於犬馬皆能有養也。云不敬何以別乎者。言犬馬者亦能養人。但不知爲敬耳。人若但知養而不敬。則與犬馬何以爲殊別乎。○注苞氏曰至畜之也。○云犬以守禦馬以代勞能養人者也者。唯不知敬。與人爲別耳。云一曰人之所養乃能至於犬馬者。此釋與前異也。言人所養。乃至養於犬馬也。云不敬則無以別者。養犬馬。則不須敬。若養親而不敬。則與養犬馬不殊別也。云孟子曰養而不愛豕畜之也者。引孟子語。證後通也。言人畜養豕。但以食之。而不愛重之也。云愛而不敬獸畜之也者。又言人養珍禽奇獸。亦愛重之。而不恭敬之也。

子夏問孝。子曰：色難。註苞氏曰：色難，謂承望父母顏色，乃爲難也。有事，弟子服其勞；有酒食，先生饌。註馬融曰：先生，謂父兄也。饌，飲食也。曾是以爲孝乎？註馬融曰：孔子喻子夏曰：服勞先食，汝謂此爲孝乎？未足爲孝也。承順父母顏色，乃是爲孝耳。

疏子夏問至孝乎○云子夏問孝者，亦問行孝法也。云子曰色難者，答也。色謂父母顏色也。言爲孝之道，必須承奉父母顏色，此事爲難，故曰色難也。故顏延之云：夫氣色和，則情志通。善養親之志者，必先和其色，故曰難也。云有事弟子服其勞者，此以下是易，而非孝子之事也。有事，謂役使之事也。弟子，謂爲人子弟者也。服，謂執持也。勞，勞苦也。言家中有役使之事，而弟子自執持，不憚於勞苦也。云有酒食先生饌者先生謂父兄也饌猶飲食也言若有酒食則弟子不敢飲食必以供飲食於父母也云曾是以爲孝乎者曾猶嘗也言爲人子弟先勞後食此乃是人子人弟之常事最易處耳誰嘗謂此爲孝乎言非孝也故江熙稱或曰勞役居前酒食處後是人子之常事未足稱孝也然此四人問孝是同而夫子答異者或隨疾與藥或寄人弘教也懿子武伯皆明以其人有失故隨其失而答之子游子夏是寄二子以俱明教也故王弼云問同而答異者或攻其短或矯其時失或成其志或說其行又沈峭云夫應教紛紜常係汲引經營流世每存急疾今世萬塗難以同對互舉一事以訓來問來問之訓縱橫異轍則孝道之廣亦以明矣○

馬融曰先生謂父兄也○然禮唯呼師爲先生謂資爲弟子此言弟子以對先生則似非子弟對父兄也而注必謂先生爲父兄者其有二意焉一則既云問孝孝是事親之目二則既釋先生爲父兄欲寄在三事同師親情等也

子曰。吾與回言終日不違如愚【註】孔安國曰。回。弟子也。姓顏。名回。字子淵。魯人也。不違者。無所怪問於孔子之言。默而識之。如愚者也。退而省其私。亦足以發回也不愚也【註】孔安國曰。察其退還與二三子說釋道義。發明大體。知其不愚也【疏】子曰至愚也○云吾與回言終日不違如愚者。此章美顏淵之德也。回者。顏淵名也。愚者。不違之稱也。自形器以上。名之爲無。聖人所體也。自形器以還。名之爲有。賢人所體也。今孔子終日所言。卽入於形器。故顏子聞而卽解。無所諮問。故不起發我道。故言終日不違也。一往觀回。終日默識不問。殊似於愚魯。故云如愚。故繆播云。將言形器。形器。顏生所體。莫逆於心。故若愚也。云退而云云者。退謂回聽受已竟。退還其私房時也省。視也其私。謂顏私與諸朋友談論也發。發明義理也。言回就人衆講說。見回不問。如似愚人。今視回退還私房。與諸子覆述前義。亦足發明義理之大體。故方知回之不愚也。熊埋云。察退與二三子私論。亦足以發明聖奥。振起風訓也。回之似愚。而豈愚哉。既以美顏。又曉衆人未達者也。

○註孔安國曰至者也○諸弟子不解。故時或諮問。而顏回默識。故不問。不問。如愚者之不能問也。

子曰。視其所以。註以。用也。言視其所行用也。觀其所由。註由。經也。言觀其所經從也。察其所安。人焉廋哉。人焉廋哉。註孔安國曰。廋。匿也。言觀人之終始。安。有所匿其情也。疏子曰至廋哉○此章明觀知於人之法也。云視其所以者以。用也。其。其彼人也。若欲知彼人行。當先視其即日所行用之事也。云觀其所由者。由者。經歷也。又次觀彼人從來所經歷處之故事也【云察其所安者】察謂心懷忖測之也安謂意氣歸向之也言雖或外跡有所避而不得行用而心中猶趣向安定見於貌者當審察以知之也然在用言視由言觀安言察者各有以也視直視也觀廣瞻也察沈吟用心忖度之也即日所用易見故云視而從來經歷處此即爲難故言觀情性所安最爲深隱故云察也【云人焉廋哉人焉廋哉者】焉安也廋匿也言用上三法以觀驗彼人之德行則在理必盡故彼人安得藏匿其情耶再言之者深明人情不可隱也故江熙云言人誠難知以三者取之近可識也

子曰溫故而知新可以爲師矣【註】溫尋也尋繹故者又知新者可以爲師也【疏】子曰至師矣○此章明爲師之難也溫溫燖也故謂所學已得之事也所學已得者則溫燖之不使忘失此是月無忘其所能也新謂即時所學新

得者也。知新。謂日知其所亾也。若學能日知所亾。月無忘所能。此乃可爲人師也。孫綽云。滯故。則不能明新。希新。則存故不篤。常人情也。唯心平秉一者。守故彌溫。造新必通。斯可以爲師者也。○註溫尋也。○溫是尋繹之義。亦是燖煖之義也。

子曰。君子不器。註苞氏曰。器者。各周其用。至於君子無所不施也。疏子曰君子不器。○此章明君子之人。不係守一業也。器者。給用之物也。猶如舟可汎於海。不可登山。車可陸行。不可濟海。君子當才業周普。不得如器之守一也。故熊埋云。器以名可繫其用。賢以才可濟其業。業無常分。故不守一名。用有定施。故舟車殊功也。

子貢問君子。子曰。先行其言。而後從之。註孔安國曰。疾小人多言。而行之不周也。疏子貢問至從之。○云子貢問君子者問施何德行。而可謂爲君子乎。云子曰先行其言而後從之者。答云。君子先有其言。而後必行。行以副所言。是行從言也。若言而不行。則爲辭費。君子所恥也。又一通云。君子之言。必爲物楷。故凡有言皆令後人從而法之也。故王朗云。鄙意以爲立言之謂乎。傳曰。大上有立德。其次立言。明君子之道言必可。則令後世準而從之。故曰而後從之。

子曰。君子周而不比。註孔安國曰。忠信爲周。阿黨爲比也。小人比而不周。疏子曰至不周。○此章明君子行與小人異也。云君子周而不比者。周。忠信也。比。阿黨也。君子常以忠信爲心。而無相阿黨也。云小人比而不周者。與君子反也。小人唯更相阿黨。而並不忠信也。然周是博遍之法。故謂爲忠信。比是親狎之法。故謂爲阿黨耳。若互而言。周名亦有惡。比名亦有善者。故春秋傳云。是謂比周。言其爲惡。周遍天下也。易卦有比。

比則是輔。里仁云。君子義之與比。比則是親。雖非廣稱。文亦非惡。今此文既言周以對比。故以爲惡耳。孫綽云。理備故稱周。無私故不比也。

子曰。學而不思則罔。註苞氏曰。學而不尋思其義理則罔然無所得也。思而不學則殆。註不學而思。終卒不得。使人精神疲殆也。疏子曰至則殆。○此章教學法也。云學而不思則罔者。夫學問之法。既得其文。又宜精思其義。若唯學舊文。而不思義。則臨用行之時。罔罔然無所知也。又一通云。罔。誣罔也。言既不精思。至於行用乖僻。是誣罔聖人之道也。云思而不學則殆者又若不廣學舊文。而唯專意而獨思則精神疲殆。而於所業而無功也。

子曰。攻乎異端。斯害也已矣。註攻。治也。善道有統。故殊塗而同歸。異端不同歸者也。疏子曰攻乎異端斯害也已矣○此章禁人雜學諸子百家之書也。攻。治也。古人謂學爲治。故書史載人專經學問者。皆云治其書治其經也。異端。謂雜書也。言人若不學六籍正典。而雜學于諸子百家。此則爲害之深。故云攻乎異端斯害也已矣。斯害也已矣者。爲害之深也。○注善道至者也○云善道有統故殊塗而同歸者善道即五經正典也。有統。統。本也。謂皆以善道爲本也。殊塗。謂詩書禮樂爲教之塗不同也。同歸。謂雖所明各異。而同歸於善道也。云異端不同歸者也諸子百家。並是虛妄。其理不善。無益教化。故是不同歸也。

子曰。由。誨汝知之乎。注孔安國曰。由。弟子也。姓仲。名由。字子路也。知之爲知之。不知爲不知。是知也。

疏子曰至知也○此章抑子路兼人也【云子曰由者】由子路名也子路有兼人之性好以不知爲知也孔子將欲教之故先呼其名云由我欲教汝知之乎者】誨教也孔子呼子路名云由我欲教汝知之文章乎【云知之爲知之不知之爲不知者】汝若心有所不知則當云不知不可妄云知之也【云是知也者】若不知云知此則是無知之人耳若實知而云知此乃是有知之人也又一通云孔子呼子路名云由我從來教化於汝汝知我教汝以不乎汝若知我教則云知若不知則云不知能如此者是有知之人也

子張學干祿註鄭玄曰子張弟子也姓顓孫名師字子張也干求也祿祿位也子曰多聞闕疑愼言其餘則寡尤註苞氏曰尤過也疑則闕之其餘不疑

猶慎言之。則少過也。多見闕殆。慎行其餘。則寡悔。
註苞氏曰。殆。危也。所見危者。闕而不行。則少悔也。
言寡尤。行寡悔。祿在其中矣。註鄭玄曰。言行如此。
雖不得祿。得祿之道也。疏子張學至中矣。○云子張學干祿者。干。求也。祿。
祿位也。弟子子張。就孔子學求祿位之術也。云子
曰多聞闕疑者。答求祿術也。疑。疑惑之事也。言人
居世間。必多有所聞。所聞之事。必有疑者。有解者。
解者。則心錄之。若疑者。則廢闕而莫存錄。故云多
聞闕疑。云慎言其餘者。其餘。謂所心解不疑者也。
已闕廢可疑者。而所餘不疑者。雖存錄在心。亦何
必中理。故又宜口慎言之也。云則寡尤者。寡。少也。
尤。過也。既闕可疑。又慎言所不疑。能如此者。則生
平之言。少有過失也。云多見闕殆者。殆。危也。言人
若眼多所見。闕廢其危殆者。不存錄之也。云慎行

其餘者其餘。謂自所錄非危殆之事也。雖已。發危殆者。而所餘不殆者。亦何必並中其理。故又宜愼行之也。云則寡悔者悔。恨也。既闕於危殆者。又愼行所不殆。能如此者。則平生所行少悔恨也。云言寡尤行寡悔祿在其中矣者。其餘若能言少過失。行少悔恨。則祿位自至。故云祿在其中也。故范甯云。發言少過。履行少悔。雖不以要祿。乃致祿之道也。仲尼何以不使都無尤悔。而言寡尤乎。有顏回猶不二過。蘧伯玉亦未能寡其過。自非聖人何能無之。子張若能寡尤悔。便爲得祿者也。○註鄭玄曰至道也○言當無道之世。德行如此。雖不得祿。若忽值有道之君。則必見用。故云得祿之道也。

哀公問曰。何爲則民服。註苞氏曰。哀公。魯君之諡也。

孔子對曰。擧直錯諸枉。則民服。註苞氏曰。錯。置也。擧用正直之人。廢置邪枉之人。則民服其上矣。擧枉錯諸直。則民不服。【疏】哀公問至不服○云哀公問曰何爲則民服者。哀公失德。民不服從。而公患之。故問孔子。求民服之法也。云孔子對曰舉直錯諸枉則民服者。答哀公民服之法也。凡稱孔子曰。則是弟子所記。若稱孔子。則當時人。非弟子所記。後爲弟子所撰。仍舊不復改易。故依先呼孔子也。直。謂正直之人也。錯。置也。枉。委曲邪佞之人也。言若舉正直之人爲官位。爲廢置邪佞之人。則民服君德也。亦由哀公廢直用枉故也。故范甯云。哀公捨賢任佞。故仲尼發乎此言。欲使舉賢以服民也。云舉枉錯諸直則民不服者。此舉哀公之政如此。故民不服也。江熙云。哀公當千載之運。而聖賢滿國。舉而用之。魯其王矣。而唯好耳目之悦。群邪秉政。民心厭弃。既而苦之。乃有此問也。

季康子問。使民敬忠以勸。如之何。【註】孔安國曰。魯卿

季孫肥也。康。謚也。子曰。臨民之以莊。則民敬。註苞
氏曰。莊。嚴也。君臨民以嚴。則民敬其上也。孝慈則
忠。註苞氏曰。君能上孝於親。下慈於民。則民忠矣。
舉善而教不能。則民勸。註苞氏曰。舉用善人而教
不能者。則民勸也。疏季康子問至民勸。○云季康子問云云者。季康子。魯臣也。
其既無道僭濫。故民不敬不忠。不相勸奬。所以問
孔子。求學使民行敬及忠及勸三事也。故云如之
何。云子曰云云者。答使爲三事之術也。民從上化。
如草從風也。臨。謂以高視下也。莊猶嚴也。言君居
上臨下。若自能嚴整。則下民皆爲敬其上也。云孝
慈則忠者。又言君若上孝父母。下慈民人。則民皆
盡竭忠心以奉其上也。故江熙云。言民法上而行
也。上孝慈。則民亦孝慈。孝於其親。乃能忠於君。求

忠臣。必於孝子之門也。云舉善而教不能則民勸者又言若民中有善者。則舉而祿位之。若民中未能善者。則教令使能。若能如此。則民競爲勸慕之行也。

或謂孔子曰。子奚不爲政。註苞氏曰。或人以爲居位乃是爲政也。子曰。書云。孝于惟孝。友于兄弟。施於有政。是亦爲政也。奚其爲爲政。註苞氏曰。孝于惟孝者。美孝之辭也。友于兄弟。善於兄弟也。施。行也。所行有政道。卽是與爲政同耳。疏或謂至爲政○云或謂云云者或者。或有一人不記其姓名也。奚。何也。政。謂居官南面也。或人見孔子栖遑。故問孔子曰。何不爲政處官位乎。云子曰云云者。此以上並尚書言也。引書以答或人也。然此語亦與尚書微異。而義可一也。善父母曰孝。善兄弟爲友。于，於也。惟孝，謂惟令盡於孝也。施，行也。言人子在閨門，當極孝於父母，而極友於兄弟。若行此二事有政，即亦是爲政也。云奚其爲爲政者　此是孔子正答於或人也。言施行孝友有政，家家皆正，則邦國自然得正，亦又何用爲官位，乃是爲政乎。故范甯云：夫所謂政者，以孝友爲政耳。行孝友，則是爲政，復何者爲政乎。引周書，所以明政也。或人貴官位，而不存孝道，故孔子言于此也。○注苞氏曰至同耳。○云孝于云云者　惟令極行於孝，故云美孝之辭也。然友于兄弟，是善於兄弟，則孝于惟孝，是善於父母也。父母既云孝于惟孝，則兄弟亦宜云友于惟友也。所以互見之也。云施行云云者　行孝友有政道，卽與爲政同，更何所別復爲政乎。

子曰：人而無信，不知其可也。注孔安國曰：言人而無信，其餘終無可也。大車無輗，小車無軏，其何以行之哉。註苞氏曰。大車。牛車。輗者。轅端横木以縛枙者也。小車。駟馬車也。軏者。轅端上曲拘衡者也。疏子曰至之哉○此章明人不可失信也云人而無信不知其可也者言人若無信。雖有他才。終爲不可。故云不知其可也云大車云云者此爲無信設譬也。言人以信得立。如大小之車。由於輗軏以得行也。若車無輗軏。則車何以得行哉。如人而無信。則何以得立哉。故江熙稱彦升曰。車待輗軏而行。猶人須信以立也○註孔安國曰至可也○其餘謂他才伎也○註苞氏曰至者也○云大車牛車者牛能引重。故曰大車也云輗者轅端横木以縛枙者也者端。頭也。古作牛車。二轅。不異即時車。但轅頭安枙。與今異也。即時車枙用曲木駕於牛脰。仍縛枙兩頭著兩轅。古時。則先取一横木縛著兩轅頭。又别取曲木爲枙。縛著横木以駕牛脰也。即時一馬牽車枙猶如此也云小車駟馬車也者馬所載輕。故曰小車也。四馬共牽一車。卽今龍旂車是也。〔云軏者轅端上曲拘衡者也者〕衡橫也。四馬之車。唯中央有一轅。轅頭曲向上。此拘駐於橫。名此曲者爲軏也。所以頭拘此橫者。轅駕四馬。故先橫一木於轅頭。而縛扼著此橫。此橫既爲四馬所載。恐其不堅。故特置曲扼軏裏。使牽之不脫也。猶卽時龍旂車轅端爲龍置橫。在龍頭上曲處也。鄭玄曰。輗。穿轅端著之。軏。因轅端著之。

子張問十世可知也。〔註〕孔安國曰。文質禮變也。子曰。殷因於夏禮。所損益可知也。周因於殷禮。所損益可知也。〔註〕馬融曰。所因。謂三綱五常也。所損益。謂文質三統也。其或繼周者。雖百世亦可知也。〔註〕馬融曰。物類相招。勢數相生。其變有常。故可豫知也。

疏子張問至知也○云子張問十世可知也者。十世。謂十代也。子張見五帝三王。文質變易。世代不同。故問孔子。從今以後。方來之事。假設十代之法。可得逆知以不乎。云子曰殷因云云者。孔子舉前三代禮法相因。及所損益以爲後代可知之證也。言殷代夏立。而因用夏禮。及損益夏禮事事可得而知也。云周因云云者。又周代殷立。亦有因殷禮。及有所損益者。亦事事可知也。云其或云云者。既因變有常。故從今以後。假令或有繼周而王者。王王相承至於百世。亦可逆知也。言或者。爾時周猶在。不敢指斥百代。故云其或也。○注馬融曰至統也○云所因謂三綱五常者。此是周所因於殷。殷所因於夏之事也。三綱。謂夫婦父子君臣也。三事爲人生之綱領。故云三綱也。五常。謂仁義禮智信也。就五行而論。則木爲仁。火爲禮。金爲義。水爲信。土爲智。人稟此五常而生。則備有仁義禮智信之性也。人有博愛之德。謂之仁。有嚴斷之德爲義。有明辨尊卑敬讓之德爲禮。有言不虛妄之德爲信。有照了之德爲智。此五者。是人性之恒。不可暫捨。故謂五常也。雖復時移世易。事歷今古。而三綱五常之道。不可變革。故世世相因。百代仍襲也。云所損益謂文質三統者夫文質再而復。正朔三而改。質文再而復者。若一代之君。以質爲教者。則次代之君必以文教也。以文之後君。則復質。質之後君。則復文。循環無窮。有興必有廢。廢興更遷。故有損益也。正朔三而改者。三代而一周也。夫人君爲政。所尚不同。必各有所統。統則有三也。案大傳云。王者始起。改正朔。易服色。夫正朔有三本。亦有三統。明王者受命。各統一正也。朔者。蘇也。革也。言萬物革更於是。故統焉。又禮三正記云。正朔三而改。文質再而復。尚書大傳云。夏以孟春爲正。殷以季冬爲正。周以仲冬爲正。又曰。夏以十三月爲正。色尚黑。以平旦爲朔。殷以十二月爲正。色尚白。以鷄鳴爲朔。周以十一月爲正。色尚赤。以夜半爲朔也。白虎通云。王者受命。必改正朔者。明易姓示不相襲。明受之於天。不受之於人。所以變易民心。革其耳目以化。又云。十三月之時。萬物始達孚甲而出皆黑。人得加功力。故夏爲人正。色尚黑也。十二月之時。萬物始芽而白。白者陰氣。故殷爲地正。色尚白也。十一月之時。陽氣始養根核。故黃泉之下。萬物皆赤。赤者。盛陽之氣也。故周爲天正。色尚赤也。又云。天道左旋。改正右行者。非改天道。但改日月耳。日月右行。故改正右行。日尊於月。不言正日。而言正月者。積日成月。物隨月而變。據物爲正也。天質地文。周反天統。何。質文再改。正朔三易。三微質文。正不相因。故正不隨質文也。三統之義如此。然舊問云。夏用建寅爲正。物初出色黑。故尚黑。今就草木初生。皆青。而云黑何也。舊通云。物初出乃青。遠望則黑。人功貴廣遠。故也。且一日之中。天有青時。故取其黑也。又舊問云。三正爲正。是三王爲上代。已有舊通。有二家。一云。正在三代。三代時相統。故須變革相示也。又一家云。自從有書籍。而有三正也。伏犧爲人統。神農爲地統。黃帝爲天統。少昊猶天統。言是黃帝之子。故不改統也。顓頊爲人統。

帝嚳爲地統，帝堯是爲嚳子，亦爲地統，帝舜爲天統，夏爲人統，殷爲地統，周爲天統，三正相承，若連環也。今依後釋，所以必從人爲始者，三才須人乃成，是故從人爲始也。而禮家從夏爲始者，夏是三王始，故舉之也。又不用建卯建辰爲正者，于時萬物不齊，莫適所統也。○註馬融曰至知也○云物類相招者，謂三綱五常各以類相招，因而不變者也。云勢數相生者，謂文質三統及五行相次，各有勢數也。如太昊木德，神農火德，黄帝土德，少昊金德，顓頊水德，周而復始，其勢運相變生也。云其變有常故可豫知者，豫，逆也。有因有變，各有其常，以此而推，故百世可逆知也。

子曰：非其鬼而祭之，諂也。註鄭玄曰：人神曰鬼，非其祖考而祭之，是諂以求福也。見義不爲，無勇也。註孔安國曰：義者所宜爲也，而不能爲，是無勇也。疏子曰至勇也○云非其鬼而祭之諂也者諂。橫求也。鬼神。聰明正直。不歆非禮人若非己祖考而祭之。是爲諂求福也。云見義不爲無勇也者義謂所宜爲也。見所宜爲之事而不爲。是無勇敢也。

論語集解義疏卷第一

論語集解義疏卷第二

魏 何晏 集解

梁 皇侃 義疏

日本根遜志 校正

論語八佾第三 疏 八佾者。奏樂人數行列之名也。此篇明季氏是諸侯之臣。而僭行天子之樂也。所以次前者。言政之所裁。裁於斯濫。故八佾次爲政也。又一通云。政既由學。學而爲政。則如北辰。若不學而爲政。則如季氏之惡。故次爲政也。然此不標季氏。而以八佾命篇者。深責其惡。故書其事以標篇也。

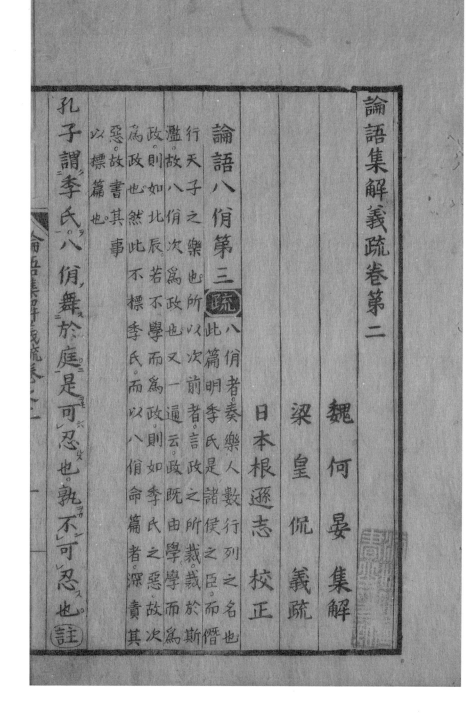

孔子謂季氏。八佾舞於庭。是可忍也。孰不可忍也。註

馬融曰。孰。誰也。佾。列也。天子八佾。諸侯六。卿大夫四。士二。八人爲列。八八六十四人也。魯以周公故受王者禮樂。有八佾之舞。今季桓子僭於其家廟舞之。故孔子譏之也。

疏 孔子謂至忍也○云孔子謂季氏者。謂者。評論之辭也。夫相評論。有對面而言。有遥相稱評。若此後子謂冉有曰。汝不能救與。則是對面也。今此所言。是遥相評也。季氏。魯之上卿也。魯有三卿。並豪强僭濫。季氏是上卿。爲僭濫之端。故特擧謂季氏也。云八佾舞於庭者。此是孔子所譏之事也。佾猶行列也。天子制八音爲樂。以調八風。故舞人亦有八行。每八人爲行。八八六十四人。則天子舞者用六十四人也。魯有周公之故。故天子賜魯用天子八佾之樂。而季氏是魯臣。乃僭取八佾樂。於其家廟庭而舞之。故云八佾舞於庭也。云是可忍也者。是猶

此也此。此舞八佾之事也忍猶容耐也孔子曰僭
此八佾之舞。若可容忍者也云孰不可忍也者孰。
誰也言若此僭可忍則天下為惡。誰復不可忍也
○註馬融曰至識之也○云天子八佾者天子用
八以象八風八風者。八方八卦之風也北曰廣漠
風東北曰條風東曰明庶風東南曰清明風南曰
景風西南曰涼風西曰閶闔風西北曰不周風也
云諸侯六者六禮降殺以兩天子八佾諸侯故云
六佾也云卿大夫四士二者杜注左氏傳及河注
公羊傳皆云。諸侯六。六六三十六人大夫四。四四
十六人士二。二二四人也云八人為列八八六十
四人也者據天子之佾人數也云魯以周公故者
故。周公有輔相成王。攝天子位。六年制禮作樂。七
年致政還成王之故也云受王者禮樂有八佾之
舞者由周公之故。故受天子禮樂八佾舞也云今
季云云者卑者濫用尊者之物曰僭也桓子家之
豪強起於季氏文子。武子。平子。悼子。至桓子五世
故後引栖孔子曰政逮於大夫四世矣是世今者

子所譏皆譏其五世。而注獨云桓子者。是時孔子與桓子政相值。故舉值者言之

三家者以雍徹（注）馬融曰三家者。謂仲孫叔孫季孫也雍。周頌臣工篇名也天子祭於宗廟。歌之以徹祭。今三家亦作此樂者也子曰相維辟公天子穆穆矣奚取於三家之堂（注）苞氏曰。辟公。謂諸侯及二王之後也穆穆。天子之容也雍篇歌此曲者有諸侯及二王之後來助祭故也今三家但家臣而已何取此義而作之於堂耶（疏）三家至之堂○云三家者以雍徹者又譏其失也三家即是仲孫。叔孫季孫也並皆僭濫。故此幷言之也季氏為最惡。故巻初獨言季氏

也。雍者。詩篇名也。徹者。禮。天子祭竟。欲徹祭饌。則
使樂人先歌雍詩以樂神。後乃徹祭器。于時三家
祭竟。亦歌雍詩以徹祭饌。故云三家者以雍徹也。
【云】子曰云云【者】。前是記者之言。此是孔子語也。孔
子稱雍詩之曲以譏三家也。相。助也。辟。猶諸侯也。
公。二王之後也。穆穆。敬也。奚。何也。孔子曰此詩曲
言時助祭者。有諸侯及王者後。而天子容儀盡敬
穆穆然。今三家之祭。但有其家臣而已。有何諸侯
二王後。及天子穆穆乎。既無此事。何用空歌此曲
於其家之廟堂乎。或問曰。魯祭亦無諸侯及二王
後。那亦歌此曲耶。答曰。既用天子禮樂。故歌天子
詩也。或通云。既用天子禮樂。故當祭時則備設此
諸官也。或云。魯不歌此雍也。季氏自僭天子禮。非
僭魯也。○【注】馬融曰至者也。○【云】三家者謂仲孫
【叔】孫季孫也【者】。三孫同是魯桓公之後。桓公嫡子
莊公爲君。而庶子公子慶父。公子叔牙。公子季友
也。仲孫是慶父之後。叔孫是叔牙之後。季孫是季
友之後。後子孫皆以其先仲叔季爲氏。故有此三

氏並是桓公子孫故俱稱孫也亦曰三桓子孫也仲孫氏後世改仲曰孟孟者庶長之稱也言已家是庶不敢與莊公為伯仲叔季之次故取庶長為始而云孟孫氏也云雍周頌云云者天子徹祭所以歌雍者雍詩云有客雍雍至止肅肅相維辟公天子穆穆是言祭事周畢有客甚自雍和而至皆並肅敬時助祭者有諸侯及二王後而天子威儀又自穆穆是禮足事竟所以宜徹故歌之以樂神也○**注**苞氏曰至堂耶○云辟公謂諸侯及二王之後也者辟訓君君故是諸侯也二王後稱公公故是二王後也云穆穆云云者唯天子祭有此也云今三家云云者大夫稱家今三卿之祭但有家臣家臣謂家相邑宰之屬來助祭耳有何辟公天子穆穆而空歌此曲於堂乎

子曰人而不仁如禮何人而不仁如樂何**注**苞氏曰言人而不仁必不能行禮樂也**疏**子曰至樂何○此章亦爲季氏

出也季氏僭濫王者禮樂其既不仁則奈此禮樂
何乎江熙云所貴禮樂者以可安上治民移風易
俗也然其人存則興其人亡則廢而不仁之人居
得興之地而無能興之道則仁者之屬無所施之
故歎之
而已

林放問禮之本註鄭玄曰林放魯人也子曰大哉問
禮與其奢也寧儉喪與其易也寧戚註苞氏曰易
和易也言禮之本意失於奢不如儉也喪失於和
易不如哀戚也疏林放問至寧戚○云林放問禮之本者問孔子求知禮之本也
云子曰大哉問者重林放能問禮之本故美其問
而稱之大哉也故王弼曰時人棄本崇末故大其
能尋本禮意也云禮與其奢也寧儉者美之既竟
此答之也奢奢侈也儉儉約也夫禮之本意在奢

儉之中。不得中者皆爲失也。然爲失雖同。而成敗則異。奢則不遜。儉則固陋。俱是致失。奢不如儉。故云禮與其奢寧儉也。云喪與其易也寧戚者。易。和易也。戚。哀過禮也。凡喪有五服輕重者。各宜當情。所以是本。若和易及過哀。皆是爲失。會是一失。則易不若過哀。故云寧戚也。或問曰。何不答以禮本。而必言四失何也。答云。舉其四失。則知不失即其本也。其時世多失。故因舉失中之勝以誡當時也。

○註苞氏曰至戚也。○就注意。即所答四失從二。即是禮本也。

子曰。夷狄之有君。不如諸夏之亾也。註苞氏曰。諸夏。中國也。亾。無也。疏子曰至亾也。○此章重中國。賤蠻夷也。諸夏。中國也。亾。無也。言夷狄雖有君主。而不及中國無君也。故孫綽曰。諸夏有時無君。道不都喪。夷狄强者爲師。理同禽獸也。釋惠琳曰。有君無禮。不如有禮無君也。刺時季氏有君無禮也。○註苞氏曰。諸夏中國也。○謂中國爲諸夏者。夏。大也。中國禮大。故謂爲夏也。諸。之也。語助也。

季氏旅於泰山。子謂冉有曰。汝不能救與。註馬融曰。旅。祭名也。禮。諸侯祭山川在其封內者也。今陪臣祭泰山。非禮也。冉有。弟子冉求也。時仕季氏。救。猶止也。對曰。不能。子曰。嗚呼。曾謂泰山不如林放乎。註苞氏曰。神不享非禮。林放尚知問禮。泰山之神反不如林放耶。欲誣而祭之也。疏○季氏旅至放乎○云季氏旅於泰山者。又譏季氏僭也。旅。祭名也。鄭注周禮云。旅。非常祭也。今季氏祭泰山。是非常祭。故云旅也。泰山。魯之泰山也。禮。天子祭天下名山大川。諸侯止祭其封內。大夫位非專封。則不得祭山川。而季氏

論語集解義疏卷之二　五

亦僭祭魯泰山也。云子謂冉有曰汝不能救與者
冉有。孔子弟子也。救。猶諫止也。時冉有仕季氏家。
季氏灋祀故孔子問冉有言汝既仕彼家。那不能
諫止其灋祀乎。云對曰不能者冉有對孔子也。不
能。謂季氏豪僭。雖諫不能止也。云子曰嗚呼者孔
子更說季氏之失。故先歎而後言也。嗚呼。歎也。云
曾謂泰山不如林放乎者曾之言。則也。乎。助語也。
孔子曰。林放尚能問禮本。況泰山之神。聰明正直
而合歆此非禮之祀也乎。若遂歆此非禮之食。則
此神反不如林放也。既必無歆理。豈可誣罔而祭
之乎。故云則可謂泰山不如林放乎。○注馬融曰
至禮也○云禮諸侯祭山川在其封内者也者泰
山在魯。魯君宜祭之耳。云令陪臣祭泰山非禮也
者陪。重也。魯是天子臣。而季氏是魯臣。於天子爲
重臣。重臣而與天子俱
祭名山。故爲非禮也。

子曰。君子無所爭。必也射乎。注孔安國曰。言於射而

後有爭也。揖讓而升下而飲【註】王肅曰射於堂升
及下。皆揖讓而相飲也。其爭也君子【註】馬融曰多
筭飲少筭。君子之所爭也。【疏】子曰至君子○此章明射之可重也。云君
子無所爭者言君子恒謙卑自收。退讓明禮。故云
無所爭也云必也射乎者言雖他事無爭。而於射
有爭。故云必也射乎。於射所以有爭者。古者生男
必設桑弧蓬矢於門左。至三日夜。使人負子出門
而射。示此子方當必有事於天地四方。故云至年
長以射進仕。禮。王者將祭必擇士助祭。故四方諸
侯並貢士於王。王試之於射宮。若形容合禮。節奏
比樂。而中多者。則得預於祭。得預於祭者。進其君
爵土。若射不合禮樂而中少者。則不預祭。不預祭
者。黜其君爵土。此射事既重。非唯自辱。乃係累已
君。故君子之人。於射而必有爭也。故顏延之曰。射
許有爭。故可以觀無爭也。云揖讓而升下者射儀

論語集解義疏卷之二　六

云禮初主人揖賓而進交讓而升堂及射竟勝負已決下堂猶揖讓不忘禮故云揖讓而升下也云而飲者謂射不如者而飲罰爵也射勝者黨酌酒跪飲於不如者云敬養所以然者君子敬讓不以己勝爲能不以彼負爲否言彼所以不中者非彼不能政是有疾病故也酒能養病故酌酒飲彼示養彼病故云敬養也所以禮云君使士射不能則辭以疾懸弧之義也而不如者亦跪受酒而云賜灌灌猶飲也言賜飲者服而爲敬辭也云其爭也君子者夫小人之爭必攘臂厲色今此射雖心止不忘中而進退合禮更相辭讓跪授跪受不乖君子之容故云其爭也君子也 ○注王肅曰至飲也 ○就王注意則云揖讓而升下也若餘人讀則云揖讓而升升屬上句又云下而飲下屬下句然此讀不及王意也 ○注馬融曰至爭也 ○此證其爭也君子也筭猶籌也射者比結朋黨各有筭數每中則以筭表之若中多則筭多故云多筭也中少則筭少故云少筭也凡情得勝則自爲矜貴今射

雖多筭。當猶自酌酒以飲少筭。不敢自高。是君子之所爭也。故云君子之所爭也。然釋此者云。於射無爭。非今所安。聊復記之。李充曰。君子謙卑以自牧。後己先人。受勞辭逸。未始非讓。何爭之有乎。射藝競中以明能否。而處心無措者。勝負若一。由此觀之。愈知君子之無爭也。欒肇曰。君子於射講藝明訓。考德觀賢。繁揖讓以成禮。崇五善以興教。故曰。君子無所爭。必也射乎。言於射尤必君子之無爭。周官所謂陽禮教讓。則民不爭者也。君子於禮所主在重。而所略在輕。若升降揖讓。於射則爭。是爲輕在可讓。而重在可爭。豈所謂禮敬之道哉。且爭無益於勝功者也。求勝在己。理之常也。雖心在中。質不可謂爭矣。故射儀曰。失諸正鵠。還求諸身。求中以辭養。不爲爭勝以耻人也。又曰。射仁道也。發而不中。不怨勝己者。反求諸己而已。因稱此言以證無爭焉。誠以爭名施於小人。讓分定於君子也。今說者云。必於射然後有爭。此爲反論文。背周官。違禮記。而後有爭之言。得通考諸經傳。則無爭之證益明矣。范寗亦云。無爭。

子夏問曰。巧笑倩兮。美目盼兮。素以爲絢兮。何謂也。註馬融曰。倩笑貌。盼動目貌。絢文貌也。此上二句在衞風碩人之二章。其下一句逸也。子曰。繪事後素。註鄭玄曰。繪畫文也。凡畫繪先布衆采・然後以素分其間。以成其文。喻美女雖有倩盼美質。亦須禮以成也。曰。禮後乎。註孔安國曰。孔子言繪事後素。子夏聞而解知以素喻禮。故曰禮後乎。子曰。起予者商也。始可與言詩已矣。註苞氏曰。予我也。孔子言子夏能發明我意可與共言詩已矣。

疏子夏問至已矣。○云子夏問云云者此是衛風碩人閔莊姜之詩也莊姜有容有禮。衛侯不好德而不答。故衛人閔之也巧笑。笑之美者也倩。巧笑貌也言人可憐則笑巧而貌倩倩然也美目。目之美者也盼。動目貌也言人可憐。則目美而貌盼盼然也素。白也絢。文貌也謂用白色以分間。五采使成文章也言莊姜既有盼倩之貌。又有禮自能結束。如五采得白分間。乃文章分明也子夏讀詩不達此語。故云何謂以問孔子也云子曰繪事後素者答子夏也繪。畫也言此上三句。是明美人先有其質。後須其禮以自約束。如畫者先雖布衆采蔭映。然後必用白色以分間之。則畫文分明。故曰繪事後素也云曰禮後乎者子夏聞孔子云繪事後素而解特喻人雖可憐。必後用禮。故云禮後乎。云子曰云云者起。發也予。我也孔子但言繪事後素。而子夏仍知以素喻禮是達詩人之旨以起發我談。故始可與言詩也。沈居士曰。孔子始云未若貧而樂道。富而好禮。未見貧者所以能樂道。富者所以能好禮之由。子貢答曰切磋琢磨。所以得好禮也。則是非但解孔子旨。亦是更廣引理以答也。故曰告諸往而知來者也。孔子云繪事後素。本政是以素喻禮。子夏答云禮後乎。但是解夫子語耳。理無所廣。故云起予。而不云知來也。○註此上至逸也○云此上二句在衛風碩人之二章者。巧笑及美目。即見衛風碩人第二章。云其下一句逸也者。素以為絢之一句也已散逸。則衛風所無也。○註鄭玄曰繪畫文也。○又刺縫成文。則謂之繡。畫之成文謂之為繪也

子曰。夏禮吾能言之。杞不足徵也。殷禮吾能言之。宋不足徵也。註苞氏曰。徵成也。杞宋二國名也。夏殷之後也。夏殷之禮。吾能說之。杞宋之君。不足以成

之也。文獻不足故也。足則吾能徵之矣。【注】鄭玄曰。獻猶賢也。我能不以其禮成之者。以此二國之君。文章賢才不足故也。【疏】子曰至之矣。○此章明夏殷之後失禮也。云夏禮吾能言之杞不足徵也者。夏禮。謂禹時禮也。即孔子往杞所得夏時之書也。杞。夏之後所封之國也。徵。成也。夏桀失國。周封其後東婁公於杞。當于周末。而其君昏闇。故孔子言夏家之禮。吾能言之。但杞君昏闇。不足與共成其先代之禮。故云杞不足徵也。云殷禮吾能言之宋不足徵也者。殷禮。殷湯之禮。即孔子往宋所得乾坤之書也。宋。殷之後所封之國也。紂失國。周封微子於宋也。孔子曰。殷湯之禮。吾亦能言。但于時宋君昏亂。不足以與共成之也。云文獻不足故也者。解所以不足成義也。文。文章也。獻。賢也。言杞宋二君。無文章賢才。故我不足與成之。云足則吾能徵之矣者。若文章賢才足。則

吾豈不與成之乎故云足則吾能徵之矣

子曰禘自既灌而往者吾不欲觀之矣**注**孔安國曰禘祫之禮爲序昭穆也故毀廟之主及群廟之主皆合食於太祖灌者酌鬱鬯灌於太祖以降神也既灌之後別尊卑序昭穆而魯爲逆祀躋僖公亂昭穆故不欲觀之矣**疏**子曰至之矣○此章明魯祭失禮也禘者大祭名也周禮四時祭名春曰祠夏曰礿秋曰嘗冬曰蒸又四時之外五年之中別作二大祭一名禘一名祫而先儒論之不同今不具說且依注梗概而談也謂爲禘者諦也謂審諦昭穆也灌者獻也酌鬱鬯酒獻尸灌地以求神也禮禘必以毀廟之主陳在太祖廟未毀廟之主亦升於太祖廟序諦昭穆而

後共合食堂上未陳列主之前。王與祝入太祖廟室中。以酒獻尸。尸以祭灌於地。以求神。求神竟而出堂。列定昭穆。備成祭禮時。魯家逆祀。尸主亂次。當於灌時。未列昭穆。猶有可觀。既灌以後。逆列已定。故孔子云不欲觀也。往猶後也。不言祫。唯云禘者。隨爾時所見也。○注孔安國曰至之矣。○云禘祫之禮爲序昭穆也者。列諸主在太祖廟堂。太祖之主在西壁東向。太祖之子爲昭。在太祖之東而南向。太祖之孫爲穆。對太祖之子而北向。以次東陳。在北者曰昭。在南者曰穆。所謂父昭子穆也。昭者。明也。尊父故曰明也。穆。敬也。子宜敬於父也。云故毀廟云云者。孔及先儒義云。禘祫禮同。皆取毀廟主及未毀廟之主。並升列昭穆在太祖廟堂也。云灌者云云者。鬱鬯。煮鬱金之草取汁。釀黑秬一秠二米者爲酒。酒成。則氣芬芳調暢。故呼爲鬯。亦曰秬鬯也。若又擣鬱金取汁和莎泲於此暢。則呼爲鬱鬯。但先儒舊論灌法不同。一云。於太祖室裏龕前東向。束白茅置地上。而持鬯酒灌白茅上。使酒味滲入淵泉以求神也而鄭康成不正的道灌地或云灌尸或云灌神故郊特牲云周人尚臭灌用鬯臭鬱合鬯臭陰達於淵泉灌以珪璋用玉氣也既灌然後迎牲致陰氣也鄭注云灌謂以圭瓚酌鬯始獻神也又祭統云君執圭瓚灌尸太宗執璋瓚亞灌鄭注云天子諸侯之祭禮先有灌尸之事乃後迎牲案鄭二注或神或尸故解者或云灌神是灌地之禮灌尸是灌人之禮而鄭注尚書大傳則云灌是獻尸尸乃得獻乃祭酒以灌地也云既灌之後别尊卑序昭穆者謂灌竟尸出堂時也云魯爲云云者躋升也僖公閔公俱是莊公之子僖庶子而年長閔嫡而幼莊公薨而立閔公爲君則僖爲臣事閔閔薨而僖立爲君僖後雖爲君而昔是經閔臣至僖薨列主應在閔下而魯之宗人夏父弗忌佞僖公之子文公云吾聞新鬼大故鬼小故升僖於閔上逆祀亂昭穆故孔子不欲觀之也

或問禘之說。子曰：不知也。註孔安國曰：答以不知者，爲魯君諱也。知其說者之於天下也，其如示諸斯乎。指其掌。註苞氏曰：孔子謂或人言知禘禮之說者，於天下之事，如指示以掌中之物，言其易了也。

疏或問至其掌○云"或問禘之說"者，或人聞孔子不欲觀禘，故問孔子以求知禘義之舊說也。云"子曰不知也"者，孔子答或人曰不知禘禮舊說也。所以然者，若依舊說而答之，則魯乖禮之事顯；若也依魯而說之，則又乖正教。既欲爲魯諱，故云不知也。云"知其說者之於天下也，其如示諸斯乎"者，孔子爲國諱，而答以不知，遂更不說，則千載之後，長言禘禮爲聖所不知，此事永絕，故更向或人陳其方便也。言若欲知禘說，其自不難，於天下之人莫不知矣。人人皆知，如示以掌中之物，無不知了者也。故云知其說者之於天下也。其如示諸斯也。斯此也。此。此孔子掌中也。云指其掌者。此記者所言以釋孔子語也。孔子既云易知而中掌。又以一手自指所中之掌以示或人。云。其如示諸此也。是孔子自指其掌也。○註孔安國曰至諱也。○臣爲國諱惡。則是禮也。

祭如在。註孔安國曰。言事死如事生也。祭神如神在。註孔安國曰。謂祭百神也。子曰。吾不與祭。如不祭。註苞氏曰。孔子或出或病。而不自親祭。使攝者爲之。故不致敬於心。與不祭同也。疏祭如至不祭。○云祭如在者。此以下二句。乃非孔子之言。亦因前而發也。爲魯祭臣處其君上。是不如在。故明宜如在也。此先說祭人鬼也。人子奉親。事死如事生。是如在也。云祭神如神在者。此謂祭天地山川百神也。神不可測。而心期對之如在此也。云子曰吾不與祭如不祭者既並須如在。故記者引孔子語。證成己義也。孔子言我或疾或行。不得自祭。使人攝之。雖使人代攝。而於我心不盡。是與不祭同也。○注孔安國曰言事死如事生也。○所以祭之日。思親居處笑語。及所好樂嗜欲事事。如生存時也。○注孔安國曰謂祭百神也。○孔所以知前是祭人鬼。後是祭百神者。凡且稱其在以對不在也。前既直云如在。故則知是人鬼。以今之不在。對於昔之在也。後既云祭神如神在。再稱於神。則知神無存沒。期之則在也。

王孫賈問曰。與其媚於奧。寧媚於竈。何謂也。注孔安國曰。王孫賈。衛大夫也。奧。内也。以喻近臣也。竈。以喻執政也。賈者。執政者也。欲使孔子求昵之。故微以世俗之言感動之也。子曰。不然。獲罪於天。無所禱也。註孔安國曰。天以喻君也。孔子距之曰。如獲罪於天。無所禱於衆神也。疏王孫賈問至禱也○云王孫賈問云云者。此世俗舊語也。媚。趣向也。奧。內也。謂室中西南角。室向東南開戶。西南安牖。牖內隱奧無事。恒尊者所居之處也。竈。謂人家爲飲食之處也。賈仕在衞執政。爲一國之要。能爲人之益。欲自比如竈雖卑外。而實要爲衆人所急也。又侍君之近臣以喻奧也。近君之臣。雖近君爲尊。而交無事。如室之奧雖尊。而無事也。並於人無益也。時孔子至衞。賈誦此舊語以感切孔子。欲令孔子求媚於己。如人之媚竈也。故云與其媚於奧。寧當媚竈。問於孔子何謂。使孔子悟之也。云子曰云云者。孔子識賈之詐。故以此言距之也。言我不被時用。是由君命。何能細爲曲情以求於汝輩。譬如世人得罪於天。亦無所祈禱衆邪之神也○註孔安國曰至之也○云王孫賈衞大夫也者。王孫賈者。周靈王之孫。名賈也。

是時仕衞爲大夫也「云欲使云云者」昵猶親近也
欲令孔子求親近於己。故說世俗之言。微以感動
之也。○【注】孔安國曰至神也○若不依注。則傻一
釋。欒肇曰。奧。尊而無事。竈。卑而有求。時周室衰弱。
權在諸侯。賈自周出仕衞。故託世俗言以自解於
孔子。孔子曰獲罪於天無所禱者。明天神無上。王
尊無二。言當事
尊。卑不足媚也

子曰。周監於二代。郁郁乎文哉。吾從周。【注】孔安國曰。
監。視也。言。周文章備於二代。當從周也。【疏】子曰至從周。○
「云周監於二代郁郁乎文哉者」周。周代也。監。視也。
二代。夏殷也。郁郁。文章明著也。言以周世比視於
夏殷。則周家文章最著明大備也「云吾從周
者」周既極備。爲教所須。故孔子欲從周也

子入大廟。【注】苞氏曰。大廟。周公廟也。孔子仕魯。魯祭

周公而助祭也每事問或曰孰謂鄹人之子知禮乎入大廟每事問註孔安國曰鄹孔子父叔梁紇所治邑也時人多言孔子知禮或人以爲知禮者不當復問也子聞之曰是禮也註孔安國曰雖知之當復問愼之至也疏子入至禮也○云子入大廟者大廟周公廟也孔子仕魯助祭故得入周公廟也云每事問者大廟中事及物孔子每事輙問於廟中令長也云或曰云云者孰誰也鄹孔子父叔梁紇所治邑也故謂孔子爲鄹人子也世人皆傳孔子知禮或人疑云知禮者自當遍識一切不應有問今孔子入廟每事輙問則是不知禮也故曰誰謂鄹人子知禮乎云子聞之曰是禮也者孔子聞或人譏己多問故釋之也所以云是禮者宗廟事重不可輕脆愈知愈

問是敬愼之禮也

子曰射不主皮註馬融曰射有五善一曰和志體和

也二曰和容有容儀也三曰主皮能中質也四曰

和頌合雅頌五曰興武與舞同也天子有三侯以

熊虎豹皮爲之言射者不但以中皮爲善亦兼取

之和容也爲力不同科古之道也註馬融曰爲力

爲力役之事也亦有上中下設三科焉故曰不同

科也疏子曰至道也○云射不主皮者射者男子所有事也射乃多種今云不主皮者則是

將祭擇士之大射也張布爲棚而用獸皮怗其中央必射之取中央故謂主皮也然射之爲禮乃須

中質。而又須形容兼美。必使威儀中禮。節奏比樂。
然後以中皮爲美。而當周衰之時。禮崩樂壞。其有
射者。無復威儀。唯競取主皮之中。故孔子抑而解
之云。射不必在主皮也。云爲力不同科者爲力。謂
力役之事也。科。品也。古者役使人。隨其強弱爲科
品。使之有上中下三等。周末。則一概使之無復強
弱三科。與古爲異。此明古不同科也。云古之道也
者射不主皮。及爲力不同科。二事。皆是古有道之
時法也。故云古之道也。○注馬融曰至爲之。○云
射有五善者引周禮鄉大夫射五物之法以證之
也。云一曰和志體和也者和志。謂將射必先正志。
志和。則身體和韻。故云體和也。云二曰和容有容
儀也者二則使行步舉動和柔。所以有容儀也。云
三曰主皮能中質也者先和志有容儀。後乃取中
於質。質即栅也。云四曰和頌合雅頌者射時有歌
樂。言雖能中質。而放捨節奏。必令與雅頌之聲和
合也。天子以騶虞爲節。諸侯以狸首爲節。大夫以
采蘋爲節。士以采蘩爲節。故孔子曰。何以射。何以

聽言射節與樂聲合如一也云五曰興武與舞同也者非唯聲合雅頌而已乃至使射容與樂舞趣興相會進退同也然馬注與鄉射五物少異亦可會也不須委曲細通也云天子有三侯者侯即射棚也謂棚爲侯者天子中之以威服諸侯諸侯中之則得爲諸侯故禮云射爲諸侯也尚書云侯以明之是也云熊虎豹皮爲之者三獸之皮各爲一侯故有三侯也所以用此三獸者三獸雄猛今取射之示能伏服猛也天子大射張此三侯天子射猛虎諸侯射熊卿大夫射豹也然此注先言熊者隨語便無別義也

子貢欲去告朔之餼羊註鄭玄曰牲生曰餼禮人君每月告朔於廟有祭謂之朝享也魯自文公始不視朔子貢見其禮廢故欲去其羊也子曰賜也汝

愛其羊我愛其禮【註】苞氏曰羊在猶所以識其禮
也羊亡禮遂廢也【疏】子貢欲至其禮○云子貢欲
去告朔之餼羊者告朔者人
君每月旦於廟告此月朔之至也禮天子每月之
旦居於明堂告其時帝布政讀月令之書畢又還
大廟告於大祖諸侯無明堂但告於大廟並用牲
天子用牛諸侯用羊于時魯家昏亂自文公而不
復告朔以至子貢之時也時君雖不告朔而其國
之舊官猶進告朔之羊子貢見告朔之禮久廢而
空有其羊故使除去其羊也餼者腥羊也腥牲曰
餼○云子曰賜也汝愛其羊我愛其禮者孔子不許
子貢去羊也言子貢欲去羊之意政言既不告朔
徒進羊爲費故云愛羊也而我不欲去羊者君雖
不告朔而後人見有告朔之羊猶識舊有告朔之
禮今既已不告若又去羊則後人無復知有告朔
之禮者是告朔禮都亡我今猶欲使人見羊知其
有禮故云我愛其禮也○【註】鄭玄曰至羊也○云

牲生曰餼者鄭注詩云牛羊豕爲牲繫養者曰牢熟曰饔腥曰餼生曰牽而鄭今云牲生曰餼者當腥與生是通名也然必是腥也何以知然者猶生養則子貢何以愛乎政是殺而腥送故賜愛之也云禮人君云云者告朔之祭周禮謂爲朝享也鄭注論語云諸侯用羊天子用牛與侃案魯用天子禮告朔應用牛而今用羊者天子告朔時帝事大故用牛魯不告帝故依諸侯用羊也云魯自文公始不視朔者文公是僖公之子也起文公爲始而不視告於朔也始文經宣成襄昭定至哀公時子貢當於定末及哀時也然謂月旦爲朔者朔者蘇也生也言前月已死此月復生也

子曰：事君盡禮，人以爲諂也。註 孔安國曰：時事君者多無禮，故以有禮者爲諂也。疏 子曰至諂也○當于爾時臣皆諂佞阿黨，若見有能盡禮竭忠於君者，因共翻謂爲諂，故孔子明言以疾當時也。

定公問君使臣臣事君如之何註孔安國曰定公魯君諡也時臣失禮定公患之故問也孔子對曰君使臣以禮臣事君以忠疏定公問至以忠○云定公問云云者定公哀公父也亦失禮而臣不服也定公患之故問孔子求於君使臣臣事君之法禮也云孔子對云云者孔子答因斥定公也言臣之從君如草從風故君能使臣得禮則臣事君必盡忠也君若無禮則臣亦不忠也

子曰關雎樂而不淫哀而不傷註孔安國曰樂而不至淫哀而不至傷言其和也疏子曰至不傷○云關雎樂而不淫者關雎者即毛詩之初篇也時人不知關雎之義而擯生非毀或言其淫或言其傷故孔子解之也關

雎。樂得淑女以配君子。是共爲政風之美耳。非爲淫也。故云樂而不淫也。故江熙云。樂在得淑女。疑於爲色。所樂者德。故有樂而無淫也。又李充曰。關雎之興。樂得淑女以配君子。憂在進賢。不淫其色。是樂而不淫也。云哀而不傷者。關雎之詩。自是哀思窈窕。思賢才故耳。而無傷善之心。故云哀而不傷也。故李充曰。哀窈窕。思賢才。而無傷善之心。是哀而不傷也。〇註孔安國曰。至和也。〇鄭玄曰。樂得淑女以爲君子之好仇。不爲淫其色也。寤寐思之。哀世失夫婦之道。不得此人。不爲減傷其愛也。

哀公問社於宰我。宰我對曰。夏后氏以松。殷人以栢。周人以栗。曰使民戰栗也。註孔安國曰。凡建邦立社。各以其土所宜之木。宰我不本其意。妄爲之說。因周用栗。便云使民戰栗也。子聞之曰。成事不說。

註苞氏曰事已成不可復說解也遂事不諫註苞氏曰事已遂不可復諫止也既往不咎註苞氏曰事既往不可復追非咎也孔子非宰我故歷言三者欲使慎其後也

疏哀公問至不咎○云哀公問社於宰我者社○社稷也哀公見社稷種樹之不同○故問宰我也○哀公○魯君也宰我○孔子弟子姓宰名予字子我也○鄭論本云問主也○云宰我對曰云云者宰我荅社稷樹三代所居不同○故有松栢之異也○然夏稱后氏○殷周稱人者白虎通曰○夏以揖讓受禪爲君○故褒之稱后○后○君也○又重其世○故氏係之也○殷周以干戈取天下○故貶稱人也○白虎通又云○夏得禪授是君與之○故稱后也○殷周○從人民之心而伐取之是由人得之○故曰人也○云曰使民戰栗也者曰者○謂也○宰我見哀公失德○民不畏服○無戰栗悚敬之心○今欲微諷哀

公。使改德修行。故因於荅三代木竟。而又矯周樹用栗之義也。言周人所以用栗。謂種栗而欲使民戰栗故也。今君是周人。而社既種栗。而民不戰栗何也。然謂曰爲謂者。猶曰者未仁。及不曰如何之類也。〔云子聞之者〕孔子聞宰我説使民戰栗之言也。〔云曰成事不説者〕聞而識宰我也。言種栗是隨土所宜。此事之成。著乎三代。汝今妄説曰。使民戰栗。是壞於禮政。故云成事不説也。〔云遂事不諫者〕此指哀公也。言哀公爲惡已久。而民不戰栗。其事畢遂。此豈汝之可諫止也。〔云既往不咎者〕此斥宰我也。言汝不本樹意。而妄爲他説。若餘人爲此説。則爲可咎責。今汝好爲謬失。而此事既已往。吾不復追咎汝也。是咎之深也。猶於予與何誅之類也。

○〔注〕孔安國曰至栗也。○〔云凡建云云者〕出周禮也。然社樹必用其土所宜之木者。社主土。土生。土生必令得宜。故用土所宜木也。夏居河東。河東宜松。殷居亳。亳宜栢。周居酆鎬。酆鎬宜栗也。〔云宰我不本其意妄爲之説者〕本在隨土所宜。而宰我妄説

其義。是不本其意也。云因周用栗便云使民戰栗
也者。便謂用栗是使民戰栗也。依注意。即不得如
先儒言曰使民戰栗。是哀公語也。○【注】苞氏曰至
解也。○依注。亦得爲句解也。○【注】苞氏曰至止也
○亦得爲句解也。○【注】苞氏曰至後也。○此注亦
得爲句者之解也。又一家云。三語幷譏宰我也。故
李充曰。成事不說。而哀釁成矣。遂事不諫。而哀謬
遂矣。既往不咎。而哀政往矣。斯似譏宰我。而實以
廣道消之慨。盛德衰之歎。言不咎者。咎之深也。案
李充說。是三事幷誡宰我。無令後日復行也。然成
遂往及說諫咎之六字。先後之次。相配之旨。未都
可見。師說云。成。是其事自初成之時。遂。是其事既
行之日。既往。指其事已過之後也。事初成。不可解
說。事政行。不可諫止。事已過。不可追咎也。先後相
配各有
旨也

子曰。管仲之器小哉。【注】言其器量小也。或曰。管仲儉

乎。註苞氏曰。或人見孔子小之。以爲謂之太儉乎。

曰。管氏有三歸。官事不攝。焉得儉乎。註苞氏曰。三歸者。娶三姓女也。婦人謂嫁爲歸。攝猶兼也。禮國君事大官各有人。大夫幷兼。今管仲家臣備職。非爲儉也。曰。然則管仲知禮乎。註苞氏曰。或人以儉問。故荅以安得儉。或人聞不儉。更謂爲得禮也。

曰。邦君樹塞門。管氏亦樹塞門。邦君爲兩君之好有反坫。管氏亦有反坫。註鄭玄曰。反坫。反爵之坫也。在兩楹之間。人君有別外内。於門樹屏以蔽之

若與鄰國君為好會其獻酢之禮更酌酌畢則各反爵於坫上今管仲皆僭為之如是是不知禮也

管氏而知禮孰不知禮也

疏 子曰至禮也○云管仲之器小哉者管仲者齊桓公之相管夷吾也齊謂之仲父故呼為管仲也器者謂管仲識量也小者不大也言管仲識量不可大也孫綽曰功有餘而德不足以道觀之得不曰小乎 云或曰管仲儉乎者或人聞孔子云管仲器小便謂管仲慳儉故問云儉乎 云曰管氏云云者孔子又答或人說管仲不儉也三歸者管仲娶三國女為婦也婦人謂嫁曰歸也禮諸侯一娶三國九女以一大國為正夫人正夫人之兄弟女一人又夫人之妹一人謂之姪娣隨夫人來為妻又二小國之女來為媵媵亦有姪娣自隨既每國三人三國故九人也大夫婚不越境但一國娶三女以一為正妻二人姪娣從為妻也管仲是齊

大夫而一娶三國九人故云有三歸也又諸侯國
大事多故立官各職每人輙爲一官若大夫則不
得官官置人但每一人輙攝領數事管仲是大夫
而立官各人不須兼攝故云官事不攝也既女多
官廣費用不少此則非儉者所爲故云焉得儉也
云曰然則管仲知禮乎者又或人聞孔
子云不儉故更問云若如此則是管仲知禮乎然
猶如此也云曰邦君云云者又答或人云管仲不
知禮也邦君謂諸侯也樹塞門謂立屏以障隔門
別外內禮天子諸侯並有之也臣來朝君至屏而
起敬天子尊遠故外屏於路門之外爲之諸侯尊
近故內屏於內門之內爲之今黄閤板障是也卿
大夫以簾士以帷又並不得施之於門政當在庭
階之處耳管仲是大夫亦學諸侯於門立屏故云
亦樹塞門云邦君爲云云者又明失禮也禮諸侯
與鄰國君相見共於廟飲燕有反坫之禮坫者築
土爲之形如土堆在於兩楹之間飲酒行獻酬之
禮更酌酌畢則各反其酒爵於坫上故謂此堆爲

反坫大夫無此禮。而管仲亦僭爲之。故云亦有反坫也。云管氏而知禮孰不知禮也者 結於答也。孰誰也。言若謂管仲此事爲知禮。則誰復是不知禮者乎。然孔子稱管仲爲仁。及匡齊不用兵車。而今謂爲小。又有此失者。管仲中人。寧得圖足。是故雖有仁功。猶不免此失也。李充曰。齊桓隆霸王之業。管仲成一匡之功。免生民於左衽。豈小也哉。然苟非大才者。則有偏失。好內極奢。桓公之病也。管生方恢仁大勲。弘振風義。遺近節於當年。期遠濟乎千載。寧謗分以要治。不潔巳以求名。所謂君子行道忘其爲身者也。滅細行而全令圖。唯大德乃堪之。季末奢淫。愆違禮。則聖人明經常之訓。塞奢侈之源。故不得不貶以爲小也。○註苞氏曰至儉也 ○云三歸者娶三姓女者 然滕與夫人與大國宜同姓。今雖三國政應一姓。而云三姓者。當是誤也。云攝猶兼云云者 攝。竝也。大夫稱家。大夫之臣曰家臣。家臣宜并事。今云不攝。是不并。不并是不儉也。家臣。謂家相邑宰之屬也。○註鄭玄曰至坫上

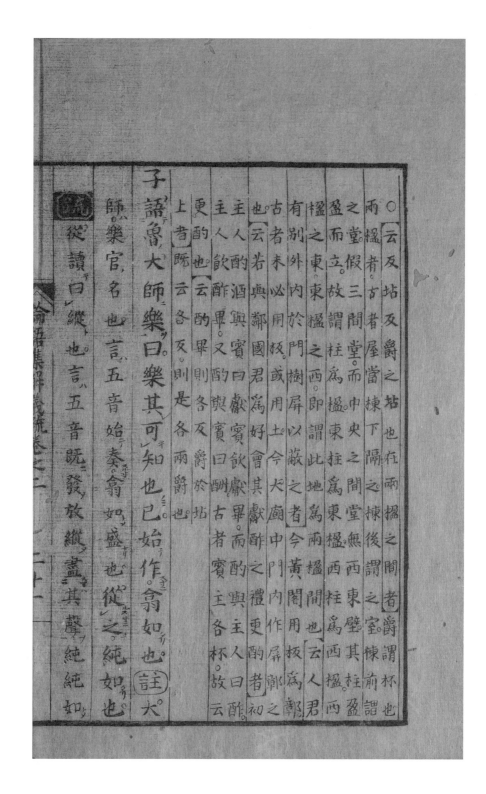

○云反坫反爵之坫也在兩楹之間者爵謂杯也兩楹者古者屋當棟下隔之棟後謂之室棟前謂之堂假三間堂而中央之間堂無西東壁其柱盈盈而立故謂柱爲楹東柱爲東楹西柱爲西楹西楹之東東楹之西即謂此地爲兩楹間也云人君有别外内於門樹屏以蔽之者今黄閣用扳爲鄣古者未必用扳或用土今大廟中門内作屏鄣之也云若與鄰國君爲好會其獻酢之禮更酌者初主人酌酒與賓曰獻賓飲獻畢而酌與主人曰酢主人飲酢畢又酌與賓曰酬古者賓主各杯故云更酌也云酌畢則各反爵於坫上者既云各反則是各兩爵也

子語魯大師樂曰樂其可知也已始作翕如也註大師樂官名也言五音始奏翕如盛也從之純如也疏從讀曰縱也言五音既發放縱盡其聲純純如

和諧也。皦如也。註言其音節分明也。繹如也以成
矣。註縱之以純如皦如繹如言樂始於翕如而成
於三者也。疏子語至成矣。○云子語云云者魯大
師。魯之樂師也。魯國禮樂崩壞。正音
不存。故孔子見魯之樂師而語。使其知正樂之法
故云樂其可知也已。云始作翕如也者此以下並
是所謂可知之聲也。翕習也言正樂初奏。其聲翕
習而盛也。云從之純如也者從放縱也言正樂始
奏翕習以後。又舒縱其聲。其聲則純一而和諧。言
不離析散逸也。云皦如也者言雖純如而如一。其
音節又明亮皎皎然也。云繹如也者繹尋續也言
聲相尋續而不斷絶也。云以成矣者奏樂如此。則
是正聲一成也。○註縱之至
三者也○三者。純。皦。繹也
儀封人請見。註鄭玄曰。儀蓋衛下邑也。封人官名也。

曰君子之至於斯者吾未嘗不得見也從者見之
註苞氏曰從者是弟子隨孔子行者也通使得見
者也出曰二三子何患於喪乎天下之無道也久
矣註孔安國曰語諸弟子言何患於夫子聖德之
將喪亡耶天下之無道也已久矣極衰必有盛也
天將以夫子爲木鐸註孔安國曰木鐸施政教時
所振也言天將命孔子制作法度以號令於天下
也疏儀封至木鐸○云儀封人請見者儀衛邑名
也封人守衛邑之堺吏也周人謂守封疆之
人爲封人也時孔子至衛而封人是賢者故請諸
弟子求見於孔子也云曰君子云云者此封人請

見之辭也。既欲見孔子。而恐諸弟子嫌我微賤。不肯爲通聞。故引我恒例以語諸弟子。使爲我通也。斯。此也。言從來若有君子來至此衛地者。我未嘗不得與之相見。言皆見我也。從者。即是弟子隨孔子來者也。聞其言。而爲通達使得見也。云出曰二三子何患於喪乎者。出。謂封人見孔子竟而出也。二三子。即是向爲封人通聞之弟子也。喪猶亡失也。封人見竟出而呼孔子弟子而語之云。二三子。汝何所憂患於孔子聖道亡失乎。必不亡失也。云天下之無道也久矣者。此封人又説孔子聖道不亡失之由也。言事不常一。有盛必有衰。衰極必盛。當今天下亂離無道已久。久亂必應復興。興之所寄。政當在孔子聖德將喪亡之時也。云天將以夫子爲木鐸者。言今道將興。故用孔子爲木鐸以宣令之。孫綽曰。達哉封人。栖遲賤職。自得於懷抱。一觀大聖。深明於興廢。明道內足。至言外亮。將天假斯人以發德音乎。夫高唱獨發。而無感於當時。列國之君。莫救乎聾盲。所以臨文永慨者也。然玄風逖被大雅流詠。千載之下。若瞻儀形。其人已遠。木鐸未戢。乃知封人之談信於今矣。○【注】孔安國曰至下也。○鐸。用銅鐵爲之。若行武教。則用銅鐵爲舌。若行文教。則用木爲舌。謂之木鐸。將行號令。則執鐸振奮之。使鳴而言所教之事也。故檀弓云。宰夫執木鐸以命于宮曰。舍故而諱新。又月令云。奮木鐸以令兆民曰。雷將發聲。是其事也。

子謂韶盡美矣。又盡善也。【注】孔安國曰。韶。舜樂名也。謂以聖德受禪。故曰盡善也。謂武盡美矣。未盡善也。【注】孔安國曰。武。武王樂也。以征伐取天下。故曰未盡善也。【疏】子謂至善也。○云子謂韶盡美矣又盡善也者。此詳虞周二代樂之勝否也。韶。舜樂名也。夫聖人制樂。隨人心而爲名。韶。紹也。天下之民。樂舜揖讓紹繼堯德。故舜有天下。而制樂名韶也。美者。堪合當時之稱也。善者。理事不惡之名也。夫理事不惡。亦未必會合當時。會合當時。亦未必事理不惡。故美善有殊也。韶樂所以盡美又盡善。天下萬物。樂舜繼堯。而舜從民受禪。是會合當時之心。故曰盡美也。揖讓而代。於事理無惡。故曰盡善也。【云】謂武盡美矣未盡善也者。武。武王樂也。天下之民。樂武王干戈。故樂名武也。天下樂。武王從民而伐紂。是會合當時之心。故盡美也。而以臣伐君。於事理不善。故云未盡善也。【注】謂以聖德受禪故曰盡善也。注不釋盡美。而釋盡善者。釋其異也。【注】以征伐取天下故曰未盡善也。注亦釋其異者也。

子曰。居上不寬。爲禮不敬。臨喪不哀。吾何以觀之哉。

【疏】子曰至之哉。此章譏當時失德之君也。爲君居上者。寬以得衆。而當時居上者不寬也。又禮以敬爲主。而當時行禮者不敬也。又臨喪以哀爲主。而當時臨喪者不哀。此三條之事。並爲非禮。故孔子所不欲觀。故云吾何以觀之哉。

論語里仁第四

疏 里者。鄰里也。仁者。仁義也。此篇明凡人之性。易爲染著。遇善則升。逢惡則墜。故居處宜慎。必擇仁者之里也。所以次前者。明季氏之惡。由不近仁。今示避惡從善。宜居仁里。故以里仁次於季氏也。

子曰。里仁爲美。註 鄭玄曰。里者。民之所居也。居於仁者之里。是爲善也。擇不處仁。焉得智。註 鄭玄曰。求善居而不處仁者之里。不得爲有智也。疏 子曰至得智○云里仁爲美者。里者。民之所居處也。周家去王城百里。謂之遠郊。遠郊內有六鄉。六鄉中五家爲比。五比爲閭。五閭爲族。五族爲黨。五黨爲州。五州爲鄉。百里外至二百里。爲之六遂。遂中五家爲鄰。五

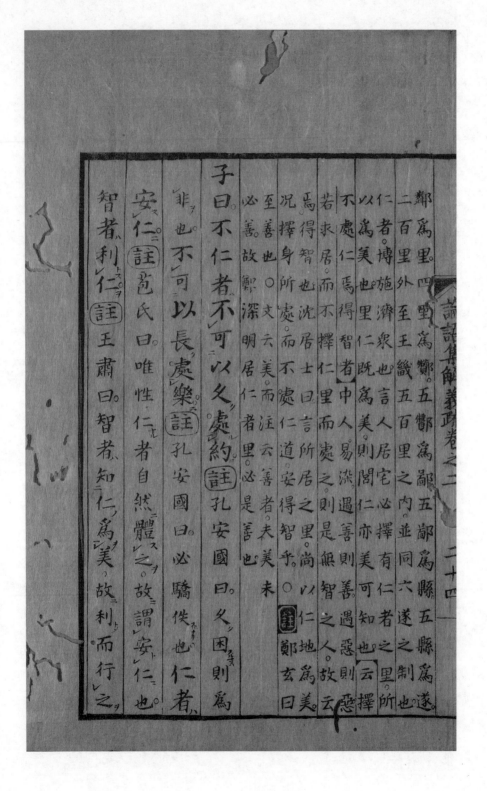

鄭爲里。四里爲酇。五酇爲鄙。五鄙爲縣。五縣爲遂。二百里外至王畿五百里之內。並同六遂之制也。仁者。博施濟衆也。言人居宅必擇有仁者之里。所以爲美也。里仁既爲美。則閭仁亦美可知也。云擇不處仁焉得智者。中人易染。遇善則善。遇惡則惡。若求居。而不擇仁里而處之。則是無智之人。故云焉得智也。沈居士曰。言所居之里。尚以仁地爲美。況擇身所處。而不處仁道。安得智乎。○註鄭玄曰至善也。○文云美。而注云善者。夫美未必善。故鄭深明居仁者里。必是善也

子曰。不仁者不可以久處約。註孔安國曰。久困則爲非也。不可以長處樂。註孔安國曰。必驕佚也。仁者安仁。註苞氏曰。唯性仁者自然體之。故謂安仁也。智者利仁。註王肅曰。智者知仁爲美。故利而行之。

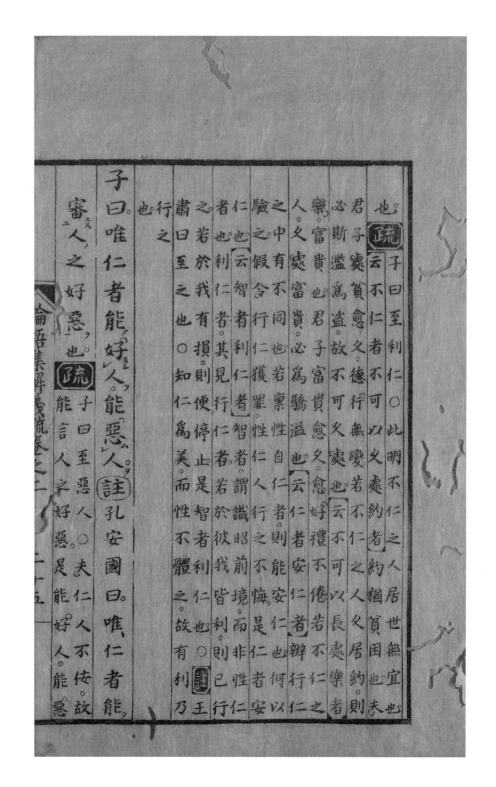

也。疏子曰至利仁○此明不仁之人居世無宜也。云不仁者不可以久處約者約猶貧困也。夫
君子處貧愈久。德行無變。若不仁之人久居約。則
必斯濫爲盜。故不可久處也。云不可以長處樂者
樂。富貴也。君子富貴愈久。愈好禮不倦。若不仁之
人。久處富貴。必爲驕溢也。云仁者安仁者辨行仁
之中有不同也。若稟性自仁者。則能安仁也。何以
驗之。假令行仁獲罪。性仁人行之不悔。是仁者安
仁也。云智者利仁者智者。謂識照前境。而非性仁
者也。利仁者。其見行仁者。若於彼我皆利。則已行
之。若於我有損。則便停止。是智者利仁也。○注王
肅曰至之也○知仁爲美。而性不體之。故有利乃
行之也。

子曰。唯仁者能好人。能惡人。注孔安國曰。唯仁者能
審人之好惡也。疏子曰至惡人○夫仁人不佞。故能言人之好惡。是能好人。能惡

人也。雍也仁而不佞是也。○註孔安國曰至惡也○亦得爲向釋也。又一解云。謂極仁之人也。極仁之人。顔氏是也。既極仁昭。故能識審他人好惡也。故繆播曰。仁者。人之極也。能審好惡之表也。故可以定好惡。若未免好惡之境。何足以明物哉

子曰。苟志於仁矣。無惡也。註孔安國曰。苟。誠也。言誠能志於仁者。則其餘無惡也。疏子曰苟志於仁矣無惡也○苟。誠也。言人若誠能志在於仁。則是爲行之勝者。故其餘所行皆善。無惡行也

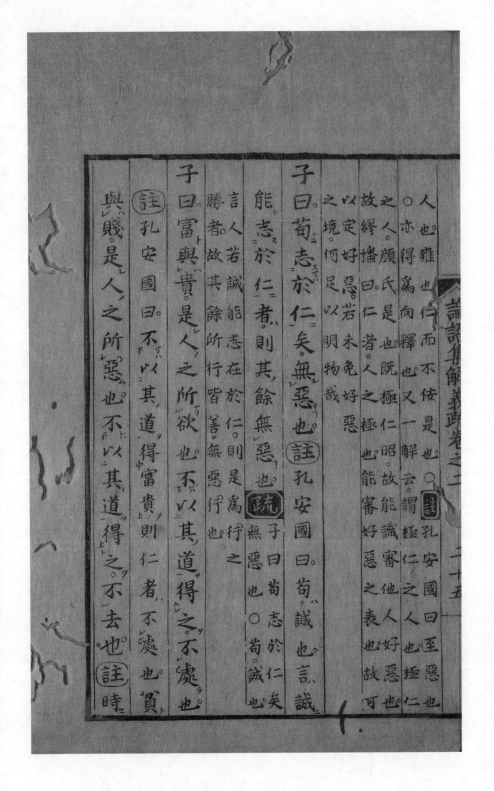

子曰。富與貴。是人之所欲也。不以其道得之。不處也。註孔安國曰。不以其道得富貴。則仁者不處也。貧與賤。是人之所惡也。不以其道得之。不去也。註時

有否泰。故君子履道而反貧賤。此則不以其道而得之者也。雖是人之所惡。不可違而去之也。君子去仁。惡乎成名。註孔安國曰。惡乎成名者。不得成名爲君子也。君子無終食之間違仁。造次必於是。顛沛必於是。註馬融曰。造次。急遽也。顛沛。僵仆也。雖急遽僵仆。不違於仁也。疏子曰至於是○云富與貴是人之所欲也者。富者。財多。貴者。位高。位高。則爲他所崇敬。財多。則爲他所愛。夫人生則莫不貪欲此二事。故云是人所欲也。云不以其道得之不處也者。然二途雖是人所貪。欲要當取之以道。則爲可居。若不用道理而得。則不可處也。云貧與賤是人之所惡也者。乏財曰貧。無位曰賤。賤則爲人所欺陵。貧則身困

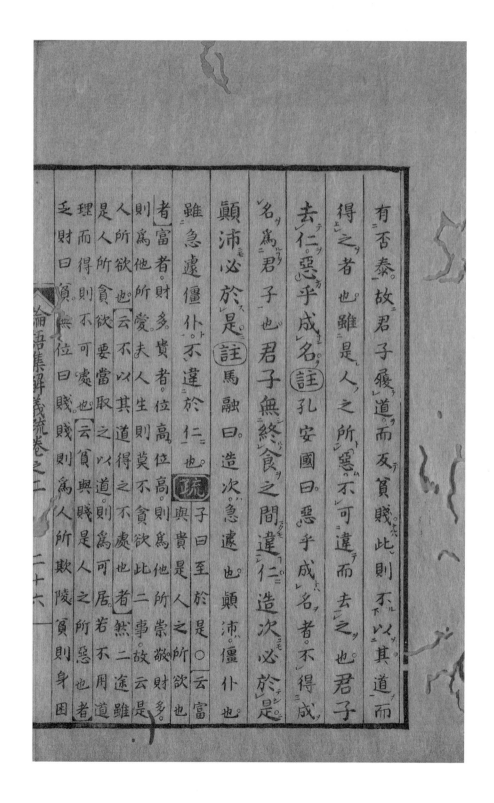

凍餧。此二事者。爲人所憎惡。故云是人之所惡也。
云不以其道得之不去也者　若依道理。則有道者
宜富貴。無道者宜貧賤。則是理之常道也。今若有
道。而身反貧賤。此是不以其道而得也。雖非我道。
而招此貧賤。而亦安之。若命不可除去我正道。而
更作非理邀之。故云不去也。云君子去仁惡乎成
名者　此更明不可去正道以求富貴也。惡乎。猶於
何也。言人所以得他人呼我爲君子者。政由我爲
有仁道故耳。若捨去仁道。傍求富貴。則於何處更
得成君子之名乎。云君子無終食之間違仁者　終
食。食間也。仁既不可去。故雖復飲食之間。亦必心
無違離於仁也。云造次必於是者　造次。急遽也。是
是仁也。言雖復身有急遽之時。亦必心存於仁也。
云顛沛必於是者　顛沛。僵仆也。言雖身致僵仆。亦
必心不違於仁也。○【注】孔安國曰至處也。○不義
而富且貴。於我如浮雲。是以君子不處也。○【注】時
有至之也。○時有否泰。運有通塞。雖所招非已分。
而不可違去我正道也。所以顏愿安貧。不更他方

横求也○【註】顛沛僵仆也○僵仆猶倒踣也

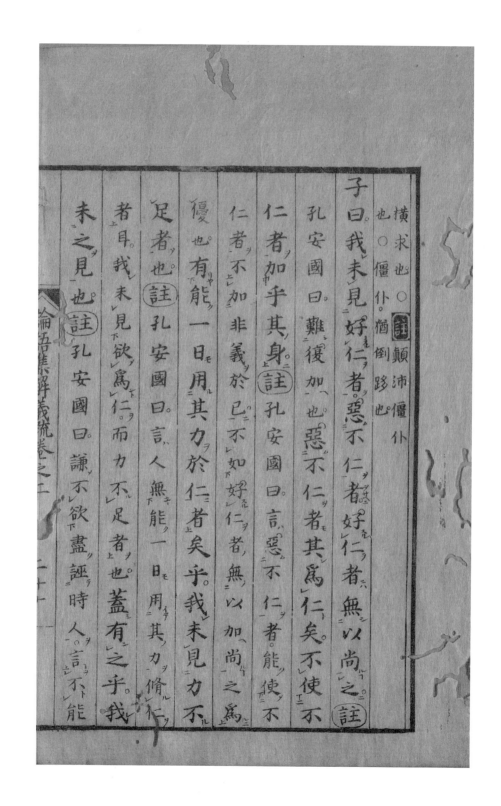

子曰：我未見好仁者、惡不仁者。好仁者無以尚之。【註】孔安國曰：難復加也。惡不仁者，其爲仁矣，不使不仁者加乎其身。【註】孔安國曰：言惡不仁者能使不仁者不加非義於已，不如好仁者無以加尚之爲優也。有能一日用其力於仁者矣乎？我未見力不足者也。【註】孔安國曰：言人無能一日用其力脩仁者耳。我未見欲爲仁而力不足者也。蓋有之乎？我未之見也。【註】孔安國曰：謙不欲盡誣時人，言不能

爲仁故云爲能仁有耳。其我未見也。疏子曰至見也○云我未見好仁者者歎世衰道喪。仁道絶也。言我未見有一人見他人行仁而好之者也。云惡不仁者者又言我亦不見一人雖不能自行仁者。若見他人不仁。而已憎惡之者也。故范寗曰。世衰道喪。人無廉恥。見仁者。既不好之。見不仁者。亦不惡之。好仁惡不仁。我未覩其人也。云好仁者無以尚之者尚猶加勝也。言若好仁者。則爲德之上。無復德可加勝此也。故李充曰。所好唯仁。無物以尚之也。云惡不仁者其爲仁矣者好仁者故不可加。若知惡憎於不仁者。其人亦即是仁。故云其爲仁也。云不使不仁者加乎其身者此是惡不仁者之功也。言既能惡於不仁。而身不與親狎。則不仁者不得以非理不仁之事。加陵於已身也。一云。其。其於仁者也。言惡不仁之人。雖不好仁。而能惡於不仁者。不欲使不仁之人。以非理加陵仁者之身也。故李充曰。不仁。仁者之賊也。奚不惡不仁哉。惡其害仁也。

是以爲惜仁人之篤者。不使不仁人加乎仁者之身。然後仁道無適而不申。不仁者無往而不屈也。云有能云云者。又歎世無有一日能行仁者也。言人何意不行仁乎。若有一日行仁。而力不足者。我未見有此人也。言只故不行耳。若行之則力必足也。云蓋有之乎我未之見也者。孔子既言無有。復恐爲頓誣於世。故追解之云。世中蓋亦當有一日行仁者。特是自未嘗聞見耳。○註孔安國曰至優也。○如前解也。○註孔安國曰至見也。○誣猶調也。世有。而我云無。是爲調也君子可欺。不可調。故云蓋有之。

子曰。民之過也。各於其黨。觀過斯知仁矣。註孔安國曰。黨。黨類也。小人不能爲君子之行。非小人之過也。當恕而無責之。觀過使賢愚各當其所。則爲仁也。疏子曰至仁矣○云民之過也各於其黨者過猶失也。黨。黨類也。人之有失。各有黨類。小人不能爲君子之行。則非小人之失也。猶如耕夫不能耕。乃是其失。若不能書。則非耕夫之失也。若責之當就其輩類責之也。云觀過斯知仁矣者若觀人之過。能隨類而責。不求備一人。則知此觀過之人。有仁心人也。若非類而責。是不仁人。故云觀過斯知仁矣。○註孔安國曰至仁也○殷仲堪解少異於此。殷曰。言人之過失。各由於性類之不同。直者以改邪爲義。失在於寡恕。仁者以惻隱爲誠。過在於容非。是以與仁同過。其仁可知。觀過之義。將在於斯者。

子曰。朝聞道。夕死可矣。註言將至死不聞世之有道也。疏子曰朝聞道夕死可矣○歎世無道。故言設使朝聞世有道。則夕死無恨。故云可矣。欒肇曰。道。所以濟民。聖人存身。爲行道也。濟民以道。非爲濟身也。故云誠令道朝聞於世。雖夕死可也。傷道不行。且明己憂世。不爲身也。

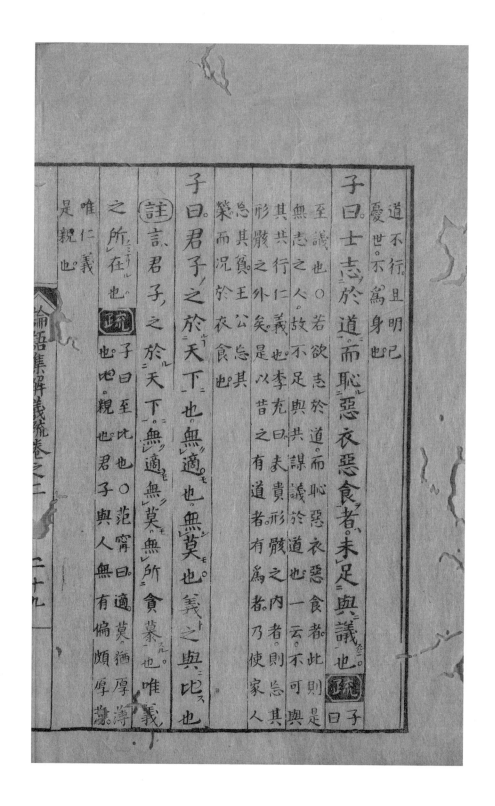

子曰。士志於道。而恥惡衣惡食者。未足與議也。疏子曰至議也○若欲志於道。而恥惡衣惡食者。此則是無志之人。故不足與共謀議於道也。一云。不可與其共行仁義也。李充曰。夫貴形骸之内者。則忘其形骸之外矣。是以昔之有道者。有爲者。乃使家人忘其貧。王公忘其榮。而況於衣食也。

子曰。君子之於天下也。無適也。無莫也。義之與比也。

註言君子之於天下。無適無莫。無所貪慕也。唯義之所在也。疏子曰至比也○范甯曰。適莫。猶厚薄也。比。親也。君子與人無有偏頗厚薄。唯仁義是親也。

子曰。君子懷德。【註】孔安國曰。懷。安也。小人懷土。【註】孔安國曰。重遷也。君子懷刑。【註】孔安國曰。安於法也。小人懷惠。【註】苞氏曰。惠。恩惠也。【疏】子曰至懷惠　云君子懷德者懷。安也。君子身之所安。安於有德之事。云小人懷土者。小人不貴於德。唯安於鄉土。不期利害。是以安之不能遷也。一云。君子者。人君也。小人者。民下也。上之化下。如風靡草。君若化民安德。則下民安其土所以不遷也。故李充曰。凡言君子者。德足軌物。義兼君人。不唯獨善而已也。言小人者。向化從風。博通下民。不但反是之謂也。故曰。君子之德風。小人之德草也。此言君導之以德。則民安其居。而樂其俗。隣國相望。而不相與往來。化之至也。是以大王在岐下輦成都。仁政感民。猛虎弗避。鍾儀懷土。而謂之君子。然則民之君子。君之小人也。斯言例也。云君子懷刑者。刑。法也。言君子之人。安於法則也云小人懷惠者惠恩惠利人也小人不安法唯知安利惠也又一云人君若安於刑辟則民下懷利惠也故李充曰齊之以刑則民惠利矣夫以刑制物者刑勝則民離以利望上者利極則生叛也○註孔安國曰重遷也○重猶難也以遷徙爲難不慕勝而數遷也

子曰放於利而行註孔安國曰放依也每事依利而行之者也多怨註孔安國曰取怨之道也疏子曰至多怨○云放於利而行者放依也謂每事依財利而行者也云多怨者若依利而行者則爲怨府故云多怨

子曰能以禮讓爲國乎何有註何有者言不難也不能以禮讓爲國如禮何註苞氏曰如禮何者言不

能用禮也。疏子曰至禮何○云能以禮讓爲國乎
以治國。則於國事不難。故云何有。言其易也。故江
熙曰。范宣子讓。其下皆讓之。人懷讓心。則治國易
也。云不能以禮讓爲國如禮何者。若昏闇之君。不
爲用禮讓以治國。則如治國之禮何。故江熙曰。不
能以禮讓。則下有爭心。錐刀之末。
將盡爭之。唯利是恤。何遑言禮也。

子曰。不患無位。患所以立。不患莫己知。求爲可知
也。註苞氏曰。求善道而學行之。則人知己也。疏子
至知也○云不患無位患所以立者。時多患無爵
位。故孔子抑之也。言何患無位。但患己才闇無德
以處立於位耳。云不患莫己知也求爲可知也者
又言若有才伎。則不患人不見知也。故云不患莫
已知也。若欲得人見知。唯當先學
才伎使足人知。故云求爲可知也。

子曰。參乎。吾道一以貫之哉。曾子曰。唯。註孔安國曰。直曉不問。故答曰唯也。子出。門人問曰。何謂也。曾子曰。夫子之道。忠恕而已矣。疏子曰至已矣○云參乎者呼曾子名欲語之。參。曾子名也。云吾道一以貫之哉者所語曾子之言也。道者。孔子之道也。貫猶統也。譬如以繩穿物有貫統也。孔子語曾子曰吾教化之道。唯用一道以貫統天下萬理也。故王弼曰。貫猶統也。夫事有歸。理有會。故得其歸事雖殷大。可以一名舉。總其會理雖博・可以至約窮也。譬猶以君御民。執一統衆之道也。云曾子曰唯者唯猶今應爾也。曾子曉孔子言。故直應爾而已。不諮問也。云子出者當是孔子往曾子處。得曾子荅竟後。而孔子出戶去。云門人問曰何謂也者門人。曾子弟子也。不解孔子之言。故問於曾子也。云曾子曰夫子之道忠恕而已矣者曾子答弟子。釋於孔子之道也。忠謂盡中心也。恕謂忖我以度於人也。言孔子之道更無他法，故用忠恕之心以己測物，則萬物之理皆可窮驗也。故王弼曰：忠者情之盡也，恕者反情以同物者也。未有反諸其身而不得物之情，未有能全其恕而不盡理之極也。能盡理極，則無物不統。極不可二，故謂之一也。推身統物，窮類適盡，一言而可終身行者，其唯恕也。

子曰：君子喻於義，小人喻於利。註孔安國曰：喻猶曉也。疏子曰至於利○喻，曉也。君子所曉於仁義，小人所曉於財利。故范甯曰：棄貨利而曉仁義，則爲君子；曉貨利而棄仁義，則爲小人也。

子曰：見賢思齊焉，註苞氏曰：思與賢者等也。見不賢而內自省也。疏子曰至省也○云見賢思齊焉者，言人若見賢者，當自思願修礪與之齊等也。云見不賢而内自省也者。省。視也。若見人不賢者。則我更自視我心内從來所行無此事不也。故范甯曰。顧探諸己。謂之内省也。

子曰。事父母幾諫。註苞氏曰。幾。微也。言。當微諫納善言於父母也。見志不從。又敬而不違。勞而不怨。註苞氏曰。見志者。見父母志有不從己諫之色。則又當恭敬不敢違父母意。而遂己之諫也。疏子曰至不怨○此幷下四章皆明孝也。云事父母幾諫者。幾。微也。子事父母。義主恭從。父母若有過失。則子不獲不致極而諫。雖復致諫。猶當微微納進善言。不使額額也。云見志不從又敬而不違者。雖許有諫。若見父母志不從己諫。則己仍起敬起孝。且不違距於父母之志也。待父母悅乃更諫也。故禮記云父母有過。下氣柔聲怡色以諫。諫若不入。起敬起孝。說則復諫是也。云勞而不怨者。若諫又不從。或至十至百。則己不敢辭己之勞以怨於親也。故禮記云雖撻之流血。不敢疾怨是也。然夫諫之爲義。義在愛惜。既在三事同。君親宜一。若有不善。俱宜致諫。今就經記參差有出没難解。案檀弓云。事親有隱無犯。事君有犯無隱。則是隱親之失。不諫親之過。又諫君之失。不隱君之過。並爲可疑。舊通云。君親並諫。同見孝經。微進善言。俱陳記傳。故此云事父母幾諫。而曲禮云。爲人臣之禮。不顯諫。鄭玄曰合幾微諫也。是知並宜微諫也。又若君親爲過大甚。則亦不得不極於犯顏。故孝經曰。父有争子。君有争臣。又内則云。子之事親也。三諫不從。則號泣而隨之。又云。臣之事君。三諫不從。則逃之。以就經記。並是極犯時也。而檀弓所言。欲顯眞假本異。故其旨不同耳。何者。父子眞屬天性莫二。豈父有罪。子向他說也。故孔子曰。子爲父隱。父爲子隱。直在其中。故云有隱也。而君臣既義合。有殊天然。若言君之過。於政有益。則不得不言。如齊晏嬰與晉叔向。共言齊晉二君之過是也。唯值有益乃言之。亦不恒爲口實。若言之無益。則隱也。如孔子答陳司敗曰昭公知禮是也。假使與他言父過有益。亦不得言。或問曰。春秋傳。晉魏戊告於閻沒。女寬。言父之過。此豈不亦言乎。答。春秋之書。非復常準。苟取權宜。不得格於正理也。又父子天性。義主恭從。所以言無犯。是其本也。而君臣假合。義主匡弼。故云有犯。亦其本也。乃其俱宜有犯微著事同。是其俱如向釋。又在三有師。檀弓云。事師無犯無隱。所以然者。師常居明德。無可隱無可隱故亦無犯也

子曰。父母在。子不遠遊。遊必有方。註鄭玄曰。方猶常也。疏子曰至有方。方。常也。曲禮云。爲人子之禮出必告。反必面。所遊必有常。所習必有業。是必有方也。若行遊無常。則貽累父母之憂也。

子曰三年無改於父之道可謂孝矣。註鄭玄曰孝子在喪哀戚思慕無所改其父之道非心之所忍爲也

子曰父母之年不可不知也一則以喜一則以懼。註孔安國曰見其壽考則喜見其衰老則懼也。疏子曰至以懼○云父母之年不可不知也者人有年多而容少或有年少狀老此所不可爲定故爲人子者必宜知父母之年多少也云一則以喜者此宜知年之事也知父母年高而形猶壯此是壽考之徵故孝子所以喜也云一則以懼者年實未老而形容衰減故孝子所以怖懼也○註孔安國曰至懼也○亦得如向解又一釋若父母年實高而形亦隨而老此子亦一喜一懼也見年高所以喜見

形老。所以懼也。而李充之解小異云。孝子之事親也。養則致其樂。病則致其憂。憂樂之情深。則喜懼之心篤。然則獻樂以排憂。進歡而去慼者。其唯知父母之年乎。豈徒知年數而已哉。貴其能稱年而致養也。是以唯孝子爲能達就養之方。盡將從之節。年盛則常怡。年衰則消息。喜於康豫。懼於失和。孝子之道備也。

子曰。古之者言之不妄出也。恥躬之不逮也。註 苞氏曰。古人之言不妄出口者。爲恥其身行之將不及也。疏 子曰至逮也。○躬。身也。逮。及也。古人不輕出言者。恥身行之不能及也。故子路不宿諾也。故李充曰。夫輕諾者必寡信。多易者必多難。是以古人難之也。

子曰。以約失之者鮮矣。註 孔安國曰。俱不得中也。奢則驕溢招禍。儉約則無憂患也。【疏】子曰至鮮矣○鮮。少也。言以儉約自處。雖不得中。而失國家者少也。故顏延之云。秉小居薄。衆之所與。執多處豐。物之所去也。

子曰。君子欲訥於言。而敏於行。【註】苞氏曰。訥。遲鈍也。言欲遲鈍。而行欲敏也。【疏】子曰至於行○訥。遲鈍也。敏。疾速也。君子欲行先於言。故遲言而速行也。

子曰。德不孤。必有鄰。【註】方以類聚。同志相求。故必有鄰。是以不孤也。【疏】子曰德不孤必有鄰○言人有德者。此人非孤然。而必有善鄰里故也。魯無君子者。子賤斯焉取斯乎。又一云。鄰報也。言德行不孤矣。必為人所報也。故殷仲堪曰。推誠相與。則殊類可親。以善接物。物亦不皆忘以善應之。是以德不孤焉。必有鄰也○【註】方以至孤

也○於前解爲便也

子游曰。事君數。斯辱矣。朋友數。斯疏矣。註孔安國曰。數謂速數之數也。疏子游曰至疏矣○斯此也。禮不貴褻。故進止有儀。臣非時而見君。此必致恥辱。朋友非時而相往數。必致疏遠也。一云。言數。計數也。君臣計數必致危辱。朋友計數必致疏絕也○註孔安國曰數謂速數之數也○速而又數。則是不節也

論語集解義疏卷第二

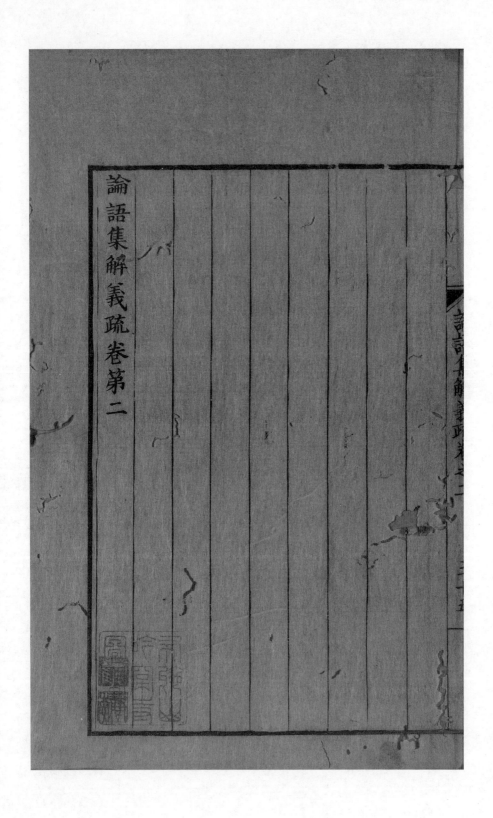

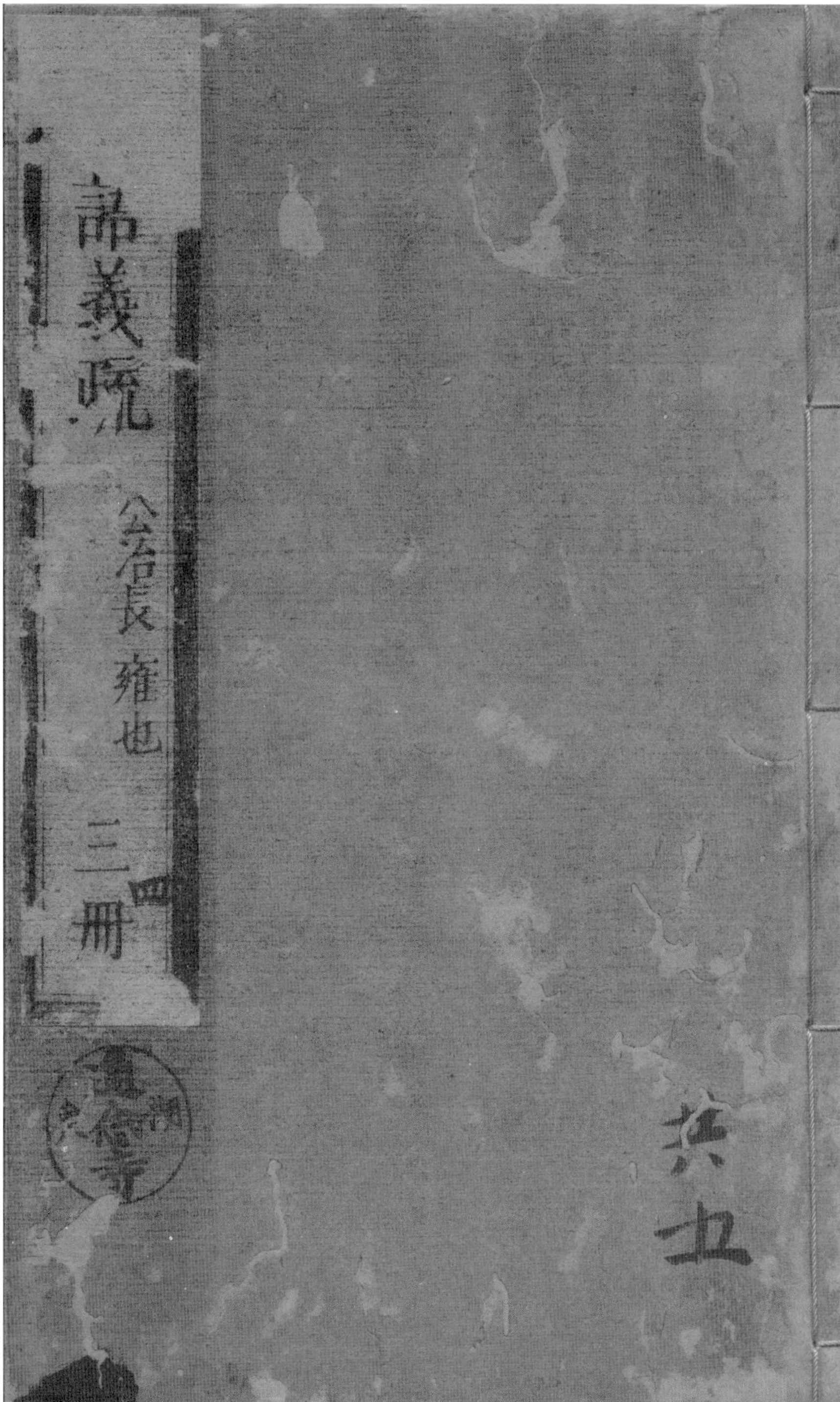
論義疏
公冶長 雍也
三冊

論語集解義疏卷第三

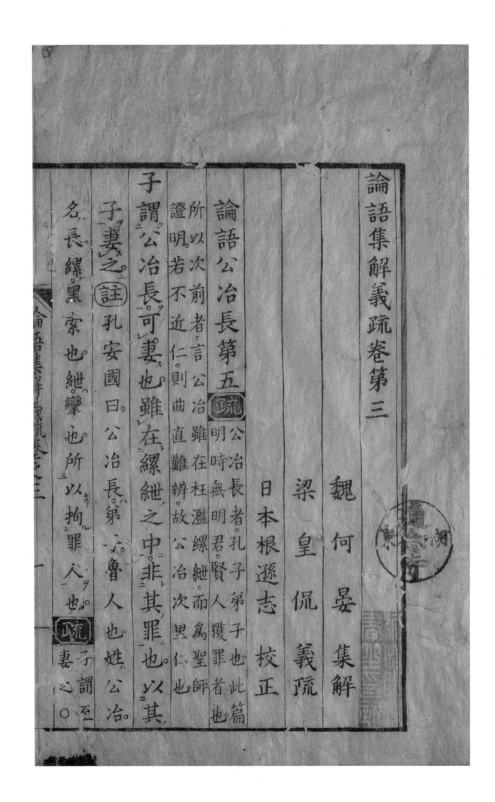

魏　何晏　集解
梁　皇侃　義疏
日本根遜志　校正

論語公冶長第五

疏　公冶長者孔子弟子也此篇明時無明君賢人獲罪者也所以次前者言公冶雖在枉濫縲紲而爲聖師證明若不近仁則曲直難辨故公冶次里仁也

子謂公冶長可妻也雖在縲紲之中非其罪也以其子妻之　註　孔安國曰公冶長弟子魯人也姓公冶名長縲黑索也紲攣也所以拘罪人也　疏　子謂至妻之○

云子謂公冶長可妻也者公冶長弟子也可妻者孔子欲以女嫁之故先評論而謂可妻也云雖在縲紲之中非其罪也者既欲妻之故備論其由來也縲黑索也紲攣也古者用黑索以攣係罪人也冶長賢人于時經枉濫在縲紲之中雖然實非其罪也云以其子妻之者評之既竟而遂以女嫁之也范寗曰公冶行正獲罪罪非其罪孔子以女妻之將以大明衰世用刑之枉濫勸將來實守正之人也別有一書名爲論釋云公冶長從衛還魯行至二堺上聞鳥相呼往清溪食死人肉須臾見一老嫗當道而哭冶長問之嫗曰兒前日出行于今不反當是已死亾不知所在冶長曰向聞鳥相呼往清溪食肉恐是嫗兒也嫗往看即得其兒也已死即嫗告村司村司問嫗從何得知之嫗曰見冶長道如此村官曰冶長不殺人何緣知之因錄冶長付獄主問冶長何以殺人冶長曰解鳥語不殺人主曰當試之若必解鳥語便相放也若不解當令償死駐冶長在獄六十日卒日有雀子緣獄柵

上。相呼嘖嘖唶唶。治長含笑。吏啓主。治長笑雀語。是似解鳥語。主教問治長。雀何所道而笑之。治長曰。雀鳴嘖嘖唶唶。白蓮水邉。有車翻覆黍粟。牡牛折角。收斂不盡。相呼往啄。獄主未信。遣人往看。果如其言。後又解猪及燕語。屢驗。於是得放。然此語乃出雜書。未必可信。而亦古舊相傳云。冶長解禽語。故聊記之也。○註孔安國曰。公冶長弟子魯人也。姓公冶名長。○范甯曰。名芝。字子長也。

子謂南容。邦有道不廢。邦無道免於刑戮。以其兄之子妻之。註王肅曰。南容。弟子南宮縚。魯人也。字子容。不廢。言見任用也。疏子謂至妻之。○云子謂南容者。又評南容也。云邦有道不廢。邦無道免於刑戮者。明南容之德也。若遭國君有道。則出仕官。不廢己之才德也。若君無道。則危行言遜以免於刑戮也。刑戮通語耳。亦含輕重也。云以其兄之子妻之者。論之既畢。孔子以己兄女妻之也。昔時講說好評公冶。南容。德有優劣。故妻有己女兄女之異。侃謂二人無勝負也。卷舒隨世。乃爲有智。而枉濫獲罪。聖人猶然。亦不得以公冶爲劣也。以己女妻公冶。兄女妻南容者。非謂權其輕重。政是當其年相稱而嫁。事非一時。在次耳。則可無意其間也。○註王肅曰南容弟子南宮縚魯人也。字子容。○姓南宮。名縚也。又名閱也

子謂子賤。註孔安國曰。子賤魯人。弟子宓不齊也。君子哉若人。魯無君子者。斯焉取斯。註苞氏曰。若人者。若此人也。如魯無君子。子賤安得取此行而學行之。疏子謂至取斯○云子謂子賤者亦許子賤也。云君子哉若人者此通所許之事也若人。如此人也。言子賤有君子之德。故言君子哉若此人也。云魯無君子者斯焉取斯者因美子賤。又

美魯也。焉。安也。斯。此也。言若魯無君子。子賤安得取此君子之行而學之乎。言由魯多君子。故子賤學而得之。

子貢問曰。賜也何如。子曰。汝器也。【注】孔安國曰。言汝是器用之人也。曰。何器也。曰。瑚璉也。【注】苞氏曰。瑚璉者。黍稷器也。夏曰瑚。殷曰璉。周曰簠簋。宗廟器之貴者也。【疏】子貢問至璉也○云子貢問曰賜也何如者。子貢聞孔子歷評諸弟子。而不及己。己獨區區己分。故因諮問何如也。云子曰汝器也者。孔子答曰。汝是器用之人也。云曰何器也者。器有善惡。猶未知己器云何。故更問也。云曰瑚璉也者。此答定器有善分也。瑚璉者。宗廟寶器。可盛黍稷也。言汝是器中之貴者也。或云。君子不器。器者。用必偏。瑚璉雖貴。而為用不周。亦言汝乃是貴器。亦用偏也。故江熙云。瑚璉置宗廟。則爲貴器。然不周於民用也。汝言語之士。束脩廊廟。則爲豪秀。然未必能幹煩務也。器之偏用。此其貴者。猶不足多。況其賤者乎。是以玉之碌碌。石之落落。君子皆不欲也。○注苞氏曰至貴者也。○云瑚璉者黍稷器也者。用盛黍稷之飯也。云夏曰瑚云云者禮記云。夏之四璉。殷之六瑚。今云夏瑚殷璉。講者皆云。是誤也。故欒肇曰。未詳也。然夏殷各一名。而其形未測。及周則兩名。其形各異。外方內圓曰簠。內方外圓曰簋。俱容一斗二升。以簋盛黍稷。以簠盛稻粱。或問曰。子貢周人。孔子何不云汝是簠簋。而遠舉夏殷器也。或通者曰。夫子近捨當時。而遠稱二代者。亦微有旨焉。謂湯武聖德。伊呂賢才。聖德則與孔子不殊。賢才與顏閔豈異。而湯武飛龍。伊呂爲阿衡之任。而孔子布衣洙泗。顏回簞瓢陋巷。論其人則不殊。但是用捨之不同耳。譬此器用則一。而時有廢興者也。

或曰。雍也。仁而不佞。註馬融曰。雍。弟子仲弓名也。姓冉也。子曰。焉用佞。禦人以口給。屢憎於人。不知其仁也。焉用佞也。註孔安國曰。屢。數也。佞人。口辭捷給。數爲人所憎也。疏或曰至佞也○云或曰雍也仁而不佞者。或人云。弟子冉雍甚有仁德。而不能佞媚求會時也。云子曰焉用佞者。距或人也。言人生在世。備仁躬自足。焉用作佞僞也。云禦人以口給屢憎於人者。更說佞人之爲惡也。禦猶對也。給。捷也。屢。數也。言佞者口辭對人捷給無實。則數爲人所憎惡也。云不知其仁也焉用佞也者。憎佞爲惡之深。故重答距於或人也

子使漆彫開仕。對曰。吾斯之未能信。註孔安國曰。開。弟子也。漆彫。姓也。開。名也。仕進之道。未能信者。未

能究習也。子悅。註鄭玄曰。喜其志道深也。疏子使至子悅○云子使漆彫開仕者孔子使此弟子出仕官也。云對曰吾斯之未能信者開答也。答師稱吾者古人皆然也。答云。言己學業未熟。未能究習。則不爲民所信。未堪仕也。一云。言時君未能信。則不可仕也。故張憑曰。夫君臣之道。信而後交者也。君不信臣。則無以授任。臣不信君。則難以委質。魯君之誠。未洽於民。故曰未能信也。云子悅者孔子聞開言。而欣悅也。范甯曰。開知其學未習究治道。以此爲政。不能使民信己。孔子悅其志道之深。不汲汲於榮祿也。

子曰。道不行。乘桴浮於海。從我者。其由也與。註馬融曰。桴編竹木也。大者曰筏。小者曰桴也。子路聞之喜。註孔安國曰。喜與己俱行也。子曰。由也好勇過我無所取材。註鄭玄曰。子路信夫子欲行。故言好勇過我也。無所取材者。言無所取桴材也。以子路不解微言。故戲之耳。一曰。子路聞孔子欲乘浮海。便喜不復顧望。故孔子歎其勇曰。過我。無所復取哉。言唯取於己也。古字材哉同耳。疏子曰至取材○云道不行乘桴浮於海者。桴者。編竹木也。大曰筏小曰桴。孔子聖道不行於世。故或欲居九夷。或欲乘桴泛海。故云道不行。乘桴浮於海也。云從我者其由也與者。由。子路名也。言從我浮海者。當時子路也。故云其由與。云子路聞之喜者。子路聞孔子唯將與己俱行。所以喜也。云子曰由也好勇過我者。然孔子本意託乘桴激時俗。而子路信之將行。既不達微旨。故孔子不復更言其實。且先云由好勇過我以戲之也。所以云過我者，我始有乘桴之言，而子路便實欲乘，此是勇過我也。云無所取材者，又言汝勇乃過勝於我，然我無所覓取爲桴之材也。○註鄭玄曰至同耳○云子路信云云者，此注如向釋也。云一曰云云者，此又一通也，此意亦與前不乖也。云無所復取哉，言唯取於己也者，此注則微異也。哉，送句也。言子路信我欲行，而所以不顧望者，言將我入海，不復取餘人哉，言唯取已也。云古字材哉同耳者，古作材字與哉字同，故今此字雖作材，而讀義應曰哉也。又一家云：孔子爲道不行爲譬，言我道之不行，如乘小桴入於巨海，終無濟理也。非唯我獨如此，凡門徒從我者，道皆不行，亦並由我故也。子路聞我道由，便謂由是其名，故便喜也。孔子不欲指斥其不解微旨，故微戲曰：汝好勇過我，我無所更取桴材也。

孟武伯問子路仁乎？子曰：不知也。註孔安國曰：仁道至大不可全名也又問子曰由也千乘之國可使治其賦也【註】孔安國曰賦兵賦也不知其仁也求也何如子曰求也千室之邑百乘之家可使爲之宰也【註】孔安國曰千室之邑卿大夫之邑也卿大夫稱家諸侯千乘卿大夫故曰百乘也宰家臣不知其仁也赤也何如子曰赤也束帶立於朝可使與賓客言也【註】馬融曰赤弟子公西華也有容儀可使爲行人也不知其仁也【疏】孟武伯問至仁也○云孟武伯問子路仁乎者武伯問孔子云弟子中有子路是仁人不乎云子曰不知也者孔子答也所以云不知者

范寧曰。仁道弘遠。仲由未能有之。又不欲指言無仁。非奬誘之教。故託云不知也。云又問者。武伯得答不知。而意猶未已。故更問云。子路定有仁不乎。故范寧曰。武伯意有未愜。或似仲尼有隱。故再問也。云子曰由也云云者。賦。兵賦也。孔子得武伯重問。答又直云不知。則武伯未已。故且言其才伎。然後更答以不知也。言子路才勇。可使治大國之兵賦。仕爲諸侯之臣也。云不知其仁也者。言唯知其才堪。而猶不知其仁也。云求也何如者。武伯又問孔子。弟子冉求其有仁不乎。故云何如也。云子曰求也云云者。亦不答仁。而言求之才亦堪也。千室之邑。卿大夫之邑也。百乘之家。三公采地也。言求才堪爲千室百乘之邑宰也。云不知其仁也者。亦結答不知其仁也。云赤也何如者。武伯又問。弟子公西華有仁不乎。云子曰赤也云云者。亦唯答赤之才能也。束帶立於朝。謂赤有容儀。可使對賓客言語也。故范寧曰。束帶。整朝服也。賓客。鄰國諸侯來相聘享也。云不知其仁也者。亦不答有仁也。○

【注】孔安國曰：仁道至大，不可全名也。○言子路未能全受此仁名，故云不知也。○【注】孔安國曰至家臣。○云千室之邑，卿大夫之邑也，卿大夫稱家者，今不復論夏殷，且作周法。周天子畿内方千里。三公采地方百里。卿地方五十里。大夫地方二十五里。畿外五等。公方五百里。侯方四百里。伯方三百里。子方二百里。男方一百里。舊説。五等之臣。其采地亦爲三等。各依其君國十分爲之。何以然。天子畿千里。既以百里爲三公采。五十里爲卿采。二十五里爲大夫采地。故畿外準之。上公地方五百里。其臣大采方五十里。中采方二十五里。小采方十二里半。侯方四百里。其臣大采方四十里。次采方二十里。小采方十里也。伯方三百里。其臣大采方三十里。中采方十五里。小采方七里半。子方二百里。其臣大采方二十里。次采方十里。小采方五里。男方百里。其臣大采方十里。次采方五里。小采方二里半也。凡制地方一里爲井。井有三家。若方二里半。有方一里者六。又方半里者一。則合十八家

有餘。故論語云十室之邑也其中大小各隨其君故或有三百戶。是方十里者一或有千室。是方十里者三有餘也云諸侯千乘者謂上公也云卿大夫故曰百乘也宰家臣者然百乘之家。是三公之采。鄭注雜記及此。並云大夫百乘者。三公亦通有大夫之稱也○註馬融曰至人也○行人。謂宜使爲君出聘鄰國及接鄰國之使來者也周禮。有大小行人職也

子謂子貢曰。汝與回也孰愈註孔安國曰。愈猶勝也。對曰。賜也何敢望回回也聞一以知十賜也聞一以知二子曰。弗如也吾與汝弗如也註苞氏曰。既然子貢弗如。復云吾與汝俱不如者。蓋欲以慰子貢心也。疏子謂至如也○云子謂子貢曰汝與回也孰愈者孰。誰也愈。勝也孔子問子貢

汝與顏回。二人才伎誰勝者也所以須此問者。繆播曰。學末尚名者多。顧其實者寡。回則崇本棄末。賜也未能忘名。存名則美著於物。精本則名損於當時。故發問以要賜對。以示優劣也所以抑賜而進回也。云對曰云云者。答孔子以審分也王弼曰。假數以明優劣之分。言己與顏淵。十裁及二明相去懸遠也。張封溪曰。一者。數之始。十者。數之終。顏生體有識厚。故聞始則知終。子貢識劣。故聞始裁至二也。云子曰弗如也者。弗。不也。孔子聞子貢之答。分有懸殊。故定之云不如也。云吾與汝弗如也者孔子既答子貢之不如。又恐子貢有怨。故又云吾與汝皆不如也。所以安慰子貢也。○注苞氏曰至心也。○云既然子貢弗如者。釋前弗如也。復云云云者。苞意如向解。而顧歡申苞注曰。回爲德行之後。賜爲言語之冠。淺深雖殊。而品裁未辨。故使名實無濫。故假問孰愈。子貢既審回賜之際。又得發問之旨。故擧十與二。以明懸殊愚智之異。夫子嘉其有自見之明。而無矜尅之貌。故判之以弗如。

同之以吾與汝此言我與爾雖異。而同言弗如能與聖師齊。見所以爲慰也侃謂顧意是言我與爾俱。明汝不如也非言我亦不如也而秦道賓曰。爾雅云與許也仲尼許子貢之不如也

宰予晝寢。註苞氏曰宰予弟子宰我也子曰朽木不可彫也。註苞氏曰。朽腐也。彫彫琢刻畫也糞土之牆不可圬也。註王肅曰。圬墁也二者喻雖施功猶不成也。於予與何誅。註孔安國曰。誅責也今我當何責於汝乎。深責之辭也。子曰。始吾於人也。聽其言而信其行今吾於人也。聽其言而觀其行於予與改是。註孔安國曰。改是者。始聽言信行今更察

言觀行發於宰我晝寢也

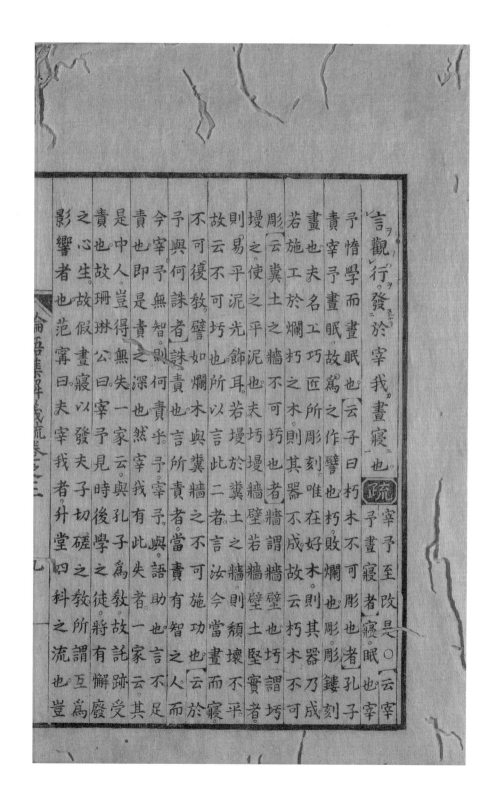

疏宰予至改是○云宰予晝寢者寢眠也宰予惰學而晝眠也云子曰朽木不可彫也者孔子責宰予晝眠故爲之作譬也朽敗爛也彫彫鏤刻畫也夫名工巧匠所彫刻唯在好木則其器乃成若施工於爛朽之木則其器不成故云朽木不可彫也云糞土之牆不可圬也者牆謂牆壁也圬謂圬墁之使之平泥也夫圬墁牆壁若牆壁土堅實者則易平泥光飾耳若墁於糞土之牆則頹壞不平故云不可圬也所以言此二者言汝今當晝而寢不可復教譬如爛木與糞牆之不可施功也云於予與何誅者誅責也言所責者當責有智之人而今宰予無智則何責乎予宰予也與語助也言不足責也即是責之深也然宰我有此失者一家云其是中人豈得無失一家云與孔子爲教故託跡受責也故珊琳公曰宰予見時後學之徒將有懈廢之心生故假晝寢以發夫子切磋之教所謂互爲影響者也范甯曰夫宰我者升堂四科之流也豈

不免乎晝寢之咎以貽朽糞之譏乎。時無師徒共明勸誘之教。故託夫弊跡以爲發起也。云子曰云云者。始謂孔子少年時也。孔子歎世醨薄之跡。今異昔也。昔時猶可。故吾少時。聞於人所言。便信其能有行。故云而信其行也。云今吾云云者。今謂孔子末時也。不復聽言信行。乃更聽言。而必又須觀見其行也。云於予與改是者。是。此也。言我所以不復聽言信行。而更爲聽言觀行者。起於宰予而改爲此。所以起宰予而改者。我當信宰予是勸學之人。謂必不懶惰。今忽正直晝而寢。則如此之徒。居然不復可信。故使我弁不復信於時人也。

子曰。吾未見剛者。或對曰。申棖。註苞氏曰。申棖。魯人也。子曰。棖也慾。焉得剛。註孔安國曰。慾。多情慾也。

疏子曰至得剛○云吾未見剛者者。剛謂性無慾者也。孔子言我未見世有剛性無慾之人也。云或對曰申棖者。或有人。聞孔子說而答之云。魯有姓申。名棖者。其人剛也。云子曰棖也慾焉得剛者孔子語或人曰。夫剛人性無求。而申棖性多情慾。多情慾者必求人。求人則不得是剛。故云焉得剛。

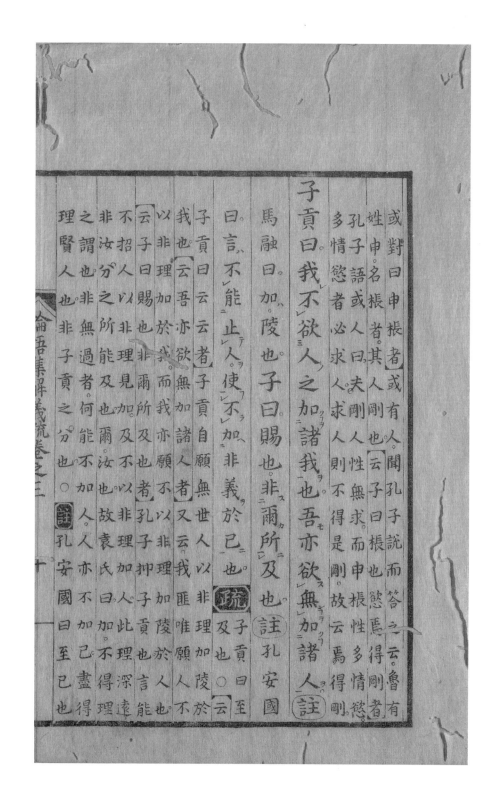

子貢曰。我不欲人之加諸我也。吾亦欲無加諸人。註馬融曰。加。陵也。子曰。賜也。非爾所及也。註孔安國曰。言不能止人。使不加非義於己也。疏子貢曰至及也。○云子貢曰云云者。子貢自願無世人以非理加陵於我也。云吾亦欲無加諸人者。又云我匪唯願人不以非理加於我。而我亦願不以非理加陵於人也。云子曰賜也非爾所及也者。孔子抑子貢也。言能不招人以非理見加。及不以非理加人。此理深遠。非汝分之所能及也。爾。汝也。故袁氏曰。加。不得理之謂也。非無過者。何能不加人。人亦不加己。盡得理賢人也。非子貢之分也。○註孔安國曰至己也

○然不加人人不加己並難可能。而注偏釋不加己者。畧也

子貢曰。夫子之文章。可得而聞也。注章。明也。文彩形質著見。可得以耳目自脩也。夫子之言。性與天道不可得而聞也已矣。注性者。人之所受以生者也。天道者。元亨日新之道也。深微故不可得而聞也。

疏子貢曰至已矣。○云子貢曰云云者。子貢此歎顔氏之鑽仰也。但顔既庶幾與聖道相隣。故云鑽仰之。子貢既懸絶。不敢言其高堅。故自説聞於典籍而已。文章者。六籍也。六籍是聖人之筌蹄。亦無關於魚兔矣。六籍者。有文字章著。煥然可修耳目。故云夫子文章。可得而聞也。然典籍著見。可聞可觀。今不云可見。而云可聞者。夫見之爲近。聞之爲遠。不敢言躬自近見。政欲寄於遠聞之而已。云

夫子云云者夫子之言即謂文章之所言也性孔子所禀以生者也天道謂元亨日新之道也言孔子六籍乃是人之所見而六籍所言之旨不可得而聞也所以爾者夫子之性與天地元亨之道合其德致此處深遠非凡人所知故其言不可得聞也○注性者至聞也○云性者人之所受以生者也者人禀天地五常之氣以生曰性性生也云天道者元亨日新之道也者元善也亨通也日新謂日日不停新新不已也謂天善道通利萬物新新不停者也言孔子所禀之性與元亨日新之道合德也云深微故不可得而聞也者與元亨合德故深微不可得而聞也或云此是孔子死後子貢之言也故太史叔明云文章者六籍是也性與天道如何注以此言之與是夫子死後七十子之徒追思曩日聖師平生之德音難可復值六籍即有性與天道但垂於世者可蹤故千載之下可得而聞也至於口說言吐性與天道蘊藉之深止乎身者難繼故不可得而聞也侃案何注似不如此且死

後之言。凡者亦不可聞。何獨聖乎。

子路有聞。未之能行。唯恐有聞。註孔安國曰。前所聞未能及得行。故恐後有聞不得並行也。疏子路有聞未之能行唯恐有聞○子路稟性果決。言無宿諾。故前有所聞於孔子。即欲修行。若未及能行。則不願更有所聞。恐行之不周。故唯恐有聞也。

子貢問曰。孔文子何以謂之文也。註孔安國曰。孔文子。衛大夫孔叔圉也。文。謚也。子曰。敏而好學。不恥下問。是以謂之文也。註孔安國曰。敏者。識之疾也。下問。問凡在己下者也。疏子貢問至文也○云子貢問云云者。衛大夫孔

叔圉以文爲謚子貢疑其大高故問於孔子也問
其何德而謚文也云子曰云云者答所以謚文之
由也敏疾速也言孔圉之識智疾速而所好在學
若有所不知則不恥諮問在己下之人有此諸行
故謂爲
文也

子謂子産有君子之道四焉註孔安國曰子産鄭大
夫公孫僑也其行己也恭其事上也敬其養民也
惠其使民也義疏子謂至也義○云子謂子産有
君子之道四焉者言子産有四
德並是君子之道也云其行己也恭者一也言其
行己身於世常恭從不逆忤人物也云其事上也
敬者二也言若事君親及凡在己上者必皆用敬
也云其養民也惠者三也言其養民皆用恩惠也
故孔子謂爲古之遺愛也云其使民也義者
四也義宜也使民不奪農務各得所宜也

子曰晏平仲善與人交久而人敬之 註 周生烈曰齊大夫也晏姓平謚名嬰也 疏 子曰至敬之○云晏平仲善與人交者言晏平仲與人結交有善也云久而人敬之者此善交之驗也凡人交易絶而平仲交久而人愈敬之也孫綽曰交有傾蓋如舊亦有白首如新隆始者易克終者難敦厚不渝其道可久所以難也故仲尼表焉

子曰臧文仲居蔡 註 苞氏曰臧文仲魯大夫臧孫辰也文謚也蔡國君之守龜也出蔡地因以爲名焉長尺有二寸居蔡僭也山節藻梲 註 苞氏曰節者栭也刻鏤爲山也梲者梁上楹也畫爲藻文言其

奢侈也。何如其智也。註孔安國曰。非時人謂以爲
智也。疏子曰至智也○云臧文仲居蔡者居猶畜
也。蔡。大龜也。禮唯諸侯以上。得畜大龜以
卜國之吉凶。大夫以下。不得畜之。文仲是魯大夫
而畜龜。是僭人君禮也。云山節藻梲者。此奢侈也。
山節者。刻柱頭露節爲山。如今栱斗也。藻梲者。畫
梁上侏儒柱爲藻文也。人君居室無此禮。而文仲
爲之。故爲奢也。宮室之飾。士去首去本。大夫達稜
諸侯刻而礱之。天子加密石焉。出穀梁傳。云何如
其智也者。時人皆謂文仲是有智之人。故孔子出
其僭奢之事。而譏時人也。故云何如其智也○註
苞氏曰至僭也○云蔡國云云者。國君守國之龜。
出蔡地。因呼龜爲蔡也。云長尺有二寸者。蔡地既
出大龜。龜長尺二寸者。因名蔡也。云居蔡僭也者
大夫亦得卜用龜之小者也。不得畜蔡也。文仲畜
之。是僭濫也○註苞氏曰至侈也○云節者栭也
刻鏤爲山也者。言刻栭柱頭爲山也。栭是梁上柱

名也。云梲者梁上楹也者。梁上楹。即是檽。檽即侏儒柱也。苞兩而言之。當是互明之也。刻檽頭爲山也。畫檽身爲藻文也。又有一本注云。山節者。刻欂櫨爲山也。云畫爲藻文言其奢侈也者。若以注意。則此是非僭也。正言是奢侈失禮。人君無此禮。故不僭也。

子張問曰。令尹子文。註孔安國曰。令尹子文。楚大夫。姓鬬。名穀。字於菟。三仕爲令尹。無喜色。三已之無慍色。舊令尹之政。必以告新令尹。何如也。子曰。忠矣。曰。仁矣乎。曰。未知。焉得仁。註孔安國曰。但聞其忠事。未知其仁也。崔子弑齊君。陳文子有馬十乘。棄而違之。註孔安國曰。皆齊大夫也。崔杼作亂。陳文子惡之。捐其四十匹馬。違而去之也。至於他邦。則曰。猶吾大夫崔子也。違之。之至他邦。則又曰。猶吾大夫崔子也。違之。何如。子曰。清矣。曰。仁矣乎。曰。未知。焉得仁。【註】孔安國曰。文子避惡逆。去無道。求有道。當春秋時。臣陵其君。皆如崔杼。無有可止者也。【疏】子張問至得仁。○云子張問曰令尹子文者令尹。楚官名也。子文爲楚令尹。故曰令尹子文也。云三仕爲令尹無喜色者文子經仕楚三過爲令尹之官。而顏色未曾喜也。云三已之無慍色者已謂黜止也。文子作令尹。經三過被黜。而亦無慍恚之色也。云舊令尹之政必以告新令尹者雖三過被黜。每被黜受代之時。必以令尹舊政令。告語新人。恕其不知解也。云何如也者子張問孔子。

令尹行如此。是謂何人也。云子曰忠矣者孔子答言臨代以舊告新。此是爲臣之忠者也。李充曰。進無喜色。退無怨色。公家之事。知無不爲。忠臣之至也。云曰仁矣乎者子張又問孔子。如子文之行。可得謂爲仁不乎。云曰未知焉得仁者孔子答曰。唯聞其忠。未知其何由得爲仁也。李充曰。子玉之敗。子文之舉。舉以敗國。不可謂智也。賊夫人之子。不可謂仁。侃案李謂爲不智。不及注也。云崔子弑齊君者崔子。齊大夫崔杼也。弑其君莊公也。云弑者。夫上殺下曰殺。殺名爲卑也。下殺上曰弑。弑。試也。下之害上。不得即而致殺。必先相試以漸。故易曰。臣弑君。子弑父。非一朝一夕之故。其所從來漸矣。如履霜以至堅冰也。云陳文子有馬十乘者陳文子亦齊大夫也。十乘。四十匹也。四馬共乘一車。故十乘有四十匹也。云棄而違之者文子見崔杼殺君。而已力勢不能討。故棄四十匹馬。而違去此國。更往他邦。云至於他邦則曰猶吾大夫崔子也者于時天下並亂。國國皆惡。文子棄馬而去。復更至他邦。而所至之國。亦亂與齊不異。故曰猶吾大夫崔子也。云違之者違。去也。文子所至新國又惡。故又去之也。云之至一邦者之。往也。去所至新國。更復往一邦也。云則又曰猶吾大夫崔子也者去初所至。更往一國。一國復昏亂。又與齊不異。故又曰猶吾大夫崔子也。云違之者已復更去也。云何如者子張更問孔子。言文子捨馬。三至新邦。屢違之事如此。可謂為何人也。云子曰清矣者清。清潔也。顏延之曰。每適又違。潔身者也。云曰仁矣乎者子張又問。若如此文子之行。則可謂為仁不乎。云曰未知焉得仁者答子張曰。其能自去。只可得清。未知所以得名為仁也。孫綽曰。大哉仁道之弘以文子平粹之心。無借之誠。文子疾時惡之篤。棄馬而遊三去亂邦。坐不暇寧。忠信有餘。而仁猶未足。唯顏氏之子。體仁無違。其亞聖之目乎。李充曰。違亂求治。不汙其身清矣。而所之無可。驟稱其亂不如甯子之能愚。蘧生之可卷。未可謂智也。潔身而不濟世。未可謂仁也。李謂為未智。亦不勝為未知也。

○註孔安國曰至於菟○楚鬬伯比外家是邔國。其還外家。通舅女生子。旣恥之。仍遂擲於山草中。此女之父。獵還見虎乳飲小兒。因取養之。旣未知其姓名。楚人謂乳爲穀。謂虎爲於菟。音烏塗。此兒爲虎所乳。故名之曰穀於菟也。後知其是伯比子。故呼爲鬬穀於菟也。後長大而賢。仕楚爲令尹之官。范甯曰。子文是謚也。○註捐其四十匹馬○捐猶棄放也。

季文子三思而後行。子聞之曰。再思斯可矣。註鄭玄曰。季文子。魯大夫季孫行父也。文。謚也。文子忠而有賢行。其舉事寡過。不必及三思也。疏季文子至可矣○云季文子三思而後行者。言文子有賢行。舉事必三過思之也。云子聞之曰再思斯可矣者。孔子美之。言若如文子之賢。不假三思。唯再思。此則可也。斯此也。有一通云。言再過二思。則可也。又季彪曰。君

子之行。謀其始。思其中。慮其終。然後允合事機。舉
無遺筭。是以曾子三省其身。南容三復白圭。夫子
稱其賢。且聖人敬慎於教訓之體。但當有重耳。固
無緣有減損之理也。時人稱季孫名過其實。故孔
子矯之言季孫行事多闕。許其再思。則可矣。無緣
乃至三思也。此蓋矯抑之談耳。非稱美之言也。

子曰。甯武子。【註】馬融曰。衞大夫甯俞也。武。謚也。**邦有**
道則智。邦無道則愚。其智可及也。其愚不可及也。
【註】孔安國曰。詳愚似實。故曰不可及也。【疏】子曰至及也○
此章美武子德也。云邦有道則智者。言武子若值
邦君有道。則肆己智識以贊明時也。云邦無道則
愚者。若值國主無道。則卷智藏明。詳昏同愚也。云
其智可及也者。是其中人識量。當其肆智之日。故
爲世人之可及也。云其愚不可及也者。時人多衒
聰明。故智識有及於武子者。而無敢詳愚隱智。如

武子者。故云其愚不可及也○註孔安國曰至及也○詳。詐也。王朗曰。或曰。詳愚蓋運智之所得。緣有此智。故能有此愚。豈得云同其智。而闕其愚哉。答曰。智之爲名。止於布德尚善。動而不黜者也。愚無預焉。至於詳愚。韜光潛絲。恬然無用。文流不同。而故其稱亦殊。且智非足者之目。可有雖審其顯。而未盡其愚者矣。孫綽曰。人情莫不好名。咸貴智而賤愚。雖治亂異世。而矜鄙不變。唯深達之士。爲能晦智藏名。以全身遠害。飾智以成名者易。去華以保性者難也

子在陳曰。歸與歸與。吾黨之小子狂簡。斐然成章。不知所以裁之也。註孔安國曰。簡。大也。孔子在陳。思歸欲去。故曰。吾黨之小子狂者。進趣於大道。妄穿鑿以成文章。不知所以裁制。我當歸以裁制之耳

遂歸。疏子在至之也。○云子在陳曰歸與歸與者。孔子周流諸國。在陳最久。將欲反魯。故發此辭。再言歸與歸與者。欲歸之意深也。云吾黨云云者。此是欲歸之辭也。所以不直歸。而必有辭者。客任既久。主人無薄。若欲去無辭。則恐主人生愧。故託爲此辭以申客去之有由也。吾黨者。謂我鄉黨中也。小子者。鄉黨中後生末學之人也。狂者。直進無避者也。簡。大也。大謂大道也。斐然。文章貌也。孔子言我所以欲歸者。爲我鄉黨中。有諸末學小子。狂而無避。進取正經大道。輒妄穿鑿。斐然以成文章。皆不知其所以輒自裁斷。此爲謬誤之甚。故我當歸爲裁正之也。○注進趨於大道妄穿鑿以成文章。趨。取也。大道。正經也。既狂。故取正典穿鑿之也。

子曰。伯夷叔齊不念舊惡。怨是用希。注孔安國曰。伯夷。叔齊。孤竹君之二子也。孤竹。國名也。疏子曰至用希○

此美夷齊之德也。念猶識錄也。舊惡。故憾也。希。少也。人若錄於故憾。則怨恨更多。唯夷齊豁然忘懷。若人有犯已。已不怨錄之。所以與人怨少也。○【注】孔安國曰至名也。○孤竹之國。是殷湯正月三日丙寅日所封。其子孫相傳至夷齊之父也。父姓墨台。名初。字子朝。伯夷名允。字公信。叔齊名致。字公達。伯夷大而庶。叔齊小而正。父薨。兄弟相讓。不復立也。

子曰。孰謂微生高直。【注】孔安國曰。微生。姓。名。高。魯人也。或乞醯焉。乞諸其鄰而與之。【注】孔安國曰。乞之四鄰。以應求者。用意委曲。非為直人也。【疏】子曰至與之○云孰謂微生高直者。于時世人多云微生高用性清直。而孔子譏之。故云孰謂微生高直也。孰。誰也。云或乞醯焉者。舉微生非直之事也。醯。酢酒也。或有人就微生乞醯者也。云乞諸其鄰而與之者。諸之也。時微生家自無醯。而爲乞者。就已隣有醯者乞之以與或人也。直人之行。不應委曲。今微生高用意委曲。故識其非直。○【註】四隣○四隣。四面隣里之家也。

子曰。巧言令色足恭【註】孔安國曰。足恭便僻之貌也。左丘明恥之。丘亦恥之【註】孔安國曰。左丘明。魯大史也。匿怨而友其人【註】孔安國曰。心内相怨。而外詐親也。左丘明恥之。丘亦恥之【疏】子曰至恥之○云巧言令色足恭者。謂足用恭情少。而爲巧言令色足恭之者也。繆協曰。恭者。從物。凡人近情。莫不欲人之從已。足恭者。以恭足於人意。而不合於禮度。斯皆適人之適。而曲媚於物也。云左丘明恥之丘亦恥之者。左丘明。受春秋於仲尼者也。其既良直。故凡有可恥之事。而仲尼皆從之爲恥也。巧言令色足恭。是可恥之事也。云匿怨而友其人者。匿。藏也。謂心藏怨而外詐相親友者也。云左丘明恥之。丘亦恥之者亦從丘明恥也。范甯曰。藏怨於心。詐親於形外。揚子法言曰。友而不心。面友也。亦丘明之所恥。

顔淵季路侍。子曰。盍各言爾志。子路曰。願車馬衣輕裘與朋友共弊之而無憾。註孔安國曰。憾。恨也。顔淵曰。願無伐善。註孔安國曰。自無稱己之善也。無施勞。註孔安國曰。無以勞事置施於人也。子路曰。願聞子之志。子曰。老者安之。朋友信之。少者懷之。註孔安國曰。懷。安也。疏顔淵至懷之。○云顔淵季路侍者。季路即子路也。次第是季。侍。侍孔子。卑在尊側曰侍也。云子曰盍各言爾志者。盍。何不也。孔子詰顔路曰。汝二人何不各言汝心中所思乎。云子路曰云云者，弊，敗也。憾，恨也。子路性決，言朋友有通財，車馬衣裘共乘服，而無所憾恨也。一家通云：而無憾者，言願我旣乘服朋友衣馬，而不慚憾也。故殷仲堪曰：施而不恨，士之近行也。若乃用人之財，不覺非己，推誠闇往，感思不生，斯乃交友之至，仲由之志與也。云顏淵曰願無伐善者，有善而自稱曰伐善也。顏淵所願，願己行善而不自稱，欲潛行，而百姓日用而不知也。李充曰：自伐者無功，自矜者不莊。云無施勞者，又願不施勞役之事於天下也。故鑄劔戟爲農器，使子貢無施其辨，子路無厲其勇也。云子路曰願聞子之志者，二子說志旣竟，而子路又云，願聞孔子志也。古稱師曰子也。云子曰云云者，孔子答也。願己爲老人必見撫安，朋友必見期信，少者必見思懷也。若老人安己，己必是孝敬故也；朋友信己，己必是無欺故也；少者懷己，己必有慈惠故也。欒肇曰：敬長故見安，善誘故可懷也。

子曰：已矣乎。吾未見能見其過而内自訟者也。【註】苞氏曰：訟，猶責也。言人有過莫能自責者也。【疏】子曰至者也○已，止也。止矣乎者，歎此以下事久已無也。訟猶責也。言我未見人能自見其所行事有過失而内自責者也。

子曰：十室之邑，必有忠信如丘者焉，不如丘之好學也。【疏】子曰至學也○丘，孔子名也。孔子自稱名，言十室爲邑，其中必有忠信如丘者焉也，但無如丘之好學耳。孫綽曰：夫忠信之行，中人所能存全，雖聖人無以加也。學而爲人，未足稱也。好之至者，必鑽仰不怠，故曰有顔回者好學，今也則亡。今云十室之學不逮於己，又曰我非生而知之，好古敏而求耳。此皆陳深崇於教，以盡汲引之道也。一家云：十室中若有忠信如丘者，則其餘焉不如丘

之好學也。言今不好學。不忠信耳。故衞瓘曰。所以忠信不如丘者。由不能好學如丘耳。苟能好學。則其忠信可使如丘也

論語雍也第六 疏 雍。孔子弟子也。明其才堪南面。而時不與也。所以次前者。其雖無橫罪。亦是不遇之流。橫罪爲切。故公冶前明。而雍也爲次也。

子曰。雍也可使南面。註 苞氏曰。可使南面者。言任諸侯可使治國政也。疏 子曰雍也可使南面○南面。謂爲諸侯也。孔子言冉雍之德。可使爲諸侯也

仲弓問子桑伯子。註 王肅曰。伯子書傳無見也。子曰。可也簡。註 以其能簡故曰可也。仲弓曰。居敬而行

簡以臨其民。不亦可乎。註孔安國曰。居身敬肅。臨下寬畧。則可也。居簡而行簡。無乃大簡乎。註苞氏曰。伯子之簡大簡也。子曰。雍之言然。疏仲弓問至簡乎○云仲弓問子桑伯子者。仲弓即冉雍也。問孔子曰。有人名子桑伯子。此是何人也。云子曰可也簡者。可猶可謂也。簡謂疎大無細行也。孔子答曰。伯子之身所行。可謂疎簡也。云仲弓曰云云者。孔子答曰。伯子所行。可謂疎簡。故仲弓更諮孔子。評伯子之簡不合禮也。將說其簡不合於禮。故此先說於合禮之簡也。言人若居身有敬。而寬簡以臨下民。能如此者。乃爲合禮。故云不亦可乎。言其可也。云居簡云云者。此說伯子之簡。不合禮也。而伯子身無敬。而以簡自居。又行簡對物。物皆無敬而簡。如此不乃大簡乎。言其簡過甚也。云子曰雍之言然者。雍論簡既是。故孔子然許之也。虞喜曰。說苑曰。孔子見伯子。伯子不衣冠而處。弟子曰。夫子何爲見此人乎。曰。其質美而無文繁。吾欲說而文之。孔子去。子桑伯子門人不悅曰。何爲見孔子乎。曰。其質美而文繁。吾欲說而去其文。故曰。文質修者。謂之君子。有質而無文。謂之易野。子桑伯子易野。欲同人道於牛馬。故仲尼曰。大簡無文繁。吾欲說而文之。○註王肅曰。伯子書傳無見也。○言書傳不見有子桑伯子也。○註以其能簡故曰可也。○言伯子能爲簡畧之行。故云可也

哀公問曰。弟子孰爲好學。孔子對曰。有顏回者好學不遷怒。不貳過。不幸短命死矣。今也則亡。未聞好學者也。註凡人任情。喜怒違理。顏淵任道。怒不過分。遷者。移也。怒當其理。不移易也。不貳過者。有不

善。未嘗復行也。疏 哀公問至者也○云哀公問曰弟子孰爲好學者 哀公問孔子諸弟子之中。誰爲好學者。云孔子對曰有顏回者好學者 答曰。弟子之中。唯有顏回好學。云不遷怒者 此舉顏淵好學分滿所得之功也。凡夫識昧。有所瞋怒。不當道理。唯顏回學至庶幾。而行藏同於孔子。故識照以道。怒不乖中。故云不遷怒。遷猶移也。怒必是理不遷移也。云不貳過者 但不能照機。機非已所得。故於已成過。凡情有過必文。是爲再過。而回當機時不見。已乃有過。機後即知。知則不復文飾以行之。是不貳也。故易云。顏氏之子。其殆庶幾乎。有不善。未嘗不知。知之未嘗復行是也。然學至庶幾。其美非一。今獨舉怒過二條者。蓋有以也。爲當時哀公濫怒貳過。欲因答寄箴者也。云不幸短命死矣者 凡應死而生曰幸。應生而死曰不幸。若顏子之德。非應死而今死。故曰不幸也。命者。稟天所得以生。如受天教命也。天何言哉。讖言之耳。但命有短長。顏生所得短者也。不幸而死。由於短

命。故曰不幸短命死矣。云今也則亡者。亡。無也。言
顏淵既已死。則無復好學者也。然游夏文學著於
四科。而不稱之。便謂無者。何也。游夏非體之人。不
能庶幾。尚有遷。有貳。非關喪予。唯顏生鄰亞。故曰
無也。云未聞好學者也者。好學庶幾。曠世唯一。此
士。難重得。故曰未聞也。○疏 凡人至行也。○云凡
人任情喜怒違理者。未得坐忘。故任情。不能無偏。
故違理也。云顏淵任道怒不過分者。過猶失也。顏
子與道同行捨。不自任己。故曰任道也。以道照物。
物豈逃形。應可怒者。皆得其實。故無失分也。云遷
者移也。怒當其理。不移易也者。照之故當理。當理
而怒之。不移易也。云不貳過者。有不善。未嘗復行
也者。即用易繫爲解也。
未嘗復行。謂不文飾也。

子華使於齊。冉子爲其母請粟。子曰。與之釜。註 馬融
曰。子華。弟子公西華。赤字也。六斗四升曰釜也。請

益曰與之庾註苞氏曰十六斗爲庾也冉子與之粟五秉註馬融曰十六斛爲秉五秉合八十斛也子曰赤之適齊也乘肥馬衣輕裘吾聞之也君子周急不繼富註鄭玄曰非冉求與之太多也疏子華使至繼富○云子華使於齊者子華弟子公西赤字也姓公西名赤有容儀故爲使往齊國也但不知時爲魯君之使爲孔子之使耳云冉子爲其母請粟者冉子冉求也其母子華母也請粟就孔子請粟也時子華既出使而母在家冉有由朋友之情故爲子華之母就孔子請粟也云子曰與之釜者孔子得冉求之請故命與粟一釜釜容六斗四升也云請益者冉求嫌一釜之少故更就孔子請益也云曰與之庾者冉子既請益故孔子令與之庾也庾十六斗也然初請唯得六斗四升請益而

得十六斗。是益多於初。如爲不次。政恐益足前釜
以成十六斗也。云冉子與之粟五秉者。十六斛曰
秉。五秉。八十斛也。孔子與粟既竟。故冉子又自以
已粟八十斛與之也。云子曰赤之適齊也乘肥馬
衣輕裘者。孔子說我所以與少。又說冉求不應與
多意也。肥馬。馬之食穀者也。輕裘。裘之皮精毛軟。
及新綿爲著者也。若家貧。則馬不食穀而瘦。裘用
麁皮毛强。而故絮爲著。緼袍是也。今子華往使於
齊去時。所乘馬肥。其所衣裘輕軟。則是家富。其母
不乏也。云吾聞之也君子周急不繼富者。孔子曰。
吾聞舊語。夫君子施。但周贍人之急者耳。不係繼
足人爲富蓄也。○注六斗四升曰釜也。○春秋傳。
昭公三年冬。晏子曰。齊舊四量。豆區釜鍾。四升爲
豆。各自加其四以登於釜。釜十則鍾。案如玆說。是
四升爲豆。四豆爲區。區。斗六升也。四區爲釜。釜。六
斗四升。如馬注也。若鍾。則六斛四斗也。○注苞氏
曰十六斗爲庾也。○然案苞注。十六斗爲庾。與賈
氏注國語同。而不合周禮。周禮旊人職云。豆實三

而成㲉。鄭云。豆實四升。則㲉實一斗二升也。又陶人職云。庾實二㲉。案如陶旊二文。則庾二斗四升矣。而苞氏注曰。十六斗爲庾。即是聘禮之藪也。聘禮。十六斗曰藪。不知苞賈當別有所出耳。○【注】馬融曰。十六斛爲秉。五秉合八十斛也。○聘禮云。十斗曰斛。十六斗曰藪。十藪曰秉。是馬注與聘禮之藪同也。○【注】鄭玄曰。非冉求與之太多也。○非猶譏也。孔子此語。是譏冉求與子華母粟之太多也。然舊說疑之。子華之母。爲當定乏。爲當定不乏。若實乏。而子華肥輕。則爲不孝。孔子不多與。是爲不仁。若不乏。而冉求與之。則爲不智。誰爲得失。舊通者云。三人皆得宜也。子華中人。豈容己乘肥馬。衣輕裘。而令母乏。必不能然矣。且夫子明言不繼富則知其家富也。實富。而冉求爲請與多者。明朋友之親。有同己親。既一人不在。則一人宜相共恤。故也。今不先直以己粟與之。而先請於孔子者。己若直與。則人嫌子華母有乏。故先請孔子。孔子再與。猶不至多。明不繼富也。己故多與。欲招不繼富之責。是知華母不乏也華母不乏。而已與之。爲於朋友之義故也不乏尚與。況乏者也。

原思爲之宰。註苞氏曰。弟子原憲也。思字也。孔子爲魯司寇。以原憲爲家邑宰也。與之粟九百。辭。註孔安國曰。九百。九百斗也。辭。讓不受也。子曰。毋。註孔安國曰。祿法所當受無以讓也。以與爾鄰里鄉黨乎。註鄭玄曰。五家爲鄰。五鄰爲里。萬二千五百家爲鄉。五百家爲黨也。疏原思至黨乎○云原思爲之宰者弟子原憲也孔子爲魯司寇有采邑。故使原思爲邑宰也云與之粟九百者九百。九百斗也原憲既爲邑宰。邑宰宜得祿。故孔子以粟九百與之也云辭者原性廉。讓辭不受粟也云子曰毋者原辭不肯受。故孔子止之也。毋。毋辭也。【云以與爾鄰里鄉黨乎者】又恐原憲不肯受。故又說云。汝莫辭但受之。若無用當還。分與爾鄰里鄉黨也。此是示賢人仕官。潤澤州鄉之教也。云鄰里鄉黨者。內外互言之耳。鄰里在百里之外。鄉黨在百里之內也。○【註】孔子爲魯司寇。○余見鄭注本云。孔子初仕魯爲中都宰。從中都宰爲司空。從司空爲司寇也。○【註】孔安國曰九百九百斗也。○漫云九百。而孔必知九百斗者。孔政當嫌九百升爲少。九百斛爲多。故應是斗也。宜與粟五秉亦相類也。

子謂仲弓曰。犂牛之子騂且角。雖欲勿用。山川其舍諸。【註】犂。雜文也。騂。赤色也。角者。角周正。中犧牲也。雖欲以其所生犂而不用。山川寧肯舍之乎。言父雖不善。不害於其子之美也。【疏】子謂至舍諸。○此明不以父無德。而廢子之賢也云子謂仲弓者仲弓父劣當是于時爲仲弓父劣而不用仲弓故孔子明言之也范寗曰謂非必對言也云曰犂牛之子騂且角者爲設譬也犂文也雜文曰犂或音貍貍雜文也或音梨犂謂耕犂也騂赤色也周家所貴也角角周正長短尺寸合禮也言假令犂牛而生好子色角合禮也云雖欲勿用山川其舍諸者勿猶不也舍猶弃也言犂牛生好子子既色角悉正而時人或言此牛出不佳之母急欲舍弃此牛而不用特祭於鬼神則山川百神豈薄此牛母惡而弃舍其子遂不歆饗此祭乎必不舍矣譬如仲弓之賢其父雖劣若遭明王聖主豈爲仲弓父劣而舍仲弓之賢不用爲諸侯乎明必用也故鯀則殛死禹乃嗣興是也案周禮牧人職云凡陽祀用騂牲毛之陰祀用黝牲毛之望祀各以其方之色牲毛之鄭云陽祀祭天於南郊及宗廟也陰祀祭地北郊及社稷也望祀五嶽四鎮四瀆也然今云山川者趣舉言之也若南方則用赤是有其方色也且既云山川則

宗廟亦可知。亦互言之也。

子曰。回也。其心三月不違仁。其餘則日月至焉而已矣。註言餘人暫有至仁時。唯回移時而不變也。疏子曰至已矣○云回也其心三月不違仁者仁是行盛。非體仁。則不能。不能者心必違之。能不違者唯顔回耳。既不違。則應終身。而止擧三月者。三月一時。爲天氣一變。一變尚能行之。則他時能可知也。亦欲引汲。故不言多時也。故苞述云。顔子不違仁。豈但一時。將以勗群子之志。故不絶其階耳。云其餘則日月至焉而已矣者。其餘。謂他弟子也。爲仁並不能一時。或至一日。或至一月。故云日月至焉而已矣○註言餘至變也○既言三月不違。不違故知移時也。

季康子問。仲由可使從政也與。子曰。由也果。註苞氏曰。果謂果敢決斷也。於從政乎何有。曰。賜也可使從政也與。子曰。賜也達。註孔安國曰。達謂通於物理也。於從政乎何有。曰。求也可使從政也與。子曰。求也藝。註孔安國曰。藝謂多才能也。於從政乎何有。

疏季康子問至何有。○云季康子問仲由可使從政也與者。仲由。子路也。魯卿季康子問孔子曰。子路可使從政爲官長諸侯。不也。云子曰由也果者。答康子。說子路才行可爲政也。言子路才性果敢能決斷也。云於從政乎何有者。既解決斷則必能從政也。何有。言不足有也。故衞瓘曰。何有者。有餘力也。云曰賜也可使從政也與者。又問孔子曰。子貢可使從政。不也。云子曰賜也達者。亦答才能也。言賜能達於物理也。云於從政乎何有者。既達物理。故亦云何有也。云曰求也可使從政也與者又問孔子曰。冉求何如。云子曰求也藝者。又答才能也。言求多才能也。云於從政乎何有者。有才能。故亦云何有也。

季氏使閔子騫爲費宰。註孔安國曰。費。季氏邑也。季氏不臣。而其邑宰數叛。聞閔子騫賢。故欲用也。閔子騫曰。善爲我辭焉。註孔安國曰。不欲爲季氏宰。語使者曰。善爲我作辭說。令不復召我也。如有復我者。註孔安國曰。復我者。重來召我也。則吾必在汶上矣。註孔安國曰。去之汶水上。欲北如齊也。疏季氏至上矣。○云季氏使閔子騫爲費宰者。弟子閔損也。費。季氏采邑也。時季氏邑宰叛。聞閔子騫賢。故遣使召之爲費宰也。云閔子騫曰善爲我辭焉者。子騫賢。不願與惡人爲宰。故謂季氏之使者曰。汝還可善好爲我作辭。辭於季氏。道我不欲爲宰之意也。云如有復我者者。復。又也。子騫曰。汝若不能爲我作善辭。而令有使又來召我者。語在下也。云則吾必在汶上矣者。汶。水名也。在魯北齊南。子騫時在魯。謂使者云。若又來召我。我當北渡汶水之上。往入齊也。○註孔安國曰至數叛○云季氏不臣者。强僭於魯。故曰不臣也。云而其邑宰數叛者。其邑宰。即公山弗擾也。亦賢人也。見季氏惡故叛也。所以後引云公山弗擾以費叛。召。子欲往是也。

伯牛有疾。註馬融曰。伯牛。弟子冉耕也。子問之。自牖執其手。註苞氏曰。牛有惡疾。不欲見人。故孔子從牖執其手也。曰。亡之。註孔安國曰。亡。喪也。疾甚。故持其手曰喪也命矣夫斯人也。而有斯疾也。斯人也。而有斯疾也。註苞氏曰再言之者。痛惜之甚也。

疏伯牛至疾也○云伯牛有疾者伯牛。弟子冉耕字也。魯人有疾。有惡疾也云子問之者孔子往問伯牛之疾。差不也云自牖執其手者牖。南窓也君子有疾。寢於北壁下東首。令師來。故遷出南窓下亦東首。令師從戶入於床北。得面南也孔子恐其惡疾不欲見人。故不入戶。但於窓上而執其手也云曰亡之者亡。喪也孔子執牛手而曰。喪之言牛必死也云命矣夫者亦是不幸之流也言如汝才德。實不應死。而今喪之。豈非稟命之得矣夫。助語也云斯人云云者斯。此也言有此善人。而嬰此惡疾。疾與人反。故歎之也再言之者。痛惜之深也

子曰。賢哉回也一簞食。一瓢飲。註孔安國曰簞。笥也。

瓢瓠也。在陋巷。人不堪其憂。回也不改其樂。賢哉回也。註孔安國曰。顏淵樂道。雖簞食在陋巷。不改其所樂也。疏子曰至回也。云賢哉回也者。美顏淵之賢行。故先言賢哉回也。云一簞食一瓢飲者。簞竹筥之屬也。用貯飯。瓢瓠片也。匏持盛飲也。言顏淵食不重餚。及無雕鏤之器。唯有一簞食。一瓢飲而已也。云在陋巷者。不願夾壏而居。處之在窮陋之巷中也。云人不堪其憂者。凡人以此爲憂。而不能處。故云不堪其憂也。云回也不改其樂者。顏回以此爲樂。久而不變。故云不改其樂也。云賢哉回也者。美其樂道情篤。故始末言賢也。○註孔安國曰簞笥也。○以竹爲之。如箱篋之屬也。○○註孔安國曰至樂也。○所樂。則謂道也。

冉求曰。非不悅子之道。力不足也。子曰。力不足者。中道而廢今汝畫註孔安國曰畫止也力不足者當中道而廢今汝自止耳非力極也疏冉求曰至汝畫○云冉求曰非不悅子之道力不足也者冉求諮孔子曰求之心誠非不喜悅夫子之道而欲行之只才力不足無如之何也云子曰力不足者中道而廢者孔子抑冉求無企慕之心也言汝但學不行之矣若行之而力不足者當中道而廢耳莫發初自誠不能行之也云今汝畫者畫止也汝今云力不足矣是汝自欲止耳

子謂子夏曰汝爲君子儒無爲小人儒註馬融曰君子爲儒將以明其道小人爲儒則矜其名也疏子謂至人儒○儒者濡也夫習學事久則濡潤身中故謂久習者爲儒也但君子所習者道道是君子儒

也小人所習者。矜誇。矜誇是小人儒也孔子語子夏曰。當爲君子儒。不得習爲小人儒也

子游爲武城宰。註苞氏曰。武城魯下邑也子曰。汝得人焉耳乎哉註孔安國曰。焉耳乎哉。皆辭也曰有澹臺滅明者。行不由徑非公事未嘗至於偃之室也。註苞氏曰。澹臺姓。滅明名也。字子羽。言其公且方也。疏子游至室也○云子游爲武城宰者子游弟子言偃字也。時爲武城邑宰也云子曰汝得人焉耳乎哉者孔子問子游言汝作武城宰。而武城邑民。有好德行之人。爲汝所得者不乎故云汝得人焉耳乎哉。故袁氏云。謂得其邦之賢才不也。云曰有澹臺滅明者行不由徑者答爲宰而所得邑中之人也澹臺滅明亦孔子弟子也言滅明每事方正。故行出皆不邪徑於小路也一云。滅

明德行方正。不爲邪徑小路行也。云非公事未嘗至於偃之室也者。公事。其家課税也。偃。子游名也。偃之室。謂子游所住邑之廨舍也。子游又言滅明既方正。若非常公税之事。則不嘗無事至偃住處也。舉其明不託狎倚勢於朋友也。○註孔安國曰焉耳乎哉。皆辭也。○皆是送句之辭也。○註苞氏曰。至方也。○公謂非公事不至偃室。方謂不由徑。

子曰。孟之反不伐。註孔安國曰。魯大夫孟之側也。與齊戰軍大敗。不伐者。不自伐其功也。奔而殿。將入門。策其馬曰。非敢後也。馬不進也。註馬融曰。殿在軍後者也。前曰啓。後曰殿。孟之反賢而有勇。軍大奔。獨在後爲殿。人迎爲功之。不欲獨有其名。故云我非敢在後距敵也馬不能前進耳【疏】子曰至進也○云孟之反不伐者魯臣也不伐謂有功不自稱也云奔而殿者此不伐之事也軍前曰啓軍後曰殿于時魯與齊戰魯軍大敗退奔而孟之側獨住軍後爲殿以捍衛奔者故曰奔而殿也云將入門策其馬者門魯國門也策杖也初敗奔時在郊去國門遠孟之側在後及還將至入國門而孟之側杖馬令在奔者前也然六籍唯用馬乘車無騎馬之文唯曲禮云前有車騎是騎馬耳今云策其馬不知爲騎馬爲乘車也云曰非敢後也馬不進也者其既在後而國人皆迎之謂已有功已不欲獨受其功故將入門杖馬而云我非敢在後距敵政是馬行不進故在後耳所以杖馬示馬從來不進也○【注】孔安國曰至功也○此不伐之源魯哀公十一年魯師及齊師戰于郊之事也見春秋傳也余見鄭注本姓孟名之側字之反也○馬融曰至進耳○云孟之反賢而有勇軍大奔獨在後爲殿者故停

軍後爲捍敵也云人迎爲功之者在國人迎軍見其在後而謂爲之有功故云功之也云馬不能前進耳者前猶進也

子曰不有祝鮀之佞而有宋朝之美難乎免於今之世矣

註 孔安國曰佞口才也祝鮀衛大夫名子魚也時世貴之宋朝宋國之美人也而善淫言當如祝鮀之佞而反如宋朝之美難矣免於今世之害也

疏 子曰至世矣○祝鮀能作佞也宋朝宋國之美人善能淫欲者也當于爾時貴佞重淫此二人並有其事故得寵幸而免患難故孔子曰言人若不有祝鮀佞反宜有宋朝美若二者並無則難免今世之患難也故范甯曰祝鮀以佞諂被寵於靈公宋朝以美色見愛於南子無道之世並以

取容孔子惡時民濁亂唯佞色是尚忠正之人不容其身故發難乎之談將以激亂俗亦欲發明君子全身遠害也○【註】孔安國曰至害也○云時世貴之者貴其能佞也云宋朝宋國之美人也而善淫者于時在衞通靈公夫人南子也云及如宋朝之美者一本云反如宋朝之美也通者云佞與淫異故云反也

子曰誰能出不由戶者何莫由斯道也【註】孔安國曰言人之立身成功當由道譬猶人出入要當從戶也【疏】子曰至道也○道先王之道也人生得在世皆由於先王道理而過而世人多違理背道故孔子爲譬以示解時惑也言人之在室出入由戶而過亦如在世由道理而生而人皆知出室由戶而未知在世由道故云誰能出不由戶何莫由斯道也莫無也斯此也故范甯云人咸知由戶而

行。莫知由學而成也。

子曰。質勝文則野。註苞氏曰。野如野人。言鄙畧也。文勝質則史。註苞氏曰。史者。文多而質少也。文質彬彬然後君子。註苞氏曰。彬彬。文質相半之貌也。疏子曰至君子○云質勝文則野者。謂凡行禮及言語之儀也。質。實也。勝。多也。文。華也。言若實多而文飾少。則如野人。野人。鄙畧大樸也。云文勝質則史者。史。記書史也。史書多虛華無實。妄語欺詐。言人若爲事多飾少實。則如書史也。云文質彬彬然後君子者。彬彬。文質相半也。若文與質等半。則爲會時之君子也。

子曰。人之生也直。註馬融曰。言人之所以生於世而自終者以其正直之道也罔之生也幸而免〔註〕苞氏曰誣罔正直之道而亦生是幸而免也〔疏〕子曰至而免○云人生也直者言人得全生居世者必由直行故也故李充曰人生之道唯其身直乎云罔之生也幸而免者罔謂爲邪曲誣罔者也應死而生曰幸生即由直若有誣罔之人亦得生世者是獲幸而免死耳故李充曰失乎生之道者則動之死地矣必或免之善由於幸耳故君子無幸而有不幸小人有幸而無不幸也○〔註〕馬融曰至道也○自終謂用道故不横夭殤也

子曰知之者不如好之者好之者不如樂之者〔註〕苞氏曰學問知之者不如好之者篤好之者又不如樂之者深也〔疏〕子曰至樂之者○云知之者不如好之者者謂學者深淺也知之謂

知學問有益者也好之謂欲好學之以爲好者也夫知有益而學之則不如欲學之以爲好者也故李充曰雖知學之爲益或有計而後知學利在其中故不如好之者篤也云好之者不如樂之者樂謂歡樂之也好有盈厭故不如性歡而樂之如顏淵樂在其中也故李充曰好有盛衰不如樂之者深也

子曰中人以上可以語上也中人以下不可以語上也註王肅曰上謂上智之人所知也兩舉中人以其可上可下也疏子曰至上也○此謂爲教化法也師說云就人之品識大判有三謂上中下也細而分之則有九也有上上上中上下也又有中上中中中下也又有下上下中下下也凡有九品上上則是聖人聖人不須教也下下則是愚人愚人不移亦不須教也而可教者謂

上中以下。下中以上。凡七品之人也。今云中人以上可以語上。即以上道語於上分也。中人以下不可以語上。雖不可語上。猶可語之以中。及語之以下。何者夫教之爲法。恒導引分前也。聖人無須於教。故以聖人之道。可以教顔。以顔之道。可以教閔。斯則中人以上可以語上也。又以閔道可以教中品之上。此則中人亦可語上也。又以中品之上道教中品之中。又以中品之中道教中品之下。斯即中人亦有可以語之以中也。又以中品之下道。教下品之上。斯即中人以下可以語中。又以下品之上道。教下品之中。斯即中人以下可以語下也。此云中人以上。中人以下。大畧言之耳。既有九品。則第五爲正中人也。以下即六七八也。以上即四三二也。○注王肅曰至可也。○云上謂上智之人所知也者。謂聖人之道。可教顔閔者也。云兩舉中人以其可上可下也者。若分九品。則第五以上可以語上。第五以下不可語上。今但應云中人以上可以語上。以下不可語上。而復云中人以下。是再舉

中人也所以爾者明中人之大分有可上可下也
若中人之上可以語上中人之下不可語上故再
言中人也又一云中人若遇善師則可上若
遇惡人則可下故再舉中人明可上可下也
樊遲問智子曰務民之義註王肅曰務所以化導民
之義也敬鬼神而遠之可謂智矣註苞氏曰敬鬼
神而不瀆也問仁子曰仁者先難而後獲可謂仁
矣註孔安國曰先勞苦乃後得功此所以爲仁也
疏樊遲問至仁矣○云樊遲問智者問孔子爲智
之道也云子曰務民之義者答曰若欲爲智當
務在化導民之義也云敬鬼神而遠之者鬼神不
可慢故曰敬鬼神也可敬不可近故宜遠之也云
可謂智矣者如上二事則可爲智也云問仁者樊
遲又問爲仁也云子曰云云者獲得也言臣必先

歷爲難事而後乃可得祿受報則是仁也若不先勞事而食則爲不仁故范寗曰艱難之事則爲物先獲功之事而處物後則爲仁矣○註苞氏曰敬鬼神而不瀆也○瀆猶數近也

子曰智者樂水註苞氏曰智者樂運其才智以治世如水流而不知已也仁者樂山註仁者樂如山之安固自然不動而萬物生焉智者動註苞氏曰自進故動也仁者靜註孔安國曰無欲故靜也智者樂註鄭玄曰智者自役得其志故樂也仁者壽註苞氏曰性靜故壽考也疏子曰至者壽○陸特進曰此章極辨智仁之分凡分爲三段自智者樂水仁者樂山爲第一明智仁之性又智者動仁者靜爲第二明智仁之用先

既有性，性必有用也。又智者樂，仁者壽，爲第三，明智仁之功。已有用，用宜有功也。云智者樂水者，今第一明智仁之性。此明智性也。智者，識用之義也。樂者，貪樂之稱也。水者，流動不息之物也。智者樂運其智化物，如流水之不息，故樂水也。云仁者樂山者，此即明仁者之性。仁者，惻隱之義。山者，不動之物也。仁人之性，願四方安靜，如山之不動，故云樂山也。云智者動者，此第二明用也。智者何故如水耶？政自欲動進其識，故云智者動也。云仁者靜者，仁者何故如山耶？其心寧靜故也。云智者樂者，第三明功也。樂，懽也。智者得運其識，故得從心而暢，故懽樂也。云仁者壽者，性靜如山之安固，故壽考也。然則仁既壽不樂，而智樂不必壽，緣所役用多故也。

子曰：齊一變至於魯，魯一變至於道。（注）苞氏曰：言齊魯有太公周公之餘化也。太公大賢，周公聖人，今其政教雖衰若有明君興之者齊可使如魯魯可使如大道行之時也【疏】子曰至於道○太公封於營丘之地爲齊國周公封於曲阜之地爲魯國周公大聖太公太賢賢聖既有優劣雖同致太平而其化不得不微異故末代二國齊有景公之昏闇魯有定公之寡德然其國猶有望旦之遺風故禮記云孔子曰吾捨魯何適耶明魯猶勝餘國也今孔子歎其君之並惡故有此言也言若齊有明君一變便得如魯太平之日魯有明君一變便如大道之時也此是引汲之教耳實理則不然矣若明君興之政當得各如其初何容得還淳反本耶

子曰觚不觚【註】馬融曰觚禮器也一升曰爵二升曰觚也觚哉觚哉【註】觚哉觚哉言非觚也以喻爲政

不得其道則不成也。疏子曰至觚哉。○云觚不觚者觚。禮酒器也。禮云。觚酌酒一獻之禮賓主百拜。此則明有觚之用也。當于爾時。用觚酌酒。而沈湎無度。故孔子曰。觚不觚也。故王肅曰。當時沈湎于酒。故曰觚不觚。言不知禮也。蔡謨曰。酒之亂德。自古所患。故禮說三爵之制。尚書著明酒誥之篇。易有濡首之戒。詩列賓筵之刺。皆所以防沈湎。王氏之說是也。觚失其禮。故曰觚不觚。猶言君臣不君臣耳。云觚哉觚哉者言用觚之失道也。故重曰觚哉觚哉。○注觚哉至成也○云觚哉觚哉言非觚也者。何此注亦得同王蔡之釋也。云以喻爲政不得其道則不成也者如何此注。則與王蔡小異也。何意言用觚不得其道。則非復觚德。譬如人所爲不得其道者。則事亦不成也。若欲知氣味何說。則特前觚不觚。如王蔡之釋後云觚哉觚哉。自因前以寄後喻事不乖王蔡。而有兼得之美也。故褚仲都曰。作觚而不用觚法。觚終不成。猶爲政而不用政法。豈成哉。疾世爲政不周政法。故再言焉。

宰我問曰。仁者雖告之曰。井有仁者焉。其從之與。註孔安國曰。宰我以爲仁者必濟人於患難。故問有仁人墮井。將自投下從而出之否乎。欲極觀仁人憂樂之所至也。子曰。何爲其然也。君子可逝也。不可陷也。註苞氏曰。逝往也。言君子可使往視之耳。不肯自投救之也。可欺也。不可罔也。註馬融曰。可欺者。可使往也。不可罔者。不可得誣罔令自投下也。疏宰我問至罔也。○云宰我問云云者。宰我欲極觀仁者之懷。故假斯以問也。言有人告於仁者云。彼處有仁者墮井。而仁者常救人於急難。當自投入井。救取之不耶。云子曰何爲其然也者孔子距之。故云何爲其然也。言仁者雖復救濟。若審有人墮井。當爲方計出之。豈容自投從之。云君子可逝也不可陷也者逝。往也。陷。没也。言聞有人墮井。乃可往看之耳。不遂投井取之也。云可欺也不可罔也者欺者。謂遥相語也。罔者。謂面相誣也。初彼來見告云。井中有仁人。我往視之。是可欺也。既至井實無人。不可受通。而自投入井。是不可罔也。或問曰。仁人救物。一切無偏。何不但云井中有人。而必云有仁者耶。若唯救仁者。則非仁人墮井。則仁人所不救乎。答曰。仁者能好人。能惡人。其雖惻隱濟物。若聞惡人墮井亦不往也。又李充曰。欲極言仁。設云救井爲仁。便當從不耶。故夫子答云。何爲其然也。言何至如此。是君子之人。若於道理宜爾。身猶可亡。故云可逝。逝。往也。若理有不可。不肯陷於不知。故云不可誣罔。令投下也。君子不逆詐。故可以闇昧欺。大德居正。故不可以非道罔也。

子曰君子博學於文約之以禮亦可以弗畔矣夫【注】鄭玄曰弗畔不違道也【疏】子曰至矣夫○博廣也約束也畔違也背也言君子廣學六籍之文又用禮自約束能如此者亦可得不違背於道理也

子見南子子路不悅夫子矢之曰予所否者天厭之天厭之【注】孔安國曰等以爲南子者衛靈公夫人也淫亂而靈公惑之孔子見之者欲因以說靈公使行治道也矢誓也子路不悅故夫子誓之曰行道既非婦人之事而弟子不悅與之呪誓義可疑也【疏】子見至厭之○云子見南子者南子衛靈公夫人也淫亂而孔子入衛欲與之相見也所

以欲相見者。靈公唯婦言是用。孔子欲因南子說靈公。使行正道也。故繆播曰。應物而不擇者。道也。兼濟而不辭者。聖也。靈公無道。蒸庶困窮。鍾救於夫子。物困不可以不救。理鍾不可以不應。應救之道。必明有路。路由南子。故尼父見之。涅而不緇。則處汙不辱。無可無不可。故兼濟而不辭。以道觀之未有可猜也。【云子路不悅者】子路于時隨夫子在衛。見夫子與淫亂婦人相見。故不悅也。繆播曰。賢者守節。怪之宜也。或以亦發孔子之答以曉衆也。王弼曰。案本傳孔子不得已而見南子。猶文王拘羑里。蓋天命之窮會也。子路以君子宜防患辱。是以不悅也。【云夫子云云者】矢。誓也。予。我也。否。不也。厭。塞也。子路既不悅。而孔子與之呪誓也。言我見南子。若有不善之事。則天當厭塞我道也。繆播曰。否。不也。言體聖而不爲聖者之事。天其厭塞此道耶。王弼曰。否泰有命。我之所屈不用於世者。乃天命厭之。言非人事所免也。重言之者。所以誓其言也。蔡謨曰。矢。陳也。尚書敘曰。皋陶矢厥謨也。春秋經曰。公矢魚于棠。皆是也。夫子爲子路矢陳天命。非誓也。李充曰。男女之別。國之大節。聖人明義教。正內外者也。而乃廢常違禮。見淫亂之婦人者。必以權道有由。而然子路不悅。固其宜也。夫道消運否。則聖人亦否。故曰予所否者。天厭之。天厭之。厭亦否也。明聖人與天地同其否泰耳。豈區區自明於子路而已

子曰。中庸之爲德也。其至矣乎。民鮮久矣。註庸。常也。中和可常行之德也。世亂。先王之道廢。民鮮能行此道久矣。非適今也。疏子曰至久矣。○中。中和也。庸。常也。鮮。少也。言中和可常行之德。是先王之道。其理甚至善。而民少有行此者也。已久。言可歎之深也。

子貢曰。如能博施於民。而能濟衆者。何如。可謂仁乎。

子曰何事於仁必也聖乎堯舜其猶病諸【註】孔安國曰若能廣施恩惠濟民於患難堯舜至聖猶病其難也夫仁者己欲立而立人己欲達而達人能近取譬可謂仁之方也已【註】孔安國曰更爲子貢說仁者之行也方道也但能近取譬於己皆恕己所不欲而勿施人也【疏】子貢曰至也已○云子貢曰云云者子貢問言若有人所能廣施恩惠於民又能救濟衆民之患難能如此者何如可得謂爲仁人否乎云子曰何事於仁必也聖乎者孔子答曰若能如此者何事是仁乎乃是聖人之行也云堯舜其猶病諸者堯舜古聖天子也病猶患也諸之也又言前所能之事乃是聖人之行而聖人猶病患其事之難行也云夫

仁者云云者既云前事不啻是仁爲聖所難故此更答爲仁之道也言己若欲自立自達則必先立達他人則是有仁之者也云能近取云者能近取譬諸身遠取諸物己所不欲勿施於人能如此者可謂爲仁之方也方猶道也

論語集解義疏卷第三

論語集解義疏卷第四

魏　何晏　集解

梁　皇侃　義疏

日本根遜志　校正

論語述而第七　疏　述而者。明孔子行教。但祖述堯舜。自比老彭而不制作也。所以次前者。時既夷嶮。聖賢地閉。非唯二賢之不遇。而聖亦失常。故以聖不遇。證賢不遇非賢之失。所以述而次雍也。

子曰。述而不作。信而好古。竊比於我老彭。註　苞氏曰。老彭。殷賢大夫也。好述古事。我若老彭祖述之耳。

疏 子曰至老彭。此孔子自說也。云述而不作者，述者，傳於舊章也。作者，新制作禮樂也。孔子自言我但傳述舊章，而不新制禮樂也。夫得制禮樂者，必須德位兼並，德爲聖人，尊爲天子者也。所以然者，制作禮樂，必使天下行之。若有德無位，既非天下之主，而天下不畏，則禮樂不行。若有位無德，雖爲天下之主，而天下不服，則禮樂不行。故必須並兼者也。孔子是有德無位，故述而不作也。云信而好古者，又言己常存於忠信，而復好古先王之道，故曰信而好古也。所以中庸云：仲尼祖述堯舜，憲章文武是也。云竊比於我老彭者，竊猶盜也。老彭，彭祖也，年八百歲，故曰老彭也。老彭亦有德無位，但述而不作，信而好古。孔子欲自比之，而謙不敢灼然，故曰竊比也。

子曰：默而識之，學而不厭，誨人不倦，何有於我哉。註 鄭玄曰：人無有是行於我，我獨有之也。

疏 子曰至我哉。

云默而識之者。見事心識而口不言。謂之默識者也。云學而不厭者。又學先王之道。而不厭止也。云誨人不倦者。誨。教也。又教一切之人。而不疲倦也。云何有於我哉者。言人無此諸行。故天下貴於我耳。若世人皆有此三行。則何復貴有於我哉。故李充曰。言人若有此三行者。復何有貴於我乎。斯勸學敦誨誘之辭也。○註鄭玄曰至之也。○云人無有是行者。言天下人皆無此三行也。云於我我獨有之也者。釋於我哉也。言由我獨有之。故天下貴有於我也。

子曰。德之不脩也。學之不講也。聞義不能徙也。不善不能改也。是吾憂也。註孔安國曰。夫子常以此四者為憂也。疏子曰至憂也。○云德之不脩者。得理之事。宜脩治在身也。而世人不脩也。云學之不講者。所學經業。恒宜講說。使決了也。而世人不講也。云聞義不能徙者。聞有仁義之事。從

意從也而世人不從也云不善不能改者身本有不善當自改正合善也而世人不改也云是吾憂也者吾孔子自謂也言孔子恒憂世人不爲上四事也

子之燕居申申如也夭夭如也【注】馬融曰申申夭夭和舒之貌也【疏】子之至如也○明孔子居處有禮也燕居者退朝而居也申申者心和也夭夭者貌舒也玉藻云燕居告溫溫注告謂教使也詩云溫溫恭人鄉黨云居不容故當燕居時所以心和而貌舒也故孫綽曰燕居無事故云心內夷和外舒暢者也○【注】馬融曰至貌也○申申心申暢故和也貌舒緩故夭夭也詩云桃之夭夭灼灼其華即美舒義

子曰甚矣吾衰也久矣吾不復夢見周公也【注】孔安國曰孔子衰老不復夢見周公也明盛時夢見周

公。欲行其道也。疏子曰至公也○夫聖人行教。既須得德位兼並。若不爲人主。則必爲佐相。聖而君相者。周公是也。雖不九五。而得制禮作樂。道化流行。孔子乃不敢期於天位。亦猶願放乎周公。故年少之日。恒存慕發夢。及至年齒衰朽。非唯道教不行。抑亦不復夢見。所以知己德衰。而發衰久矣。即歎不夢之徵也。然聖人懸照。本無俟夢想。而云夢者。同物而示衰故也。故李充曰。聖人無想。何夢之有。蓋傷周德之日衰。哀道教之不行。故寄慨於不夢。發歎於鳳鳥也。○注孔安國曰至道也○即謂攝行天子事。而復制禮作樂也。

子曰。志於道。注志慕也。道不可體。故志之而已。據於德。注據杖也。德有成形。故可據也。依於仁。注依倚也。仁者功施於人。故可倚之也。游於藝。注藝六藝

也。不足據依。故曰游也。【疏】子曰至於藝。○此章明人生處世。須道藝自輔

不得徒然而已也。云志於道者。志者。在心向慕之謂也。道者。通而不壅者也。道既是通。通無形相。故人當恒存志之在心。造次不可暫捨離者也。云據於德者。據者。執杖之辭也。德謂行事得理者也。行事有形。有形故可據杖也。云依於仁者。依者。倚也。仁者。施惠之謂也。施惠於事宜急。故當依之而行也。仁劣於德。倚減於據。故隨事而配之。云游於藝者。游者。履歷之辭也。藝。六藝。謂禮樂書數射御也。其輕於仁。故云不足依據。而宜遍游歷以知之也。○【註】道不可體。○不可體。謂無形體也。○【註】德有成形。○前事有涯。故云有形也。

子曰。自行束脩以上。吾未嘗無誨焉。【註】孔安國曰。言人能奉禮自行束脩以上。則皆教誨之也。【疏】子曰至誨

焉。○此明孔子教化有感必應者也。束脩，十束脯也。古者相見必執物爲贄。贄，至也。表己來至也。上則人君用玉，中則卿羔，大夫鴈，士雉，下則庶人執鶩，工商執雞。其中或束脩，壺酒，一犬，悉不得無也。束脩最是贄之至輕者也。孔子言人若能自施贄，行束脩以上，來見謁者，則我未嘗不教誨之，故江熙云：見其翹然向善思益也。古以贄見脩，脯也。孔注雖不云脩是脯，而意亦不得離脯也。

子曰：不憤不啓，不悱不發，舉一隅而示之，不以三隅反，則吾不復也。

注 鄭玄曰：孔子與人言，必待其人心憤憤，口悱悱，乃後啓發爲之說也。如此則識思之深也。說則舉一隅以語之，其人不思其類，則不復重教之也。

疏 子曰至復也。○又明孔子教人法也。云不憤不啓不悱不發者，憤謂學者之心。思義未得而憤憤然也。啓。開也。悱悱謂學者之口。欲有所諮。而未能宣。悱悱然也。發。發明也。欲言孔子之教。待人心憤憤。乃後爲開導之。若不憤則不爲開也。又待其口悱悱。而後乃爲發明之。若不悱則不爲發明也。所以然者。人若不悱憤。而先爲啓發。則受者識錄不堅。故須悱憤。乃爲發啓。則聽受分明。憶之深也。云舉一云云者。隅。角也。牀有四角。屋有四角。皆曰隅也。孔子爲教。雖待悱憤而爲開發。開發已竟。而此人不識事類。亦不復教之也。譬如屋有四角。已示之一角。餘三角從類可知。若此人不能以類反識三角。則不復教示也。

子食於有喪者之側。未嘗飽也。子於是日也哭。則不歌。註喪者哀戚。飽食於其側。是無惻隱之心也。疏子食至不歌〇云子食於有喪者之側未嘗飽也者。謂孔子助葬時也。爲應執事。故必食也。必有哀色。故不飽也。故禮云。飢而廢事。非禮也。飽而忘哀。亦非禮也。云子於是日也哭則不歌者。謂孔子弔喪之日也。弔喪必哭。哭歌不可同日。故是於弔哭之日不歌也。故范甯曰。是日即弔赴之日也。禮歌哭不同日也。故哭則不歌也。

子謂顔淵曰。用之則行。舍之則藏。唯我與爾有是夫。**註**孔安國曰。言可行則行。可止則止。唯我與顔淵同耳。子路曰。子行三軍則誰與。**註**孔安國曰。大國三軍。子路見孔子獨美顔淵以爲已有勇。至於夫子爲三軍將。亦當唯與已俱。故發此問也。子曰。暴虎憑河。死而無悔者。吾不與也。**註**孔安國曰。暴虎。

徒搏也。憑河。徒涉也。必也臨事而懼。好謀而成者也。

疏　子謂至成者也。○云子謂云云者。此明顏孔於事等於行藏也。用者，謂時世宜可行之事也。藏者，謂時世不宜行之事。爾。汝也。自降聖以下。而賢人能得。故可行用。則顏孔所同。故云用行捨藏。唯我與爾有是夫。孫綽曰聖人德合於天地。用契於四時。不自昏於盛明。不獨曜於幽夜。顏齊其度。故動止無違。所以影附日月。絕塵於游場也。一云。與。許也。唯我許汝如此也。故江熙曰聖人作。則賢人佐。天地閉。則聖人隱。用則行。捨則藏也。唯我許爾有是分者。非聖無以盡賢也。云子路曰子行三軍則誰與者　子路聞孔子論行藏。而獨美顏淵。然若行三軍。必當與己。己有勇故也。故問則誰與之。云子曰云云者　孔子聞子路之衒勇。故抑之也。空手搏虎為暴虎。無舟渡河為憑河。言搤虎須杖。渡河須舟。然後身命可全。若無杖而搏虎。無舟而渡河。必致傷溺。若為此勇。則我行三軍所不與也。

以斥子路之勇。必不得其死然也。繆播曰。聖教軌
物。各應其求。隨長短以抑引。隨志分以誘導。使歸
於會通。合乎道中。以故剛勇者。屈以優柔。儉弱者。
厲以求及。由之性也。以勇爲累。常恐有失其分。覓
功衒世。故因題目於回。舉三軍以倒問。將以抑叩
道訓。陶染情性。故夫子應以篤誨。以示厥中也。云
必也云云者。孔子既抑子路。而又云。我所以與者。
政欲須臨事而懼。又好爲謀事而必成者也。沈居
士曰。若子路不平與顔淵。而尚其勇。鄙昧也已甚。
孔子以之比暴虎憑河。陷之於惡。實爲太深。余以
爲子路聞孔子許顔之遠。悦而慕之。自恨已才之
近。唯强而已。故問子行三軍。則誰與。言必與許已
也。言許已以麤近也。故夫子因慰而廣之。言若在
三軍。如暴虎憑河。則可賤而不取。謂世之麤勇也。
若懼而能謀。抑亦仁賢之次流。謂子路也。如此三
軍。則不獨麤近也。○【注】孔安國曰至問也。○云大
國三軍者。天子六軍。大國三軍。小國一軍。軍一萬
二千五百人也。云至於夫子爲三軍將者。將猶帥

也。孔子得爲三軍師時也。○【注】孔安國曰至渉也○徒。空也。謂空手搏也。爾雅云。暴虎。徒搏也。郭注云。空手執也。又云。憑河。徒渉也。郭云。無舟檝也。

子曰。富而可求也。雖執鞭之士。吾亦爲之。【注】鄭玄曰。富貴不可求而得者也。當修德以得之。若於道可求者。雖執鞭賤職。我亦爲之矣。如不可求者。從吾所好。【注】孔安國曰。所好者。古人之道也。【疏】子曰至所好。○【云子曰云云者】孔子意云。夫富貴貧賤。皆稟天之命。不可苟且求。若可求而得者。雖假令執鞭賤職。而吾亦爲之。則不辭矣。繆協稱袁氏曰。執鞭。君之御士。亦有祿位於朝也。【云如不可求者從吾所好者】既不可求。則當隨我性所好。我性所好者。古人之道也。○【注】鄭玄曰至之矣。○【云】富貴不可求而得者言不可以非理求也云當修德以得之者若值明世修德必得也若逢亂世雖修德不得而是得之道也猶如言寡尤行寡悔祿在其中矣云若於云云者道猶世道也若於世道可求則吾不辭賤職也周禮有條狼氏職掌執鞭以趨避王出入則八人夾道公則六人侯伯四人子男二人鄭言趨而避行人若今卒避車之爲也

子之所慎齊戰疾註孔安國曰此三者人所不能慎而夫子能慎之也疏子之所慎齊戰疾○記孔子所慎之行也齊者先祭之名也將欲祭祀則先散齊七日致齊三日也齊之言齊也人心有欲散漫不齊故將接神先自寧靜變食遷坐以自齊絜也時人慢神故於齊不慎而孔子慎之也戰者兩刃相交性命俄頃身體髮膚彌宜全重時多暴虎不避毀傷唯孔子慎之故後則云子畏於匡又云善人教民七年亦可即戎又云

以不教民戰。是謂棄之。並是愼戰也。疾者。宜將養制節飲食。以時人不愼。而孔子愼之也。故云子之所愼。齊戰疾也。

子在齊聞韶樂三月不知肉味。註周生烈曰。孔子在齊聞習韶樂之盛美。故忽於肉味也。曰。不圖爲樂之至於斯也。註王肅曰。爲作也。不圖作韶樂至於此。此齊也。疏子在至斯也○云子在齊聞韶樂三月不知肉味者。韶者。舜樂名也。盡善盡美者也。孔子至齊。聞齊君奏於韶樂之盛。而心爲痛傷。故口忘肉味。至於一時乃止也。三月一時也。何以然也。齊是無道之君。而濫奏聖王之樂。器存人乖。所以可傷慨也。故郭象曰。傷器存而道廢。得有聲而無時。江熙曰。和璧與瓦礫齊貫。卞子所以惆悵。虞韶與鄭衛比響。仲尼所以永歎。彌時忘味。何遠情之深也。范甯曰。夫韶乃大虞盡善之樂。齊。諸侯也。何得有之乎。曰。陳。舜之後也。樂在陳、陳敬仲竊以奔齊。故得僭之也。云曰不圖爲樂之至於斯也者。此孔子說所以忘味之由也。圖。猶謀慮也。爲。猶作奏也。樂。韶樂也。斯。此也。此。指齊也。孔子言實不意慮奏作聖王之韶樂。而來至此齊侯之國也。或問曰。樂隨人君而變。若人君心善。則樂善。心淫則樂淫。今齊君無道。而韶音那獨不變而猶盛耶。且若其音猶盛。則齊民宜從樂化。而齊民猶惡。不隨樂化。何也。侃答曰。夫樂隨人君而變者。唯在時王之樂耳。何者。如周王遍奏六代之樂。當周公成康之日。則六代之聲悉善。亦悉以化民。若幽厲傷周。天下大壞。則唯周樂自隨時君而變壞。其民亦隨時君而惡。所餘殷夏以上。五聖之樂則不隨時變。故韶樂在齊。而音猶盛美者也。何以然哉。是聖王之樂。故不隨惡君變也。而武亦善而獨變者。以其君是周之子孫。子孫既變。故先祖之樂亦與之而變也。又既五代音存。而不能化民者。

既不隨惡王而變寧爲惡王所御乎既不爲所御
故雖存而不化民也又一通云當其末代其君雖
惡而其先代之樂聲亦不變也而其君所奏淫樂
不復奏正樂故不復化民也○註忽於肉味○忽猶忽也

冉有曰夫子爲衞君乎註鄭玄曰爲猶助也衞君者
謂輒也衞靈公逐太子蒯聵公薨而立孫輒後晉
趙鞅納蒯聵于戚衞石曼姑帥師圍之故問其意
助輒否乎子貢曰諾吾將問之入曰伯夷叔齊何
人也子曰古之賢人也曰怨乎曰求仁而得仁又
何怨乎註孔安國曰伯夷叔齊讓國遠去終於餓

死。故問怨乎。以讓爲仁。豈怨乎。出曰。夫子不爲也。

註鄭玄曰。父子爭國。惡行也。孔子以伯夷叔齊爲賢且仁。故知不助衛君明也。

疏冉有曰至爲也○云冉有曰夫子爲衛君乎者。爲猶助也。衛君。謂輒也。衛靈公逐太子蒯聵。靈公以魯哀公二年夏四月薨。而立蒯聵之子輒爲衛君。孔子時在衛。爲輒所賓接。後蒯聵還奪輒國。父子相圍。時人多疑孔子應助輒拒父。故冉有傳物之疑以問子貢也。故江熙曰。夫子在衛受輒賓主。悠悠者或疑爲之。故問也。云子貢曰諾吾將問之者。子貢答冉有也。故先應諾。言吾將入問於孔子助輒不也。云入曰伯夷叔齊何人也者。此子貢入問孔子之辭也。所以不問助輒不。而問夷齊者。不欲斥言衛君事。故以微理求之也。伯夷叔齊。兄弟讓國。而輒父子爭位。其事已反。故問夷齊何人。若孔子答以夷齊爲非。則知助輒。答以夷

論語集解義疏卷之四　九

齊爲是。則知不助輒也。云子曰古之賢人也者 答子貢也。言夷齊是古賢人也。云曰怨乎者 怨。恨也。子貢又問夷齊有怨恨不乎。所以問有恨不者。夷齊兄弟讓國隱首陽山。遂餓死首陽山下。賢人相讓而致餓死。死應不恨也。云曰求仁而得仁又何怨乎者 孔子答曰。不怨也。言兄弟相讓。本求仁義。而萬代美其相讓之德。是求仁得仁也。求之而得。雖死有何怨。是君子殺身成仁。不安生害仁。云出曰夫子不爲也者 子貢既聞孔子以夷齊之讓爲賢。且爲仁。故知輒父子爭國爲惡也。所以答冉有云。夫子不爲衛君也。○注鄭玄曰至否乎○云公薨而立孫輒者 公死後乃立輒也。云後晉趙鞅納蒯聵于戚者 後謂輒立爲君後也。蒯聵奔在戚。輒立定後。其年六月。晉臣趙鞅於戚以納蒯聵。遂入衛奪輒位也。云衛石曼姑帥師圍之者 至哀公三年。衛輒之臣石曼姑帥師圍蒯聵于戚也。云故問其意助輒否乎者 其。其孔子也。冉有問子貢曰。孔子意助輒不也。哀公二年。孔子在衛。至十一年。反

魯至十五年冬蒯聵乃勝輒出奔魯子路死難使來魯報孔子也至十六年正月蒯聵從戚入衞爲君也

子曰飯疏食飲水曲肱而枕之樂亦在其中矣【注】孔安國曰疏食菜食也肱臂也孔子以此爲樂也不義而富且貴於我如浮雲【注】鄭玄曰富貴而不以義者於我如浮雲非已之有也

【疏】子曰至浮雲○云飯疏食飲水者此明孔子食無求飽也飯猶食也疏食菜食也言孔子食於菜食而飲水無重肴方丈也云曲肱而枕之樂亦在其中矣者此明孔子居無求安也肘前曰臂肘後曰肱通亦曰臂言孔子眠曲臂而枕之不錦衾角枕也孔子麁食薄寢而歡樂怡暢自在麁薄之中也云不義而富且貴於我如浮雲

者富與貴。是人之所欲。不以其道得之。不處也。不義而富貴。於我如天之浮雲也。所以然者。言浮雲自在天。與我何相關。如不義之富貴。與我亦不相關也。又浮雲儵聚欻散。不可爲常。如不義富貴。聚散俄頃如浮雲也。○注鄭玄曰至有也○如前釋也

子曰。加我數年。五十以學易。可以無大過矣。注易窮理盡性以至於命。年五十而知天命。以知命之年讀至命之書。故可以無大過也。疏子曰至過矣○此孔子重易。故欲令學者加功於此書也。當孔子爾時。年已四十五六。故云加我數年。五十而學易也。所以必五十而學易者。人年五十。是知命之年也。易有大演之數五十。是窮理盡命之書。故五十而學易也。既學得其理。則極照精微。故身無過失也。云無大過者。小事易見。大事難明。故學照大理。則得一。不復大

過。則小者故不失之。王弼曰。易以幾神爲教。顔淵庶幾有過而改。然則窮神研幾。可以無過。明易道深妙。戒過明訓。微言精粹熟習。然後存義也。王朗又爲一通云。鄙意以爲易蓋先聖之精義。後聖無間然者也。是以孔子即而因之。少而誦習。恒以爲務。稱五十而學者。明重易之至。欲令學者專精於此書。雖老不可以廢惓也。○注易窮至過也。○云易窮理盡性以至於命者。易明乾元亨利貞。窮測陰陽之理。遍盡萬物之性。故云窮理盡性也。又識窮通。故云以至於命也。云年五十而知天命者。人年五十。膺大演之數。與易數同。故知天命也。云以知命之年讀至命之書者。其數會同也。云故可以無大過也者。照幾窮理。故無失也。

子所雅言。注孔安國曰。雅言。正言也。詩。書。執禮。皆雅言也。注鄭玄曰。讀先王典法。必正言其音。然後義

全。故不可有所諱也。禮不誦。故言執也。疏子所至言也○

云子所雅言者。子孔子也。雅正也。謂孔子平生讀書皆正言之。不爲私所避諱也。云詩書執禮皆雅言也者。此是所不諱之書也。詩及書禮皆正言之也。六籍皆正言。獨云詩書禮者。舉一隅。餘三隅可及也。故顧歡曰。夫引網尋綱。振裘提領。正言此三。則靡典不統矣。○註鄭玄曰至執也○云讀先云云者。若讀書避諱。則疑誤後生。故禮云。教學臨文不諱。詩書不諱是也。云禮不誦故言執也者。釋不直云詩書禮。而禮上長云執之義也。背文而讀曰誦。詩是詠歌。書是謨誥。故並須誦之。而禮但執文依事而行。不須背文誦之。故曰執也。

葉公問孔子於子路。子路不對。註孔安國曰。葉公名諸梁。楚大夫。食采於葉。僭稱公。不對者。未知所以答也。子曰。汝奚不曰其爲人也發憤忘食樂以忘憂不知老之將至也云爾。

【疏】葉公問至云爾。○云葉公問孔子於子路者。葉公。楚臣也。食采於葉。楚僭稱王。故臣稱公。自比諸侯也。問子路以論孔子之事也。但不知所問何事也。云子路不對者。所問之事。當乖孔子之德。故子路不對之也。故江熙曰。葉公見夫子數應聘而不遇。尚以其問近。故不答也。李充曰。凡觀諸問聖師於弟子者。諮道也。則稱而近之。誣德也。必揚而抑之。未有默然而不答者也。疑葉公問之。必將欲致之爲政。子路知夫子之不可屈。故未許其說耳。云子曰云云者。孔子聞子路不對。故以此言語子路也。奚。何也。其。其孔子也。謂孔子慨世道之不行。故發憤而忘於飡食也。又飲水曲肱。樂在其中。忘於貧賤之憂也。又年雖耆朽。而信天任命。不知老之將至也。言葉公問汝。汝何不曰我有如此之德云爾以示之也。然此諸語當是斥於葉公也。李充曰。夫子乃抗論儒業。大明其志。使如此之徒。絕望於覬覦。不亦弘而廣乎。江熙曰。葉公唯知執政之貴。不識天下復有勝遠。故欲令子路抗明素業。無嫌於時。得以清波濯彼穢心也。

子曰。我非生而知之者。好古敏而以求之者也。注鄭玄曰。言此者。勉勸人於學也。疏子曰至者也。○云我非生而知之者者。知之。謂知事理也。孔子謙以同物。故曰我有所知。非生而自然知之者也。王藻云。此蓋自同常教。以身率物者也。云好古敏而以求之者也者。我既不生知。而今有所知者。政由我所好古人之道。疾速以求知之也。敏疾速也。

子不語怪。力。亂。神。注王肅曰。怪。怪異也。力。謂若奡盪舟。烏獲舉千鈞之屬也。亂。謂臣弒君。子弒父也。神。

謂鬼神之事也。或無益於教化也。或所不忍言也。

【疏】子不語怪力亂神○怪。怪異也。謂妖孽之事也。力謂多力也。若烏獲舉千鈞之屬也。亂謂臣子弑害君父之事也。神謂鬼神之事也。此四事言之無益於教訓。故孔子語不及之也。或問曰。易文言孔子所作。云臣殺君。子殺父。並亂事。而云孔子不語之何也。答曰。發端曰言。答述曰語。此云不語。謂不誦答耳。非云不言也。或通云。怪力是一事。亂神是一事。都不言此二事也。故李充曰。力不由理。斯怪力也。神不由正。斯亂神也。怪力。亂神。有興於邪。無益於教。故不言也。○【注】王肅曰至言也○云怪怪異也者。舊云如山啼鬼哭之類也。云力謂若奡盪舟烏獲舉千鈞之屬者。奡多力。能陸地推舟也。盪。推也。烏獲。古時健兒也。三十斤曰鈞。烏獲能舉三萬斤重也。云亂謂臣弑君子弑父者。惡逆爲亂甚者也。云神謂鬼神之事者。子路問事鬼神。孔子曰。未能事人。焉能事鬼。是不言也。云或無益於教

化者解不言怪力神三事也云或所不忍言者解不言亂事也

子曰我三人行必得我師焉擇其善者而從之其不善者而改之註言我三人行本無賢愚擇善從之不善改之故無常師也疏子曰至改之○此明人生處世則宜更相進益雖三人同行必推勝而引劣故必有師也有勝者則諂受自益故云擇善而從之也有劣者則以善引之故云其不善者而改之然善與不善即就一人上爲語也人不圓足故取善改惡亦更相師改之義也故王朗曰于時道消俗薄鮮能崇賢尚勝故託斯言以厲之夫三人之行猶或有師況四海之內何求而不應哉縱能尚賢而或滯於一方者又未盡善也故曰擇其善者而從之其不善者而改之或問曰何不二人必云三人也答曰二人則彼此自好各言我是若有三人則恒一人見二人

之有是非明也。○注言我至師也○云言我三人行本無賢愚者，就注意亦是敵者也。既俱非圖德，則遞有優劣也。云擇善云云者，我師彼之長，而改彼之短，彼亦師我之長，而改我之短，既更相師法，故云無常師也。

子曰：天生德於予，桓魋其如予何。注苞氏曰：桓魋，宋司馬黎也。天生德於予者，謂授我以聖性也。合德天地，吉而無不利，故曰其如予何也。疏子曰至予何○予，我也。桓魋，宋司馬也。凶愚心恒欲害孔子，孔子故明言語之，使其凶心止也。言天生聖德於我，我與天同體，桓魋雖無道，安能違天而害我乎？故云如予何也。決凶人亦宜不屢謝，而有時須以道折之，故江熙曰：小人爲惡，以理喻之，則愈凶強，晏然待之，則更自處，亦猶匡人聞文王之德，而兵解也。

子曰。二三子。以我爲隱子乎。吾無隱乎爾。註苞氏曰。二三子。謂諸弟子也。聖人智廣道深。弟子學之不能及。以爲有所隱匿。故解之也。吾無所行而不與二三子者。是丘也。註苞氏曰。我所爲。無不與爾共之者。是丘之心也。疏子曰至丘也。○云二三子以我爲隱子乎者。二三子。諸弟子也。孔子聖道深遠。諸弟子學所不及。而有怨者。恒言孔子於己有所隱惜。故孔子今呼而問之曰。汝等言我有所隱於汝乎。云吾無隱乎爾者。爾。汝也。先呼問之。此更語之云。吾無所隱於汝也。云吾無云云者。行猶爲也。丘。孔子名也。孔子已向云無隱。故此更自稱名。而說無隱之事。使之信也。言凡我所爲之事。無不與汝共之者。是丘之心如此。

子以四教。文。行。忠。信。(註)四者有形質可舉以教也。(疏)子以四教文行忠信○孔子爲教恒用此四事爲首故云子以四教也李充曰其典籍辭義謂之文孝悌恭睦謂之行爲人臣則忠與朋友交則信此四者教之所先也故以文發其蒙行以積其德忠以立其節信以全其終也

子曰。聖人吾不得而見之矣。得見君子者。斯可矣。(註)疾世無明君也。子曰。善人吾不得而見之矣。得見有恒者斯可矣。亡而爲有。虛而爲盈。約而爲泰。難乎有恒矣。(註)孔安國曰。難可名之爲有常也。(疏)子曰至恒矣○云子曰云云者孔子歎世無賢聖也言吾已不能見世有聖人若得見有君子之行則亦

可矣言世亦無此也然君子之稱上通聖人下至片善今此上云不見聖下云得見君子則知此之君子賢人以下也故王弼曰此爲聖人與君子異也然德足君物皆稱君子亦有德者之通稱也云子曰云云者善人之稱亦上通聖人下通一分而此所言指賢人以下也言世道流喪吾復不得善人也云得見有恒者斯可矣者有恒謂雖不能作善而守常不爲惡者也言爾時非唯無作片善者亦無直置不爲惡者故亦不得見也云亡而云云者此目不恒之人也亡無也當時澆亂人皆誇張指無爲有說虛作盈家貧約而外詐奢泰皆與恒反故云難乎有恒矣故江熙曰言世人負情反實逐波流遷若影無持係索此有恒難也

子釣而不綱弋不射宿 註 孔安國曰釣者一竿釣也綱者爲大綱以橫絕流以繳繫釣羅屬著綱也弋

繳射也。宿。宿鳥也。【疏】子釣至射宿○云子釣而不綱者周孔之教。不得無殺。是欲因殺止殺。故同物有殺也。釣者。一竿屬一鉤而取魚也。綱者。作大綱。橫遮於廣水。而羅列多鉤。著之以取魚也。孔子用一竿而釣。則一一得魚。是所少也。若綱橫流而取。則得者多。則孔子所不爲也。故云子釣而不綱也。云弋不射宿者。弋者。繳射也。此人皆多繳射取鳥也。宿者。夜栖宿之鳥也。孔子亦繳射。唯白日用事。而不及夜射。栖宿之鳥也。所以然者。宿鳥夜聚。有群易得多。故不射之也。又恐驚動夜宿。仁心所不忍也。故孫綽曰。殺理不可頓去。故禁綱而存釣也。繆協曰。將令物生有路。人殺有節。所以易其生。而難其殺也。○【注】孔安國曰至鳥也。○云綱者云云者。繳。繩也。以小繩係釣。而羅列屬著大繩也。云弋繳射也者。解繳射者多家。一云。古人以細繩係丸而彈。謂爲繳射也。一云。取一杖長一二尺許。以長繩係此杖。而橫颺以取鳥。謂爲繳射也。鄭玄注周禮司弓矢云。結繳於矢。謂之矰。矰。高也。詩云。弋鳧與鴈。司弓矢又云。田弋，充籠箙矢。共矰矢。注云。籠。竹箙也。矰矢不在箙者。爲其相繞亂。將用乃共之也。侃案鄭意。則繳射是細繩係箭而射也。「云宿宿鳥者」或云。不取老宿之鳥也。宿鳥能生伏。故不取也。此過不及夜也。

子曰。蓋有不知而作之者。我無是也。【注】苞氏曰。時人多有穿鑿妄作篇籍者。故云然也。多聞擇其善者而從之。多見而識之。知之次也。【注】孔安國曰。如此次於生知之者也。【疏】子曰至次也。○「云蓋有云云者」不知而作。謂妄作穿鑿爲異端也。時蓋多有爲此者。故孔子曰。我無是不知而作之事也。「云多聞擇其善者而從之者」因戒妄作之人也。言豈得妄爲穿鑿也。人居世間。若有耳多所聞。則擇善者從之者也。「云多見而識之者」若因多所見。則識錄也。多見不云擇善者。與上互文。亦從可知也。云知之次也者。若多聞擇善。多見錄善。此雖非生知。亦是生知之者次也

互鄉難與言。童子見。門人惑。註鄭玄曰。互鄉。鄉名也。其鄉人言語自專。不達時宜。而有童子來見孔子。門人怪孔子見也。子曰。與其進也。不與其退也。唯何甚。註孔安國曰。教誨之道。與其進。不與其退。怪我見此童子。惡惡何一甚也。人潔己以進。與其潔也。不保其往也。註鄭玄曰。往猶去也。人虛己自潔而來。當與其進之。亦何能保其去後之行也。疏互鄉

至往也。○云互鄉難與言者互鄉。鄉名也。此一鄉之人皆專愚。不可與之共言語也。云童子見者童子。十九以下。未冠者也。見。來見孔子也。此互鄉有一少兒來見孔子也。琳公曰。此八字通爲一句。言此鄉有一童子。難與言耳。非一鄉皆專惡也。云門人惑者門人。孔子弟子也。惑猶嫌怪也。言彼一鄉皆惡。況復少兒乎。孔子忽然見之。故弟子皆嫌惑之也。云子曰云云者孔子爲門人釋惑也。言凡教化之道。唯進是與。唯退是抑。故無來而不納。豈不本其所本耶。故云與其進。不與其退也。云唯何甚者言教化與進。而汝等怪之。此亦一何太甚也。唯語助也。云人潔己以進者更釋教誨所以與進之義也。言人有來進師門者。非潔則不進。進則必是潔己者也。云與其潔也不保其往也者往。謂己過之行。言其既潔己而猶進之。是與其潔也。而誰保其往日之所行耶。何須惡之也。顧歡曰。往謂前日之行也。夫人之爲行。未必可一。或有始無終。或先迷後得。故教誨之道。潔則與之。往日行非我所保也。註孔安國曰至甚也。言汝等爲惡其鄉。而憎其善童。所以是惡惡之甚也。註鄭玄曰至行也。虛謂清其心也。然鄭注云去後之行。亦謂今日之前。是已去之後也

子曰。仁遠乎哉。我欲仁。斯仁至矣。註苞氏曰。仁道不遠。行之則是至也。疏子曰至至矣。世人不肯行仁。故孔子引之也。問言仁道遠乎也。言其不遠也。但行之由我。我行卽是。此非出自遠也。故云我欲仁而斯仁至也。斯。此也。江熙曰。復禮一日。天下歸仁。是仁至近也。

陳司敗問昭公知禮乎。註孔安國曰。司敗。官名也。陳大夫也。昭公。魯昭公也。孔子對曰。知禮。孔子退揖巫馬期而進也。曰。吾聞君子不黨。君子亦黨乎。君

娶於吳爲同姓謂之吳孟子君而知禮孰不知禮

註孔安國曰。巫馬期。弟子也。名施。相助匿非曰黨。魯吳俱姬姓也。禮同姓不婚。而君娶吳之。當稱吳姬。諱曰孟子也。

巫馬期以告子曰丘也幸苟有過人必知之

註孔安國曰。以司敗之言告也。諱國惡禮也。聖人智深道弘。故受以爲過也。

疏陳司敗問至知之○

云陳司敗問昭公知禮乎者。昭公魯君也。陳司敗見孔子。而問魯君知禮以不也。云孔子對曰知禮者。答司敗曰。昭公稱知禮也。云孔子退者。答司敗竟而退去。云揖巫馬期而進也者。揖者。古人欲相見。前進皆先揖之也。巫馬期。孔子弟子也。司敗知昭公無禮。故問孔子。答曰。知禮。而司敗心所不許。

故孔子退而後揖孔子弟子進之欲與語也云曰吾云云者相助匿非曰黨昭公不知禮而孔子云知禮所以是黨也故司敗語巫馬期曰吾從來聞君子之人義與比無所私相阿黨孔子既是君子而今匿君之惡故曰君子亦黨乎云君娶於吳者司敗此舉昭公不知禮事也昭公是周公後吳是大伯後大伯是周公伯祖昭公與吳同是姬姓周禮百世婚姻不通而昭公娶其吳之女故云君娶於吳也云爲同姓謂之吳孟子者禮稱婦人皆稱國及姓猶如齊姜秦嬴之屬也魯之娶吳當謂爲吳姬而昭公爲吳是同姓故諱不得言吳姬而謂吳孟子也云君而知禮孰不知禮者孰誰也君娶同姓君是知禮則誰爲惡事者而謂爲不知禮乎云巫馬期以告者巫馬期得司敗之語還則具述之以告孔子也云子曰云云者孔子得巫馬期之告而自稱名云是己幸受以爲過者也故云苟有過人必知之也所以然者昭公不知禮而我答司敗云知禮者若使司敗無譏則千載之後遂承信

我言。用昭公所行爲知禮。則禮亂之事。從我而始。今得司敗見非。而我受以爲過。則後人不謬。故我所以爲幸也。繆協曰。諱則非諱。斯誠然矣。若受以爲過。則所以諱者。又以明矣。亦非諱也。向司敗之問。則詭言以爲諱。今巫馬師徒將明其義。故向之言爲合禮也。苟曰合禮。則不爲黨矣。今若不受爲過。則何禮之有乎。○註孔安國曰司敗官名也陳大夫也○陳有司敗之官也○註孔安國曰至過也○云諱國惡禮也者。諱國之惡。是禮之所許也。云聖人云云者。涅而不緇。故受之也

子與人歌而善。必使反之。而後和之。註樂其善。故使重歌而後自和之也。疏子與至和之○此明孔子重於正音也。反猶重也。孔子與人共歌。若彼人歌善合於雅頌者。則孔子欲重聞其音曲。故必使重歌也。重歌既竟。欣之無已。故孔子又自歌以答和之也。衛瓘曰。禮無不答。歌以和相答也。其善乃當和音不相反。故今更爲歌。

然後和也案衞之後句不及也○註樂其至之也○如前釋也

子曰文莫吾猶人也註莫無也文無者猶俗言文不也文不吾猶人者言凡文皆不勝於人也躬行君子則吾未之有得也註孔安國曰躬爲君子行己未能得之也疏子曰至得也○云文莫吾猶人也者孔子謙也文文章也莫無也無猶不也孔子言我之文章不勝於人故曰吾猶人也○云躬行君子則吾未之有得也者又謙也躬身也言我文既不勝人故身自行君子之行者則吾亦未得也○註文無者猶俗言文不也○何云俗云文不當是于時呼文不勝人爲文不也

子曰若聖與仁則吾豈敢註孔安國曰孔子謙不敢

自名仁聖也。抑爲之不厭，誨人不倦，則可謂云爾已矣。公西華曰：正唯弟子不能學也。註馬融曰：正如所言，弟子猶不能學也，況仁聖乎。疏子曰至學也○云若聖與仁則吾豈敢者，亦謙也。言聖及仁則吾不敢自許有，故云豈敢也。不敢自名已有此二事也。云抑爲云云者，孔子雖不受仁聖之目，而以此二事自許也。抑，語助也。爲，猶學也。爲之不厭，謂雖不敢云自有仁聖，而學仁聖之道不厭也。學而不厭，又教誨不倦，乃可自謂如此耳。云公西華云云者，公西華聞孔子自云學仁聖不厭，又教人不倦，故已自稱弟子以往諮也。言正如夫子所自許之事，則弟子亦不能學爲此事也。

子疾病，子路請禱。註苞氏曰：禱，禱請於鬼神也。子曰：

有諸。註周生烈曰。言有此禱請於鬼神之事乎。子路對曰。有之。誄曰。禱爾于上下神祇。註孔安國曰。子路失旨也。誄。禱篇名也。子曰。丘之禱之久矣。註孔安國曰。孔子素行合於神明。故曰丘禱之久矣。

疏子疾至久矣。○云子疾病子路請禱者。疾甚曰病。孔子疾甚也。禱。謂祈禱鬼神以求福也。孔子疾甚。故子路請於孔子。欲爲孔子祈求福也。云子曰有諸者。諸。之也。孔子言死生有命。不欲有禱。故反問子路有此禱請之事乎。心不許也。云子路對曰云云者。子路不達孔子意。聞孔子之問。仍引得古舊禱天地之誄辭以荅孔子也。故云有之誄曰也。天曰神。地曰祇也。云子曰丘之禱之久矣者。子路既不達孔子意。而引舊禱天地之誄。孔子不欲非也。故云我之禱已久。今則不復須也。實不禱而云久禱者。聖人德合神明。豈爲神明所禍病而祈之乎。欒肇曰。案說者徒謂無過可謝。故止子路之請。不謂上下神祇。非所宜禱也。在禮。天子祭天地。諸侯祈山川。大夫奉宗廟。此禮祀典之常也。然則禱爾于上下神祇。乃天子禱天地之辭也。子路以聖人動應天命。欲假禮祈福二靈。孔子不許。直言絕之也。曰丘禱久矣。此豈其辭乎。欲卒舊之辭也。自知無過可謝。而云丘之禱久矣。豈其辭乎。夫聖行無違。凡庸所知也。子路豈誣夫子於神明哉。以爲祈福。自不主以謝過爲名也。若以行合神明。無所禱請。是聖人無禱請之禮。夫知如是。則禮典之言棄。金縢之義廢矣。侃謂若案何集。則子路自不達旨。引得舊禱天地之誄。是子路之失。亦復何傷若如欒義。則猶是使門人爲臣之意也。然無臣非君。而子路欲此亦不達之甚。乃得深於請禱之過耳。幸不須譏此而同彼。不如依何集爲是也。○孔安國曰。至名也。○誄者。謂如今行狀也。誄之言累也。人生有德行。死而累列其行之跡爲謚也。

子曰。奢則不遜。儉則固。與其不遜也寧固。【註】孔安國曰。俱失之也。奢不如儉。奢則僭上。儉則不及禮耳。固。陋也。【疏】子曰至寧固○「云奢則不遜儉則固者」不遜者。僭濫不恭之謂也。固。陋也。人若奢華。則僭濫不恭。若儉約。則固陋不及禮也。「云與其不遜也寧固者」二事乃俱爲失。若不遜陵物。物必害之。傾覆之期。俄頃可待。若止復固陋。誠爲不逮。而物所不侵。故與其不遜。寧爲固陋也。

子曰。君子坦蕩蕩。小人長戚戚。【註】鄭玄曰。坦蕩蕩。寬廣貌也。長戚戚。多憂懼貌也。【疏】子曰至戚戚○「云君子坦蕩蕩者」坦蕩蕩。心貌寬曠。無所憂患也。君子内省不疚故也。「云小人長戚戚者」長戚戚。恒憂懼也。小人好爲罪過。故恒懷憂懼也。江熙曰。君子坦爾夷任。蕩然無私。小人馳競於榮利。耿介於得失。故長爲愁府也。

子溫而厲。威不猛。恭而安。【疏】子溫至而安○明孔子德也。亦有云子曰者。亦厲世也。溫。和潤也。厲。嚴也。人溫和者。好不能嚴厲。孔子溫而能厲也。又人作威者。心事雄猛。孔子威能不猛也。又恭者。好聳險不安。孔子恭而能安也。故王弼曰。溫者不厲。厲者不溫。威者心猛。猛者不威。恭則不安。安者不恭。此對反之常名也。若夫溫而能厲。威而不猛。恭而能安。斯不可名之理全矣。故至和之調。五味不形。大成之樂。五聲不分。中和備質。五材無名也。

論語泰伯第八

【疏】泰伯者。周太王長子。能推位讓國者也。所以次前者。物情見孔子栖遑。常謂實係心慮。今明泰伯賢人。尚能讓國以證孔子大聖。雖位非九五。豈以粃糠累真。故泰伯次述而也。

子曰。泰伯。其可謂至德也已矣。三以天下讓。民無得而稱焉。註王肅曰。泰伯。周太王之太子也。次弟仲雍。少弟曰季歷。季歷賢。又生聖子文王昌。昌必有天下。故泰伯以天下三讓於王季。其讓隱。故民家無得而稱言之者。所以爲至德也。疏○子曰至稱焉云泰伯其可謂至德也已矣者。泰伯者。周太王之長子也。太王者。即古公亶甫也。亶甫有三子。大者泰伯。次者仲雍。少者季歷。三子並賢。而泰伯有讓德。深遠。雖聖不能加。故云其可謂至德也已矣。其至德之事在下。范寗曰。泰。善大之稱也。伯。長也。泰伯。周太王之元子。故號泰伯。其德弘遠。故曰至也。三以天下讓者。此至德之事也。其讓天下之位有二跡。故云三以天下讓也。所以有讓者。少弟季歷生子文王昌。昌有聖人德。泰伯知昌必有天位。但升天位者。必須階漸。若從庶人而起。則爲不易。太王是諸侯已是太王長子。長子後應傳國。今欲令昌取王位有漸。故讓國而去。令季歷傳之也。其有三跡者。范甯曰。有二釋。一云。泰伯少弟季歷。生子文王昌。昌有聖德。泰伯知其必有天下。故欲令傳國於季歷以及文王。因太王病。託採藥於吳越不反。太王薨而季歷立。一讓也。季歷薨而文王立。二讓也。文王薨而武王立。於此遂有天下。是為三讓也。又一云。太王病。而託採藥出。生不事之以禮。一讓也。太王薨而不反。使季歷主喪。死不葬之以禮。二讓也。斷髮文身。示不可用。使季歷主祭禮。不祭之以禮。三讓也。繆協曰。泰伯三讓之所為者。季歷、文、武。三人而王道成。是三以天下讓也。云民無得而稱焉者。德讓跡既隱。當時人民不覺。故無能稱其讓德者也。故范甯曰。詭道合權。隱而不彰。故民無得而稱。乃大德也。繆協曰。其讓之跡詭。當時莫能知。故無以稱焉。可謂至德也。或問曰。泰伯若堪有天下。則不應讓人。若人有天下。則泰伯復無天下可讓。今云三以天下讓。其事如何。或通云。泰伯實應傳諸侯今讓者。諸侯位卑而云讓天下者。是爲天下而讓今卽之有階。故云天下也。然仲雍亦隨泰伯而隱。不稱仲雍者。國位在泰伯泰伯讓。是導仁軌也。仲雍隨。是揚其波也。

子曰恭而無禮。則勞。愼而無禮。則葸。註葸。畏懼之貌也。言愼而不以禮節之。則常畏懼也。勇而無禮。則亂。直而無禮。則絞。註馬融曰。絞。絞刺也。君子篤於親。則民興於仁。故舊不遺。則民不偷。註苞氏曰。興。起也。君能厚於親屬。不遺忘其故舊。行之美者也。則民皆化之。起爲仁厚之行。不偷薄也。疏子曰至不偷。此章明行事悉須禮以爲節也。云恭而無禮則勞者。夫行恭遜必宜得禮。則若恭而無禮。則遜在牀下。所以身自為勞苦也。云慎而無禮則葸者。葸畏懼過甚也。若慎而無禮。則畏懼之甚。於事不行也。云勇而無禮則亂者。勇而有禮。内則擎跪於廟堂之上。外則捍難於壃場之所。若勇而無禮。則為殺害之亂也。云直而無禮則絞者。絞。刺也。直若有禮。則自行不邪曲。若不得禮。對面譏刺他人之非。必致怨恨也。云君子篤於親則民興於仁者。君子。人君也。篤。厚也。人君若自於親屬篤厚。則民下化之。皆競興起仁恩也。孝悌也者。其仁之本與也。云故舊不遺則民不偷者。故舊。謂朋友也。偷。薄也。人君富貴。而不遺忘昔舊友朋。則下民效之不為薄行也。

曾子有疾。召門弟子曰。啓予足。啓予手。註鄭玄曰。啓。開也。曾子以為受身體於父母。不敢毀傷之。故使弟子開衾而視之也。詩云。戰戰兢兢。如臨深淵。如履薄冰註孔安國曰言此詩者喻己常誡慎恐有所毁傷也而今而後吾知免夫小子註周生烈曰乃今日而後我自知免於患難矣小子弟子也呼者欲使聽識其言也疏曾子有至小子○云曾子云云者啓開也予我也孔子昔授孝經於曾子曰身體髮膚受之父母不敢毁傷曾子禀受至死不忘故疾病臨終日召己門徒弟子令開衾視我手足毁傷與不亦示父母全而生己已亦全而歸之也先足後手手近足遠示急從遠而視也云詩云云者既令開衾又引詩證己平生敬慎畏懼有毁傷之心也戰戰恐懼兢兢戒慎也如臨深淵恐墜也如履薄冰恐陷也夫人於高岩之頂俯臨萬丈之深淵必恐懼寒心恒畏墜落也冰之厚者猶不可履況跪行薄冰之上孰不斂身戒慎恐陷乎言我平生畏慎身體之恐

如人之臨履深薄也。云而今而後吾知免夫者引
詩既竟。又語諸弟子也。而今。今日也。而後。卽今日
以後也。免。免毀傷也。既臨終而得不毀傷。故知自
今日以後。全歸泉壤。得免毀傷之事也。云小子者
小子。諸弟子也。曾子言竟。而
呼諸弟子語之。令識己言也。
曾子有疾。孟敬子問之。註馬融曰。孟敬子。魯大夫仲
孫捷也。曾子言曰。鳥之將死。其鳴也哀。人之將死。
其言也善。註苞氏曰。欲戒敬子言。我且將死。言善
可用也。君子所貴乎道者三。動容貌。斯遠暴慢矣。
正顏色。斯近信矣。出辭氣。斯遠鄙倍矣。註鄭玄曰。
此道謂禮也。動容貌。能濟濟蹌蹌。則人不敢暴慢

之也。正顔色，能矜莊嚴栗，則人不敢欺誕之也。出辭氣，能順而説，則無惡戾之言入於耳也。籩豆之事，則有司存。【註】苞氏曰：敬子忌大務小，故又戒之以此也。籩豆，禮器也。【疏】曾子有至司存。○云「曾子有疾，孟敬子問之」者，敬子，魯大夫仲孫捷也。來參問曾子之疾也。云「曾子言曰云云」者，曾子得敬子之問疾，因而戒之也。將敬戒之，故先發此言，欲明我所以相戒之意也。言鳥之臨死，唯知哀鳴，而不知出善言。此則是鳥之常。人之將死，必宜出善言。此則是人之常也。若人臨死而無善言，則與鳥獸不異。今我將臨死，故欲出善言以戒汝也。故李充曰：人之所以貴於禽獸者，以其慎終始，在困不撓也。禽獸之將死，不遑擇音，唯吐窘急之聲耳。人若將死，而不思令終之言，唯哀懼而已者，何以别於禽獸乎？是以君子之將終

必正存道不忘格言。臨死易簀。困不違禮辨論三
德。大加明訓。斯可謂善言也。或問曰。不直云曾子
曰。而云言曰何也。答曰。欲重曾子臨終。言善之可
錄。故特云言也。又一通云。出己曰言。答述曰語。曾
子臨終綿困。不堪答述也。示直出己之懷而已。云
君子所貴乎道者三者　此以下。即曾子所述善言
也。道猶禮也。言君子所貴禮者有三事也。云動容
貌斯遠暴慢矣者　此所貴三之第一也。動容貌。謂
成儀容舉止也。君子坐則儼然。行則蹌濟。如此則
人望而畏之。不敢有暴慢之者。故云斯遠暴慢也。
故顏延之云。動容則人敬其儀。故暴慢息也。云正
顏色斯近信矣者　此所貴三之第二也。就凡人相
見。先觀容儀。容儀故先也。次見顏色。顏色故爲次
也。人之顏色。恒欲莊正。不數變動。則人不敢欺詐
之。故云近信也。故顏延之云。正色則人達其誠。故
信者立也。云出辭氣斯遠鄙倍矣者　此所貴三之
第三也。辭氣。言語音聲也。既見顏色。次接言語也。
出言有章。故人不敢鄙穢倍違之也。故顏延之云。

出辭則人樂其文。故鄙倍絶也。倨謂暴慢。鄙倍同
是惡事。故曰遠。而信是善事。故云近也。云籩豆之
事則有司存者。籩豆。禮器也。竹曰籩。木曰豆。豆盛
葅醢。籩盛菓實。並容四升。柄尺二寸。下有跗也。舊
云敬子不存大事。大事即斥前三禮也。而好修飾
籩豆。籩豆比三事爲小事。故曾子先戒此三禮。若
籩豆之事。付於有司。不關汝也。有司。謂典籩豆之
官也。○【注】苞氏曰至用也。○此注亦明如向釋。又
繆協曰。曾子謙不以遠理自喻。且敬子近人。故以
常言語悟之。冀其必納也。然繆解亦得會苞注也。
○【注】鄭玄曰至耳也。○云人不敢欺誕者。誕猶詐
妄也。云無惡戾之言入於耳者。惡。鄙醜也。戾。背也。
禮記云。言悖而出。亦悖而入。若出能不悖。故鄙戾
不入於耳也。○【注】苞氏曰至器也。○依苞此注。亦
得如舊說也。若欲又爲一通。亦得云敬子好務小
事。而忽略籩豆。故曾子曰。汝不須務小。當使有司
存於宗廟籩豆之禮也。而繆協別通曰。籩豆。禮器。
可以致敬於宗廟者。言人能如上三貴。則祝史陳

信無愧辭，故有司所存籩豆而已。

曾子曰：以能問於不能，以多問於寡；有若無，實若虛；犯而不校。註苞氏曰：校，報也。言見侵犯而不校之也。昔者吾友嘗從事於斯矣。註馬融曰：友謂顏淵也。

疏曾子曰至斯矣○此明顏淵德也。云以能問於不能者，能，才能也。時多誇競，無而爲有，虛而爲盈。唯顏淵謙而反之也。顏淵實有才能，而恒如己不能，故雖見不能者，猶諮問尋求也。云以多問於寡者，多謂識性之多也。己識雖多，常不敢自言己多，故每問於寡識者也。云有若無，實若虛者，又處人間，未曾以己之才德爲有爲實，恒謙退，如虛無也。云犯而不校者，校，報也。人有惡加犯己者，己不報之也。殷仲堪曰：能問不能，多問於寡，或疑其負實德之跡，似乎爲教而然。余以爲外假謙虛黃中之道。沖而用之每事必然夫推情在於忘賢故自處若不足處物以賢善。故期善於不能。因斯而言。乃虛中之素懷。處物之誠心。何言於爲教哉。犯而不校者。其亦不居物以非乎。推誠之理然也非不爭事事也應物之跡異矣。其爲中虛一也【云】昔者吾友嘗從事於斯矣者 友。謂顏淵也。曾子言唯昔吾友能爲上諸行也江熙曰。稱吾友。言已所未能也

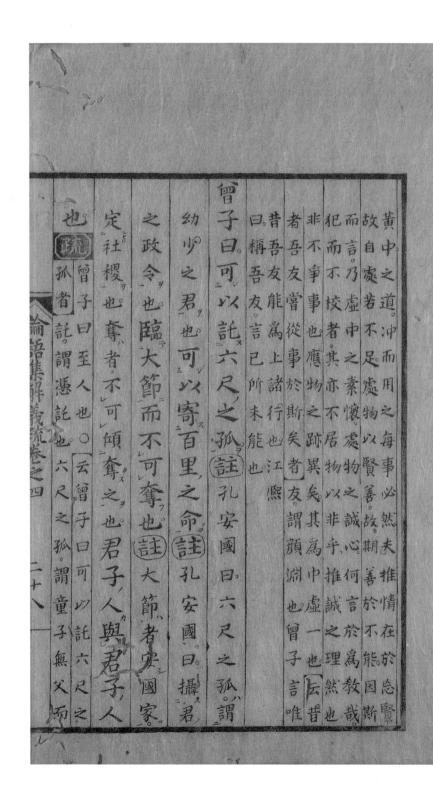

曾子曰。可以託六尺之孤【註】孔安國曰。六尺之孤。謂幼少之君也。可以寄百里之命【註】孔安國。曰。攝君之政令也。臨大節而不可奪也【註】大節。者安國家。定社稷也。奪者。不可傾奪之也。君子人與。君子人也【疏】曾子曰至人也○【云】曾子曰可以託六尺之孤者 託。謂憑託也。六尺之孤。謂童子無父而

爲國君者也年齒幼少未能自立故憑託大臣如成王託周公者也云可以寄百里之命者百里謂國也言百里舉全數也命者謂國之教令也幼君既未能行政故寄冢宰攝之也如周公攝政也然幼孤云託教令云寄者有以故也託是長憑無反之言寄是暫寄有反之目也君身尊重故云託示長憑於阿衡者也教命待君年長而還君自裁斷是有反也云臨大節而不可奪也者國有大難臣能死之是臨大節不可奪也云君子人與君子人也者言爲臣能受託幼寄命又臨大節不回此是君子人與也再言君子美之深也而繆協曰夫能託六尺於其臣寄顧命於其下而我無二心彼無二節授任而不失人受任而不可奪故齊必同乎君子之道審契而要終者也非君子之人與君子者孰能要其終而均其致乎

曾子曰士不可以不弘毅任重而道遠（註）苞氏曰弘

大也。毅，强而能决斷也。士弘毅，然後能負重任，致遠路也。仁以爲己任，不亦重乎？死而後已，不亦遠乎。【註】孔安國曰：以仁爲己任，重莫重焉；死而後已，遠莫遠焉。【疏】曾子曰至遠乎○云曾子曰士不可以不弘毅者，士，通謂丈夫也。弘，大也。毅，謂能强果斷也。言丈夫居世，必使德行弘大，而能果斷也。云任重而道遠者，釋所以宜弘毅也。即所任者重，所行者遠，故宜德大而能斷也。云仁以爲己任，不亦重乎者，此解任重也。士既以仁爲平生之任，此任豈得不謂爲重乎。云死而後已，不亦遠乎者，此釋道遠也。已，止也。言知行仁不可少時而止，必至死乃後而止耳。至死乃止，此道豈不遠乎。

子曰：興於詩，【註】苞氏曰：興，起也。言修身當先學詩也。

立於禮【註】苞氏曰禮者所以立身也成於樂【註】孔安國曰樂所以成性也【疏】子曰至於樂○此章明人學須次第也云興於詩者興起也言人學先從詩起後乃次諸典也所以然者詩有夫婦之法人倫之本近之事父遠之事君故也又江熙曰覽古人之志可起發其志也云立於禮者學詩已明次又學禮也所以然者人無禮則死有禮則生故學禮以自立身也云成於樂者學禮若畢次宜學樂也所以然者禮之用和爲貴行禮必須學樂以和成己性也○註孔安國曰樂所以成性也○王弼曰言有爲政之次序也夫喜懼哀樂民之自然應感而動則發乎聲歌所以陳詩採謠以知民志風既見其風則損益基焉故因俗立制以達其禮也矯俗檢刑民心未化故又感以聲樂以和神也若不採民詩則無以觀風風乖俗異則禮無所立禮若不設則樂無所樂樂非禮則功無所濟故三體相扶而用有先後也侃

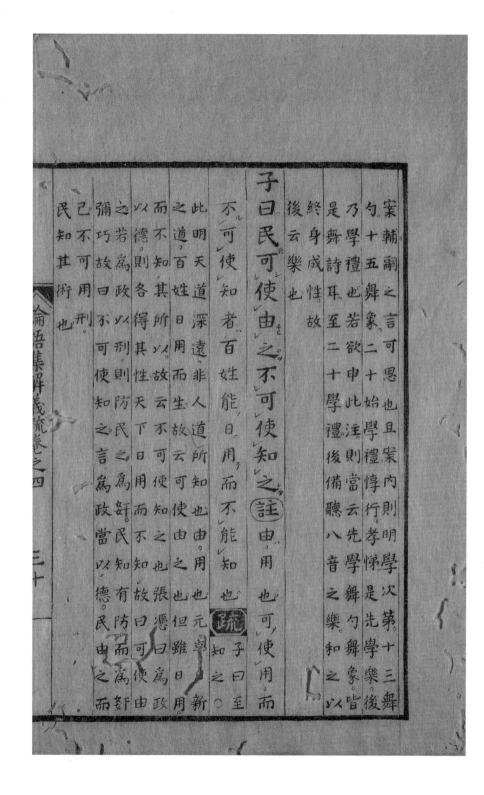

案輔嗣之言可思也且案内則明學次第十三舞勺十五舞象二十始學禮惇行孝悌是先學樂後乃學禮也若欲申此注則當云先學舞勺舞象皆是舞詩耳至二十學禮後備聽八音之樂和之以終身成性故後云樂也

子曰民可使由之不可使知之【註】由用也可使用而不可使知者百姓能日用而不能知也【疏】子曰至知之○此明天道深遠非人道所知也由用也元亨日新之道百姓日用而生故云可使由之也但雖日用而不知其所以故云不可使知之也張憑曰爲政以德則各得其性天下日用而不知故曰可使由之若爲政以刑則防民之爲姦民知有防而爲姦彌巧故曰不可使知之言爲政當以德民由之而已不可用刑民知其術也

子曰好勇疾貧亂也註苞氏曰好勇之人而患疾己貧賤者必將爲亂也人而不仁疾之已甚亂也註孔安國曰疾惡大甚亦使其爲亂也疏子曰至亂也○云好勇疾貧亂也者好勇之人若能樂道自居此乃爲可耳若不能樂道而憎疾己之貧賤則此必爲亂也故繆協曰好勇則剛武疾貧則多怨以多怨之人習於武事是使之爲亂也云人而不仁疾之已甚亂也者夫不仁之人當以理將養或冀其感悟若復憎疾之大甚則此不仁者近無所在必爲逆亂也故鄭康成曰不仁人疾之大甚是使之爲亂也

子曰如有周公之才之美設使驕且吝其餘不足觀也已矣註孔安國曰周公者周公旦也疏子曰至己矣

其餘謂周公之才伎也言人假令有才能如周公旦之美而用行驕恡則所餘如周公之才伎者亦不足復可觀者以驕沒才也故王弼曰人之才美如周公設使驕恡其餘無可觀者言才美以驕恡棄也況驕恡者必無周公才美乎假無設有以其驕恡之鄙也

子曰三年學不至於穀不易得也已註孔安國曰穀善也言人三歲學不至於善不可得言必無及也所以勸人於學也疏子曰至也已○勸人學也穀善也言學三年者必至於善道也若三年學而不至善道者必無此理也故云不易得也孫綽曰穀祿也云三年學足以通業可以得祿雖時不祿得祿之道也不易得已者猶云不易已得也教勸中人已下也

子曰篤信好學守死善道危邦不入亂邦不居天下

有道則見無道則隱【註】苞氏曰言行當常然也危
邦不入謂始欲往也亂邦不居今欲去也臣弑君
子弑父亂也危者將亂之兆也邦有道貧且賤焉
恥也邦無道富且貴焉恥也【疏】子曰至恥也○此章教人立身法也
云篤信好學者令篤厚於誠信而好學先王之道
也云守死善道者寧爲善而死不爲惡而生故云
守死善道也云危邦不入者謂初仕時也見彼國
將危則不須入仕也云亂邦不居者謂我國已亂
則宜避之不居住也然亂時不居則始危時猶居
也危者不入則亂故宜不入也云天下有道則見
者天下謂天子也見謂出仕也若世王有道則宜
出仕也云無道則隱者若時王無道則隱抌不嗽
流也陳文子棄馬十乘而去是亂邦不居也云邦
有道貧且賤焉恥也者國君有道則宜運我才智

佐時出仕。宜始得富貴。而已獨貧賤。則是才德淺薄。不會明時。故爲可恥也。云。邦無道富且貴焉恥也者。國君無道。而己出仕招致富貴。則是己亦無道。得會惡逆之君。故亦爲可恥也。江熙曰。不枉道而事人。何以致無道寵。寵所以恥也。夫山林之士笑朝廷之人。束帶立朝。不獲逍遙也。在朝者。亦謗山林之士褊厄也。各是其所是。而非其所非。是以夫子兼弘出處之義。明屈申貴於當時也。

子曰。不在其位。不謀其政也。註孔安國曰。欲各專一於其職也。

子曰。師摯之始。關雎之亂。洋洋乎盈耳哉。註鄭玄曰。師摯。魯太師之名也。始。猶首也。周道既衰微。鄭衛之音作。正樂廢。而失節。魯太師摯識關雎之聲。而首理其亂者洋洋乎盈耳哉聽而美也【疏】子曰至耳哉○師魯太師也摯太師名也始首也關雎詩篇也洋洋聲盛也于時禮樂崩壞正聲散逸唯魯太師猶識關雎之聲而首理調定使聲盛盈於耳聽也侃謂即前篇孔子語其樂曰樂其可知始作翕如之屬而其受孔子言而理之得正也

子曰狂而不直【注】孔安國曰狂者進取宜直也侗而不愿【注】孔安國曰侗未成器之人也宜謹愿也悾悾而不信【注】苞氏曰悾悾慤慤也宜可信也吾不知之矣【注】孔安國曰言皆與常度反故我不知也

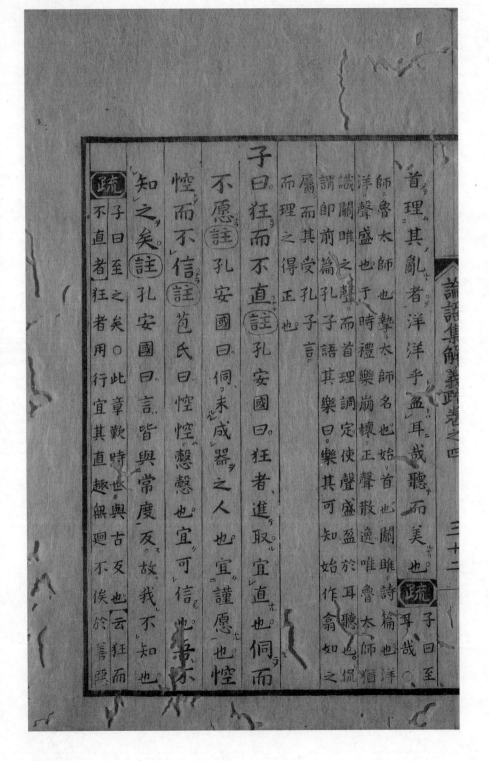

【疏】子曰至之矣○此章歎時世與古反也【云】狂而不直者狂者用行宜其直趣無廻不俟於善惡

而當時狂者不復直也故下卷則云古之狂也肆
今之狂也蕩云侗而不愿者侗謂籠侗未成器之
人也愿謹愿也人[illegible]不成人者情性宜謹愿而當
時幼者亦不謹愿也云悾悾而不信者悾悾謂野
慤也野慤之人宜可信而于時野慤者皆詐詭不
復宜可信也云吾不知之矣者既與古時反故孔
子曰非復我能知測也王弼曰夫推誠訓俗則民
俗自化求其情僞則儉心茲應是以聖人務使民
皆歸厚不以探幽爲明務使姦僞不興不以先覺
爲賢故雖明並日月猶曰不知也○註宜謹愿也
○謹愿無
情愿貌也

子曰學如不及猶恐失之註學自外入至熟乃可長
久如不及猶恐失之耳疏子曰至失之○言學之
爲法急務取得恒如追
前人欲取必及故云如不及也又學若有所得則
戰戰持之猶如人執物恒恐去失當録之爲意也

李充曰學有交勞而無交利自非天然好樂者則易爲懈矣故如懼不及猶恐失之況可怠乎繆協稱中正曰學自外來非夫内足恒不懈惰乃得其用如不及者已及也猶恐失者未失也言能恐失之則不失如不及則能及也○註學自至之耳○如注意則云如若也言人學宜熟若學而不及於熟雖得猶恐失之也

子曰巍巍乎舜禹之有天下也而不與焉註美舜禹已不與求天下而得之也巍巍者高大之稱也疏子曰至與焉○此美舜禹也舜禹亦古聖天子也巍巍高大之稱也言舜禹逢時遇世高大可美也舜受堯禪而有天下禹受舜禪而有天下此二聖得時有天下並非身所預求而君自禪之也一云孔子歎已不預見舜禹之時也若逢其時則已宣道當用也故王弼曰逢時遇世莫如舜禹也江熙

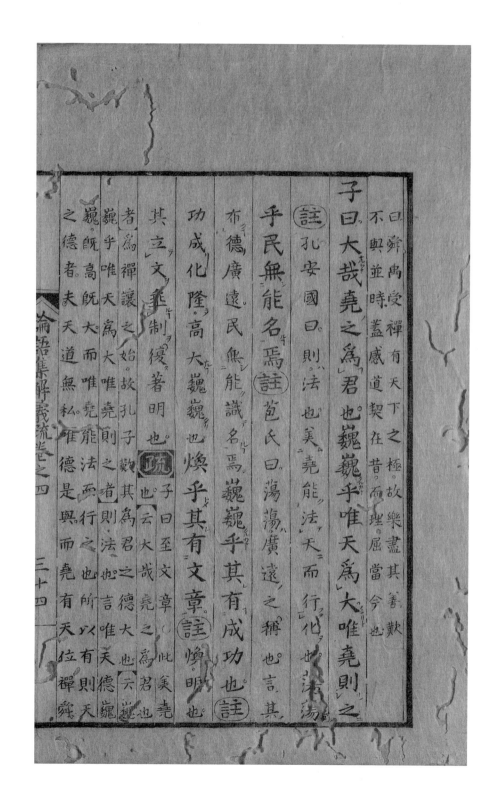

曰舜禹受禪有天下之極。故樂盡其善歎
不與並時。蓋感道契在昔。而理屈當今也
子曰。大哉堯之爲君也。巍巍乎唯天爲大。唯堯則之。
註孔安國曰。則法也。美堯能法天而行化也。蕩蕩
乎民無能名焉。註苞氏曰。蕩蕩廣遠之稱也。言其
布德廣遠。民無能識名焉。巍巍乎其有成功也。註
功成化隆。高大巍巍也。煥乎其有文章。註煥明也。
其立文垂制。復著明也。疏子曰至文章。○此美堯
也。云大哉堯之爲君也。云巍
者爲禪讓之始。故孔子歎其爲君之德大也。云巍
巍乎唯天爲大唯堯則之者。則法也。言唯天德巍
巍。既高既大。而唯堯能法而行之也。所以有則天
之德者。夫天道無私。唯德是與。而堯有天位禪舜。

論語集解義疏卷之四　三十四

亦唯德是與。功遂身退。則法天而行化也。云蕩蕩乎民無能名焉者。蕩蕩。廣遠之稱也。言堯布德廣遠。功用遍匝。故民無能識而名之者也。王弼曰。聖人有則天之德。所以稱唯堯則之者。唯堯於時全則天之道也。蕩蕩。無形無名之稱也。夫名所名者。生於善有所章。而惠有所存。善惡相須。而名分形焉。若夫大愛無私。惠將安在。至美無偏。名將何生。故則天成化。道同自然。不私其子。而君其臣。凶者自罰。善者自功。功成而不立其譽。罰加而不任其刑。百姓日用。而不知所以然。夫又何可名也。

舜有臣五人而天下治。註孔安國曰。禹。稷。契。皐陶。伯益也。武王曰。予有亂臣十人。註馬融曰。亂。理也。理官者十人也。謂周公旦。召公奭。太公望。畢公。榮公。大顛。閎夭。散宜生。南宮适。其餘一人。謂文母也。孔子曰才難不其然乎唐虞之際於斯爲盛有婦人焉九人而已（註）孔安國曰唐者堯號也虞者舜號也際者堯舜交會之間也斯此也此於周也言堯舜交會之間比於此周周最盛多賢才然尚有一婦人其餘九人而已大才難得豈不然乎參分天下有其二以服事殷周德其可謂至德也已矣（註）包氏曰殷紂淫亂文王爲西伯而有聖德天下之歸周者三分有二而猶以服事殷故謂之至德也（疏）舜有至已矣○記者又美舜德也云舜有臣五人而天下治者五人者禹一稷二契三皋

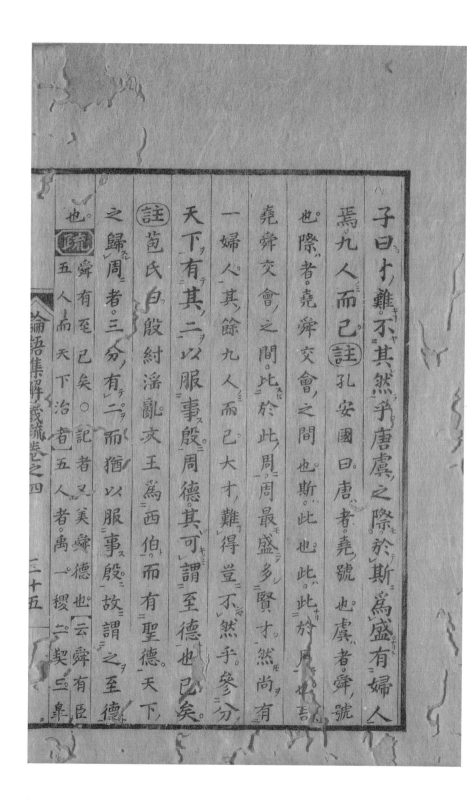

陶。四。伯益五也。言舜有此五臣。共治天下。故治也。
云武王曰予有亂臣十人者　武王。周發也。予。我也。
亂。理也。武王曰。我有共理天下者。有十人也。云孔
子曰才難不其然乎者　記者先列虞周二國之臣
數。而後書孔子之言於下也。孔子歎曰。良才之難
得。不其如此乎。言如此。云唐虞云云者　此是才難
之證也。唐虞。堯舜有天下之號也。際者。謂堯舜交
代之間也。斯。此也。此謂周也。言唐虞二代交際。共
有此五臣。若比於此周。周最爲盛。雖爲盛。尚不滿
十人。十人之中有文母。一婦人爲十人之數。所以
是才難也。季彪難曰。舜之五臣。一聖。四賢。八元。八
凱。十有六人。據左氏明文。或稱齊聖。或云明哲。雖
非聖人。抑亦其次也。周公一人。可與禹爲對。太公
召公。是當稷。契。自畢公以下。恐不及元凱。就復強
相攀繼。而數亦少。何故唐虞人士。反不如周朝之
盛也耶。彪以爲斯。此也。蓋周也。今云唐虞之際。於
此爲盛。言唐虞之朝。盛於周室。周室雖隆。不及唐
虞。由來尚矣。故曰巍巍蕩蕩。莫之能名。今更謂唐

虞人士不如周室。李易舊義。更生殊説。無乃攻乎
異端。有害於正訓乎。侃案師説曰。季氏之意。拯自
允會春秋傳。合當堯舜。但既多才勝周。而孔子唯
云兩代有五人者。別有以也。欲盛美周德隆於唐
虞。賢才多乎堯舜。而猶事殷紂。故特云唐虞之
周代十也。又明言有婦人者。明周代之盛。匪唯丈
夫之才。抑婦人之能匡弼於政化也。云參分天下
有其二以服事殷者 參。三也。天下有九州。文王爲
雍州西伯。六州化屬文王。故云三分天下有二。猶
服事於殷也 云周德其可謂至德也已矣者 雖聖
德之盛。猶服事惡逆之君。故可謂爲德之極者
也。○【註】馬融曰至母也。○ 云理官者十人也謂周
公旦以下者 周公旦。第一也。周公名旦。是武王弟
也。召公奭。第二也。亦武王弟也。太公望。第三也。謂
呂望也。呂望本姓姜氏。呂望名尚。釣於磻溪。文王
出獵。遥見而呼之曰。望公七年矣。今乃見光景于
斯。於是接之上車。文王自御而還。因名爲望。爲周
太師。故云太公也。畢公。第四也。榮公。第五也。太顛

第六也。閎夭。第七也。散宜生。第八也。南宮适。第九也。云其餘一人謂文母也者。文母。文王之妻也。是有莘氏之女。太姒也。午父。有九丈夫。一婦人也。○

注 苞氏曰。殷紂淫亂。文王爲西伯。○殷家州牧曰伯。文王爲雍州伯。雍州在紂西。故曰西伯也。

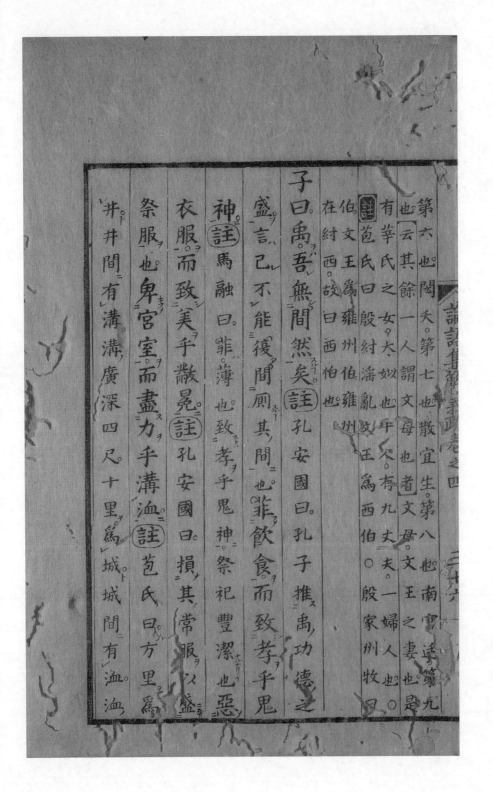

子曰。禹吾無間然矣。注 孔安國曰。孔子推禹功德之盛。言己不能復間厠其間也。菲飲食而致孝乎鬼神。注 馬融曰。菲。薄也。致孝乎鬼神。祭祀豐潔也。惡衣服而致美乎黻冕。注 孔安國曰。損其常服。以盛祭服也。卑宮室而盡力乎溝洫。注 苞氏曰。方里爲井。井間有溝。溝廣深四尺。十里爲城。城間有洫。洫

廣深八尺也禹吾無間然矣【疏】子曰至然矣○此美禹也云禹吾無間然矣者間猶非閒也孔子美禹之德美盛而我不知何以厝於非閒矣郭象曰舜禹相承雖三聖故一堯耳天下化成則功美漸去其所因循常事而已故史籍無所稱仲尼不能閒故曰禹吾無間然矣李充曰夫聖德純粹無往不備故堯有則天之號舜稱無爲而治又曰巍巍乎舜禹之有天下而非與焉斯則美聖之極名窮理之高詠矣至於此章方復以事跡歎禹者而豈徒哉蓋以季世僻王肆情縱欲窮奢極侈麗厚珍膳而簡偽乎享祀盛纖靡而闕慢乎祭服崇臺榭而不恤乎農政是以亡國喪身莫不由乎此矣於有國有家者觀夫禹之所以興也覽三季之所以亡可不慎與云非飲食而致考乎鬼神者此以下皆是禹不可間之事也其有三事一是飲食飲食爲急故最先也二是衣服衣服緩於飲食故爲次也三是居室居室緩於衣服故最後也菲薄也禹自所飲食甚麁

薄而祭祀牲牢。極乎豐厚。故云菲飲食致孝乎鬼神也。云惡衣服而致美乎黻冕者。禹又自常衣服甚自麁惡。而祭祀之服。大華美也。飲食供鬼神。故云孝。祭服供自已身。故云美也。然云黻冕。冕是於服爲尊。黻是十二章最下。爲卑。卑尊俱居中可知也。一云。黻非服章。政是韠黻之服也。舉此則正服可知也。云卑宮室而盡力乎溝洫者。溝洫。田上通水之用也。禹自所居土階三尺。茅茨不翦。是卑宮室也。而通達畎畝以利田農。是盡力溝洫也。云禹吾無間然矣者。美禹既深。故重云無間然也。

論語集解義疏卷第四

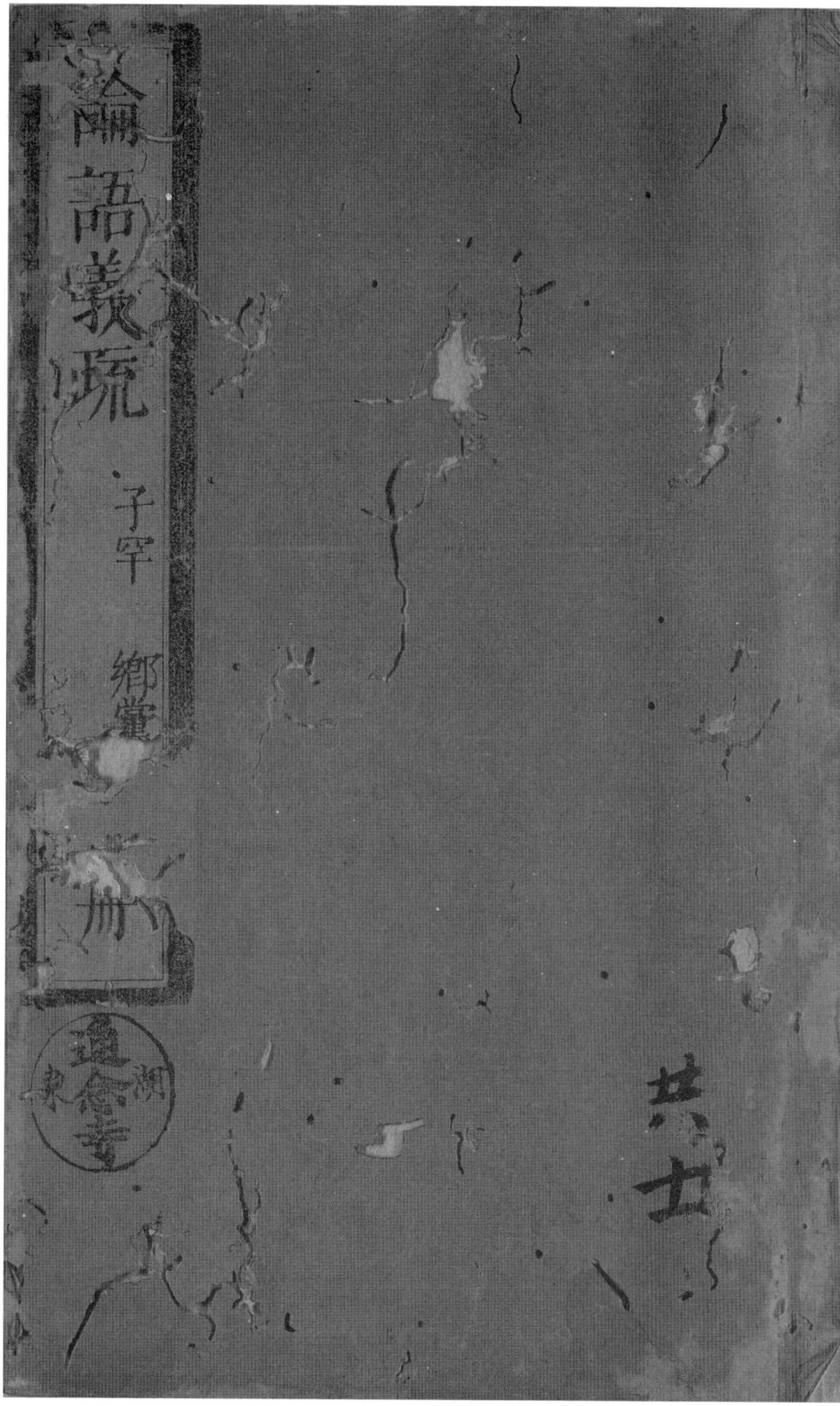
論語義疏
子罕　鄉黨
共十

論語集解義疏卷第五

魏何晏集解

梁皇侃義疏

日本根遜志校正

論語子罕第九

疏 子。孔子也。罕。希也。此篇明時感者既少。故聖應亦希也。所以次前者。外遠富貴。既爲粃糠。故還反凝寂。所以希言。故子罕次泰伯也。

子罕言利。與命與仁。註 罕者。希也。利者。義之和也。命者。天之命也。仁者。行之盛也。寡能及之。故希言也。

疏 子罕言利與命與仁。○子。孔子也。罕者。希也。言者。說也。利者。天道元亨利[illegible]陽者也。與者。言語許與之也。命。天命窮通夭壽目也。仁者。惻隱濟衆行之盛者也。弟子記孔子爲教化所希言。及所希許與人者也。所以然者。利是元亨利貞之道也。百姓日用而不知。其理玄絶。故孔子希言也。命是人稟天而生。其道難測。又好惡不同。若逆向人說。則傷動人情。故孔子希說與人也。仁是行盛。非中人所能。故亦希說許與人也。然希者。非都絶之稱。亦有時而言與人也。周易文言。是說利之時也。謂伯牛亡之命矣夫。及云若由也不得其死然。是說與人命也。又孟武伯問子路冉求之屬仁乎。子曰不知。及云楚令尹陳文子焉得仁。並是不與人仁也。而云顏回三月不違仁。及云管仲如其仁。則是說與人仁時也。故云子罕言利與命與仁也。○【注】罕者至言也○【云罕者希也利者義之和也者】即引文言也。義者。宜也。和者。無害也。凡人世之利。利彼則害此。非義和也。若天道之利。利而無害。故萬物得宜而和。故曰義之和也。【云命者天之命者】人稟天而生。故云天命也。中庸曰。天命之謂性是也。

云仁者行之盛也者仁義禮智信五者並是人之行。而仁居五者之首主生。故曰行盛也云寡能及之者天道微妙。天命深遠。仁道盛大非人所能知及。故云寡能及之也云故希言也者爲世人寡及。故孔子亦希言也。

達巷黨人曰。大哉孔子博學而無所成名。註鄭玄曰。達巷者。黨名也五百家爲黨此黨之人。美孔子博學道藝不成一名而已子聞之。謂門弟子曰。吾何執。執御乎。執射乎。吾執御矣註鄭玄曰。聞人美之。承以謙也吾執御者欲名六藝之卑也疏達巷至御矣。云達巷云云者五百家爲黨黨各有名。此黨名達巷。達巷黨中人美孔子道大。故曰大哉也博廣也言大哉孔子。廣學道藝周遍。不可一一而稱。故云無所成名也。猶如堯德蕩蕩。民無能名也。故王弼曰。譬猶和樂出乎八音乎。然八音非其名也。江熙曰。言其彌貫六流。不可以一藝取名焉。故曰大也。云子聞云云者。孔子聞達巷人美已。故呼弟子而語之也。彼既美我之博學。而我於道藝何所持執乎。欲自謙也。云執御乎執射乎者。既欲謙已之不多。故陳六藝之下者以自許也。言吾所執。執於御及射乎。御。御車者也。云吾執御矣者。向欲合以射御自許。又嫌太多。故又減射。而云吾執御者也。○註鄭玄曰。至卑也。○六藝。一曰。五禮。二曰。六樂。三曰。五射。四曰。五馭。五曰。六書。六曰。九數也。今云執御。御比禮樂射爲卑也。

子曰。麻冕。禮也。今也純。儉。吾從衆。註孔安國曰。冕。緇布冠也。古者。績麻三十升布以爲之。純。絲也。絲易

成。故從儉也。拜下禮也。今拜乎上泰也。雖違衆。吾
從下。【註】王肅曰。臣之與君行禮者。下拜。然後升成
禮。時臣驕泰。故於上拜也。今從下。禮之恭也。【疏】子曰
至從下○云麻冕禮也者。禮謂周禮也。周禮有六
冕。以平板爲主。而用三十升麻布衣板。上玄。下纁
故云麻冕禮也。云今也純者。今謂周末孔子時也。
純。絲也。周末不復用三十升布。但織絲爲之。故云
今也。云儉者。三十升布用功巨多難得。難得則爲
奢華。而織絲易成。易成則爲儉約。故云儉也。云吾
從衆者。衆謂周末時人也。時既人人從易用絲。故
孔子云。吾亦從衆也。所以從之者。周末每事奢華。
孔子寧欲抑奢就儉。今幸得衆共用儉。故孔子從
之也。云拜下禮也者。下謂堂下也。禮君與臣燕。君
賜酒。皆下堂而再拜。故云拜下禮也。云今拜乎上
泰也者。今謂周末孔子時也。上謂堂上也。泰。驕泰

也。當于時周末。君臣飲燕。臣得君賜酒。不復下堂。但於堂上而拜。故云今拜乎上泰也。拜不下堂是由臣驕泰。故云泰也。云雖違衆吾從下者。當時皆違禮而拜上者衆。孔子不從拜上。故云雖違衆也。違衆而從舊禮拜於下。故云吾從下也。○註孔安國曰冕緇布冠也。○冠冕通名也。且周家委貌冠亦用三十升緇布也。○註王肅曰至恭也。○云臣之云云者。燕義云。君舉旅於賓。及君所賜爵。皆降再拜稽首。升成拜。明臣禮也。案燕義云。賓皆是臣也。臣得君旅。及賜爵。降下堂再拜。再拜竟。更升堂又再拜。謂爲成拜。成拜者。向在堂下之拜。若禮未成然。故更升堂以成之也。云時臣云云者。周末時如此也。云今從下禮之恭也者。孔子欲從下之禮。是禮爲恭也。

子絶四。毋意。註以道爲度。故不任意也。毋必。註用之則行。捨之則藏。故無專必也。毋固。註無可。無不可。

故無固行也毋我註述古而不自作處群萃而不自異唯道是從故不自有其身也疏○子絕至毋我云子絕四者絕者無也明孔子聖人無此下四事故云絕四也不云無而云絕者據世人以言之也四事世人未能絕而孔子絕之故云絕也顏延之云謂絕人四者也云毋意者一也此謂聖人心也凡人有滯故動靜委曲自任用其意聖人無心泛若不係舟豁寂同道故無意也云毋必者二也此謂聖人行化時也物求則赴應無所抑必故互鄉進而與之是也無所抑必由無意故能爲化無必也云毋固者三也此聖人已應物行化故也固謂執守堅固也聖雖已應物物若不能得行則聖亦不追固執之不反三隅則不復是也亦由無意故能無固也云毋我者四也此聖人行教功德成身退之跡也聖人晦跡功遂身退恒不自異故無我也亦由無意故能無我也或問曰孔子或拒孺悲或天生德

於予。何得云無必無我乎。答曰。聖人作教應幾。不可一準。今爲其跡涉兹地。爲物所嫌。恐心實如此。故正明絶此四以見本地也。○註 群萃。○萃。聚也。

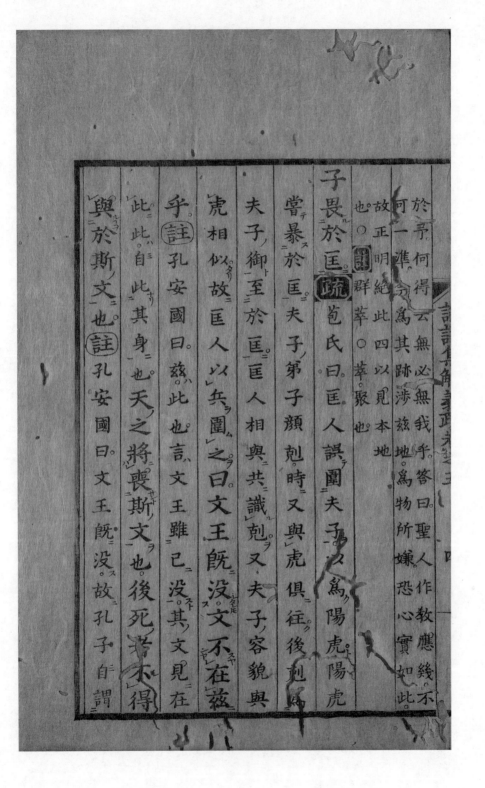

子畏於匡。疏 苞氏曰。匡人誤圍夫子。以爲陽虎。陽虎嘗暴於匡。夫子弟子顔剋。時又與虎倶往。後剋爲夫子御至於匡。匡人相與共識剋。又夫子容貌與虎相似。故匡人以兵圍之。曰。文王既没。文不在兹乎。註 孔安國曰。兹。此也。言文王雖已没。其文見在此。此自此其身也。天之將喪斯文也。後死者不得與於斯文也。註 孔安國曰。文王既没。故孔子自謂

後死也。言天將喪斯文者。本不當使我知之。今使我知之。未欲喪也。天之未喪斯文也。匡人其如予何。【註】馬融曰。如予何者。猶言奈我何也。天之未喪此文也。則我當傳之。匡人欲奈我何。言其不能違天而害己也。【疏】子畏至予何○云子畏於匡者。心服曰畏。匡。宋地名也。于時匡人誤以兵圍孔子。故孔子同物畏之。孫綽云。畏匡之說皆衆家之言。而不釋畏名。解書之理爲漫。夫體神知幾。玄定安危者。雖兵圍百重。安若太山。豈有畏哉。雖然兵事阻險。常情所畏。聖人無心。故卽以物畏爲畏也。云曰文王既没文不在兹乎者。孔子得圍。而自說己德。欲使匡人知己。兹。此也。孔子自此己也。言昔文王聖德有文章以教化天下也。文王今既没。則文章宜須人傳。傳文章者。非我而誰。故云文王既没文不在兹乎。言此我當傳之也。云天之將喪云云者 既云傳文在我。故更說我不可殺之意也。斯文。卽文王之文章也。後死。孔子自謂也。夫生必有死。文王既没。已亦當終。但文王既没於前。則已方死於後。故自謂爲後死也。言天若將欲喪棄文王之文章。則不應今使我已得預知識也。云天之未喪云云者 天今使我知之。是未欲喪此文也。既未欲喪此文。使已傳之。則匡人豈能違天而害我乎。故云如予何也。衛瓘云。若孔子自明非陽虎。必謂之詐。晏然而言若是。匡人是知非陽虎而懼害賢。所以免也。江熙云。言文王之道爲後代之軌。己未得述上天之明。必不使没也。○【注】苞氏曰至圍之○釋誤圍之由者也○

【注】此自此其身也○身。夫子身也

大宰問於子貢曰。夫子聖者與。何其多能也。【注】孔安國曰。大宰。大夫官名也。或吴。或宋。未可分也。疑孔子多能於小藝也子貢曰固天縱之將聖又多能也【註】孔安國曰言天固縱之大聖之德又使多能也子聞之曰大宰知我者乎吾少也賤故多能鄙事君子多乎哉不多也【註】苞氏曰我少小貧賤常自執事故多能爲鄙人之事君子固不當多能也

【疏】大宰至多也○云大宰問云云者大宰聞孔子聖又聞孔子多能而其心疑聖人務大不應細碎多能故問子貢言孔子既聖其那復多能乎云子貢曰云云者子貢答云孔子大聖是天所固縱又使多能也固故也將大也云子聞云云者孔子聞大宰之疑而云知我則許疑我非聖是也繆協云我信多能故曰知我江熙曰大宰嫌多能非聖故云知我謬之意也云吾少也賤故多能鄙事者

又說我非聖。而所以多能之由也。言我少小貧賤。故多能爲麁鄙之事也。云君子多乎哉不多也者。更云若聖人君子。豈多能鄙事乎。則不多能也。繆協云。君子從物應務。道達則務簡。務簡則不多能也。江熙云。言君子所存。遠者。大者。不應多能。欒肇云。周禮百工之事。皆聖人之作也。明聖人兼材備藝。過人也。是以大宰見其多能。固疑夫子之聖也。子貢曰。固天縱之將聖。又多能。故承以謙也。且抑排務。言不以多能爲君子也。謂君子不當多能也。明兼材者。自然多能。多能者。非所學。所以先道德後伎藝耳。非謂多能必不聖也。據孔子聖人而多能。斯伐柯之近鑒也。○注孔安國曰至分也。○云大宰大夫官名者。卿大夫職有冢宰。或云大宰。故云是大夫官也。云或呉或宋未可分者。既唯云大宰。不論名氏。故不知何人。而呉有大宰嚭。宋有大宰華督。故云未可分也。然此應是呉臣。何以知之。魯哀公七年。公會呉于鄫。呉人徵百牢。使子貢辭於大宰嚭。十二年。公會呉師于橐皐。呉子使大宰嚭請尋盟。公不欲。使子貢對。將恐此時大宰嚭問子貢也。且宋大宰督去孔子世遠。或其至後世所不論耳。

牢曰。子云。吾不試。故藝。註鄭玄曰。牢。弟子子牢也。試。用也。言孔子自云。我不見用。故多能伎藝也。疏牢曰至故藝。○試。用也。子牢述孔子言。緣我不被時用。故得多學伎藝也。繆協云。此蓋所以多能之義也。言我若見用。將崇本息末。歸純反素。兼愛以忘仁。遊藝以去藝。豈唯不多能鄙事而已。

子曰。吾有知乎哉。無知也。註知者。知意之知也。言知者。言未必盡也。今我誠盡也。有鄙夫來問於我。空空如也。我叩其兩端而竭焉。註孔安國曰。有鄙夫來問於我。其意空空然。我則發事之終始兩端以語之。竭盡所知。不爲有愛也。【疏】子曰至竭焉。○云吾有知乎哉無知也者。知謂有私意於其間之知也。聖人體道爲度。無有用意之知。故先問弟子云。吾有知乎哉也。又云。無知也。明己不有知知之意也。即是無意也。云有鄙夫來問於我空空如也者。此舉無知而誠盡之事也。鄙夫。鄙劣之夫也。空空。無識也。言有鄙夫來問我。而心抱空虛如也。云我叩其兩端而竭焉者。兩端。事之終始也。言雖復鄙夫。而心虛空來問於我。我亦無隱。不以用知處之。故即爲其發事終始。竭盡我誠也。即是無必也。故李充云。日月照臨。不爲愚智易光。聖人善誘。不爲賢鄙異教。雖復鄙夫寡識。而率其疑誠。諮疑於聖。必示之以善惡之兩端。己竭心以誨之也。繆協云。夫名由跡生。故知從事顯。無爲寂然。何知之有。唯其無也。故能無所不應。雖鄙夫誠問。必爲盡其本末也。○【注】知者至盡也○云知者知意之知者知意。謂故用知爲知也。聖人忘知。故無知知意也。云言知者言未必盡者。若用知者。則用意有偏。故其言未必盡也。云今我誠盡者我以不知知。故於言誠無不盡也。

子曰鳳鳥不至河不出圖吾已矣夫。註孔安國曰有聖人受命。則鳳鳥至河出圖。今天無此瑞。吾已矣夫者。不得見也。河圖。八卦是也。疏子曰至矣夫○夫時人皆願孔子有人主之事。故孔子釋己不得以塞之也。言皆之聖人應王者。必有鳳鳥河圖之瑞。今天無此瑞。故云吾已矣夫。已。止也。言吾已止無此事也。故繆協云。夫聖人達命。不復俟此乃知也。方遺知任事。故理至乃言。所以言者。將釋衆庶之望也。又孫綽云。孔子所以乃發此言者。以體大聖之德。弟子皆稟絕異之質。壘落殊才。英偉命世之才。蓋王德光于上。將相備乎下。當世之君。咸有忌難之心。故稱此以徵鳳之不至絕不者之疑望也○【註】孔安國曰至是也○云有聖云云者麟鳳五靈王者之嘉瑞也云河出云云者聖人王則有龍馬及神龜負應王之圖書從河而出爲瑞也如龍圖授伏犧龜書畀姒禹也云河圖八卦是也者八卦則易乾坤等八方之卦也龍負之出授伏犧也

子見齊衰者冕衣裳者與瞽者【註】苞氏曰冕者冕冠也大夫之服也瞽者盲者也見之雖少者必作過之必趨【註】苞氏曰作起也趨疾行也此夫子哀有喪尊在位恤不成人也【疏】子見至必趨○云子見齊衰者者此記孔子哀人有喪者也齊衰五服之第二者也言齊則斬從可知而大功不預也云冕衣裳者者記孔子尊敬在位者也冕衣裳者周禮大夫以上之服也大夫以上尊則士不在列也云與瞽者者記孔子愍不

成人也瞽盲者也言與者盲者卑故加與字以別之也言瞽者則聾者不預也聾輕於盲也云見之雖少者必作者言孔子見此三種人雖復年少孔子改坐而見之必爲之起也云過之必趨者趨疾行也又明孔子若行過此三種人必爲之疾速不敢自脩容也范甯云趨就之也○註恤不成人也○恤憂也

顏淵喟然歎曰註喟然歎聲也仰之彌高鑽之彌堅註言不可窮盡也瞻之在前忽焉在後註言忽怳不可爲形象也夫子循循然善誘人註循循次序貌也誘進也言夫子正以此道勸進人有次序也博我以文約我以禮欲罷不能既竭吾才如有所

立卓爾雖欲從之末由也已【註】孔安國曰言夫子既以文章開博我又以禮節節約我使我欲罷而不能已竭我才矣其有所立則又卓然不可及言己雖蒙夫子之善誘猶不能及夫子之所立也【疏】顏淵至也已○云顏淵喟然歎曰者孔子至聖顏生上賢賢聖道絶故顏致歎也云仰之彌高鑽之彌堅者此所歎之事也夫物雖高者若仰瞻則可覩也物雖堅者若鑽錐則可入也顏於孔子道愈瞻愈高彌鑽彌堅非己厝力之能得也故孫綽云夫有限之高雖嵩岱可陵有形之堅雖金石可鑽若乃彌高彌堅鑽仰所不逮故知絶域之高堅未可以力至也云瞻之在前忽焉在後者向明仰鑽上下之絶域此明四方之無窮也若四方而瞻倏爲遼遠故恍惚非己所定所以或前或後也又一

通云。愈瞻愈遠。故云瞻之在前也。愈顧愈後。故云
忽焉在後也。故孫綽云。馳而不及。待而不至。不行
不動。孰能測其所妙哉。江熙云。慕聖之道。其殆庶
幾。是以欲齊其高。而仰之愈邈。思等其深。而鑽鑿
愈堅。尚並其前。而俛仰塵絶。此其所以喟然者也
云夫子循循然善誘人者 又歎聖道雖懸。而令人
企慕也。循循。次序也。誘。進也。言孔子以聖道進勸
人而有次序。故曰善誘人。云博我以文約我以禮
者 此說善誘之事也。博。廣也。文。文章也。言孔子廣
以文章誘引於我。故云博我以文章也。又以禮教
約束我。故云約我以禮也 云欲罷不能者 文博禮
束。故我雖欲罷止。而不能止也 云既竭吾才者 既
盡也。才。才力也。我不能罷。故盡竭我之才力學之
也。故孫綽云。既以文章博我視聽。又以禮節約我
以中。俯仰動止。莫不景行。才力已竭。猶不能已罷
猶罷息也 云如有所立卓爾者 此明絶地不可得
言之處也。卓。高遠貌也。言雖自竭才力以學博文
約禮。而孔子更有所言述創立。則卓爾高絶也 云

雖欲從之末由也已者。未。無也。言其好妙高已絕
雖已欲從之。而無由可及也。故孫綽云。常事皆循
而行之。若有所興立。卓然出視聽之表。猶天之
不可階而升。從之將何由也。此顏孔所絕處也

子疾病。註包氏曰。疾甚曰病也。子路使門人爲臣。註
鄭玄曰。孔子嘗爲大夫。故子路欲使弟子行其臣
之禮也。病間曰。久矣哉。由之行詐也。無臣而爲有
臣。吾誰欺。欺天乎。註孔安國曰。病少差曰間也。言
子路有是心。非唯今日也。且予與其死於臣之手
也。無寧死於二三子之手乎。註馬融曰。無寧。寧也。
二三子。門人也。就使我有臣而死其手。我寧死弟

子之手乎。且予縱不得大葬。註孔安國曰。君臣禮葬也。予死於道路乎。註馬融曰。就使我不得以君臣之禮葬。有二三子在我。寧當憂棄於道路乎。

疏子疾至路乎○云子疾病者。孔子疾甚也。云子路使門人爲臣者。子路以孔子聖人。宜爲人君。且嘗爲大夫。大夫亦有家臣。今疾病恐忽終亡。故使弟子行臣禮也。故江熙云。子路以聖人君道足宜有臣。猶禱上下神祇也。云病間云云者。孔子病少差也。少差曰間。謂少差爲間者。若病不差。則病病相續無間斷也。若少差。則病勢斷絶有間隙也。當孔子病困時。不覺子路爲立臣。至於少差。乃覺而歎子路行詐也。言子路有此行詐之心。非優一日。故曰久矣也。云無臣而爲有臣者。無臣而爲有。是所以行詐也。云吾誰欺欺天乎者。我實無臣。今汝詐立之。持此詐欲欺誰乎。天下人皆知我無臣。則人不可欺。今日立之。此政是遠欲欺天。故云欺天乎。云且予與云云者。又以理喻之言在三事同。若以親察而言。則臣不及弟子也。予。我也。二三子。諸弟子也。無寧。寧也。言設使與我死於臣手。則我寧死弟子手也。臣禮就養有方。有方則隔。弟子無方無方則親也。云且予縱云云者。又明在三同也。大葬。臣禮葬君也。君葬禮大。故曰大葬也。若縱不得君臣禮葬。有二三子在。我豈復被弃擲於道路乎。言亦必得葬也。○註孔安國曰至日也。○夫立臣事大。非卒可定。汝今立之。是知有其心已久故也。

子貢曰。有美玉於斯。韞匵而藏諸。求善賈而沽諸。註馬融曰。韞。藏也。匵。匵也。藏諸匵中也。沽。賣也。得善賈寧賣之耶。子曰。沽之哉。沽之哉。我待賈者也。註苞氏曰。沽之哉。不衒賣之辭也。我居而待賈者也。

疏 子貢曰至者也○云子貢曰有美玉於斯者子貢欲觀孔子聖德藏用何如。故託事以諮衰否也美玉。譬孔子聖道也言孔子有聖道可重。如世間有美玉而在此也云韞匵云云者諸。之也韞裹之也匵謂匣櫃也善賈。貴賈也沽。賣也言孔子聖道如美玉在此。爲當韞匣而藏之。爲當得貴賈而賣之否乎。假有人請求聖道。爲當與之否耶。云子曰沽之哉者答云。我不衒賣之者也故重云沽之哉。明不衒賣之深也王弼曰。重言沽之哉。賣之不疑也故孔子乃聘諸侯以急行其道也云我待賈者也者又言我雖不衒賣。然我亦待貴賈耳。有求者則與之也

子欲居九夷。註馬融曰。九夷東方之夷有九種也。或曰陋如之何。子曰。君子居之。何陋之有。註馬融曰。君子所居者皆化也。疏子欲至之有○云子欲居九夷者孔子聖道不行於

中國故託欲東往居於九夷也亦如欲乘桴浮海也云或曰陋如之何者或人不達孔子意謂之實居故云陋如之何言夷狄鄙陋不可居也云子曰云云者孔子答云君子所居卽化豈以鄙陋爲疑乎不復遠申已意也孫綽云九夷所以爲陋者以無禮義也君子所居者化則陋有泰也○註馬融曰至種也○四方東有九夷一玄菟二樂浪三高麗四滿飾五鳧臾六索家七東屠八倭人九天鄙南有八蠻一天竺二咳首三僬僥四跂踵五穿胷六儋耳七狗軹八旁脊西有六戎一僥夷二依貊三織皮四耆羌五鼻息六天剛北有五狄一月支二濊貊三匈奴四單于五白屋也○註馬融曰至化也○聖人所在則化九夷變中夏也

子曰吾自衛反於魯然後樂正雅頌各得其所註鄭玄曰反魯魯哀公十一年冬也是時道衰樂廢孔

子來還乃正之也。故曰雅頌各得其所也。疏子曰至其所○孔子去魯後。而魯禮樂崩壞。孔子以魯哀公十一年。從衛還魯。而刪詩書。定禮樂。故樂音得正。樂音得正。所以雅頌之詩。各得其本所也。雅頌是詩義之美者。美者既正。則餘者正亦可知也

子曰。出則事公卿。入則事父兄。喪事不敢不勉。不爲酒困。何有於我哉。注馬融曰。困。亂也。疏子曰至我哉○云出則事公卿者。公。君也。卿。長也。人子之禮。移事父孝以事於君。則忠。移事兄悌以事於長。則從也。故出仕朝廷。必事公卿也。云入則事父兄者。孝以事父。悌以事兄。還入閨門。宜盡其禮。先言朝廷。後云閨門者。最已仕者也。猶仕而優則學也。云喪事不敢不勉者。勉。強也。父兄天性。續莫大焉。公卿義合。厚莫重焉。若有喪事。則不敢不勉強也。云不爲酒困者。雖唯酒無量不及亂。時多沈酗。故戒之也。衛瓘

云。三事爲酒興也。侃案如衛意。言朝廷。閨門。及有喪者。並不爲酒所困。故云三事爲酒興也。云何有於我哉者。言我何能行此三事。故云何有於我哉。又一云。人若能如此。則何復須我。故云何有於我哉也。緣人不能。故有我應世耳。

子在川上曰。逝者如斯夫。不舍晝夜。〔注〕鄭玄曰。逝往也。言凡往者如川之流也。〔疏〕子在至晝夜○逝。往去之辭也。孔子在川水之上。見川流迅邁。未嘗停止。故嘆人年往去亦復如此。向我非今我。故云逝者如斯夫者也。斯。此也。夫。語助也。日月不居。有如流水。故云不舍晝夜也。江熙云。言人非南山。立德立功。俛仰時過。臨流興懷。能不慨然。聖人以百姓心爲心也。孫綽云。川流不舍。年逝不停。時已晏矣。而道猶不興。所以憂嘆也。

子曰。吾未見好德如好色者也。註疾時人薄於德而厚於色。故以發此言也。疏子曰至者也。○時人多好色。而無好德。孔子患之。故云未見以厲之也。[redacted]云。責其心也。

子曰。譬如爲山。未成一簣。止吾止也。註苞氏曰。簣。土籠也。此勸人進於道德也。爲山者。其功雖已多。未成一籠。而中道止者。我不以其前功多而善之也。見其志不遂。故不與也。譬如平地。雖覆一簣。進吾往也。註馬融曰。平地者。將進加功。雖始覆一簣。我不以其見功少而薄之也。據其欲進而與之也。疏

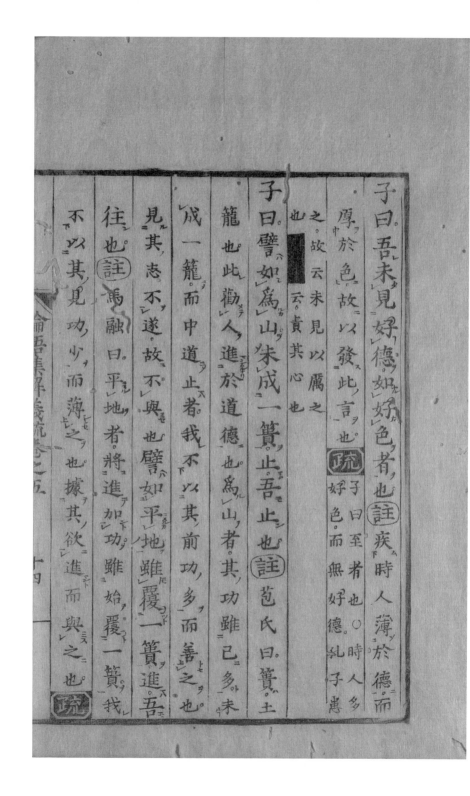

子曰至往也○云子曰云云者此戒人爲善垂成而止者也簣土籠也言人作善垂足而止則善事不成如爲山垂足唯少一籠土而止則山不成此是建功不篤與不作無異則吾亦不以其前功多爲善如爲善不成吾亦不美其前功多也故云吾止也○云譬如平地云云者此奬人始爲善而不住者也譬於平地作山山乃須多土而始覆一籠一籠雖少交是其有欲進之心可嘉如人始爲善善乃未多交求進之志可重吾不以其功少而不善之善之有勝於垂成而止者故云吾往也

子曰語之而不惰者其回也與註顏淵則解故語之不惰餘人不解故有惰語之時也疏子曰至也與○惰疲懈也餘人不能盡解故聞孔子語而有疲懈唯顏回體之故聞語即解所以云語之而不惰其回也與

子謂顏淵曰惜乎吾見其進也未見其止也註馬融

曰。孔子謂顏淵進益未止。痛惜之甚也。疏子謂至止也○顏淵死後。孔子有此歎也。云見進。未見止。惜其神識猶不長也。然顏淵分已滿。至於屢空。而此云未見其止者。勸引之言也。故殷仲堪云。夫賢之所假。一語而盡。豈有彌進最實乎。蓋其軌物之行。日見於跡。夫子從而咨嗟。以盛德之業也。

子曰。苗而不秀者有矣夫。秀而不實者有矣夫。註孔安國曰。言萬物有生而不育成者。喻人亦然也。疏子曰至矣夫○又爲歎顏淵爲譬也。萬物草木。有苗稼蔚茂。不經秀穗。遭風霜而死者。又亦有雖能秀穗而值沴焊氣。不能有粒實者。故並云有矣夫也。物既有然。故人亦如此。所以顏淵摧芳蘭於早年矣。

子曰後生可畏也焉知來者之不如今也註後生謂
年少也四十五十而無聞焉斯亦不足畏也已矣
疏子曰至已矣○云後生可畏者後生謂年少在
己後生者也可畏謂有才學可心服者也云焉
知云云者焉安也來者未來事也今謂我今師徒
也後生既可畏亦安知未來之人師徒教化不如
我之今日乎言不可誣也云四十云云者又言後
生雖可畏若年四十五十而無聲譽聞達於世者
則此人亦不足可畏也孫綽云
年在知命蔑然無聞不足畏也
子曰法語之言能無從乎改之為貴註孔安國曰人
有過以正道告之口無所不順從之能必自改乃
為貴也巽與之言能無悅乎繹之為貴註馬融曰

巽。恭也。謂恭巽謹敬之言也。聞之無不悅者也。能尋繹行之。乃爲貴也。悅而不繹。從而不改。吾末如之何也已矣。

【疏】子曰至已矣○云子曰云云者。言彼人有過失。若我以法則語之。彼人聞法。當時無不口從而云止。當不敢復爲者也。故云能無從乎。但若口雖從。而身爲失不止者。則此口從不足爲貴也。我所貴者。在於口從而行亦改者耳。故云改之爲貴也。云巽與云云者。巽恭遜也。繹尋續也。言有彼人不遜。而我謙遜。與彼恭言。故云巽與之言也。彼不遜者。得我遜言遜彼。彼必亦特遜爲悅。故云能無悅乎。然雖悅人遜已。而已不能尋續行此遜事。是雖悅不足爲貴也。我所貴者。在尋續行遜耳。故云繹之爲貴也。云悅而云云者。不繹。不改。聖所不教。故孔子云末如之何也。末。無也。孫綽云。疾夫形服。心不化也。

子曰。主忠信。無友不如己者。過則勿憚改。註慎其所
主。所友有過。務改。皆所以為益者也。疏子曰至憚改○此事
再出也。所以然者。范寧云。聖人應於物作教。一
事時或再言。弟子重師之訓。故又書而存焉。
子曰。三軍可奪帥也。匹夫不可奪志也。註孔安國曰。
三軍雖衆。人心不一。則其將帥可奪之而取。匹夫
雖微。苟守其志。不可得而奪也。疏子曰至志也○此明人能守志。
雖獨夫亦不可奪。若其心不堅。雖衆必傾。故三軍
可奪帥。匹夫無回也。謂為匹夫者。言其賤但夫婦相
配匹而已也。又云。古人質。衣服短狹。二
人衣裳唯共用一匹。故曰匹夫匹婦也。
子曰。衣弊縕袍。與衣狐貉者立。而不恥者。其由也與。

註孔安國曰。縕。枲著也。不忮不求。何用不臧。註馬
融曰。忮。害也。臧。善也。言不忮害。不貪求。何用為不
善。疾貪惡忮害之詩也。子路終身誦之。子曰。是道
也。何足以臧。註馬融曰。臧。善也。尚復有美於是者。
何足以為善也。疏子曰至以臧○云子曰云云者
衣猶著也。弊。敗也。縕。枲著也。狐
貉。輕裘也。由。子路也。當時人尚奢華。皆以惡衣為
恥。唯子路能果敢率素。雖服敗麻枲著袍裘。與服
狐貉輕裘者並立。而不為羞恥。故云其由也與。顏
延之云。狐貉縕袍。誠不足以策恥。然自非勇於見
義者。或以心戰不能素泰也。云不忮云云者孔子
更引疾貪惡之詩。證子路德美也。忮。害也。求。貪也。
臧。善也。言子路之為人。身不害物。不貪求。德行如
此。何用不謂之為善乎。言其善也。云子路終身誦

之者子路得孔子美已才以爲美故終身長誦不
忮不求何用不臧之言也云子曰云云者孔子見
子路誦之不止故抑之也言此不忮不求乃可是
道亦何足過爲善而汝誦之不止乎言尙復有勝
於此者也顔延之云懼其伐善也○註孔安國曰
縕枲著也○枲麻也以碎麻著裘也碎麻曰縕故
絮亦曰縕玉藻
曰縕爲袍是也

子曰歲寒然後知松柏之後凋也註大寒之歲衆木
皆死然後知松柏之小凋傷平歲則衆木亦有不
死者故須歲寒而後別之喻凡人處治世亦能自
修整與君子同在濁世然後知君子之正不苟容
也疏子曰至凋也○此欲明君子德性與小人異
也故以松栢匹於君子衆木偶乎小人矣言

君子小人。若同居聖世。君子性本自善。小人服從教化。是君子小人。並不爲惡。故堯舜之民。比屋可封。如松柏與衆木。同處春夏。松柏有心。故本蓊鬱。衆木從時。亦盡其茂美者也。若至無道之主。君子秉性無回。故不爲惡。而小人無復忌憚。卽隨世變改。桀紂之民。比屋可誅。譬如松柏衆木。同在秋冬。松柏不改柯易葉。衆木枯零先盡。而此云歲寒然後知松柏後凋者。就如平叔之注意。若如平歲之寒。衆木猶有不死。不足致別。如平世之小人。亦有修飾而不變者。唯大寒歲。則衆木皆死。大亂。則小人悉惡。故云歲寒也。又云然後知松柏後凋者。後非俱時之目。凋非枯死之名。言大寒之後。松柏形小凋衰。而心性猶存。如君子之人。遭值積惡。外逼闇世。不得不遜跡隨時。是小凋矣。而性猶不變。如松柏也。而琳公曰。夫歲寒別木。遭困別士。寒嚴霜降。知松柏之後凋。謂異凡木也。遭亂世。小人自變。君子不改其操也。

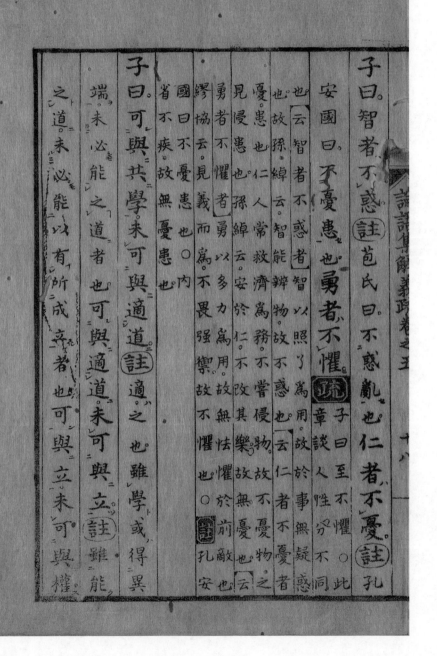

子曰。智者不惑。[註]苞氏曰。不惑亂也。仁者不憂。[註]孔
安國曰。不憂患也。勇者不懼。[疏]子曰至不懼○此章談人性分不同
也。云智者不惑者。智以照了爲用。故於事無疑惑也。故孫綽云。智能辨物。故不惑也。云仁者不憂者。
憂。患也。仁人常救濟爲務。不嘗侵物。故不憂物之見侵患也。孫綽云。安於仁。不改其樂。故無憂也。云
勇者不懼者。勇以多力爲用。故無怯懼於前敵也。繆協云。見義而爲。不畏强禦。故不懼也○[註]孔安
國曰不憂患也○內省不疚。故無憂患也。

子曰。可與共學。未可與適道。[註]適。之也。雖學或得異
端。未必能之道者也。可與適道。未可與立。[註]雖能
之道。未必能以有所成立者也。可與立。未可與權。

註雖能有所立未必能權量其輕重之極也唐棣之華偏其反而豈不爾思室是遠而註逸詩也唐棣移也華反而後合賦此詩以言權道反而後至於大順也思其人而不得見者其室遠也以言思權而不得見者其道遠也子曰未之思也夫何遠之有哉註夫思者當思其反反是不思所以爲遠也能思其反何遠之有言權可知唯不知思耳思之有次序斯可知矣疏子曰至有哉○此章明權道之難也云可與共學未可與適道者夫正道易行權事難達既欲明權故先從正起也道謂所學之道也言凡人乃可與同

處師門共學而已既未得彼性則未可便與爲友共適所志之道也云可與適道未可與立者立謂謀議之立事也亦人性各異或能學問而未必能建立世中正事者故可與共適所學之道而未便可與共立事也云可與立未可與權者權者反常而合於道者也自非通變達理則所不能故雖可共立於正事而未可便與之爲權也故王弼曰權者道之變變無常體神而明之存乎其人不可豫設尤至難者也張憑云此言學者漸進階級之次耳始志於學求發其蒙而未審所適也既向方矣而信道未篤則所立未固也又既固又未達變通之權也明知反而合道者則日勸之業亹亹之功其幾乎此矣云唐棣之華偏其反而者引明權之逸詩以證權也唐棣棣樹也華花也夫樹木之花皆先合而後開唐棣之花則先開而後合譬如正道則行之有次而權之爲用先反後至於大順故云偏其反而言偏者明唯其道偏與常反也云豈不爾思室是遠而者言凡思其人而不得見者其

居室邃遠故也人豈不思權權道玄邈如其室奧遠故也云子曰云云者又引孔子言證權可思也言權道易思但未有思之者耳若反道而思之則必可得故云未何遠之有也○註適之至者也○異端非正典也人各自有性彼或不能寧學正道而唯能讀史子故未可便與之共之於正道也○註雖有至極也○能權量輕重即是曉權也○註逸詩至遠也○如前釋也云權道反而後至於大順者初逆而後從也

論語鄉黨第十

疏 鄉黨者明孔子教訓在於鄉黨之時也所以次前者既朝廷感希故退還應於鄉黨也故鄉黨次於子罕也

孔子於鄉黨恂恂如也似不能言者 註 王肅曰恂恂溫恭貌也 其在宗廟朝廷便便言唯謹爾 註 鄭玄

曰。便便言辨貌。雖辨而謹敬也。朝與下大夫言。侃侃如也。註孔安國曰。侃侃和樂貌也。與上大夫言誾誾如也。註孔安國曰。誾誾中正貌也。君在。踧踖如也。與與如也。註馬融曰。君在者。君視朝也。踧踖恭敬貌也。與與威儀中適之貌也。疏孔子至與如也○此一篇至末。並記孔子平生德行也。云孔子云云者。於鄉黨。謂孔子還家。教化於鄉黨中時也。天子郊內有鄉黨。郊外有遂鄙。孔子居魯。魯是諸侯。今云鄉黨。當知諸侯亦郊內爲鄉。郊外爲遂也。孔子家當在魯郊內。故云於鄉黨也。恂恂。溫恭貌。既還鄉黨。鄉黨宜須和恭以相接。故恂恂如也。既其溫恭。則言語寡少。故一往觀之。如似不能言者也。云其在云云者。謂孔子助君祭。在宗廟及朝廷也。既在君朝。

應順酬答。及入大廟每事須問。並不得不言也。言須流便。故云便便言也。言雖流便。而必謹敬。故云唯謹爾。〔云朝與下大夫言侃侃如者〕侃侃。和樂貌也。下大夫賤。孔子與之言。宜用和樂相接。故侃侃如也。〔云與上大夫言誾誾如者〕上大夫。卿也。誾誾中正貌也。卿貴。不敢和樂接之。宜以謹正相對。故誾誾如也。〔云君在云云者〕君在。謂君出視朝時也。踧踖。恭敬貌也。禮每日旦。諸臣列在路門外以朝君。君至日出而出視之。視之。則一一揖。卿大夫。而都一揖士。當此君視朝之時。則臣皆起恭敬之貌。故孔子踧踖如也。雖須踧踖。又不得急速。所以形容舉動。每須與與如也。與與。猶徐徐也。所以恭而安也。

君召使擯。〔註〕鄭玄曰。君召使擯者。有賓客使迎之也。色勃如也。〔註〕孔安國曰。必變色也。足躩如也。〔註〕

苞氏曰。盤辟，貌也。揖所與立，左右其手，衣前後襜如也。註 鄭玄曰。揖左人，左其手。揖右人，右其手。一俛一仰，故衣前後則襜如也。趨進，翼如也。註 孔安國曰。言端正也。賓退，必復命曰。賓不顧矣。註 孔安國曰。復命，白賓已去也。疏 君召至顧矣○云君召使擯者 擯者。爲君接賓也。謂有賓來。君召已迎接之也。云色勃如者 既召已接賓。故已宜變色起敬。故勃然也。云足躩如者 躩。盤辟貌也。既被召。不敢自容。故速行而足盤辟也。故江熙云。不暇閑步。躩。速貌也。云揖所與立云者 此謂君出迎賓。已爲君副列擯時也。賓副曰命介。主人副曰擯副。且作匹敵國而言。若公詣公法也。賓至主人大門外西邊而向北。去門九十步而下車。面向北而倚。賓則九副。在賓北而東向邐進而西北。在四十五步之中。主人出門東邊南向而倚。主人是公。則五擯。主人是侯伯。則四擯。主人是子男。則三擯。不隨命數。主人謙。故並用強半數也。公陳擯在公之南。而西向邐迤。而東南。亦在四十五步中。使主人下擯。與賓下介相對。而中間相去三丈六尺。列賓主介擯既竟。主人語上擯使就賓請辭。問所以來之意。於是上擯相傳以至於下擯。下擯進前揖賓之下介。而傳語問之。下介傳問。而以次上至賓。賓答語。使上介傳以次而下至下介。下介亦進揖下擯。下擯傳而上以至主人。凡相傳雖在列位。當授受言語之時。皆半轉身戾手相揖。既並立而相揖。故曰揖所與立也。若揖左人。則移其手向左。若揖右人。則移其手向右。故云左右其手也。既半迴身。左右迴手。當使身上所著之衣必襜。襜如有容儀也。故江熙云。揖兩手。衣裳襜如動也。云趨進翼如者。謂擯迎賓。進在庭行時也。翼如。謂端正也。徐趨衣裳端正。如鳥欲翔舒翼時也。云賓退云云者。謂君使已送賓時也。復命。反命也。

反命。謂初受君命以送賓。賓退。故反還君命以白君。道賓已去。云不顧者。舊云主人若禮送賓未足。則賓猶迴顧。若禮已足送。則賓直去不復迴顧。此明則送賓禮足。故云不顧也。○註鄭玄曰至之也○聘禮云。卿爲上擯。大夫爲承擯。士爲紹擯是也○註苞氏曰盤辟貌○盤辟。即足轉速也○註孔安國曰復命白賓已去也○言反白君。道賓已去也。然云賓已去。亦是不復來見顧也

入公門。鞠躬如也。如不容。註孔安國曰。斂身也。立不中門。行不履閾。註孔安國曰。閾。門限也。過位。色勃如也。足躩如也。註苞氏曰。過君之空位也。其言似不足者。攝齊升堂。鞠躬如也。屏氣似不息者。註孔安國曰。皆重愼也。衣下曰齊。攝齊者。摳衣也。出

降一等逞顏色怡怡如也【註】孔安國曰先昇氣下階舒氣故怡怡如也沒階趨進翼如也【註】孔安國曰沒盡也下盡階也復其位踧踖如也【註】孔安國曰來時所過位也【疏】入公門至踖如也○云入公云云者公君也謂孔子入君門時也鞠曲斂也躬身也臣入君門自曲斂身也君門雖大而已恒曲斂如君門之狹不見容爲云立不中門者謂在君門倚立時也中門謂棖闑之中也門中央有闑闑以硋門兩扇之交處也門左右兩棖邊各豎一木名之爲棖棖以禦車過恐觸門也闑東是君行之道闑西是賓行之道也而臣行君道示係屬於君也臣若倚門立時則不得當君所行棖闑之中央當中是不敬故云不中門也云行不履閾者履踐也閾限也若出入時則不得踐君之門限也所以然者其義有二一則忽上升

限。似自高矜。二則人行跨限。已若履之。則汚限。汚限。則汚跨者之衣也。云過位云云者。謂臣入朝君時也。位。君常所在外之位也。謂在宁屏之間。揖賓之處也。即君雖不在此位。此位可尊。故臣行入從位之邊過。而色勃然。足躩爲敬也。云其言似不足者者。既入過位。漸以近君。故言語細下。不得多言如言不足之狀也。不足少若不能也。云攝齊云云者。至君堂也。攝。摳也。齊。裳下縫也。既至君堂。當升之。未升之前。而摳提裳前。使齊下去地一尺。故云攝齊升堂也。升堂將近君。故又自斂鞠躬如也。必攝齊者。爲妨履躡行故也。云屏氣似不息者者。屏疊除貌。息亦氣也。已至君前。當疊除藏其氣。如似無氣息者也。不得鼻喘振君也。云出降云云者。降下也。逞。申也。出降一等。謂見君已竟。而下堂至階第一級時也。初對君時既屏氣。故出降一等而申氣。氣申則顏色亦申。故顏容怡悅也。云沒階趨進翼如者。沒。循盡也。盡階。謂下諸級盡至平地時也既去君遠。故又徐趨而翼如也。云復其位踧踖如

者位謂初入時所過君之空位也今出至此位而更踧踖爲敬也○注攝齊者摳衣也○曲禮云兩手摳衣去齊尺是也

執圭鞠躬如也如不勝注苞氏曰爲君使以聘問鄰國執持君之圭鞠躬者敬愼之至也上如揖如授勃如戰色足蹜蹜如有循注鄭玄曰上如揖授玉宜敬也下如授不敢忘禮也戰色敬也足蹜蹜如有循舉前曳踵行也享禮有容色注鄭玄曰享獻也聘禮既聘而享享用圭璧有庭實也私覿愉愉如也注鄭玄曰覿見也既享乃以私禮見愉

愉顏色和也。疏執圭至愉如也○云執圭云云者謂爲君出使聘問鄰國時也。圭瑞玉也。周禮五等諸侯各受王者之玉以爲瑞信。公桓圭九寸。侯信圭七寸。伯躬圭七寸。子穀璧五寸。男蒲璧五寸。五等若自執朝王。則各如其寸數。若使其臣出聘鄰國。乃各執其君之玉。而減其君一寸也。今云執圭。魯是侯。侯執信圭。則孔子所執。執君之信圭也。初在國。及至他國執圭。皆爲敬愼。圭雖輕。而己執之。恒如圭重似己不能勝。故曲身如不勝也。云上如揖者。謂初授受圭之容儀也。上如揖。謂就下取玉。上授與人時也。俯身爲敬。故如揖時也。云下如授者。謂奠玉置地時也。雖奠置地。如徐徐俯僂。如授與人時也。云勃如戰色者。通謂執行及授時之顏色也。臨陣鬭戰。則色必懼怖。故今重君之玉。使己顏色恒如戰時也。云足蹜蹜如有循者。謂舉玉行時之容也。蹜蹜。猶蹴蹴也。循。猶緣循也。言舉玉行時。不敢廣步速進。恒如足前有所蹴。有所緣循也。云享禮有容色者。享者。聘後之禮也侯諸侯朝天子。及五等更相朝聘禮。初至皆先單執玉行禮。禮王。謂之爲朝。使臣禮主國之君。謂之爲聘。聘。問也。政言久不相見。使臣來問於安否也。既是初至。其禮質敬。故無他物。唯有瑞玉表至誠而已。行朝聘既竟。次行享禮。享者。獻物也。亦各有玉。玉不與聘玉同也。又皆有物將之。或用皮馬。或用錦繡。又獻土地所生。羅列滿庭。謂之庭實。[illegible]中差異。不復曲論。但既是次後行禮。以多爲貴則質敬之事猶稍輕。故有容貌采章。及裼以行事。故云有容色也。[云私覿愉愉如也者]私。非公也。覿。見也。愉愉。顏色和也。謂行聘享公禮已竟。別日使臣私齎己物以見於主君。故謂爲私覿也。既私見非公。故容儀轉以自若。故顏色容貌。有和悅之色。無復勃戰之容者也。○[注]足蹜至行也。○解蹜蹜有循之事也。舉足前恒使不至地。而踵或不離地。如車輪也。○[注]鄭玄曰至實也。○亦有圭璧所執不同聘時也。○[注]鄭玄曰至禮見

○私禮。謂束帛乘馬之屬也。

君子不以紺緅飾註孔安國曰一入曰緅飾者不
以爲領袖緣也紺者齋服盛色以爲飾似衣齋服
也緅者三年練以緅飾衣爲其似衣喪服故皆不
以飾衣也紅紫不以爲褻服註王肅曰褻服私居
非公會之服者也皆不正褻尚不衣正服無所施
當暑縝絺綌必表而出註孔安國曰暑則單服絺
綌葛也必表而出加上衣也緇衣羔裘素衣麑裘
黃衣狐裘註孔安國曰服皆中外之色相稱也褻
裘長短右袂註孔安國曰私家裘長主溫也短右

袂便作事也必有寢衣長一身有半註孔安國曰
今被也狐貉之厚以居註鄭玄曰在家以接賓客
也去喪無所不佩註孔安國曰去除也非喪則備
佩所宜佩也非帷裳必殺之註王肅曰衣必有殺
縫唯帷裳無殺也羔裘玄冠不以弔註孔安國曰
喪主素吉主玄吉凶異服故不相弔也吉月必朝
服而朝註孔安國曰吉月月朔也朝服皮弁服也
齊必有明衣布註孔安國曰以布為沐浴衣也疏
君子至衣布○云君子不以紺緅飾者君子者自
士以上士以上衣服有法不可雜色也紺緅者孔

意言紺是玄色也。緅是淺絳色也。飾者，衣之領袖緣也。所以不用紺緅爲衣領袖緣者，玄是齊服，若用紺爲衣飾，是似衣齊服，故不用也。又三年之喪，練而受淺絳爲緣也，若用緅爲衣飾，是似衣喪服，故不敢用也。故云君子不以紺緅飾也。云紅紫不以爲褻服者，紅紫非正色也。褻服，私褻之服，非正衣也。褻尚不衣，則正服故宜不用也。所以言此者，爲時多重紅紫，弃正色，故孔子不衣之也。故後卷云惡紫之奪朱也。鄭玄注云：紺緅紫，玄之類也。紅，纁之類也。玄纁所以爲祭服，等其類也。紺緅木染，不可爲衣飾。紅紫草染，不可爲褻服而已。飾謂純緣也。侃案：五方正色，青、赤、白、黑、黃。五方間色，綠爲青之間，紅爲赤之間，碧爲白之間，紫爲黑之間，緇爲黃之間也。故不用紅紫，言是間色也。所以爲間者，穎子嚴云：東方木，木色青，木尅於土，土色黃，以青加黃，故爲綠，綠爲東方之間也。又南方火，火色赤，火尅金，金色白，以赤加白，故爲紅，紅爲南方間也。又西方金，金色白，金尅木，木色青，以白加青，故爲碧。碧爲西方間也。又北方水。水色黑。水尅火。火色赤。以黑加赤。故爲紫。紫爲北方間也。又中央土。土色黃。土尅水。水色黑。以黃加黑。故爲緇黃。緇黃爲中央間也。緇黃。黃黑之色也。又一注云。東甲乙木。南丙丁火。中央戊己土。西庚辛金。北壬癸水。以木尅土。戊以妹己嫁於木甲。是黃入於青。故爲綠也。又火尅金。庚以妹辛嫁於丙。是白入於赤。故爲紅也。又金尅木。甲以妹乙嫁於庚。是青入於白。故爲碧也。又水尅火。丙以妹丁嫁於壬。是赤入於黑。故爲紫也。又土尅水。壬以妹癸嫁於戊。是黑入於黃故爲緇黃者也。【云當暑云云者】暑。熱也。縝。單也。絺細練葛也。綌。大練葛也。表謂加上衣也。古人冬則衣裘。夏則衣葛也。若在家。則裘葛之上。亦無別加衣。若出行接賓。皆加上衣。當暑。雖熱絺綌可單。若出不可單。則必加上衣也。故云必表而出也。然裘上出亦必加衣。而獨云當暑絺綌者。嫌暑熱不加。故特明之也。然又衣裏之裘。必隨上衣之色。使衣裘相稱。則葛之爲衣。亦未必隨上服色也。【云緇衣

羔裘者裘色既隨衣故此仍明裘上之衣也緇染
黑七入者也玄則六入色也羔者烏羊也裘與上
衣相稱則緇衣之内故曰羔裘也緇衣服者玄冠
十五升緇布衣素積裳也素積者用素爲之襞積
攝之無數故云素積也此是諸侯日視朝服也以諸
侯視朝與群臣同服孔子是魯臣故亦服此服以
日朝君也云素衣麑裘者素衣謂衣裳並用素也
麑鹿子也鹿子色近白與素微相稱也謂國有凶
荒君素服則群臣從之故孔子魯臣亦服之也喪
服則大鹿爲裘也故檀弓云鹿裘横長袪是也此
凶荒之服既輕故裘用鹿子鹿子文勝於大鹿也
或云大蜡祭百物之神皮弁素服也故鄭玄注
特牲云皮弁素服而祭以送終也注云素服衣裳
皆素也云黃衣狐裘者此服謂蜡祭宗廟五祀也
歲終大蜡報功象物色黃落故著黃衣黃冠也而
狐貉亦黃故特爲裘以相稱也孔子爲臣助蜡祭
亦隨君著之黃衣也故禮運云昔者仲尼預於蜡
賓是也鄭玄注郊特牲云黃衣黃冠而祭注云祭

謂既蜡臘先祖五祀也。又云論語云。黃衣狐裘。案鄭以論語黃衣。即是郊特牲蜡臘祭廟服也。云褻裘長短右袂者。褻裘。謂家中常著之裘也。上無加衣。故不云衣也。家居主溫暖。故長爲衣也。而右臂是有事之用。故短爲右袂。使作事便也。袂謂衣[redacted]屬。身者也。若手間屬袂者則名袪。亦曰袖也。云必有寢衣長一身有半者。寢衣。謂被也。宜長。故長身有半也。云狐貉之厚以居者。此謂在家接賓客之裘也。家居主溫。故厚爲之也。既接賓客。則其上亦應有衣也。云去喪無所不佩者。去喪。謂三年喪畢。喪服已除也。無所不佩。謂佩已今吉所宜得佩者。悉佩之也。嫌既經喪親。恐除服後。猶宜有異。故特明之者也。云非帷裳必殺之者。帷裳。謂帷幔之屬也。殺謂縫之也。若非帷幔裳。則必縫殺之。以殺縫之面置裏。不殺之面在外。而帷裳但刺連之。如今服帊。不有裏外殺縫之異也。所以然者。帷幔內外並爲人所見。必須飾。故刺連之而已也。所以喪服云。凡裳內削幅。裳外不削幅。鄭注云。削猶殺也而鄭注此云。帷裳。謂朝祭之服。其制正幅如帷也。非者。謂餘衣也。殺之者。削其幅。使縫齊倍腰者也。云羔裘玄冠不以弔者　弔。弔喪也。喪凶主素。故羔玄不用弔也。云吉月必朝服而朝者　吉月者。月朔也。朝服者。凡言朝服。唯是玄冠。緇布衣。素積裳。今此云朝服。謂皮弁。十五升白布衣。素積裳也。所以亦謂爲朝服者。天子用之以日視朝。今云朝服。是從天子受名也。諸侯用之以視朝。孔子魯臣。亦得與君同服。故月朔必服之也。然魯自文公不視朔。故子貢欲去告朔之餼羊。而孔子是哀公之臣。應無隨君視朔之事。而云必服之者。當是君雖不視朔。而孔子月朔必服而以朝。是我愛其禮也。云齊必有明衣布者　謂齋浴時所著之衣也。浴竟身未燥。未堪著好衣。又不可露肉。故用布爲衣。如衫而長身也。著之以待身燥。故玉藻云。君衣布晞身是也。○注孔安國曰至飾衣也。○然案孔以紺爲齋服盛色。或可言紺深於玄。爲似齋服。故不用也。而禮家三年練以縓爲深衣領緣。不云用緅。且撿考工記。三入爲纁。五入爲緅。七入爲緇。則緅非復淺絳明矣。故解者相承皆云。孔此注誤也。〔註〕鄭玄曰至客也。然前褻裘。亦應是狐貉之厚也。〔註〕孔安國曰至佩也。備佩所宜佩。若爲大夫而玄冕。公侯袞鷩之屬。及佩玉佩之飾也。〔註〕孔安國曰至服也。皮弁。以鹿皮爲弁。弁形如今祭酒道士扶容冠。而無邊葉也。身著十五升白布衣。素積裳。而頭著皮弁也。天子皮弁服。內則著素錦衣。狐白裘。諸侯皮弁服。內著狐黃裘。黃錦衣也。卿大夫不得衣錦。而皮弁服。內當著麛裘。青豻褎。絞衣以裼之者也。〔註〕孔安國曰以布爲沐浴衣。然浴時乃用布。便乎待肉燥。江長云。沐者當是沐浴時。亦衣此服。置衣上以辟身濕也。

齊必變食。〔註〕孔安國曰。改常食也。居必遷坐。〔註〕孔安國曰。易常處也。食不厭精。膾不厭細。食饐而餲。

註孔安國曰饐餲臭味變也魚餒而肉敗不食註
孔安國曰魚敗曰餒也色惡不食臭惡不食失飪
不食註孔安國曰失飪失生熟之節也不時不食
註鄭玄曰不時非朝夕日中時也割不正不食不
得其醬不食註馬融曰魚膾非芥醬不食肉雖多
不使勝食氣唯酒無量不及亂沽酒市脯不食不
撤薑食註孔安國曰撤去也齊禁薰物薑辛而不
薰故不去也不多食註孔安國曰不過飽也祭於
公不宿肉註周生烈曰助祭於君所得牲體歸則

以班賜不留神惠也祭肉不出三日出三日不食
之矣【注】鄭玄曰自其家祭肉也過三日不食是褻
鬼神之餘也食不語寢不言雖蔬食菜羹苽祭必
齊如也【注】孔安國曰齊嚴敬貌也三物雖薄祭之
必敬也【疏】齊必至如也○云齊必變食者方應接神欲自潔淨故變其常食也云居必遷
坐者亦不坐恒居之坐也故於祭前先散齊於路
寢門外七日又致齊於路寢中三日也故范寧云
齊以敬潔為主以期神明之享故改常之食遷居
齊室也云食不厭精者此兼明平常禮也食若麤
則誤人生疾故調和不厭精潔也云膾不厭細者
細切魚及肉皆曰膾也既腥食之故不厭細者也
云食饐而餲者饐謂飲食經久而腐臭也餲謂經
久而味惡也如乾魚乾肉久而味惡也爾雅云食

饐謂之餲。李充注云。皆飲食壞敗之名也。云魚餒者。餒謂魚臭壞也。魚敗而餒餒然也。云而肉敗者肉臭壞也。爾雅云。肉謂之敗。魚謂之餒。李巡云。肉敗久則臭。魚餒肉爛。云不食者。自食饐而餲以下。並不可食也。云色惡不食者。食失常色。是爲色惡。色惡則不可食也。云臭惡不食者。臭惡。謂饌臭不宜食。故不食也。云失飪不食者。失飪。謂失生熟節也。煮食。或未熟。或已過熟。並不食也。云不時不食者。不時。非朝夕日中時也。非其時。則不宜食。故不食也。江熙云。不時。謂生非其時。若冬梅李實也。云割不正不食者。古人割肉必方正。若不方正割之。故不食也。江熙云。殺不以道。爲不正也。云不得其醬不食者。食味各有所宜。嬴醢。菰食。魚膾。芥醬。並相宜也。故若食不得所宜之醬。則不食也。云肉雖多不使勝食氣者。勝猶多也。食謂他饌也。食氣多。肉少。則肉美。若肉多。他食少。則肉不美。故不使肉勝食氣也。亦因殺止多殺也。云唯酒無量。不及亂者。酒雖多無有限量。而人宜隨已能而飲。不得及

至於醉亂也。一云。不格人爲量。而隨人所能而莫
亂也。云沽酒市脯不食者。酒不自作。則未必清淨。
脯不自作。則不知何物之肉。故沽市所得。並所不
食也。或問曰。沽酒不飲。則詩那云無酒沽我乎。答
曰。論所明是祭神不用。詩所明是人得用也。云不
撤薑食者。撤。除也。齊禁薰物。薑。辛而不薰。嫌亦禁
之。故明食時不除薑者也。云不多食者。多則傷廉。
故不多也。江熙云。少所啖也。云祭於公不宿肉者。
祭於公。謂孔子仕時助君祭也。助祭必得賜俎。得
賜俎。還即分賦食之。不得留置經宿。經宿。是慢鬼
神餘也。云祭肉云云者。謂家自祭也。自祭肉多。故
許經宿。但不得出三日。出三日。是褻慢鬼神之餘。
故人亦不得後食之也。云食不語寢不言者。言是
宜出已語。是答述也。食須加益。故許言而不許語。
語則口可惜。亦不敬也。寢是眠臥。眠臥須靜。若言
則驚閙於人。故不言也。云雖蔬云云者。蔬食。麤食
也。菜羹。菰祭。謂用麤食。菜羹。及菰。持此三物供祭
也。三物雖薄。而必宜盡齊敬之理。鬼神饗德。不饗

味故也○註孔安國曰饐餲臭味變也○饐臭變
也餲味變也○註馬融曰魚膾非芥醬不食○古
者醬齊菹三者通名也芥醬卽芥齊也○註周生
烈曰至惠也○牲體謂隨臣貴賤以牲骨體爲俎
賜之祭統云貴者得貴
骨賤者得賤骨是也
席不正不坐鄉人飲酒杖者出斯出矣註孔安國
曰杖者老人也鄉人飲酒之禮主於老者老者禮
畢出孔子從而後出也疏席不至出矣○云席不
正不坐者舊說云鋪之
不周正則不坐之也故范甯云正席所以恭敬也
或云如禮所言諸侯之席三重大夫再重是各有
其正者也云鄉人云云者鄉人飲酒謂鄉飲酒之
禮也杖者老人也禮五十杖於家六十杖於鄉故
呼老人爲杖者也鄉人飲酒者貴齡崇年故出入
以老人者爲節也若飲酒禮畢杖者先出則同飲

之人。乃從之而出。故云杖者出斯出矣

鄉人儺，朝服而立於阼階。註孔安國曰。儺，驅逐疫鬼也。恐驚先祖，故朝服立廟之阼階也。

疏鄉人至阼階○云鄉人儺者。儺者。逐疫鬼也。爲陰陽之氣不卽時退。疫鬼隨而爲人作禍。故天子使方相氏黃金四目。蒙熊皮。執戈。揚楯。玄衣。朱裳。口作儺儺之聲以敺疫鬼也。一年三過爲之。三月。八月。十二月也。故月令季春云。命國儺。鄭玄云。此儺。儺陰氣也。陰寒至此不止。害將及人。厲鬼隨之而出行。至仲秋又云。天子乃儺。鄭玄云。此儺。儺陽氣也。陽暑至此不衰。害亦將及人。厲鬼亦隨之而出行。至季冬又云。命有司大儺。鄭云。此儺。儺陰氣也。厲鬼將隨強陰出害人也。侃案。三儺。二是儺陰。一是儺陽。陰陽乃異。俱是天子所命。春是一年之始。彌畏災害。故命國民。家家悉儺。八月儺陽。陽是君法。臣民不可儺君。故稱天子乃儺也。十二月儺。雖是陰。既非一年之急。故民亦不得同儺也。今云鄉人儺。是三月也。【云朝服而立於阼階者】阼階。東階。主人之階也。孔子聞鄉人逐鬼。恐見驚動宗廟。故著朝服。而立於阼階以侍先祖。為孝之心也。朝服者。玄冠。緇布衣。素積裳。是卿大夫之祭服也。禮唯孤卿爵弁自祭。若卿大夫以下。悉玄冠以自齊祭。齊祭不異冠服也。

問人於他邦。再拜而送之。【註】孔安國曰。拜送使者。敬之也。【疏】問人至送之○問者。謂更相聘問也。他邦。謂鄰國之君也。謂孔子與鄰國交遊。而遣使往彼聘問時也。既敬彼君。故遣使。使者去。則再拜送之也。為人臣禮乃無外交。而孔子聖人。應聘東西無疑也

康子饋藥。拜而受之。【註】苞氏曰。遺孔子藥也。曰。丘

未達不敢嘗。〔註〕孔安國曰。未知其故。故不嘗。禮也。

〔疏〕康子至敢嘗 ○ 云康子饋藥拜而受之者。饋。餉也。魯季康子餉孔子藥也。孔子得彼餉而拜受。是禮也。云曰丘未達不敢嘗者。達猶曉解也。孔子雖拜受。而不遂飲。故稱名云。丘未曉此藥治何疾。故不敢飲嘗之也。

廐焚。子退朝。曰。傷人乎。不問馬。〔註〕鄭玄曰。重人賤畜也。退朝。自魯之朝來歸也。

〔疏〕廐焚至問馬 ○ 云廐焚者。廐。養馬之處也。焚。燒也。孔子家養馬處被燒也。云子退朝者。孔子早上朝。朝竟而退還家也。少儀云。朝廷曰退也。云曰傷人乎不問馬者。從朝還退。見廐遭火。廐是養馬處。而孔子不問傷馬。唯問傷人乎。是重人賤馬。故云不問馬也。王弼曰。孔子時爲魯司寇。自公朝退。而之火所。不問馬者。矯時重馬者也。

君賜食。必正席先嘗之。註孔安國曰。敬君惠也。旣
嘗之。乃以班賜也。君賜腥。必熟而薦之。註孔安國
曰。薦薦其先祖也。君賜生。必畜之。侍食於君。君祭
先飯。註鄭玄曰。於君祭。則先飯矣。若爲先嘗食。然
也。疏君賜至先飯○云君賜食云云者。席猶坐也。君賜孔子食。孔子雖不嗜食。必正坐先嘗之。
敬君之惠也。云君賜腥云云者。謂君賜孔子腥肉
也。薦。薦宗廟也。孔子受之煑熟。而薦宗廟。重榮君
賜也。賜熟食不薦者。熟爲褻也。云君賜生必畜之
者。生。謂活物也。得所賜活物。當養畜之。侍至祭祀
時。充牲用也。云侍食於君者。謂孔子侍君共食之
時也。云君祭先飯者。祭謂祭食之先也。夫禮食必
先取食。種種出片子。置俎豆邊地。名爲祭。祭者。報
昔初造此食者也。君子得惠不忘報。故將食而先

出報也當君政祭食之時臣先取飯食之故云先飯飯。食也所以然者示爲君先嘗食先知調和之是非者也

疾。君視之東首。加朝服拖紳。【註】苞氏曰。夫子疾也處南牖之下。東首。加其朝服拖紳。紳。大帶也不敢不衣朝服見君也。【疏】疾君至拖紳○云疾君視之者疾。謂孔子疾病時也孔子病。而魯君來視之也此君是哀公也云東首者病者欲生。東是生陽之氣。故眠頭首東也故玉藻云。君子之居。恒當于戶。寢恒東首者是也云加朝服拖紳者加。覆也朝服。謂健時從君日視朝之服也拖猶牽也紳。大帶也孔子既病。不能復著衣而見君。不宜私服。故加朝服。覆於體上。而牽引大帶於心下。至是如健時著衣之爲○【註】苞氏曰夫子疾也處南牖之下○病本當戶在北壁下東首。君既

來。而君不宜北面。故移處南窓之下。令君入戶。而西轉面得南向也。故欒肇云。南牖下。欲令南面視之者也。

君命召。不俟駕行矣。註鄭玄曰。急趨君命也。出行。而車既駕隨之。疏君命召不俟駕行矣。○謂君有命召見孔子時也。君尊。命重。故得召。不俟俟駕車。而即徒趨而往也。故玉藻云。君命召以三節。一節以趨。二節以走。在宮不俟屨。在家不俟車是也。○註鄭玄曰至隨之。○大夫不可徒行。故後人駕車而隨之。使乘之也。

入大廟。每事問。註鄭玄曰。爲君助祭也。大廟。周公廟也。疏入大廟每事問。○或云。此句煩重。舊通云。前是記孔子對或人之時。此是錄平生常行之事。故兩出也。

朋友死。無所歸。曰。於我殯。註孔安國曰。重朋友之恩也。無所歸。無親昵也。疏朋友至我殯○殯。謂停喪於寢以待葬也。時孔子有朋友在孔子之家死。而此朋友無親情來奔喪者。故云無所歸也。既未有所歸。故曰於我殯也。

朋友之饋。雖車馬。非祭肉不拜。註孔安國曰。不拜有通財之義也。疏朋友至不拜○云朋友之饋者。謂朋友有物見餉也。云雖車馬非祭肉不拜者。車馬家財之大者也。朋友有通財之義。故雖復見餉車馬。而我不拜謝也。所可拜者若朋友見餉其家之祭肉。雖小亦拜受之。敬祭故也。故云雖車馬非祭肉不拜也。

寢不尸。註苞氏曰。不偃卧四體。布展手足。似死人也。居不容。註孔安國曰。爲室家之敬難久也。疏寢不

尸居不容○云寢不尸者寢眠也尸謂死尸也眠
當小斂不得直脚申布似於死人者也云居不容
者謂家中常居也家主和怡燕居先溫溫故不爲
容自處者也○註苞氏曰至人也○偃[redacted]眠也展
舒也曲禮云寢無伏此云不偃臥四體展舒
手足似死人則不得纍却唯當歛而小屈也
子見齊衰者雖狎必變註孔安國曰狎者素相親
狎也見冕者與瞽者雖褻必以貌註周生烈曰褻
謂數相見也必當以貌禮也凶服者式之式負版
者註孔安國曰凶服者送死之衣物也負版持邦
國之圖籍者也有盛饌必變色而作註孔安國曰
作起也敬主人之親饋也迅雷風烈必變註鄭玄

曰。敬天之怒也。風疾雷爲烈也。【疏】子見至必變○云子見云云者

狎謂素相親狎也。哀有喪。故必變。必變。謂必作。必趨也。云見冕云云者。褻謂無親而卑數者也。尊在位。恤不成人。故必以貌以貌。變色對之也。變重貌輕。親狎重。故言變。卑褻輕。故以貌也。然前篇必作必趨。謂見踈者也。云凶服者式之者。凶服。送死人衣物也。孔子見他人送死之衣物。必爲敬而式之也。式者。古人乘路車。如今龍旂車。皆於車中倚立。倚立難久。故於車箱上。安一横木。以手隱憑之。謂之爲較。詩云。倚重較是也。又於較之下。未至車床半許。安一横木。名爲軾。若在車上應爲敬時。則落手憑軾。憑軾則身俯僂。故云式之。式。軾也。云式負版者者。負謂擔揭也。版謂邦國圖籍也。古未有紙凡所書畫皆於版。故云版也。孔子見人擔揭國之圖版者。皆式敬之也。云有盛饌必變色而作者。作起也。孔子見主人食饌有盛平常。故變色而起也。所以然者。主人自親饋。故客起敬也。云迅雷風烈

必變者迅疾也。風而雷疾急名爲烈也。風疾而雷。此是陰陽氣激爲天之怒。故孔子自整變顏容以敬之也。故玉藻云。若疾風迅雷甚雨。則必變雖夜必興。衣服冠而坐是也。○註孔安國曰至者也○云凶服者送死之衣物者此釋式凶服也。云負版云云者鄭司農注宮伯職云。版。名籍也。以版爲之。今時鄉戶籍。謂之戶版。鄭康成注內宰云。版。謂宮中閽寺之屬。及其子弟錄籍也。圖。王及后・世子之宮中吏官府之形象也。○註孔安國曰至饋也○親饋。謂主人自執食設之。

升車。必正立。執綏。註周生烈曰。正立。執綏。所以爲安也。車中不內顧。註苞氏曰。輿中不內顧者。前視不過衡枙。旁視不過輢轂也。不疾言。不親指。疏升車至親指○云升車必正立執綏者謂孔子升車禮也。綏。牽以上車之繩也。若升車時。則正立而執綏

以上。所以爲安也。云車中不内顧者。内猶後也。顧
廻頭也。升在車上。不廻頭後顧也。所以然者。後人
從已者。不能常正。若轉顧見之。則掩人私不備。非
大德之所爲。故不爲也。故衛瓘云。不掩人之不備
也。云不疾言者。疾。高急也。在車上言易高。故不疾
言。爲驚於人也。故繆協云。車行則言傷疾也。云不
親指者。車上既高。亦不得手有所親指點。爲惑下
人也。○註苞氏曰至轂也。○云輿中云云者。車牀
名輿。故云輿中也。衡枙。轅端也。若前視不得遠。故
曲禮云。立視五巂。五巂。九丈九尺地也。式視馬尾。
馬尾近。在車牀欄間也。並是不過衡枙之類也。云
旁視不過輢轂者。旁謂兩邊也。輢。竪在車箱兩邊
三分居前之一。承較者也。轂。在箱外
當人兩邊。故云旁視不過輢轂也。
色斯舉矣。註馬融曰。見顏色不善。則去之。翔而後
集。註周生烈曰。廻翔審觀。而後下止也。曰。山梁雌

雉。時哉時哉。子路供之。三嗅而作。註言山梁雌雉得其時。而人不得時。故歎之。子路以其時物。故供具之。非其本意。不苟食。故三嗅而起也。疏色斯至而作○云色斯舉矣者。謂孔子在處。觀人顏色而舉動也。繆協云。自親指以上。鄉黨拘拘之禮。應事適用之跡詳矣。有其禮。而無其時。蓋天運之極也。將有遠感高興。故色斯舉矣。云翔而後集者。謂孔子所至之處也。必迴翔審觀之後。乃下集也。云曰山梁雌雉時哉者。此記者記孔子因所見而有歎也。梁者以木架水上。可踐渡水之處也。孔子從山梁間過。見山梁間有此雌雉也。時哉者。言雉逍遙得時所也。所以有歎者。言人遭亂世。翔集不得其所。是失時矣。而不如山梁間之雉。十步一啄。百步一飲。是得其時。故歎之也。獨云雌者。因所見而言也。云子路供之者。子路不達孔子時哉時哉之歎。而謂歎雎雉是時月之味。故馳逐驅拍。遂得雌雉。煑熟而進。以供養孔子。故云子路供之也。云三嗅而作者。嗅謂鼻歆翕其氣也。作。起也。子路不達孔子意。而供此熟雉。乖孔子本心。孔子若直爾不食。則恐子路生怨。若遂而食之。則又乖我本心。故先三嗅氣。而後乃起。亦如得食不食之間也。顧歡云。夫栖遲一丘。雉之道適也。不以剛武傷性。雌之德也。故於翔集之下。繼以斯歎。而仲由之獻。偶與歎不諧。若即饗之。則事與情反。若棄而弗御。則似由也有失。故三嗅而起。則心事雙合。虞氏贊曰。色斯舉矣。翔而後集。此以人事喻於雉也。雉之爲物。精儆難狎。譬人在亂世。去危就安。當如雉也。曰山梁雌雉時哉。以此解上義也。時者。是也。供猶設也。言子路見雉在山梁。因設食物以張之。雉性明儆。知其非常。三嗅而作去。不食其供也。

正言雌者。記子路所見也。

論語集解義疏卷第五

論語集解義疏卷第六

魏何晏集解

梁皇侃義疏

日本根遜志校正

論語先進第十一 疏 先進者。此篇明弟子進受業者先後也。所以次前者。既還教鄉黨。則進受業者。宜有先後。故先進次鄉黨也

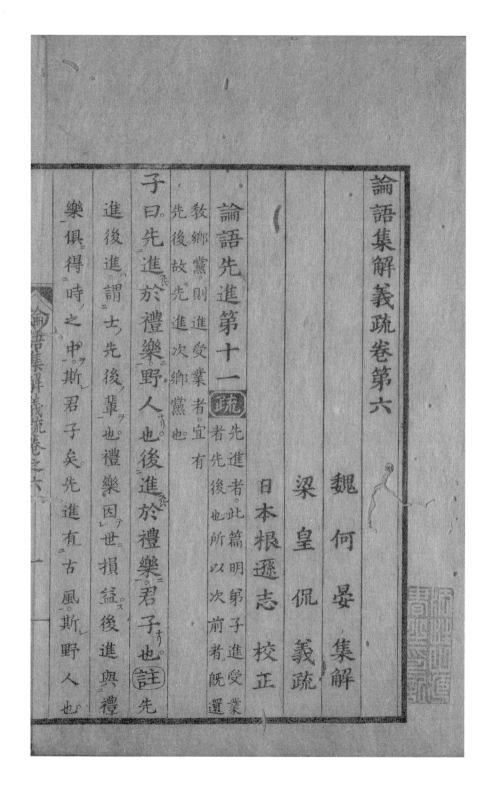

子曰。先進於禮樂。野人也。後進於禮樂。君子也。註 先進後進。謂士先後輩也。禮樂因世損益。後進與禮樂俱得時之中。斯君子矣。先進有古風。斯野人也

如用之則吾從先進【註】苞氏曰將移風易俗歸之純素先進猶近古風故從之【疏】子曰至先進○云先進云云者此孔子將欲還淳反素重古賤今故稱禮樂有君子野人之異也先進後進者謂先後輩人也先輩謂五帝以上也後輩謂三王以還也進於禮樂者謂其時輩人進行於禮樂者也野人質朴之稱也君子會時之目也孔子言以今人文觀古古質而今文文則能隨時之中此故爲當世之君子也質則朴素而違俗是故爲當世之野人也○云如用云云者如猶若也若比方先後二時而用爲教則我從先進者也所以然者古爲純素故可從式○【註】先進至人也○云先進云云者時淳則禮樂損時澆則禮樂益若以益觀損損則爲野人若以損行益益則爲君子也○云後進云云者此謂以益行益俱得時中故謂爲君子也○云先進云云者以今觀昔則有古風以古比今故爲野人○【註】苞氏曰至從之

○先進比三王。乃為古。此結繩。則為今。故云近古也。

子曰。從我於陳蔡者。皆不及門者也。註鄭玄曰。言弟子之從我。而厄於陳蔡者。皆不及仕進之門。而失其所也。疏子曰至者也○孔子言時世亂離。非唯我道不行。只我門徒。雖從我在陳蔡者。亦失于時。不復及仕進門也。張憑曰。道之不行。命也。唯聖人安時而處從。故不期於通塞。然從我於陳蔡者。何能不以窮達為心耶。故感於天地將閉。君子道消。而恨二三子不及開泰之門也

德行。顏淵。閔子騫。冉伯牛。仲弓。言語。宰我。子貢。政事。冉有。季路。文學。子游。子夏。疏德行至子夏○此章初無子曰者。是記者所書。並從孔子印可。而錄在論中也。云德行云云者。孔子門徒三千。而唯有此以下十人。名為四科。

四科者。德行也。言語也。政事也。文學也。德行為人生之本。故為第一以冠初也。而顏。閔。及二冉。合其名矣。王弼曰。此四科者。各舉其才長也。顏淵。德行之俊。尤兼之矣。范甯曰。德行。謂百行之美也。四子俱雖在德行之目。而顏子為其冠。云言語宰我子貢者。第二科也。宰我及端木二人合其目也。范甯曰。言語。謂賓主相對之辭也。云政事冉有季路者。第三科也。冉仲二人合其目也。范甯曰。政事。謂治國之政也。云文學子游子夏者。第四科也。言偃及卜商二人合其目也。范甯曰。文學。謂善先王典文。王弼曰。弟子才不徒十。蓋舉其美者。以表業分名。其餘則各以所長從四科之品也。侃按。四科次第。立德行為首。乃為可解。而言語為次者。言語。君子樞機。為德行之急。故次德行也。而政事是人事之別。比言語為緩。故次言語也。文學。指博學古文。故比三事為泰。故最後也。

子曰。回也非助我者也。於吾言無所不說。註孔安國曰。助猶益也。言回聞言即解。無可發起增益於己。也。【疏】子曰至不說○聖人爲教。須賢啓發。游參之徒。聞言輒問。是助益於我以增曉導。而顏淵嘿識。聞言說解。不嘗口諮。於我教化無益。故云非助我者。於吾言無所不說也。孫綽曰。所以每說吾言理自玄同耳。非爲助我也。言此欲以曉衆。且明理也。

子曰。孝哉閔子騫。人不間於其父母昆弟之言。【註】陳群曰。言閔子騫爲人。上事父母。下順兄弟。動靜盡善。故人不得有非間之言也。【疏】子曰至之言○間猶非也。昆。兄也。謂兄爲昆。昆。明也。尊而言之也。言子騫至孝。事父母兄弟。盡於美善。故凡人物論。無有非間之言於子騫者也。故顏延之云。言之無間。謂盡美也。

南容三復白圭。註孔安國曰。詩云。白圭之玷。尚可磨也。斯言之玷。不可為也。南容讀詩至此三反覆之。是其心慎言也。孔子以其兄之子妻之。疏南容至妻之○云南容三復白圭者。復猶反也。詩云。白圭之玷。尚可磨也。斯言之玷。不可為也。是白玉有玷缺。尚可磨治。令其全好。若人言忽有瑕玷。則駟馬不及。故云不可為也。南容慎言語。讀詩至白圭之句。乃三過反覆。修翫無已之意也。云孔子云云者。重明南容蒙孔子之姻。其善非一。故更記之也。苞述云。南容深味白圭。擬志無玷。豈與縲紲非罪。同其流致。猶夫子之情。實深天屬。崇義弘教。必自親始。觀二女攸歸。見夫子之讓心也。侃已有釋。在公冶長篇中也。

季康子問弟子孰為好學。孔子對曰。有顏回者好學。

不幸短命死矣今也則亡未聞好學者【疏】季康子至學者

○孫綽曰不應生而生爲幸不應死而死曰不幸侃謂此與哀公問同而答異者舊有二通一云緣哀公有遷怒貳過之事故孔子因答以箴之也康子無此事故不煩言也又一云哀公是君之尊故須具答而康子是臣爲卑故畧以相酬也故江熙曰此與哀公問同哀公雖無以賞要以極對至於康子則可量其所及而答也

顏淵死顏路請子之車以爲之椁【注】孔安國曰顏路顏淵之父也家貧故欲請孔子之車賣以作椁子曰才不才亦各言其子也鯉也死有棺而無椁吾不可徒行以爲之椁以吾從大夫之後吾以不可

徒行。註孔安國曰。鯉。孔子之子伯魚也。孔子時爲大夫。故言吾從大夫之後。不可以徒行。是謙之辭也。疏顏淵死至徒行。○云顏淵死云云者。顏路。顏淵父也。淵家貧。死無槨。故其父就孔子請車。賣以營槨也。繆協曰。顏路之家貧。無以滿禮。而顏淵之德美。稱於聖師。喪予之感。痛之愈深。二三子之徒。將厚其禮。路率情而行。恐有未允。而未審制義之輕重。故託請車以求聖教也。云子曰云云者孔子將不以車與之。故先說此以拒之。才。謂顏淵也。不才。謂鯉也。言才與不才。誠當有異。若各本天屬。於其父。則同是其子也。云鯉也云云者。既天屬各深。昔我子死。我自有車。尚不賣之營槨。今汝子死。寧欲請我之車耶。繆協曰。子雖才。不可貧求備。雖不才。而豐儉亦各有禮制之由父。故鯉死也而無槨也。云吾不云云者。又解所以不爲鯉作槨之由也。徒猶步也。言我不賣車而步行。爲子作槨也。

云以吾云云者又解不步行之意也言大夫位爵已尊不可步行故也然實爲大夫而云從大夫後者孔子謙也猶今人爲府國官而云在府末國末也江熙曰不可徒行距之辭也可則與故仍脫左驂賻於舊館人不可則距故不許路請也鯉也無槨將以悟之且塞厚葬也

顏淵死子曰噫註苞氏曰噫痛傷之聲也天喪予天喪予註天喪予者若喪已再言之者痛惜之甚也

疏顏淵死至喪予○云顏淵死子曰噫者噫痛傷之聲也淵死遣使報孔子孔子傷痛之故云噫也云天喪予者喪猶亡也予我也夫聖人出世必須賢輔如天將降雨必先山澤出雲淵未死則孔道猶可冀縱不爲君則亦得共爲教化今淵既死是孔道亦亡故云天喪我也劉歆曰顏是亞聖人之偶然則顏孔自然之對物一氣之别形玄妙所以藏寄既道旨所由讚明敘顏淵死則夫子體缺

故曰天喪予。噫。諒卒實之情。非過痛之辭。將求聖賢之域。宜自此覺之也。繆播曰。夫投竿測深。安知江海之有懸也。何者。俱不究其極也。是以西河之人。疑子夏爲夫子。武叔賢子貢於仲尼。斯非其類耶。顏回盡形。形外者神。故知孔子理在回。知淵亦唯孔子也。

顏淵死。子哭之慟。註馬融曰。慟。哀過也。從者曰。子慟矣。子曰。有慟乎。註孔安國曰。不自知己之悲哀過也。非夫人之爲慟。而誰爲慟。疏顏淵死至爲慟○云顏淵死子哭之慟者。謂顏淵死。孔子往顏家哭之也。慟。謂哀甚也。既如喪己。所以慟也。郭象曰。人哭亦哭。人慟亦慟。蓋無情者。與物化也。繆協曰。聖人體無哀樂。而能以哀樂爲體。不失過也。云從者曰子慟矣者。從者。謂諸弟子也。隨孔子往顏淵家。有見孔子哀甚。故云子慟矣。云子曰有慟乎者。孔子不自知慟。故問之有慟乎。云非夫人之爲慟而誰爲慟者初旣不自知。又向諸弟子。明所以慟意也。夫人。指顔淵也。言若不爲顔淵哀慟。而應爲誰。卽吾慟事也。

顔淵死。門人欲厚葬之。子曰。不可。註禮。貧富各有宜。顔淵家貧。而門人欲厚葬之。故不聽也。門人厚葬之。子曰。回也視予猶父也。予不得視猶子也。非我也。夫二三子也。註馬融曰。言回自有父。父意欲聽門人厚葬之。我不得制止也。非其厚葬。故云爾也。

疏顔淵死至子也○云顔淵死門人欲厚葬之者顔淵之門徒。見師貧。而已欲厚葬之。也。一云。是孔子門人欲厚葬朋友也。云子曰不可者孔子止門人之厚葬。故云不可也。王弼曰。有財死則有禮。

無財則已焉。既而備禮。則近厚葬矣。故云孔子不聽也。云門人厚葬之者。不從孔子言也。范甯曰。厚葬非禮。故不許也。門人欲厚葬何也。緣回父有厚葬之意。故欲遂門人之深情也。云子曰云云者。回事我在三知一。故云視予猶父也。我葬鯉無槨。而不能止回無槨。是視回不得猶子也。云非我也夫二三子也者。言此貧而過禮厚葬。非是我意也。故是夫二三子意也。二三子則顏路亦在其中也。范甯曰。言回雖以父事我。我不得以子遇回。雖曰師徒。義輕天屬。今父欲厚葬。豈得制止。言厚葬非我之教。出乎門人之意耳。此以抑門人。而救世弊也。○注非其厚葬○非。猶鄙薄。

季路問事鬼神。子曰。未能事人。焉能事鬼。曰。敢問死。曰。未知生。焉知死。注陳群曰。鬼神及死事難明。語之無益。故不答也。疏季路問至知死○云季路問事鬼神者。外教無三世之義。

見乎此句也。周孔之教。唯說現在。不明過去未來。而子路此問事鬼神。政言鬼神在幽冥之中。其法云何也。此是問過去也。云子曰云云者。孔子言人事易。汝尚未能。則何敢問幽冥之中乎。故云焉能事鬼。云曰敢問死者。此又問當來之事也。言問今日以後死事復云何也。云曰未知生焉知死者。亦不答之也。言汝尚未知即見生之事難明。又焉能豫問知死沒也。顧歡曰。夫從生可以善死。盡人可以應神。雖幽顯路殊。而誠恒一。苟未能此。問之無益。何處問彼耶。

閔子騫侍側。誾誾如也。子路行行如也。冉有子貢侃侃如也。子樂。註鄭玄曰。樂各盡其性也。行行。剛強之貌也。曰。若由也。不得其死然。註孔安國曰。不得以壽終也。疏閔子騫至死然。○云閔子騫侍側誾誾如也者。卑者在尊者之側曰侍。此明子騫侍於孔子座側也。誾誾，中正也。子騫性中正也。云子路行行如也者，亦侍孔子座側也。行行，剛強貌也。子路性剛強也。云冉有子貢侃侃如也者，此二人亦侍側也。侃侃，和樂也。二子並和樂也。云子樂者，孔子見四子之各極其性，無所隱情，故我亦懽樂也。云曰若由也不得其死然者，孔子見子路獨剛強，故發此言也。由，子路名也。不得其死然，謂必不得壽終也。後果死衛亂也。袁氏曰：道直時邪，自然速禍也。

魯人爲長府。閔子騫曰：仍舊貫，如之何？何必改作？注鄭玄曰：長府，藏名也。藏財貨曰府。仍，因也。貫，事也。因舊事則可，何乃復更改作也。子曰：夫人不言，言必有中。注王肅曰：言必有中，善其不欲勞民更改作也。疏魯人至有中○云魯人爲長府者魯人。魯君臣爲政者。爲。作也。長者。藏名也。魯人爲政。更造作長府也。云閔子騫曰云云者子騫識魯人也。仍。因也。貫。事也。言爲政之道。因舊事自是。如之何。何必須更有所改作耶。如之何。猶奈何也。云子曰云云者夫人。指子騫也。言子騫性少言語。言語必中於事理也○注藏財貨曰府○財貨錢帛也。藏錢帛曰府。藏兵甲曰庫也。

子曰。由之鼓瑟。奚爲於丘之門。注馬融曰。言子路鼓瑟。不合雅頌也。門人不敬子路。子曰。由也升堂矣。未入於室也。注馬融曰。升我堂矣。未入室耳。門人不解。謂孔子言爲賤子路。故復解之也。疏子曰至室也○云子曰云云者子路性剛。其鼓琴瑟。亦有北氣。孔子知其必不得以壽終。故每抑之。汝鼓瑟得在於我門。我門文雅。非用武之處也。故自稱名以抑之也。奚何也。侃謂此門。非謂孔子所住之門。然是聖德深奧之門也。故子貢答武叔曰。得其門者或寡也。云門人不敬子路者。門人見孔子譏瑟。便不復敬子路也。云子曰云云者。孔子見門人不敬子路。故又爲解之也。古人當屋棟下。隔斷爲[redacted]。窓戶之外曰堂。窓戶之内曰室。孔子言子路爲弟子才德已大。雖未親入我室。亦已登升我堂。未易可輕慢也。若近而言之。即以屋之堂室爲喻。若推而廣之。亦謂聖人妙處爲室。麤處爲堂。故子路得堂。顏子入室。故下章說善人云。亦不入於室是也。所以此前言入於門。而門人不敬。爲其不敬。故引之於堂也。○注馬融曰至解之也。○孔子譏瑟。本非謂子路可輕。政在於行耳。而門人不達斯意。承而慢之。孔子解說之也。

子貢問曰。師與商也。孰賢乎。子曰。師也過。商也不及。

註孔安國曰。言俱不得中也。曰。然則師愈與。子曰。過猶不及也。註愈猶勝也。疏子貢問至及也○云子貢問云云者。師。子張。商。子夏也。孰。誰也。子貢問孔子。欲辨師商誰爲賢勝也。云子曰師也過者。過。謂子張性繁冗。爲事好在僻過而不止也。云商也不及者。言子夏性踈闊。行事好不及而止也。云曰然則師愈與者。愈。勝也。子貢又問若師爲事好過。好過則爲勝耶。云子曰過猶不及者。答言既俱不得中。則過與不及無異也。故云過猶不及也。江熙云。聖人動爲物軌。人之勝否。未易輕言。兩既俱未得中。是不明其優劣以貽於來者也。

季氏富於周公。註孔安國曰。周公。天子之宰。卿士也。而求也爲之聚斂而附益之。註孔安國曰。冉求爲季氏宰爲之急賦稅也子曰非吾徒也小子鳴鼓攻之可也【註】鄭玄曰小子門人也鳴鼓聲其罪以責也【疏】季氏至可也○云季氏富於周公者季氏魯臣也周公天子臣食采於周爵爲公故謂爲周公也蓋周公旦之後也天子之臣地廣祿大故周公宜富諸侯之臣地狹祿小季氏宜貧而今僭濫遂勝天子臣故云季氏富於周公也云而求也云云者求冉求也季氏已富而求時仕季氏爲季氏邑宰又助斂聚急賦稅以附益季氏之富也云子曰非吾徒也者徒門徒也孔子言冉求昔雖是我門徒而我門徒皆尚仁義今冉求遂爲季氏急聚斂則非復吾門徒也故禮云孟獻子曰百乘之家不畜聚斂之臣與其畜聚斂之臣寧有盜臣言盜臣乃傷財而聚斂之臣則傷仁義傷財不如傷仁義云小子云云者小子門徒諸弟子也攻治也求既爲季氏聚斂故孔子先云非復我門徒

又使諸弟子鳴鼓治之也。所以鳴鼓者，若直爾而治，不言其過，則聞之者局。故鳴鼓而且言之，則聞者衆也。繆協云：季氏不能納諫，故求也莫得匡救。匡救不存其義屈，故曰非吾徒也。致譏於求，所以深疾季氏。子然問，明其義也。○註孔安國曰至士也○天子之宰，卽謂冢宰也。冢宰是有事之職，故云卿士也。○註孔安國曰至稅也○急賦稅，謂歛民下財帛也。

柴也愚。註弟子高柴也。字子羔。愚，愚直之愚也。參也魯。註孔安國曰：魯，鈍也。曾子遲鈍也。師也辟。註馬融曰：子張才過人，失在邪辟文過也。由也喭。註鄭玄曰：子路之行，失於吸喭也。子曰：回也其庶乎，屢空。賜不受命，而貨殖焉，億則屢中。註言回庶幾聖道雖數空匱而樂在其中矣賜不受教命唯財貨是殖憶度是非蓋美回所以勵賜也一曰屢猶每也空猶虛中也以聖人之善道教數子之庶幾猶不至於知道者各內有此害其於庶幾每能虛中者唯回懷道深遠不虛心不能知道子貢無數子病然亦不知道者雖不窮理而幸中雖非天命而偶富亦所以不虛心也【疏】柴也至屢中○云柴也愚者此以下評數子各有累也柴弟子也其累在於愚也王弼云愚好仁過也云參也魯者參曾參也魯遲鈍也言曾子性遲鈍也王弼云魯質勝文也云師也僻者師子張也子張好文其過故云僻也王弼云僻飾過差也

云由也喭者由。子路也。子路性剛。失在咳喭也。王弼云。喭。剛猛也。云子曰回也其庶乎屢空者記者上列四子病重於先。自此以下。引孔子更舉顏子精能於後。解此義者。凡有二通。一云。庶。庶幾也。屢。每也。空。窮匱也。顏子庶慕於幾。故遺忽財利。所以家每空貧。而簞瓢陋巷也。故王弼云。庶幾慕聖。忽忘財業。而數空匱也。又一通云。空。猶虛也。言聖人體寂。而心恒虛無累。故幾動即見。而賢人不能體無。故不見幾。但庶幾慕聖。而心或時而虛。故曰屢空。其虛非一。故屢名生焉。故顏特進云。空非回所體。故庶而數得。故顧歡云。夫無欲於無欲者。聖人之常也。有欲於無欲者。賢人之分也。二欲同無。故全空以目聖。一有一無。故每虛以稱賢。賢人自有觀之。則無欲於有欲。自無觀之。則有欲於無欲。虛而未盡。非屢如何。大史叔明申之云。顏子上賢。體具而微則精也。故無進退之事。就義上以立屢名。按其遺仁義。忘禮樂。隳支體。黜聰明。坐忘大通。此忘有之義也。忘有頓盡。非空如何。若以聖人驗之。

聖人忘忘。大賢不能忘忘。不能忘忘。心復爲未盡。一未一空。故屢名生也焉。【云】賜不受命而貨殖焉【者】此孔子又評子貢累也。亦有二通。一云。不受命者。謂子貢性動不能信天任命。是不受命也。而貨殖者。財物曰貨。種藝曰殖。子貢家富。不能清素。所以爲惡也。又一通云。殷仲堪云。不受嬌君命。江熙云。賜不榮濁世之祿。亦幾庶道者也。雖然有貨殖之業。恬愉不足。所以不敢望回耳。亦曰不受命者。謂子貢不受孔子教命。故云不受命也。【云】億則屢【中者】此亦有二通。一云。億。謂心憶度事宜也。言子貢性好憶度。是非。而屢幸中。亦是失也。故君子不憶不信也。又一通云。雖不虛心如顏。而憶度事理。必亦能每中也。故左傳。邾隱公朝魯。執玉高。其容仰。魯定公受玉卑。其容俯。子貢曰。以禮觀之。二君皆有死亾。君爲主。其先亾乎。是歲。定公卒。仲尼曰。賜不幸而言中。是使賜多言者也。此憶中之類也。王弼云。命。爵命也。憶。憶度也。子貢雖不受爵命。而能富。雖不窮理。而幸中。蓋不逮顏之庶幾。輕四子

所病。故稱子曰以異之也○註言回至心也○云
言回云云勵賜也者此注與前通並會。云一曰屢
猶每也空猶虛中也者此以下。並是後解也中猶
心也。謂虛心也。禮曰。虛中以治之。云以聖人之善
道者謂孔子也。云教數子之庶幾者紫參之屬也
並被孔子教於庶幾之事也。云猶不云云此害者
道。謂庶幾之道也。緣其各有愚魯辟喭之害。故不
能至知庶幾之事。云其於云云深遠者唯回一人
能懷道深遠。故庶幾虛心。云不虛心不能知道者
更明所以須虛心之義也。庶幾之道深遠也。欲知
庶幾者。虛心乃知其道也。云子貢無數子病者無
愚魯辟喭之病也。云然亦不知道者者既無病。應
能庶幾。何亦不能乎。云雖不窮理而幸中者解其
不知之由也。中先解。憶則屢中也。言子貢不能虛
心。心好憶度。雖不能窮理如顏。而有時幸中。幸中
故不能知大道也。云雖非天命而偶富者此釋不
受命而貨殖焉也。雖非天命者。謂雖非受當時天
子之命也。偶富者。謂家自偶富。非祿位所得也。然

雖非時祿而富之。亦非清虛之士。故亦不知大道

云亦所以不虛心也者　憶事幸中。及家富榮心。所以並不虛心也。

子張問善人之道。子曰。不踐迹。亦不入於室。註孔安國曰。踐。循也。言善人不但循追舊迹而已。亦多少能創業。然亦不能入於聖人之奧室也。子曰。論篤是與。君子者乎。色莊者乎。註論篤者。謂口無擇言。君子者。謂身無鄙行也。色莊者。不惡而嚴。以遠小人者也。言此三者。皆可以爲善人也。疏子張問至者乎○云子張問善人之道者　此問善人。非聖人也。問其道云何。而可謂爲善人也。云子曰不踐迹者　答善人

之法也。踐。循也。迹。舊迹也。言善人之道。亦當別宜
創䢵善事。不得唯依循前人舊迹而已。云亦不入
於室者又雖有創立。而未必使能入聖人奧室也
能入室者。顏子而已。云子曰云云者此亦答善人
之道也。當是異時之問。故更稱子曰。俱是答善。故
共在一章也。篤。厚也。言善人有所論說。必出篤厚
謹敬之辭也。故云論篤是與也。又能行君子之行。
故云君子者乎。又須顏色莊嚴。故云色莊者乎。○
【注】孔安國曰至室也○創業。謂創仁義之業也。聖
人之奧室。即前云子路升堂矣。未入於室是也。○
【疏】論篤至人也○云論篤者謂口無擇言者擇者
除麤取好之謂也。論篤是言語幷善。故復無可擇
之言也。云君子者云云者所行皆善。故無鄙惡也
然此注亦與上互也。云色莊者云云者威而不猛
是也。云言此云云者三者。言。行。色也。云必備三皆
可爲善人。明若能有一。則亦可爲善人。不必備三
也。殷仲堪云。夫善者。淳穆之性。體之自然。雖不擬
步往迹。不能入闕奧室。論篤質正。有君子之一致

焉。

子路問聞斯行諸。註苞氏曰。賑窮救乏之事也。子曰。有父兄在。如之何其聞斯行之也。註孔安國曰。當白父兄。不可得自專也。冉有問聞斯行諸。子曰聞斯行之。公西華曰。由也問聞斯行諸。子曰有父兄在。求也問聞斯行諸。子曰聞斯行之。赤也惑。敢問。註孔安國曰。惑其問同。而答異也。子曰。求也退。故進之。由也兼人。故退之。註鄭玄曰。言冉有性謙退。子路務在勝尚人。各因其人之失而正之。疏子路問至退之○云子路問聞斯行諸者斯。此也。此。此於賑窮救乏之事也。諸。之也。子路問孔子。若聞有周窮救乏之事。便得行之不乎。云子曰有父兄在者人子無私假與。故若有事。必先啓告父兄也。云如之何其聞斯行之者既由父兄。故已如何聞而行乎。言不可也。云冉有問聞斯行諸者與子路問同也。云子曰聞斯行之者此答異也。言聞而即行之也。云公西華云云者公西華疑二人問同。而答異。故先領二人之問答也。此領子路問答也。云求也云云者此領冉有之問答也。求。冉有名也。云赤也惑者惑。疑惑也。二人問同。而孔子答異。故已生疑惑。赤。公西華名也。云敢問者敢。果敢也。既惑其深。故果敢而問之。云子曰求也退故進之者答所以答異義也。言冉求謙退。故引之令進。所以不云先白父兄也。云由也兼人故退之者言子路性行行兼人。好在率爾。故抑退之。必令白父兄也。或問曰禮若必諮父兄。則子路非抑。若必不諮。則冉求非引。令夫子云進退。請問其旨。或答曰。夫賑施之理事有大小。大者車馬。小或一飡。若其大者必諮。小可專行。而由施無大小。悉並不諮。求大大小悉諮。令故抑由之不諮。欲令其並諮。引冉之必諮。令其並不諮也。但子路性進。雖抑而不患其退。冉求性退。雖引不嫌其過也。

子畏於匡。顏淵後。【註】孔安國曰。言與孔子相失。故在後也。子曰。吾以汝爲死矣。曰。子在。回何敢死。【註】苞氏曰。言夫子在。己無所敢死也。【疏】子畏至敢死○云子畏於匡顏淵後者。猶是前被匡人誤圍。時顏淵與孔子俱爲匡圍。孔子先得出還至家。而顏淵後乃得出還至也。云子曰吾以汝爲死矣者。淵後至。而孔子云。汝不還。我言汝當死於匡難中。云曰子在回何敢死者。顏淵之答。其有以也。夫聖賢影響。如天降時雨。山澤必先爲出雲。孔子既在世。則顏回理不得死死則孔道便絶。故淵死。而孔云天喪予也。庾翼云顏子未能盡窮理之妙。妙有不盡。則不可以涉險津。理有未窮。則不可以冒屯路。故賢不遭聖。運否則必隱。聖不值賢。微言不顯。是以夫子因畏匡而發問。顏子體其旨而仰酬。稱入室爲指南。啓門徒以出處。豈非聖賢之誠言。互相與爲起予者也。李充云。聖無虛慮之悔。賢無失理之患。而斯言何與乎。將以世道交喪。利義相蒙。或殉名以輕死。或昧利以苟生。苟生非存理。輕死非明節。故發顏子之死。對以定死生之命也。○註孔安國曰至後也。○於圍中相失也。

季子然問仲由冉求可謂大臣與。註孔安國曰。季子然。季氏之子弟也。自多得臣此二子。故問之也。子曰。吾以子爲異之問。曾由與求之問。註孔安國曰謂子問異事耳。則此二人之問，安足爲大臣乎。所謂大臣者，以道事君，不可則止。今由與求也，可謂具臣矣。【註】孔安國曰：言備臣數而已也。曰：然則從之者與。【註】孔安國曰：問爲臣皆當從君所欲耶。子曰：弑父與君，亦不從也。【註】孔安國曰：二子雖從其主，亦不與爲大逆也。【疏】季子然問至從也○云季子然問云云者，季子然，季氏家之子弟也。時仲由、冉求仕季氏家，季子然自誇已家能得此二賢爲臣，故問孔子，以謂此二人可謂大臣不也。云子曰云云者，此因答而拒之也。子，指子然也。言子今所問是異事也。所以是異事之問者，由、求非大臣，而汝云可謂大臣，故謂汝爲異事之問也。云曾由與求之問者，此是舉異問也。

曾猶則也言汝問所以是異者則問由與求是異問也云所謂云云者此明大臣之事也以道事君謂君有惡名必諫也不可則止謂三諫不從則越境而去者也云今由云云者言今由求二人亦不諫諫若不從則亦不去不可名此爲大臣乃可名爲備具之臣而已也云曰然則從之者與者子然聞孔子云二人不爲大臣故更云旣不以道及不可則不止若如此者其君有惡事則二人皆從君爲之不乎云子曰云云者答言雖不諫不止若君有弑上之事則二人亦所不從也孫綽云二子者皆政事之良也而不出具臣之流所免者唯弑之事其罪亦豈少哉夫抑揚之教不由乎理將以深激子然以重季氏之責也繆協稱中正曰所以假言二子之不能盡諫者以說季氏雖知貴其人而不能敬其言也○注孔安國曰至問之也○自多猶言已有豪勢能得臣此二人爲多也○注孔安國曰謂子問異事耳○謂汝所問爲異事之問也

子路使子羔爲費宰子曰賊夫人之子註苞氏曰子羔學未熟習而使爲政所以賊害人也子路曰有民人焉有社稷焉何必讀書然後爲學註孔安國曰言治民事神於是而習亦學也子曰是故惡夫佞者註孔安國曰疾其以口給應遂己非而不知窮者也疏子路至佞者○云子路使子羔爲費宰者費季氏采邑也季氏邑宰叛而子路欲使子羔爲季氏邑宰也云子曰賊夫人之子者賊猶害也夫人之子指子羔也孔子言子羔習學未習熟若使其爲政則必乖僻乖僻則爲罪累所及故云賊夫人之子也張憑云季氏不臣由不能正而使子羔爲其邑宰直道而事人焉往不致弊枉道而事人不亦賊夫人之子乎云子路曰云云

者子路云。既邑有民人社稷。今爲其宰。則是習治民事神。此卽是學。亦何必在於讀書。然後方謂爲學乎。云子曰云云者。孔子以此語罵子路也。佞口才也。我言子羔學未習熟。所以不欲使之爲政。而汝仍云有民神亦是學。何必讀書。此是佞辨之辭故古人所以惡之也。繆協云。子路以子羔爲學藝可仕矣。而孔子猶曰不可者。欲令愈精愈究也。而于時有以佞才惑世。竊位要名。交不以道。仕不由學。以之宰牧。徒有民人社稷。比之子羔。則長短相形。子路擧茲以對者。所以深疾當時。非美之也。夫子善其來吉。故曰是故惡夫佞者。此乃斥時。豈譏由乎。

子路。曾晳。註孔安國曰。曾晳。曾參父也。名。點也。冉有公西華。侍坐。子曰。以吾一日長乎爾。無吾以也。註孔安國曰。言我問汝。汝無以我長故。難對也。居則

曰不吾知也註孔安國曰汝常居云人不知已也
如或知爾則何以哉註孔安國曰如有用汝者則
何以爲治乎子路卒爾而對註卒爾先三人對也
曰千乘之國攝乎大國之間加之以師旅因之以
飢饉註苞氏曰攝攝迫乎大國之間也由也爲之
比及三年可使有勇且知方也註方義方也夫子
哂之註馬融曰哂笑也求爾何如對曰方六七十
如五六十註求性謙退言欲得方六七十如五六
十里小國治之而已也求也爲之比及三年可使

足民也如其禮樂以俟君子〔註〕孔安國曰求自云能足民而已謂衣食足也若禮樂之化當以待君子謙之辭也赤爾何如對曰非曰能之願學焉宗廟之事如會同端章甫願爲小相焉〔註〕鄭玄曰我非自言能也願學爲之宗廟之事謂祭祀也諸侯時見曰會殷見曰同端玄端也衣玄端冠章甫諸侯日視朝服也小相謂相君禮者點爾何如鼓瑟希〔註〕孔安國曰思所以對故其音希也鏗爾舍瑟而作對曰異乎三子者之撰〔註〕孔安國曰置瑟起

對也撰具也爲政之具也鏗爾者投瑟之聲也子
曰何傷乎亦各言其志也註孔安國曰各言己志
於義無傷之曰暮春者春服既成得冠者五六人
童子六七人浴乎沂風乎舞雩詠而歸註苞氏曰
暮春者季春三月也春服既成者衣單袷之時也
我欲得冠者五六人童子六七人浴於沂水之上
風凉於舞雩之下歌詠先王之道歸夫子之門也
夫子喟然歎曰吾與點也註周生烈曰善點之獨
知時也三子者出曾皙後曾皙曰夫三子者之言

何如子曰亦各言其志也已矣曰吾子何哂由也子曰爲國以禮其言不讓是故哂之【註】苞氏曰爲國以禮禮道貴讓子路言不讓故笑之也唯求則非邦也與安見方六七十如五六十而非邦也者唯赤則非邦也與宗廟之事如會同非諸侯如之何【註】孔安國曰明皆諸侯之事與子路同徒笑子路不讓也赤也爲之小相孰能爲之大相【註】孔安國曰赤謙言小相耳孰能爲大相者也【疏】子路至大相○云子路云云者此四弟子侍孔子坐也云子曰云云者孔子將欲令四子言志故先說此言以勸引

之也。爾。汝也。言吾今一日年齒長於汝耳。汝等無以言吾年長而不敢言己志也。云居則曰不吾知也者 居謂弟子常居時也。吾。弟子自謂也。言汝等常居之日。則皆自云無知吾者也。云如或云云者 言汝或有人欲知。用汝等。汝等則志各欲何爲治哉。云子路卒爾而對者 禮侍坐於君子。君子問更端。則起而對。及宜顧望而對。而子路不起。又不顧望。故云卒爾對也。卒爾謂無禮儀也。云曰千乘之國攝乎大國之間者 此子路言志也。千乘。大國也。攝。迫也。大國又大於千乘者也。言己願得治於大國。而此大國又有迫近他大國之間。所謂他大國挾己國於中也。云加之以師旅者 言他大國以師旅兵刃。加陵於己所治之國也。云因之以飢饉者 五穀爲飢。五菜爲饉。言己國既被四方大國兵陵。又自國中因大荒饑也。云由也爲之者 爲猶治也。言己國以爲他兵所加。又荒飢日久。由願得此國治之。云比及云云者 比。至也。言由治此國。至於三年。而使民人皆勇健。又皆知識義方也。云夫子哂之者。哂。笑也。孔子聞子路之言而笑之也。云求爾何如者。哂由既竟。而餘三人無言。故孔子又問冉求汝志何如也。云對曰方六七十者。求答言志也。言願得國地方六七十里者而已治之也。云如五六十者。意又自嫌向所言方六七十爲大。故又退言如方五六十里者也。一云願六七十者。如五六十大者。已欲得其小也。云求也云云者。言已願治此小國。若至三年。則能使民人足也。云如其禮樂以俟君子者。又謙也。言已乃能足民而已。若敎民之禮樂。則已所不能。故請俟君子爲之也。云赤爾何如者。求答已竟。故更問公西華也。云對曰云云者。赤答也。非曰。猶非謂也。答曰已非謂自能願從此而後學爲之也。云宗廟之事如會同者。此以下並言願所學之事也。宗廟之事。謂人君祭祀之事。如會同。諸侯有會同之事時也。云端章甫願爲小相焉者。端。玄端之服也。章甫。謂章甫之冠也。言願君有祭祀及會同之事。而已玄端服。章甫之冠也。爲小相。相君之禮。云點爾何如者。赤答既竟。又

問曾晳也云鼓瑟希者鼓猶彈也希疎也點政彈
瑟既得孔子之問將思所以對之言故彈瑟手遲
而聲希也云鏗爾舍瑟而作者鏗投瑟聲也舍投
也作起也點思所對之辭將欲仰答故投瑟而起
對也起對者禮也點獨云起則求赤起可知也云
對曰云云者撰具也點起而對云已所志者異於
路求赤三子之志所具也所具即千乘之國等是
也云子曰云云者孔子聞點志異故云人性所志
各異亦何傷乎汝但當言之云曰暮春者春服既
成者此點言志也暮春謂建辰夏之三月也年有
四時時有三月初月爲孟次者爲仲後者爲季季
春是三月也不云季春而云暮春者近月末也月
末其時已暖也春服成者天時暖而衣服單袷者
成也云得冠者五六人者已加冠成人者也五六
者趣舉其數也云童子六七人者童子未冠之稱
也又有未冠者六七人也或云冠者五六五六三
十人也童子六七六七四十二人也四十二就三
十合爲七十二人也孔門升堂者七十二人也云

浴乎沂者沂。水名也。暮春者既暖。故與諸朋友相隨。往沂水而浴也。云風乎舞雩者風。風涼也。舞雩。請雨之壇處也。請雨祭。謂之雩。雩。吁也。民不得雨。故吁嗟也。祭而巫舞。故謂爲舞雩也。沂水之上有請雨之壇。壇上有樹木。故入沂浴。出登壇。庇於樹下。逐風涼也。故王弼云。沂水近孔子宅。舞雩壇在其上。壇有樹木。遊者託焉也。云詠而歸者浴竟涼罷。日光既稍晚。於是朋友詠歌先王之道。歸還孔子之門也。云夫子喟然歎曰吾與點也者孔子聞點之願。是以喟然而歎也。既歎而云吾與點也者。我志與點同也。所以與同者。當時道消世亂。馳競者衆。故諸弟子皆以仕進爲心。唯點獨識時變。故與之也。故李充云。善其能樂道知時。逍遥遊詠之至也。夫人各有能。性各有尚。鮮能舍其所長。而爲其所短。彼三子者之云。誠可各言其志矣。然此諸賢既已漸染風流。飡服道化。親仰聖師誨之無倦。先王之門。豈執政之所先乎。嗚呼。遽不能一忘鄙願。而暫同于雅好哉。諒知情從中來。不可假已。唯曾生起然獨對揚德音。起予風儀。其辭精而遠。其指高而適。亹亹乎固盛德之所同也。三子之談。於兹陋矣。云三子者出者。子路。求。赤。三人。見孔子與點。故已並先出去也。云曾皙後者。在後未去。云曾皙曰云云者。皙既留。後。故問孔子也。言向者三子所言者。其理如何也。云子曰云云者。孔子答言三子之言。雖各不同。然亦各是其心所志也。云曰吾子何哂由也者。點呼孔子爲吾子也。點又云。若各親是言志。則孔子何獨笑子路也乎。故云何也。云子曰云云者。答笑子路之所由也。言我笑子路。非笑其志也。政是笑其卒爾不讓故耳。夫爲國者。必應須禮讓。而子路既願治國而卒爾。其言無所謙讓。故笑之耳。云唯求云云者。孔子更證我笑。非笑子路之志也。若笑子路有爲國之志。則冉求亦是志於爲國。吾何獨不笑耶。既不笑求。豈獨笑子路乎。故云唯求非邦也與。言是邦也。安見方六七十如五六十。非邦也者。亦云是邦也。云唯赤云云者又引赤。證我不笑子路志也。赤云宗廟會同。會同卽是諸侯之事。豈曰非邦。而我何獨不笑乎。又明笑非笑志也。【云赤也云云者】又因不許赤謙也。言赤之才德云自願爲小相。若以赤爲小。誰堪大者乎。赤又是有。明已不笑之。故因美之也。○【注】馬融曰哂笑也。○齒本曰哂。大笑口開。則哂見。故謂哂爲笑者也。○【注】鄭玄曰至禮者。○【云宗廟之事謂祭祀者】四時及禘祫皆是也。【云諸侯時見曰會殷見曰同者】周禮。六服各隨服而來。是正朝有數也。而時見曰會。此無常期。諸侯有不庭服者。王將有征討之事。則因朝覲。王命爲壇於國外。合諸侯而發禁亦隨其方。若東方不服。則命與東方諸侯共征之。此是時見曰會也。又王十二年一巡狩。若王有事故。則六服諸侯並來京師。朝王受法。此是殷覜曰同也。而鄭玄注云殷覜曰同者。周禮又有時聘曰問。殷覜曰視。並是諸侯遣臣來京師也。王有事故。諸侯不得自來。而遣臣來聘王。此亦無定時。是時聘曰問也。又元年六服唯侯服獨來朝。京師人少。故諸侯並遣臣來京師視王。是殷覜曰視也。

鄭玄云殷見曰同者。廣覜見之言通也。云端玄端云云者。章甫。殷冠也。然周家諸侯日視朝之服。服緇布衣。素積裳。冠委貌。此云玄端日視朝者。容是周末禮亂者也。云小相謂相君禮者者。宗廟及會同。皆是君事。而已顧相之耳。○【註】孔安國曰至讓也。○徒猶黨輩也。言求等所言。皆是諸侯事。與子路猶是一黨輩耳。笑者。本是笑其不讓也。

論語顏淵第十二　【疏】顏淵。孔子弟子也。又爲門徒之冠者也。所以次前者。進業之冠。莫過顏淵。故顏淵次先進也。

顏淵問仁。子曰。尅己復禮爲仁。【註】馬融曰。尅己。約身也。【孔安國曰】復。反也。身能反禮。則爲仁矣。一日尅己復禮。天下歸仁焉。【註】馬融曰。一日猶見歸。況終身乎。爲仁由己。而由人乎哉【註】孔安國曰。行善在己。不在人者也。顏淵曰。請問其目【註】苞氏曰。知其必有條目。故請問之也。子曰。非禮勿視。非禮勿聽。非禮勿言。非禮勿動【註】鄭玄曰。此四者。尅己復禮之目也。顏淵曰。回雖不敏。請事斯語矣【註】王肅曰。敬事此語。必行之【疏】顏淵問至語矣。○云顏淵問仁者。問孔子爲仁之道也。云子曰云云者。尅。猶約也。復。猶反也。言若能自約儉己身。返反於禮中。則爲仁也。于時爲奢泰過禮。故云禮也。一云。身能使禮反返身中。則爲仁也。范寧云。克。責也。復禮。謂責克己失禮也。非仁者。則不能責己復禮。故能自責己復禮。則爲仁矣。云一日云云者。更解克己復禮所以爲仁之義也。言人君若能一日克己復禮。則天下之民。咸歸於仁君也范甯云。亂世之主。不能一日克己。故言一日也【云爲仁云云者】行仁一日。而民見歸。所以是由己。不由他人也范甯云。言爲仁在我。豈俟彼爲仁耶。【云顏淵曰請問其目者】淵又請求克己復禮之條目也【云子曰云云者】此舉復禮之目也既每事用禮。所以是復禮也【云顏淵曰云云者】回聞條目。而敬受之也。敏達也斯。此也言回雖不達仁禮之理。而請敬事此語。事。猶用也。

仲弓問仁。子曰。出門如見大賓。使民如承大祭。註孔安國曰。爲仁之道。莫尚乎敬也。己所不欲。勿施於人。在邦無怨。在家無怨。註苞氏曰。在邦。爲諸侯也在家。爲卿大夫也仲弓曰雍雖不敏。請事斯語矣。

仲弓問至語矣。○云仲弓問仁者亦諮仁也。云子曰云云者亦答仁道也。言若行出門，恒起恭敬，如見大賓。見大賓必起敬也。又若使民力役，亦恒用心敬之，如承事大祭。大祭，祭郊廟也。然范甯云：大賓，君臣嘉會也。大祭，國祭也。仁者舉動使民事如此也。傳稱曰季言出門如賓，承事如祭，仁之則也。云己所不欲勿施於人者，恕己及物，則爲仁也。先二事明敬，後一事明恕，恕敬二事乃爲仁也。云在邦無怨在家無怨者，在邦爲諸侯也，在家爲卿大夫也。既出門及使民皆敬，又恕己及物，三事並足，故爲民人所懷，無復相怨者也。

司馬牛問仁。子曰：仁者其言也訒。註孔安國曰：訒，難也。牛，宋人，弟子司馬犂也。曰：其言也訒，斯可謂之仁已矣乎？子曰：爲之難，言之得無訒乎？註孔安國曰。行仁難。言仁亦不得不難矣。【疏】司馬牛問至訒乎。云司馬牛問仁者。司馬牛。是桓魋弟也。亦問仁也。云子曰仁者其言也訒者。答之也。訒。難也。古者言之不出。恐行之不逮。故仁者必不易出言。故云其言也訒。一云。仁道既深。不得輕說。故言於人仁事必爲難也。王弼云。情發於言。志淺則言疎。思深則言訒也。云曰其云云者。牛又疑云。言語之難。便可謂此爲仁乎。一云。不輕易言於仁事。此便可謂爲仁乎。云子曰云云者。又答也。爲猶行也。凡行事不易。則言語豈得妄出而不難乎。又一云。行仁既難。言仁豈得易。故江熙云。禮記云。仁之爲器重。其爲道遠。擧者莫能勝也。行者莫能致也。勉於仁者。不亦難乎。夫易言仁者。不行之者也。行仁然後知勉仁爲難。故不敢輕言也。○【注】牛宋人弟子司馬犂也。○犂。牛名也。

司馬牛問君子。子曰。君子不憂不懼。【註】孔安國曰。牛兄桓魋將爲亂。牛自宋來學。常憂懼。故孔子解之。

曰。不憂不懼。斯可謂君子已乎。子曰。內省不疚。夫何憂何懼。【註】苞氏曰。疚病也。內省無罪惡。無所可憂懼也。

【疏】司馬牛問至何懼○云司馬牛問君子者。問行君子之道也。云子曰云云者。答也。君子坦蕩蕩。故不憂懼也。云曰不云云者。牛嫌君子之行。不啻不憂懼而已。故又諮之。云子曰云云者。內省。謂反自視己心也。疚。病也。言人生若外無罪惡。內忖視己心。無有愆病。則何所憂懼乎。○【註】孔安國曰至解之。○言牛常愁其兄之罪過及己。故孔子釋云。君子不應憂懼者也。

司馬牛憂曰。人皆有兄弟。我獨亡。【註】鄭玄曰。牛兄桓魋行惡。死喪無日。我獨爲無兄弟也。子夏曰。商聞

論語集解義疏卷之六　二十五

之矣。死生有命。富貴在天。君子敬而無失。與人恭而有禮。四海之内。皆爲兄弟也。君子何患乎無兄弟也。註苞氏曰。君子疎惡而友賢。九州之人。皆可以禮親也。疏司馬牛憂至弟也○云司馬牛憂者爲其兄桓魋有罪。故己恒憂也。所以孔子前答云君子不憂也。云曰人云云者此所憂之事也。亾無也。牛兄行惡。必致殘滅。不且則夕。即今雖暫在。與無何異。故云我獨亾也。云子夏曰商聞之矣者商。子夏名也。聞牛之言。故自稱名。而爲牛解之也。不敢言出己。故云聞之。云死生有命富貴在天者此是我所聞。爲說不須憂之事也。言死生富貴。皆稟天所得。應至不可逆。憂亦不至。不可逆求。故云有命在天也。然同是天命。而死生云命。富貴云天者。亦互之。不可逃也。死生。於事爲切。故云命。富貴比死生者爲泰。故云天。天比命。則天爲緩也。繆播云。死生者。所禀之性分。富貴者。所遇之通塞。人能命養之以福。不能令所禀易分。分不可易。命也。能修道以待賈。不能遭時必泰。泰不可必天也。天之爲言。自然之勢運。不爲主人之貴賤也。【云君子敬而無失者】死生富貴。既理不易。故當委之天命。此處無憂。而此句以下。自可人事易爲修理也。敬而無失。是廣愛衆也。君子自敬己身。則與物無失者也。【云與人恭而有禮者】此謂恭而親仁也。人猶仁也。若彼有仁者。當恭而禮之也。【云四海之内皆爲兄弟也者】疏惡者無失。善者恭禮。故伯海九州。皆可親禮如兄弟也。【云君子何患乎無兄弟也者】既遠近可親。故不須憂患於無兄弟也。○

【注】死喪無日○無日。猶無後餘一日也。○【注】苞氏曰。至親也。○疏惡。解敬而無失。友賢。釋與人恭而有禮也。

子張問明。子曰。浸潤之譖。膚受之愬。不行焉。可謂明也已矣。註鄭玄曰。譖人之言。如水之浸潤以漸成人之禍也。馬融曰膚受之愬。皮膚外語。非其內實也。浸潤之譖。膚受之愬。不行焉。可謂遠也已矣。註馬融曰。無此二者。非但爲明。其德行高遠。人莫能及之也。疏子張問至已矣。○云子張問明者。問人行何事。而可謂之明乎。云子曰浸潤之譖者。答也。浸潤。猶漸漬也。譖。讒謗也。夫拙爲讒者。則人易覺。巧爲讒者。日日漸漬細進譖。當時使人受而不覺。如水之浸潤漸漬。久久必濕也。故謂能讒者。爲浸潤之譖也。云膚受之愬者。膚者。人肉皮上之薄縛也。愬者。相訴訟讒也。拙相訴者。亦易覺也。若巧相訴害者。亦日日積漸稍進。爲如人皮膚之受塵垢。當時不覺。久久方覩不淨。故謂能訴害人者。爲膚受之愬也。云不行云云者。言人若覺彼浸潛膚訴害。使二事不行。則可謂爲有明也。云浸潤云云者。又廣答也。言若使二事不行。非唯是明。亦是高遠之德也。孫綽云。問明而及遠者。其有高旨乎。夫賴明察以勝讒。猶火發滅之以水。雖消災有方。亦已殆矣。若遠而絶之。則佞根玄拔。鑑巧無迹。而遠體黙全。故知二辭雖同。而後喻彌深。微顯之義。其在茲乎。顔延之云。譖潤不行。雖由於明。明見之深。乃出於體遠。體遠不對於情僞。故功歸於明。見斥言其功。故曰明。極言其本。故曰遠也。○鄭玄曰。至禍也。○此巧譖者。○馬融曰至實也。○巧愬者也。如馬意。則謂內實之訴可受。若皮膚外語虛妄。則謂爲膚受也。然馬此注。與鄭不類也。若曲曰使相類。則當云皮膚外語。非內實者。卽是膚愬積漸入於皮膚。非內實也

子貢問政。子曰。足食。足兵。令民信之矣。子貢曰。必不得已而去。於斯三者何先。曰。去兵。曰。必不得已。而

去於斯二者何先曰去食自古皆有死民不信不立。【註】孔安國曰死者古今常道也人皆有之治邦不可失信也【疏】子貢問至不立○云子貢問政者問爲政之法也云子曰云云者答之也食爲民本故先須足食也時澆復須防衛故次足兵也雖有食有兵若君無信則民衆離背故必使民信之也云子貢曰云云者已止也子貢又諮云已奉知治國必須食兵信三事若假令被逼必使除三事之一而辭不得止則三事先去何者耶云曰去兵者答也兵比二者爲劣若事不獲已則先可去兵也云曰必云云者子貢又問雖餘食信二事若假令又被逼使去二事一則先去何者也云曰去食者孔子又答云若復被逼去二中之一則先去食云自古云云者孔子既答云去食又恐子貢致嫌故更此爲解之也言人若不食乃必致死雖然自古迄今雖復食亦未有一人不死者是食與不食。俱是有死也。而自古迄今。未有一國無信。而國安立者。今推其二事。有死。自古而有。無信國立。自古而無。今寧從其有者。故我云去食也。故李充云。朝聞道夕死。孔子之所貴。捨生取義。孟軻之所尚。自古有不亡之道。而無有不死之人。故有殺身。非喪已。苟存。非不亡已也。

棘子城曰。君子質而已矣。何以文為。註鄭玄曰。舊說云。棘子城。衛大夫也。子貢曰。惜乎夫子之說君子也。駟不及舌。註鄭玄曰。惜乎夫子之說君子也。過言一出。駟馬追之。不及舌也。文猶質也。質猶文也。虎豹之鞟。猶犬羊之鞟也。註孔安國曰。皮去毛曰鞟。虎豹與犬羊別者。正以毛文異耳。今使文質同者。何以別虎豹與犬羊耶。疏棘子城曰至鞹也。○云棘子城曰云云者棘子城云。君子所行。但備質樸而足。何必用於文華乎。云子貢曰云云者子貢聞子城之言。而譏之也。夫子。謂呼子城爲夫子也。言汝所說君子用質不用文。爲過失之甚。故云惜乎夫子說君子。云駟不及舌者此所惜之事也。駟。四馬也。古用四馬共牽一車。故呼四馬爲駟也。人生過言。一出口。則雖四馬駿足追之。亦所不及。故云駟不及舌也。云文猶質也質猶文也者更爲子城。解汝所說君子用質不用文。所以可惜之理也。將欲解之。故此先述其意也。言汝意云。文猶質。質猶文。故曰何用文爲啫耳。云虎豹云云者述子城意竟。故此又譬之不可也。鞹者。皮去毛之稱也。虎豹所以貴於犬羊者政以毛文炳蔚爲異耳。今若取虎豹。及犬羊皮。俱滅其毛。唯餘皮在。則誰復識其貴賤。別於虎豹與犬羊乎。譬於君子所以貴者。政以文華爲別。今遂若使質而不文。則何以別於君子與衆人乎。

哀公問於有若曰。年飢用不足。如之何。有若對曰。盍徹乎。註鄭玄曰。盍者何不也。周法。十一而稅。謂之徹。徹。通也。爲天下通法也。曰。二。吾猶不足。如之何其徹也。註孔安國曰。二。謂十二而稅也。對曰。百姓足。君孰與不足。百姓不足。君孰與足。註孔安國曰。孰。誰也。疏哀公問至與足○云哀公問云云者。魯哀公愚暗。政苛賦重。故民廢其業。所以積年飢荒。國用不足。公若此惡。故問有若。求不飢而用足之法也。云有若對曰盍徹乎者。盍。何不也徹。謂十而稅一也。魯起宣公。而十稅二。至于哀公亦猶十二賦稅。既重。民飢國急。由於十二。故有若答云。今依舊十一。故云何不徹也。云曰二云云者公聞有若使爲十一。故拒之也。言稅一取二。吾國家之用。猶尚不足。今若爲令我十而取一乎。故云如之何其徹也。云對曰百姓足君孰與不足者。有若荅君所以合十一之理也。言君若輕税。則民下百姓得寛。各從其業。業從人寛。則家家豐足。民既豐足。則豈有事君而不足耶。故云百姓足。君孰與不足也。孰。誰也。云百姓不足君孰與足者。又云。君既重税。一則民從公先豐。二則貧無[redacted]糧。故家家食空竭。人人不足。既人人不足。故君豈得足。故云君誰與足也。故江熙云。爲家者與一家俱足。乃可謂足。豈可足已而謂之足也。夫儉以足用。寛以愛民。日計之可不足。而歲計則有餘。十二而行。日計可有餘。歲計則不足。行十二而不足。不思損而益。是揚湯止沸。疾行逐影。有子之所以發德音者也。○注鄭玄曰至法也。○徹字訓通。故漢武名徹。而改天下宜言徹者。一切云通也。今依王制云。古者公田藉而不税。鄭玄曰。藉之言。借也。借民力治公田。美惡取於此。不税民之所自治也。孟子曰。夏后氏五十而貢。殷人七十而助。周人百畝而徹。則所云古者。謂殷時也。其實皆十一也。侃案如記注。夏家民人盛大。則一夫受田五十畝。殷承夏末。民人稍少。故一夫受田七十畝。周承於紂。人民凋盡。故一夫受田百畝。三代雖異。同十分徹一。故徹一爲通法也。夏云貢者。是分田與民作之。所獲隨豐儉十分貢一以上於王也。夏民猶淳。少於欺詐。故云貢也。殷人漸澆。不復所可信。故分田與民十分取一。爲君借民力以耕作於一年。豐儉隨其所得還君不復稅民私作者也。至周大文。而王畿內用夏之貢法。所以然者。爲去王近。爲王視聽所知。秉鄉遂公邑之吏。旦夕從民事。爲其役之以公。使不得恤其私也。若王畿外邦國諸侯。悉用殷之助法。所以然者。爲諸侯專一國之政。貪暴稅民無法故也。故詩有雨我公田。遂及我私。又宣公十五年。初稅畝。傳曰。非禮也。穀出不過藉。以豐財也。案此二文說。既有公私稅。又云不過藉。則知諸侯助法也。又以周禮載師論之。則畿內用夏之貢法。其中有輕重。輕重不同。自各有意。此不復具言也。

子張問崇德辨惑。註苞氏曰：辨，別也。子曰：主忠信徙義，崇德也。註苞氏曰：徙義，見義則徙意從之也。愛之欲其生也，惡之欲其死也。既欲其生也，又欲其死，是惑也。註苞氏曰：愛惡當有常，一欲生之，一欲死之，是心惑也。誠不以富，亦祇以異。註鄭玄曰：此詩小雅也。祇，適也。言此行誠不可以致富，適足爲異耳。取此詩之異義以非之也。疏子張問至以異○云子張問崇德辨惑者，問求崇重有德、辨別疑惑之法也。云子曰云云者，此答崇德義也。言若能復以忠信爲主，又若見有義事，則徙意從之，此二條是崇德之法也。云愛之欲其生者，此答辨惑也。中人之情不能忘於愛惡。若有人從己。己則愛之。當愛此人時。必願其生活於世也。云惡之云云者。猶是前所愛者。而彼忽違己。己便憎惡。憎惡之既深。便願其死也。猶是一人。而愛憎生死。起於我心。我心不定。故爲惑矣。云誠不以富亦祇以異者。引詩。證爲惑人之言。生死不定之人。誠不足以致富。而只以爲異事耳。之行

齊景公問政於孔子。孔子對曰。君君。臣臣。父父。子子。註孔安國曰。當此時。陳恒制齊。君不君。臣不臣。父不父。子不子。故以此對也。公曰。善哉。信如君不君臣不臣。父不父。子不子。雖有粟。吾豈得而食諸。註孔安國曰。言將危也。陳氏果滅齊也。疏齊景公問至食諸。

云齊景公問政於孔子者于時齊弱其臣陳恒所制景公患之故問政方法於孔子也云孔子對云云者孔子隨其政惡而言之也言爲風政之法當使君行君德故云君君也君德謂惠也臣當行臣禮故云臣臣也臣禮謂忠也父爲父法故云父父也父法謂慈也子爲子道故云子子也子道謂孝也云公曰云云者公聞孔子言而服之也言我國信有此四事也云雖有云云者諸之也公又言國既方亂我雖有粟米俸祿我豈得長食之乎江熙云景公喻旨故復遠述四弊不食粟之憂善其誠言也○註孔安國曰至齊也○後陳恒弑齊君是也

子曰片言可以折獄者其由也與註孔安國曰片猶偏也聽訟必須兩辭以定是非偏信一言以折獄者唯子路可也子路無宿諾註宿猶豫也子路篤

信。恐臨時多故。故不豫諾也。疏子曰至宿諾○云子曰云云者片猶偏也折獄。謂判辨獄訟之事也。由。子路也。夫判辨獄訟。必須二家對辭。子路既能果斷。故偏聽一辭而能折獄也。一云。子路性直。情無所隱者。若聽子路之辭。亦則一辭亦足也。故孫綽云。謂子路心高而言信。未嘗文過以自衞。聽訟者。便宜以子路單辭爲正。不待對驗而後分明也。非謂子路聞人片信。而便能斷獄也。云子路無宿諾者。宿猶逆也。諾猶許也。子路性篤信。恐臨時多故。曉有言不得行。故不逆言許人也。○註孔安國曰至可也。○就此注意。亦得兩通也。

子曰。聽訟。吾猶人也。註苞氏曰。言與人等也。必也使無訟乎。註王肅曰。化之在前也。疏子曰至訟乎○云子曰云云者孔子言若有訟。而使我聽出决之。則我與人不異。故云吾猶人也。云必也使無訟乎者。言我所以異於人者。當訟未起而化之使不訟耳。故孫綽云。夫訟之所生。先明其契。而後訟不起耳。若訟至後察則不異於凡人也。此言防其本也。

子張問政。子曰。居之無倦。行之以忠。註王肅曰。言爲政之道。居之於身。無得懈倦。行之於民。必以忠信也。疏子張問至以忠。○云子張問政者。問爲政方法也。云子曰云云者。答云。言身居政事。則莫懈倦。又凡所行用於民者。必盡忠信也。

子曰。君子博學於文。約之以禮。亦可以弗畔矣夫。註鄭玄曰。弗畔。不違道也。疏子曰至矣夫。○云約之以禮者。能以禮約束也。云亦可以弗畔矣夫者。畔。違背也。言人廣學文章。而又以禮自約束。則亦得不違背正理也。

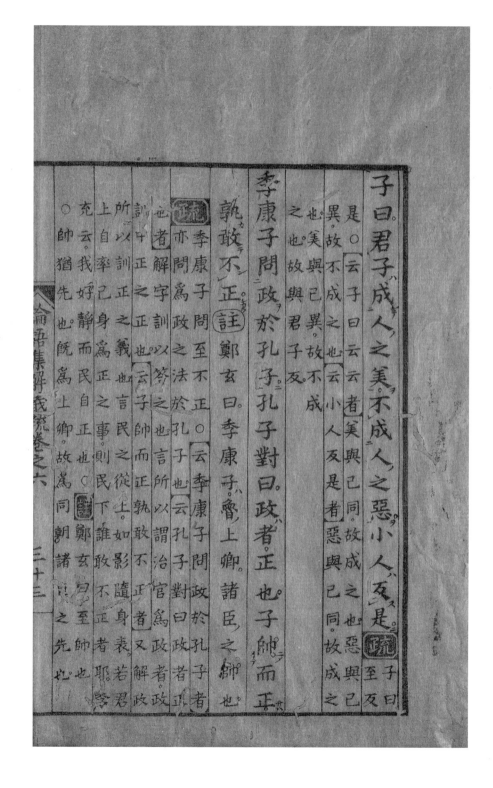

子曰。君子成人之美。不成人之惡。小人反是。【疏】子曰至反是。○云子曰云云者。美與己同。故成之也。惡與己異。故不成之也。云小人反是者。惡與己同。故成之也。美與己異。故不成之也。故與君子反。

季康子問政於孔子。孔子對曰。政者正也。子帥而正。孰敢不正。【註】鄭玄曰。季康子。魯上卿。諸臣之帥也。

【疏】季康子問至不正。○云季康子問政於孔子者。亦問爲政之法於孔子也。云孔子對曰政者正也者。解字訓以答之也。言所以謂治官爲政者。政訓午正之正也。云子帥而正孰敢不正者。又解政所以訓正之義也。言民之從上。如影隨身表。若君上自率己身爲正之事。則民下誰敢不正者耶。李充云。我好靜而民自正也。○【註】鄭玄曰至帥也。○帥猶先也。既爲上卿。故爲同朝諸臣之先也。

季康子患盜。問於孔子。孔子對曰。苟子不欲。雖賞之不竊。【注】孔安國曰。欲。多情欲也。言民化於上。不從其所令。從其所好也。【疏】季康子患至不竊。○云季康子患盜問於孔子者。患國內多偷盜。故問於孔子。求除盜之法也。云孔子對云云者。孔子荅多盜之由也。子。指季康子也。竊猶盜也。言民所以爲盜者。由汝貪欲不厭。故民從汝而爲盜耳。若汝心苟無欲。假令重賞於民。令民爲盜。則民亦不爲也。是從汝故也。李充云。我無欲。而民自朴者也。○【注】孔安國曰至好也。○雖賞不竊。是不從其所令也。康子患之。而民爲之不止。是從其所好也。

季康子問政於孔子曰。如殺無道。以就有道。何如。【注】孔安國曰。就。成也。欲多殺以止姦也。孔子對曰。子爲政焉用殺子欲善而民善矣君子之德風也小人之德草也草尚之風必偃 註 孔安國曰亦欲令康子先自正也偃仆也加草以風無不仆者猶民之化於上也

疏 季康子問至必偃○云季康子問ゝ云者就成也康子問孔子而言爲政欲并殺無道之人而成就爵祿有道者其事好不故云何如也 云孔子對云云者 孔子不許其殺也言汝自爲政爲政由汝焉用多殺乎 云子欲善而民善矣者 民有道無道終由於汝汝若善則民自善自善豈復無道乎今之無道由汝無道之故也 云君子云云者 更爲民從上之譬也君子人君也小人民下也言人君所行其德如風也民下所行其事如草也尚猶加也偃臥也言君如風民如草草上加風則草必臣東西隨風如民從君也○註偃仆也○仆亦踣臥也

論語義疏卷之六　三十四

子張問士何如斯可謂之達矣。子曰。何哉爾所謂達
者。子張對曰。在邦必聞。在家必聞。註鄭玄曰。言士
之所在。皆能有名譽也。子曰。是聞也。非達也。夫達
者。質直而好義。察言而觀色。慮以下人。註馬融曰。
常有謙退之志。察言語。見顏色。知其所欲。其念慮
常欲以下人也。在邦必達。在家必達。註馬融曰。謙
尊而光。卑而不可踰也。夫聞者。色取仁而行違。居
之不疑。註馬融曰。此言佞人也。佞人假仁者之色。
行之則違。安居其僞。而不自疑者也。在邦必聞。在

家必聞。注馬融曰。佞人黨多也。疏○子張問至必聞云子張問云云者士。通謂丈夫也。達。謂身命通達也。子張問爲士之法。何若爲德行。而謂得爲達士耶。云子曰云云者孔子知子張意非。故反質問之也。言汝意謂若爲事是達。而問之也。故云何哉爾所謂達者也。云子張對云云者在邦。謂仕諸侯也。在家。謂仕卿大夫也。子張答之己所謂達者。言若仕爲諸侯及卿大夫者。必並使有聲譽遠聞者。是爲達也。云子曰是聞也非達也者孔子曰。汝所言者。則聞耳。非是達也。繆協云。聞者。達之名。達者。聞之實。而殉爲名者衆。體實者寡。故利名者飾僞。敦實者歸眞。是以名分於聞。而道隔於達也。云夫達者質直而好義者既謂子張之達是聞。故此更爲其說達也。言夫達者。質性正直。而所好者義也。云察言而觀色者達者。又能察人言語。觀人容色者也。云慮以下人者既察於言色又須懷於謙退。思以下人也。云在邦云云者此人所在。必有此諸行以達於人。故云必達也。云夫聞者色取仁而行違者。孔子更爲子張說聞非達也。時多佞顏色。一往亦能假顏色爲仁。而不能行之。故云色取仁而行違也。云居之不疑者。既能爲假。能爲假故居此假。而能使人不疑之也。非唯不爲他所疑而已。亦自不復自疑也。云在邦云云者。既佞人黨多。故所在必聞也。繆協云。世亂則佞人多。黨盛則多聞。斯所謂歎衰運。疾弊俗。沈居士云。夫聞之與達。爲理自異。達者。德立行成。聞者。有名而已。夫君子深淵隱默。若長沮。桀溺。石門。晨門。有德如此。始都不聞於世。近世魏巍蕩蕩。有實如此。人都不知。是不聞世。並終然顯稱。名則是達也。漢書稱王莽始折節下士。鄉黨稱孝。州閭稱悌。至終然豺狼迹著。而母死不臨。班固云。此所謂在邦必聞。在家必聞。色取仁而行違者也。聞者。達之名。達者。聞之實。有實者必有名。有名者不必有實。實深乎本。聞浮於末也。○注馬融曰至踰也。○引謙卦。證慮以下人。所以是必達之義也。既謙光尊不可踰。故所在必達也。

樊遲從遊於舞雩之下。註苞氏曰。舞雩之處有壇墠樹木。故其下可遊也。曰。敢問崇德。脩慝。辨惑。註孔安國曰。慝。惡也。脩。治也。治惡爲善也。子曰。善哉問。先事後得。非崇德與。註孔安國曰。先勞於事。然後得報也。攻其惡。毋攻人之惡。非脩慝與。一朝之忿忘其身。以及其親。非惑與。疏樊遲從至惑與。○云樊遲從遊於舞雩之下者。此舞雩之處。近孔子家。故孔子往遊其壇樹之下。而弟子樊遲從之。云曰敢云云者。既從遊。而問此三事也。脩。治也。慝。惡也。謂治惡爲善也。問崇德。治惡。辨惑之事也。云子曰善哉問者。將欲答之故先美其問之善也。云先事云云者。答崇德也。先事。謂先爲勤勞之事也。後得。謂後得祿位己勞也。

若能如此。豈非崇德與言其是也故范甯云。物莫不避勞而處逸。今以勞事爲先。得事爲後。所以崇德也云攻其云云者答脩慝也攻。治也言人但自治己身之惡。改之爲善。而不須知他人惡事。若能如此。豈非脩慝與云一朝云云者答辨惑也君子有九思。忿則思難。故若人觸戚者。則思後有患難不敢遂肆我忿。以傷害於彼也若遂肆忿。忘於我身。又災禍及己親此則己爲惑。故宜辨明知而不爲也

樊遲問仁子曰。愛人問智子曰。知人樊遲未達子曰。擧直錯諸枉。能使枉者直注苞氏曰。擧正直之人用之廢置邪枉之人則皆化爲直也樊遲退見子夏曰。嚮也吾見於夫子而問智子曰。擧直錯諸枉

能使枉者直。何謂也。子夏曰。富哉是言乎。【註】孔安國曰。富盛也。舜有天下。選於衆。舉皐陶。不仁者遠矣。湯有天下。選於衆。舉伊尹。不仁者遠矣。【註】孔安國曰。言舜湯有天下。選擇於衆。舉皐陶伊尹。則不仁者遠矣。仁者至矣。【疏】樊遲問至遠矣○云樊遲問仁者　問爲仁之道也。云子曰愛人者　仁以惻隱濟衆。故曰愛人也。云問智者　樊遲又問智也。云子曰知人者　孔子答曰。能知人者。則爲智也。云樊遲未達者　達猶曉也。已曉愛人之言。而問曉知之旨也。云子曰云云者　錯。廢也。枉。邪也。樊遲既未曉知人之旨。故孔子又爲說之也。言若舉正直之人。在位用之。而廢置邪枉之人不用。則邪枉之人。皆改枉爲直以求舉也。云樊遲退見子夏者　樊遲猶未曉舉直錯諸枉之言。故退而往見子夏欲問之。云曰嚮云云者樊遲既見於子夏。而述夫子之言。問之何謂也。云子夏曰富哉是言乎者子夏得問。而曉孔子語。故先美之也富。盛也。云孔子之言甚盛。云舜有云云者引事以答舉直錯枉也。言舜昔有天位。選擇諸民衆中。舉得臯陶。在位用之。則是舉直也。而不仁者不敢爲非。故云遠矣。卽是枉者直也。云湯有云云者恐樊遲猶未曉。故又舉一條事。蔡謨云。何謂不仁者遠。遠。去也。若孔子言能使枉者去。則是智也。今云能使枉者直。是化之也。孔子言其化。子夏謂之去者。亦爲商之未達。[illegible]甚於樊遲也。子夏言此者。美舜湯之知人。臯陶伊尹之致治也。無緣說其道化之美。但言不仁者去。去言遠者。豈必足陟遐路。身適遠異邦。賢愚相殊。是亦遠矣。故曰性相近也。習相遠也。不仁之人。感化遷善。去邪枉。正直是與。故謂遠也。案蔡氏之通。與孔氏無異。但孔氏云不仁者遠。少爲紂耳。若味而言之。則遠是遠惡行。更改爲善行也。

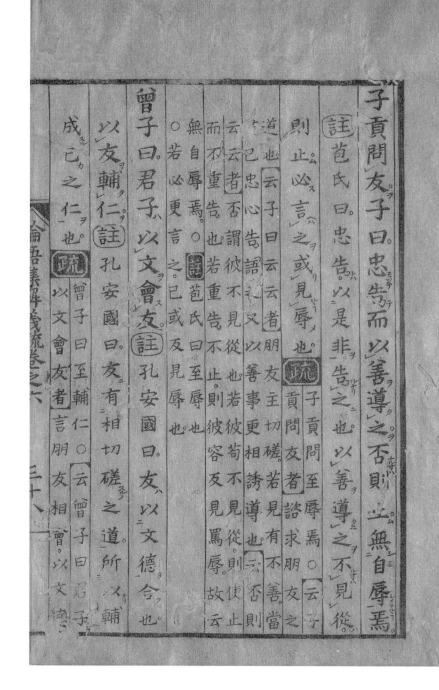

子貢問友。子曰。忠告而以善導之。否則止。無自辱焉。

註苞氏曰。忠告。以是非告之也。以善導之不見從。則止。必言之或見辱也。

疏子貢問至辱焉○云子貢問友者。諮求朋友之道也。云子曰云云者。朋友主切磋。若見有不善。當盡己忠心告語之。又以善事更相誘導也。云否則云云者。否謂彼不見從也。若彼苟不見從。則使止而不重告也。若重告不止。則彼容反見罵辱。故云無自辱焉。○註苞氏曰至辱也。○若必更言之。已或反見辱也。

曾子曰。君子以文會友。註孔安國曰。友以文德合也。

以友輔仁。註孔安國曰。友有相切磋之道。所以輔成己之仁也。

疏曾子曰至輔仁○云曾子曰君子以文會友者。言朋友相會。以文德爲仁也。云以友輔仁者，所以須友者，欲以輔成己仁之道故也。

論語集解義疏卷第六

義疏
子路 憲問

論語集解義疏卷第七

魏　何晏　集解

梁　皇侃　義疏

日本根遜志　校正

論語子路第十三 疏 子路。孔子弟子也。武爲三千之標者也。所以次前者。武劣於文。故子路次顔淵也。

子路問政。子曰。先之勞之。註 孔安國曰。先導之以德。使民信之。然後勞之。易曰。説以使民。民忘其勞也

請益。曰。無倦。註 孔安國曰。子路嫌其少。故請益曰

無倦者。行此上事無倦則可也。【疏】○子路問至無倦○云子路問政者，問為政之法也。云子曰先之勞之者，答也。先之謂先行德信及於民也。勞之謂使勞役也。為政之法，先行德澤，然後乃可勞役也。云請益者，子路嫌為政之法少，故就孔子更求請益也。云曰無倦者，孔子答曰，但行先之勞之二事，無有懈倦，則自為足也。○註孔安國曰至勞也○引易證上先有德澤可悦，後乃可勞民也。

仲弓為季氏宰，問政。子曰：先有司。【註】王肅曰：言為政當先任有司，而後責其事。赦小過，舉賢才。曰：焉知賢才而舉之？曰：舉爾所知。爾所不知，人其舍諸？【註】孔安國曰：汝所不知者，人將自舉之，各舉其所知。

則賢才無遺也。【疏】仲弓至舍諸○云仲弓爲季氏宰問政者，仲弓將往費，爲季氏采邑之宰，故先諮問孔子，求爲政之法也。云子曰先有司者，有司，謂彼邑官職屬吏之徒也。言爲政之法，未可自逞聰明，且先委任其屬吏，責以舊事。云赦小過者，過，誤也。又當放赦民間小小過誤犯之罪者也。云舉賢才者，又當舉民中有才智者，薦之於君者也。云曰焉知賢才而舉之者，焉，安也。仲弓又諮曰：已識闇昧，豈辨得賢才而可舉也。云曰舉云云者，仲弓既曰焉知賢才，故孔子又答曰：但隨爾所知而舉之，爾所不知，他人舉之。汝爲民主，汝若好舉賢才，則民心必從汝所好，各各自舉其所知賢才，皆遂不見捨弃，諸之也。人其捨於之乎。范甯曰：仲弓以非不欲舉賢才，識昧不知人也。孔子以所知者則舉之，爾不知者，他人自舉之，各舉所知，則賢才豈弃乎。

子路曰。衛君待子而爲政。子將奚先。【註】苞氏曰。問往將何所先行也。子曰。必也正名乎。註馬融曰。正百事之名也。子路曰。有是哉。子之迂也。奚其正。註苞氏曰。迂猶遠也。言孔子之言。疏遠於事也。子曰。野哉由也。註孔安國曰。野猶不達也。君子於其所不知。蓋闕如也。註苞氏曰。君子於其所不知。當闕而勿據。今由不知正名之義。而謂之迂遠也。名不正。則言不順。言不順。則事不成。事不成。則禮樂不興。禮樂不興。則刑罰不中。註苞氏曰。禮以安上。樂以移風。二者不行。則有淫刑濫罰也。刑罰不中。則民無所措手足。故君子名之必可言也。言之必可行也。【註】王肅曰。所名之事。必可得而明言也。所言之事。必可得而遵行也。君子於其言。無所苟而已矣。

【疏】子路曰至已矣○〔云子路曰云云者〕子。孔子也。奚。何也。子路諮孔子曰。衛國之君。欲待子共爲政化。子若往衛。與彼共爲政。則先行何事爲風化也。〔云子曰必也正名乎者〕孔子答曰。若必先行正百物之名也。所以先須正名者。爲時昏禮亂。言語飜雜。名物失其本號。故爲政。必以正名爲先也。所以下卷云。邦君之妻。君稱之曰夫人之屬。是正名之類也。韓詩外傳云。孔子侍坐季孫。季孫之宰通曰。君使人假馬。其與之不乎。孔子曰。君取臣。謂之取。不謂之假。季孫悟。告宰通曰。今日以來云君有取。謂之取。無曰假也。故孔子正假馬之名。而君臣之義定也。〔云子路曰云云者〕迂。遠也。子路聞孔子

以正名爲先。以爲不是。故云有是哉。言正名非是
也。又云。子之迂也。謂孔子所言正名。於爲政之事
賒遠。不近於事實。又云。奚其正。言何須正也。云子
曰野哉由也者。野。不達也。由。子路名也。子路不曉
正名之理也。便謂孔子言遠於事實。故孔子責之
云。野哉由也。所以前卷云。由誨汝知之乎。不知爲
不知。是知也。云君子云云者。既先責之云野哉。此
又戒之。言君子之人。若事於己有所不知。則當闕
而不言。今汝不知正名之義。便謂爲迂遠何乎。云
名不正則言不順者。戒之既竟。更又爲說正名之
義。言所以爲政先須正名。且夫名以召實。實以應
名。名若倒錯不正。則當言語紕僻。不得順序也。云
言不順則事不成者。事謂國家所行之事。若言不
從順序。則政行觸事不成也。云事不成則禮樂不
興者。興猶行也。若國事多失。則禮樂之教不通行
也。云禮樂云云者。禮以安上治民。樂以移風易俗。
若其不行。則君上不安。惡風不移。故有淫刑濫罰。
不中於道理也。云刑罰云云者。措猶置立也。刑罰

既濫。故下民畏懼刑罰之濫。所以跼天蹐地。不敢自安。是無所自措立手足也。云故君子名之必可言也者。既民無所措手足。由於名之不正。故君子為政者。宜正其名。必使順序而可言也。云言之必可行也者。言既順序。則事所以可行也。云君子云云者。言必使可行政。於其言不得苟且而不正也。鄭注云。正名。謂正書字也。古者曰名。今世曰字。禮記曰。百名已上。則書之於策。孔子見時教不行。故欲正其文字之誤。○註苞氏曰至事也○謂正名與事相乖違者也。

樊遲請學稼。子曰。吾不如老農。請學為圃。子曰。吾不如老圃。註馬融曰。樹五穀曰稼。樹菜蔬曰圃。樊遲出。子曰。小人哉樊須也。上好禮。則民莫敢不敬。上好義。則民莫敢不服。上好信。則民莫敢不用情。註孔安國曰。情，情實也。言民化其上。各以情實應也。

夫如是。則四方之民襁負其子而至矣。焉用稼。【註】苞氏曰。禮義與信。足以成德。何用學稼以教民乎。負者以器曰襁也。【疏】樊遲請至用稼。云樊遲請學稼者。樊須字子遲。稼者種穀之名。樊遲請於孔子。求學種五穀之術也。云子曰吾不如老農者。農者濃也。是耕田之人也。言耕田所以使國家倉廩濃厚也。樊遲既請學稼於孔子。孔子言我門唯有先王之典籍。非耕稼之所。汝若欲學稼。當就農夫之老者學之。故云吾不如老農。云請學爲圃者。圃者。種菜之事也。既請農不許。又更就孔子。求學種菜之術也。云子曰吾不如老圃者。又答曰。我不如種菜之老圃者也。云樊遲出者。既請二者。不爲師所許。故出去。云子曰小人哉樊須也者。小人是貪利者也。樊遲出後。孔子呼名罵之。君子喻於義。小人喻於利。樊遲在孔子之門。不請學仁義忠信之道。而學求利之術。故云小人也。云上好禮云云者。責之既竟。此又說學君子之道。勝學小人之事也。言君上若好禮。則民下誰敢不敬。故云莫敢不敬。禮主敬故也。云上好義云云者。君上若裁斷得宜。則民下皆服。義者。宜也。云上好信云云者。君上若好信。則民下有敬不復欺。故相與皆盡於情理也。李充曰。用情猶盡忠也。行禮不以求敬。而民自敬。好義不以服民。而民自服。施信。不以結心。而民自盡信。言民之從上。猶影之隨形也。云夫如云云者。夫。發語端也。是者。此也。負子以器曰襁。言君上若好行上三事。夫得如此。四方之民大小歸化。故並器負其子而來至也。李充云。負子以器。言化之所感。不召而自來。云焉用稼者。焉猶何也。行此三事。而四方自歸。則何用學稼乎。李充曰。余謂樊遲雖非入室之流。然亦從遊侍側。對揚崇德辨惑之義。且聖教殷勤。唯學爲先。故言君子謀道。不謀食。又曰。耕也餒在其中矣。學也祿在其中矣。而遲親稟明誨。乃諮圃稼。何頑固之甚哉。縱使樊遲欲舍學營生。猶足知非聖師之謀矣。將恐三千之徒。雖同學聖門。而未能皆忘榮祿道教之益。奢情之患切。簞食不改其樂者。唯顔回堪之耳。遲之斯問。將必有由。亦如宰我問喪之謂也。

〇【註】馬融曰至曰圃〇【云】樹五穀曰稼【者】樹。種殖也。五穀。黍稷稻粱之屬。種之曰稼。收斂曰穡。稼猶嫁也。言種穀。欲其滋長田苗。如人嫁娶生於子孫也。穡。吝嗇也。言穀熟而歛藏之。如慳貪吝嗇之人聚物也【云】樹菜蔬曰圃【者】蔬猶菜也。種菜曰圃。圃之言。布也。取其分布於地。若種菓實則曰園。園之言。蕃也。種菓於圃外為蕃盛也。〇【註】負者以器曰襁〇襁者。以竹為之。或云以布為之今蠻夷猶以布帊裹兒。負之背也。

子曰。誦詩三百。授之以政。不達。使於四方。不能專對。雖多。亦奚以為【註】專。猶獨也。【疏】子曰至以為〇【云】誦詩三百者。不用文。背文而念曰誦。亦曰。口讀曰誦。詩有三百五篇。
云三百。舉全數也。言人能誦詩之過至也。云授之
以政不達者。達猶曉也。詩有六義。國風。二雅。並是
爲政之法。今授政與此誦詩之人。不能曉解也。袁
氏曰。詩有三百篇。是以爲政者也。云使於四方不
能專對者。專猶獨也。孔子語鯉曰。不學詩無以言。
又曰。可以群。可以怨。近之事父。遠之事君。多識於
草木鳥獸之名者。今使此誦詩之人。聘問隣國。而
不能專獨猶應對也。袁氏曰。古人使賦詩而答對。
云雖多亦奚以爲者。奚。何也。誦詩宣曉政。而今不
達。又應專對。而今不能。雖復誦詠之
多。亦何所爲用哉。故云亦奚以爲也。

子曰。其身正。不令而行。其身不正。雖令不從。【註】令。教
令也。【疏】子曰至不從。○云其身正不令而行者。如
直形而影自直。范甯曰。上能正已以率物。
則下不令而自從也。云其身不正雖令不從者。如
曲表而求直影。影終不直也。范甯曰。上行理僻。而

制下使正猶立邪表責直影猶東行求郢而此終年不得也

子曰魯衛之政兄弟【註】苞氏曰魯周公之封衛康叔之封也周公康叔既爲兄弟康叔睦於周公其國之政亦如兄弟也【疏】子曰魯衛之政兄弟○魯是周公之封衛是康叔之封周公康叔是兄弟當周公初時則二國風化政亦俱能治化如兄弟至周末二國風化俱惡亦如兄弟故衛瓘曰言治亂略同也○註苞氏曰至弟也○睦親也言康叔親於周公故風政得和好也

子謂衛公子荊善居室【註】王肅曰荊與蘧瑗史鰌並爲君子也始有曰苟合矣少有曰苟完矣富有曰苟美矣【疏】子謂至美矣○云子謂云云者衛公子荊是衛家公子也諸侯之庶子並稱公

子居其家能治不爲奢侈故曰善居室也云始有曰苟合矣者此是善居室之事始有謂爲居初有財帛時也曰猶云也苟苟且也苟且非本意也于時人皆無而爲有虛而爲盈奢華過實子荆初有財帛不敢言已才力所招但云是苟且遇合而已云少有曰苟完矣者少有謂更復多少勝於始有時也既少勝於前始有但云苟且得自全完而已不敢言欲爲久富貴也云富有曰苟美矣者富有謂家道遂大富時也亦云苟且爲美非是性之所欲故云苟美矣○註王肅曰至子也○蘧瑗字伯玉後卷云君子哉蘧伯玉亦是也呉公子札出聘于上國適衞說蘧瑗史狗史鰌公子荆公子叔公子朝曰衞多君子未有患也事在春秋第十九卷襄公二十九年傳也

子適衞冉子僕註孔安國曰孔子之衞冉有御也子曰庶矣哉註孔安國曰庶衆也言衞民衆多也冉

有曰。既庶矣。又何加焉。曰。富之。曰。既富矣。又何加焉。曰。教之。疏子適至教之○云子適衛冉子僕者適。往也。僕。御車也。爲孔子御車也。云子曰庶矣哉者庶。衆也。孔子歎衛人民之衆多也。矣。云冉有曰云云者加。益也。冉有言其民既衆多。復何以滋之也。云富之者孔子曰宜益以富。曰既富矣又何加焉者冉有又問既已富益。又復何以益之。云曰教之者既富而後可以教化之。范甯曰。衣食足。當訓義方也。

子曰。苟有用我者。朞月而已可也。三年有成。註孔安國曰。言誠有用我於政事者。朞月而可以行其政教。必三年乃有成功也。疏子曰至有成○云子曰云云者苟。誠也。朞月。謂年一周也。可者。未足之辭也。言若誠能用我爲治政者。一年即可小治也。一年天氣一周變。故人情亦少改也【云】三年有成者 成。大成也。三年一閏。
是天道一成。故爲政治。若得三年風政亦成也
子曰。善人爲邦百年。亦可以勝殘去殺矣【註】王肅曰。
勝殘者。勝殘暴之人。使不爲惡也。去殺者。不用刑
殺也。誠哉是言也【註】孔安國曰。古有此言。故孔子
信也。【疏】子曰至言也。○【云】子曰云云者 善人。謂賢
人也。爲者。治也。爲邦。謂爲諸侯也。勝殘。謂
政教理勝。而殘暴之人不起也。去殺。謂無優刑殺
也。言賢人爲諸侯已百年。則殘暴不起。所以刑辟
無用。袁氏曰。善人。謂體善德賢人也。言化當有漸
也。任善用賢。則可止刑。任惡則殺愈生也。【云】誠哉
是言也者 誠。信也。古舊有
此語。故孔子稱而美信之
子曰。如有王者。必世而後仁。【註】孔安國曰。三十年曰

世如有受命王者。必三十年仁政乃成也【疏】子曰至後仁。○王者。謂聖人爲天子也。世。三十年也。聖人化速。故三十年而政乃大成。必須世者。舊被惡化之民已盡。新生之民。得三十年。則所禀聖化易成。故顔延之曰。革命之王。必漸化物以善道。染亂之民。未能從道爲化。不得無威刑之用。則仁施未全。改物之道。必須易世。使正化德教。不行暴亂。則刑罰可措。仁功可成。繆播曰。習亂俗。雖畏法刑。而外必猶未能化也。必待世變人改。生習治道。然後仁化成也。刑措成康。化隆文景。由亂民之世易。殷秦之俗遠也

子曰。苟正其身矣。於從政乎何有。不能正其身。如正人何。【疏】子曰至人何。○云子曰云云者。苟。誠也。言誠能自正其身。則爲政不難。故曰何有。云不能云云者。其身不正。雖令不從。故云如正人何也。故江熈曰。從政者。以正人爲事也。身不正。那能

正人乎。

冉子退朝【註】周生烈曰：謂罷朝於魯君也。子曰：何晏也？對曰：有政。【註】馬融曰：政者，有所改更匡正也。子曰：其事也。【註】馬融曰：事者，凡所行常事也。如有政，雖不吾以，吾其與聞之。【註】馬融曰：如有政，非常之事，我爲大夫，雖不見任用，必當與聞也。【疏】冉子至聞之

云冉子退朝者，退朝謂旦朝竟而還家。朝廷云退也。云子曰何晏也者，晏，晚也。冉子還晚於常朝，故孔子問之：今還何晏也。范寗曰：冉求早朝晚退，故孔子疑而問之也。云對曰有政者，答所以退晚之由也。言在朝論於政事，故至晏也。云子曰其事也者，孔子謂冉有所云有政非也，應是凡所行小事

耳。故云其事也。○云如有云云者，孔子更説所以知非政之由也。以，用也。言若必是有政事，雖不吾既，必應用。而吾既爲卿大夫，亦當必應參預聞之。今既不聞，則知汝所論非關政也。○欒肇曰：按稱政事冉有、季路，未有不知其名而能職其事者。斯蓋微言以譏季氏專政之辭。若以家臣無與政之理，則二三子爲宰而問政者多矣，未聞夫子有譏焉。○周生烈曰至君也○冉子爾時仕季氏，且上朝於魯君，當是季氏冉有從之朝魯君也。

定公問一言而可以興邦有諸？孔子對曰：言不可以若是其幾也。註王肅曰：以其大要一言不能正興國也。幾，近也。有近一言可興國也。人之言曰：爲君難，爲臣不易。如知爲君難也，不幾乎一言而興邦乎？

註孔安國曰。事不可以一言而成也。知如此。則可
近也。曰。一言而可以喪邦。有諸。孔子對曰。言不可
以若是其幾也。人之言曰。予無樂乎爲君。唯其言
而樂莫予違也。註孔安國曰。言無樂於爲君。所樂
者。唯樂其言而不見違也。如其善而莫之違也。不
亦善乎。如不善而莫之違也。不幾乎一言而喪邦
乎。註孔安國曰。人君所言善無違之者。則善也。其
所言不善。而無敢違之者。則近一言而喪國也。疏
定公問至邦乎○云定公問云云者。定公。魯君也。
諸。之也。問孔子有出一言。而能興邦者不乎。云孔

子對云云者若是者猶如此也答曰豈有出一言而興得邦國乎言不可得頓如此也云其幾也者幾近也然一言雖不可即使興而有可近於興邦者故云其幾也云人之言云云者此已下是一言近興邦之言設有人云在上爲君既爲人主不可輕脫罪歸元首故爲難也又云爲人臣者國家之事應知無不爲也必致身竭命故云不易也云如知云云者如若也若知爲君難而云不敢作此言則豈不近一言興國乎不云爲臣不易者從可知也且君道尊貴爲人所貪故特舉君也云曰一言云云者定公又問有一言而令邦國即喪者不乎云孔子對云云者亦如前答亦有言近之者也云人之言云云者此舉近喪邦之言也設有人言我本無樂爲人之君上所以樂爲君者正言我有言語而人與我無敢違拒我者爲此故所以樂爲君耳云如其善云云者將識其惡故先發此句也此若爲君而出言心善而民不違如此者乃可爲善耳故云不亦善乎云如不善云云者又答若爲君

而言不善。使民不違。則此言不近一言而喪邦乎

葉公問政。子曰。近者悅。遠者來。疏 葉公問至者來。○云葉公問政者。葉公亦問孔子爲政之道。云子曰云云者。言爲政之道。若能使近民懽悅。則遠人來至也。江熙曰。邊國之人。豪氣不除。物情不附。故以悅近以諭之

子夏爲莒父宰。問政。註 鄭玄曰。舊說曰。莒父。魯下邑也。子曰。無欲速。毋見小利。欲速則不達。見小利則大事不成。註 孔安國曰。事不可以速成。而欲其速。則不達矣。見小利。妨大事。則大事不成也。疏 子夏爲至不成。○云子夏爲莒父宰問政者。子夏欲往莒父爲宰。故先問孔子爲政之法也。云子曰無欲速者

言爲政之道。每當閑緩。不得倉卒求速成也。云毋見小利者。政貴有恒。不得見小財利。而曲法爲之。云欲速則不達者。解欲速之累也。若不安緩每事而欲速成。則不通達於事理也。云見小利則大事不成者。若見小利。而枉法曲教。則爲政之大事。無所成就也。

葉公語孔子曰。吾黨有直躬者。註孔安國曰。直躬。直身而行也。其父攘羊。而子證之。註周生烈曰。有因而盜曰攘。孔子曰。吾黨之直者。異於是。父爲子隱。子爲父隱。直在其中矣。疏葉公語至中矣。云葉公云云者。葉公稱已鄉黨中有直躬之人。欲自矜誇於孔子也。躬猶身也。言無所邪曲也。云其父云云者。此直躬者也。攘。盜也。言黨中有人行直。其父盜羊。而子告失羊主。證明道父之盜也。云孔子曰云云者。拒於葉公。故云吾黨中有直行者。則異於諸父之盜爲直也【云】父爲云云者【孔子舉所異者。言爲風政者。以孝悌爲主。父子天性率由自然至情。宜應相隱。若隱惜則自不爲非。故云直在其中矣。若不知相隱。則人倫之義盡矣。樊光曰。父爲子隱者。欲求子孝也。父必先爲慈。家風由父。故先稱父。范甯曰。夫所謂直者。以不失其道也。若父子不相隱諱。則傷教破義。長不孝之風。焉以爲直哉。故相隱乃可爲直耳。今王法則許期親以上得相爲隱。不問其罪。蓋合先王之典章。江熙曰。葉公見聖人之訓。動有隱諱。故舉直躬。欲以訾毀儒教。抗衡中國。夫子答之辭正而義切。荆蠻之豪。喪其誇。○

【註】周生烈曰有因而盜曰攘○謂他人物來已家。而藏隱取之。謂之攘也

樊遲問仁。子曰。居處恭。執事敬。與人忠。雖之夷狄。不可棄也。【註】苞氏曰。雖之夷狄無禮義之處。猶不可

棄去而不行也。【疏】樊遲問至棄也。○云樊遲問仁者。問孔子行仁之道也。云子曰居處恭者。答仁道。居謂常居。恒以恭遜爲用也。燕居溫溫是也。云執事敬者。謂行禮執事時。禮主於敬也。云與人忠者。謂交接朋友時。宜盡忠不相欺。云雖之夷狄不可棄也者。假令入夷狄無禮義之處。亦不可捨弃於此三事。此則是仁也。江熙曰。恭。敬。忠。君子任性而行已。所以爲仁也。本不爲外物。故以夷狄不可弃而不行也。若不行於無常。則僞斷見矣。僞見則去仁邈也。

子貢問曰。何如斯可謂之士矣。子曰。行己有恥。【注】孔安國曰。有恥。有所不爲也。使於四方。不辱君命。可謂士矣。曰。敢問其次。曰。宗族稱孝焉。鄉黨稱悌焉。曰。敢問其次。曰。言必信。行必果。硜硜然小人哉。抑

亦可以爲次矣註鄭玄曰行必果所欲行必敢爲之硜硜者小人之貌也抑亦其次言可以爲次也

曰今之從政者何如子曰噫斗筲之人何足筭也

註鄭玄曰噫心不平之聲也筲竹器容斗二升者也筭數也

疏子貢問至筭也○云子貢問云云者謂問在朝爲士之法是卿大夫可知也云子曰行已有恥者答士行也言自行已身恒有可恥之事故不爲也李充曰居正情者當遲退必無者其唯有恥乎是以當其空行則恥已之不及及其宜止則恥已之不免爲人臣則恥其君不如堯舜處濁世則恥獨不爲君子將出言則恥躬之不逮是故孔子之稱丘明亦貴其同恥義苟孝悌之先者也云使於四方不辱君命者君號令出使於四方之國則必使稱當不使君命之見凌辱

論語集解義疏卷之七　十三

也。故李充曰。古之良使者。受命不受辭。事有權宜。則與時消息。排患釋難。解紛挫銳者。可謂良也。【云】可謂士矣【者】能有恥。及不辱二事並行無虧。乃可謂爲士矣。此行最高。故在先也。【云】曰敢問其次者子貢聞士之上者。故敢更問士之次者。【云】曰宗族云云【者】孝是事父母爲近。悌是事兄長爲遠。宗族爲近。近故稱孝。鄉黨爲遠。故稱悌也。繆協曰。雖孝稱於宗族。悌及於鄉黨。而孝或爲未優。使於四方猶未能備。故爲之次者也。【云】曰敢問其次【者】子貢又問求次於士者也。【云】曰言必信行必果【者】此答士之次也。君子達士。貞而不諒。言不期苟信。捨藏隨時。何期必遂。若小行之士。言必須信。行必須果也【云】硜硜然小人哉【者】果必信爲譬也。硜硜。堅正難移之貌也。小人爲惡。堅執難化。今小人之士。必行信果。守志不迴。如小人也。【云】抑亦可以爲次矣【者】抑。語助也。凡事欲强使相關。亦多云抑也。言此小行亦强可爲士之次也。李充曰。言可覆而行必成。雖爲小器。取其能有所立。繆協曰。果。成也。言必合乎信。行必期諸成。君子之體其業大哉。雖行硜硜小器。而能必信必果者。取其共有成。抑亦可爲士之次也。云曰今之從政者何如者。子貢又問曰。今士之從政者。復云何如。云子曰云云者。噫。不平聲。筲竹器也。容一斗二升。故云斗筲也。筭數也。子貢已聞古之是。而又問今之非。故云噫也。不平之聲既竟。故又云今之人也。言今之小人器量。如斗筲之器耳。何足數也。

子曰。不得中行而與之。必也狂狷乎。註苞氏曰。中行、行能得其中者也。言不得中行。則欲得狂狷者也。狂者進取。狷者有所不爲也。註苞氏曰。狂者進取於善道。狷者守節無爲。欲得此二人者。以時多進退。取其恒一者也。疏子曰至爲也。○云不得中行而與[illegible]者。中行。行能得其中者。當時僞多實少。無復所得中之人。故孔子歎曰。不得中行而與之。謂共處於世乎。云必也狂狷乎者。狂謂應直進而不退也。狷謂應退而不進者也。二人雖不得中道。而能各任天然。而不爲欺詐。故孔子曰。既不得中道者而與之。而得與此二人亦好。故云狂狷乎。言世亦無此人。江熙曰。狂者知進而不知退。知取而不知與。狷者急狹能有所不爲。皆不中道也。然率其天眞不爲僞也。季世澆薄。言與實違背。心以惡時飾詐以誇物。是以録狂狷之一法也。云狂者云云者。此說狂狷之行。言狂者不爲惡。唯直進取善。故云進取。狷者應進而不遷。故云有所不爲也。○註苞氏曰至一者也。○云狂者進取善道者。進而不爲惡。故云取善道也。云狷者守節無爲者。不進。故云守節無爲也。云欲得云云者。說時多僞。而狂狷天然恒一。故云取之也

子曰。南人有言曰。人而無恒。不可以作巫醫。註孔安

國曰南人南國之人也鄭玄曰言巫醫不能治無
常之人也善夫【註】苞氏曰善南人之言也不恒其
德或承之羞【註】孔安國曰此易恒卦之辭也言德
無常則羞辱承之也子曰不占而已矣【註】鄭玄曰
易所以占吉凶也無恒之人易所不占也【疏】子曰至已
矣○云子曰云云者南人南國人也無恒用行無
常也巫接事鬼神者醫能治人病者南人舊有言
云人若用行不恒者則巫醫不能治之不差故云不
可作巫醫也一云言不可使無恒之人為巫醫也
衛瓘曰言無恒之人乃不可以為巫醫巫醫則疑
誤人也而況其餘乎云善夫者孔子述南人言故
先稱之而後云善夫也矣云不恒其德或承之羞
者孔子引易恒卦不恒之辭證無恒之惡也言人若

為德不恒。則必羞辱承之。辱必承。而云或者。或。常也。言羞辱常承之也。何以知或是常。按詩云。如松栢之茂。無不爾或承。鄭玄曰。或。常也。老子曰。湛兮似或存。河上公注云。或。常也。【云】子曰不占而已矣者。此記者又引禮記孔子語來。證無恒之惡也。言無恒人。非唯不可作巫醫而已。亦不可以為卜筮。卜筮亦不能占無恒之人。故云不占而已矣。禮記云。南人有言曰。人而無恒。不可以為卜筮。古之遺言與。龜筮猶不能知也。而況於人乎。是明南人有兩時兩語。故孔子兩稱之。而禮記。論語。亦各有所録也

子曰。君子和而不同。小人同而不和。【註】君子心和。然其所見各異。故曰不同。小人所嗜好者同。然各爭其利。故曰不和也。【疏】子曰至不和。【云】君子和而不同者。和謂心不爭也。不同。

謂立志各異也君子之人千萬千萬其心和如一而所習立之志業不同也云小人同而不和者小人為惡如一故云同也好鬬爭故云不和也

子貢問曰鄉人皆好之何如子曰未可也鄉人皆惡之何如子曰未可也不如鄉人之善者好之其不善者惡之【註】孔安國曰善人善己惡人惡己是善善明惡惡著也【疏】子貢問至惡之云子貢問云云者子貢問孔子云設有一人為鄉人共所崇好則此人如何云子曰未可也者孔子不許故云未可也知所以未可者設一鄉皆惡而此人為惡與物同黨故為衆人共見稱美故未可信也云鄉人皆惡之何如者既云皆好為未可故更問設其鄉之人皆共憎惡此人則何如云子曰未可也者孔子亦以未許者設一鄉皆

惡。而此人獨爲善。不與衆同。故爲群惡所疾。故未可信也。云不如云云者。向答既並云未可。故此說其可之事也。言若此人爲鄉人善者所好。又爲不善者所惡。如此則是善人。乃可信也。一通云子貢問孔子曰。與一鄉人皆親好。何如。孔子答云。未可。又問曰。與一鄉人皆爲踈惡。何如。孔子又答云。未可。既頻答未可。所以更爲說云。不如擇鄉人善者與之親好。若不善者與之爲踈惡也。注孔安國曰。至著也。已爲善人。爲善人之所好。故是善善明也。惡人惡已。則非已惡。故是惡惡著也。

子曰。君子易事而難說也。注孔安國曰。不責備於一人。故易事也。說之不以道。不說也。及其使人也。器之。注孔安國曰。度才而任官也。小人難事而易說也。說之雖不以道。說也。及其使人也。求備焉。疏子曰

至備焉○云君子易事難說也者君子忠恕故易
事也照見物理不可欺詐故難悅也云說之不以
道不說者此釋難悅也君子既照識理深若人以
非道理之事來求使之悅已則識之故不悅也云
及其使人也器之者此釋易事也器猶能也君子
既不責備於一人故隨人之能而用之不過分責
人故易事云小人難事而易說也者小人不識道
理故難事也可以非法欺之也云說之雖不以道
說也者此釋易悅也既不識道理故雖不以道之
事悅之亦既悅也云及其使人也求備焉者此解
難事也不測度他人器量
而過分責人故難事也

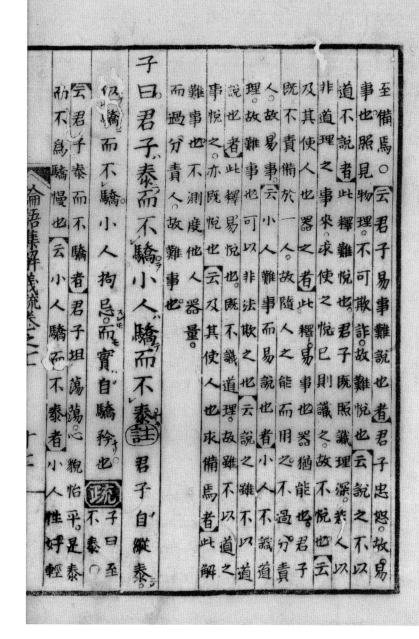

子曰君子泰而不驕小人驕而不泰註君子自縱泰
似驕而不驕小人拘忌而實自驕矜也疏子曰至不泰○
云君子泰而不驕者君子坦蕩蕩心貌怡平是泰
而不爲驕慢也云小人驕而不泰者小人性好輕

凌而心恒戚戚是驕而不泰也

子曰剛毅木訥近仁（註）王肅曰剛無欲也毅果敢也木質樸也訥遲鈍也有此四者近於仁也（疏）子曰剛毅木訥近仁○言此四事與仁相似故云近仁剛者性無求欲仁者靜故剛者近仁也毅者性果敢仁者必有勇周窮濟急殺身成仁故毅者近仁也木者質朴仁者不尚華飾故木者近仁也訥者言語遲鈍仁者慎言故訥者近仁也

子路問曰何如斯可謂士矣子曰切切偲偲怡怡如也可謂士矣朋友切切偲偲兄弟怡怡如也（註）馬融曰切切偲偲相切責之貌怡怡和順之貌也（疏）

子路問至如也○云子路問云云者問爲士之行和悅切磋之道也云子曰云云者答也切切偲偲相切磋之貌也怡怡和從之貌也言爲士之法必須有切磋又須和從也云朋友切切偲偲者何答雖合曰怡怡三事而不可專施一心故更分之也若是朋友義在相益故須切偲也云兄弟怡怡如者兄弟骨肉理在和順故須怡怡如也繆協曰以爲朋友不唯切磋亦貴和諧兄弟非但怡怡亦須戒厲然朋友道缺則面朋而匿怨兄弟道缺則鬩牆而外侮何者憂樂本殊故重弊至于恨匿將欲矯之故云朋友切切偲偲兄弟怡怡如也切切偲偲相切責之貌也怡怡和順之貌也

子曰善人教民七年亦可以即戎矣【註】苞氏曰即戎就兵可以攻戰也【疏】子曰至戎矣○善人賢人也即戎謂就兵戰之事夫教民三年一考九歲三考三考黜陟幽明待其成者九年則正可也今曰七年者是兩考已竟新入三考

之初者也若有可急不暇待九年則七年考亦可亦可者未全好之名繆協曰亦可以即戎未盡善義也江熙曰子曰苟有用我者朞月而已可也三年有成善人之教不逮機理倍於聖人亦可有成六年之外民可用也

子曰以不教民戰是謂棄之【註】馬融曰言用不習民使之攻戰必破敗是謂棄之也【疏】子曰至棄之○民命可重故孔子慎戰所以教至七年猶曰亦可若不經教戰而使之戰是謂弃擲民也江熙曰善人教民如斯乃可即戎況乎不及善人而驅馳不習之民戰以肉餧虎徒弃而已也琳公曰言德教不及於民而令就戰民無不死也必致破敗故曰弃也

論語憲問第十四

【疏】憲者弟子原憲也問者問於孔子進仕之法也所以次前

者。顔路既允文允武。則學優者宜仕。故憲問次於子路也

憲問恥。子曰。邦有道穀。註孔安國曰。穀。祿也。邦有道。當食其祿也。邦無道穀恥也。註孔安國曰。君無道。而在其朝。食其祿。是恥辱也。克伐怨欲不行焉。可以為仁矣。註馬融曰。克。好勝人也。伐。自伐其功也。怨。忌小怨也。欲。貪欲也。子曰。可以為難矣。仁則吾不知也。註苞氏曰。此四者。行之難者。未足以為仁也。疏憲問至知也。○云憲問恥者。弟子原憲問孔子。凡行事最為可恥者也。云子曰邦有道穀者。咨可恥事也。將言可恥者。先舉不恥者也。穀。祿也。若有道。則可以仕而食其祿也。云邦無道穀恥

也者此可恥者若君無道而仕食其祿則可爲恥也云克伐云云者克勝也謂性好凌人也伐謂有功而自稱怨謂小小忌怨欲貪欲也原憲又問若人能不行此四事可以得爲仁也云子曰云云者孔子不許能不行前四事則爲難耳謂爲仁則非吾所知也仁者必不伐不伐必有仁顔淵無伐善夷齊無怨老子曰少私寡欲此皆是仁也公綽之不欲孟之反不伐原憲蓬室不怨則未及於仁故云不知也

子曰士而懷居不足以爲士矣注士當志道不求安而懷其居非士也疏子曰至士矣○懷居猶居求安也不足爲士謂非士也君子居無求安士也若懷居非爲士也

子曰邦有道危言危行注苞氏曰危厲也邦有道可

以厲言行也邦無道危行言遜註遜順也厲行不隨俗順言以遠害也疏子曰至言遜○云子曰云以正理處人故民可以得嚴厲其言行也云邦無道危行言遜者君若無道必以非理罪人故民下所行乃嚴厲不同亂俗而言不可厲厲必獲罪當遜順隨時也江熙曰仁者豈以歲寒虧貞松之高志於其言語可以免害知志愈深孔子曰諾吾將仕矣此皆遜辭以遠害也

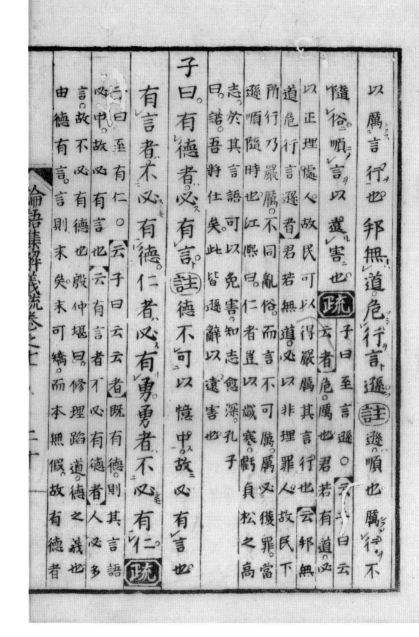

子曰有德者必有言註德不可以憶中故必有言也有言者不必有德仁者必有勇勇者不必有仁疏子曰至有仁○云子曰云云者既有德則其言語必中故必有言也云有言者不必有德者人必多言故不必有德也殷仲堪曰修理蹈道德之義也由德有言言則末矣末可矯而本無假故有德者

必有言。有言者不必有德也。李充曰。甘辭利口。似是而非者。佞巧之言也。數陳成敗。合連縱横者。說客之言也。凌誇之談。多方論者。辯士之言也。德音高[illegible]。發爲明訓。聲滿天下。若出金石者。有德之言也。故有德必有言。有言不必有德也。云仁者必有勇者。殺身成仁。故必有勇也。云勇者不必有仁者。暴虎馮河。不必有仁也。殷仲堪曰。誠愛無私。仁之理也。見危授命。若身手之相救焉。存道忘生。斯爲仁矣。若夫强以肆武。勇以勝物。陵超在於要利。輕死元非以爲仁。故云仁者必有勇。勇者不必有仁。李充曰。陸行而不避虎兕者。獵夫之勇也。水行不避蛟龍者。漁父之勇也。鋒刃交於前。視死若生者。烈士之勇也。知窮之有命。知通之有時。臨大難而不懼者。仁者之勇也。故仁者必有勇。勇者不必有仁。

○注德不至言也○夫德之爲事。必先有言語教喻。然後其德成。故有德者必有言。有言者不可億度中事也。

南宮适註孔安國曰适南宮敬叔魯大夫也問於孔子曰羿善射奡盪舟註孔安國曰羿有窮之君也簒夏后相之位其臣寒浞殺之因其室而生奡奡多力能陸地行舟爲夏后少康所殺也俱不得其死然註孔安國曰此二子者皆不得以壽終也禹稷躬稼而有天下夫子不答註馬融曰禹盡力於溝洫稷播殖百穀故曰躬稼也禹及其身稷及後世皆王也适意欲以禹稷比孔子孔子謙故不答也南宮适出子曰君子哉若人尚德哉若人註孔

安國曰。賤不義而貴有德。故曰君子也。【疏】南宮适至若人○南宮适者。姓南宮。名适。字敬叔。云問於云云者适問孔子之事也。曰。古有一人名羿而善能射。故云羿善射。淮南子云。堯時有十日並出。草木燋枯。堯命羿仰射之。中其九日。日中烏皆死焉。奡者古時多力人也。盪。推也。舟。船也。能陸地推舟也。云俱不得其死然者。言羿奡二人。雖能射及多力。俱爲人所殺。不終天壽。故云俱不得其死然。云禹稷躬稼而有天下者。禹。夏禹。禹帝姓姒。名文命。黄帝玄孫。鯀之子也。謚法。受禪成功曰禹。治水九年也。稷。后稷。事舜爲百穀也。躬稼。播種也。有天下。謂爲天子也。言禹身治溝洫。手足胼胝。勤勞九州。稷播種百穀。二人不爲篡。並有德爲民。禹即身爲天子。稷子孫爲天子。适所問孔子者。以孔子之德比於禹稷。則孔子亦當必有王位也。云夫子不答者。孔子知适以禹稷比己。故謙而不答也。云南宮适出者孔子不答。适自退出。云子曰云云者。孔子不對面答适是謙也适出後而美之欲天下皆知尚德也若今如此人也言适知賤於羿奡貴重禹稷所德也君子尚德如此人也然就此南宮适非周有十士之南宮适也○注孔安國曰至殺也○羿有窮之君者有窮夏時諸侯國名也其君名羿也云篡夏后相之位者篡奪也夏后禹之後世爲天子名相卽位爲君有窮之君篡夏后相之位殺奪也其臣寒浞殺之者羿奪相位而自立爲君其位號有窮之君不修德政好畋獵臣寒浞殺之而篡其位云因其室而生奡者因猶通也室妻也浞旣殺羿而通於羿妻遂有孕生奡云奡多力能陸地行舟者奡是浞之子多力於陸地推舟云爲夏后少康所殺者夏后少康亦夏禹後世子孫又殺奡而自立爲天子也○注馬融曰至王也○云禹及其身者禹身得天子也云稷及後世者文王武王得天子也云皆王也者皆爲天子也○注孔安國曰至子也○云賤不義者羿奡之不義故适賤之云而貴有德者禹稷有德故貴重也

子曰君子而不仁者有矣夫未有小人而仁者也【註】孔安國曰雖曰君子猶未能備也【疏】子曰至者也云子曰云云者此謂賢人已下不仁之君子也未能圓足時有不仁如管氏有三歸官事不攝後則一匡天下九合諸侯是長也袁氏曰此君子無定名也利仁慕爲仁者不能盡體仁時有不仁一迹也夫語助也【云】未有云云者小人併爲惡事未能有行民尊達於仁道故云未有小人而仁者也又袁氏曰小人性不及仁道故不能及仁事者也王弼曰假君子以甚小人之辭君子無不仁也

子曰愛之能勿勞乎忠焉能勿誨乎【註】孔安國曰言人有所愛必欲勞來之有所忠必欲教誨之也【疏】子曰至誨乎○【云】愛之能勿勞乎者愛慕也凡人在志在心見形於外也既有心愛慕此人學問之

道不無勞賴之辭也云忠焉能勿誨乎者忠者盡中心也誨教也有人盡中心來者不無教誨之辭

李充曰愛志不能不勞心盡忠不能不教誨

子曰爲命裨諶草創之註孔安國曰裨諶鄭大夫名也謀於野則獲謀於國則否鄭國將有諸侯之事則使乘車以適野而謀作盟會之辭也世叔討論之行人子羽修飾之東里子產潤色之註馬融曰世叔鄭大夫游吉也討治也裨諶既造謀世叔復治而論之詳而審之也行人掌使之官也子羽公孫揮也子產居東里因以爲號也更此四賢而成

故鮮有敗事也【疏】子曰至色之　云爲命者爲作
也命君命也此謂鄭國之事也
作盟會之書也　云裨諶草創之者　裨諶鄭國大夫
性靜怯弱謂其君作盟會之辭則入於草野之中
以創之獲之　云世叔討論之者　世叔亦是鄭大夫
也討治也論者評也世叔有不能草創學問寡才
淺盟會之辭但能討論治正諶所造之辭　云行人
子羽修飾之者　子羽亦鄭大夫行人是掌使者官
名也不能始創又不能討治但能取前人所創治
者更唯彫修飾之　云東里子產潤色之者　居鄭之
東里因爲氏姓又公孫僑名亦曰國僑字子產才
學過超前之三賢加絲潤色周旋會盟之辭也有
此四賢鮮有過失○【注】孔安國曰至辭也○此注
是春秋十九卷魯襄公三十一年傳語也獲得也諶
入野爲盟會之辭則成於國中則辭不成也○【注】
馬融曰至事也○更經也鮮少也事經此裨諶等
之四人也故鄭
國少有敗事也

或問子產。子曰。惠人也。註孔安國曰。惠愛也子產古之遺愛也問子西。曰。彼哉彼哉。註馬融曰子西鄭大夫彼哉彼哉。言無足稱也或曰。楚令尹子西也問管仲。曰。人也註鄭玄曰。猶詩言所謂伊人也奪伯氏駢邑三百。飯疏食沒齒無怨言。註孔安國曰。伯氏齊大夫。駢邑地名也齒年也伯氏食邑三百家。管仲奪之。使至疏食而沒齒無怨言以當其理故也疏或問至怨言　云或問子產者或人問於孔子鄭之子產德行於民何如　云子曰惠人也者答或人也言子產之德於民不惜家資拯救於民甚有恩惠故云惠人也　云問子西者或人

論語集解義疏卷之七　二十四

又問孔子。鄭之大夫子西德業如何。鄭之公孫夏。或云。楚令尹子西。云曰彼哉彼哉者。又答或人。言人自是彼人耳。無別行可稱也。云問管中者。或人更問孔子。齊大夫管仲之德行於民何如也矣。云曰人也者。答曰管仲是人也。云奪伯氏騈邑三百者。釋所以是人之事也。伯氏名偃。大夫。騈邑者。伯氏所食采邑也。時伯氏有罪。管仲相齊。削奪伯氏之地三百家也。云飯疏食沒齒無怨言者。飯猶食也。疏猶麤也。沒。終。齒。年也。伯氏食邑時。家資豐足。奪邑之後。至死而貧。但食麤糲以終餘年。不敢有怨言也。所以然者。明管仲奪之當理。故不怨也。注孔安國曰至憂也。○子產德行流於後世。有古人之遺風。子產卒。仲尼聞之出涕曰。古之遺愛也。事在春秋第二十四卷。魯昭公二十年冬傳也。○注鄭玄曰全人也。○詩曰。所謂伊人。於焉逍遙。是美此人。今云管仲人也。是美管仲也。

子曰。貧而無怨難。富而無驕易。疏子曰至驕易。○云貧而無怨難者。貧交困於飢寒。所以有怨。若能無怨者。則爲難矣。江熙曰。顔愿無怨。不可及也。云富而無驕易者。富貴豐足。無所應怨。然應無驕。則爲易也。江熙曰。若子貢不驕。猶可能也。

子曰。孟公綽爲趙魏老則優。不可以爲滕薛大夫也。

註孔安國曰。公綽。魯大夫也。趙魏皆晉卿也。家臣稱老。公綽性寡欲。趙魏貪賢。家老無職。故優。滕薛小國。大夫職煩。故不可爲也。

疏子曰至夫也○此明人生性分各有所能。趙魏皆晉地也。老者。采邑之室老也。優猶寛閑也。公綽性靜寡欲。若爲采邑之臣。則寛緩有餘裕也。滕薛皆小國。職煩。公綽不能爲大夫也。○註孔安國曰至爲也○趙魏賢人多。職不煩雜。故家臣無事。所以優也。滕薛二國不貪賢。賢人少。其職事煩雜。故不可使公綽爲之。

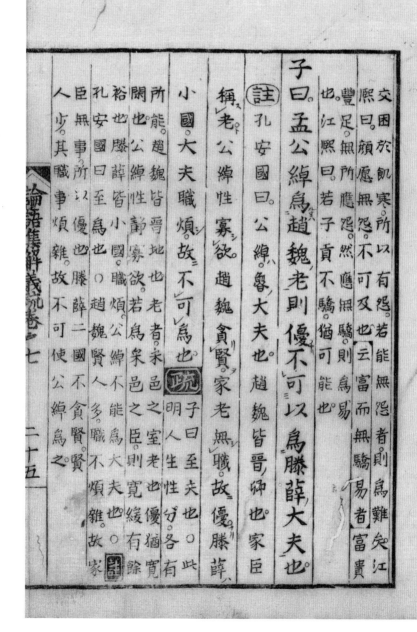

子路問成人。子曰。若臧武仲之智。註馬融曰。魯大夫臧孫紇也。公綽之不欲。註馬融曰。魯大夫孟公綽也。卞莊子之勇。註周生烈曰。卞邑大夫也。冉求之藝。文之以禮樂。註孔安國曰。加之以禮樂文成也。亦可以爲成人矣。曰。今之成人者何必然。見利思義。註馬融曰。義然後取。不苟得也。見危授命。久要不忘平生之言。亦可以爲成人矣。註孔安國曰。久要舊約也。平生猶少時也。疏子路問至人矣。○云子路問成人者。問人何所行德。可爲成人乎。云子曰若臧武仲之智者。答若德成人者。使智如臧武仲。然武仲唯有求立後於魯。而爲孔子所識。此亦非智者。齊侯將爲臧紇田。臧孫聞之見齊侯。與之言伐晉。對曰。多則多矣抑君似鼠。夫鼠晝伏夜動。不穴於寢廟。畏人故也。今君聞晉之亂而後作焉。寧將事之。非鼠如何。乃弗與田。臧孫知齊侯將敗。不欲受其邑。故以比鼠。欲使怒而止。仲尼曰。智之難也。有臧武仲之智謂能避齊禍。而不容於魯國。抑有由也作不順。而施不恕也。夏書曰。念茲在茲。順事恕施也。此是智也。事在春秋第十七卷。襄公二十三年傳也。云公綽之不欲者 非唯須智如武仲。又須無欲如公綽。不欲。不貪欲。所以唯能爲趙魏老也。范寧曰。不欲。不營財利也。云卞莊子之勇者 又非但公綽之無欲。又須勇如卞莊子之勇。莊子能獨搏虎。一云。卞莊子與家臣卞壽。途中見兩虎共食一牛。莊子欲前以劍揮之。家臣曰。牛者。虎之美食。牛盡。虎之未飽。二虎必鬭。大者傷。小者亡。然後可以揮之。信而言之。果如卞壽之言也。云冉求之藝者 又非但勇如莊子。又須有藝如求也。云文之以禮樂者 言備有上四人之才智。又須加禮樂以文飾之也【云亦可以為成人矣者】亦可。未足之辭。言才智如上四人。又加禮樂。則亦可謂為成。明人之難也【云曰今之成人者何必然者】曰者。謂也。向之所答。是說古之成人耳。若今之成人。亦不必然也【云見利思義者】此已下說下成人之法。是今也。若見財利思是仁義。合宜之財。然後可取。顔特進曰。見利思義。雖不及公綽之不欲。猶顧義也【云見危授命者】若見其君之危。則當授命竭身。不苟免也。曲禮云。臨財無苟得。臨難無苟免。是也。顔特進曰。見危授命。雖不及卞莊子之勇。猶顧義不苟免也【云久要不忘平生之言者】久要。舊約也。平生者。少年時也。言成人平生期約。雖久至今。不得忘少時之言【云亦可以為成人矣者】言如見利思義。竭身致命。至老不忘平生之言。則亦可得為今之成人也

子問公叔文子於公明賈曰。信乎夫子不言不笑不

取乎。註孔安國曰。公叔文子。衛大夫公孫拔也。文
謚也。公明賈對曰。以告者過也。夫子時然後言。人
不厭其言也。樂然後笑。人不厭其笑也。義然後取。
人不厭其取也。子曰。其然。豈其然乎。註馬融曰。美
其得道。嫌其不能悉然也。疏子問至然乎。○云子
問云云者。孔子見公
明賈相訪。而問公叔文子之事。時公明賈仕公叔
文子。故問之者也。云曰信云云者。此是問公叔文
子之事也。夫子呼公叔文子爲夫子。言人傳文子
平生不言。不笑。不取財利。此三事。孔子未信。故見
公明賈而問之也。云公明賈對云云者。過誤也。答
孔子曰。文子有此三事。是爲誤耳。實理不然也。云
夫子時云云者。先云是告者誤。後答言以實事。對
言我夫子非時不語。語必得之中。既得之中。故世

人不厭其言也云樂然云云者夫笑爲樂若不樂而強笑以爲人所厭更云事言訖然後笑也云義然云云者夫取利若非義取則爲人所厭我夫子見得思義義而後取故人不厭其取也云子曰其然者然如此此也言今汝所説者當如此也云豈其然乎者謂人所傳三事不言不笑不取豈容如此乎一云其然是驚其如此豈其然乎其不能悉如此也袁氏曰其然然之也此則善之者恐其不能故設疑辭○疏馬融曰至然也○云美其得道者釋其然也云嫌其云云者釋豈其然乎也

子曰臧武仲以防求爲後於魯雖曰不要君吾不信也註孔安國曰防武仲故邑也爲後立後也魯襄公二十三年武仲爲孟氏所譖出奔邾自邾如防使爲以大蔡納請曰紇非敢害也智不足也非敢

私請。苟守先祀。無廢二勳。敢不避邑。乃立臧爲。紇致防而奔齊。此所謂要君也。

疏 子曰至信也○云子曰云云者。姓臧。名紇。武謚也。防是武仲故食采邑也。爲後。謂立後也。武仲。魯襄公二十三年。爲孟氏所譖。出奔邾。後從邾還防。而使人請於魯爲其後於防。故云以防求爲後於魯。云雖曰不要君吾不信者。要。謂要君也。不先盡忠。而先欺君也。武仲出奔。而猶求立後於其故邑。時人皆謂武仲此事非要。孔子據其理是要。故云雖曰不要。吾不信也。是不信時人不要之言也。袁氏曰。奔不越境而據私邑。求立先人之後。此正要君也○注孔安國曰至君也○云防武仲故邑者。武仲食邑於防。既已出奔故邑。云爲後立後也者。其既自出奔。欲更立後於防。云魯襄云云者。季武子無適子。有公子鉏。是公彌也。及紇。是悼子也。季氏愛紇欲立之。又公子鉏年長。而臧紇謀爲立紇。季氏從之。孟孫死。又廢大立小。是依季

氏家用事。故孟氏家惡臧紇。閉門譖於季孫曰。臧
氏將爲亂。不使我葬。欲爲公鉏廢臧氏。季孫不信。
後孟氏除葬道。臧孫使正夫助之。除於東門。介甲
從己而視之。孟氏又告。季孫怒命攻臧氏之家。臧
紇斬鹿門之關以出奔邾。云自邾云云者。大蔡是
大龜也。納。進也。進龜請立後。臧紇有異母兄臧賈
臧爲二人。在鑄。在舅氏國也。紇在邾。先遣使以龜
告魯。求立爲後。賈聞命矣。再拜受龜。而使弟臧爲
以納請。紇遣使後。乃自邾還防。云曰紇云云者。紇
至防。使臧爲爲使至魯。傳紇之言。初孟氏譖紇以
甲自隨。謂欲爲亂。季孫信而攻之。故紇今謝之而
言。己以介甲從己而視之。非敢欲爲害。正是智不
足也。云非敢私請苟守先祀者。又言今日之請。非
敢私求還。正是欲求立後守先人之祀。是爲先人
之請。云無廢二勳者。二勳。是臧文仲宣叔也。是紇
之祖父。並於魯有功勳。今願得立祀。是不敢廢二
世之勳也。云敢不避邑者。若二大勳不廢。得有守
祀之人。則紇敢不避邑也。云乃立臧爲者。魯得紇

請仍立臧爲爲後也所以立臧爲者臧爲于時又私自爲請求立已也 云紇致防而奔齊者 紇得立臧爲後竟故致防與臧爲而奔齊 云此所謂要君也者 還據私邑求爲先而立後要望魯邑即此是要君也事在春秋第十七卷襄公二十三年傳也

子曰晉文公譎而不正 註 鄭玄曰譎者詐也謂召天子而使諸侯朝之仲尼曰以臣召君不可以訓故書曰天王狩于河陽是譎而不正也齊桓公正而不譎 註 馬融曰伐楚以公義責包茅之貢不入問昭王南征不還是正而不譎也 疏 子曰至不譎 ○云晉文公譎而不正者晉文公是晉獻公之子重耳也初爲驪姬之難遂出奔新城游歷諸國至二十八年受

命爲侯伯。遂爲之主。此評其有失也。譎。詭詐也。文公爲霸主。行詭詐。而不得爲正禮。時天子是周襄王。微弱。文公欲爲霸主。大合諸侯。而欲事天子以爲名義。自嫌强大不敢朝天子。乃喻諸天子。令出畋狩。因此盡君臣之禮。天子遂至晉河陽之地。此是文公譎而不正禮也。事在春秋七卷。僖公二十八年。【云齊桓公正而不譎者】此是齊侯爲霸主。依正而行。不爲詐譎。是勝於晉文公也。江熙曰。言此二君霸迹不同。而所以翼佐天子。綏諸侯。使車無異轍。書無異文也。【注】鄭玄曰。至正也。此臣無召君之禮。而文公召之。故不爲教訓也。故春秋不云晉侯召君。但云天王狩于河陽。言是天子自狩以至河陽也。【注】馬融曰。至譎也。魯僖公三年冬。齊侯與蔡姬。乘舟于囿。蕩公。蔡姬。齊侯夫人。蕩搖也。是搖蕩船也。公懼變色禁之。不可。公怒歸之。未之絕也。蔡人嫁之。至明年四年春。齊侯之師侵蔡。蔡潰散也。遂伐楚。楚子使與師言曰。君處北海。寡人處南海。唯是風馬牛不相及也。不虞君之涉吾地也何故齊侯使管仲對曰昔召康公命我先君太公曰五侯九伯汝實征之以夾輔周室賜我先君履東至于海西至于河南至于穆陵北至于無棣爾貢包茅不入王祭不供無以縮酒寡人是徵昭王南征不還寡人是問對曰貢之不入寡君之罪也敢不供給昭王之不還君其問諸水濱按春秋傳齊侯伐楚責此二事是正不譎也楚地出好茅貢王祭將縮酒縮酒者謂束茅而灌之以酒謂之縮酒楚既久不貢茅故周王祭時無茅以供縮酒乃就齊徵求之又昭王是成王之孫南巡狩涉漢船壞而溺死周人諱而不赴諸侯不知其故故問之所以伐楚楚受不貢包茅之失而不受昭王溺水之咎于時溺水之地不屬楚境故云問諸水濱也事在春秋第五卷僖四年春傳也

子路曰桓公殺公子糾召忽死之管仲不死曰未仁乎

注 孔安國曰齊襄公立無常鮑叔牙曰君使民

慢亂將作矣。奉公子小白出奔莒。襄公從弟公孫無知殺襄公。管夷吾、召忽奉公子糾出奔魯。齊人殺無知。魯伐齊納子糾。小白自莒先入。是爲桓公。乃殺子糾。召忽死之也。子曰：桓公九合諸侯，不以兵車，管仲之力也。如其仁，如其仁。【註】孔安國曰：誰如管仲之仁矣。【疏】子路曰至其仁○云子路曰云云者，桓公是齊僖公之庶子，名小白也。子糾是桓公之庶兄。桓公與子糾爭國而殺子糾也。云召忽死之者，召忽是子糾之傳。子糾被殺，故召忽赴敵而同死也。云管仲不死者，管仲亦是子糾輔相。召忽既死，管仲猶生，故曰不死。云曰未仁乎者，曰者謂也。是時人物議者皆謂管仲不死是不仁之人也。管仲非唯不死，亦迴復輔相桓公。

故爲無仁恩也。云子曰云云者。孔子答子路。説管仲有仁之迹。齊桓公爲霸主。遂經九過盟會諸侯。不用兵車而能辨也。不用兵車。而諸侯九合。管仲之力也。史記云。兵車之會三。乘車之會六。穀梁傳云。衣裳之會十一。范甯注曰。十三年會北杏。十四年會鄄。十五年又會鄄。十六年會幽。二十七年又會幽。僖元年會檉。二年會貫。三年會陽穀。五年會首戴。七年會甯毋。九年會葵丘。凡十一會。又非十一會。鄭不取北杏及陽穀。爲九會。云管仲云云者管仲不用民力。而天下平靜。誰如管仲之仁智乎。再言之者。深美其仁也。○孔安國曰至死也。○

云齊襄公立無常者。此注至召忽死之。並是春秋魯莊公八年九年傳文。是記前時之事也。襄公者。是齊僖公之適子。名諸兒。作倪字呼。是桓公之兄。既得立爲君。風化不恒。爲政之惡。故曰無常。云鮑叔牙曰云云者。齊僖公有三子。長是襄公。是鮑叔牙者。小白之輔。適。次子糾。是庶。小者。是小白也。僖公薨。襄公繼父之位爲君。政不常。相見襄公風政

無常。故云亂將作也。云奉公子小白出奔莒者。叔
牙見襄公危政。不居亂邦。故奉小白。奔往莒國也。
云。襄公從弟公孫無知殺襄公者。小白奔後。而襄
公從弟。公母弟夷仲年之子。名無知。作亂而殺襄
公。自立爲君。禮。諸侯之子曰公子。公子之子曰公
孫。公孫之子曰公族。云管夷吾云云者。夷吾。管仲
也。襄公死後。管仲召忽二人。奉持子糾出奔魯。云
齊人殺無知者。齊人是雍廩也。子糾出奔後。公孫
得爲君。惡虐于雍廩。雍廩。齊大夫也。至九年春。雍
廩殺無知。云魯伐齊納子糾者。子糾奔魯。齊人又
殺無知。而齊無君。至魯莊公九年夏四月。魯伐齊
入子糾。欲擬立爲齊君。納。入也。云小白自莒先入
是爲桓公者。小白先奔在莒。聞魯伐齊納子糾。故
先子糾而入。遂爲君。死。謚爲桓公。云乃殺子糾召
忽死也者。小白既入得爲君。遂殺庶兄子糾于生
竇。在魯地也。故云桓公殺公子糾。召忽死之。一云。
召忽投河而死。事在春秋
第三卷。莊公八年九年傳。

子貢曰管仲非仁者與桓公殺公子糾不能死又相之子曰管仲相桓公霸諸侯一匡天下註馬融曰匡正也天子微弱桓公率諸侯以尊周室一正天下也民到于今受其賜註受其賜者謂不被髮左衽之惠也微管仲吾其被髮左衽矣註馬融曰微無也無管仲則君不君臣不臣皆為夷狄也豈若匹夫匹婦之為諒也自經於溝瀆而莫之知也註王肅曰經經死於溝瀆之中也管仲召忽之於公子糾君臣之義未正成故死之未足深嘉不死未

足多非死事既難亦在於過厚故仲尼但美管仲之功亦不言召忽不當死也

疏子貢曰至知也○云子貢曰云云者問孔子嫌管仲非是仁者乎○云桓公殺云云者此舉管仲非仁之迹言管仲是子糾之相而桓公是子糾之賊管仲既不爲子糾致命殺讎而更相桓公非爲仁也○云子曰云云者孔子說管仲爲仁之迹也管仲得相桓公者桓公與子糾爭國管仲射桓公中鉤帶子糾死管仲奔魯初鮑叔牙與管仲同游南陽極相敬重叔牙後相桓公而欲取管仲還無漸既因告老辭位桓公問叔牙誰復堪爲相者牙曰唯管仲堪之桓公曰管仲射朕鉤帶殆迫死今日豈可相乎牙曰在君爲君謂忠也至君有急當射彼人鉤帶桓公從之遣使告魯不欲放殺管仲遣使者曰管仲射我君鉤帶君自斬之魯還之遂得爲相莊九年夏云小白既先入而魯猶輔子糾至秋齊與魯戰于乾時魯師敗績鮑叔牙志

欲生管仲。乘勝進軍。來告魯曰。子糾。親也。請君討之。管召。讎也。請受而甘心焉。子糾是我親也。我不忍殺。欲令魯殺之。管仲。召忽。是我欲自得而殺之。魯乃殺子糾于生竇。召忽死之。管仲請囚。鮑叔牙受之。及堂阜而脫之。遂使爲相也。霸諸侯。使輔天子。合諸侯。故曰霸諸侯也。一匡天下。故天下一切皆正也。云民到于今受其賜者。賜。猶恩惠也。于時夷狄侵逼中華。得管仲匡霸桓公。令不爲夷狄所侵。皆由管仲之恩賜也。王弼曰。于時戎狄交侵。亡邢滅衛。管仲攘戎狄而封之。南服楚師。北伐山戎。而中國不移。故曰受其賜也。云微管仲云云者。此舉受賜之事也。被髮。不結也。左衽。衣前從右來向左也。孔子言若無管仲。則今我亦爲夷狄。故被髮左衽矣。云豈若云云者。孔子更語子貢。喻召忽死之。不足爲多。管仲不死。不足爲小也。諒。信也。匹夫匹婦無大德。而守於小信。則其宜也。自經。謂經死於溝瀆中也。溝瀆小處。非宜死之處也。君子直而不諒。事存濟時濟世。豈執守小信。自死於溝瀆。而世莫知者乎。喻管仲存於大業。不爲召忽守小信。而或云。召忽投河而死。故云溝瀆。或云。自經。自縊也。白虎通云。匹夫匹婦者。謂庶人也。言其無德及遠。但夫婦相爲配匹而已。○注王肅曰至死也○二人並不足爲是非也。死是人生之難。而召忽於子糾。未成君臣。今爲之死。亦是過厚。不及管仲不死也。

公叔文子之臣大夫僎與文子同升諸公。注孔安國曰。大夫僎。本文子家臣也。薦之使與己並爲大夫。同升在公朝也。子聞之曰。可以爲文矣。注孔安國曰。言行如是。可謚爲文也。疏公叔文子至文矣。○云公叔文子之臣大夫僎者。即前孔子所問公明賈之文子也。有臣名僎。亦爲大夫也。云與文子同升諸公者。升朝也。諸。

之也。公。衛君也文子是衛大夫僎本是家臣見之有才能。不將爲己之臣。恐掩賢才。乃薦於衛君。衛君用之亦爲大夫與文子尊卑使敵。恒與文子齊列同班者也云子聞之曰可以爲文矣者子。孔子也聞文子與家臣同升而美之也言謚文也以其德行必大。得謚爲文矣

子曰。衛靈公之無道久也康子曰。夫如是奚而不喪。孔子曰。仲叔圉治賓客祝鮀治宗廟王孫賈治軍旅夫如是奚其喪註孔安國曰。言君雖無道所任者各當其才何爲當亡乎疏子曰至其喪○云子曰云云者孔子數衛君無道也云康子曰云云者康子。魯季康子也夫指衛靈公也奚何也康子聞孔子數衛君無道故致其言夫無道者。必須喪傾邦。靈公奚無道行意不喪亡其國乎云孔子曰云云者孔子答康子言

靈公無道。邦國不喪之由也。有此三臣。各掌其政也。喪。亡也。或問曰。靈公無道。焉得有好臣。答曰。或是先人老臣未去者也。或靈公少時可得良臣。而後無道。故臣未去也。

子曰。其言之不怍。則其爲之難。註馬融曰。怍。慙也。內有其實。則言之不慙。積其實者。爲之難也。疏子曰至之難。○怍。慙也。人內心虛詐者。外言貌必慙。若內有其實。則外貌無慙。時多虛妄無慙怍也。故王弼曰。情動於中。而外形於言。情正實而後言之不怍。

陳成子殺簡公。孔子沐浴而朝。告於哀公曰。陳恒殺其君。請討之。註馬融曰。陳成子。齊大夫陳恒也。將告君。故先齊。齊必沐浴也。公曰。告夫二三子。註孔安國曰。謂三卿也。孔子曰。以吾從大夫之後。不敢不告也。君曰告夫二三子者。【註】馬融曰。我於禮當告君。不當告二三子。君使我往。故復往也。之二三子。告不可。孔子曰。以吾從大夫之後。不敢不告。【註】馬融曰。孔子由君命之二三子。告不可。故復以此辭語之而止也。【疏】陳成子至不告。○云陳成子殺簡公者。陳成子。陳恒也。謚成子。魯哀公十四年甲午。齊陳恒殺其君壬于舒州。云孔子沐浴而朝告於哀公者。魯齊同盟。分災救患。故齊亂則魯宜討之。禮臣下凡欲告君謀謀。必先沐浴。孔子是臣。故先沐浴告於哀公。而請伐齊。公曰陳恒殺其君請討之者。此告哀公之事也。哀公言魯爲齊弱久矣。子之伐之。將若之何。對曰。陳恒殺其君。

民不與者半。以魯衆加齊之半。可克。是孔子對曰也。云公曰告夫二三子者。二三子是三卿。仲孫。叔孫。季孫。公得孔子告。不敢自行。更令孔子往告三卿。孔子辭之而不告也。云孔子曰云云者。孔子得公令告三卿。故言此答之言我是大夫。大夫聞事應告先主君。云從大夫之後者。孔子謙也。云君曰告夫二三子者。禮我應告君。本不應告三子。今君使我告三子。我當往告之。云之二三子告不可者之。往也。孔子從君命而往。三子告孔子曰。不可討齊也。云孔子曰云云者。三子既告孔子云。齊不可討。故孔子復以此辭語之而止也。

子路問事君。子曰。勿欺也。而犯之。註孔安國曰。事君之道。義不可欺。當能犯顏色諫爭也。疏子路問至犯之。○云子路問事君者。問孔子求事君之法。云子曰云云者。答事君。當先盡忠而不欺也。君若有過。則必犯顏而諫之。禮云。事君有犯而無隱。事親有隱而無犯。

子曰。君子上達。小人下達。註本爲上。末爲下也。疏子曰至下達○上達者。達於仁義也。下達。謂達於財利。所以與君子反也

子曰。古之學者爲己。今之學者爲人。註孔安國曰。爲己。履道而行之也。爲人。徒能言之也。疏子曰至爲人○明今古有異也。古人所學。已未善。故學先王之道。欲以自己行之。成己而已也。今之世學。非復爲補己之行闕。正是圖能勝人。欲爲人言己之美。非爲己行不足也○註孔安國曰至言之也○徒。空也。外空爲人言之。而已無其行也。一云。徒則圖也。言徒爲人說也。

蘧伯玉使人於孔子。孔子與之坐而問焉。註孔安國

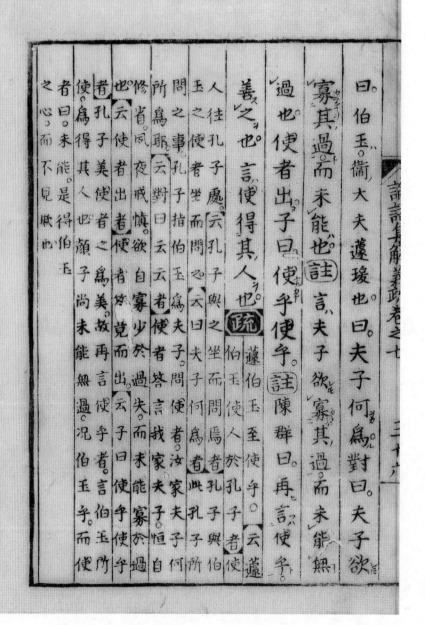

曰。伯玉。衛大夫蘧瑗也。曰。夫子何爲。對曰。夫子欲寡其過。而未能也。註言夫子欲寡其過。而未能無過也。使者出。子曰。使乎使乎。註陳群曰。再言使乎。善之也。言使得其人也。疏蘧伯玉至使乎。云蘧伯玉使人於孔子者。使人往孔子處。云孔子與之坐而問焉者。孔子與伯玉之使者坐而問之。云曰夫子何爲者。此孔子所問之事。孔子指伯玉爲夫子。問使者。汝家夫子何所爲耶。云對曰云云者。使者答言我家夫子。恒自修省。夙夜戒愼。欲自寡少於過失。而未能寡於過也。云使者出者。使者答竟而出。云子曰使乎使乎者。孔子美使者之爲美。故再言使乎者。言伯玉所使。爲得其人也。顏子尚未能無過。況伯玉乎。而使者曰。未能。是得伯玉之心。而不見欺也。

子曰。不在其位。不謀其政。曾子曰。君子思不出其位。

註 孔安國曰。不越其職也。

疏 子曰至其位○云子曰云云者誡人各專己職。不得濫謀圖他人之政也。云曾子曰云云者君子思慮當己分內。不得出己之外。而思他人事。思於分外。徒勞不可得。袁氏曰。不求分外。

子曰。君子恥其言之過其行也。

疏 子曰至行也○君子之人顧言慎行。若空出言。而不能行。遍是言過其行也。君子恥之。小人則否。

子曰。君子道者三。我無能焉。仁者不憂。智者不惑。勇者不懼。子貢曰。夫子自道也。

疏 子曰至道也○云子曰云云者者君子所行之道有三。夫子自謙我不能行其一也。我者孔子自言也。云仁者不憂者一。樂天知命。內省不疾是無憂云智者不惑者二智者以昭了爲用是無疑惑云勇者不懼者三既有才力是以捍難衛侮是無懼敵也云子貢曰夫子自道也者孔子曰無而實有也故子貢曰孔子自道說也江熙曰聖人體是極於沖虛是以忘其神武遺其靈智遂與衆人齊其能否故曰我無能焉子貢識其天眞故曰夫子自道也

子貢方人註孔安國曰比方人也子曰賜也賢乎我夫哉我則不暇註孔安國曰不暇比方人也疏子貢方人至不暇○云子貢方人者方比方人也子貢以甲比乙論彼此之勝劣者也云子曰云云者夫人行難知故比方人優劣之不易且誰聞己之劣故聖人不言聖人不言而子貢專輙比方之故抑之云賢乎哉云我則不暇者事既爲難故我則不暇有比方之說江熙曰比方人不得不長短相傾

聖人誨人不倦。豈當相臧否。故云我則不暇。是
以聞人之賢而無毀譽。長物之風於是乎暢。

子曰。不患人之不己知。患己無能也。註王肅曰。徒患己之無能也。疏子曰至能也。言不患人之不知我之有才能也。正患無才能以與人知耳。

子曰。不逆詐。不億不信。抑亦先覺者是賢乎。註孔安國曰。先覺人情者。是寧能為賢乎。或時反怨人也。疏子曰至賢乎。云不逆詐者。逆者。迎也。君子含弘接納。不得逆欺物以詐偽也。李充曰。物有似眞而偽。亦有似偽而眞者。信僭則懼及偽人。詐濫則懼及眞人。寧信詐則為教之道弘也。云不億不信者。億。億必也。事必須驗。不得億必懸期人之不信。李充曰。人而無信。不知其可也。然閑邪存誠。不

在善察。若見失信於前。必億其無信於後。則容長之風虧。而改過之路塞矣。億音憶。云抑亦云云者。言若逆詐。及億不信者。此乃是先少覺人情者耳。寧可謂是爲賢者之行乎。李充曰。夫至覺忘覺。不爲覺以求先覺。先覺雖覺。同逆詐之不覺也。顔特進曰。能無此者。雖未窮明理。而抑亦先覺之次也。

○註孔安國曰至人也○言先覺或濫。則反受怨責也。

微生畝謂孔子曰。丘何爲是栖栖者與。無乃爲佞乎。註苞氏曰。微生姓也。畝名也。孔子對曰。非敢爲佞也。疾固也。註苞氏曰。疾世固陋。欲行道以化人也。

疏微生畝至固也○云微生畝云云者。微生畝見孔子東西遑遑。屢適不合。故呼孔子名而問之也。言丘何是爲此栖栖乎。將欲行詐佞之事於時世乎。云孔子對云云者。孔子答曰。我之栖栖。非敢詐佞。政是忿疾世固陋。我欲行道以化之故耳。

子曰。驥不稱其力。稱其德也。註鄭玄曰。德者。謂調良之德也。疏子曰至德也。驥者。馬之上善也。于時輕德重力。故孔子引譬抑之也。言伯樂驥。非重其力。政是稱其美德耳。驥既如此。而人亦宜然也。江熙曰。稱伯樂曰。驥有力而不稱。君子雖有兼能。而惟稱其德也

或曰。以德報怨。何如。子曰。何以報德。註德。恩惠之德也。以直報怨。以德報德。疏或曰至報德。○云或曰云云者。或人問孔子曰。彼與此有怨。而此人欲行德以報彼怨。其事理何如也。云子曰何以報德者。孔子不許也。言彼有怨而德以報彼。設彼有德於此。則又何以報之也。云以直云云者。既不許以德報怨。故更答以此也。不

許以德報怨言與我有怨者我宜用直道報之若與我有德者我以備德報之也所以不以德報怨者若行怨而德報者則天下皆行怨以要德報之如此者是取怨之道也

子曰莫我知也夫子貢曰何爲其莫知子也註子貢怪夫子言何爲莫知已故問也子曰不怨天不尤人註馬融曰孔子不用於世而不怨天人不知已亦不尤人也下學而上達註孔安國曰下學人事上知天命也知我者其天乎註聖人與天地合其德故曰唯天知已也疏子曰至天乎○云莫我知也夫者莫無也孔子歎世人無知我者云子貢曰云云者子貢怪夫子有此言云何謂莫知子乎何爲猶若爲也云子曰云云

者。孔子答無知我之事。尤責也。言我不見用。而世人咸言我應怨天責人。而我實無此心也。人不見知。而我不責人。天不見用。我亦不怨天也。云下學而上達者。解無知我。所以不怨天。不尤人之由也。下學。學人事。上達。達天命。我既學人事。人事有否有泰。故不尤人。上達天命。天命有窮有通。故我不怨天也。云知我者其天乎者。人不見知我。我不怨不尤者。唯天知之耳。註 聖人至已也。聖人德合天地。天地無可怨責。故我亦不怨責之也。

公伯寮愬子路於季孫。註 馬融曰。愬。譖也。伯寮魯人弟子也。子服景伯以告。註 馬融曰。魯大夫子服何忌也。告。告孔子也。曰。夫子固有惑志。註 孔安國曰。季孫信讒。恚子路也。於公伯寮也。吾力猶能肆諸市朝。註鄭玄曰。吾勢能辨子路之無罪於季孫。使之誅伯寮而肆也。有罪既刑陳其尸曰肆也。子曰。道之將行也與。命也。道之將廢也與。命也。公伯寮其如命何。疏公伯寮至命何。○云公伯寮云云者。愬。譖也。子路時仕季氏。而伯寮讒季氏。令信讒譖子路也。云子服景伯以告者。子服景伯聞公伯寮譖子路。故告孔子。云曰夫子固有惑志者。此景伯所告之辭。夫子者。季孫爲夫子也。惑志。謂季孫信伯寮之讒子路也。云公伯寮云云者。景伯既告孔子曰。季氏猶有惑志。而又此說助子路。使子路無罪。而伯寮致死。言若於他人該有豪勢者。則吾力勢不能誅耳。若於伯寮者。則吾力勢是能使季孫審子路之無罪。而殺伯寮於市朝也。肆者。殺而陳尸也。云子曰云云者。孔子答景伯以子路無罪。言人死生有命。非伯寮之譖如何。言人

之道德得行於世者。此是天之命也。云道之將云
云者又言人君道廢墜。不用於世者。此亦是天之
命也子路之道廢興。由天之命耳。雖公伯寮之譖。
其能違天命而興廢於子路耶。江熙曰。夫子使景
伯辨子路。則不過季孫爲甚。拒之則逆其區區之
誠。故以行廢之命期之。或有如不救而大救也。○
註馬融曰至子也。○亦是孔子弟子。其家在魯。故
云魯人弟子也。○註鄭玄曰至肆也。○殷禮。殺大
夫已上於朝。殺士於市。殺而猶
陳曝其尸以示百姓曰肆也。

子曰。賢者避世。註孔安國曰。世主莫得而臣之也。其次避地。註馬融曰。去亂國。適治邦也。其次避色。註孔安國曰。色斯舉也。其次避言。註孔安國曰。有惡言乃去也。子曰。作者七人矣。註苞氏曰。作爲也。爲

之者凡七人謂長沮桀溺丈人石門荷蕢儀封人楚狂接輿也

疏子曰至人矣○云賢者避世者聖人磨而不磷涅而不緇無可無不可故不以治亂爲隔若賢者去就順時若天地閉塞則賢人便隱高蹈塵外枕流漱石天子不得而臣諸侯不得而友此謂避世之士也云其次避地者謂中賢也未能高栖絶世但擇地處去亂就治此是避地之士也云其次避色者此次中之賢也不能預擇治亂但臨時觀君之顏色顏色惡則去此謂避色之士也云其次避言者此又次避色之賢者不能觀色斯舉矣唯但聽君言之是非聞惡言則去此謂避言士也云子曰作者七人矣者引孔子言證能避世已下自古已來作此行者唯七人而已矣○注苞氏曰至輿也○七人是注中有七人也王弼曰七人伯夷叔齊虞仲夷逸朱張柳下惠少連也鄭康成曰伯夷叔齊虞仲避世者荷蓧長沮桀溺避地者柳下惠少連避色者荷蕢楚

狂接輿。避言者也七當爲十。字之誤也

子路宿於石門。石門晨門曰。奚自。註 晨門者。閽人也。子路曰。自孔氏曰。是知其不可而爲之者與。註 苞氏曰。言孔子知世不可爲而強爲之也。疏 子路宿至者與

○云子路宿於石門者。石門。地名也。子路行住石門宿也。一云。石門者。魯城門外也。云石門晨門曰奚自者。晨門。守石門晨昏開閉之吏也。魯人也。自。從也。子路既在石門。守門之吏。朝早開。見子路從石門行過。故問子路曰。汝將從何而來邪。云子路曰自孔氏者。子路荅曰。我此行從孔氏處來也。云曰是云云者。晨門聞子路云從孔氏。故知是孔子也。言孔子知世不可教化。而強周流東西。是知其不可爲之。故問之。○註 晨門者閽人也。○守昏晨者也

子擊磬於衛有荷蕢而過孔子之門者曰有心哉擊磬乎【註】蕢草器也有心謂契契然也既而曰鄙哉硜硜乎莫己知也斯已而已矣【註】此硜硜徒信己而已言亦無益也深則厲淺則揭【註】苞氏曰以衣涉水爲厲揭揭衣也言隨世以行己若遇水必以濟知其不可則當不爲也子曰果哉末之難矣【註】未知己志而便譏己所以爲果也末無也無難者以其不能解己道也【疏】子擊至難矣○云子擊磬於衛者孔子時在衛而自以槌擊磬而爲聲也○云有荷云云者荷擔揭也蕢織草爲器可貯物也當孔子擊磬之時有一人擔揭草

器。而過孔子之門也　云曰有心哉擊磬乎者　荷蕢
者聞孔子磬聲而云。非是平常之其聲乎。有別所
志。故云有心哉　云既而曰鄙哉者　既而。猶既畢也
荷蕢既云有心而察之。察之既畢。又云鄙哉言磬
中之聲。甚可鄙劣也　云硜硜乎莫己知也者　此鄙
哉之事。言聲中硜硜有無知己也　云斯已而已矣
者　又言孔子硜硜不肯隨世變。唯自信己而已矣
云深則厲淺則揭者　荷蕢者。又引事爲譬以諫孔
子也。以衣衣涉水爲厲。褰衣涉水曰揭。言人之行道
化世。當隨世盛衰。如涉水也。若水深者。則不須揭
衣。揭衣曾是無益。當合而厲之。若水淺者。涉當褰
揭而度。譬如爲教。若世不可教則行之。如不揭也
若世可教則行之。如揭衣以涉水也。爾雅云。繇膝
以下爲揭。繇膝以上爲厲。繇猶由也　云子曰云云
者　孔子聞荷蕢識己。而發此言也。果者。敢也。末。無
也。言彼未解我意。而便識我。此則爲果敢之甚也
故曰果哉。但我道之深遠。彼。是中人。豈能知我。若
就彼中人。求無識者。則爲難矣。玄風之攸在。賢聖

相與。必有以也夫相與於無相與。乃相與之至。相爲於無相爲。乃相爲之遠。苟各修本。奚其泥也。同自然之異也雖然未有如荷蕢之談議甚也按文索義。全近則泥矣。其將遠則通理。嘗試論之。武王從天應民而夷齊叩馬。謂之殺君。夫子疾固勤誨。而荷蕢之聽。以爲硜硜言。其未達耶。則彼皆賢也達之先於衆矣。殆以聖人作。而萬物都覩。非聖人。則無以應萬方之求。救天下之弊。然救弊之迹。弊之所緣。勤誨之累。則焚書坑儒之禍起。革命之弊則王莽趙高之釁成不格擊其迹。則無振希聲之極致。故江熙曰。隱者之談夫子。各致此出處不异。○註有心謂契契然○契契。謂心別有所志。詩云。契契寤歎○註此硜至益也○徒。空也時既不行。而猶空信己道欲行之。是於教化無所益也

子張曰。書云。高宗諒陰。三年不言。何謂也註孔安國曰。高宗。殷之中興王武丁也。諒。信也。陰。猶默也。子

曰。何必高宗。古之人皆然。君薨。百官總己【疏】馬融曰。己。己百官也。以聽於冢宰三年。【註】孔安國曰。冢宰。天官卿佐王治者也。三年喪畢。然後王自聽政也。【疏】子張曰至三年○【云子張曰云云者】高宗殷中興王也。名武丁。殷家三十帝。水德王。六百二十九年。高宗是第二十二帝也。前帝小乙之子也。其武丁登祚之時。殷祚已得三百四十三年。其德高而可宗。故謂爲高宗也。諒。信也。陰。默也。尚書云。作其即位。乃或亮陰。三年不言。是武丁起。其即王位。則小乙死。乃有信默。言其孝行著。子張讀尚書。見之不曉。嫌與世異。故發問孔子何謂也。【云子曰云云者】孔子答子張古之人君也。言古之人君有喪者。皆三年不言。何必獨美高宗耶。此言亦激時人也。【云君薨百官總己者】說人君之喪。其子得不言之由。若君死。則群臣百官不復諮詢於君。而各總束己之事。故云總己也。云以聽於冢宰三年者冢宰。上卿也。百官皆束己職三年聽冢宰。故嗣王君三年不言也。○【註】孔安國曰至默也○或呼倚廬爲諒陰。或呼爲梁闇。或呼梁庵。各隨義而言之○【註】馬融曰己百官也○己具已於百官。各自束己身也。

子曰。上好禮則民易使也。【註】民莫敢不敬。故易使也。

【疏】子曰至使也○禮以敬爲主。君既好禮。則民莫敢不敬。故易使也

子路問君子。子曰。修己以敬。【註】孔安國曰。敬其身也曰。如斯而已乎。曰。修己以安人。【註】孔安國曰。人謂朋友九族也。曰。如斯而已乎。曰。修己以安百姓。修己以安百姓。堯舜其猶病諸。【註】孔安國曰。病猶難

也。

疏子路問至病諸○云子路問君子者問爲君子之法也。云子曰修己以敬者身正則民從故君子自修己身。而自敬也。云曰如斯而已乎者子路嫌其少。故重更諮問孔子如此而已乎。斯。此也。云曰修己以安人者答子路。言當能先自修敬已。而後安人也。云曰如斯而已乎者子路又嫌少也。云曰修己以安百姓者又答曰。先修敬己身。然後乃安於百姓也。云修己云云者病。難也。諸。之也。言先能內自修己。而外安百姓。此事爲大難也。堯舜之至聖。猶患此事難。故云病諸也。衛瓘曰。此難事。而子路狹掠之。再云如斯而已乎。故云過此。則堯舜所病也。郭象曰。夫君子者。不能索足。故修己者索已。故修己者。僅可以内敬其身。外安同已之人耳。豈足安百姓哉。百姓百品。萬國殊風。以不治治之。乃得其極。若欲修己以治之。雖堯舜必病。況君子乎。今堯舜非修之也。萬物自無爲而治。若天之自高。地之自厚。日月之明。雲行雨施而已。故能夷暢條達。曲成不遺。而無病也。

原壤夷俟。註馬融曰。原壤。魯人。孔子故舊也。夷。踞也。俟。待也。踞待孔子也。子曰。幼而不遜悌。長而無述焉。老而不死。是爲賊也。註賊。爲賊害也。以杖叩其脛。註孔安國曰。叩。擊也。脛。脚脛也。疏○原壤至其脛

云原壤夷俟者。原壤者。方外之聖人也。不拘禮敬。與孔子爲朋友。夷。踞也。俟。待也。壤聞孔子來。而夷踞豎膝以待孔子之來也。云子曰云云者。孔子。方內聖人。恒以禮教爲事。見壤之不敬。故歷數之以訓門徒也。言壤少而不以遜悌自居。至於年長。猶自放恣。無所效述也。云老而不死是爲賊者。言壤年已老而未死。行不敬之事。所以賊害於德也。云以杖叩其脛者。脛。脚脛也。膝上曰股。膝下曰脛。孔子歷數言壤之既竟。又以杖叩擊壤脛。令其脛而不夷踞也。

闕黨童子將命矣。註馬融曰。闕黨之童子將命者。傳賓主之語出入也。或問之曰。益者與。子曰。吾見其居於位也。註童子隅坐無位。成人乃有位也。見其與先生並行也。非求益者也。欲速成者也。註苞氏曰。先生成人也。並行不差在後也。違禮欲速成者也。則非求益者也。疏闕黨至成者也。云闕黨童子將命者。五百家爲黨。此黨名闕。故云闕黨也。童子。未冠者之稱。將命。是傳賓主之辭。謂闕黨之中有一小兒。能傳賓主之辭出入也。云或問之曰益者與者。或見小兒傳辭。故問孔子云。此童子而傳辭。是自求進益之道也與。云子曰云云者。孔子答曰。其非求益之事也。禮。童子隅坐。無有列位。而此童子不讓。乃與成人並居位也云見其與先生並行者先生者成人謂先己之生也非謂師也禮父之齒隨行兄之齒鴈行此童子行不讓於長故云與先生並行也云非求云云者孔子又曰此童子既居位並行則非自求進益之道正是欲速成人耳違禮欲速成者非是求益之道也○註童子至位也○隅角也童子不合與成人並位但就席角而坐是無位也矣

論語集解義疏卷第七

論語集解義疏卷第八

魏　何晏　集解

梁　皇侃　義疏

日本　根遜志　校正

論語衛靈公第十五　疏　衛靈公者。衛國無道之君也。所以次前者。憲既問仕。故舉時不可仕之君。故以衛靈公次憲問也

衛靈公問陳於孔子。註　孔安國曰。軍陳行列之法也。

孔子對曰。俎豆之事。則嘗聞之矣。註　孔安國曰。俎豆。禮器也。軍旅之事。未之學也。註　鄭玄曰。萬二千

五百人為軍五百人為旅也軍旅末事本未立則不可教以末事也【疏】衛靈公問至學也○云衛靈公問陳於孔子者孔子至衛欲行文教而靈公不慕勝業唯知問於軍陳之事也云孔子對曰云云者俎豆禮器也孔子武文自然兼能今抑靈公故云唯嘗聞俎豆事也云軍旅云云者拒之故云不學軍旅也鄭玄曰萬二千五百人為軍五百人為旅也周禮小司徒職云五人為伍五伍為兩四兩為卒五卒為旅五旅為師五師為軍○【註】鄭玄曰至事也○本謂文教也靈公未能文故不教之武者也

明日遂行在陳絕糧從者病莫能興【註】孔安國曰從者弟子興起也孔子去衛如曹曹不容又之宋遭匡人之難又之陳會吳伐陳陳亂故乏食也子路

慍見曰。君子亦有窮乎。子曰。君子固窮。小人窮斯濫矣。注濫。溢也。君子固亦有窮時。但不如小人窮則濫溢爲非也。疏明日至濫矣○云明日遂行者孔子至衞。既爲問武故。其明日遂行。不留衞國也。云在陳絕糧者。明日遂行。初往曹。曹不容。又往宋。在宋遭匡人之圍。又往陳。過呉伐陳。陳大亂。故乏絕糧食矣。云從者病莫能興者從者。謂諸弟子從孔子行在陳者也。病。飢困也。興。起也。既絕糧。故從行弟子皆餓困莫能起者也。云子路慍見者。諸子皆病無能起者。唯子路剛强。獨能起也。心恨君子行道。乃至如此困乏。故便慍色而見孔子也。云曰君子亦有窮乎者。此慍見之辭也。曾聞孔子曰學也祿在其中。則君子不應窮乏。今日如此。與孔子言乖。故問云君子亦窮乎。云子曰云云者。孔子此答因抑小人也。言君子之人固窮。亦有窮時耳。若不守窮而爲濫溢。則是小人。故

云小人窮斯濫矣○注孔安國曰至食也○云孔子去衛如曹者如往也云又之宋者之亦往也云會與伐陳者會猶遇也

子曰賜也汝以予為多學而識之者與對曰然注孔安國曰然者謂多學而識之也非與注孔安國曰問今不然耶曰非也予一以貫之注善有元事有會天下殊塗而同歸百慮而一致知其元則衆善舉矣故不待多學一以知之也疏子曰至貫之○云子曰云云者時人見孔子多識並謂孔子多學世事而識之故孔子問子貢而釋之也云對曰然者然如此也子貢荅曰賜亦謂孔子多學故如此多識之也云非與者子貢又嫌孔子非多學而識故更問定云非

與。與。不定之辭也。云曰非也者。孔子又答曰非也。言我定非多學而識之也。云予一以貫之者。貫猶穿也。既答云非也。故此更答所以不多學而識之由也。言我所以多識者。我以一善之理貫穿萬事。而萬事自然可識。故得知之。故云予一以貫之也。○註善有至知之也。○云善有元事有會者。元猶始也。會猶終也。元者善之長。故云善有元也。事各有所終。故曰事有會也。云天下殊塗而同歸者。解事有會也。事雖殊塗而其要會皆同有所歸也。云百慮而一致者。解善有元也。致極也。人慮乃百。其元極則同起一善也。云知其云云者。是善長舉元。則衆善自舉。所以不須多學而自能識之也。

子曰。由。知德者鮮矣。註王肅曰。君子固窮。而子路慍見。故謂之少於知德者也。疏○子曰由知德者鮮矣語之云。夫知德之人難得。故為少也。○註王肅曰至德者也。○按如注意。則孔子此語。為問絕糧而

○讖發之者也

子曰無爲而治者其舜也與。夫何爲哉。恭己正南面而已矣。註言任官得其人。故無爲而治也。疏子曰至已矣○云子曰云云者舜上受堯禪於己己又下禪於禹受授得人。故孔子歎舜無爲而能治也云夫何云云者既授受善得人。無勞於情慮。故云夫何爲哉既垂拱而民自治。政所以自恭敬而居天位正南面而已也蔡謨曰。謨昔聞過庭之訓於先君曰。堯不得無爲者。所承非聖也。禹不得無爲者。所授非聖也今三聖相係。舜居其中。承堯授禹。又何爲乎。夫道同而治異者。時也自古以來。承至治之世接二聖之間。唯舜而已。故特稱之焉。○註言任至治也○由授受皆聖。舉十六相在朝。故是任官得其人也。

子張問行。子曰。言忠信行篤敬雖蠻貊之邦行矣。言不忠信行不篤敬雖州里行乎哉。注鄭玄曰。萬二千五百家爲州。五家爲鄰。五鄰爲里。行乎哉。言不可行也。立則見其參然於前也。在輿則見其倚於衡也。夫然後行也。注苞氏曰。衡。軛也。言思念忠信立則常想見參然在前。在輿則若倚衡軛也。子張書諸紳。注孔安國曰。紳。大帶也。疏子張問至諸紳〇云子張問行者。問人立身居世修善若爲事。而其道事可得行於世乎。云子曰言忠信行篤敬者。答云。欲使道行於世者。出言必使忠信。立行必須篤厚恭敬也。云雖蠻貊之邦行矣者。若身修前德。無論居處於華夏。假令居住蠻貊遠國。則己之道德無所不行也云言不云云者又云。若不能身修前德。而身雖居中國州里之近。而所行亦皆不行。故云行乎哉言不行也云立則云云者參。猶森也言若敬德之道行己。立在世間。則自想見忠信篤敬之事。森森滿亘於己前也云在輿云云者倚。猶憑依也衡。車衡軛也又若在車輿之中。則亦自想見忠信篤敬之事。羅列憑依。滿於衡軛之上也云夫然後行也者若能行存想不忘事事如前。則此人身無往而不行。故云夫然後行也云子張書諸紳者紳。大帶也子張聞孔子之言可重。故書題於己衣之大帶。欲日夜存錄不忘也○註鄭玄曰至爲里○此王畿遠郊內外民居地名也

子曰。直哉史魚。註孔安國曰。衛大夫史鰌也邦有道如矢。邦無道如矢。註孔安國曰。有道無道。行直如

矢不曲也。君子哉蘧伯玉。邦有道則仕。邦無道則

可卷而懷之【註】苞氏曰。卷而懷。謂不與時政。柔順

不忤於人也【疏】子曰至懷之○云直哉史魚者。美

史魚之行正直也。云邦有云云者

證其爲直譬。矢。箭也。性唯直而不曲。言史魚之德

恒直如箭。不以國有道無道爲變曲也。云君子哉

蘧伯玉者。又美蘧瑗也。進退隨時。合時之變。故曰

君子哉也。云邦有道則仕者。出其君子之事也。國

若有道。則肆其聰明以佐時也。云邦無云云者

國若無道。則韜光匿智而懷藏。以避世之害也

子曰。可與言而不與言。失人。不可與言而與之言。失

言。智者不失人。亦不失言【註】所言皆是。故無所失

者也【疏】子曰至失言○云子曰云云者。謂此人可

與共言。而已不可與之言。則此人不復見

顧。故是失於可言之人也。云不可云云者。言與不可言之人共言。是失我之言者也。云智者云云者。唯有智之士。則備照二途。則人及言。並無所失也

子曰。志士。仁人。無求生以害仁。有殺身以成仁。註孔安國曰。無求生而害仁。死而後成仁。則志士仁人不愛其身也

疏子曰至成仁。○云志士仁人者。謂心有善志之士。及能行仁之人也。云無求生以害仁者。既志善行仁。恒欲救物。故不自求我之生以害於仁恩之理也。生而害仁。則志士不爲也。云有殺身以成仁者。若殺身而仁事可成。仁也則志士仁人。必殺身爲之。故云有殺身成仁也。殺身而成仁。則志士所不恡也。繆播曰。仁居理足。本無危亡。然賢而圖變。變則理窮。窮則任分。所以有殺身之義。故比干割心。孔子曰。殷有三仁也

子貢問爲仁。子曰。工欲善其事。必先利其器。居是邦也。事其大夫之賢者。友其士之仁者也。註孔安國曰。言工以利器爲用。人以賢友爲助也。疏子貢問至仁者也。○云子貢問爲仁者。問爲仁人之法也。云子曰云云者。將欲答於爲仁之術。故先爲設譬也。工。巧師也。器。斧斤之屬也。言巧師雖巧藝若輸般。而作器不利。則巧事不成。如欲其所作事善。必先磨利其器也。云居是云云者。合譬成答也。是猶此也。言人雖有賢才美質。而居住此國。若不事賢。不友於仁。則其行不成。如工器之不利也。必欲行成。當事此國大夫之賢者。又友此國士之仁者也。大夫貴。故云事。士賤。故云友也。大夫言賢。士云仁。互言之也。

顏淵問爲邦。子曰。行夏之時。註據見萬物之生以爲

論語集解義疏卷之八　六

四時之始取其易知也乘殷之輅【註】馬融曰殷車曰大輅左傳曰大輅越席也昭其儉也服周之冕【註】苞氏曰冕禮冠也周之禮文而備也取其黈纊塞耳不任視聽也樂則韶舞【註】韶舜樂也盡善盡美故取之也放鄭聲遠佞人鄭聲淫佞人殆【註】孔安國曰鄭聲佞人亦俱能感人心與雅樂賢人同而使人淫亂危殆故當放遠之也【疏】顏淵問至人殆○云顏淵問爲邦者爲猶治也顏淵魯人當時魯家禮亂故問治魯國之法也○云子曰行夏之時者孔子此答擧魯舊法以爲答也行夏之時謂用夏家時節以行事也三王所尚正朔服色也雖異而田獵祭祀

播種並用夏時夏時得天之正故也魯家行事亦用夏時故云行夏之時也云乘殷之輅者亦魯禮也殷輅木輅也周禮天子自有五輅一曰玉輅二曰金三曰象四曰革五曰木五輅並多文飾用玉輅以郊祭而殷家唯有三輅一曰木輅二曰先輅三曰次輅而木輅最質素無飾用以郊天魯以周公之故雖得郊天而不得事事同王故用木輅以郊也故郊特牲說魯郊云乘素車貴其質也旂十有二旒龍章而設日月以象天也鄭玄注云設日月畫於旂上也素車殷輅也魯公之郊用殷禮也按如記注則魯郊用殷之木輅也云服周之冕者亦魯郊也周禮有六冕一曰大裘冕二曰衮三曰鷩四曰毛毳五曰絺六曰玄周王郊天以大裘而冕魯雖郊不得用大裘但用衮以郊也郊特牲云祭之日王被衮以象天鄭玄注曰謂有日月星辰之章也此魯禮也周禮王祀昊天上帝則服大裘而冕祀五帝亦如之魯公之服自衮冕而下也按此記注即是魯郊用衮也然魯廟亦衮或問曰魯

既用周次冕以郊何不用周金輅以郊耶答曰周郊乘玉輅以示文服用大裘以示質但車不對神故示文服以接天故用質也　云樂則韶舞者　謂魯所用樂也韶舞舜樂也周用六代樂一曰雲門黄帝樂也二曰咸池堯樂也三曰大韶舜樂也四曰大夏夏禹樂也五曰大濩殷湯樂也六曰大武周樂也若餘諸侯則唯用時王之樂魯既得用天子之事故賜四代禮樂自虞而下故云樂韶舞也所以明堂位云凡四代之服器官魯兼用之是故魯王禮也而用四代並從有虞氏爲始也又春秋魯襄公二十九年傳吴公子季札聘魯請觀周樂乃爲之舞自周以上至見舞韶箾者曰至矣哉大矣如天之無不幬如地之無不載也雖甚盛德其蔑以加於此矣觀止矣若有他樂吾不敢請已也杜注云魯用四代之樂故及韶箾而季子知其終也　云放鄭聲遠佞人者　亦魯禮法也每言禮法亦因爲後教也鄭聲淫也魯禮無淫樂故言放之也佞人惡人也惡人壞亂邦家故黜遠之也　云鄭聲淫

佞人殆者出鄭聲佞人所以宜放遠之由也鄭地
聲淫而佞人闘亂使國家爲危殆也按樂記云鄭
音好濫淫志宋音燕女溺志衛音趨數煩志齊音
敖辟驕志所以是淫也○註據見至知也○解所
以用夏時之義也夏之春物出地上和暖著見已
故易知之也○註馬融曰至儉也○左傳之言亦
說魯禮也○註苞氏曰至聽也○周既文民人多
過君上若任己視聽見民犯罪者多數用刑辟過
若見過不治則非謂人君之法故冕服前後垂旒
以亂眼左右兩邊垂瑱以塞耳示不任視聽也黈
黃色也纊新綿也當兩耳垂黃綿綿之下又係玉
名爲瑱也○註韶舜至取之也○解魯所以極韶
不取堯樂
之義也

子曰人而無遠慮必有近憂註王肅曰君子當思慮
而預防也疏子曰至近憂○人生當思漸慮遠防
於未然則憂患之事不得近至若不

爲遠慮則憂患之來不朝則夕故云必有近憂也

子曰已矣吾未見好德如好色者也【疏】子曰至者也○旣先云已矣明久已不見也疾時色與德廢故起斯歎也此語亦是重出亦孔子再時行敎也

子曰臧文仲其竊位者與知柳下惠之賢而不與立也【註】孔安國曰柳下惠展禽也知其賢而不舉爲竊位也【疏】子曰至立也○云子曰云云者臧文仲魯大夫也竊盜也臧文仲雖居位居位不當與盜位者同故云竊位者與云知柳云云者此臧文仲竊位之由也凡在位者當助君舉賢才以共匡佐而文仲在位知柳下惠之賢而不薦之於君使與己同立公朝所以是素飡盜位也

子曰躬自厚而薄責於人則遠怨矣【註】孔安國曰自

責己厚。責人薄。所以遠怨咎也。疏 子曰至怨矣○躬。身也。君子責己厚。小人責人厚。責人厚。則爲怨之府。責己厚。人不見怨。故云遠怨。蔡謨曰。儒者之說雖於義無違。而於名未安也。何者。以自厚者爲責己。文不辭矣。厚者。謂厚其德也。而人又若己所未能。而責物以能。故人心不服。若自厚其德。而不求多於人。則怨路塞。責己之美。雖存乎中。然自厚之義。不施於責也。侃按蔡雖欲異孔。而終不離孔辭。孔辭亦得爲蔡之釋也

子曰。不曰如之何。如之何 註 孔安國曰。不曰如之何者。猶言不曰奈是何也。如之何者。吾末如之何也已矣 註 孔安國曰。如之何者。言禍難已成。吾亦無如之何也。疏 子曰至已矣○云不曰如之何者。不曰。猶不謂也。如之何。謂事卒至。非己力勢可奈何者

也。言人生常當思慮，卒有不可如何之事，逆而防之。不使有起。若無慮而事欻起，是不曰如之何事也。李充曰：謀之於其未兆，治之於其未亂，何當至於臨難而方曰如之何也。云如之云云者，若不先慮而如之何之事，非唯凡人不能奈何矣，雖聖人亦無如之何也。故云吾末如之何也已矣。

子曰：群居終日，言不及義，好行小惠，難矣哉。註鄭玄曰：小惠謂小小才智也。難矣哉，言終無成功也。疏子曰至矣哉○云子曰云云者，三人以上為群居。群居共聚，有所談說，終於日月，而未曾有及義之事也。云好行云云者，小惠，小小才智也。若安陵調謔屬也。以此處世，亦難為成人也。

子曰：君子義以為質，禮以行之，遜以出之，信以成之。君子哉。註鄭玄曰：義以為質，謂操行也。遜以出之謂言語也。疏子曰至子哉○云君子義以爲質者義。宜也質。本也人識性不同。各以其所宜爲本。云禮以行之者雖各以所宜爲本。而行之皆須合禮也云遜以出之者行之及合禮。而言出之必使遜順也云信以成之者行之合禮。而言遜順而出之。終須信以成之也云君子哉者如上義。可謂爲君子之行也

子曰。君子病無能焉。不病人之不己知也。註苞氏曰。君子之人。但病無聖人之道。不病人不知己也。疏子曰至知也○病猶患也君子之人。常患己無才能耳。不患己有才能。而人不見知之也

子曰。君子疾沒世而名不稱焉。註疾猶病也疏子曰至稱焉○沒世。謂身沒以後也。身沒。而名譽不稱揚爲人所知。是君子所疾也故江熙曰。匠終年運斤。不

能成器匠者病之君子終年爲善不能成名亦君子病之也

子曰。君子求諸己。小人求諸人。註君子責己。小人責人也。疏子曰至諸人○求。責也。君子自責己德行之不足。不責人也。小人不自責己。而責人也

子曰。君子矜而不爭。註苞氏曰。矜。矜莊也。群而不黨。註孔安國曰。黨。助也。君子雖衆。不相私助。義之與比也。疏子曰至不黨○云子曰云云者。矜。矜莊也。君子自矜莊己身而已。不與人爭也。故江熙曰。君子不使其身倪焉。若非終日自敬而已。不與人爭勝之也。云群而不黨者。君子乃朋群義聚。而不相阿黨爲私也。故江熙曰。君子以道相聚。聚則爲群。群則似黨。群居。所以切磋成德。非於私也。

子曰。君子不以言舉人。註苞氏曰。有言者不必有德。故不可以言舉人也。不以人廢言。疏子曰至廢言○云子曰云云者。舉人必須知其德行。不可聽言而薦舉之。故君子不爲也。云不以人廢言者。言又不可以彼人之卑賤。而廢其美言而不用也。故李充曰。詢于蒭蕘。不恥下問也。

子貢問曰。有一言而可以終身行者乎。子曰。其恕乎。己所不欲。勿施於人也。疏子貢問至人也○云子貢問云云者。問求善事。欲以終身奉行之也。云子曰其恕乎者。此是可終身行之一言也。恕。謂内忖己心。外以處物。言人在世。當終身行於恕也。故云其恕也。云己所云云者。此釋恕事也。夫事非己所欲者。不可施與人也。既己所不欲。亦必人所不欲也。

論語集解義疏卷之八　十一

子曰。吾之於人。誰毀誰譽。如有可譽者。其有所試矣。註苞氏曰。所譽輙試以事。不空譽而已矣。斯民也。三代之所以直道而行也。註馬融曰。三代。夏殷周也。用民如此。無所阿私。所以云直道而行也。疏子曰至行也○云子曰云云者。孔子言我之於世。平等如一。無有憎愛毀譽之心。故云誰毀誰譽也。云如有云云者。既平等一心。不有毀譽。然君子掩惡揚善。善則宜揚。而我從來若有所稱譽者。皆不虛妄。必先試驗其德。而後乃譽之耳。故云其有所試矣。又通云。我乃無毀譽。若民人百姓有相稱譽者。則我亦不虛信而美之。其必以事試之也。云斯民云云者。斯民者。謂若此養民也。三代。夏殷周也。言養民如此無私毀譽者。是三代聖王治天下用直道而行之時也。郭象曰。無心而付之天下者。直道也。

有心而使天下從己者。曲法。故直道而行者。毀譽不出於區區之身。善與不善。信之百姓。故曰。吾之於人。誰毀誰譽。如有所譽。必試之斯民也。○註苞氏曰至已矣○注意如向說

子曰。吾猶及史之闕文也。註苞氏曰。古之史。於書字有疑。則闕之以待知者也。有馬者借人乘之。今則亡矣夫。註苞氏曰。有馬者。不能調良。則借人使乘習之。孔子自謂及見其人如此。至今無有矣。言此者。以俗多穿鑿也。疏子曰至矣夫○孔子此歎世澆流迅速。時異一時也。云子曰云云者。史者。掌書之官也。古史爲書。若於字有不識者。則懸而闕之以俟知者。不敢擅造爲者也。孔子自云。已及見昔史。有此時闕文也矣。云有馬者借人乘之者。孔子又曰。亦見此時之馬難調御

者。不能調。則借人乘服之也。云今則亡矣夫者。亡無也。當孔子末年。時史不識字。輙擅而不闕。有馬不調。則恥云其不能必自乘之以致傾覆。故云今亡也矣夫。

子曰。巧言亂德。小不忍。則亂大謀。註孔安國曰。巧言利口。則亂德義。小不忍。則亂大謀也。疏子曰至大謀○云巧言亂德者。辭達而已。不須巧辯。巧辯文多。更於德爲亂之也。云小不忍則亂大謀者。人須容忍。則大事乃成。若不能忍小。則大事之謀亂也。又一通云。凡爲人法。當依事以斷。事無大小。皆便求了。若小小不忍。有所慈爲。則大謀不成也。

子曰。衆惡之。必察焉。衆好之。必察焉。註王肅曰。或衆阿黨比周。或其人特立不群。故好惡不可不察也。

疏 子曰至察焉○云衆惡之必察焉者設有一人爲衆所憎惡者。必當察其德。不可從衆者同而惡之也所以然者。此人或特立不群。爲衆佞共所陷害。故必察之也。云衆好之必察焉者又設有一人爲衆所好愛者。亦當必察。不可隨衆而崇重之也。所以然者。或此人行惡。爲群惡之所黨愛。故亦必察也。衛瓘曰。賢人不與俗爭。則莫不好愛也。俗人與時同好。亦則見好也。凶邪害善。則莫不惡之行高志遠。與俗違忤。俗亦惡之。皆不可不察也。

子曰。人能弘道。非道弘人也。註 材大者。道隨大。材小者。道隨小。故不能弘人也。

疏 子曰至人也○道者。通物之妙也。通物之法。本通於可通。不通於不可通。若人才大。則道隨之而大。是人能弘道也。若人才小。則道小不能使大。是非道弘人也。故蔡謨曰。道者。寂然不動。行之由人。人可適道。故曰人能弘道。道不適人。故曰非

道弘人也

子曰。過而不改。是謂過矣。疏子曰至過矣○人有過能改如日食反明。人皆仰之所以非過。過而不改。則成過也江熙曰。一過容恕。又文則成罪也。

子曰。吾嘗終日不食。終夜不寢。以思。無益。不如學也。疏子曰至學也○勸人學也終猶竟也寢眠也言我嘗竟日終夕。不食不眠以思天下之理。唯學益人。餘事皆無益。故云不如學也郭象曰聖人無詭教。而云不寢不食以思者。何。夫思而後通。習而後能者。百姓皆然也聖人無事。而不與百姓同事事同則形同。是以見形以爲已異。故謂聖人亦必勤思而力學。此百姓之情也故用其情以教之則聖人之教。因彼以教彼。安容詭哉

子曰。君子謀道不謀食。耕也。餒在其中矣。學也。祿在

其中矣君子憂道不憂貧（注）鄭玄曰餒餓也言人雖念耕而與不學故飢餓學則得祿雖不耕而不飢餓勸人學也（疏）子曰至憂貧○云子曰云云者謀猶圖也人非道不立故必謀道也自古皆有死也不食亦死死而後已而道不可遺故謀道不謀食也云耕也云云者餒餓也唯知耕而不學是無智之人也雖有穀必他人所奪而不得自食是餓在于其中也云學也云云者雖不耕而學則昭識斯明爲四方所重縱不爲亂君之所祿則門人亦共貢贈故云祿在其中矣故子路使門人爲臣孔子云與其死於臣之手無寧死二三子之手是也云君子云云者學道必祿在其中所以憂己無道而已也若必有道祿在其中故不憂貧也江熙曰董仲舒曰遑遑求仁義常患不能化民者大人之意也遑遑求財利常恐匱之者小人之意也此君子小人謀之不同者也慮匱乏

故勤耕。恐道闕。故勤學。耕未必無餒。學亦未必得祿。祿在其中。恒有之勢是未必。君子但當存大而遺細。故憂道。不憂於貧也

子曰智及之。仁不能守之。雖得之。必失之。註苞氏曰。智能及治其官而仁不能守雖得之必失之也。智及之仁能守之不莊以莅之。則民不敬。註苞氏曰。不嚴以臨之。則民不敬從其上也。智及之仁能守之莊以莅之動之不以禮未善也。註王肅曰。動必以禮然後善也。疏子曰至善也。○云子曰云云者謂人有智識。得及爲官位者。故云智及之也。雖謀智能及。不及能用仁守官位。故云仁不能守之也此皆謂中人不備德者也。云雖

得之必失之者祿位雖由智而得爲之無仁以持
守之必失祿位也云智及云云者莅臨也又言若
雖能智及仁守若臨民不用莊嚴則不爲民所敬
云智及云云者雖智及仁守莅莊而動靜必須禮
以將之若動靜不用禮則爲未盡善也李充曰夫
智及以得其失也蕩仁守以靜其失也寬莊莅以
威其失也猛故必須禮然後和之以禮制智則精
而不蕩以禮輔仁則溫而不寛以禮御莊則威而
不猛故安上治民莫善於禮也顏特進曰智以通
其變仁以安其性莊以安其慢禮以安其情化民
之善必備
此四者也

子曰君子不可小知而可大受也小人不可大受而
可小知也註君子之道深遠不可以小了知而可
大受小人之道淺近可以小了知而不可大受也

疏　子曰至知也○云子曰云云者君子之道深遠不與凡人可知故云不可小知也德能深潤物物受之深故云而可大受也張憑曰謂之君子必有大成之量不必能爲小善也故宜推誠闇信虚以將受之不可求備責以細行也○云小人云云者小人道淺故云不可大受也淺則易爲物所見故可以小知也

子曰民之於仁也甚於水火　註　馬融曰水火與仁皆民所仰而生者也仁最爲甚也水火吾見蹈而死者矣未見蹈仁而死者也　註　馬融曰蹈水火或時殺人蹈仁未嘗殺人者也　疏　子曰至者也○云子曰云云者甚猶勝也仁水火三事皆民人所仰以生者也水火是人朝夕所須仁是萬行之首故非水火則無以食非仁

則無有恩義若無恩及飲食則必死無以立世三者並爲民人所急也然就三事之中仁最爲勝故云甚於水火也云水火云云者此明仁所以勝水火之事也水火乃能治民人民人若誤履蹈之則必殺人故云水火吾見蹈而死者也而仁是恩愛政行之故宜爲美若誤履蹈之則未甞殺人故云未見蹈仁而死者也王弼曰民之遠於仁甚於遠水火也見有蹈水火死者未甞見蹈仁死者也

子曰當仁不讓於師註孔安國曰當行仁之事不復讓於師行仁急也疏子曰當仁不讓於師○仁者周窮濟急之謂也弟子每事則宜讓師唯行仁宜急不得讓師也張憑曰先人後己外身愛物履謙處卑所以爲仁非不好讓此道非所以讓也

子曰君子貞而不諒註孔安國曰貞正也諒信也君

子之人正其道耳。言不必有信也。疏子曰君子貞而不諒○貞正也。諒信也。君子權變無常。若爲事苟合道得理之正。君子爲之。不必存於小信。自經於溝瀆也。一通云。君子道無不正。不能使人信之也。

子曰。事君敬其事而後其食。註孔安國曰。先盡力然後食祿也。疏子曰至其食○國家之事。知無不爲。是敬其事也。必有經動績。乃受祿賞。是後其食也。江熙曰。恪居官次以達其道。事君之意也。蓋傷時利祿以事君也。

子曰。有教無類。註馬融曰。言人在見教。無有種類。疏子曰有教無類○人乃有貴賤。同宜資教。不可以其種類庶鄙。而不教之也。教之則善。本無類也。繆播曰。世咸知斯旨之崇教。未信斯理之諒深。生生之類。同稟一極。雖下愚不移。然化所遷者。其萬倍也。若生而聞道，長而見教，處之以仁道，養之以德，與道終始，爲乃非道者，余所不能論之也。

子曰：道不同，不相爲謀。疏子曰至爲謀○人之爲事，必須先謀。若道同者共謀，則精審不誤。若道不同而與共謀，則方圓義鑿枘事不成也。

子曰：辭達而已矣。註孔安國曰：凡事莫過於實足也。辭達則足矣，不煩文艷之辭也。疏子曰辭達而已矣○言語之法，使辭足，宜達其事而已，不須美奇其言以過事實也。

師冕見。註孔安國曰：師，樂人，盲者也。名冕也。及階，子曰：階也。及席，子曰：席也。皆坐，子告之曰：某在斯，某在斯。註孔安國曰：歷告以座中人姓字及所在處也。師冕出。子張問曰。與師言之道與。子曰。然。固相師之道也。【註】馬融曰。相。導也。【疏】師冕見至道也○云師冕見者。師冕。魯之樂師也。見。來見孔子也。云及階者。及。至也。階。孔子家堂階也。師冕來見。至孔子家階也。云子曰階也者。師冕盲來見至階。孔子語之曰。階也。使之知而登之也。云及席者。冕已升階。至孔子堂上席也。云子曰席也皆坐者。孔子又語之曰。至席。令其登席而坐。皆。俱也。孔子見瞽者必起。師既起。則弟子又隨而起。冕至席已坐。故孔子亦坐。弟子並坐。故云皆坐也。云子告云云者。某。席中人也。冕無目不識座上人。故孔子歷告之以座上人之姓名也。既多人。故再曰某在斯某在斯也。隨人百十。每一一告之云云。子張在此。子貢在此。云子冕出者。見孔子事畢而出去也。云子張問云云者。道猶禮也。子張見孔子告之階席人姓名字。故冕出。而問孔子。向與師冕言之。是禮不與也。云子曰然者。答曰。是

禮也云固相師之道也者又云。冕既無目。故主人宜爲之導相。所以歷告也

論語季氏第十六

疏 季氏者。魯國上卿。豪强僭濫者也所以次前者。既明君惡故據臣凶。故以季氏次衛靈公也

季氏將伐顓臾。冉有季路見於孔子曰。季氏將有事於顓臾。註孔安國曰。顓臾。宓犧之後風姓之國。本魯之附庸。當時臣屬魯。季氏貪其地。欲滅而有之。冉有與季路爲季氏臣。來告孔氏也。孔子曰。求。無乃爾是過與。註孔安國曰。冉求爲季氏宰。相其室。爲之聚斂。故孔子獨疑求教也。夫顓臾。昔者先王

以爲東蒙主。註孔安國曰。使主祭蒙山也。且在邦域之中矣。註孔安國曰。魯七百里之邦。顓臾爲附庸在其域中也。是社稷之臣也。何以爲伐也。註孔安國曰。已屬魯爲社稷之臣。何用滅之爲也。冉有曰。夫子欲之。吾二臣者皆不欲也。註孔安國曰。歸咎於季氏也。孔子曰。求。周任有言曰。陳力就列。不能者止。註馬融曰。周任古之良史也。言當陳其才力。度己所任以就其位。不能則當止也。危而不持。顛而不扶。則將焉用彼相矣。註苞氏曰。言輔相人者當能持危扶顛若不能何用相爲也且爾言過矣虎兕出柙龜玉毁櫝中是誰之過與註馬融曰柙檻也櫝櫃也失毁非典守者之過耶冉有曰今夫顓臾固而近於費註馬融曰固謂城郭完堅兵甲利也費季氏之邑也今不取後世必爲子孫憂孔子曰求君子疾夫註孔安國曰疾如汝之言也舍曰欲之而必更爲之辭註孔安國曰舍其貪利之説而更作他辭是所疾也丘也聞有國有家者不患寡而患不均註孔安國曰國諸侯也家卿大

夫也。不患土地人民之寡少。患政治之不均平也。

不患貧而患不安。註孔安國曰。憂不能安民耳。民安則國富。蓋均無貧。和無寡。安無傾。註苞氏曰。政教均平則不患貧矣。上下和同。不患寡矣。小大安寧。不傾危也。夫如是。故遠人不服。則修文德以來之。既來之則安之。今由與求也相夫子遠人不服。而不能來也。邦分崩離析而不能守也。註孔安國曰。民有異心曰分。欲去曰崩。不可會聚曰離析。而謀動干戈於邦內。註孔安國曰。干。楯也。戈。戟也。吾恐季孫之憂不在顓臾而在蕭牆之內也。〔註〕鄭玄曰。蕭之言肅也。蕭牆謂屏也。君臣相見之禮至屏而加肅敬焉。是以謂之蕭牆。後季氏之家臣陽虎。果囚季桓子也。〔疏〕季氏至內也○此章明季氏專征濫伐之惡也。云季氏將伐顓臾者顓臾。魯之附庸也。其地與季氏采邑相近。故季氏欲伐而幷之也。故云季氏將伐顓臾也。云冉有云云者。二人時仕季氏爲臣。見季氏欲濫伐。故來見孔子告道之也。云曰季氏云云者。此冉有告孔子之辭也。有事。謂有征伐之事也。云孔子曰云云者。求。冉有名也。爾。汝也。雖二人俱來而告。冉有獨告。嫌冉有又爲季氏有聚斂之失。故孔子獨呼其名而問云。此征伐之事。無乃是汝之罪過與。言是其教導季氏爲之也。云夫顓臾云云者。孔子拒冉有。不聽伐之也。言顓臾是昔先王聖人之所立以主蒙山之祭。蒙山在東。故云東蒙主也既是先王所立。又爲祭祀之主。故不可伐也云且在云云者言且顓臾。在魯七百里封內。故云在邦域中也云是社稷之臣者國主社稷。顓臾既屬魯國。故是社稷之臣也鄭注詩云。諸侯不臣附庸。而此云是社稷臣者。當爾時。已臣屬魯故也云冉有云云者夫子。指季氏也冉有言伐顓臾之事。是季氏所欲。故云夫子欲之也云吾二云云者稱吾二臣。是冉有自謂。及子路也言我二臣皆不欲伐之也冉有恐孔子不獨信已。故引子路爲儔證也云孔子曰求者孔子不許冉有歸咎於季氏。故又呼求名語之也云周任云云者此語之辭也周任古之良史也周任有言曰。人生事君。當先量後入。若計陳我才力所堪。乃後就其列次。治其職任耳。若自量才不堪。則當止而不爲也云危而云云者既量而就。汝今爲人之臣。臣之爲用。正至匡弼持危扶顛。今假季氏欲爲濫伐。此是危顛之事。汝宜諫止。而汝不諫止。乃云夫子欲之。吾等不欲。則何用汝爲彼之輔相乎。若必不能。是不量而就之也。云且爾云云者。又罵之而設譬也。兕。如牛而色青。柙。檻也。檻。貯於虎兕之器也。櫝。函也。函。貯龜玉之匣也。言汝云吾二臣皆不欲也。此是汝之罪也。汝爲人輔相。當主諫君失。譬如爲人掌虎兕龜玉。若使虎兕破檻而逸出。及龜玉毀碎於函櫝之中。此是誰過。則豈非守檻函者過乎。今季氏濫伐。此是誰過。則豈非汝輔相之過乎。何得言吾二臣不欲耶。繆肇曰。陽虎家臣而外叛。是出虎兕於檻也。伐顓臾於邦内。是毀龜玉於櫝中也。張憑曰。虎兕出柙。喻兵擅用於外也。龜玉毀於櫝中。喻仁義廢於内也。云冉有云云者。固。謂城郭甲兵堅利。費。季氏采邑名也。冉有既得孔子罵及譬喻。而輸誠服罪。更説顓臾宜伐之意也。言所以伐顓臾者。城郭甲兵堅利。復與季氏邑相近也。云今不取云云者。子孫。季氏之子孫也。冉有又言顓臾既城郭堅。甲兵利。又與費邑相近。其勢力方豪。其及今日猶可撲滅。若今日不伐取。則其後世必伐於費。所以爲後世子孫之

憂也。云孔子云云者孔子聞冉有言。知其虛妄。故
更呼而語之也。夫。夫冉有之言也。季氏欲伐。實是
貪顓臾之地。今汝不言季孫是貪顓臾。欲伐取之。
而假云顓臾固而近費。恐爲子孫憂。如汝此言。是
君子之所謂疾也。故云君子疾夫也。云舍曰云云
者此是君子所疾者也。舍。猶除也。冉有不道季氏
貪欲濫伐。是舍曰欲之。而假稱顓臾固近費。是是
而必爲之辭。云丘也云云者孔子罵冉有旣竟。而
更自稱名。爲其說季氏子孫之憂不顓臾也。將欲
言之。故先廣陳其理也。不敢云出己。故曰聞也。有
國謂諸侯也。有家。謂卿大夫也。言夫爲諸侯及卿
大夫者。不患土地人民寡少。所患政之不能均平
耳。今季氏爲政不能均平。則何用濫伐。欲多土地
人民爲也。云不患貧而患不安者爲國家者。何患
民貧乏耶。政患不能使民安。云蓋均無貧者此結
前不貧之事也。若爲政均平。則國家自富。故無貧乏
也。云和無寡者此結不寡也。言政若能和。則四方
來至。故土地民人不寡少也。云安無傾者若能安

民。則君不傾危也。然上云不患寡。患不均。不患貧。患不安。則下應云均無寡。安無貧。今云均無貧。和無寡。又長云安無傾者。並相互爲義。由均和。故安無傾也。云夫如是云云者。此明不患寡少之由也。如是。猶如此也。若國家之政。能如此安不傾者。若遠人猶有不服化者。則我廣修文德於朝。使彼慕德而來至也。故舜舞干羽於兩階。而苗民至。云既來之則安之者。遠方既至。則又用德澤撫安之。云今由云云者。夫子。季氏也。言今汝及由二人。相於季氏無恩德也。云遠人云云者。言汝二人爲季氏相。不能修文德以來服遠人也。云邦分云云者。言汝二人相季氏。季氏治魯。既外不來遠人。而內又離析不能守國也。云而謀云云者。汝二人既不能來遠安近。而唯知與動干戈。以自伐邦國內地。何也。云吾恐云云者。冉有曰。顓臾近費。恐爲後世子孫憂。孔子廣陳事理已竟。故此改容答也。言我之所恐。恐。異於汝也。汝恐顓臾而我恐季孫後世之憂。不在於顓臾也。云而在蕭牆之內者。此季孫所憂者也。蕭蕭也。牆屏也。人君於門樹屏。臣來至屏而起肅敬。故謂屏爲蕭牆也。臣朝君之位。在蕭牆之內也。今云季孫憂在蕭牆內。謂季孫之臣必作亂也。然天子外屏。諸侯內屏。大夫以簾。士以帷。季氏是大夫應無屏。而云蕭牆者。季氏皆僭爲之也蔡謨曰。冉有。季路。並以王佐之姿。處彼相之任。豈有不諫季孫以成其惡。所以同其謀者。將有以也量己揆勢。不能制其悖心。於外順其意以告夫子。實欲致大聖之言以救斯弊。是以夫子發明大義以酬來感。弘舉治體。自救時難。引喻虎兕。爲以罪相者。雖文譏二子。而旨在季孫。既示安危之理。又抑强臣擅命。二者兼著以寧社稷。斯乃聖賢同符相爲表裏者也。然守文者衆。達微者寡也。覩其見軌。而昧其玄致。但釋其辭。不釋所以辭。懼二子之見幽。將長淪於腐學。是以正之以莅來旨也。○註櫝櫃也。○櫃。即函也。註兵甲。○兵。刄也。甲。鎧也。○註孔安國曰。至國富。○百姓足。君孰與不足。是也。○註鄭玄曰。至子也。○謂憂在蕭牆也孔子曰。天下有道則禮樂征伐自天子出。天下無道。則禮樂征伐自諸侯出。自諸侯出。蓋十世希不失矣。註孔安國曰。希少也。周幽王爲犬戎所殺。平王東遷。周始微弱。諸侯自作禮樂。專行征伐。始於隱公。至昭公十世失政。死乾侯。自大夫出。五世希不失矣。註孔安國曰。季文子初得政。至桓子五世。爲家臣陽虎所囚也。陪臣執國命。三世希不失矣。註馬融曰。陪重也。謂家臣也。陽氏爲季氏家臣。至虎三世。而出奔齊也。天下有道則政不在大夫。註孔安國曰。制之由君也。天下有道。則庶人不議。注孔安國曰。無所非議也。疏孔子曰至不議○云天下有道云云者。禮樂。先王所以飾喜。鈇鉞。先王所以飾怒。故有道世。則禮樂征伐。並由天子而出也。云天下無道云云者。若天下無道。天子微弱。不得任自由。故禮樂征伐從諸侯出也。云自諸云云者。希少也。若禮樂征伐從諸侯出。非其所。故僭濫之國。十世少有不失國者也。諸侯是南面之君。故至全數之年而失之也。云自大云云者。若禮樂征伐。從大夫而專濫。則五世。此大夫少有不失政者也。其非南面之君。道從勢短。故半諸侯之年。所以五世而失之也。云陪臣云云者。陪。重也。其爲臣之臣。故云重也。是大夫家臣。僭執邦國教令。此至三世必失也。既卑。故不至五世。則半十而五。三亦半五。大者難傾。故至十。十。極數也。小者易危。故轉相半。理勢使然。亡國喪家。其數皆然。未有過此而不失者也。按此但云執國命。不云禮樂征伐出者。其不能僭禮樂征伐也。繆播曰。大夫五世。陪臣三世者。苟得之有由。則失之有漸。大者難傾。小者易滅。近本罪輕。遠彌罪重。輕故禍遲。重則敗速。二理同致。自然之差也。云天下有道則政不在大夫者。政由於君。故不在大夫。在大夫由天下失道故也。云天下有道則庶人不議者。君有道。則頌之聲興。載路。有時雍之義。則庶人民下。無所。街群巷聚以評議天下四方之得失也。若無道。則庶人共有所非議也。○註孔安國曰至乾侯○證十世爲濫。失國之君也。周幽王無道。爲犬戎所殺。其子平王東遷雒邑。於是周始微弱。不能制諸侯。故于時魯隱公始專征濫伐。至昭公十世。而昭公爲季氏所出。死於乾侯之地也。十世者。隱一。桓二。莊三。閔四。僖五。文六。宣七。成八。襄九。昭十也。○

註孔安國曰至囚也。○此證大夫專濫。五世而失家者。季文子始得政而專濫。至五世桓子。爲臣所囚也。五世者。文子一。武子二。悼子三。平子四。桓子五是也。○註馬融曰至齊也。○證陪臣執政。三世

而失者也○註孔安國曰無所非議也○非猶鄙也鄙議風政之不是
孔子曰祿之去公室五世矣註鄭玄曰言此之時魯定公之初也魯自東門襄仲殺文公之子赤而立宣公於是政在大夫爵祿不從君出至定公爲五世矣政逮於大夫四世矣註鄭玄曰文子武子悼子平子也故夫三桓之子孫微矣註孔安國曰三桓者謂仲孫叔孫季孫也三卿皆出桓公故曰三桓也仲孫氏改其氏稱孟氏至哀公皆衰也疏孔子曰至微矣○云孔子云云者禮樂征伐自大夫出五世希有不失于時孔子見其數將爾知季氏必

亡。故發斯旨也。公。君也祿去君室。謂制爵祿出於大夫。不復關君也制爵祿不關君。于時已五世也故云去公室五世也【云】政逮云云者逮。及也制祿不由君。故及大夫也季文子初得政。至武子。悼子。平子。四世。是孔子時所見。故云四世。【云】故夫云云者大夫執政五世必失。而季氏已四世。故三桓子孫轉以弱也謂爲三桓者。仲孫。叔孫。季孫。三家同出桓公。故云三桓也初三家皆豪濫。至爾時並衰故云微也○【註】鄭玄曰至世矣○襄仲既殺赤。立宣公。宣公雖立而微弱。不敢自專。故爵祿不復關已也宣一。成二。襄三。昭四。定五也○【註】孔安國曰至衰也○後仲孫氏改其氏稱孟氏。故多云孟孫氏也

孔子曰。益者三友。損者三友。友直。友諒。友多聞。益矣

友便辟。【註】馬融曰。便辟。巧避人所忌以求容媚者

也。友善柔。註馬融曰。面柔者也。友便佞。損矣。註鄭玄曰。便。辯也。謂佞而辯也。疏孔子曰至損矣。○云益者三友者。明與朋友益者有三事。故云益者三友。云損者三友者。又明與朋友損者。只有三事。故云損者三友。云友直者。一益也。所友得正直之人也。云友諒者。二益也。所友得有信之人也。諒。信也。云友多聞益矣者。三益也。所友得能多所聞解之人也。益矣。上所言三事。皆是有益之朋友也。云友便辟者。此一損也。謂與便辟之人為朋友者。謂語巧能為避人所忌者。為佞辟也。云友善柔者。二損也。謂所友者善柔者也。善柔。謂面從而背毀者也。云友便佞者。三損也。謂與便佞為友也。便佞。謂辯而巧也。云損矣者。上三事皆是為損之朋友也。

孔子曰。益者三樂。損者三樂。樂節禮樂。註動靜得於禮樂之節也。樂道人之善。樂多賢友。益矣。樂驕樂。註孔安國曰。恃尊貴以自恣也。樂佚遊。註王肅曰。佚遊。出入不知節也。樂宴樂。損矣。註孔安國曰。宴樂。沈荒淫瀆也。三者自損之道也。疏孔子曰至損矣○云益者三樂者謂以心中有所愛樂之事三者。爲益人者也云損者三樂者又謂以心中所愛樂有三事爲損人者也云樂節禮樂者一益也謂心中所愛樂。樂得於禮樂之節也。云樂道人之善者二益也心中所愛樂。樂道說揚人之善事也。云樂多賢友者三益也。心中所愛樂。樂得多賢爲朋友也云益矣者此上三樂。皆是爲益之樂。云樂驕樂者此明一損也心中所愛樂。爲驕慠以自樂也云樂佚遊者此二損也。心中所愛樂。恣於自逸念。念而遨遊不用節度也。云樂宴樂者三損也。心中所愛樂。宴飲酖湎以爲樂也。云損矣者。此上三樂。皆是爲損之樂也。

孔子曰。侍於君子有三愆。註孔安國曰。愆過也。言未及之而言。謂之躁。註鄭玄曰。躁不安靜也。言及之不言。謂之隱。註孔安國曰。隱匿不盡情實也。未見顏色而言。謂之瞽。註周生烈曰。未見君子顏色所趣向。而便逆先意語者。猶瞽者也。疏孔子曰至之鼓。○云孔子曰云云者。愆過也。卑侍於尊。有三事爲過失也。云言未云云者。一過也。侍君子之坐。君子言語次第承之。未及其抄次而言。此是輕動將躁者也。云言及云云者。二過也。言語次第已應及。其人忽君子不肯出言。此是情心不盡。有所隱匿者也。云未見云云者。瞽者。盲人也。盲人目不見人顏色。而只言

人之是非。今若不盲侍坐。未見君子顏色趣向。而便逆言之。此是與盲者無異質。故謂之爲瞽也

孔子曰。君子有三戒。少之時。血氣未定。戒之在色。及其壯也。血氣方剛。戒之在鬭。及其老也。血氣旣衰。戒之在得。

註 孔安國曰。得。貪得也。

疏 孔子曰至在得。○云君子有三戒者。君子自戒。其事有三。故云有三戒也。云少之時云云者。一戒也。少。謂三十以前也。爾時血氣猶自薄少。不可過慾。過慾則爲自損。故戒之也。云及其壯云云者。二戒也。壯。謂三十以上也。禮。三十壯而爲室。故不復戒色也。但年齒已壯。血氣方剛。性力雄猛者。無所與讓。好爲鬭爭。故戒之也。云及其老云云者。三戒也。老。謂年五十以上也。年五十始衰。無復鬭爭之勢。而戒之在得也。得。貪得也。老人好貪。故戒之也。老人所以好貪者。夫年少象春夏。春夏爲陽。陽法生施。故少年明怡也。年老象

秋冬。秋冬爲陰。陰體斂藏。故老者好斂聚多貪也

孔子曰。君子有三畏。畏天命。註順吉逆凶。天之命也。畏大人。註大人。即聖人。與天地合其德者也。畏聖人之言。註深遠不可易。則聖人之言也。小人不知天命而不畏也。註恢疏。故不知畏也。狎大人。註直而不肆。故狎之也。侮聖人之言。註不可小知。故侮之也。疏孔子曰至之言○云君子有三畏者。心服曰畏。君子所畏有三事也。云畏天命者。一畏也。天命。謂作善降百祥。作不善降百殃。從吉逆凶。是天之命。故君子畏之。不敢逆之也。云畏大人者。二畏也。大人。聖人也。見其含容。而曰大人。見其作教正物。而曰聖人也。今云畏大人。謂居位爲君

者也。聖人在上。含容覆燾。雖不察察。而君子畏之也。云畏聖人之言者三畏也。聖人之言。謂五經典籍。聖人遺文也。其理深遠。故君子畏之也。云小人云云者。旣小人與君子反。並不畏君子之所畏者也。小人見天道恢疏。而不信從吉逆凶。故不畏之。而造爲惡逆也。云狎大人者見大人含容。故褻狎慢而不敬也。江熙曰。小人不懼德。故媟慢也。云侮聖人之言者謂經籍爲虛妄。故輕侮之也。江熙曰。以典籍爲妄作也。○註深遠至言也。○理皆深遠。不可改易也。○註恢疏故不知畏。○天網恢恢。疏而不失。小人見天命不切切之急。謂之不足畏也。○註直而至之也。○肆。猶經威毒也。大人但用行不邪。而不加威毒也。○註不可至之也。○經籍深妙。非小人所知。故云不可小知也。

孔子曰。生而知之者。上也。學而知之者。次也。困而學之。又其次也。註孔安國曰。困謂有所不通也。困而不學，民斯爲下矣。【疏】孔子曰至下矣。○此章勸學也。故先從聖人始也。云生而云云者，若生而自有知識者，此明是上智聖人，故云上也。云學而云云者，謂上賢也。上賢既不生知，資學以滿分，故次生知者也。云困而云云者，謂中賢以下也。本不好學，特以己有所用，於理困憤不通，故憤而學之。此只次前上賢人也。云困而不學民斯爲下矣者，謂下愚也。既不好學，而困又不學，此是下愚之民也。故云民斯爲下也。

孔子曰：君子有九思。視思明，聽思聰，色思温，貌思恭，言思忠，事思敬，疑思問，忿思難，見得思義。【疏】孔子曰至思義。○云君子有九思者，言君子所宜思之事，其條有九也。云視思明者，一也。若目瞻視萬事，不得孟浪，唯思分明也。云聽思聰者，二也。若耳聽萬理，不得落漠，唯思聽了也。云色思温者，三也。若顔色平常不得嚴切。唯思温和也。李充曰。靜容謂之和。柔暢謂之温也。云貌思恭者四也。若容貌接物不得違逆。唯思遜恭也。李充曰。動容謂之貌。謙接謂之恭也。云言思忠者五也。若有所言語。不得虚僞。唯思盡於忠心也。云事思敬者六也。凡行萬事。不得傲慢。唯思於敬也。故曲禮曰。無不敬也。云疑思問者七也。心有所疑。不得輙自斷决。當思諮問於事有識者也。云忿思難者八也。彼有違理之事。來觸於我。我必忿怒於彼。雖然不得乘此忿心以報於彼。當思於忿有急難日也。一朝之忿忘其身以及其親。是謂難也。云見得思義者九也。不義而富且貴。於我如浮雲。若見已應有所得。當思其義取也。江熙曰。義然後取也

孔子曰。見善如不及。見不善如探湯。吾見其人矣。吾聞其語矣。註孔安國曰。探湯喻去惡疾也。隱居以

求其志行義以達其道吾聞其語矣未見其人也

疏孔子曰至人也○云見善如不及者見有善者當慕而齊之恒恐已不能相及也袁氏曰恒恐失之故馳而及之也云見不善如探湯者若見彼不善者則已急宜畏避不相染入譬如人使己以手探於沸湯爲也云吾見云云者孔子自曰此上二事吾嘗見其人亦嘗聞有其語也顔特進曰好善如所慕惡惡如所畏合義之情可傳之理既見其人又聞其語也云隱居云云者志違昏亂故願隱遁言幽居以求其志也行義以達其道常願道申故躬行仁義以達其道也云吾聞云云者唯聞昔有夷齊能然是聞有其語也而今世無復此人故云未見其人也顔特進曰隱蓄所以求志於世表行義所以達道於古人無立之高難能之行徒聞其語未見其人也○註孔安國曰堊疾也○去猶避也疾速也謂避惡之速也

齊景公有馬千駟。死之日。民無得稱焉。註孔安國曰。千駟。四千匹也。伯夷叔齊餓于首陽之下。註馬融曰。首陽山。在河東蒲坂縣華山之北。河曲之中也。民到于今稱之。其斯之謂與。註王肅曰。此所謂以德爲稱者也。疏齊景公至謂與。○云齊景公有馬千駟者。千駟。四千匹馬也。云死之云云者。生時無德而多馬。一死則身名俱消。故民無所稱譽也。云伯夷云云者。夷。齊。是孤竹君之二子也。兄弟讓國。遂入隱于首陽之山。武王伐紂。夷齊扣武王馬。諫曰。爲臣伐君。豈得忠乎。橫尸不葬。豈得孝乎。武王左右欲殺之。太公曰。此孤竹君之子。兄弟讓國。大王不能制也。隱於首陽山。合方立義。不可殺。是賢人。即止也。夷齊反首陽山。責身不食周粟。唯食草木而已。後遼西令支縣䒭家白張石虎。往蒲坂採材。謂夷齊曰。汝不食周粟。何食周草木。夷齊聞言。卽遂不食七日餓死云首陽下者。在山邊側也云民到于今稱之者。雖無馬而餓死而民到孔子之時。相傳猶揄揚愈盛也云其斯之謂與者斯。此也言多馬而無德。亦死卽消。雖餓而有德。稱義無息。言有德不可不重。其此謂之也

陳亢問於伯魚曰。子亦有異聞乎。註馬融曰。以爲伯魚孔子之子。所聞當有異也對曰。未也。嘗獨立。註孔安國曰。獨立。謂孔子也。鯉趨而過庭。曰。學詩乎。對曰。未也。曰。不學詩。無以言也。鯉退而學詩。他日又獨立。鯉趨而過庭。曰。學禮乎。對曰。未也。不學禮。無以立。鯉退而學禮。聞斯二者矣。陳亢退而喜曰。

問一得三。聞詩。聞禮。又聞君子之遠其子也。疏陳亢問至子也○云陳亢問云云者。陳亢。即子禽也。伯魚。即鯉也。亢言伯魚是孔子之子。孔子或私教伯魚有異門徒聞。故云子亦有異聞不也。呼伯魚而爲子也。云對曰未也者。伯魚對陳亢曰。我未嘗有異聞也。云嘗獨立者。此述已生平私得孔子見語之時也。言孔子嘗獨立。左右無人也。云鯉趨而過庭者。孔子獨立在堂。而已趨從中庭過也。云曰學詩乎者。孔子見伯魚從庭過。呼而問之曰。汝嘗學詩不乎。云對曰未也者。伯魚述擧己答孔子。言未嘗學詩也。云曰不學詩無以言者。孔子聞伯魚未嘗學詩。故以此語之。言詩有比興答對酬酢。人若不學詩。則無以與人言語也。云鯉退而學詩者。伯魚得孔子之旨。故退還己舍而學詩也。云他日又獨立者。他日。又別日也。孔子又在堂獨立也。云鯉趨而過庭者。伯魚又從中庭過也。曰學禮乎者。孔子又問伯魚。汝學禮不乎。對曰未也者。亦答曰。未學禮也。云不學禮無以立者孔子又語伯魚曰。禮是恭儉莊敬。立身之本。人有禮則安。無禮則危。若不學禮。則無以自立身也。云鯉退而學禮者經從孔子旨。退而學禮也。云聞斯二者矣者又答陳亢言己為孔子之子。唯私聞學詩學禮二事也。云陳亢云云者陳亢得伯魚答己二事。故退而歡喜也。言我問異聞之一事。而今得聞三事也。云聞詩云云者伯魚二也。又君子遠其子。三也。伯魚。是孔子之子。一生之中。唯知聞二事。即是君子不獨親子。故相疎遠。是陳亢今得聞君子遠於其子也。范甯曰。孟子曰。君子不教子。何也。勢不行也。教者必以正。以正不行。繼之以怒。繼之以怒。則反夷矣。父子相夷。惡也。

邦君之妻。君稱之曰夫人。夫人自稱曰小童。邦人稱之曰君夫人。稱諸異邦曰寡小君。異邦人稱之亦曰君夫人也。註孔安國曰。小君。君夫人之稱也。對異邦謙。故曰寡小君。當此之時。諸侯嫡妾不正稱號不審。故孔子正言其禮也。疏邦君至人也○云邦君云云者。當時禮亂稱謂不明。故此正之也。邦君自呼其妻曰夫人也。云夫人自稱曰小童者。此夫人向自稱則曰小童。小童。幼少之目也。謙不敢自以比於成人也。云邦人云云者。邦人。其國民人也。若其國之民。呼君妻。則曰君夫人也。君自稱。則單曰夫人。故民人稱帶君言之也。云稱諸云云者。自我國臣民。向他邦人。稱我君妻。則曰寡小君。君自稱曰寡人。故臣民稱君爲寡君。稱君妻爲寡小君也。云異邦人云云者。若異邦臣來。即稱主國君之妻。則亦同曰君夫人也。

論語集解義疏卷第八

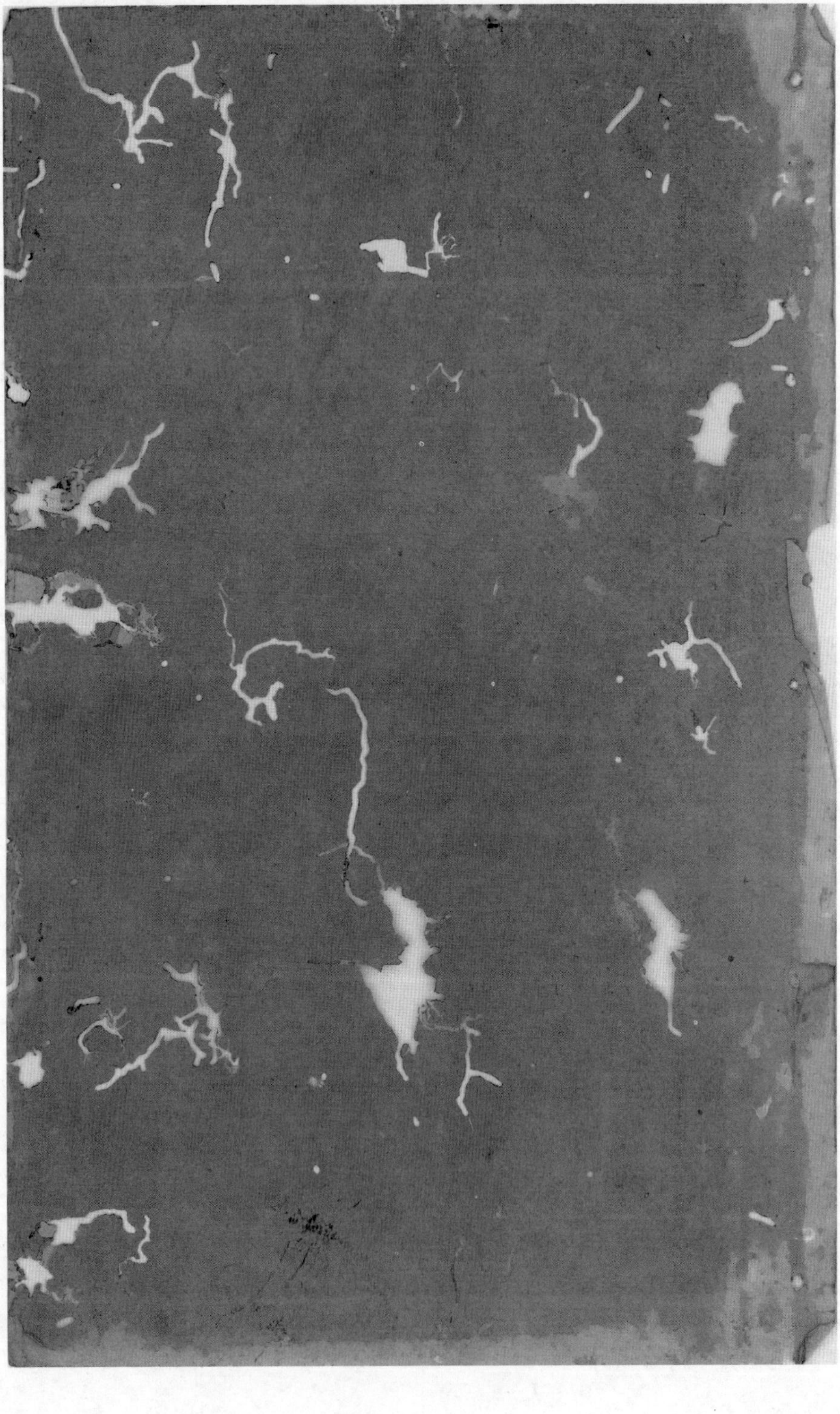

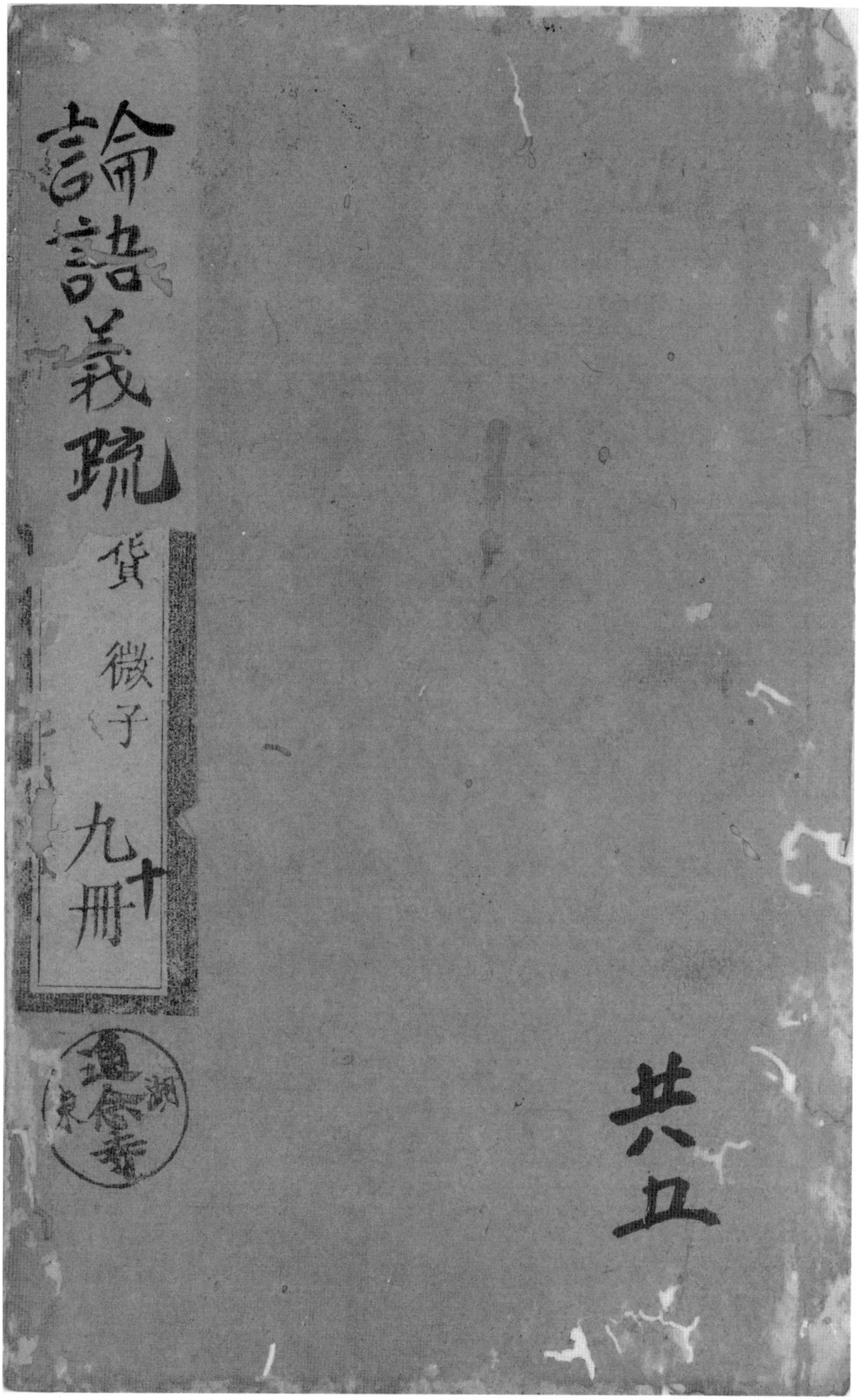
論語義疏
貨
微子
九十冊
共八五

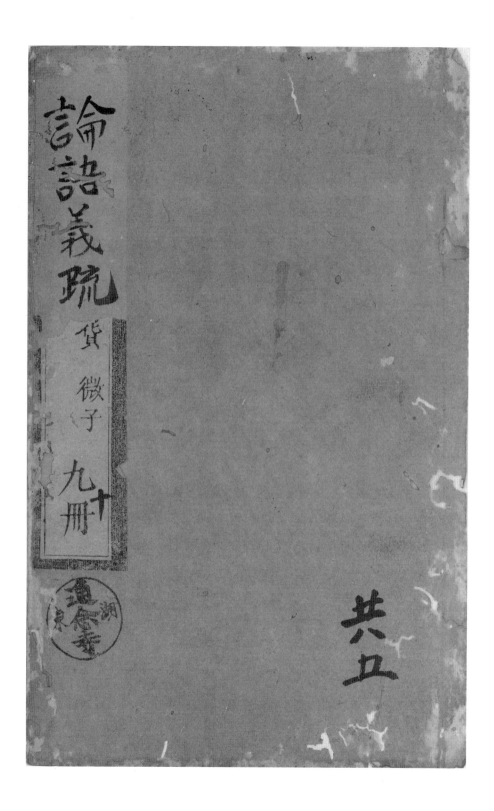

論語集解義疏卷第九

魏　何晏　集解

梁　皇侃　義疏

日本根遜志　校正

論語陽貨第十七　疏　陽貨者。季氏家臣。亦凶惡者也。所以次前者。明於時凶亂。非唯國臣無道。至於陪臣賤。亦並凶惡。故陽貨次季氏也。

陽貨欲見孔子。孔子不見。註　孔安國曰。陽貨。陽虎也。季氏家臣。而專魯國之政。欲見孔子使仕也。歸孔子豚。註　孔安國曰。欲使往謝。故遺孔子豚也。孔子時其亡也。而往拜之遇諸塗。【註】孔安國曰。塗道也於道路與相逢也。謂孔子曰。來予與爾言。曰。懷其寶而迷其邦可謂仁乎。曰。不可。【註】馬融曰。言孔子不仕。是懷寶也。知國不治。而不為政。是迷邦也。好從事而亟失時。可謂智乎。曰。不可。【註】孔安國曰。言孔子栖栖好從事而數不遇失時。不為有智也。日月逝矣。歲不我與【註】馬融曰。年老歲月已往。當急仕也。孔子曰。諾。吾將仕矣。【註】孔安國曰。以順辭免害也。【疏】陽貨至仕矣○云陽貨欲見孔子者。陽貨者。季氏家臣陽虎也。于時季氏稍微。陽貨爲季氏宰。專魯國政。欲使孔子仕己。故使人召孔子。欲與孔子相見也。云孔子不見者。孔子惡其專濫。故不與之相見也。云歸孔子豚者。歸猶餉也。既召孔子。孔子不與相見。故又遣人餉孔子豚也。所以召不來而餉豚者。禮。得敵己以下餉。但於己家拜餉而已。勝己以上見餉。先既拜於己家。明日又往餉者之室也。陽虎乃不勝孔子。然己交專魯政。期度孔子必來拜謝己。因得與相見也。得相見而勸之欲仕也。云孔子時云云者。亡。無也。無。謂虎不在家時也。孔子曉虎見餉之意。故往拜謝也。若往謝必與相見。相見於家。事或盤桓。故伺取虎不在家時。而往拜於其家也。云遇諸塗者。塗。道路也。既伺其不在而往拜。拜竟而還。與之相逢於路中也。孔子聖人所以不計避之。而在路與相逢者。其有所以也。若遂不相見。則陽虎求召不已。既得相見。則其意畢耳。但不欲久與相對。故造次在塗路也。所以知是已拜室。還與相逢者。既先云時亡也。後云遇塗。故知已至其家也。其若未至室。則於禮未畢。或有更隨其至已家之理。故先伺不在而往。往畢還而相逢也。一家通云。餉豚之時。孔子不在。故往謝之也。然於玉藻中為便。而不勝此集解通也。謂孔子曰來者。貨於路見孔子。而呼孔子令來趨就己也。云予與爾言者。予。我也。爾。汝也。貨先呼孔子來。而又云我與汝言也。云曰懷云云者。此是貨與孔子所言之辭也。既欲令仕己。故先發此言也。此罵孔子不仁也。寶猶道也。言仁人之行。當惻隱救世以安天下。而汝懷藏佐時之道。不肯出仕。使邦國迷亂。為此之事。豈可謂為仁乎。曰不可者。孔子曉虎之言。故遜辭求免。而答云不可也。言不可謂此為仁人也。云好從云云者。此亦罵孔子不智也。好從事。謂好周流東西。從於世事也。亟。數也。言智者以照了為用。動無失時。而孔子數栖栖遑遑東西從事。而數失時。不為時用。如此。豈可謂汝為智人乎。曰不可者。又遜辭云不可。云日月云云者。罵孔子。孔子辭既畢。故貨又以此辭勸孔子出仕也。逝。速也。言日月不停。速不待人。豈得懷寶至老而不仕乎。我。我孔子也。云孔子云云者孔子得勸故遜辭答之曰。諾。吾將仕也。郭象曰。聖人無心。仕與不仕隨世耳。陽虎勸仕。理無不諾。不能用我。則無自用。此直道而應者也。然免遜之理。亦在其中也

子曰。性相近也。習相遠也。註孔安國曰。君子愼所習也。子曰。惟上智與下愚不移。註孔安國曰。上智不可使強爲惡。下愚不可使強賢也。疏子曰至不移○云子曰云云者性者。人所稟以生也。習者。謂生後有百儀常所行習之事也。人俱稟天地之氣以生。雖復厚薄有殊。而同是稟氣。故曰相近也。及至識。若値善友。則相效爲善。若逢惡友。則相效爲惡。惡善既殊。故云相遠也。故范甯曰。人生而靜。天之性也。感於物而動。性之欲也。斯相近也。習洙泗之教爲君子。習

申商之術爲小人斯相遠也然情性之義。說者不同。且依一家舊釋云。性者。生也。情者。成也。性是生而有之。故曰生也。情是起欲動彰事。故曰成也。然性無善惡。而有濃薄。情是有欲之心。而有邪正。性既是全生。而有未涉乎用。非唯不可名爲惡。亦不可目爲善。故性無善惡也。所以知然者。夫善惡之名。恒就事而顯。故老子曰。天下以知美之爲美。斯惡已。以知善之爲善。斯不善已。此皆據事而談。情有邪正者。情既是事。若逐欲流遷。其事則邪。若欲當於理。其事則正。故情不得不有邪有正也。故易曰。利貞者。性情也。王弼曰。不性其情。焉能久行其正。此是情之正也。若心好流蕩失真。此是情之邪也。若以情近性。故云性其情。情近性者。何妨是有欲。若逐欲遷。故云遠也。若欲而不遷。故曰近。但近性者正。而即性非正。雖即性非正。而能使之正。譬如近火者熱。而即火非熱。雖即火非熱。而能使之熱。能使之熱者何。氣也熱也。能使之正者何。儀也靜也。又知其有濃薄者。孔子曰。性相近也。若全同也。相近之辭不生。若全異也。相近之辭亦不得立。今云近者。有同有異。取其共是無善無惡則同也。有濃有薄則異也。雖異而未相遠。故曰近也。云子曰云云者。前既曰性近習遠。而又有異。此則明之也。夫降聖以還。賢愚萬品。若大而言之。且分爲三。上分是聖。下分是愚。愚人以上。聖人以下。其中階品不同。而共爲一。此之共一則有推移。今云上智謂聖人。下愚。愚人也。夫人不生則已。若有生之始。便稟天地陰陽氛氳之氣。氣有清濁。若稟得淳清者則爲聖人。若得淳濁者。則爲愚人。愚人淳濁。雖澄亦不清。聖人淳清。攪之不濁。故上聖遇昏亂之世。不能撓其眞。下愚値重堯疊舜。不能變其惡。故云唯上智與下愚不移也。而上智以下。下愚以上。二者中間。顏閔以下。一善以上。其中亦多清少濁。或多濁少清。或半清半濁。澄之則清。攪之則濁。如此之徒。以隨世變改。若遇善則清升。逢惡則滓淪。所以別云性相近。習相遠也。

子之武城。聞絃歌之聲。註孔安國曰。子游爲武城宰也。夫子莞爾而笑。註莞爾。小笑貌也。曰。割雞焉用牛刀。註孔安國曰。言治小何須用大道也。子游對曰。昔者偃也聞諸夫子曰。君子學道則愛人。小人學道則易使也。註孔安國曰。道謂禮樂也。樂以和人。人和則易使也。子曰。二三子。註孔安國曰。從行者也。偃之言是也。前言戲之耳。註孔安國曰。戲以治小而用大道也。疏子之至之耳○云子之云云者之。往也。于時子游爲武城宰。而孔子往焉。既入其邑。聞絃歌之聲也。但解聞絃歌之聲。其則有二。一云。孔子入武城堺。聞邑中人家家有絃歌之響。由子游正化和樂故也繆播曰。子游宰小邑。能令民得其可絃歌以樂也又一云。謂孔子入武城。聞子游身自絃歌以敎民也故江熙曰。小邑但當令足衣食敎敬而已反敎歌詠先王之道也 夫子莞爾而笑者 孔子聞絃歌聲而笑之也 曰割雞焉用牛刀者 孔子說可笑之意也牛刀。大刀也割雞。宜用雞刀。割牛。宜用牛刀。若割雞而用牛刀。刀大而雞小。所用之過也譬如武城小邑之政。可用小才而已用子游之大才。是才大而用小也。故繆播曰。惜其不得導千乘之國。如牛刀割雞。不盡其才也 江熙曰。如牛刀割雞。非其宜也 云子游對云云者 子游得孔子笑己。故對所以絃歌之意也 先據聞之於孔子言曰。若君子學禮樂。則必以愛人爲用。小人學道。則易使爲樂業。而偃今日所以有此絃歌之化也。一云。子游旣學道於孔子。今日之化。政是小人易使。故繆播曰。夫博學之言。亦可進退也 夫子聞鄉黨之人言。便引得射御。子游聞牛刀之喻。且取非宜。故曰小人學道則易使也其不知之者以爲戲也其知之者以爲賢聖之謙意也子曰二三子者二三子從孔子者也孔子將欲美偃之是故先呼從行之二三子云偃之言是者言子游之言所以用絃歌之化是也前言戲之耳者言我前云割雞焉用牛刀是戲治小而才大也○註孔安國曰至使也○就如注意言子游對所以絃歌化民者欲使邑中君子學之則愛人邑中小人學之則易使也

公山不擾以費畔召子欲往註孔安國曰不擾爲季氏宰與陽虎共執季桓子而召孔子也子路不悅曰末之也已何必公山氏之之也註孔安國曰之適也無可之則止耳何必公山氏之適者也子曰夫召我者而豈徒哉如有復用我者吾其爲東周

乎。註興周道於東方。故曰東周也。疏公山至周乎○公山不擾者姓公山。名不擾也。云以費畔者。費季氏采邑也。畔。背叛也。不擾當時爲季氏邑宰而作亂。與陽虎共執季氏是背叛於季氏也。云召子欲往者。既背叛。使人召孔子。孔子欲往應召也。云子路不悅者。子路見孔子欲往。故己不欣悅也。云曰末云云者。子路不悅。而復說此辭也。末。無也。之。適也。已。止也。中之。語助也。下之亦適也。子路曰。雖時不我用。若無所適往。則乃當止耳。何必公山氏之適也。云子曰云云者。孔子答子路所以欲往之意也。徒。空也。言夫欲召我者。豈容無事空然而召我乎。必有以也。云如有云云者。若必不空然而用我時。則我當爲興周道也。魯在東。周在西。云東周者。欲於魯而興周道。故云吾其爲東周也。一云。周室東遷洛邑。故曰東周。王弼曰。言如能用我者。不擇地而興周室道也。

子張問仁於孔子。孔子曰。能行五者於天下。爲仁矣。請問之。曰。恭寛信敏惠。恭則不侮。註孔安國曰。不見侮慢也。寛則得衆。信則人任焉。敏則有功。註孔安國曰。應事疾。則多成功也。惠則足以使人。疏子張問至使人。○云子張云云者。言若能行五事於天下。則可謂之爲仁人也。云請問之者。子張不曉五者之事。故反請問其目也。曰恭寛信敏惠者。答五者之目也。恭則不侮者。又爲歷解五事所以爲仁之義也。言人君行已能恭。則人以敬已。不敢見輕侮也。故江熙曰。自敬者。人亦敬已也。寛則得衆者。人君所行寛弘。則衆附歸之。是故得衆也。信則人任焉者。人君立言必信。則爲人物所委任也。一云。人思任其事。故不見瞑也。敏則有功者。敏。疾也。人君行事不懈而能進疾。則事以成而多功也。惠則

論語義疏卷第五

睦子

梁國子助教吳郡皇侃撰

子罕第九

何晏集解

疏子孔子也罕希也此篇明時感者既少故聖應亦希也所以次前者外遠富貴既為粃穢故還反凝寂所以希言故子罕次太伯也　曷正義曰此篇孔子之德行也故以次太伯堯禹之至德也此篇論孔子希言難及之事也

子罕言利與命與仁

子孔子也罕者希也言者說也利者天道元亨利万物者也與者言語許與之也命天命窮通夭壽之目也仁者惻隱濟衆行之盛者也弟子記孔子為教化所希言及所希許與人者也所以然者利是元亨利貞之道也百姓日用而不知其理玄絕故孔子希言也命是人稟天而生其道難測又好惡不同若逆向人說則傷動人情故孔子希說與人也仁是行盛非中人所能

故亦希説許與人也然希者非都絶之稱亦有時而言與人也周易文言是説利之時也謂伯牛亡之命矣夫及云若由也不得其死然是説與人命也又孟武伯問子路冉求之屬仁乎子曰不知及云楚令尹陳文子爲得仁並是不與人仁也而云顔回三月不違仁及云管仲如其仁則是説與人仁時也故云子罕言利與命與仁也

罕者希也利者義之和也即引文言也義者宜也和者无害也凡人世之利利彼則害此非義和也若天道之利〻而无害故万物得宜而和故曰義之和也**命者天之命也**人稟天而生故云天命也中庸曰天命之謂性是也**仁者行之盛也**仁義禮智信五者並是人之行而仁居五者之首主生故曰行之盛也**寡能及之**天道微妙天命深遠仁道盛大非人所能知及故云寡能及之也**故希言也**爲世人寡及故孔子亦希言也

達巷黨人曰大哉孔子博學而無所成名（五百家為黨々各有名此黨名達巷々々黨中人美孔子道大故曰大哉也博廣也言大哉孔子廣學道藝周遍不可一々而稱故云無所成名也猶如堯德蕩々民無能名也故王弼曰譬猶和樂出乎八音乎然八音非其名也江熙曰言其彌貫六流不可以一藝取名焉故曰大也）

鄭玄曰達巷者黨名也五百家為黨此黨之人美孔子博學道藝不成一名而已

子聞之謂門弟子曰吾何執（孔子聞達巷人美己故呼弟子而語之也彼既美我之博學而我於道藝何所持執乎欲自謙也）執御乎執射乎（既欲謙己之不多故陳六藝之下者以身許也言吾所執々於御及射乎御々卑者也）吾執御矣（向欲合以射御）

自許又嫌太多故又減射而云吾執御者也 鄭玄曰聞人美之兼以

謙也吾執御者欲名六藝之卑也六藝一曰五禮二曰六樂三曰

五射四曰五馭五曰六書六曰九數也今云執御々比禮樂射為卑也

子曰麻冕禮也禮謂周禮也周禮有六冕以平板為主而用卅升麻布衣板上玄下纁故

云麻冕也

禮周末時人也時

衆也所以從之

儉今率得衆共

儉故孔子從之也

今也純今謂周末孔子時也純絲也周末不復用卅升布但織絲為之故云今也

既人々從易用絲故孔子云吾亦從者周末每事奢華孔子寧欲抑奢就

儉卅升布用功巨多由得々々則書蓄亦而織絲易成。則為由約故了儉也

孔安國曰

冕緇布冠也冠冕通名也且周家委良冠亦用卅升緇布也 古者績麻

三十升布以為之純絲也絲易成故從儉也

吾從衆譯

拜下禮也下謂堂下也禮君與臣燕君賜酒皆下堂而再拜故云拜下禮也今拜乎上泰也今謂周末孔子時也上謂堂上也泰驕泰也當于時周末君臣飲燕臣得君賜酒不復下堂但於堂上而拜故云今拜乎上泰也拜不下堂是由臣驕泰故云泰也雖違眾吾從下當時皆違禮而拜上者眾孔子不從拜上故云雖眾也違眾而從舊禮拜於下故云吾從下也

王肅曰臣之與君行禮者下拜然後升成禮燕義云男舉旅於賓及君所賜爵皆降再拜稽首升成拜明臣禮也眾燕義云賓皆是臣也臣得君旅及賜爵降下堂再拜々々竟更升堂又再拜謂為成拜々々者向在堂下之拜第禮未成然故更升堂以成之也時臣驕泰故於上拜也周末時如此也今從下禮之恭也孔子欲從下之禮是禮為恭也

子曰絶四絶者无也明孔子聖人无此下四事故云絶四也不云无而云絶者據世人以言之也四事世人未能絶而孔子絶之故云絶也顔延之云謂絶人四者也

毋意一也此謂聖人心也凡人有滯故動靜委曲自任用其意聖人无心泛若不係舟豁寂同道故无意也

以道為度故不任意也

毋必二也此謂聖人行化時也物求則赴應无所抑必故互鄉進而與之是也无所抑必由无意故能為化无必也

用之則行捨之則藏故无專必也

毋固三也此聖人已應物行化故也固謂執守堅固也聖雖已應物々若不能得行則聖亦不追固執之不追三隅則不復是也亦由无意故能无固也

無可無不可故無固行也

毋我四也此聖人行教功德成身遁之迹也聖人晦迹功遂身退恒不自異故无我也亦由无意故能无我也

述古而不自作処群萃而不自異唯道是從故不自有其身也萃聚也或問曰孔子或拒孺悲或天生德於予何得云无必无我乎荅曰聖人作教應機不可一準今為其迹涉茲地為物所嫌怨心實如此故止明絕此四以見本地也

子畏於匡心服曰畏匡宋地名也于時匡人誤以兵圍孔子故孔子同物畏之孫綽云畏匡之說皆衆家之言而不敍畏名解書之理為漫夫体神知幾玄定安危者雖兵圍百重安若太山豈有畏哉雖然兵事阻險常情所畏聖人无心故即以物畏為畏也

范氏曰匡人誤圍夫子以為陽虎々々曾暴於匡

夫子弟子顏尅時又與虎俱往後尅為夫子御至
於匡匡人相與共識尅又夫子容貌與虎相似故
匡人以兵圍之釋誤圍之由者也
曰文王既沒文不在茲乎孔子得圍而自說己德欲使匡人知己茲此也孔子自此己也言昔文王聖德有文章以敎化天下也文王今既沒則文章宜須人傳傳文章者非我而誰敎云文王既沒文不在茲乎言此我當傳之也
孔安國曰茲此也言文
王雖已沒其文見在此此自此其身也身夫子身也
天之將喪斯文也後死者不得與於斯文也既云傳文在我故更說我不可殺之意也斯文即文王之文章也後死孔子自謂也夫生必有死文王既沒已亦當終但

文王既沒於前則已方死於後故自謂為後死也言天若將欲喪棄文王之文章則不應今使我已得預知識也
孔安國曰文王既沒故孔子自謂後死也言天將
喪此文者本不當使我知之今使我知未欲喪也
天之未喪斯文也匡人其如予何天今使我知之是未欲喪此文也既
未欲喪此文使已傳之則匡人豈能違天而害我乎故云如予何也衛瓘云若孔子自明非陽虎必謂之許晏然而言若是匡人是知非陽虎而懼害賢所以免也
馬融曰如予何者猶言奈我何也天之未喪此文
也則我當傳之匡人欲奈我何言其不能違天而

害己也江熙云言文王之道為後代之軌己未得述上天之明必不使沒也

大宰問於子貢曰夫子聖者與何其多能也大宰聞孔子聖又疑孔子多能而其心疑聖人務大不應細碎多能故問子貢言孔子既聖其那復多能乎

孔安國曰大宰大夫官名也卿大夫職有家宰或云大宰故云是大夫官也或吳或宋未可分也既唯云大宰不論名氏故不知何人而吳有大宰嚭宋有大宰華督故云未可分也然此應是吳臣何以知之案哀公七年公會吳于鄫吳人徵百牢使子貢辭於太宰嚭十二年公會吳師于橐皋吳子使太宰嚭請蒞盟公不欲使子貢對將恐此時太宰嚭問子貢也且宋太宰督去孔子世遠或其至后世所不論耳

疑孔子多能於小藝也

子貢曰固天縱之將聖又多能也子貢荅云孔子大聖是天所固縱又使多能也固故也將太也

孔安國曰言天固縱之大聖之德又使多能也

子聞之曰太宰知我者乎孔子聞太宰之疑而云知我則許疑我非聖是也繆協云我信多能故曰知我江熈曰太宰嫌多能非聖故云知我識之意也吾少也賤故多能鄙事又説我非聖而所以多能之由也言我少小貧賤故多能為麁鄙之事也君子多乎哉不多也更云若聖人君子豈多能鄙事乎則不多能也協云君子從物應務遺達則務簡々々則不多能也江熈云言君子所存遠者大者不應多能

苞氏曰我少小貧賤常自執事故多能為鄙人之

事君子固不當多能也 栾肇云周禮百工之事皆聖人之作也明聖人兼材備藝過人也是以太宰見其多能固疑夫子之聖也子貢曰固天縱之將聖又多能故兼以讓也且抑排務言不以多能為君子也謂君子不當多能也明兼才者自然多能々々者非所學所此先道德後伎藝耳非謂多能必不聖也擴孔子聖人而多能斯伐柯之近鑒也

牢曰子云吾不試故藝 試用也子牢述孔子言緣我不被時用故得多學伎藝也繆協云此蓋所以多能之義也言我若見用將崇本息末歸純反素兼愛以忘仁遊藝以去藝豈唯不多能鄙事而已

鄭玄曰牢弟子々牢也試用也言孔子自云我不見用故多能伎藝也

子曰吾有知乎哉无知也 知謂有私意於其間之知也聖人体道為度无有用

意之知故先問弟子云吾有知乎哉也又云无知也明己不有知々之意也即是无意也

知者知意之知也知意謂故用知為知也聖人忘知故无知々意也言知者言未必盡也若用知者則用意有徧故其言未必盡也今我誠盡也我以不知々故於言誠无不盡也

有鄙夫來問於我空々如也此舉无知而誠盡之事也鄙夫鄙劣之夫也空々无識也言有鄙夫來問我而心抱空虛如也

我叩其兩端而竭焉兩端竟之終始也雖言復鄙夫而又虛空來問於我々亦无隱不以用知所之故即為其發事終始竭盡我誠也即是无必也故李充云日月照臨不為愚智易光聖人善誘不為賢鄙異教雖復鄙夫寡識而率其疑誠諮疑於聖必示之以善惡之兩端己竭心以誨之也

孔安國曰

有鄙夫来問於我其意空〻然我則發事之終始兩端以語之竭盡所知不為有愛也繆協云夫名由迹生故知從事顯无為寂然何知之有唯其无也故能无所不應雖鄙夫誠問必為盡其本末也

子曰鳳鳥不至河不出圖吾已矣夫夫時人皆賴孔子有人主之事故孔子歎已不得以墨之也言昔之聖人應王者必有几鳥河圖之瑞今天无此瑞故云吾已矣夫已止也言吾已止无此事也故繆協云夫聖人達命不後發此乃知也方遺知任事故理至乃言所以言者持叙衆啟之望也

孔安國曰有聖人受命則鳳鳥至鳳麟五靈王者之嘉瑞也河出圖今天無此瑞吾已矣夫者不得見也聖人王則有竜馬及神龜負應王之圖盡從河而出為瑞也如龜圖授伏羲龜昇書如也

河圖八卦是也八卦則易乾坤等八方之卦也竜負之出授伏羲也又孫綽云孔子所以乃發此言者以斯大聖之德弟子皆稟絕異之質壘落殊才英偉冠世之才蓋王德光于上將相備于下當世之君咸有忌難之心故称此以徵已之不王絕不違者之疑望也

子見齊衰者此記孔子哀有喪者也齊衰五服之第二者也言齊衰則斬從可知而大功不預也冕衣裳者記孔子尊敬在位者也冕衣裳者周禮大夫以上之服也大夫以上尊則士不在列也與瞽者記孔子愍不成人也瞽盲者也言與者盲者卑故加與字以別之也言瞽者則瞽者不預也瞽疾輕於盲也

苞氏曰冕者冕冠也大夫服也瞽者盲者也

見之雖少者必作言孔子見此三種人雖復季少孔子改坐而見之必為之起也過

之必趨趨疾行也又明孔子若行過此三種人必爲之疾速不敢自修容也范寧云趨就之也

苞氏曰作起也趨疾行也此夫子哀有喪尊在位恤不成人之也恤憂也

顔淵喟然歎曰孔子至聖顔生上賢々聖道絶故顔致歎也

喟然歎聲也

仰之彌高鑽之彌堅此所歎之事也夫物雖高者若仰瞻則可覩也物雖堅者若鑽錐則可入也顔於孔子道愈瞻愈高弥鑽弥堅非己厝力之能得也故孫綽云夫有限之高雖嵩岱可陵有形之堅雖金石可鑽若乃弥高弥堅鑽仰所不逮故知絶域之高堅未可以力至也

言不可窮盡也

瞻之在前忽焉在後向明瞻鑽上下之絕域此明四方之无窮也若四方而瞻後爲
違遠故悅惚非己所㝎所以或前或後也言忽悅不可
爲形像也亦如向說又一通云忽瞻忽遠故云瞻之在前也忽顧忽後故云忽焉在後也
故孫綽云馳而不及待而不至不行不動孰能測其所妙哉江熙云慕聖之道其殆庶幾是以欲罔
其高而仰之忽邈恩等其源而鑽鑿忽堅尚並其前而俛仰塵絕此其所以喟然者也
夫子循々然善誘人又歎聖道雖懸而令人企慕也循々次序也誘進也言孔子以
聖道進勸人而有次序故曰善誘人循々次序貌也誘
進也言夫子正以此道勸進人有次序也
博我以文約我以禮此說善誘之事也博廣也文々章也言孔子廣以文章誘引於

我故云博我以文章也又以禮敎約束我故云約我以禮也欲罷不能文博禮來故我雖欲
罷止而不能止也既竭吾才既盡也才々力也我不能罷故盡竭我之才力學之也故孫綽
云既以文章博我視聽又以禮節約我以中俯仰動止莫不景行不力已竭猶不能已罷猶罷息也
如有所立卓爾此明絕地不可得言之所也卓高遠皃也言雖自竭才力以學博文約禮
而孔子更有所言述創立則卓尒高絕也雖欲從之末由也已末无也言具好妙高
已絕雖已欲從之而无由可及也故孫綽云常事皆循而行之若有所奐立卓然出視聽之表猶天之不
可階而外從之將何由也此顏孔所絕所也孔安國曰言夫子
既以文章開博我又以禮節々約我使我欲罷而
不能已竭我才矣其有所立則又卓然不可及言

已雖蒙夫子之善誘猶不能及夫子之所立

子疾病孔子病甚也苞氏曰疾甚曰病也

子路使門人爲臣子路以孔子聖人宜爲人君且曾爲大夫々々亦有家臣今疾病恐恐終亡故使弟子行臣禮也故江熙云子路以聖人君道足且有臣猶禱上下神祇也

鄭玄曰孔子嘗爲大夫故子路欲使弟子行其臣之禮也

病間曰久矣哉由之行詐也孔子病少瘉也小瘉曰間謂小差爲間者若病不差則病々相續無閒斷也若小差則病勢斷絶有間隙也當孔子病困時不覺子路爲立臣至於小差乃覺而歎子路行詐也言子路有此行詐之心非復一日故曰久矣也

無臣而爲有臣

無臣而為有所以是行詐也吾誰欺〻天乎我實无臣今汝詐立之持此詐欲欺誰乎
天下人皆知我无臣則人不可欺今日立之此政是遠欲欺天故云欺天乎
孔安國曰病少差曰間也言子路有是心非唯今
日也夫立臣事大非卒可定汝今立之是知有真心已久故也
且予與其死於臣之手也無寧死於二三子之手乎
又以理喻之言在三事同若以親梁而言則臣不及弟子也予我也二三子諸弟子也无寧〻也言設使
與我死於臣手則我寧死弟子手也臣禮就美有方〻〻則隔弟子无方〻〻則親也
馬融曰無寧〻也二三子門人也就使我有臣而
死其手我寧死弟子之手乎也

且予縱不得大葬又明在三同也大葬臣禮葬君也君葬禮大故曰大葬之

孔安國曰君臣禮葬也

予死於道路乎若縱不得君臣禮葬有二三子在我豈復被弃擲於道路乎言亦以得葬

馬融曰就使我不得以君臣之禮葬有二三子在我寧當憂弃於道路乎

子貢曰有美玉於斯子貢欲觀孔子聖德藏用何如故託事以諮衰否也美玉譬孔子聖道也言孔子有聖道可重如世間有美玉而在此也韞匵而藏諸求善賈而沽諸諸之也韞囊之也匵謂匣櫃之也善賈貴賈也沽賣也言孔子聖道如美玉在此為當韞匵而藏之為當得貴價而賣之不乎假有人請求聖道為當與之不耶

馬融曰韞藏也匵匱也藏諸匵中也沽賣也得善賈寧賣之耶也

子曰沽之哉沽之哉答云我不衒賣之者也故重云沽之哉明不衒賣之深也我待賈者也又言我雖不衒賣然我亦待賈賈耳有求者則與之也

苞氏曰沽之哉不衒賣之辭也我居而待賈者也王弼曰重言沽之哉賣之不疑也故孔子乃聘諸侯以急行其道也

子欲居九夷孔子聖道不行於中國故託欲東往居於九夷也亦如欲乘桴浮海也

馬融曰九夷東方之夷有九種也四方東有九夷一玄菟二樂浪三高麗四滿餙五嶋臾六索家七東屠八倭人九天鄙南有八蠻一天竺二咳首三僬僥四跂踵五

穿胷六儋耳七狗邪八虎春西有六戎一羌夷二
飯佰三織皮四耆羌五鼻息六天竺北有五狄一
月支二穢佰三匈奴
一單于五白屋也
或曰陋如之何或人不達孔子意謂之實居故云
陋如之何言夷狄鄙陋不可居也
曰君子居之何陋之有孔子答云君子所居即化豈
以鄙陋為疑乎不復遠申己
意也孫綽云九夷所以為陋者以無
礼義也君子所居者化則陋泰有也
馬融曰君子所居者皆化也聖人所在則化
九夷變中夏也
子曰吾自衛反於魯然後樂正雅頌各得其所孔子
去魯
後而魯禮樂崩壞孔子以魯哀公十一年從衛還魯
而刪詩書定禮樂故樂音得正樂音得正所以雅頌
之詩各得
其本所也
鄭玄曰反魯〻哀公十

一年冬也是時道衰樂廢孔子来還乃正之也故

曰雅頌各得其所也

雅頌是詩義之美者美者既正則餘者正亦可知也

子曰出則事公卿

公君也卿長也人子之禮移事父孝以事於君則忠移事兄悌以事於長則從也故出仕朝廷以事公卿也

入則事父兄

孝以事父悌以事兄逆入閨門宜盡其禮先言朝廷後云閨門者明己任者也猶仕而優則學也

喪事不敢不勉

勉強也父兄天性續莫大焉公卿義合厚臬重為若有喪事則不敢不勉強也

不為酒困

雖唯酒无量不及亂時多沉酗故戒之也衛瓘云三事為酒興也況按如衛意言朝廷閨門及有喪者並不為酒所困故云三事為酒興也

何有於我哉

言我何能行此三事故云何有於我哉又一云人若能如此則何復須我故云何有於我哉也緣人不能故有我應世耳

馬融曰困亂也

子在川上曰逝者如斯夫不舍晝夜逝往者之辭也孔子在川水之上見川流迅邁未嘗停止故嘆人秊往去亦復如此向我非今我故云逝者如斯夫者也斯此也夫語助也日月不居者如流水故云不捨晝夜也江熙云言人非南山立德立功俛仰時過臨流興懷能不慨然聖人以百姓心為心也孫綽云川流不舍秊逝不停時已晏矣而道猶不興所以憂嘆也

鄭玄曰逝往也言凡往者如川之流也

子曰吾未見好德如好色者也時人多好色而无好德孔子患之故云未見以屬之也疾時人薄於德而厚於色故以發此言也本注云責其心也

子曰譬如為山未成一簣止吾止也此戒人為善垂成而止者也簣

土簣也言人作善垂足而止則善事不成如為山垂足唯少一簣土而止則山不成此是建功不篤與不作无異則吾亦不以其前功多為善如為善不成吾亦不美其前功多也故云吾止也

苞氏曰簣土籠也此勸人進於道德也為山者其功雖已多未成一籠而中道止者我不以其前功多而善之也見其志不遂故不與也

譬如平地雖覆一簣進吾往也此獎人始為善而不住者也譬於平地作山々乃須多土而始覆一簣々々雖少交是其有欲進之心可嘉如人始為善々々乃未多交求進之志可重吾不以其功少而不善之々々有勝於垂成而止者故云吾往也

馬融曰平地者將進加功雖始覆一簣我不以其

見功少而薄之也據其欲進而與之也

子曰語之而不惰者其回也與惰疲懈也餘人不能盡解故於孔子語而有疲懈唯顔回体之故聞語即解所以云語之而不惰其回也與

顔淵則解故語之不惰餘人不解故有惰語之時

子謂顔淵曰惜乎吾見其進也未見其止也顔淵死後孔子有此歎也云見進未見止惜其神識猶不長也然顔淵分已滿至於屢空而此云未見其止者勸引之言也故殷仲湛云夫賢之所假一悟而盡豈有弥進爲賢乎蓋其軌物之行日見於迹夫子從而咨嗟以盛德之業也

馬融曰孔子謂顔淵進益未止痛惜之甚也

子曰苗而不秀者有矣夫秀而不實者有矣夫又爲歎顔

淵為譬也萬物草木有苗稼蔚茂不經秀穗遭風霜而死者又亦有盛能秀穗而值沴焊氣不能有粒實者故並云有是夫也物既有然故人亦如此所以顏淵摧芳蘭於早年矣

孔安國曰言萬物有生而不育成者喻人亦然也

子曰後生可畏也後生謂秊少在己後生者也可畏謂有才學可心服者也焉知来者之不如今也焉安也来者未来事也今謂我今師徒也後生既可畏亦安知未来之人師徒教化不如我之今月乎曰不可誣也

後生謂年少也

四十五十而無聞焉斯亦不足畏也已矣又言後生雖可畏若秊四十五十而无聲譽聞達於世者則此人亦不足可畏也孫綽云年在知命蔑然无聞不足畏也

子曰法語之言能無從乎改之為貴言人有過失若我以法則語

之彼人聞法當時旡不口從而云止當不敢復為者也故云能旡從乎但若口雖從而身為失不止者則此口從不足為貴也我所貴者在於口從而行亦改者耳故云改之為貴也

孔安國曰人有過以正道告之口無所不順從之能必改乃為貴也

巽與之言能無說乎繹之為貴巽恭遜也繹尋續也言有彼人不遜而我謙遜與彼恭言故云遜與之言也彼不遜者得我遜言遜彼々必亦特遜為悅故云能旡悅乎然雖悅入遜己而已不能尋續行此遜事是雖悅不足為貴也我所貴者在尋續行遜耳故云繹之為貴也

馬融曰巽恭也謂恭巽謹敬之言也聞之無不悅者也能尋繹行之乃為貴也

悦而不繹從而不改吾末如之何也已矣故孔子云末如之何也末无也孫綽云疾夫形服心不化也

子曰主忠信無友不如己者過則勿憚改此事再出也所以然者范寧云聖人應於物作教一事時或再言弟子重師之訓故又書而存焉

慎其所主所友有過務改皆所以為益者也

子曰三軍可奪師匹夫不可奪志也此明人能守志雖獨夫亦不可奪若其心不堅雖衆必傾故三軍可奪匹夫无回也謂為匹夫者言其賤但夫婦相配匹而已也又云古人質衣服短狹二人衣裳唯共用一匹故曰匹夫匹婦也

孔安國曰三軍雖衆人心非一則其將師可奪之

而取正夫雖微苟守其志不可得而奪也

子曰衣弊緼袍與衣狐貉者立而不耻者其由也與

衣猶著也弊敗也緼枲著也狐貉輕裘也由子路也當時人尚奢華皆以惡衣為耻唯子路能果敢率素雖服敗麻枲著袍裘與服狐貉輕裘者並立而不為羞耻故云其由也與

孔安國曰緼枲著也

枲麻也以碎麻著裘也碎麻曰緼故絮亦曰緼玉藻曰緼為袍是也顏延之云狐貉緼袍誠不足以策耻然自非勇於見義者或以心戰不能素泰也

不忮不求何用不臧

孔子更引疾貪惡之詩證子路德美也忮害也求貪也臧善也

言子路之人身不害物不貪求德行如此何用不謂之為善乎言其善也

馬融曰忮害也臧善也言不忮害不貪求何用為

不善疾貪惡忮害之詩也

子路終身誦之 子路得孔子美已以爲美故終身長誦不忮不求何用不臧之言也

子曰是道之何足以臧 孔子見子路誦之不止故抑之也言此不忮不求乃可是道亦何足過爲善而汝誦之不止乎言尚後有勝於此者也顏延之云懼其代善也

馬融曰臧善也尚後有美於是者何足以爲善也

子曰歲寒然後知松柏之后凋也 此欲明君子德性與小人異也故以松柏匹於君子衆木偶乎小人矣言君子小人若同居聖世君子性本自善小人服從教化是君子小人並不爲惡故堯舜之民比屋可封如松柏與衆木同処春夏松柏有心故本蓊鬱衆木從時亦盡其茂美者也若至无道之主君子秉性无回故不爲惡而小人无復忌憚卽隨世變改桀紂之民比屋可誅譬如

松柏衆木同在秋冬松柏不改柯易葉衆木枯零先盡而此云出寒然後知松柏後彫者就如平并之注意若如乎歲之寒衆木猶有不死不足致別如平世之小人亦有脩餝而不變者唯大寒出則衆木皆死大乱則小人悉惡故云出寒也又云然后知松柏后凋者後非俱時之目凋非枯死之名言大寒之后松柏形小凋衰而心性猶存如君子之人遭值積惡外逼闇世不得不遜迹隨時是小凋矣而性猶不變如松柏也而琳公曰夫出寒別木遭困別士寒嚴霜降知松柏之后凋謂異凡木也遭乱世小人自變君子不改其操也

大寒之歲衆木皆死然后知松柏之小凋傷平歲則衆木亦有不死者故須歲寒而后別之喻凡人處治亦能自脩整與君子同在濁世然后知君子之正不茍容也

子曰智者不惑此章談人性分不同也智以照了為用故於事无疑惑也故孫綽云智能

辯物故不惑也　苞氏曰不惑亂也

仁者不憂　憂患也仁人常救濟為務不嘗侵物故不憂物之見侵患也孫綽云安於仁不改其樂无憂也　孔安國曰不憂患也　内省不疚故無憂患也

勇者不懼　勇以多力為用故无怯懼於前敵也繆協云見義而為不畏強禦故不懼也

子曰可與共學未可與適道　此章明權道之難也繆夫正道易行權事難達既欲明權故先從正起也道謂所學之道也言凡人乃可與同處師門共學而已既未得彼性則未可便與為友共適所志之道也　適之也雖學或得異端未必能之道者也　異端非正典也人各自有惟彼或不能專學正道而唯能讀史子故未可便與之共之於正道也

可與適道未可與立　立謂謀議之立事也亦人性各異或能學問而未必能建立世

中正事者故可與共適所學之道而未使可與共立事也

雖能之道未必能以有所成立者

可與立未可與權

權者反常而合於道者也自非通變達理則所不能故雖可共立於正事而未可便與之為權也故王弼曰權者道之變〻无常體神而明之存乎其人不可豫設尤至難者也

雖有能所立未必能權量其輕重之極也能權量輕重即是曉權也張憑云此言學者漸進階級之次耳始志於學求發其蒙而未審所適也既向方矣而信道未篤則所立未固也又既固又未達變通之權也明知及而合道者則日勸之業亹〻之功其幾乎此

唐棣之華偏其反而

〻引明權之逸詩以證權也唐棣樹也華花也夫樹木之花皆先合而後開唐棣之花則先開而後合譬如正道則行之有次而權之為用先反後至於大順故云偏其

（反而言偏者明唯其道偏與常反也）豈不尔思室是遠而（言凡思其人而不得見者其居室遠遠故也人豈不思權々道玄邈如其室奧遠故也）

逸詩也唐棣移也華反而後合賦此詩以言權道反而后至於大順也（初逆而后從也）思其人而不得見者其室遠也以言思權而不得見者其遠也（如前叙）

子曰未之思也夫何遠之有哉（又引孔子言證權可思也言權道易思但未有思之者耳若反道而思之則必可得故云夫何遠之有也）夫思者當思其反々是不思所以為遠也能思其反何遠之有言權可知唯不知思耳思之有次序斯可知矣

鄉黨第十　疏鄉黨者明孔子教訓在於鄉黨之時也所以次前者既朝廷感希故退還應於鄉黨也故鄉黨次於子罕也爲正義曰此篇唯記孔子在魯國鄉黨中言行故分之以次前篇也此篇雖曰一章其閒事義亦以類相從今各依文解也

孔子於鄉黨此一篇至末並記孔子平生德行也於鄉黨謂孔子還家教化於鄉黨中時也天子郊內有鄉黨郊外有遂鄙孔子居魯々是諸侯今云鄉黨當知諸侯亦郊內爲鄉郊外爲遂也孔子家當在魯郊內故云於鄉黨也恂々如也恂々溫恭良既還鄉黨鄉黨宜須和恭以相接故恂々如也似不能言者既其溫恭則言語寡少故一往觀之如似不能言者也

王肅曰恂々溫恭貌也

其在宗廟朝廷便々言唯謹爾謂孔子助君祭在宗廟及朝廷也疏在君

朝廳順酬答及入大廟每事須問並不得不言也言
須流暢故云便々言也言雖流暢而必謹敬故云唯
謹爾

鄭玄曰便々言辯皃雖辯而謹敬

朝與下大夫言侃々如也
侃々和樂皃也下大夫賤
孔子與之言宜用將接故
和樂
如也

孔安國曰侃々和樂皃也

與上大夫言闇々如也
上大夫卿也闇々中正皃也
卿貴不敢和樂接之宜以謹
正相對故
闇々如也

孔安國曰闇々中正皃也

君在踧踖如也
君在謂君出視朝時也踧踖恭敬皃
也禮君每日旦諸臣列在路門外以
朝君々至日出而出視之視之則一々揖卿大夫而
都一揖士當此君視朝之時則臣皆起恭敬之皃故
孔子踧踖
如也

與々如也
雖須踧踖又不得急速所以形
容舉動每須與々如也與々猶

徐也所以恭而安也　馬融曰君在者君視朝也踧踖也

敬貌也與々威儀中適之貌也

君召使擯　擯者為君接賓也謂有賓来君召己迎接之也　鄭玄曰君召

使擯者有賓客使迎之也　為聘禮之卿為上擯大夫為兼擯士為紹擯是也

色勃如也　疏召己接賓故己亙變色起敬故勃然如也

孔安國曰必變色也

足躩如也　躩盤辟貌也疏被召不敢自容故速行而足盤辟也故江熙云不暇閑步躩速貌也

苞氏曰盤辟貌也　盤辟即足轉速也

揖所與立左右其手衣前後襜如也　此謂君出迎賓已為君副列擯

時也賓副曰命介主人副曰擯副旦作匹敵國而言若
公諸公法也賓至主人大門外西邊向北去門九十
步而下車西向北而倚賓則九副在賓北而東向遷
逸而西北在四十五步之中主人出門東邊南向而
倚主人是公則五擯主人是侯伯則四擯主人是子
男則三擯不隨命數主人謙故並用強半數也公陳
擯在公之南而西向遷逸而東南亦在四十五步中
使主人下擯與賓下介相對而中間相去三丈六尺
然賓主介擯既竟主人語上擯使就賓請辭問所以
來之意於是上擯相傳以至於下擯下擯進前揖賓
之下介而傳語問之下介傳閒而上以次至賓々答
語使上介傳以次而下至下介下介亦進揖下擯下
擯傳而上以至主入几相傳雖在列位當授受言語
之時啓半轉身戾手相揖既並立而相揖故曰揖所
與立也若揖左人則移其手向左若揖右人則移其
手向右故云左右具手也既半迴身左右迴手當使
身上所着之衣必襜々有容儀如也
故江濕云揖兩手衣裳襜如動也

鄭玄曰揖左人左其手揖右人右其手一俛一仰

故衣前后則襜如也

趍進翼如也謂擯迎賓進在庭行時也翼如謂端正也徐趍衣裳端正如鳥欲翔舒翼時也

孔安國曰言端正也

賓退必復命曰賓不顧矣謂君使己送賓時也復命反命也反命謂初受君命以送賓〻退故反還君命以白習道賓已去云不顧者旧云主人若禮送賓未足則賓猶迴顧若禮已足送則賓直去不復迴顧此明則送賓禮足故云不顧也

孔安國曰復命曰

賓已去也言反告君道賓已去也然云賓已去亦是不復來見顧也

入公門鞠躬如也如不容公君也謂孔子入君門時也鞠曲斂也躬身也臣入

君門自曲歛身也君門雖大而已恒曲歛如君門之狭不見容為

孔安國曰歛身也

立不中門 門謂在君門倚立時也中門謂振闑之中也門中央有闑々以礙門兩扇之交処也門左右兩㮝邊各豎一木名之為振々以禦車過恐觸門也闑東是君行之道闑西是賓行之道也而臣行君道示係屬於君也臣若倚門立時則不得當君所行振闑之中央當中是不敬故云不中門也

行不履閾 履践也閾限也若出入時則不得践君之門限也所以然者其義有二一則忽上升限似自高矜一則人行跨限已若履之則汚限汚限則汚跨者之衣也

孔安國曰閾門限也

過位色勃如也足躩如也 謂臣入朝君明也位君常所在外之位也謂在宁屏文間揖賓之所也卽君雖不在此位此位可尊故臣行入從位之邊過而色勃然足躩為敬也

苞氏曰過君之空位也

其言似不足者既入過位漸以近君故言語細下不得多言如言不足之狀也不足少若不能也攝齊升堂鞠躬如也至君堂也攝摳也齊衣裳下縫也既至君堂當升之未升之前而摳提裳前使齊下去地一尺故云攝齊升堂也升堂將近君故又自斂鞠躬如也必攝齊者為妨履躡行故也屏氣似不息者屏疊除其息亦氣也已至君前當疊除藏其氣如似旡氣息者也不得咆嘫振君也孔安國曰皆重愼也衣下曰齊攝者摳衣也由禮云兩手摳衣去齊尺是也

出降一等逞顏色怡々如也降下也逞申也出降一等謂見君已竟而下堂至階第一級時也初對君時既屏氣故出降一等而申氣々申則顏色亦申故顏容怡悅也

孔安國曰先屏氣下階舒氣故怡々如也
没階趨進翼如也没猶盡也盡階謂下諸級盡至平地時也既云君遠故又徐趨而翼如也
孔安國曰没盡也下盡階
復其位踧踖如也位謂初入時所過君之空位也今出至此位而更踧踖為敬也
孔安國曰来時所過位也
執圭鞠躬如也如不勝謂為君出使聘問鄰國時也圭瑞玉也周禮五等諸侯各受王者之玉以為瑞信公桓圭九寸侯信圭七寸伯執躬圭七寸子穀璧五寸男蒲璧五寸五等若自執朝王則各如其寸數若使其臣出聘鄰國乃各執其君之玉而減其君一寸也今云執圭魯是侯執信圭則孔子所執執君之信圭也初在國及至他國執圭皆為敬慎圭雖輕而已執之恒如圭重似己不能勝

故曲身如不勝也

苞氏曰：為君使以聘問鄰國，執持君之圭，鞠躬者，敬慎之至也。

上如揖，謂初授受圭之容儀也。上必揖，謂就下取玉上授與入時也。俯身為敬，故如揖時也。下如授，謂奠玉置地時也。雖奠置地，亦徐々俯僂，如授與人時也。勃如戰色，通謂執行及授時之顏色也。戰陳鬬戰則色必懼怖，故今重君之玉，使己顏色恒如戰時也。足蹜々如有循，謂舉玉行時之容也。蹜々猶蹴々也。循猶緣循也。言舉玉行時，不敢廣步速進，恒如足前有所蹴，有所緣循也。

鄭玄曰：上如揖，授玉宜敬也。下如授，不敢忘禮也。戰色，敬也。足蹜々如有循，舉前曳踵行也。鮮蹜々有循之事也。舉足前恒使不至地，而踵成不離地，如車輪也。

享禮有容色 享者聘後之禮也夫諸侯朝天子及五等更相朝聘禮初至皆先單執玉行禮〻王謂之爲朝使臣禮主國之君謂之爲聘〻問也政言久不相見使臣來問於安否也既是初至其禮質敬故无他物唯有瑞玉表至識而已行朝聘既竟次行享〻禮〻享者獻物也亦各有玉〻不與聘玉同也又皆有物將之或用皮馬或用錦繡又獻土地所生羅列滿庭謂之庭實其中差異不復曲論但既是次後行禮以多爲貴則質敬之變猶稍輕故有容皃采章及以裼行變故云有容色也

鄭玄曰享獻也聘禮既聘而享〻用圭璧有庭實也 亦有圭璧所執不同聘時也

私覿愉〻如也 私非公也覿見也愉〻顏色和也謂行聘享公禮已竟別日使臣私齎己物以見於主君故謂爲私覿也既私見非公故容儀轉以自若故顏色容皃有和悅之色无復勃戰之容

者也

鄭玄曰覿見也既享乃以私禮見愉々顏色和也私禮謂束帛乘馬之屬也

君子不以紺緅飾君子者自士以上云以上衣服宥法不可雜色也紺緅者孔意言紺是玄色也緅是淺絳色也飾者衣之領袖緣也所以不用紺緅為衣領袖緣者玄是齊服若用紺為衣飾是似衣齊服故不用也又三年之喪練而受淺絳為緣也若用緅為衣飾是似衣喪服故不敢用也故云君子不以紺緅飾也

孔安國曰一入曰緅飾者不以為領袖緣也紺者齊服盛色以為飾似衣齊服也緅者三年練以緅飾衣為其似衣喪服也故皆不以飾衣也然按孔以紺為

齊服盛色或可言紺深於玄為似齊服故不用也
而禮家三年練以練為深衣領緣不云用緅且檢
考工記三入為纁五入為緅七入為緇則緅非
後淺絳明矣故解者相嫌皆云孔此注誤也

紅紫不以為褻服紅紫非正色也褻服私褻之服非
正衣也褻尚不衣則正服故宜不
用也所以言此者為時多重紅紫棄正色故
孔子不衣之也故後卷云悪紫之奪朱也

王肅曰褻服私居非公會之服者也皆不正褻尚

不衣正服無所施也鄭玄注論語云紺緅紫玄之類
也紅纁之類也玄纁所以為祭
服尊其類也紺緅木染不可為衣飾紅紫草染不
可為褻服而已錯謂純緣也侃按五方正色青白
赤白黑黃五方間色綠為青之間紅為赤之間碧
為白之間紫為黑之間緇為黃之間也故不用紅
紫言是間色也所以為間者穎子嚴云東方木々
色青木剋土々色黃以青加黃故為綠々為東

方之間也又南方火々色赤火尅金々色白以赤
加白故爲紅々爲南方間也又西方金々色白金
尅木々色青以白加青故爲碧々爲西方間也又
北方水々色黑水尅火々色赤以黑加赤故爲紫
紫爲北方間也又中央土々色黃土尅水々色黑
以黃加黑故爲緇黃々々爲中央間也緇黃々黑
之色也又一註云東甲乙木南丙丁火中央戊已
土西庚辛金北壬癸水以木尅土戊妹已以嫁於
木甲是黃入於青故爲綠也又火尅金庚以妹辛
嫁於丙是白入於赤故爲紅也又金尅木甲以妹
乙嫁於庚是青入於白故爲碧也又水尅火丙以
妹丁嫁於壬是赤入於黑故爲紫也又土尅水壬
以妹癸嫁於戊是黑
入黃故爲緇黃者也

當暑縝絺綌必表而出暑熱也縝單也絺細練葛也綌九練葛也表謂加上衣也古人冬則衣裘夏則衣葛也若在家則裘葛之上亦无別加衣若出行接賓皆加上衣當暑雖熱絺綌可

單若出不可單則必加上衣也故云必表而出也然
裘上出亦必加衣而猶云當暑絺綌者據暑熱不加
故特明之也然又衣裏之裘必隨上衣之色使衣
裘相稱則葛之為衣亦未必隨上服色也

孔安國曰暑則單服絺綌葛也必表而出加上衣也

緇衣羔裘

裘色既隨衣故此仍明裘上之衣也緇染
黑七入者也玄則六入色也羔者烏羊也
裘與上衣相稱則緇衣之內故曰羔裘也緇衣服者
玄端十五升緇布衣素積裳也素積者明素為之襞
積之也故云素積也是諸侯日視朝服也諸
侯視朝與群臣同服孔子是魯臣故亦服此服以日
朝君之
也

素衣麑裘

素衣謂衣裳並用素也麑鹿子也
鹿子色近白與素微相稱也謂國
有山荒君素服則群臣從之故孔子魯臣亦服之也
裘服則大鹿為裘也故檀弓云鹿裘橫長袪是也此
山荒之服既輕故裘用麑子々文勝於大麑也或
玄大蜡祭百物云神皮弁素服々也故鄭玄注郊特牲

云皮弁素服而祭以送終也

註云素服衣裳皆素也

黄衣狐裘此服謂蜡祭宗廟五祀也

出終大蜡報功象物色黄落故著黄衣黄冠也而狐

裘亦黄故特為裘以相稱也孔子為臣助蜡祭亦隨

君着之黄衣也故禮運云昔者仲尼預於蜡賓是也

鄭玄注郊特牲云黄衣黄冠而祭注云祭謂既蜡臘

先祖五祀也又云論語云黄衣狐裘據鄭以

論吾黄衣即是郊特牲蜡臘祭廟服也

孔安國曰服皆中外之色相稱也

褻裘長短右袂褻裘謂家中常着之裘也上无加衣故不云衣也家居主温暖故長為衣也而右臂是有叓之用故短為右袂使作事便色袂謂衣祝屬身者也若手閒屬袂者則名袪亦曰袖也

孔安國曰私家裘長主温也短右袂便作事也

必有寢衣長一身有半寢衣謂被也宜長故長一身有半也

孔安國曰今被也

狐貉之厚以居此謂在家接賓客之裘也家居主溫故厚爲之也既接賓客則其上亦應有衣也

鄭玄曰在家以接賓客也然前褻裘亦應是狐貉之厚也

去喪無所不佩去喪謂三年喪畢喪服己除也无所不佩謂佩己今吉所宜得佩者悉佩之也婦既經喪服恐除服後猶宜有異故特明之者也

孔安國曰去除也非喪則備佩所宜佩也備佩所宜佩若爲大夫而玄冕公侯袞鷩之屬及佩玉佩之飾也

非帷裳必殺之帷裳謂帷慢之屬也殺謂縫之也若非帷慢裳則必縫殺之以殺縫之面置裏不殺之面在外而帷裳但刺連之如今服帊深有裏外殺縫之異也所以然者帷幔內外並爲人所

是必須諸故割連之而已也所以喪服云凡裳內削幅裳外不削幅鄭注云削猶殺也而鄭注此云帷裳謂朝祭之服其制正幅如帷也非者謂餘衣也殺之者削其幅使縫齊倍腰者也

王肅曰衣必有殺縫唯裳無殺也

羔裘玄冠不以吊吊々喪也喪凶主素故羔玄不用吊也

孔安國曰喪主素吉主玄吉凶異服故不相吊也

吉月必朝服而朝吉月者月朔也朝服者凡言朝服唯是玄冠緇布衣素積裳今此云朝服謂皮弁十五升白布衣素積裳也所以亦謂為朝服者天子用之以日視朝今云朝服是從天子受名也諸侯用之以視朔孔子魯臣亦得與君同服故月朔必服之也然魯自文公不視朔故子貢欲去告朔之餼羊而孔子是哀公之臣應見隨君視朔之事而云必服之者當是君雖不視朔而孔子月朔必服

而以朝是我愛其禮也

月朔也朝服皮弁服也皮弁以鹿皮為弁々形如今祭酒道士扶客冠亦兂 孔安國曰吉月邊葉也身着十五升白布衣素積裳而頭着皮弁也天子皮弁服內則着素錦衣狐白裘諸侯皮弁服內着狐黃裘黃錦衣也卿大夫不得衣錦而皮弁服內當着麑裘青豻褎絞衣以之音也

齊必有明衣布謂齊浴時所着之衣也浴竟身未燥未堪着好衣又不可露肉故用布為衣如衫而長身也着之以待身燥故玉藻云君衣布晞身是也

孔安國曰以布為沐浴衣也然俗時乃用布使手猶肉燥江長去沐者當是沐浴時亦衣此服置衣上以辟身溫也

齊必變食方應接神欲自潔淨故變其常食也 孔安國曰改常食也

居必遷坐 亦不坐恒居之坐也故於祭前先散齊於路寢門外七日又致齊於路寢中三日也故范寧云齊以敬潔為主以期神明之亨故改常之食过居齊室也

孔安國曰易常処也

食不厭精 此蕙明平常禮也食若麁則誤人生病故調和不厭精潔也

膾不厭細 細切魚及完皆曰膾也䟽程食之故不厭細者也

食饐而餲 饐謂飲食經久而腐臭也餲謂經久而味惡也如乾魚乾完久而味惡也

孔安國曰饐餲臰味變也 饐臰變也餲味變也尓雅云食饐謂之餲李充注云皆飲食壞敗之名也

魚餒 餒謂魚臰壞也敗而餒々然也魚

而完敗 完臰壞也尓雅云完謂之敗魚謂之餒李迯云完敗久則臰魚餒完爛

不食 自食饐而餲以下並不可食也

孔安國曰魚敗曰餒也

色惡不食食失常色是為色惡色惡則不可食也臭惡不食臭惡謂饌臭不宜食故不食也

失飪不食飪謂失生熟節也煮食或未熟或已過熟並不食也

孔安國曰失飪失生熟之節也

不時不食不時非朝夕日中時也非其時則不宜食故不食也江熙云不時謂生非其時若冬梅李實也

鄭玄曰不時非朝夕日中時也

割不正不食一云古人割完必方正若不方正割之故不食也江熙云殺不以道為不正也

不得其醬不食食味若有所宜蠃醢菰食魚膾芥醬並相宜也故若食不得所宜之醬則不食也

馬融曰魚膾

非芥醬不食古者醬齊菹三者通名也芥醬即芥齊也

肉雖多不使勝食氣勝猶多也食謂他饌也食氣多宍少則宍美若宍多他食少則元不美故不使宍勝食氣也亦因殺止多殺也唯酒無量不及亂一云酒雖多無有限量而人宜隨已能而飲不得及至於醉亂也一云不格人為量而隨人所能而莫亂也沽酒市脯不食酒不自作則未必清淨脯不自作則不知何物之肉故沽市所得並所不食也或問曰沽酒不飲則詩那云無酒沽我乎答曰論所明是祭神不用詩所明是人得用也不撤薑食撤除也齊禁薰物薑辛而不薰燋亦禁之故明食時不除薑者也孔安國曰撤去也齊禁薰物薑辛而不薰故不撤也

不多食多則傷廉故不多也孔安國曰不過飽也江熙云少所啖也

祭於公不宿肉祭於公謂孔子仕時助君祭也助祭必得賜俎々々還即分則食之不得留置經宿々々是慢鬼神餘也

周生烈曰助祭於君所得牲體歸則以班賜不留神恵也牲体謂隨臣貴賤以牲骨体為俎賜士之祭統云貴者得貴骨賤者得賤骨是也

祭肉不出三日出三日不食之矣謂家自祭也自祭肉多故許經宿但不得出三日出三日是褻慢鬼神之餘故人亦不得後食之也

鄭玄曰自其家祭肉過三日不食是褻鬼神之餘也

食不語寢不言言是宜出己語是荅述也食須加益故許言而不許語々則口可惜亦不敬也寢是眠卧々々須靜若言則驚閙於人故不言之也

雖蔬食菜羹苽祭必齊

如也蔬食麁食也菜羹苽祭謂用麁食菜羹苽特及此三物供祭也三物雖薄而必宜盡齊敬之理鬼神饗德不饗味故也

孔安國曰齊嚴敬皃也三物雖薄祭之必敬也

席不正不坐旧說云鋪之不周正則不坐之也故范寧云正席所以恭敬也或云如禮所言諸侯之席三重大夫再重是各有其正者也

鄉人飲酒杖者出斯出矣鄉人飲酒謂鄉飲酒之禮也杖者老人也禮五十杖於家六十杖於鄉故呼老人為杖者也鄉人飲酒者貴齒宗年故出入以老人者為節也若飲酒禮畢杖者先出則同飲之人乃從之而出故云杖者出斯出矣

孔安國曰杖者老人也鄉人飲酒之禮主於老者老者禮畢出孔子從而後出也

鄉人儺儺者逐疫鬼也為陰陽之氣不即時退疫鬼隨而為人作禍故天子使方相氏黃金四目
蒙熊皮執戈揚楯玄衣朱裳口作儺々之聲以敺疫
鬼也一年三過為之三月八月十二月也故月令季
春云命國儺々鄭玄云此儺々陰氣也陰氣至此不
止害將及人厲鬼隨之而出行至仲秋又云天子乃
儺鄭玄云此儺々陽氣也陽暑至此不衰害亦將及
人厲鬼亦通人而出行至季冬又云命有司大儺鄭
云此儺々陰氣也至此不止害將及人厲鬼將隨旌
陰出害人也侃按三儺二是儺陰一是儺陽陰陽乃
異俱是天子所命者是一年之始稱畏災害故命國
民家々悉儺八月儺陽々是君法臣民不可儺君故
稱天子乃儺也十二月儺雖是陰既非一季之急
故民亦不得同儺也今云鄉人儺是三月也朝
服而立於阼階作階東階主人之階也孔子聞鄉人逐鬼恐見驚動宗廟故著朝服而立
於作階以侍先祖為孝之心也朝服者玄冠緇布衣素積裳是鄉大夫之祭服也禮唯孤卿爵弁自祭若

卿大夫以下逐玄冠以自齊祭々々不異冠服也

孔安國曰儺驅逐疫鬼也恐驚先祖故朝服立廟之作階也

問人於他邦再拜而送之 問者謂更相聘問也他邦謂鄰國之君也謂孔子與鄰國交遊而遣使往彼轉問時也既敬彼君故遣使使者去則再拜送之也為人臣禮乃先外交而孔子聖人應聘東西先疑也

孔安國曰拜送使者敬之也

康子饋藥拜而受之 饋餉也魯季康子餉孔子藥也孔子得彼餉而拜受是禮也

苞氏曰遺孔子藥也

曰丘未達不敢嘗 達猶曉解也孔子雖拜受而不遂飲故稱名云丘未曉此藥治何病故不敢飲嘗之也

孔安國曰未知其故々不嘗禮也

廐焚廐養馬之処也焚燒也孔子家養馬処被燒也子退朝孔子早上朝々竟而退還家也
少儀云朝廷曰退也曰傷人乎不問馬從朝還退見廐遭火廐是養馬処而孔子不問
傷馬唯問傷人之乎是重人賤馬故云不問馬也王弼曰孔子時為魯司寇自公朝退而之火所不問馬
者矯時重馬者也
鄭玄曰重人賤畜也退朝者自魯之朝來歸也
君賜食必正席先嘗之席猶坐也君賜孔子食孔子雖不嗜食必正坐先嘗之敬
君之恵也孔安國曰敬君恵也既嘗之乃以班賜也
君賜腥必熟而薦之謂君賜孔子腥肉也薦々宗廟也孔子受之煮熟而薦宗廟重
榮君賜也賜熟食不薦者熟為褻也孔安國曰薦々其先祖也

君賜生必畜之生謂活物也得所賜活物當養畜之待至祭祀時充牲用也侍食
於君謂孔子侍君時也失食之時也君祭先飯祭謂祭食之物也夫禮食必先取食種々出片
子置俎豆邊地名為祭々者報昔初造此食者也君
子得惠不忘報故將食而先出報也當君政祭食之
時而臣先取飯食之故云先飯々食也所以
然者示為君先嘗食先知調和之是非者也
鄭玄曰於君祭先飯矣若為先嘗食然也
疾謂孔子疾病時也君視之孔子病而嘗君來視之也此君是哀公也東首病者欲生
東是生陽之氣故頭眠首東也故云藉云
君子之居恒當于户寢恒東首者是也加朝服拖
紳加覆也朝服謂健時從君日視朝之服也拖猶牽也紳大帶也孔子疾病不能復着衣而見君不宜
私服故加朝服覆於躬上而牽引大
帶於心下至足如健時着衣之為苞氏曰夫

子病也処南牖之下病本當户在北壁下東首君疏来而君不至北面故移処南窓之下今君入户而西轉面得南何也故欒肇云南牖下欲今南面視之者也東首加其朝服拖紳々大帶不敢不衣朝服也見君也

君命召謂君有命召見孔子時也不俟駕行矣君尊命重故得召不俟駕重而即徒超而往也故主藻云君命召以三節一節以趍二節以之在宫不俟履在家不俟車是也

鄭玄曰急趨君命也出行而車既駕隨之大夫不可徒行故后人駕車而随之使象之也

入大廟毎事問或云此句煩重旧通云前是記孔子對或人之時此是録平生常同之行故兩出也

鄭玄曰為君助祭也大廟周公廟也

朋友死無所歸曰於我殯殯謂停喪於寢以待葬也時孔子有朋友在孔子之家死而此朋友无親情來奔喪者故云无所歸也既來有所故故曰於我殯也

孔安國曰重朋友之恩也無所歸無親昵也

朋友之饋謂朋友有物見餉也雖車馬非祭肉不拜車馬家財之大者也明友有通財之義故雖復見餉車馬而我不拜謝也所可拜者若朋友見餉其家之祭宍雖小亦拜受之敬祭故也故云雖車馬非祭宍不拜也

孔安國曰不拜有通財之義也

寢不尸寢眠也尸謂死尸也眠當小欹不得直脚甲布似於死人者也

苞氏曰不偃臥四體布展手足似死人也偃仰眠也臥訏

也曲禮云寢无伏此云不偃卧四体展舒手足似死人則不得覆却唯當欹而小偃也

居不容謂家中常居也家主和怡燕居告温々故不為容自处者也

孔安國曰為室家之敬難久也

子見齊衰者虽狎必變狎謂素相親狎也衰有喪故必變々謂必作必趍也

孔安國曰狎者素相親狎也

見冕者與瞽者虽褻必以皃褻謂无親而卑數者也尊在位恤不成人故必以皃々變色對之也變重皃輕親狎重故言变卑褻輕故以皃也

褻謂數相見也必當以皃禮也然前篇必作必趍謂見踈者也

周生烈曰

凶服者式之凶服送死人衣物也孔子見他人送死之衣物必為敬而式之也式者古人乘

露車如今龍所車皆於車中倚々立々難久故於車箱上安一横木以手隱憑之謂之為較詩云倚重較是也又於較之下未至車床半計安一横木名為軾若在車上應為敬時則落手憑軾々々則身倚僂故云式之式軾也

式負版者

負謂揹揭也版謂邦國圖籍也古未有紙凡所書畫皆於版故云版也孔子見人揹揭國之圖版者皆式敬之也

孔安國曰凶服者送死之衣物也此釋式凶服也負版持邦國之圖籍者也

鄭司農注宗伯職云版名籍也以版為之今時鄉户籍謂之户版鄭康成注內宰云版謂宮中閽寺之屬及其子弟錄籍也圖王及后世子之宮々中吏官形象也

有盛饌必變色而作

作起也孔子見主人食饌有盛乎常故變色而起也所以然者主人自親饋故客起敬也

孔安國曰作起也敬主人之親饋也親饋謂主人自執食設之

迅雷風烈必變迅疾也風而雷疾急名為烈也風疾而雷此是陰陽氣激為天之怒故孔子自整變顏容以敬之也故玉藻云若疾風迅雷甚雨則必變雖夜必興衣服冠而坐是也

鄭玄曰敬天之怒也風疾雷為烈也

升車必正立執綏謂孔子升車禮也綏牽以上車之繩也若升車時則正立而執綏以上所以為安也

周生烈曰正立執綏所以為安也

車中不內顧內猶后也顧廻頭也外在車上不廻頭后顧也所以然者后人從己者不能常正若轉顧見之則掩人私不備非大德之所為故不為也故衛瓘云不掩人之不備也

苞氏曰輿中不內顧者前視不過衡枙也車床名輿故云

輿中也衡扼轅端也若前視不得遠故曲禮云立視五巂〻〻九文九尺地也式視馬尾〻〻迫在車床欄間也並是不過衡扼之類也

旁視不過輨轂旁謂兩邊也輨豎在車箱兩邊退三分居前之一兼轂者也轂在箱外當人兩邊故云旁視不過輨轂也

不疾言疾高急也在車上言易高故不疾言爲驚於人也故繆協云車行則言傷疾也

不親指車上既高亦不得手有所親指點爲惑下人也

色斯舉矣謂孔子在處觀人顏色而舉動也

馬融曰見顏色不善則去之繆協云自親指以上鄉黨恂〻〻之禮應事適用之迹詳矣有具禮而无具時蓋天運之極也將有遠感高興故色斯舉矣也

翔而後集謂孔子所至之處也必迴翔審觀之後乃下集也

周生烈曰迴翔審觀而后下止也

曰山梁雌雉時哉々々此記者記孔子因所見而有嘆也山梁者以表架水可踐渡水之所也孔子從山梁間過見山梁間有此雌雉也時哉者言雉逍遥得時所也所以有嘆者言人遭亂世翔集不得其所是失時矣而不如山梁間之雉十步一啄百步一飲是得其時故嘆之也獨云雌者因所見而言也子路供之子路不達孔子時哉々々之歎而謂雞雌雉是時月之味故馳逐駈拍遂得雌雉煮熟而進以供養孔子故云子路供之也三嗅而作嗅謂鼻歆翕其氣也作起也子路不達孔子意而供此熟雉乖孔子本心孔子若直爾不食則恐子路生怨若遂而食之則又乖我本心故先三嗅氣而后乃起亦処得食不食之間也

言山梁雌雉得其時而人不得時故歎之子路以其時物故供具之非其本意不苟食故三嗅而起

也顧歡云夫栖遲一丘雉之道適也不以對武傷之性雉之德也故於翔集之下繼以斯歎而仲由之歎偶與歎諸若即饗之則事與情反若弃而弗御則似由也有失故三嗅而起則心事双合實氏贊曰色斯舉矣翔而后集此以人事喻於雉也雉之為物精微難狎譬人在亂世去危就安當如也曰山梁雌雉時哉以此解上義也時者是也供猶設也言子路見雉在山梁因設食物以張之雉性明徹知其非常三嗅而作去不食

具供也正言雉者記子路所見也

論語義疏卷第五

論語義疏卷第六

梁國子助教吳郡皇侃撰

睦子

先進第十一　何晏集解

疏先進者此篇明弟子進受業者先後也所以次前者既還教鄉黨則進受業者宜有先後故先進次鄉黨也昺曰前篇論夫子在鄉黨聖人之行也此篇論弟子賢人之行聖賢相次亦其宜也

子曰先進於禮樂野人也後進於禮樂君子也此孔子將欲還淳反素重古賤今故称礼樂有君子野人之異也先進後進者謂先後輩人也先輩謂五帝以上也後輩謂三王以還也進於礼樂者謂其時輩人進行於禮樂者也野人質朴之称也君子會時之目也孔子言以今人文觀古古質而今文文則能隨時之中此故為當世之君子也質則朴素而遠俗是故為當世之野人也

先進後進謂士先後輩也禮樂因世損益

時淳則禮樂損時澆則禮樂益若以益觀損損時為野人若以損行益益則為君子也後進與禮樂俱得時之中斯君子此謂以益行益俱得時中故謂為君子也先進有古風斯野人也以今觀昔則有古風以古比今故為朴人如用之則吾從先進如猶若也若比方先後二時而用為教則我從先進者也所以然者古為純素故可從式苞氏曰將移風易俗皈之純素先進猶近古風故從之先進比三王乃為古比結繩則為今故云近古也

子曰從我於陳蔡者皆不及門者也孔子言時世乱離非唯我道不行只我門徒虽從我在陳蔡者亦失于時不復及仕進門也張憑曰道之不行命也唯聖人安時而処從故不期於通塞然從我於陳蔡者何能不以窮達為心耶故感於天地將閑君子道消而恨二三子不及

開泰之門也

鄭玄曰言弟子之從我而厄於陳蔡者皆不及仕進之門而失其所也

德行顔淵閔子騫冉伯牛仲弓此章初无子曰者是記者所書並從孔子印可而録在論中也孔子門徒三千而唯有此以下十人名為四科〻〻者德行也言語也政事也文學也德行為人生之本故為第一以冠初也而顔閔及二冉合其名矣王弼曰此四科者各舉其才長也顔淵德行之俊尤兼之矣范甯曰德行謂百行之美也四子俱埀在德行之目而顔子為其冠

言語宰我子貢第二科也宰我及端木二人合其目也范甯曰政言語謂賓主相對之辭也

政叓冉有季路第三科也冉仲二人合其目也范甯曰政叓謂治國之政也

文學子游子夏第四科也言及卜商二人合其目也范甯曰文學謂善先王典文王弼曰弟子才不徒十盖舉

其美者以表業尒名其餘則各以所長從四科之品也侃案四科次第立德行為首巧為可解而言語為次者言語君子樞機為往行之急故次往行也而政叓是人事之別比言語為緩故次言語也文学指是傳学古文故比三叓為泰故最後也

子曰回也非助我者也於吾言無所不悅 聖人為教須賢啓發滞參之徒聞言輒問是助益於我以增曉導而顏淵嘿識聞言悅解不嘗口諮於我教化无益故云非助我者於吾言无所不悅也

孔安國曰助猶益也言回聞言即解无可發起增益於己也 孫綽曰所以每悅吾言理自玄同耳非為助我也言此欲以曉衆且明理也

子曰孝哉閔子騫人不閒於其父母昆弟之言 閒猶非也 昆兄也謂兄為昆々明也尊而言之也言子騫至孝叓父母兄弟尽於美善故凢人物論无有非閒之言

於子騫者也故顔延之云言之无間謂盡美也

陳群曰言閔子騫爲人上事父母下順兄弟動靜盡善故人不得有非間之言也

南容三復白圭復猶反也詩云白圭之玷尚可磨也斯言之玷不可爲也是白玉有玷缺尚可磨治令其全好若人言忽有瑕玷則駟馬不及故云不可爲也南容慎言語讀詩至白圭之句乃三過反覆修翫无已之意也

孔安國曰詩云白圭之玷尚可磨也斯言之玷不可爲也南容讀詩至此三反覆之是其心慎言也

孔子以其兄之子妻之重明南容蒙孔子之姻其善非一故更記之也苟述云南

容深味白圭擬志无玷豈與縲紲非罪同其流致猶夫子之情實深天屬崇義弘教必自親始觀二女攸餘見夫子之讓心也侃已有釈在公冶長篇中也

季康子問弟子孰為好學

孔子對曰有顔回者好學不幸短命死矣今也則亡

未聞好學者孫綽曰不應生而生為幸不應死而死曰不幸侃謂此与哀公問同而荅異者旧有二通一云緣哀公有遷怒貳過之事故孔子因荅以箴之也康子无此事故不煩言也又一云哀公是君之尊故須具荅而康子是臣為卑故畧以相酬也故江熙曰此與哀公問同哀公雖无以賞要以極對至於康子則可量其所及而荅也

顔淵死顔路請子之車以為之椁顔路顔淵父也淵家貧死无椁故其父就孔子請車賣以營椁也

孔安國曰顔路顔淵之父也家貧故欲請孔子之

車賣以作椁繆協曰顔路之家貧无以備禮而顔淵之恵義称於聖師喪予之感痛之愈深二三子之徒將厚其礼路率情而行恐有未允而未審制義之輕重故託請車以求聖教之也

子曰才不才亦各言其子也孔子將不以車與之故先說此以拒之才謂顔淵也不才謂鯉也言才與不才誠當有異若各本天屬於其父則同是其子也鯉死有棺而無椁既天屬各深昔我子死我自有車尚不賣之営椁今汝子死寧欲請我之車耶繆播曰[illegible]焉才不可貧求備焉不才而豊儉亦各有礼制之由父故鯉也元椁也吾不可徒行以爲之椁又解所以不爲鯉作椁之由也徒猶步也言我不賣車而步行爲子作椁也以吾從大夫之後吾以不可徒行又解不步行之意也言大夫位爵已尊不可步行故也然實爲大夫而云徒大夫後者孔子謙也猶今人爲府國官而云在府末國末也孔安

國曰鯉孔子之子伯魚也孔子時為大夫故言吾
從大夫之後不可以徒行是謙之辭也江熙曰不
可徒行距
之辭也可則與故仍脫左驂賻於旧館不可則距
故不許路請也鯉也无槨將以悟之且寒厚葬也
顏淵死子曰噫噫痛傷之声也淵死遺使報
孔子々々傷痛之故去噫也
苞氏曰噫痛傷之聲也
天喪予々々々喪猶亡也予我也夫聖人出世必須
賢輔如天將降雨必先山澤出雲淵
未死則孔道猶可冀縱不為君則亦得共為教化今
淵既死是孔道亦亡故云天喪我也刘歆曰顏是亞
聖人之偶然則顏孔自然之對物一氣之別形玄妙
所以藏寄既道旨所由讚明叙顏淵死則夫子躰缺
故曰天喪予噫諒卒實之情非過痛之辭將求聖賢
之域宜自此覺之也繆憣曰夫投竿測深安如江海

之有懸也何者俱不究其極也是以西河之人疑子夏為夫子武叔賢子貢於仲尼斯非其類耶顏回盡形々外者神故知孔子理在回知淵亦唯孔子也

天喪予者若喪己再言之者痛惜之甚也

顏淵死子哭之慟謂顏淵死孔子往顏家哭之也慟謂哀甚也既如喪己所以慟也郭象曰人哭亦哭人慟亦慟蓋无情者與物化也繆協曰聖人体无哀樂而能以哀樂為体不失過也

馬融曰慟哀過也

從者曰子慟矣從者謂諸弟子也隨孔子往顏淵家有見孔子哀甚故云子慟矣

子曰有慟乎孔子不自知慟故問之有慟乎

孔安國曰不自知己之悲哀過也

非夫人之為慟而誰為慟初既不自知又向諸弟子明所以慟意也夫人指顏淵也言若不為顏淵哀慟而應為誰即吾慟叓也

顏淵死門人欲厚葬之顏淵之門徒也見師貧而已欲厚葬之也一云是孔子門人欲厚葬明友也

子曰不可孔子止門人之厚葬故云不可也王弼曰有財死則有禮无財則已焉既而備礼則近厚葬矣故云孔子不聽也

禮貧富各有宜顏淵家貧而門人欲厚葬之故不聽也

門人厚葬之不從孔子言也范甯曰厚葬非礼故不許也門人欲厚葬何也緣回父有厚葬之意故欲遂門人之深情也

子曰回也視予猶父也予不得視猶子也回叓我在三如一故云視予猶父也我葬鯉无槨而不能止回无槨是視回不得猶子也

非

我也夫二三子也言此負而過礼厚葬非是我意也故是夫二三子意也二三子則顔路亦在其中也范甯曰言回虽以父叓我々不得以子遇回虽曰師徒義輕天属今父欲厚葬豈得則正言厚葬非我之教出乎門人之意耳此以抑門人而救世弊也

馬融曰言回自有父々意欲聽門人厚葬之我不得制止也非其厚葬故云尒也非猶鄙薄

季路問事鬼神外教无三世之義見乎此句也周孔之教說現在不明過去未来而子路此問叓鬼神政言鬼神在幽冥之中其法云何也此是問過去也子曰未能事人焉能事鬼孔子言人事易汝尚未能則何敢問幽冥之中乎故云焉能事鬼曰敢問叓死此又問當来之事也言問今日以後死叓從云何也曰未知生焉知死亦不答之也言汝尚

未知即見生之事難明又焉能豫問知死没也

陳群曰鬼神及死事難明語之無益故不荅也顧觀曰夫從生可以善死盡人可以應神雖顯路殊而誠恒一苟未能此問之无益何処問彼耶

閔子騫侍側誾々如也甲者在尊者之側曰侍此明子騫侍於孔子座側也誾々中正也子騫性中正也子路行々如也亦侍孔子座側也行々剛强貟也子路性剛强冉有子貢侃々如也此二人亦侍側也侃々和樂也二子並和樂也子樂孔子見四子之各極其性无所隱情故我亦懽樂也

鄭玄曰樂各盡其性也行々剛强之皃也

曰若由也不得其死然孔子見子路独剛强故發此言也由子路名也不得其死

然謂必不得壽終也後果死衛亂也

孔安國曰不得以壽終也袁氏曰道直時邪自然速禍也

魯人為長府魯人魯君臣為政者為作也長者藏名也魯人為政更造作長府也閔子騫曰仍旧貫如之何々必改作子騫譏魯人也仍因也貫事也言為政之道因旧事自是如之何々必須更有所改作耶如之何猶奈何也

鄭玄曰長府藏名也藏貨曰府財貨錢帛也藏錢帛曰府藏兵甲曰庫也仍因也貫叓也因旧叓則可何乃復更改作也

子曰夫人不言々必有中夫人指子騫也言子騫性少言語々々必中於叓理也

王肅曰言必有中善其不欲勞民更改作也

子曰由之鼓瑟奚為於丘之門子路性剛其鼓琴瑟亦有壯氣孔子知其必不得以壽終故每抑之汝鼓瑟得在於我門〻〻文雅非用武之処也故自称名以抑之也奚何也侃謂此門非謂孔子所住之門故是聖德深奥之門也故子貢荅武叔曰得其門者或寡也

馬融曰言子路鼓瑟不合雅頌也

門人不敬子路門人見孔子譏瑟便不復敬子路也子曰由也升堂矣未入於室也孔子見門人不敬子路故又為解之也古人當屋棟下隔断為窓戸之外曰堂窓戸之内曰室孔子言子路為弟子才德已大雖未親入我室亦已登升我堂未易可軽慢也若近而言之即以屋之堂室為喻若推而廣之亦謂聖人妙処為室麁処為堂故子路得堂顔子入室故下章說善人云亦不入於室是也所以此前言入於門而門人不敬為其不敬故引之於堂也

馬融曰升我堂矣未入室耳門人不解謂孔子言為賤子路故復解之也(孔子譏瑟本非謂子路可輕政在於行耳而門人不達斯意兼而慢之孔子解說之也)

子貢問曰師與商也孰賢乎(師子張商子夏也孰誰也子貢問孔子欲辨師商誰為賢勝也)子曰師也過(過謂子張性繁冗為支好在僻過而不止也)商也不及(言子夏性疎濶行事好不及而止也)孔安國曰言俱不得中也曰然則師愈與(愈勝也子貢又問若師為支好過々々則為勝耶)子曰過猶不及也(荅言既俱不得中則過與不及无異也故云過猶不及也江濈云聖人動為物軌人之勝否未易輕言兩既俱未得中是不明其優劣以貽於來者也)愈猶勝也

季氏冨於周公季氏魯臣也周公天子臣食采於周爵為公故謂為周公也蓋是公旦之
后也天子之臣地廣祿大故周公宜富諸侯之臣地狹祿小季氏宜貧而今僭濫遂勝天子臣故云季氏
冨於周公也孔安國曰周公天子之宰卿士也天子之宰
即謂冢宰也冢宰是有事之職故云卿士也
而求也為之聚歛而附益也求冉求也季氏已富而求時任季氏為季氏邑
宰又助歛聚急賦稅以附益季氏之冨也孔安國曰冉求為季氏宰
為之急賦稅也急賦稅謂歛民下財帛也
子曰非吾徒也徒門徒也孔子言冉求昔蚤是我門徒而我門徒皆尚仁義今冉求遂為
季氏急聚歛則非復吾門徒也故禮云孟獻子曰百乘之家不畜聚歛之臣與其畜聚歛之臣寧有盜臣

言盜臣乃傷財而聚斂之臣則傷仁義傷財不如傷仁義小子鳴皷而攻之可也小子門徒諸弟子也攻治也求既為季氏聚斂故孔子先云非復我門徒又使諸弟子鳴皷治之也所以鳴皷者若直尒而治不言其過則聞之者局故鳴皷而且言之則聞者衆也繆協云季氏不能納諫故求也莫得匡救々々不存其義屈故曰非吾徒也致譏於求所以深疾季氏子然閒明其義也

鄭玄曰小子門人也鳴皷壴其罪以責也

柴也愚此以下評數子各有累也柴弟子也其累在於愚也王弼云愚好仁過也

弟子高柴也字子羔愚亦直之愚也

參也魯參曾參也魯遲鈍也言曾子性遲鈍也王弼云魯質勝文也

孔安國曰魯鈍也曾子遲鈍也

師也僻（師子張也子張好文其過故云僻也王弼云僻餝過差也）

馬融曰子張才過人失在邪僻文過也

曰也喭（由子路也子路性剛失在咬喭也王弼云喭剛猛也）

鄭玄曰子路之行失於咬喭也

子曰回也其庶乎屢空（記者上列四子病重於先自此以下引孔子更舉顔子精）能於後解此義者凡有二通一云庶〻幾也屢每也空窮匱也顔子庶慕於幾故匱忽財利所以家每空貧而簞瓢陋巷也故王弼云庶幾慕聖忽忘財業而數空匱也又一通云空猶虚也言聖人体寂而心恒虚无累故幾動即見而賢人不能休无故不見幾但庶幾慕聖而心或時而虚故曰屢空其虚非一故屢名生焉故顔特進云空非回所体故庶而數得故顧觀云夫无欲於无欲者聖人之常也有欲於无欲者賢人

之分也二欲同無故全空以目聖一有一无故每虛以稱賢々人自有觀之則無欲於可欲自无觀之則有欲於无欲虛而未盡非屢如何太史叔明申之云顏子上賢躰具而微則精也故无進退之吏就義上以立屢名按其遺仁義忘禮樂隳支躰黜聰明坐忘大通此忘有之義也忘有頓盡非空如何若以聖人驗之聖人忘々大賢不能忘々不躰忘々心後為未盡一未一空故屢名生也焉

賜不受命而貨植焉

此孔子又評子貢累也亦有二過一云不受命者謂子貢性動不能信天任命是不受命也而貨殖者財物曰貨種藝曰殖子貢家富不能清素所以為惡也又一通云殷仲湛云不受矯君命江澌云賜不榮濁世之祿亦幾庶道者也虽然有貨殖之業恬愉不足所以不敢望回耳亦曰不受命者謂子貢不受孔子教命故云不受命也

憶則屢中

此亦有二通一云憶謂心憶度事宜也言子貢性好憶度是非而屢幸中亦是失也故君子不憶不信也又一通云雖不虛心如顏而憶度吏理必亦能每中

也故左傳邾隱公朝魯執玉高其容仰魯定公受玉
卑其容俯子貢曰以禮觀之二君皆有死亡是爲主
其先亡乎是歲定公卒仲尼曰賜不幸而言中是賜
多言也此憶中之類也王弼云命爵命也憶々度也
子貢雖不受爵命而能富雖不窮理而幸中蓋不
逮顔之庶幾輕四子所病故稱子曰以異之也
言回庶幾聖道雖數空匱而樂在其中矣賜不受
教命唯財貨是殖憶度是非蓋美回所以厲賜也
此注與前通並會一曰屢猶每也空猶虛中也此以下並是后解也
中猶心也謂虛心也禮曰虛中以治之以聖人之善道謂孔子也教數子之
庶幾柴參之屬也並被孔子教於庶幾之事也猶不至於知道者各內
有此害道謂庶幾之道也緣其各有愚魯僻喭之害故不能至知庶免之道其於庶

幾每能虛中者唯回懷道深遠唯回一人能懷道深遠故庶幾虛心不虛心不能知道更明所以須虛心之義也庶幾之道深遠也欲知庶幾者虛心乃知其道也子貢无數子病无愚魯僻喭之病也然亦不知道者既无病應能庶幾何亦不能乎雖不窮理而幸中解其不知之由也中先解憶則屢中也言子貢不能虛心々々好憶度雖不能窮理如顔而有時幸中々々故不能知大道也雖非天命而偶富此釋不受命而貨殖焉也雖非天命者謂雖非受當時天子之命也偶富者謂家自偶富非祿位所得也然雖非時祿而富之亦非清虛之士故亦不知大道亦所以不虛心也憶度幸中及家富榮心所以並不虛心也子張問善人之道此問善人非聖人也問其道云何而可謂為善人也子曰不

踐迹荅善人之法也踐循也迹旧迹也言善人之道亦當別宜創建善事不得唯依循前人旧迹而

已亦不入於室又虽有創立而未必使能入聖人奧室也能入室者顏子而已

孔安國曰踐循也言善人不但循追旧迹而已亦

多少能創業然亦不能入於聖人之奧室也創業謂創仁義之業也聖人之奧室即前云子路升堂矣未入於室是也

子曰論篤是與君子者與色莊者乎此亦荅善人之道也當是異時之問故更稱子曰俱是荅善故共在一章也篤厚也言善人有所論說必出篤厚謹敬之辞也故云論篤是歟也又能行君子之行故云君子者乎又須顏色莊嚴故云色莊者乎

論篤者謂口無擇言擇者除麄取好之謂也論篤是言語并善故復无可擇之

言也君子者謂身無鄙行也所行皆善故无鄙悪也然此註亦與上牙也色莊者不悪而嚴以遠小人者也威而不猛是也言此三者皆可以為善人也三者言行色也云必備三皆可為善人明若能有一則亦可約善人不必備三也殷仲湛云大善者淳穆之性躰之自然虽不擬步往迹不能入闃奥室論篤皆正有君子之一致焉

子路問聞斯行諸斯此也〻〻於賑窮救乏之事也諸之也子路問孔子若聞有周窮救乏之叓便得行之不乎范氏曰賑窮救乏之叓也

子曰有父兄在人子无私假與故若有叓必先啓告父兄也如之何其聞斯行之也既由父兄故已如何聞而行乎言不可也

孔安國曰當白父兄不可得自專也

冉有問聞斯行諸與子路問同也子曰聞斯行之此答異也言聞而即行之也公西華曰由也問聞斯行諸子曰有父兄在公西華疑二人問同而答異故先領二人之問答也此領子路問答也求之問聞斯行諸子曰聞斯行之此領冉有之問答也求冉有名也赤也惑疑々惑也二人問同而孔子答異故己生疑惑故惑赤公西華名也敢問敢果敢也既惑其深故果敢而問之

孔安國曰惑其問同而答異也

子曰求也退故進之答所以答異義也言冉求謙退故引之令進所以不云先白父兄也由也兼人故退之言子路性行々兼人好在率尒故抑退之必令自父兄也

鄭玄曰言冉有性謙退子路務在勝尚人各曰其人之失而正之或問曰禮若必諮父兄則子路非抑若必不諮則冉求非引今夫子云進退請問其旨或荅曰夫賑施之理支有大小大者車馬小或一飡若其大者必諮小可專行而由施无大小悉並不諮求大小悉諮今故抑由之不諮欲令其並諮引冉之必諮令其並不諮也但子路性進每抑而不患其退冉求往退雖引不嫌其過也

子畏於匡猶是前敵匡人誤圍顏淵後時顏淵與孔子俱為匡圍孔子先得出還至家而顏淵後乃得出還至也

孔安國曰言與孔子相失故在後也於圍中相失也

子曰吾以汝為死矣淵後至而孔子云汝不還我言汝當死於匡難中曰子

在回何敢死顔淵之荅其有以也夫聖賢影響如天降時雨山澤必出雲孔子既在也
則顔回理不得死々則孔道便絶故淵々死而孔云天
喪予也康翼云顔子未能盡窮理之妙々有不盡則
不可以渉險津理有未窮則不可以冐也路故賢不
遺聖運否則必隱聖不值賢微言不顯是以夫子曰
畏匡而發問顔子體其旨而仰酬称入室為指南啓
門徒以出処豈非聖賢之誠言牙相與為起予者也

苞氏曰言夫子在已無所敢死也李充云聖无虐慮之悔賢无失
理之患而斯言何興乎将以世道交喪利義相蒙
或殉名以軽死或昧利以苟生々々非存理軽死
非明節故發顔子之死
對以定死生之命也

季子然問仲由冉求可謂大臣與季子然季氏家之子弟也時仲由冉
求仕季氏家季子然自誇已家能得此二賢為
臣故問孔子以謂此二人可謂大臣不也

孔安國曰季子然季氏之子弟也自多得臣此二子故問之也自多猶言已有豪勢能得臣此二人為多也

子曰吾以子為異之問此曰荅而拒之也子指子然也言子今所問是異事也所以是異事之問者由求非大臣而汝云可謂大臣故謂汝為異事之問也曾由與求之問此是舉異問也曾猶則也言汝問所以是異者則問由與求是異問也

孔安國曰謂子問異事耳謂汝所問為異事之問也則此二人之問安足為大臣乎如前釋也問去声

所謂大臣者以道事君不可則止此明大臣之事也以道事君謂君有惡名必諫也不可則止謂三諫不從則越境而去者也今由與求也可謂具臣

矣言今由求二人亦不諫〻若不從則亦不去不可名此為大臣則乃可名為備具之臣而已也繆協稱中正曰所以假言二子之不能盡諫者以說季氏雖知貴其人而不能敬其言也

孔安國曰言備臣數而已也

曰然則從之者與子然聞孔子云二人不為大臣故更云既不以道及不可則止若如此者其君有惡事則二人皆從君為之不乎

孔安國曰問為臣皆當從君所欲耶

子曰弒父與君亦不從也荅言由不諫不止若君有弒上之事則二人亦所不從也

孔安國曰二子雖從其主亦不與為大逆也孫綽云二子者皆政事之良也而不出具臣之流所免者唯弒之事其罪亦豈少哉

夫抑揚之教不由乎理將以深激子然以重季氏之責也

子路使子羔為費宰費季氏采邑也季氏邑宰叛而子路欲使子羔為季氏邑宰也

子曰賊夫人之子賊猶害也夫人之子指子羔也孔子言子羔習學未習熟若使其為政則必乖僻々々則為罪累所及故云賊夫人之子也

蒞氏曰子羔學未熟習而使為政所以賊害人之子也張憑云季氏不臣由不能正而使子羔為其邑宰直道而吏人焉往不致弊枉道而吏人不亦賊夫人之子乎

子路曰有民人焉有社稷焉何必讀書然后為學子路云既邑有民人社稷今為其宰則是習治民吏神此即是学亦何必在於讀書然後方謂為学乎

孔安國曰言治民事神於是而習亦學也

子曰是故惡夫佞者孔子以此語罵子路也佞口才也我言子羔學未習熟所以不欲使之為政而汝仍云有民神亦是學何必讀書此是佞辯之辭故古人所以惡之也

孔安國曰疾其以口給應遂己非而不知窮者也繆協云子路以子羔為學藝可仕矣而孔子猶曰不可者欲令愈精愈究也而于時有以佞才惑世竊位要名交不以道仁不由學以之宰牧徒有民人社稷比之子羔則長短相形子路舉茲以對者所以深疾當時非義之也夫子善其未旨故曰是故惡夫佞者此乃斥時豈譏由乎也

子路曾皙　孔安國曰曾皙曾參父也名点也

冉有公西華侍坐此四弟子侍孔子坐也　子曰以吾一日長乎

爾無吾以也 孔子將欲令四子言志故先說此言以勸引之也尔汝也言吾今一日年齒長大於汝耳汝等無以言吾年長而不敢言己志也

孔安國曰言我問汝々无以我長故難對也

居則曰不吾知也 居謂弟子常居時也吾弟子自謂也言汝等常居之日則皆自云无知吾者也

孔安國曰汝常居云人不知己也

如或知爾則何以哉 言汝或有人欲知用汝等々々則志各欲何為治哉

孔安國曰如有用汝者則何以為治乎也

子路卒爾而對曰 禮侍坐於君子々々問更端則起而對及宜顧望而對而子路不起又不顧望故云卒尔對也卒尔謂无礼儀也

卒爾先三人對也

曰千乘之國攝乎大國之間此子路言志也千乘大國也攝迫也大國又大於千乘者也言己願得治於大國而此大國又有迫近他大國之間所謂他大國挾己國於中也加之以師旅言他大國以師旅兵及加陵於己所治之國也因之以飢饉乏穀為飢乏菜為饉言己國既被四方大國兵陵又自國中因大荒饑也

苞氏曰攝々迫乎大國之間也

由也為之為猶治也言己國以為他兵所加又荒飢日久由願得此國治之比及三年可使有勇且知方也比至也言由治此國至於三年而使民人皆勇健又皆知識義方也

方義方也

夫子哂哂笑也孔子聞子路之言而笑之也

馬融曰哂笑也［齒本曰哂大笑口開則哂見故謂哂為笑者也］求爾何如［哂由既竟而餘三人无言故孔子又問冉求汝志何如也］對四方六七十［求荅曰言志也言願得國地方六七十里者而已治之也］如五六十［意又自嫌向所言方六七十為大故又退言方五六十里者也］

求性謙退言欲得方六七十如五六十里小國治之而已也［一云願六七十者如五六十大者已欲得其小也］

求也為之比及三年可使足民也［言已願治此小國若至三年則能使民人足也］如其禮樂以俟君子［又謙也言已乃能足民而已若教民之禮樂則已所不能故請俟君子為之也］

孔安國曰求自云能足民而已謂衣食足也若禮樂之化當以待君子謙之辭也

赤尔何如
求荅已竟故更問公西華也
對曰非曰能之願學焉
赤荅也非曰猶非謂也荅曰已非謂自能願從此而後學為之也
宗廟之事如會同
此以下並言願所学之事也宗廟之事謂人君祭祀之事如會同諸侯有會同之事時也
端章甫願為小相焉
端玄端之服也章甫謂章甫之冠也言願君有祭祀及會同之事而已玄端服章甫之冠也為小相々君之禮

鄭玄曰我非自言能也願學為之宗廟之事謂祭祀也
四時及禘祫皆是也
諸侯時見曰會殷見曰同
周禮六服各隨服而來是正朝有數也而時見曰會此無常朝諸侯有不庭服

者諸王將有征討之事則曰朝竟王命為壇於國外合諸侯而發禁亦隨其方若東方不服則命與東方諸侯而征之此是時見曰會也又王十二年一巡狩若王有事故則六服諸侯並來京師朝王殷法此是殷覲曰同也而鄭玄注云殷覲曰同者周禮又有時聘曰問殷覲曰視並是諸侯遣臣來京師也王有時聘故諸侯不得自來而遣臣聘王此亦无定時是時聘曰問也又元年六年六服唯侯服獨來朝京師人少故諸侯並遣臣來京師視王是殷覲曰視也鄭玄云殷見曰同者廣覲見之言通也

端玄端也衣玄端冠章甫章甫殷冠也諸侯日視朝服也然周家諸侯日視朝之服々緇布衣素積裳冠委皃此云玄端日視朝者容是周末禮乱者也

小相謂相君禮者宗廟及會同皆是君事而已顧相之耳

點尒、何如赤荅既竟又問曾晢也

鼓瑟希鼓猶彈也希踈也点政彈瑟既得孔子之

問將思所以對之言故
彈瑟手遲而聲希也
孔安國曰思所以對故其音希也
鏗爾舍瑟而作鏗投瑟聲也捨投也作起也點思所
對之辞將欲仰荅故投瑟而起對也
起對者礼也點獨云
起則求赤起可知也對曰異乎三子者之撰撰具也
點起而
對云己所志者異於路求赤三子之
志所具也所具即手秉之國等是也
孔安國曰置瑟起對也撰具也為政之具也鏗爾
者投瑟之聲也
子曰何傷乎亦各言其志也孔子聞點志異故云人
生所志各異亦何傷乎
汝但當
言之
孔安國曰各言己志於義無傷之

曰暮春者春服既成 此點言志也暮春謂建辰夏之三月也季有四時〻有三月初月為孟次者為仲後者為季〻春是三月也不云季春而云暮春者近月末也月末其時也暖也春服成者天時暖而衣服單袷者成也

得冠者五六人 已加冠成人者也五六者趣舉其數也

童子六七人 童子未冠之称也又有未冠者六七人也或云冠者五六〻〻三十人也童子六七〻〻四十二人也四十二就三十合為七十二人也孔子升堂者七十二人也

浴乎沂 沂水名也暮春者既暖故與諸朋友相随徃沂水而浴也

風乎舞雩 風〻涼也舞雩請雨之壇处也請雨祭謂之雩〻呼也民不得雨故吁嗟也祭而巫舞故謂為舞雩也沂水之上有請雨之壇〻上有樹木故入沂浴出登壇庇於樹下逐風涼也故王衞云沂水近孔子宅舞雩壇在其上壇有樹木遊者託焉也

詠而歸 浴竟涼罷日光既稍晚於是朋友詠歌先王之道歸還孔子之門也

苞氏曰暮春者季春三月也春服既成者衣單袷之時也我欲得冠者五六人童子六七人浴於沂水之上風涼於舞雩之下歌詠先王之道歸夫子之門也

夫子喟然歎曰吾與點也孔子聞点之願是以喟然而歎也既歎而云吾與点也言我志與點同也所以與同者當時道消世亂馳競者衆故諸弟子皆以仕進為心唯点獨識時變故與之也故李充云善其能樂道知時逍遙遊詠之至也夫人各有能性各有尚鮮能舍其所長而為其所短彼三子者之云誠可各言其志矣然此諸賢既已漸染風流飡服道化親仰聖師誨之無倦先王之門豈執政之所先乎嗚呼遺不能一忘鄙願而暫同于雅好哉諒知情從中来不可假已唯曾生起然獨對

揚作音起予風儀其辭精而遠其指高而適疊々乎固盛德之所同也三子之談於茲陋矣

周生烈曰善點之獨知時也

三子者出子路求赤三人見孔子與点故已並先出去也曾晳後在後未去曾晳曰夫三子者之言何如晳既留後故問孔子也言向者三子所言者其理如何也

子曰亦各言其志也已矣孔子荅言三子之言雖各不同然亦各是其心所志也

曰吾子何哂由也点呼孔子為吾子也点又云若各親是言志則孔子何獨哂子路也乎故云何也

子曰為國以禮其言不讓是故哂之荅咲子路之所由也言我咲子路非咲其志也政是咲其卒尔不讓故耳夫為國者必應須禮讓而子路既願治國而卒尔其言无所謙讓故咲之耳

讓子路言不讓故笑之也

唯求則非邦也與安見方六七十如五六十而非邦也者孔子更證我哂非哂子路之志也若哂子路有為國之志則冉求亦是志於為國吾何獨不哂耶也既不哂求豈独哂子路乎故云唯求非邦也與言是邦也安見方六七十如六十非邦也者亦云是邦也

唯赤則非邦也與宗廟之吏如會同非諸侯如之何又引亦證我不哂子路志也赤云宗廟會国々々又明即是諸侯之事豈曰非邦而我何獨不哂乎哂非哂志也

孔安國曰明皆諸侯之事與子路同徒徒猶黨輩也言求等所言皆是諸侯事與子路猶是一黨輩耳

笑子路不讓也本是哂其不讓也

赤也爲之小相孰能爲之大相又曰不許赤謙也言赤之才德云自顧爲小相若以赤爲小誰堪大者乎赤又是有明已不咲之故曰美之也

孔安國曰赤謙言小相耳孰能爲大相者也

顔淵第十二　何晏集解

疏顔淵孔子弟子也文為門徒之冠者也所以次前者進業之冠莫過顔淵次先進曷云此篇論仁政明遠君臣父子辨惑折獄君子云為皆聖賢之格言仕進之階路故次先進也

顔淵問仁問孔子為仁之道也子曰尅己復禮為仁尅猶約也復猶反也言若能自約儉己身还反於禮中則為仁也于時為奢泰過礼故云礼也一云身能使礼反返身中則為仁也范寗云克責也復礼謂責克己失礼也非仁者則不能責己復礼故能自責己復礼則為仁矣

馬融曰尅己約身也孔安國曰復反也身能反禮則為仁矣

一日尅己復禮天下歸仁焉文解克己復礼所以為仁之義也言人君若能

一日克己復礼則天下之民咸歸於仁君也范寗云乱世之主不能一日克己故言一日也

馬融曰一日猶見皈況終身乎

為仁由己而由人乎哉行仁一日而民見皈所以是由己不由他人也

孔安國曰行善在己不在人者也范寗云言為仁在我豈俟彼為仁耶

顔淵曰請問其目淵又請求克己復礼之條目也

范氏曰知其必有條目故請問之也

子曰非禮勿視非禮勿聽非禮勿言非禮勿動此舉復礼之目也既每事用礼所以是復礼也

鄭玄曰此四者克己復禮之目也

顏淵曰回雖不敏請事斯語矣回聞條目而敬受之也敏達也斯此也言回虽不達仁礼之理而請敬事此語王肅曰敬事此語必行之

仲弓問仁亦諮仁也子曰出門如見大賓使民如承大祭亦荅仁道也言若行出門恒起恭敬如見大賓見大賓必起敬也又若使民力役亦恒用心敬之如承事大祭々々郊廟也然范寧云大賓君臣嘉會也大祭國祭也仁者舉動使民事如此也傳祢旧季出門如賓承事如祭仁之則也孔安國曰仁之道莫尚乎敬也

己所不欲勿施於人恕己及物則為仁也先二事明敬後一事明恕々々敬二事乃為仁也在邦無怨在家無怨在邦為諸侯也在家為卿大夫也既出門使民皆敬又恕

（己及物三事並足故為民人所懷无復相怨者也）

苞氏曰在邦為諸侯也在家為卿大夫也

仲弓曰雍雖不敏請事斯語矣（事用也）司馬牛問仁（司馬牛是桓魋弟也亦問仁也）子曰仁者其言也訒（荅之也訒難也古者言之不出恐行之不逮故仁者必不易出言故去其言也訒一云仁道既深不得輕說故言於人仁事必為難也王弼云情發於言志淺則言疎思深則言訒也）

孔安國曰訒難也牛宋人弟子司馬犂也（名牛也）

曰其言也訒斯可謂之仁已矣乎（牛又疑云言語之難便可謂此為仁乎一云不輕易言於仁事此便可謂為仁乎）子曰為之難言之得無訒乎

又答也為猶行也凡行之不易則言語豈得妄出而不難乎又一云行仁既難言仁豈得易故江熙云礼記云仁之為器重其為道遠舉者莫能勝也行者莫能致也勉於仁者不亦難乎夫易言仁者不行之者也行仁然後知勉仁為難故不敢輕言也

孔安國曰行仁難言仁亦不得不難矣

司馬牛問君子問行君子之道也子曰君子不憂不懼答也君子坦蕩故不憂懼也

孔安國曰牛兄桓魋將為亂牛自宋來學常憂懼故孔子解之言牛常愁其兄之罪過及己故孔子釈云君子不應憂懼者也

曰不憂不懼斯可謂君子已乎牛嫌君子之行不啻不憂懼而已故又諮

之

子曰内省不疚夫何憂何懼內省謂反自視己心也疚病也言人生若外无罪惡悑視己心无有愆病則何所憂懼乎

苞氏曰疚病也内省无罪惡无所可憂懼也

司馬牛憂為其兄桓魋有罪故已恒憂也所以孔子前荅云君子不憂也曰人皆有兄弟我獨亡此所憂之事也亡无也牛兄行悪心致殘滅不旦則夕即今虽暫在與无何異故云我獨亡也

鄭玄曰牛兄桓魋行惡死喪無日我獨為无兄弟也无日猶无后餘一日也

子夏曰商聞之矣商子夏名也聞牛之言故自稱名而為牛解之也不敢言出己故云

聞之

死生有命富貴在天

此是所聞為說不須憂之㕝也言死生富貴皆稟天所得應至不可逆憂亦不至不可逆求故云有命在天也然同是天命而死生云命富貴云天者亦互之不可逃也死生於㕝為切故云命冨貴比死生者為恭故云天々比命則天為緩也繆播云死生者所稟之性尒冨貴者所遇之通塞人能命養之以福不能令所稟易尒々不可易命也能修道以待賈不能遭時必泰々不可必天也天之為言自然之勢運不為主人之貴賤也

君子敬而無失

死生冨貴既理不易故當委之天命此処无憂而此句以下自可人㕝易為修理也敬而无失是廣愛衆也君子自敬已身則與物无失者也

與人恭而有禮

此謂恭而親仁也人猶仁也若彼有仁者當恭而礼之也

四海之內皆為兄弟也

疎悪者无失善者恭礼故四海九州皆可親礼如兄弟也

君子何患乎無兄弟也

既遠近可親故不須憂患者无兄弟也

范氏曰君子疎惡而友賢九州之人皆可以禮親也疏悪解敬而无夫友賢釈与人恭而有礼也

子張問明問人行何支而可謂之明乎子曰浸潤之譖朁也浸潤猶漸漬也譖譺謗也夫拙為譺者則人易覚巧為譺者日〻漸漬細進譖當時使人受而不覚如本之浸潤漸漬久〻必湿也故謂能譺者為浸潤之譖也膚受之愬膚者人肉皮上之薄綿也愬者相訴訟譺也拙相訴者亦易覚也若巧相訴害者亦日〻積漸稍進為如人皮膚之受塵垢當時不覚久〻方覩不淨故謂能訴害人者為膚受之愬也不行焉可謂明也已矣言人若覚彼浸譖膚訴害使二支不行則可謂為有明也

鄭玄曰譖人之言如水之浸潤以漸成人之禍也

此巧謟者馬融曰膚受之愬皮膚外語非其內實也巧愬者也如馬意則謂內実之訴可受若皮膚外語虛妄則謂為膚受也然馬此注與鄭不類也若曲曰使相類則當云皮膚外語非內実者即是膚愬積漸入於皮膚非內実也

浸潤之譖膚受之愬不行焉可謂遠也已矣又廣答也言若使二支不行非唯是明亦是高遠之德也孫綽云問明而及遠者其有高旨乎夫頼明察以勝譏猶火發滅之以水雖消灾有方亦己殆矣若遠而絶之則悔根玄接鑒巧无迹而遠躰默全故知二辞虽同而後喻孙深徵顕之義其在蕬手顔延之云諳潤不行雖由於明々見之深乃出於躰遠々々不對於情僞故功帰於明見斥言其功故曰明極言其本故曰遠也

馬融曰无此二者非但為明其德行高遠人莫能

及之也
子貢問政問為政之法也子曰足食足兵令民信之矣荅之也食
為民本故先須足食也時澆復須防衛故次足兵也
虽有食有兵若君无信則民衆离背故必使民信之也
也子貢曰必不得已而去於斯三者何先已止也子貢又諮之
已奉如知治國必須食兵信三叓若假令被逼必
使除三叓之一而辭不得止則三叓先去何者邪 曰
去兵荅也兵比二者為劣若叓不獲已則先可去兵也曰必不得已而去於
斯二者何先又子貢又問雖餘食信二叓若假令又被逼使去二叓一則先去何者也曰
去食孔子又荅云若復被逼去二中之一則先去食自古皆有死民不信不
立孔子既荅云去食又恐子貢致嫌故更此為解之也言人若不飡乃必致死虽然自古迄今虽復食

亦未有一人不死者是食與不食俱是有死也而自古迄今未有一国无信而國安立者今推其二事有死自古而有无信国立自古而无今寧從其有者故我云去食也故李充云朝聞道夕死孔子之所貴捨生取義孟軻之所尚自古有不亡之道而无有不死之人故有殺身非喪己苟存非不亡己也

孔安國曰死者古今常道也人皆有之治邦不可失信也

棘子城曰君子質而已矣何以文為棘子成云君子所行但備質樸而足何必用於文華乎

鄭玄曰旧說云棘子城衛大夫也

子貢曰惜乎夫子之說君子也子貢聞子成之言而說之也夫子謂呼子成為夫子也言汝所說君子用質不用文為過失之甚故云惜乎夫子說君子

駟不及舌此所

惜之㚇也駟四馬也古用四馬共牽一車故呼四馬為駟也人生過言一出口則雖四馬駿足追之亦所不及故云駟不及舌也

鄭玄曰惜乎夫子之說君子也過言一出駟馬追之不及舌也

文猶質也質猶文也更為子城解汝所說君子用質不用文所以可惜之理也將欲解之故此先述其意也言汝意云文猶質々猶文故曰何用文為者耳

虎豹之鞹猶犬羊之鞹也述子城意竟故此又譬之不可也鞹者皮去毛之称也虎豹所以貴於犬羊者政以毛文炳蔚為異可今若取虎豹及犬羊皮俱滅其毛唯餘皮在則誰復識其貴賤別於虎豹與犬羊乎譬於君子所以貴者政以文華為別今遂若使質而不文則何以別於君子與衆人乎

孔安國曰皮去毛曰鞹虎豹犬羊別者正以毛文

異耳今使文質同者何以別虎豹與犬羊耶

哀公問於有若曰年饑用不足如之何魯哀公愚暗政苛賦重故民廢其業所以積年饑荒國用不足公若此愚故問有若求不饑而用足之法也有若對曰盍徹乎盍何不也徹謂十而稅一也魯起宣公而十稅二至于哀公亦猶十二賦稅既重民饑國之由於十二故有若荅云今依旧十一故云何不徹也

鄭玄曰盍者何不也周法十一而稅謂之徹〻通也為天下通法也徹字訓通故漢武名徹而改天下宜言徹者一切云通也今依王制云古者公田籍而不稅鄭玄曰籍之言借也借民力作公田美惡取於是不稅民之所自治也孟子曰夏后氏五十而貢殷人七十而助周人百畝而徹則所云古者謂殷時也其實皆十一也侃

按如記注夏家民人盛大則一夫受田五十畝殷
兼夏末民人稍少故一夫受田七十畝周兼於紂
人民周尽故一夫受田百畝三代虽異同十尓徹
一故徹一為通法也夏云黃者是尓田與民作之
所獲隨豐儉十尓貢一以上於王也夏民猶淳少
於欺詐故云貢也殷人漸澆不復所可信故尓田
與民十尓取一為君借民力以耕作於一年豐儉
隨其所得还君不復稅民私作者也至周大文而
王畿內用夏之貢法所以然者為去王近為王視
聽所知兼鄉遂公邑之吏且夕從民亶為其役之
以公使不得恤其私也若王識外邦国諸侯悉用
殷之助法所以然者為諸侯專一国之政貧暴稅
民无法故也故設有兩我公田我遂及我私又宣
公十五年初稅畝傳曰非礼也穀出不過籍以豐
財也按此二文說既有公私稅又云不過籍則知
諸侯助法也又以周礼載師論之則畿內用夏之
貢法其中有輕重々々不同
自各有意此不復具言也

曰二吾猶不足如之何其徹也公聞有若使為十一故拒之也言税十取二吾國家之用猶尚不足今若為今我十今取一乎故云如之何其徹也

孔安國曰二謂十二而税也

對曰百姓足君孰與不足有若荅君所以合十一之理也言君若輕税則民下百姓得寛各從其業々從人寛則家々豊足民既豊足則豈有叏君而不足耶故云百姓足君孰與不足也孰誰也

百姓不足君孰與足又云君既重税一則民從公先農二則負无粮糧故家々食空竭人々不足既人々不足故君豈得足放云君誰與足也故江瀶云為家者與一家俱足乃可謂足豈可足已而謂之足也夫儉以足用寛以憂民日計之可不足而歲計則有餘十二而行日計可有餘歲計則不足行十二而不足不思損而益是揚湯止沸疾行遁影有子之所以發德音者也

孔安國曰孰誰也

子張問崇德辨惑問求崇重有能辨別疑惑之法也

苞氏曰辨別也

子曰主忠信徙義崇德此答崇德義也言若能復以忠信為主又若見有義事則徙意從之此二條是崇德之法也

苞氏曰徙義見義則徙意從之也

愛之欲其生也此答辨惑也中人之情不能忘於愛惡若有人從己々則愛之當愛此人時必願其生活於世也惡之欲其死也既欲其生也又欲其死是惑也猶是前所愛者而彼忽違己々便增惡々々之既深便願其死也猶是一人而愛增生死

起於我心々々不定故為惑矣

苞氏曰愛惡當有常

一欲生之一欲死之是心惑也

誠不以富亦祇以異 引詩證為惑人之言生死不定之人誠不定以致富而只以為異支之行耳也

鄭玄曰此詩小雅也祇適也言此行誠不可以致富適以足為異耳取此詩之異義以非之也

齊景公問政於孔子 于時齊弱為其臣陳恒所制景公患之故問政方法於孔子也

孔子對曰君々臣々父々子々 孔子隨其政惡而言之也言為風政之法當使君行君作故云君々也君作謂惠也臣當行臣礼故云臣々也臣礼謂忠也父為父法故云父々也

父法謂慈也子爲子道故云子々也子道謂孝也

孔安國曰當此時陳桓制齊君不君臣不臣父不父子不子故以此對也

公曰善哉信如君不君臣不臣父不父子不子公聞孔子

言而服之也言我國信有此曰叓也方乱我雖有粟米俸禄我豈得長食之乎

雖有粟吾豈得而食諸諸之也公又言国既

孔安國曰言將危也陳氏果滅齊也后陳桓欽斉君是也江熈云景公喻言故復遠述四弊不食粟之憂善其誠言也

子曰片言可以折獄者其由也與片猶偏也折獄謂判辨獄訟之叓也

由子路也夫判辨獄訟必須二家對辭子路既能果斷故偏聽一辭而能折獄也一云子路性直情无所隱者若聽子路之辭亦則一辭亦足也故孫綽云謂子路心高而言信未嘗文過以自衛聽訟者便宜以子路單辭為正不待對驗而後分明也非謂子路聞人片言而便能斷獄也

孔安國曰片猶偏也聽訟必須兩辭以定是非偏信一言以折獄者唯子路可也就此注意亦得兩通也

子路无宿諾宿猶逆也諾猶許也子路性篤信恐臨時多故曉有言不得行故不逆言許人

宿猶豫也子路篤信恐臨時多故故不豫諾也

子曰聽訟吾猶人也孔子言若有訟而使我聽出決之則我與人不異故云吾猶人也

范氏曰言與人等也

必也使无訟乎言我所以異於人者當訟未起而化之使不訟耳故孫綽云夫訟之所生先明其契而後訟不起耳若訟至後察則不異於凡人也此言防其本也

王肅曰化之在前也

子張問政問為政方法也子曰居之无倦行之以忠荅云言身居政吏則莫懈倦又凡所行用於民者必尽忠心也

王肅曰言為政之道居之於身无得懈倦行之於民必忠信之也矣

子曰君子博學於文約之以禮能以礼約束也亦可以弗畔矣夫畔違背也言人廣学文章而又以礼自約束則亦得不違背正理也

鄭玄曰弗畔不違道也

子曰君子成人之美不成人之惡美與己同故成之也惡與己異故不成之也小人反是惡与己同故成之也美與己異故不成之也故與君子反季康子問政於孔子亦問為政之法於孔子孔子對曰政者正也解字訓以荅之也言所以謂治官為政者政訓中正之正也子帥而正孰敢不正又解政所以訓正之義也言民之從上如影隨身表若君上自率己身為正之吏則民下誰敢不正者耶

鄭玄曰季康子魯上卿諸臣之師也師猶先也既為上卿故為同朝諸臣之先也李充云我好静而民自正也

季康子患盜問於孔子患国内多偷盗故問孔子問於孔子求除盜之法也孔

子對曰苟子不欲雖賞之不竊孔子荅多盜之由也子指季康子也竊猶盜也言民所以為盜者由汝貪欲不厭故民後汝而為盜耳若汝心苟无欲假令重賞於民令民為盜則民亦不為也是從汝故也

孔安國曰欲多情欲也言民化於上不從其所令從其所好也雖賞不竊是不從其所令也康子患之而民為之不止是從其所好也李充云我无欲而民自朴者也

季康子問政於孔子曰如殺无道以就有道何如就成也康子問孔子而言為政欲并殺无道之人而成就爵祿有道者其意好不故云何如也

孔安國曰就成也欲多殺以止姦也

孔子對曰子為政焉用殺孔子不許其殺也言汝自為政々々由汝焉用多殺

乎子欲善而民善矣民有道无道終由於汝々若善則民自善々々豈復无道乎今之无道由汝无道之故也君子之德風也小人之德草也更為民從上之譬也君子人君也小人民下也言人君所行其化如風也民下所行其叓如草草尚之風必偃尚猶加也偃卧也言君如風民如艸々上加風則草必卧東西隨風如民從君也孔安國曰亦欲令康子先自正也偃仆也仆亦踣卧也加草以風无不仆者猶民之化於上也

子張問士何如斯可謂之達士通謂丈夫也達謂身命通達也子張問為士之法何若為德行而謂得為達士耶也子曰何哉爾所謂達者矣孔子知子張意非故及質問之也言汝意謂若為叓是達而問之也故云何哉尔所謂達者也子張對曰

在邦必聞在家必聞在邦謂仕諸侯也在家謂仕卿大夫也子張荅云己所謂達者言若仕為諸侯及卿大夫者必並使有声誉遠聞者是為達也

鄭玄曰言士之所在皆能有名譽也

子曰是聞也非達也孔子曰汝所言者則聞耳非是達也繆協云聞者達之名達者聞之實而殉為名者衆躰実者寡故利名者飾偽敦實者歸真是以名分於聞而道隔於達也夫達者質直而好義既謂子張之達是聞故此更為其説達也言夫達者質性正直而所好者義也察言而觀色達者又能察人言語觀人容色者也慮以下人既察於言色又須懷於謙退思以下人也

馬融曰常有謙退之志察言語見顔色知其所欲其念慮常欲以下人也

在邦必達在家必達此人所在必有此諸行以達於人故云必達也

馬融曰謙尊而光卑而不可踰也引謙卦証慮以不人所以是必達之義也既謙光尊不可踰故所在必達也

夫聞者色取仁而行違孔子更為子張說聞非達之時多佞顏色一往亦能假顏色為仁而不能行之故云色取仁而行違也居之不疑既能為假假能為假故居此假而能使人不疑之也非唯不為佗所疑而已亦自不復自疑也

馬融曰此言佞人也佞人假仁者之色行之則違

安居其僞而不自疑者也

在邦必聞在家必聞既佞人黨多故所在必聞也繆協云世乱則佞人多黨盛則多

聞新所謂歎衰運疾弊俗

馬融曰佞人黨多也沈居士云夫聞之與達為理自異達者作立行成聞者有名而已夫君子深中隱默若長沮桀溺石門晨門有作如此始都不聞於世近世魏々蕩々有実如此而人都不如是不聞也並終然顯称名則是達也漢昏称王莽始折節下士卿黨称孝州閭称悌至終然財貌迹著而母死不臨班固云此所謂在邦必聞在家必聞色取仁而行違者也聞者達之名達者聞之実有実者必有名々々者不必有実々深乎本聞浮於末也

樊遲從遊於舞雩之下此舞雩之処近孔子家孔子往遊其壇樹之下而弟子

樊遲從之

苞氏曰舞雩之処有壇墠樹木故其下可遊也

曰敢問崇德脩慝辨惑既從遊而問此三事也脩治也慝惡也謂治惡爲善也問崇德治惡辨惑之事也孔安國曰慝惡也脩治也治惡爲善也

子曰善哉問將欲荅之故先美其問之善也先事後得非崇德與荅崇德也先事謂先爲動勞之事也後得謂後得祿位己勞也若能如此豈非崇德與言其是也故范寧云物莫不避勞而所逸今以勞事爲先得事爲後所以崇德孔安國曰先勞於事然後得報也

攻其惡毋攻人之惡非脩慝與荅脩慝也攻治也言人但自治己身之惡改之爲善而不須知他人惡事若能如此豈非脩慝與一朝之忿忘其身以及

其親非惑與答辨惑也君子有九思忿則思難故若人觸感者則思后有患難不敢遂肆我忿以傷害於彼也若遂肆忿忘於我身又災過及己親此則己為惑故宜辨明知而不為也

樊遲問仁問為仁之道也子曰愛人仁以惻隱濟衆故曰愛人也問智樊遲又問知也子曰知人孔子答曰能知人者則為智也樊遲未達達猶曉也已曉愛人之言而問曉知人之旨也子曰舉直錯諸枉能使枉者直錯廢也枉邪也樊遲既未曉知人之旨故孔子又為說之也言若舉正直之人在位用之而廢置邪枉之人不用則邪枉之人皆化枉為直以求舉也

苞氏曰舉正直之人用之廢置邪枉之人則皆化為直也

樊遲退見子夏樊遲猶未曉举直錯諸枉之言故退而往見子夏欲問之曰鄉也吾見於夫子而問智子曰舉直錯諸枉能使枉者直何謂也樊遲既見於子夏而述夫子之言問之何謂也子夏曰富哉是言乎子夏得問而曉孔子語故先美之也富盛也云孔子之言甚盛

孔安國曰富盛也

舜有天下選於衆舉臯陶不仁者遠矣引叓以荅举直錯枉也言舜昔有天位選擇諸民衆中举得臯陶在位用之則是举直也而不仁者不敢為非故云遠矣即是枉者直也湯有天下選於衆舉伊尹不仁者遠矣恐樊遲猶未曉故又举一條叓

孔安國曰言舜湯有天下選擇於衆舉皋陶伊尹
則不仁者遠矣仁者至矣蔡謨云何謂不仁者遠遠去也若孔子言能使
枉者去則是智也介云能使枉者直是化之也孔
子言其化子夏謂之去者亦為高之未達乃甚於
樊遲也子夏言此者美舜湯之知人皋陶伊尹之
致治也无子緣說其道化之美但言不仁者去夫言
遠者豈必足陟遐路身適異邦賢愚相殊是亦善
遠矣故曰性相近也習相遠也不仁之人感化遷
善去邪枉正直是與故謂遠也案蔡氏之通與孔
子无異但孔氏云不仁者遠少為紆耳若味而言
之則遠是遠惡行
更政為善行也
子貢問友諮求朋友之道也子曰忠告而以善導之朋友主切磋若
見有不善當盡己忠心告語之又以善更相誘導也否則止无自辱焉否謂彼不

見從也若彼苟不見從則使止而不重告也若重告不止則彼容反見駡辱故云見自辱焉

范氏曰忠告以是非告之也以善導之不見從則止必言之或見辱也若以更言之己或反見辱也

曾子曰君子以文會友言朋友相會以文德為本也

孔安國曰友以文德合也

以友輔仁所以須友者政持輔成己仁之道故也

孔安國曰友有相切磋之道所以輔成己之仁也

論語義疏卷第六

國立京都大學藏書

論語義疏卷第七　子路　憲問

梁國子助教吳郡皇侃撰

論語子路第十三　何晏集解

疏子路孔子弟子也武為三千之標者也所以次前者武劣於文故子路次顏淵也○一曰此篇論善人君子為邦教民仁政孝悌中行常德皆治国修身之要大意與前篇相類且回也入室由也升堂故以為次也

子路問政問為政之法也子曰先之勞之荅也先之謂先行德信及於民也勞之謂使勞役也為政之法先行之德澤然後乃可勞役也

孔安國曰先導之以德使民信之然後勞之易曰說以使民民忘其勞也引易證上先有德澤可說後乃可勞民也

請益子路嫌為政之法少故就孔子更求請益也曰無倦孔子荅曰但行先之勞之二叓無有懈倦則自為足也

孔安國曰子路嫌其少故請益曰無倦者行此上事無倦則可也

仲弓為季氏宰問政仲弓將往費為季氏采邑之宰故先諮問孔子求為政之法也

子曰先有司〻〻謂彼邑官職屬吏之徒也言為政之法未可自逞聰明且先委任其屬吏

王肅曰言為政當先任有司而後責其叓責以旧叓

赦小過小〻誤也又當放赦民間〻過誤犯之罪者也舉賢才又當舉民中有才智者薦之於君者也

曰焉知賢才而舉之焉安也仲弓又諮由己而識闇昧豈辨得賢才而可舉也

曰舉尒所知尒所不知人其舍諸仲弓既曰焉知賢才故孔

子又荅曰隨尒所識而舉之尒所不知他人舉之汝但
爲民主汝若好舉賢才則民心以從所好各々自汝
舉其所知賢才皆遂不見於弃諸之也人其捨於之
乎范甯曰仲弓以昨不欲舉賢才濫識不知人也孔
子以所知者則舉之尒不知者他人
自舉之各舉所知別賢才豈弃乎

孔安國曰如所不知者人將自舉之各舉其所知
則賢才無遺也

子路曰衛君待子而爲政子將奚先子孔子也奚何
也子路諮孔子
曰衛国之君欲待子共爲政化子若往
衛與彼共爲政則先行何叓爲風化也

苞氏曰問往將何所先行也

子曰必也正名乎孔子荅云若必先行正百物之名
也所以先須正名者爲時昏礼亂

言語飜雜名物失其本号故為政必以正名為先也所以下卷云邦君之妻君稱之曰夫人之屬是正名之類也

馬融曰正百事之名也韓詩外傳云孔子侍坐季孫々々之宰進曰君使人價馬其與之不乎孔子曰君取臣謂之取不謂之價季孫悟告宰曰今日以来云君有取謂之取无曰假也故孔子正假馬之名而君臣之義定也

子路曰有是哉子之迂也奚其正迂遠也子路聞孔子以正名為先以為不是故云有是哉言正名非是也又云子之迂也謂孔子所言正名於為政之事賒遠不近於事実又云奚其正言何須正也

苞氏曰迂猶遠也言孔子之言疏遠於事也謂正名與事相乖違者也

子曰野哉由也野不達也由子路名也子路不曉正名之理也更謂孔子言遠於事実故

孔子責之云野哉由也所以前卷云由誨汝知之乎不知為不知是知也知之為知之

孔安國曰野猶不達也

君子於其所不知蓋闕如也既先責之云野哉此又戒之言君子之人若㕝於已有所不知則當闕而不言今汝不知正名之義便謂為迂遠何乎

苞氏曰君子於其所不知當闕而勿拠今由不知正名之義而謂之迂遠也

名不正則言不順戒之既竟更又為說正名之義言所以為政先須正名且夫名以召実〻以應名名若倒錯不正則當言語紕僻不得順序也

言不順則㕝不成㕝謂国家所行之㕝若言不從順序則政行觸㕝不成也

事不成則礼樂不興〻猶行也

若国事多失則礼樂之教不通行也礼樂不興則刑罰不中礼以安上治民樂以
移風易俗若其不行則君上不安悪風不移故有淫刑濫罰不中於道理也苞氏曰
禮以安上樂以移風二者不行則有淫刑濫罰也
刑罰不中則民無所措手足措猶置立也刑罰既濫故下民畏懼刑罰之濫
所以跼天蹐地不敢自安是无所自措立手足也故君子名之必可言也既民
无所措手足由於名之不正故君子為政者所冝正其名必使順序而可言也言之必可行
也言既順序則叓所以可行也王肅曰所名之事必可得而
明言也所言之叓必可得而遵行也
君子於其言無所苟而已矣言必使可行政於其言不得苟且而不正也鄭

注云正名謂正書字也古者曰名今世曰字礼記曰百名已上則書之於策孔子見時教不行故欲正於文字之誤

樊遲請学稼樊須字子遲稼者種穀之名樊遲請於孔子求学種五穀之術也

子曰吾不如老農々者濃也是耕田之人也言耕田所以使国家倉廪濃厚也樊遲既請学稼於孔子々々言我門唯有先王之典藉非耕稼之所汝欲為学稼當就農夫之老者学之故云吾不如老農

請学為圃々者種菜之叓也既請農不許又更就孔子求学種菜之術也

子曰吾不如老圃又荅曰我不如種菜之老圃者也

馬融曰樹五穀曰稼樹種殖也五穀黍稷稲梁之属種之曰稼収斂曰穡稼猶嫁也言種穀欲其滋長田苗如人嫁娶生於子孫也穡吝嗇也言穀熟而斂藏之如慳貪吝嗇之人聚物也

樹菜蔬曰圃蔬猶菜也種菜曰圃々々之言布也取其分布於地若種菓實則曰園々々之言蕃也種菓於圃外

為蕃盛也

樊遲出既請二者不為師所許故出去子曰小人哉樊須小人是貪利者也樊遲出後孔子呼名罵之君子喻於義小人喻於利樊遲在孔子之門不請学仁義忠信之道而学求利之術故云小人也上好礼則民莫敢不敬責之既竟此又説学君子之道勝学小人之叏也言上若好礼則民下誰故不敬故云莫敢不敬礼主敬故也上好義則民莫敢不服君若裁断得宜則民下皆服義者宜也上好信則民莫敢不用情君上若好信則民下有敬不復欺故相與皆尽於情理也李充曰用情猶尽忠也行礼不求敬而民自敬好義不以服民而民自服施信不以結心而民自尽信言民之從上猶影之隨形也孔安國曰情々実也言民化其上各以情實應也

夫如是則四方之民襁負其子而至矣夫發語端也是者此也負子以器曰襁言君上若好行上三事夫得如此四方之民大小皆化故並器負其子而来至也李充云負子以器言化之所焉猶何也行此三叓而四方感不召而自来焉用稼自皈則何用学稼乎李充曰余謂樊遲雖非入室之流然亦從遊侍側對揚崇德辨惑之義且聖教殷勤唯学為先故言君子謀道不謀食又曰耕也餧在其中矣学也祿在其中矣而遲親稟明誨乃諮圃稼何頓之甚哉縱使樊遲欲舍学營生猶足知非聖師之謀矣將恐三千之徒雖同学聖門而未能皆忘榮祿道教之益奢惰之患切簞食不改其楽者唯顏回堪之耳遲之斯問將以必有由亦如宰我問喪之謂也

笵氏曰礼義與信足以成德何用学稼以教民乎

負者以器曰襁也襁者以竹為之或云以布為之今蠻夷猶以布帊裹兒負之背

也

子曰誦詩三百不用文背文而念曰誦亦曰口讀曰誦詩有三百五篇云三百举全数也

言人能誦詩之遍至也授之以政不達々猶曉也詩有六義国風二雅並是為政之法今授政與此誦記之人不能曉解也袁氏曰詩有三百篇是以為政者也使於四方不能專對專猶獨也孔子語鯉曰不学詩无以言又曰可以群可以怨迩之事父遠之事君多識於草木鳥獸之名者今使此誦詩之人聘問隣国而不能專独猶應對也袁氏曰古人使賦詩而答對雖多亦奚以為奚何也誦詩宜曉之政而今不達又應專對而今不能並復誦詠之多亦何所為用哉故云亦奚以為也

專猶獨也

子曰其身正不令而行如直形而影自直范甯曰上能正己以率物則下不令而

自從也

其身不正雖令不從如曲表而求直影々終不直也范甯曰上行理僻而制下使正猶立邪表責直影猶東行求郢而此終然不得也令教令也

子曰魯衛之政兄弟魯是周公之封衛是康叔之封周公康叔是兄弟當周公初時則二国風化政亦俱能治化如兄弟至周末二国風化俱悪亦如兄弟故衛瓘曰言治乱畧同也

苞氏曰魯周公之封衛康叔之封也周公康叔既為兄弟康叔睦於周公其國之政亦如兄弟也睦親也言康叔親於周公故風政得和好也

子謂衛公子荆善居室衛公子荆是衛家公子也諸侯之庶子並稱公子居其家能治不為奢侈故曰善居室也

王肅曰荆與蘧瑗史鰌並為君

子也蘧瑗字伯玉後卷云君子哉蘧伯玉亦是也吴公子礼出聘于上國適衛說蘧瑗史狗史鰌公子荊公子叔公子朝曰衛多君子未有患也事在春秋第十九卷襄公二十九年也始有曰苟合矣此是善居室之事始有謂為居初有財帛時也曰猶云也苟〻且也苟且非本意也于時人皆无而為有虛而為盈奢華過實子荊初有財帛不敢言已才力所招但云是苟且遇合而己少有曰苟完矣少有謂更復多少勝於始有時多也既少勝於前始有但云苟且得自全完而已不敢言欲為久富貴也富有曰苟美矣富有謂家道遂大富時也亦云苟且為美非是性之所欲故云苟美矣子適衛冉子僕適往也僕御車也孔子往衛冉有時為孔子御車也孔安國曰孔子之衛冉有御也子曰庶矣哉庶衆也孔子歎衛人民之衆多也矣

孔安國曰庶衆也言衛民衆多也

冉有曰既庶矣又何加焉加益也冉有言其民既衆多復何以滋之也曰

冨之孔子曰宜益以冨曰既富矣又何加焉冉有又問既已冨益又復何以

益之曰教之既冨而後可以教化之范寧曰衣食足當訓義方也子曰苟有用我

者朞月而已可也苟誠也朞月謂年一周也可者未足之辭也言若誠能用哉為治政

者一年即可小治也一年天氣一周變故人情亦小改也三年有成々大成也三年一閏是天

道一成故為政治若得三年風政亦成也孔安國曰言誠有用我於

政事者朞月而可以行其政教必三年乃有成功

也

子曰善人為邦百年亦可以勝殘去殺矣善人即賢人也為者治也為邦謂為諸侯也勝殘謂政教理勝而殘暴之人不起也去殺謂无復刑殺也言賢人為諸侯已百年則殘暴不起所以刑辟无用袁氏曰善人謂体善悳賢人也言化當有漸也任善用賢則可止刑任惡則殺愈生也

去殺者不用刑殺也

誠哉是言也誠信也古旧有此語故孔子称而美信之

孔安國曰古有此言故孔子信也

王肅曰勝殘者勝殘暴之人使不為惡也

子曰如有王者必世而後仁王者謂聖人為天子也世三十年也聖人化速故三十年而政乃大成必須世者旧被惡化之民已尽新生之民得三十年則所禀聖化易成故顏延之曰

革命之王必漸化物以善道染乱之民未能從道爲化不得无威刑之用則仁施未全改物之道必須易世使正化德教不行暴乱則刑罰可措仁功可成弈世曰習乱俗雖畏法刑而外必猶未能化也必待世肇人改生習治道然後仁化成也刑措成康變文景由乱民之世易既泰之俗遠也化隆

孔安國曰三十年曰世如有受命王者必三十年仁政乃成也

子曰苟正其身矣於從政乎何有苟誠也言誠能自正其身則爲政不難故曰何有不能正其身如正人何其身不正雖令不從故云如正人何也故江熙云從政者以正人爲吏也身不正那能三人乎

冉子退朝退々々謂且朝竟而还家朝廷云退也

周生烈曰謂罷朝於魯君也冉子尒時仕季氏且土朝於魯

君當是季氏冉有
之朝魯君也
子曰何晏也晏晚也冉子还晚於常朝故孔子問之
今还何晏也范寧曰冉求早朝晚退故
孔子疑而
問之也
對曰有政荅所以退晚之曰也言在
朝論於政事故至晏也
馬融曰政者有所改更匡正也
子曰其事也孔子謂冉有所云有政非之也應
是凡所行小事可故云其事也
馬融曰事者凡所行常事也
如有政雖不吾以吾其與聞之孔子更說所以知非
政之由也以用也言
若必是有政事雖不吾既以應用而吾既為卿大夫
亦當必應參預聞之今既不聞則知汝所論非關政
也
馬融曰如有政非常之事我為大夫雖不見

任用必當與聞也（欒肇曰業稱政事冉有季路未有不知其名而不能職其吏者斯蓋微言以說季氏專政之辭若以家臣无專政之理則二三子為宰而問政者多矣未聞夫子有說焉）

定公問一言而可以興邦有諸（定公魯君也諸之也問孔子有出一言而能興邦者不乎）孔子對曰言不可以若是（々々者猶如此也答曰豈有出一言而興得邦国乎言不可得頓如此也）其幾（々近也然一言雖不可即使興而有可近於興邦者故云其幾也）王肅曰以其大要一言不能正興國也幾近也有近一言可興國也

人之言而曰為君難為臣不易（此已下是一言近興邦之言設有人云在）

上為君既為人主不可輕脫躁敗无首故為難也又云人臣者国家之事應知无不為也必致身竭余故云不易也如知為君難也不幾乎一言而與邦乎如若也若知為君難而云不敢作此言則豈不近一言與邦乎不云為臣不易者從可知也且君道尊貴為人所貪故時舉君也孔安國曰叓不可以一言而成也知如此則可近也

曰一言而可以喪邦有諸定公又問有一言而令邦国即喪者不乎孔子對曰言不可以若是其幾也亦如前荅亦有言近之者也人之言曰予无樂乎為君唯其言而樂莫予違也此舉近喪邦之言也設有人言我本无樂為人之君上所以樂為之者正言我有言語而人畏我无敢違拒我者為

此故所以樂為君耳　孔安國曰言無樂於為君所樂者唯樂其言而不見違也

如其善而莫之違也不亦善乎將說其惡故先發此句也此若為君而出言以善而民不違如此者乃可為善耳故云不亦善乎

如不善而莫之違也不幾乎一言而喪邦乎又答若為君而言不善使不違則此言不近一言而喪邦乎

孔安國曰人君所言善无違之者則善也其所言不善而無敢違之者則近一言而喪國也

葉公問政葉公亦問孔子為政之道子曰近者悅遠者來言為政之道若能非近民懽悅則遠人來至也江熙曰边国之人豪气不除物情不附故以悅近以諭之

子夏為

莒父宰問政子夏欲往莒父爲宰故先問孔子爲政之法也

鄭玄曰旧說曰莒父魯下邑也

子曰無欲速言爲政之道每當閑緩不得倉卒求速成也毋見小利政貴有恒不得見小財利而曲法爲之欲速則不達解欲速之累也若不安緣每叓而欲速成則不通達於叓理也見小利則大叓不成若見小利而枉法曲教則爲政之大事无所成就也

孔安國曰事不可以速成而欲其速不達矣

見小利妨大事則大事不成也

葉公語孔子曰吾黨有直躬者葉公稱己鄉黨中有直躬之人欲自矜誇於孔子也

孔安國曰直躬而行也躬猶身也言无所邪曲也

其父攘羊而子證之此直躬者也攘盜也言黨中有人行直其父盜羊而子告失羊主證明道父之盜也

周生烈曰有因而盜曰攘謂他人物來己家而藏隱取之謂之攘也

孔子曰吾黨之直者異於是拒於葉公故云吾黨中有直行者則異於證父

父為子隱子為父隱直在其中矣孔子舉所異者言為之盜為直也

風政者以孝悌為主父子天性率由自然至情宜應
相隱若隱惜則自不為非故云直在其中矣若不知相
隱則人倫之義盡矣樊光曰父為子隱者欲求子孝
也父必先為慈家風由父故先稱父范寧曰夫子所謂
直者以不失其道也若父子不相隱諱則傷教破義
長不孝之風焉以為直哉故相隱乃可為直耳今王
法則許期親以上得相為隱不問其罪蓋合先王之
典章江熈曰葉公見聖人之訓動有隱諱故舉直躬

欲以訾毀儒教抗提行中国夫子荅之辭正而義切荆蠻之豪喪其誇

樊遲問仁問孔子行仁之道也子曰居處恭荅仁道居謂常居恒以恭遜為用也燕居溫々是也執事敬謂行礼執叓時礼主於敬也與人忠謂交接朋友時宜尽忠不相欺雖之夷狄不可棄也假令之入夷狄无礼義之処亦不可捨弃於此三叓此則是仁也江熈曰恭敬忠君子任性而行己所次為仁也本不為外物故以夷狄不可弃而不行也若不行於无常則偽斯見矣偽見則去仁邈也苞氏曰雖之夷狄无礼義之処猶不可弃云而不行也

子貢問曰何如斯可謂之士矣謂問在朝為士之法是卿大夫可知也

子曰行己有耻荅士行也言自行己身恒有可耻之叓故不為也李充曰居正惜者當遲

退必无者其唯有耻乎是以當其宜行則耻己之不及々其宜止則耻己之不免為人臣則耻其君之不如堯舜々処濁世則耻独不為君子將出言則耻躬之不逮是故孔子之称丘明亦貴其同耻義苟孝悌之先者也

孔安國曰有耻有所不為也

使於四方不辱君命々号令出使於四方之国則必使称當不使君命之見凌辱也故李充曰古之良使者受命不受辞叓有權宜則與時消息排患釋難解紛挫鋭者可謂良也

可謂士矣能有耻及不辱二叓並行无虧乃可謂為士矣此行最高故在先也

曰敢問其次子貢聞士之上者敢更問士之次者哉

曰宗族称孝郷黨称悌焉孝是叓父毋為近悌是事兄長為遠宗族為近々故称孝郷黨為遠故称悌也繆協曰虽孝称於宗族悌及於郷黨而孝或為未優使於四方猶未能備故為之次者也

曰敢問其次子貢又問求次於士者也

曰言必信行必果此荅士之次也君子達士貞而不諒言不期苟信捨藏隨時信期必遂若小行之士言必須信行必須果也硜々然小人哉果必信為譬也硜々堅正難移之皃也小人為惡堅執難化今小人之士必行信果守志不廻如小人也抑亦可以為次矣抑語助也凡支欲強使相闌亦多云抑也言此小行亦強可為士之次也李充曰言可覆而行必成雖為小畧取於能有所立繆播曰果成也言必合乎信行必期諸成君子之体其業大哉虽行硜々小畧而能必信必果者取其共有成抑亦可為士之次也

鄭玄曰行必果所欲行必敢為之硜々者小人之皃也抑亦其次言可以為次也

曰今之從政者何如子貢又問曰今士之從政者復云何如子曰噫斗

筲之人何足筭也噫不平声筲竹器也容一斗二升故云斗筲也算數也子貢已聞古之是而又問今之非故云噫也不平之声既竟故又云今之人也言今之小人器量如斗筲之器耳何足數也

鄭玄曰噫心不平之声也筲竹器容斗二升者也筭數也

子曰不得中行而與之中行々能得其中者當時偽多實少无復所行得中之人故孔子歎曰不得中行而與之謂共處於世乎

必也狂狷乎狂謂應直進而不退也狷謂應退而不進者也二人宜不得中道而能各任天然而不為欺詐故孔子曰既不得中道者而與之而得與此二人亦好故云狂狷乎言世亦无此人江濿曰狂者知進而不知退知取而不知與狷者急狹能有所不為皆不中道也然率共天真不為偽也季世澆薄言與實違背心以惡時餝詐以誇物是以録狂狷之

苞氏曰中行〻能得其中者也言不得中

一法

也

行則欲得狂狷者也

狂者進取狷者有所不為也此説狂狷之行言狂者不為悪唯直進取善故

云進取狷者應進而不迂故云有所不為也

苞氏曰狂者進取於善道進而不為悪故云取善道也狷者守

節無為不進故云守節无為也欲得此二人者以時多進退

取其恒一者也説時多偽而狂狷天然恒一故云取之也

子曰南人有言曰人而無恒不可以作巫醫南人南国人也

无恒用行无常也巫接事鬼神者醫能治人病者南人

旧有言云人若用行不恒者則巫醫為之不差故

故云不可作巫醫也

孔安國曰南人南國之人也鄭玄曰言巫醫不能治無常之人也一云言人不可使无恒之人為巫醫也衛瓘曰言无恒之人乃不可以為巫醫々々則疑誤人也而况其餘乎

善夫孔子述南人言故先称之而後云善夫也矣

苞氏曰善南人之言也

不恒其德或承之羞孔子引易恒卦不恒之辞證无恒之惡言人若為德不恒則必羞辱承之羞辱必承而云或者或常也言羞辱常承之也何以知或是常案詩云如松柏之茂无不尔或承鄭玄曰或常也老子曰湛兮似或存河上公注云或常也

孔安國曰此易恒卦之辞也言德无常則羞辱承之也

子曰不占而已矣此記者又引礼記孔子語来證无恒之悪也言无恒人非唯不可作巫醫而已亦不可為作卜筮々々亦不能占无恒之人故云不占而已矣礼記云南人有言曰人而无恒不可為作卜筮古之遺言與亀與筮猶不知而況於人乎是明南人有兩時兩語故孔子兩称之而礼記論語亦各有所録也

鄭玄曰易所以與吉凶也无恒之人易所不占也

子曰君子和而不同和謂心不争也不同謂立志各異也君子之人千万々々其心和如一而所習立之志業不同也小人同而不和小人為悪如一故云同也好闘争故云和也

君子心和然其所見各異故曰不同小人所嗜好者同然各争其利故曰不和也

子貢問曰鄉人皆好之何如子貢問孔子云設有一人為鄉人共所崇好之則此人如何也子曰未可也孔子不許故云未可也知所以未可者設一鄉皆惡而此人為惡與物同黨故為衆人共見稱美故未可信也鄉人皆惡之如何既云皆好為未可故更問設其鄉之人皆共憎惡此人則何如子曰未可也孔子亦所以未可者設一鄉皆惡而此人独為善不與衆同故為辟惡所疾故未可信也不如鄉人之善者好之其不善者惡之也向荅既並云未可故此說其可之㝎也言若此人為鄉人善者所好又為不善者所惡如此則是善人乃可信也

孔安國曰善人善己惡人惡己是善々明己為善人為善人之所好故是善々明也惡々著也惡人惡己則非己惡故是惡々著也一通云子貢問

孔子曰與一鄉人皆親好何如孔子荅云未可又問曰舉一鄉人皆為踈惡何如孔子之荅云未可既頻荅未可所以故更為說云不如擇鄉人善者與之親好若不善者與之為踈惡也

子曰君子易事而難說也君子忠如故易事也照見物理不可欺詐故難悅也說音悅

孔安國曰不責備於一人故易事也

說之不以道不說也此釋難悅也君子既照識理深若人以能道理之事未求使之悅已則識之故不悅也

及其使人也器之此釋易事也器猶能也君子既不責備於一人故隨人之能而用之不過不責人故易事

孔安國曰度才而任官也

小人難事而易說也小人不識道理故難事也可以非法欺之也

說之雖不

以道說也此釋易悅也既不識道理故雖不以道之事悅之亦既悅也及其使人也求備焉此解難事也不測度他人器量而過分責人故難事也

子曰君子泰而不驕君子坦蕩々心貌怡平是泰而不為憍慢也小人驕而不泰小人性好輕凌而心恒戚々自縱泰是驕而不泰也君子自縱泰似驕而不驕小人拘忌而實自驕矜也多物忌是不泰也

子曰剛毅木訥近仁言此四事與仁相似故云近仁剛者性无求欲仁者靜故剛者近仁也毅者性果敢仁者必有勇周窮濟急殺身成仁故毅者近仁也木者質朴仁者不尚花飾故木者近仁也訥者言語遲鈍仁者慎言故訥者近仁也王肅曰剛无欲也毅果敢也木質樸也訥遲鈍也

有此四者近於仁也

子路問曰何如斯可謂士矣 問為士之行和悅切磋之道也

子曰切々偲々怡々如也可謂士矣 荅也切々偲々相切磋之皃也怡々和從之皃也言為士之法必須有切磋又須和從也

朋友切々偲々 向荅雖合曰怡々三叓而不可專施一人故更分之也若是朋友義在相益故須切偲也

兄弟怡々如也 兄弟骨肉理在和順故須怡々如也繆恊曰以為朋友不唯切磋亦貴和諧兄弟非但怡々亦須戒厉然友道缺則面朋而匿怨兄弟道缺則閱墻而外侮何者憂系本殊故重弊至于恨匿將欲矯之故云朋友切々偲々兄弟怡々如也切々偲々相切責之皃也怡々和順之皃也

馬融曰切々偲々相切責之皃怡々和順之皃也

子曰善人教民七年亦可以即戎矣善人賢人也即戎謂就兵戰之叓大教民三年一考九歲三考々々黜陟幽明待其成者九年則正可也今曰七年者是兩考已竟斯入三考之初者也若有可急々不假待九年則七年考亦可々々者未全好之名緣協田亦可以即戎未尽善義也江熙曰子曰苟有用我者朞月而以可三年有成善人之教不逮機理倍於聖人亦可有成六年之外民可用也

范氏曰即戎就兵可以攻戰也

子曰以不教民戰是謂棄之民命可重故孔子慎戰所以教至七年猶曰亦可若不經教戰而使之戰是謂弃擲民也江熙曰善人教民如斯乃可即戎況乎不及善人而馳驅不習之民戰以肉餧虎從而弃已也琳公曰言德教不及於民而令就戰民元不死也必致破敗故曰弃也

馬融曰言用不習民使之攻戰必破敗是謂棄之

也

論語憲問第十四　何晏集解

憲者弟子原憲也問者問於孔子進仕之法也所
以次前者顔路既允文允武則学優者宜仕故憲所
問次於子路也　曷曰此篇論三王二霸之迹諸
侯大夫之行為仁知恥修己安民皆政之大節也
故以類相聚
次於問政也

憲問恥弟子原憲問孔子凡
行吏家為可恥者也子曰邦有道穀荅可恥
吏也将
言可恥者先举不恥者也穀禄也
若有道則以可仕而食其禄

孔安國曰穀禄也邦有道當食其禄也

邦無道穀恥也此可恥者若君无道而
仕食其禄則可為恥也

孔安國曰君無道而在其朝食其禄是恥辱也

克伐怨欲不行焉可以為仁矣克勝也謂性好陵人也伐謂有功而自稱怨謂小々忌怨欲貪欲也原憲又問若人能不行此四吏可以得為仁也

馬融曰尅好勝人也伐自伐其功也怨小怨也欲貪欲也

子曰可以為難矣仁則吾不知也孔子不許能不行前四吏則為誰可謂為仁則非吾所知也仁者必不伐々々以有仁顏淵无伐善夷齊无怨老子曰少私寡欲此皆是仁也公綽之不欲孟之反不伐原憲蓬室不怨則未及於仁故云不知也

苞氏曰此四者行之難者未足以為仁也

子曰士而懷居不足以為士矣懷居猶居求安也不足為士謂非士也君士也君子居无求安士也若懷居非為士也

士當志道不求安而懷其居非士也

子曰邦有道危言危行危厲也君若有道必以正理處人故民以可得嚴厲其言行也

苞氏曰危厲也邦有道可以厲言行也

邦無道危行言遜君若无道必以非理罪人故民下所行乃嚴厲不同乱俗而言不可厉々必獲罪當遜順隨旼也江淵曰仁者豈以歲寒虧貞松之高志於言語可以免害知志愈深孔子曰諸吾将仕矣此皆遜辞以遠害也

遜順也厉行不随俗順言以遠害也

子曰有德者必有言既有德則其言語必中故必有言也

德不可以憶中故必有言也夫德之爲事必先有言語教喻然後其德

成故有仵者必有言々々是不可憶度中支也
有言者不必有德人必多言故不必有德也殷中湛曰修理蹈道仵之義也由能有言
々則未矣未可矯而木无假故有仵者必有言々々者不必有德也李充曰甘辭利口似是而非者佞巧
之言也數陳成敗合連縱横者說家之言也湊誇之訣多方論者辨士之言也仵者高合發為明訓壵滿
天下若出全者有仵之言也故有仵必有言々々不必有仵也
仁者必有勇殺身成仁故必有勇
也勇者不必有仁暴虎憑河不必有仁也殷仲湛曰誠愛无私仁之理也見危授余若
身手之相救焉存道忘生斯為仁矣若夫強以肆武勇以勝物陵超在於要利輕死无非以為仁放云仁
者必有勇々者不必仁李充曰陸行而不避虎兕者獵夫之勇也水行不避蛟竜者漁父之勇也鋒刃交於
前視死若生者烈士之勇也知窮之有余知通之有時臨大誰而不懼者仁者之勇也故仁者必有勇々

者不必有仁　南宮适（姓南宮名适字敬叔）
孔安國曰适南宮敬叔魯大夫也
問於孔子曰羿善射奡盪舟（适問孔子之事也曰古有一人名羿而善能射故云羿善射淮南子云堯時有十日並出艸木燋枯堯命羿令射之中其九日々中烏皆死焉奡者古時多力人也盪推也舟船也能陸地推舟也）
孔安國曰羿有窮之君也（有窮夏時諸侯国名也其君名羿也）篡夏后相之位（篡奪也夏后禹之後也為天子名相即位為君有窮之君篡夏后相之位殺奪羿奪相位而自主為君其位号有窮之君不修德政好畋獵臣寒浞殺之而篡其位）因其室而生奡（因猶通也室妻也浞既殺羿而通於羿妻遂有）

孚生奡奡多力能陸地行舟奡是浞之子多力於陸地推舟為夏后少康所殺也夏后少康亦夏禹後世子孫又殺奡而自立為天子也俱不得其死然言羿奡二人虽能射及多力俱為人所殺不終天壽故云俱不得其死然孔安國曰此二子者皆不得以壽終也

禹稷躬稼而有天下禹夏禹々帝姓姒名文命黄帝玄孫也鯀之子謚法受禪成功曰禹治水九年也稷后稷亥舜蒔百穀也躬稼播種也有天下謂為天子也言禹身治溝洫手足胼胝勤勞九州稷播種百穀二人不為篡並有惠為民禹即身為天子稷子孫為天子适所問孔子者以孔子之德比於禹稷則孔子亦當必有王位夫子不荅孔子知适以禹稷比己故謙而不答也馬融曰禹尽力於溝洫稷播殖百穀故曰躬稼也

禹及其身（禹身得天子也）稷及後世（文王武王得天子也）皆王也（皆爲天子也）适意欲以禹稷比孔子々々謙故不荅也

南宮适出（孔子不荅适自退出）子曰君子哉若人尚德哉若人（孔子不對面荅适是謙也适出後而美之欲天下皆知尚德也若人如此人也言适知賤於羿奡貴重禹稷所以君子尚作知此人也）孔安國曰賤不義（羿奡之不義故适賤之）而貴有德（禹稷有德故貴重也）故曰君子也（然就此南宮适非周有十士之南宮适也）

子曰君子而不仁者有矣夫（此謂賢人已下不仁之君子也未能圓是時有不仁如管氏有三飯官事不攝後則一匡天下九霸諸侯是長也表氏云此君子无定名也利仁慕爲仁）

者不能尽体仁時有不仁一迹也夫語助也未有小人而仁者也小人併為悪叓未能有行民善達於仁道故云而仁者也又表氏曰小人性不及仁道故不能及仁叓者也孔安國曰雖曰君子猶未能備也王弼曰謂假君子以甚小人之辞君子无不仁也

子曰愛之能勿勞乎愛慕也凡人在志在心見形於外也既有心愛慕此人学問之道不无勞賴之辞也忠焉能勿誨乎忠者尽中心也誨教也有人尽忠心未有不无教誨之辞

孔安國曰言人有所愛必欲勞來之有所忠必欲教誨之也李充曰愛志不能不勞心尽忠不能不教誨

子曰為命（為作也命君命也此謂鄭国之辵也作盟会之書也）禆諶草創之（禆諶鄭國大夫性静怯弱謂其君作盟会之辞則入於艸野之中以創之獲之）

孔安國曰禆諶鄭大夫名也謀於野則獲謀於國則否（此注是春秋十九卷魯襄公三十一年傳語也獲得也諶入埜為盟会之辞則成於国中則辞不成也）鄭國將有諸侯之辵則使乘車以適野而謀作盟會之辞也

世叔討論之（世叔亦是鄭大夫也討治也論者評也世叔有不能艸創学問寡才藻盟会之辞但能討論治正謀所造之辞）行人子羽修餝之（餝子羽亦鄭大夫行人是掌使者官名也不能始創又不能討治但能取前人所創治者更唯彫修餝之）東里子產潤色之

居鄭之東里因為氏姓又公孫僑铭亦曰国僑字子產才学過超前之三賢加添潤色周旋盟會之辞也有此四賢解有過失

馬融曰世叔鄭大夫游吉也討治也卑諶既造謀世叔復治而論之詳而審之也行人掌使之官也子羽公孫揮也子產居東里因以為号也更此四賢而成故鮮有敗事也更経也鮮少也叓経此稗諶等之四人也故鄭国少有敗叓也

或問子產或人問於孔子鄭之子產作行於民何如子曰惠人也荅或人也言子產之作於民不恡家資極救於民甚有恩惠故云惠人也

孔安國曰惠愛也子產古之遺愛也子產作行流於後世有古

人之遺風子産卒仲尼聞之出涕曰古之遺愛也事在春秋第二十四卷魯昭公廿四年冬也

問子西或人又問孔子鄭之大夫子西能業如何鄭之公孫夏或云楚令尹子西曰彼哉

々々又荅或人言人自是彼人耳無別行可称也馬融曰子西鄭大夫彼哉々々言無足称也或曰楚令尹子西也

問管仲更或人問孔子齊大夫管仲之徍行於民何如也矣曰人也荅云管仲是人也猶詩言所謂伊人也詩曰所謂伊人於焉逍遥是美此人今云管仲人也是美管仲也

奪伯氏駢邑三百叙所以是人之事也伯氏名偃大夫駢邑者伯氏所食采邑也時伯氏有罪管仲相齊削奪伯氏之地三百家也飯蔬食没齒無怨言飯猶食也蔬猶

廉也沒終齒年也伯氏食邑時家資豐足奪邑之後至死而貧但食麤糲以終餘年不故有怨言也所以然者明管仲奪當理故不怨也

孔安國曰伯氏齊大夫駢邑地名也齒年也伯氏食邑三百家管仲奪之使至蔬食而沒齒無怨言以當其理故也

子曰貧而無怨難貧交困於飢寒所以有怨若能无怨者則為難矣江熙曰顏原无怨不可及也

富而無驕易富貴豐足无所應怨然應无驕則為易也江熙曰若子貢不驕猶可能也

子曰孟公綽為趙魏老則優此明人生性分名有所能趙魏皆晉卿地也老者采邑之室老也優猶寬閑也公綽性靜寡欲若為采邑之臣時今則寬緩有餘裕也

不可以為藤薛大夫也藤薛皆小国職煩公綽不能為大夫也

孔安國曰公綽魯大夫也趙魏皆晋卿也家臣称老公綽性寡欲趙魏貪賢々人多職不煩雜故家臣元事所以優也家老無職故優藤薛小國大夫職煩故不可為也藤薛二国不貪賢々人小其職叓煩雜故不可使公綽為之

子路問成人問人何所行德可為成人乎子曰若臧武仲之智答若能成人者使智如臧武仲然武仲唯有求立后於魯而孔子所說此亦非智者斉使將與臧紇田臧孫聞之見斉侯與之言伐晋對曰多則多矣抑君似鼠夫鼠昼伏夜動不穴於寢廟畏人故也今君聞晋之乱而後作焉寧將叓之非鼠如何乃弗與田臧孫知斉侯將敗不欲受其邑故以比鼠欲使怒而止仲尼曰智之難也有臧武仲之智謂能避斉禍而不容於魯国抑有由也作不順而施不恕也夫夏書曰念茲在茲順叓

恕施也此是智也事在春秋第十七卷襄公二十三年也

馬融曰魯大夫臧孫紇也

公綽之不欲非唯須智如武仲又須无欲如公綽不欲不貪欲所以唯能爲趙魏老也范甯曰不欲不營財利也

馬融曰魯大夫孟公綽也

卞莊子之勇又非但公綽之无欲又須勇如卞莊子之勇莊子能独格虎一云卞莊子與家臣千鈞壽遊中見两虎共食一牛莊子欲前以叙揮之家臣曰牛者虎之美食牛尽虎之未飽二虎必鬬大者傷小者亡然後可以揮之信而言之果如千壽之言也

周生烈曰卞邑大夫也

冉求之藝又非但勇如莊子又須有智如求也

文之禮樂言備有上四人之才以

智又須加礼樂以文飾之也

孔安國曰加之以礼樂文成也

亦可以為成人矣 亦可未足之辞言才智如上四人又加礼樂則亦可謂為成明人之難也

曰今之成人者何必然 曰者謂也向之所荅是說古之成人耳若今之成人亦不必然也

見利思義 此已下說下成人之法是今也若見財利思是仁義合宜之財然后可取顔特進曰見利思義雖不及公辞之不敢猶顧義也

馬融曰義然後取不苟得也

見危授命 若見其君之危則當授命竭身不為免也曲礼云臨財无苟得臨難无苟免是也顔特進曰見危授命不及下莊子之勇猶顧義不苟免也

久要不忘平生之言 久要

旧約也平生者少年旺也言成人平生期約雖久至今不得忘少時之言亦可以為成人矣言如見利思義竭身致命至老不忘平生之言則亦可得為今之成人也

孔安國曰久要旧約也平生猶少時也

子問公叔文子於公明賈孔子見公明賈相訪而問公叔文子之事時公明賈仕公叔文子故問之者也曰信乎夫子不言不咲不取乎此是問公叔文子之事也夫子呼公叔文子為夫子言人傳文子平生不言不咲不取財利此三事悉孔子未信故見公明賈而問之也

孔安國曰公叔文子衛大夫公孫拔也文謚也

公明賈對曰以告者過也過誤也答孔子曰文子有此三事是為誤耳実理不

然也

夫子時然後言人不厭其言也先云是告者誤後答言以実叓對言我夫子非時不語々必得之中既得之中故也人不厭其言也樂然後笑人不厭其笑也夫笑為系若不系而強笑必為人所厭更云事言訖然笑也義然後取人不厭其取也夫取利若非義取則為人所厭我夫子見得思義々而後取故人不厭其取也子曰其然々如此也言今汝所說者當如此也豈其然乎謂人所傳三叓不言不笑不取豈容如此乎一云其然是驚其如此豈其然乎其不能悉如此也袁氏曰其然々之也此則善之者恐其不能故設疑辞

馬融曰美其得道釈其然也嫌其不能悉然也釈豈其然也乎

子曰臧武仲以防求為後於魯姓臧名紇武謚也防是武仲故食采邑也

為後謂立後也武仲魯襄公廿三年為孟氏所譖出奔邾後從邾还防而使人請於魯為其後於防故云以防求為後於魯雖曰不要君吾不信也要謂要君也不先尽忠而先欺君也武仲出奔而猶求立後於其故邑時人皆謂武仲此支非要孔子抛其理是要故云雖曰不要吾不信也是不信時人不要之言也袁氏曰奔不越境而抛私邑求立先人之後此正要君也

孔安國曰防武仲故邑也武仲食邑於防既已出奔故邑為後立後也其既自出奔欲更立後於防魯襄公二十三年武仲為孟氏所譖出奔邾季武子无適子有公子鉏是公弥也及紇是悼子也季氏愛紇欲立之又公子鉏年長而藏紇謀為立紇季氏從之孟孫死又廢大立小是依季氏家用事故孟氏家惡臧紇閉門譖於季孫曰臧氏將為亂不使我葬欲為公鉏雝臧氏季孫不信後孟氏除葬道臧孫使

正夫助之除於東門介甲從已而視之孟氏又苦季孫怒命攻臧氏之家臧紇斬鹿門之関以出奔邾

自邾如防使以大蔡納請大蔡是大亀也納進也進亀請立後臧紇有異母兄臧賈臧為二人在鑄在舅氏国也紇在邾先遣使以亀告魯求立為後賈閉命矣再拜受亀而使弟臧為以納請紇遣使後乃自邾还防

曰紇非敢害也智不足也紇至防使臧為々使至魯傳紇之言初孟氏譖紇以甲自随謂欲為乱季孫信而攻之故紇今謝之而言已以介甲従已而視之非敢欲為害正是智不足也

非敢私請苟守先祀又言今日之請非敢私求还正是欲求立後守先人之祀是為先人之請

無廢工勲々々是臧文仲宣叔也是紇之祖父並於魯有功勲今願得立祀是不敢廢二世之勲也

敢不避邑若二勲大勲不廢得有守祀之人則紇敢不避邑也

乃立臧為魯得紇請仍立臧

為々後也所以立臧為者臧為于時又私自為請求立已也紇致防而奔齊紇得立臧為後竟故致防與臧為而奔齊此所謂要君也还拠私邑求為先而立後要望魯邑即此是要君也事在春秋第十七卷襄公二十三年傳也

子曰晉文公譎而不正也晉文公是晉獻公之子重耳初為驪姬之難遂出奔新城游歷諸國至二十八年受命為侯伯遂為之主此評其有失也譎詭詐也文公為霸主行詭詐而不得為正礼時天子是周襄王微弱文公欲為霸主大合諸侯而欲事天子以為名義自嫌施大不敢朝天子乃喻諸天子令出畋狩因此尽君臣之礼天子遂至晉河陽之地此是文公譎而不正礼也事在春秋七卷僖公十八年

鄭玄曰譎者詐也謂召於天子而使諸侯朝之仲

尼曰以臣召君不可以訓故書曰天王狩于河陽是譎而不正也此臣无召君之礼而文公召之故不為教訓也故春秋不云晋侯召君但云天王狩于河陽言是天子自狩以至于河陽也

齊桓公正而不譎此是斉侯為霸主依正而行不為詐譎是勝於晋文公也江熈曰言此二君霸迹不同而所以翼佐天子綏諸侯使車無異轍書无異文也

馬融曰伐楚以公義責苞茅之貢不入問昭王南征不还是正而不譎也魯僖公三年冬斉侯與蔡姬乗舟于囿蕩公蔡姬斉侯夫人蕩揺也是揺蕩船也公懼変色禁之不可公怒皈之未之絶也蔡父嫁之至明年四年春斉侯之師慢蔡々潰散也遂伐楚々子使与師言曰君処北海寡人処南海是風馬牛不相及也不虞

君之涉吾地也何故齊侯使管仲對曰昔召康公命我先君太公曰五侯九伯汝實征之以使輔周室賜我先君履東至于海西至于河南至于穆陵北至于无棣爾貢苞茅不入王祭不供无以縮酒寡人是徵昭王南征不还寡人是問對田貢之不入寡君之罪也敢不供給昭王之不还君其問諸水濱崇春秋齊侯伐楚責此二事是正不諭也楚地出好茅貢王祭將縮酒々々者謂束茅而灌之以酒謂之縮酒楚旣久不貢茅故周王祭時无茅以供縮酒乃就齊徵求之又昭王是成王之孫南巡狩涉漢船壞而溺死周人諱而不赴諸侯不知其故々問之所以伐楚々受不貢苞茅之失而不受昭王溺水之咎于時溺水之地不屬楚境故云問諸水濱也叓在春秋第五卷僖四年春也

子路曰桓公殺公子糾桓公是齊公之子名小白也是僖公庶子々糾是桓公之庶兄桓公與子糾爭国而殺子糾也召忽死之召忽是子糾之傅子糾被殺故召忽赴敵而同

死也管仲不死管仲亦是子糾輔相召忽既死管仲猶生故曰不死曰未仁乎曰者
謂也是時人物議者皆謂管仲不死是不仁之人也管仲非唯不死亦迴復輔相桓公故為無仁恩也
孔安國曰齊襄公立無常此注至召忽死之並是春秋魯莊公八年傳文
是記前時之支也襄公者是齊僖公之適子名諸兒作倪字呼是桓公之兄既得立為君風化不恒
為政之悪故曰无常鮑叔牙曰君使民慢乱将作矣齊僖公有三子
長是襄公是鮑叔牙者小白之輔適次子糾是庶小者是小伯也亦是庶僖公甍襄公繼父之位為
君政不常相見襄公風政无常故云乱将作也奉公子小白出奔莒叔牙見襄
公危故不居乱拜故奉小白奔往莒国也襄公從弟公孫无知殺襄公
小白奔後而襄公從弟公母弟夷仲年之子名无知作乱而殺襄公自立為君礼諸侯之子曰公子

々々之子曰公孫々々之子曰公族管夷吾召忽奉公子糾出奔
魯夷吾管仲也襄公死後管仲邵忽二人奉持子糾出奔魯齊人殺無知齊人是雍
廩也子糾出奔後公孫得為君惡虐于雍廩也斉大夫也至九年春雍廩殺無知魯伐斉納
子糾々々奔魯斉人又殺无知而斉无君至魯莊公九年夏四月伐斉入子糾欲擬立為斉君
納入也小白自莒先入是為桓公小白先奔在莒閑魯伐斉納子糾故
先子糾而入遂為君死謚為桓公乃殺子糾召忽死也小白既入淂為君遂殺庶
兄子糾于生實在魯地也故云桓公殺公子糾召忽死之一云召忽投河而死叓在春秋第三卷莊
公八年九年
子曰桓公九合諸侯不以兵車孔子荅子路說管仲有仁之迹斉桓公為

霸主遂经九過盟會諸侯不用兵車而能辨也不用兵車而諸侯九合管仲之力也史記云兵車之会三乘車之會六穀梁傳云衣裳之会十一范甯注曰十三年會北杏十五年又會鄄十六年会幽二十七年又会幽僖元年会于檉二年會于貫三年会于陽穀四年盟于召陵五年会于首止七年会于甯毋九年会于葵丘凡十一会又非十一会鄭不取北杏及陽穀為九会

管仲之力也如其仁々々々管仲不用民力而天下平靜誰如管仲之仁智乎再言之者深美其仁也

孔安國曰誰如管仲之仁矣

子貢曰管仲非仁者與問孔子嫌管仲非是仁者乎桓公殺公子糾不能死又相之此举管仲非仁之迹言管仲是子糾之相而桓公是子糾之賊管仲既不為子糾致命殺讎而更相桓公非為仁也

子曰管仲相桓公霸諸侯一

匡天下

孔子說管仲為仁之迹也管仲得相桓公者管仲為子糾爭國管仲射桓公中鉤帶子糾死管仲奔魯初鮑叔牙与管仲同於南陽極相敬重叔牙々々後相桓公而欲取管仲還无既斷因告老辞位相公々問叔牙誰復堪為相者牙曰唯管仲堪之桓公曰管仲射朕鉤帶殆近死今日豈可相乎牙曰在君為君謂忠也至君有急當射彼人鉤帶桓公從之遣使若魯不放欲殺管仲遣使者曰管仲射我君鉤帶君自斬之魯還之遂得為相莊九年夏云小白既先入而魯猶輔子糾至秋齊与魯戰于乾時魯師敗績鮑叔牙志欲生管仲乘勝進軍來告魯曰子糾親也請君討之管召讎也請受而甘心焉子糾是我親也我不忍殺欲令魯殺之管仲召忽是我欲自得而殺也魯乃殺子糾于生竇召忽死也管仲請囚鮑叔牙受之及堂阜而脫之遂使為相也霸諸侯使輔天子合諸侯故曰霸諸侯也一匡天下一切皆正也

馬融曰匡正也天子微弱桓公率諸侯以尊周室

一正天下也

民到于今受其賜々猶恩惠也于時夷狄侵逼中華得管仲匡霸桓公今不爲夷狄所侵皆由管仲之恩賜也受其賜者謂不被髮左衽之惠也王弼曰于時戎狄交侵亡邢滅衛管仲攘戎狄而封之南服楚師北伐山戎而中国不移故曰受其賜也微管仲吾其被髮左衽矣此孝受賜之事也被髮不結也左衽衣前也從右來向左孔子言若无管仲則今我亦爲夷狄故被髮左衽矣馬融曰微無也無管仲則君不君臣不臣皆爲夷狄也

豈若匹夫匹婦之爲諒也自經於溝瀆而莫之知也孔子更語子貢喻召忽死之不足爲多管仲不死不足爲小也諒信也匹夫匹婦无大作而守於小信則

其、宜也自經謂經死於溝瀆中也溝瀆小处非宜死之处也君子貞而不諒事存濟時濟世豈執守小信自死於溝瀆而世莫知者乎喻管仲存於大業不為召忽守小信而或云召忽投河而死故云溝瀆或云自經自縊也白虎通云匹夫匹婦者謂庶人也言其无徃及遠但夫婦相為配匹而已

王肅曰經々死於溝瀆之中也管仲召忽之於公子糾君臣之義未正成故死之未足深嘉不死未足多非二人並足為是非也死事既難亦在於過厚死是人生之難而召忽於子糾未成君臣今為之死亦是過厚不及管仲不死也故仲尼但美管仲之功亦不言召忽不當死也

公叔文子之臣大夫僎即前孔子所問公明賈之文子也有臣名僎亦為大夫也

與文子同升諸公升朝也諸之也公衛君也文子是衛大夫僎本是家臣見之有才徙未將為己之臣恐掩賢才巧薦於衛君々々用之亦為大夫與文子尊卑使敵恒与文子齊列同班者也孔安國曰大夫僎本文子家臣也薦之使與己並為大夫同升在公朝也

子聞之曰可以為文矣子孔子也聞文子与家臣同升而美之也言謚文也以其徙行必大得謚為文矣謚音誌孔安國曰言行如是可謚為文也

子曰衛靈公之無道久也孔子歎衛君无道也康子曰夫如是奚而不喪康子魯季康子也夫指衛灵公也奚何也康子問孔子歎衛君无道故致其言夫无

近者必須喪傾邦灵公奚無道行意不喪亡其國乎孔子曰仲叔圉治賓客祝鮀治宗廟王孫賈治軍旅夫如是奚其喪孔子荅康子言灵公无道邦国不喪之由也此三臣各掌其政也喪亡也或問曰灵公无道焉得有好臣荅曰或是先人老臣未去者也或灵公少時可得良臣而後无道故臣未去也孔安國曰言君雖無道所任者各當其才何為當亡乎也

子曰其言之不怍則其為之難怍慙也人内心虛詐者外言負必慙若内有其實則外負无慙時多虛妄无慙怍也故王弼曰情動於中而外形於言情正實而後言之不怍馬融曰怍慙也内有其實則言之不慙積其實者為之難也

陳成子殺簡公陳恒也謚成子魯哀公十四年甲午齊陳恒殺其君主于舒州孔子沐浴而朝告於哀公魯齊同盟分災救患故齊乱則魯宜討之礼臣下凡欲告君諮謀必先沐浴孔子是臣故先沐浴告於哀公孔丘三日斎而請伐斉曰陳恒殺其君請討之此哀公之事也哀公言魯為斉弱久矣子与之伐之將若之何對曰陳恒殺其君民不与者半以魯衆加斉之半可克是孔子對曰也馬融曰陳成子斉大夫陳恒也將告君故先斎斎必沐浴也

公曰告夫二三子々々々是三卿仲孫叔孫季孫公得孔子告不敢自行更令孔子往告三卿孔子辭之而不告也孔安國曰謂三卿也

孔子曰以吾從大夫之後不敢不告也孔子得公令告三卿故言

此荅之言我是大夫〻〻聞叓應告先至君云從大夫之後者孔子謙也君曰告夫二三子者以礼應告君奈不應告三子今君使我告三子我當徃告之馬融曰我於禮當告君不當告二三子君使我徃故復徃也之二三子之徃也孔子從君命而徃告不可三子告孔子曰不可討齊也孔子曰以吾從大夫之後不敢不告三子既告孔子云齊不可討故孔子復以此辞語之曰止也馬融曰孔子由君命之二三子告不可故復以此辞語之而止之也

子路問事君問孔子求叓君之法子曰勿欺之而犯之荅叓君當先盡忠而不欺也君若有過則必犯顏而諫之礼云事君有犯而无隱叓親者有隱而无犯

孔安國曰臣君之道義不可欺當能犯顏色諫爭也

子曰君子上達上達者達於仁義也小人下達々々謂達於財利所以与君子反也

本為上末為下也明今古有異也

子曰古之学者為己古人所学已未善故学先王之道欲以自己行之成己而已也今之学者為人今之世学非後為補已之行闕正是當能勝人欲為人言已之美非為已行不足也

孔安國曰為己履而行之也為人徒能言之也徒空也為人言之而已无其行也一云徒則當也言徒為人説也

蘧伯玉使人於孔子使人往孔子處孔子与之坐而問焉孔子

与伯玉之使者坐而問之

孔安國曰伯玉衛大夫蘧瑗也

曰夫子何為 此孔子所問之事孔子指伯玉為夫子問使者汝家夫子何所作為耶

對曰夫子欲寡其過而未能也 使者荅言我家夫子恒自修省夙夜戒慎欲自寡少於過失而未能寡於過也

言夫子欲寡其過而未能无過也

使者出 使者荅竟而出

子曰使乎々々 孔子美使者之為美故在言使乎者言伯玉所使得為其人也顏子尚未能无過況伯玉乎而使者曰未能是得伯玉之心而不見欺也

陳群曰再言使乎善之也言使得其人也

子曰不在其位不謀其政 識人各專己職不得濫謀圖他人之政也

曾子曰君子思不出其位 居子思慮當己分內不得出己之外而思他人事思於分外徒

学不得表氏曰不求分外孔安國曰不越其職也

子曰君子耻其言之過其行也君子之人顧言慎行若空出言而不能行過是言過其行也君子耻之小人則否

子曰君子道者三我無能焉言君子所行之道存三夫子自謙我不能行其一也我者孔子自言也仁者不憂一条天知命内省不疾是无憂智者不惑二智者以昭了為用是无疑惑勇者不懼三既有才力是以捍難衛侮是无懼歒也

子貢曰夫子自道也孔子曰无而实有也故子貢曰孔子自道說也江熙曰聖人体是極於冲虛是以忘其神武遺其灵智遂与衆人齊其能否故曰我无能焉子貢識其天真故曰夫子自道之也

子貢方人方比方人也子貢以甲比乙論彼此之勝劣者孔安國曰比方人也

子曰賜也賢乎我夫哉

夫人行難知故比方人優劣之不易耳誰聞己之劣故聖人不言々々々々而子貢專輒比方之故抑之云賢乎哉

我則不暇

叓既為難故有我則不暇比方之說

孔安國曰不暇比方人也

江熙曰比方人不得不長短相傾聖人誨人不倦豈當相臧否故云我則不暇是以問人師之賢而无毀譽長物之風於是乎

子曰不患人之不己知患己無能也

言不患人之不如我之有才能也正患无才能以与人知耳

王肅曰徒患己之無能也

子曰不逆詐

逆者迩也君子含弘接納不得逆欺物以詐偽也李充曰物者似真而偽亦有似偽而真者信備則懼及偽人詐濫則懼及真人寧信詐則為教之道弘也

不億不信

億々以也事必須驗不得以懸期人之不信李充曰人而无信不知其可也然閑邪存誠不在善察若見失

信於前必億其无信於後則容長
之風虧而改過之路塞矣億音憶
抑亦先覺者是賢乎
言若逆詐及億不信者此乃是先少覺人情者耳
寧可謂是為賢者之行乎李充曰夫至覺忘覺不
為覺以求先覺々々雖
覺曰逆詐之不覺也

孔安國曰先覺人情者是寧能為賢乎或時反怨人也
言先覺或濫則反受怨責也顏特進曰飿
无此者雖未窮明理而抑亦先覺之次也

微生畝謂孔子曰丘何為是栖々者與無乃為佞乎
微生畝見孔子東西遑々屢適不合故呼孔子名而
問之也言丘何是為此栖々乎將欲行詐佞之叓於
時世乎也

苞氏曰微生姓也畝名也

孔子對曰非敢為佞也疾固也
孔子荅曰我之栖々
非敢詐佞政是忽疾

世固隨我欲行道以之故耳

苞氏曰疾世固陋欲行道以化之也

子曰驥不称其力称其德也

驥者馬之上善也千時輕德重力故孔子引譬抑之也言伯条驥非重其力政是称其美德耳驥既如此而人亦宜然也

鄭玄曰德謂調良之德也

江熈曰称伯樂曰驥有力而不称君子雖有兼能而惟称其德也

或曰以德報怨何如

或人問孔子曰彼与此有怨而此人欲行德以報彼怨其叓理何如也

子曰何以報德

孔子不詐也言彼有怨而德以報彼設彼有德於此則又何以報之也

德恩惠之德也

以直報怨以德報德

既不許以德報怨故更答以此也不許以德報怨言与我有怨

者我亘用直道報之若与我有從者我以備從報之也
所以不持從報怨者若行怨而從報者則天下皆行
怨以要從報之如此
者是取怨之道也
子曰莫我知也夫　莫无也孔子歎世人无如
我者
子貢曰何為其莫知子也　子貢怪夫子有此言云何謂莫知子乎何為猶
若為
也
子貢怪夫子言何為莫知己故問也
子曰不怨天不尤人　孔子荅无知我之事尤責也言
天責人而我實无此心也人不見用而世人或言我應怨
我不責人天不見用我亦不怨天也不見知而
孔子不用於世而不怨天人不知己亦不尤人也　馬融曰
下學而上達　解无知我所以不怨天不尤人之由也
下学々人吏上達々天命我既学人吏
々々有否有泰故不尤人上達天命
々々有窮有通故我不怨天也

孔安國曰下學人事上知天命也

知我者其天乎人不見知我々不怨不尤者唯天知之耳

聖人與天地合其德故曰唯天知己也聖人德合天地々々无可怨責故我亦不怨責之也

公伯寮愬子路於季孫愬譖也子路時仕季氏而伯寮譖季氏令言說譖子路也

馬融曰愬譖也伯寮魯人弟子也亦是孔子弟子其家在魯故云魯人弟子也

子服景伯以告子服景伯聞公伯寮譖子路故告孔子

馬融曰魯大夫子服何忌也告々孔子也

曰夫子固有惑志此景伯所告之辭夫子者季孫為夫子也惑志謂季孫伯伯寮之譖子路也孔安國曰季孫信讒恚子路也於公伯寮也吾力猶能肆諸市朝景伯既告孔子曰季氏猶有惑志而又說此助子路使子路无罪而伯寮致死言若於他人該有豪勢者則吾力勢不能誅耳主於伯寮者則吾之力勢是能使季孫審子路之无罪而殺伯寮於市朝也肆者殺而陳尸也鄭玄曰吾勢能辯子路之无罪於季孫使之誅伯寮而肆也有罪既刑陳其尸曰肆也殷礼殺大夫己上於朝殺士於市殺而猶陳曝其尸示百姓曰肆也

子曰道之將行也与命也孔子答景伯以子路无罪言人死生有命非伯寮之

諸如何言人之道德得行於世者欲此是天之命也道之將廢也與命也公伯寮其如命何人言人君道廢隆不用於世者此亦是天之命也子路之道廢與由天之命耳雖公伯寮之譖其能違天命而與廢於子路耶江熙曰夫子使景伯辨子路則不過季孫為甚拒之則遥其區々之誠故以行廢之命期之或有如不救而大救也子曰賢者避世聖人磨而不磷涅而不緇无可无不可故不以治乱為陽若賢者去就順時若天地閉塞則賢人便隱高蹈塵外枕流漱石天子不得而臣諸侯不得而友此謂避世之士也

孔安國曰世主莫得而臣之也

其次避地謂中賢也未能高栖絶世但擇地処去乱就治此是避地之士也

馬融曰去乱國適治邦也

其次避色　此次中之賢也不能預擇治乱但臨時觀君之顏色々々悪則去此謂避色之士也

孔安國曰色斯舉也

其次避言　此又次避色之賢者不能觀色斯舉矣唯但听君言之是非聞悪言則去此謂避言士也

孔安國曰有悪言乃去也

子曰作者七人矣　引孔子言證能避世已下自古已来作此行者唯七人而已矣

苞氏曰作為也為之者凡七人謂長沮桀溺丈人石門荷蕢儀封人楚狂接輿也　七人是注中有七人也王弼曰七人伯夷叔齊虞仲夷逸朱張柳下惠少連也鄭康成曰伯夷叔齊虞仲避世者荷條長沮桀溺避地者柳下惠少連避色者荷蕢楚狂接輿避言者也七當為十字之誤也

子路宿於石門々々地名也子路行住石門宿才云名門者魯城門外也石門晨

門曰奚自從門守石門晨昏開閉之吏也魯人也自也子路既在石門守門之吏朝早閉見子路從石門行過故問子路曰汝將從何而來耶也

晨門者閽人也守昏農者

子路曰自孔氏子路荅曰我此行從孔子処来也曰是知其不可而

為之者與晨門閽子路云從孔子故知是孔子也言孔子知世不可教化而強周流東西是知其不可為之故問之

苞氏曰言孔子知世不可為而強為之也

子擊磬於衛孔子既在衛而自以搥擊磬而為壴也有荷蕢而過孔子

之門者荷擔揚也簣織艸為器可貯物也當孔子擊磬之時有一人擔揚艸器而過孔子之門也
曰有心哉擊磬乎荷簣者聞孔子磬聲而云昨是平常之其聲乎有別所志故云有心
哉
簣艸器也有心謂契々然也契々謂心別有所志詩云契々
寤歎
既而曰鄙哉既而猶既畢也荷簣既云有心而察之々々既畢又云鄙哉言磬中之聲甚可
鄙劣也
硜々乎莫已知也此鄙哉之叓言聲中硜々有无知己之也斯已而
已矣又言孔子硜々不肯隨世変唯自信己而已矣
此硜々徒信已而
已言亦无益也徒空也時既不行而猶空信已道欲行之是於教化无所益也
深則厲淺則揭荷簣者又引叓為辟以諫孔子也以衣涉水為厉褰衣涉水曰揭言人之

行道衣世當隨世盛衰如涉水也若水深者則不須揭衣々曽是无益當合而厉之水若淺者涉當褰揭而反辟如為教若世不可教則行之如不揭也若世可救則行之如揭衣以涉水也尒雅云繇膝以下為揭繇膝以上為厉繇猶由也

苞氏曰以衣涉水為厉揭々衣言隨世以行已若遇水必以濟知其不可則當不為也

子曰果哉末之難矣孔子聞荷簣說己而發此言也果者敢也末无也言彼未解我意而便說我此則為果敢之甚也故曰果哉但我道之深遠彼是中人豈能知我若就彼中人求无說者則為難矣玄風之彼在賢聖相与必有以也夫相与於无相与乃相与之至相為於无相為乃相為之遠苟各修本奚其泥也同自然之異也虽然未有如荷簣之談說甚也案文索義全近則泥矣其將遠則通

理嘗試論之武王從天應民而夷齊叩馬謂之殺君
夫子疾固勤誨而荷簣之聽以為硜硜言其未達邪
則彼皆賢也達之先於衆矣詒以聖人作而万物都
覩非聖人則无以應万方之求救天下之弊然救弊
之迹弊之所緣勤誨之則焚書抗儒之禍起革命
之弊則王莽趙高之疊成不格擊其迹則无振希吉
之極致故江濵曰隱者之
談夫子各致此出処不乎

未知己志而便譏己

所以為果也未无也无難者以其不能解己道也

子張曰書云高宗諒陰三年不言何謂也高宗殷中與王也名

武丁殷家三十帝水徙王六百二十九年高宗是第
二十二帝也前帝小乙之子也其武丁登祚之時殷
祚已得三百四十三年其德高而可宗故謂為高宗
也諒信也默也尚書云祚其即位乃或亮陰三年
不言武丁起其即王位則小乙死乃有信默言其
孝行著子張讀尚書見之不曉嫌與世異故發問孔

子何謂也
孔安國曰高宗殷之中興王武丁也諒信
也陰猶默也或呼倚庐為諒陰或呼為梁闇或呼梁庵各随義而言之
子曰何必高宗古之人皆然孔子荅子張古之人君也言古之人君有喪者
皆三年不言何必独美高君薨百官總已說人君之喪其子得
宗耶此言亦激時人也
不言之由若君死則群臣百官不復諮
詢於君而各總束已之吏故云總已也
馬融曰已々百官也已具已於百官各自束已身也
以聽於冢宰三年冢宰上卿也百官皆束已職三年所冢宰故嗣王君三年不言也
孔安國曰冢宰天官卿佐王治者也三年喪畢然
後王自聽政之也

子曰上好礼則民易使也礼以敬為主君既好礼則民莫敢不敬故易使之也

子路問君子問為君子之法也子曰修己以敬身正則民從故君子自修己身而自敬也孔安國曰敬其身也

曰如斯而已乎子路嫌其少故重更諮問孔子如此而已乎斯此也曰修己以安人荅子路言當能先自修敬己而後安人也孔安國曰人謂朋友九族也

曰如斯而已乎子路又嫌少也曰修己以安百姓又荅曰先修敬己身然後乃安於百姓也修己以安百姓堯舜其猶病諸病難也諸之也言先能口曰修己而外安百姓此叓為大難也堯舜之聖猶患其叓為難故云病諸也衛瓘曰此難叓而子路

狭掠之再云如斯而已乎故云過此則堯舜所病也郭象曰夫君子者不能索足故修己者索己故修己也者可以敬其身外安同己之人耳豈足安百姓哉百姓百品万国殊風以不治々之乃得其極若欲修己以治之雖堯舜必病況君子乎今堯舜非修之也万物自无為而治若天之自高地之自厚日月之明雲行雨施而已故能夷暢

孔安國曰病猶難也

原壤夷俟原壤者方外之聖人也不拘礼敬與孔子為朋友夷踞也俟待也壤聞孔子來而夷踞豎膝以待孔子之來也

馬融曰原壤魯人孔子故旧也夷踞也俟待也踞待孔子也

子曰幼而不遜悌長而无述焉孔子方內聖人恒以礼教為更見壤之不敬故歷數之以訓門徒也言壤少而不以遜悌自居至於年長猶自放恣无所效述也

老而不

死是為賊言壤年已老而未死行不敬之事所以賊害於德也

賊為賊害也

以杖叩其脛々脚脛也膝上曰股膝下曰脛孔子曆數言之既竟又以杖叩擊壤脛令其脛而不夷踞也

孔安國曰叩擊也脛脚脛也

闕黨童子將命矣五百家為黨此黨名闕故云闕黨也童子未冠者之稱將命是傳賓主之辭謂闕黨之中有一小兒能傳賓主之辭出入也

馬融曰闕黨之童子將命者傳賓主之語出入之也

或問之曰益者與

或見小兒傳辭故問孔子云此童子而傳辭是自求進益之道也與

子曰吾見其居於位也

孔子荅曰其非求益之事也禮童子隅坐无有列位而此童子不讓乃與成人並居位也

童子隅坐无位成人乃有位也

隅角也童子不合與成人並位但就席角而坐是无位也矣

見其與先生並行也

先生者成人謂先已之生也非謂師也礼父之齒隨行兄之齒鴈行此童子行不讓於長故云与先生並行也

非求益者也欲速成者也

孔子又曰此童子既居位並行則非自求進益之道正是欲速成人耳違礼欲速成者非是求益之道也

苞氏曰先生成人也並行不差在後也違礼欲速

成者也則非求益者之也

論語卷第七

論語義疏卷第八　衞靈公

梁國子助教吳郡皇侃撰

論語衛靈公第十五　何晏集解

疏衛灵公者衛國无道之君也所以次前者憲既問仕故挙不可仕之君故以衛灵公次憲問也○曷曰此篇記孔子先礼後兵去乱就治并明忠信仁知勸学為邦无所毀譽必察好悪志士君子之道事君相師之法儀皆有恥且格之事故次前篇也

衛灵公問陳於孔子　々々至衛欲行文教而灵公不慕勝業唯知問於軍陳之事也

孔安國曰軍陳陣行列之法也

孔子對曰俎豆之事則嘗聞之矣　俎豆礼器也孔子武文自然兼能今抑灵公故云唯嘗聞俎豆事也

孔安國曰俎豆礼器也

軍旅之事未之学也拒之故云不常学軍旅也鄭玄曰万二千五百人為軍五百人為旅也周礼小司徒職云五人為伍五々為兩四兩為卒五卒為旅五旅為師五師為軍

鄭玄曰万二千五百人為軍五百人為旅也軍旅末事本未立則不可教以末事也本謂文教也衛灵公未能文故不教之武者也

明日遂行孔子至衛既為問武故其日明日遂行不留衛國也在陳絶粮明日遂行初往曹々不容又往宋在宋遭匡人之圍又往陳過陳被呉伐陳陳大乱故乏絶粮食矣從者病莫能興從者謂諸弟子從孔子行在陳者也病飢困也興起也既絶粮故從行弟子皆餓困莫能起者也

孔安國曰從者弟子興起也孔子去衛如

曹々不容 如往也 又之宋遭匡人之難 亦之往也 又之陳會吳伐陳々乱故乏食也 會猶遭也

子路慍見 諸子皆病无能起者唯子路罰強獨能起也心恨君子行道乃至如此困乏故便慍色而見孔子也 曰君子亦有窮乎 此慍見之辞也曾聞孔子曰学也祿在其中則君子不應窮乏今日如此与孔子言求故問云君子亦窮乎

子曰君子固窮小人窮斯濫矣 孔子言此荅因抑小人也言君子之人固窮亦有窮時耳若不守窮而為濫溢則是小人故云小人窮斯濫者矣 濫溢也君子固亦有窮時但不如小人窮則濫溢為非也

子曰賜也汝以予為多学而識之者与 時人見孔子多学識並謂

孔子多学世事而識之故孔子問子貢而子貢欸之也對曰然々如此也子貢荅曰賜亦謂孔子多学故如此多識之也孔安國曰然者謂多学而識之也非与子貢又嫌孔子非多学而識故更問定云非与々不定之辞也孔安國曰問今不然耶

曰非也孔子又荅曰非也言我定非多学而識之也予一以貫之貫猶穿也既荅云非也故此更荅所以不多学而識之由也言我所以多識者我以一善之理貫穿万事而万事自然可識故得知之故云予一以貫之也

善有元事有會元猶始也會猶終也元者善之長故云善有元也事各有所終故曰事有會也天下殊塗而同歸解事有會也事唯殊塗而其要會皆同有所歛也

百慮而一致觧善有无致極也入慮乃百其无極則同起一善也知其元則衆善舉矣故不待多学一以知之也是善長舉元則衆善自舉所以不須多学而自能識之也

子曰由知德者鮮矣由子路也呼子路語之也云夫知德之人難得故為少也王肅曰君子固窮而子路慍見故謂之少於知德者也按如注意則孔子此語為向絶糧而識發之者也

子曰无為而治者其舜也与舜上受堯禪於己々又下禪於禹受授得入故孔子歎舜无為而能治也夫何為哉恭己正南面而已矣既授受善得人无労於情慮故云夫何為哉也既垂拱而民自治故所以自恭敬而居天位正南面而已也

言任官得其人故无為而治也由授受皆聖舉十大相在朝故是任官得其人也蔡謨曰謨昔聞過庭之訓於先君曰堯不得无為者所兼非聖也禹不得无為者所授非聖也今三聖相係舜居其中兼堯授禹又何為乎夫道同而治異者時也自古以来兼至治之世接二聖之間唯舜而已故特称之焉

子張問行問入立身居世修善若為事而其道事可得行於世乎子曰言忠信行篤敬答也云欲使道行於世者出言必使忠信立行必須篤厚恭敬也若身自修前德无論居処於華夏假令居注蠻伯遠國則已之道德无所不行也雖蠻貊之邦行矣言不忠信行不篤敬雖州里行乎哉又云若不能修身前德而身雖居中國州里之近而所行亦皆不行故云行乎哉言不行也

寬16×26高

鄭玄曰万二千五百家為州五家為鄰五鄰為里此王畿遠郊內外民居地名也行乎哉言不可行也

立則見其參然於前也參猶森也言若敬德之道行已立在世間則自想見忠信篤敬之事森々滿亘於己前也在輿則見其倚於衡也倚猶憑依也衡車衡扼也又若存車輿之中則亦自想見忠信篤敬之事羅列憑依滿於衡軛之上也夫然後行也若能行存想不忘叓如前則此人身无往而不行故云夫然後行也

苞氏曰衡軛也言思念忠信立則常想見參然在前在輿則若倚衡軛也

子張書諸紳紳々大帶也子張聞孔子之言可重故書題於己衣之大帶欲日夜存錄不忘也

孔安國曰紳大帶也

子曰直哉史魚美史魚之行正直也

孔安國曰衛大夫史䲡也

邦有道如矢邦無道如矢證其爲直辟矢箭也性唯直而不曲言史魚之德恒直如箭不以國有道无道爲變曲也

孔安國曰有道无道行直如矢不曲也

君子哉蘧伯玉又美蘧瑗也進退隨時合時之變故曰君子哉也邦有道則任出其君子之事也國若有道則肆其聰明以佐時也邦无道則可卷而懷之國若无道則韜光匿智也壞藏以避世之害也

苞氏曰卷而懷謂不与時政柔順不忤於人也

子曰可与言而不与言失人謂此人可与共言而已不可与之言則此人不復見顧故是失於可言之人也不可与言而与之言失言々与不可言之人共言是失我言之言者也智者不失人亦不失言唯有知之士則備照二途則人及言並无所失也注所言皆是故无所失者也子曰志士仁人謂心有善志士及能行仁之人也无求生以害仁既志善行仁恒欲救物故不自求我之生以害於仁恩之理也有殺身以成仁若殺身而仁事可成仁也則志士仁人必殺身生而害仁則志士不為也為之故云有殺身成仁也殺身而成仁則志士所不吝也

孔安國曰无求生而害仁死而後成仁則志士仁

人不愛其身也繆播曰仁居理足本无危亡然賢而圖變々則理窮々則任分所以有殺身之義故比干割心孔子曰殷有三仁也

子貢問為仁問為仁人之法也

子曰工欲善其事必先利其器將欲荅於為仁之術故先為設辟也工巧師也器斧斤之屬也言巧師雖巧藝若般輸而作器不利則巧事不成如欲其所作事善必先磨必利其器之也

居是邦也事其大夫之賢者友其士之仁者也合辟成荅也是猶此也言人雖有賢才美質而居住此國若不事賢不交於仁則其行不成如工器之不利也必欲行成當事此國大夫之賢者又友此國士之仁者也大夫貴故云事士賤故云友也大夫言賢士云仁牙言之也

孔安國曰工以利器為用人以賢友為助也

顏淵問為邦為猶治也顏淵魯人當時魯家礼乱故問治魯國之法也子曰行夏之時孔子此答舉魯旧法以為答也行夏之時謂用夏家時節以行事也三王所尚正朔服色也雖異而田獵祭祀播種並用夏時々々得天之正故也魯家行事亦用夏時故云行夏之時也據見万物之生以為四時之始取其易知也解所以周用夏時之義也夏之春物出地上和暖着見已故易知之也乘殷之輅亦魯礼也殷輅木輅也周礼天子自有五輅一曰玉輅二曰金三曰象四曰草五曰木五輅並多文飾用玉輅以郊祭而殷家唯有三輅一曰木輅二曰先輅三曰次輅而木輅最質素无飾用以郊天魯以周公之故雖得郊天而不得事々同王故用木輅以郊也故郊時性說魯郊云乘素車貴其質也旂有十二旒々竜章而設日月以象天也鄭玄注云設日月昼於旂々上也素車殷輅也魯公之郊

月殷礼也㮣如記註則
魯郊用殷之木輅也
馬融曰殷車曰大輅左傳曰大輅越席也昭其儉
也左傳之言亦
說魯礼也
服周之冕亦魯郊也周礼有六冕一曰大裘冕二曰
袞三曰驚四曰毛毳五曰絺六曰玄周王
郊大以大裘而冕魯雖郊不得用大裘但用袞以郊
也郊特牲云祭之日王被袞以象天鄭玄注曰謂有
日月星辰之章也此魯礼也周礼王祀昊天上帝則
服大裘而冕祀五帝亦如之魯侯之服自袞冕而下
冕也按此記注即是魯郊用袞也然魯僭亦袞或問
曰魯既用周次冕以郊何不用周金輅以郊耶荅曰
周郊乘玉輅以示文服用大裘以示質但
車不對神故示文服以接天故用質也
苞氏曰冕礼冠也周之禮文而備也取其黈纊塞

耳不任視聽也周既文民人多過君上若任已視聽見民犯罪者多數用刑辟過若見過而不治則非謂人君之法故冕服前後垂旒以亂服左右兩辺垂瑱以塞耳示不任視听也黈黃色也纊新綿也當两耳垂黃黃綿々下又係玉各為瑱也

樂則韶舞謂魯所用樂也韶舞舜樂也周用六代樂一曰雲門黃帝樂也二曰咸也堯樂也三曰大韶舜樂也四曰大夏々禹樂也五曰大濩殷湯樂也六曰大武周樂也若唯用時王之樂魯既得用天子之事故賜四餘諸侯則自虞而下故云舜韶舞也所以明堂位云凡四代礼樂服器官魯兼用之是故魯王礼也而用四代並従有虞氏為始也又春秋魯襄公二十九年傳吳公子季札聘魯請觀周樂乃為之舞自周以上至見舞韶箾者曰至矣哉大矣如天之无不幬如地之无不載也雖甚盛德其蔑以加於此矣觀止矣觀若有他矣吾不敢請已也杜注云魯用四代之樂故及韶箾而季子知其終也

韶舜樂也盡善盡美故取之也解魯所以極韶不取竟樂之義

放鄭聲遠佞人亦魯礼法也每言礼法亦固為後教也鄭声淫也魯礼无淫樂故言放之也佞人悪人也悪人壞乱邦家故黙遠之也

鄭声淫佞人殆出鄭声佞人所以宜枤遠之由也鄭地声淫而佞人闞乱使國家為危殆之也

孔安國曰鄭声佞人亦俱能感人心与雅樂賢人同而使人淫乱危殆故當放遠之也按樂記云鄭音好教放僻濫驕淫志所以是淫也

子曰人而无遠慮必有近憂人生當思漸慮遠防於不然則憂患之事不得近至若不為遠慮則憂慮之来不朝則夕故云必有近憂也

王肅曰君子當思慮而預防也

子曰已矣吾未見好德如好色者也既先云已矣明久已不見也疾時色興德廢故起斯歎也此語亦是重出亦孔子再時行教也

子曰臧文中其竊位者与魯大夫也竊盜也臧文仲雖居位不當与盜位者同故云竊位者放也知柳下惠之賢而不与立也此臧文仲竊位之由也凡在位者當助君舉賢才以共匡佐而文仲在位知柳下惠之賢而不薦之於君使与己同立公朝所以是素飡盜位也孔安國曰柳下惠展禽也知其賢而不舉為盜位也

子曰躬自厚而薄責於人則遠怨矣躬身也君子責己厚小人責人厚ゝゝゝ則為怨之府責己厚人不見怨故云遠怨孔安國曰自責己厚責人薄所以遠怨咎也蔡謨曰儒

者之說雖於義无違而於名未安也何者以自厚者
為責己文未詳矣厚者謂厚其德也而人又若己
所未能而責物以能故人心不服若自厚其德而
不求多於人則怨路塞責己之美雖存乎中然自
厚之義不施於責也侃按蔡雖欲異孔
而終不害孔辭々々亦得為蔡之釋也

子曰不曰如之何不曰猶不謂也如之何謂事卒至非已力勢可奈何者也言人生常
當思慮卒有不可如何之事逆而防之不使有起若
无慮而事欻起是不曰如之何事也李充曰謀之於
其未兆治之於其未亂何當
至於臨難而方曰如之何也

孔安國曰不曰如之何者猶言不曰奈是何也

如之何者吾末如之何也已矣若不先慮而如之何之事非唯凡夫不能
奈何矣雖聖人亦无如何
也故云吾末如之何也

孔安國曰如之何者言禍難已成吾亦无如之何也

子曰群居終日言不及義三人以上為群居々々共聚有所談說終於日月而未曾有及義之事也好行小惠難矣哉小惠小々才智也若安陵調謔屬之也以此处世亦難為成人也鄭玄曰小惠謂小々才智也難矣哉言終无成也

子曰君子義以為質義宜也質本也人識性不同各以其所宜為本禮以行之雖各以所宜為本而行之皆須合礼也遜以出之行之行及合礼而言出之必使遜順而也信以成之行信合礼而言遜順而出塞終須信以成之也君子哉如上義可謂為

君子之行之也

鄭玄曰義以爲質謂操行也遜以出之謂言語也

子曰君子病无能焉不病人之不已知也　病猶患也君子之人常患己無才能耳不患己有才能而人不見知之也

苞氏曰君子之人但病無聖人之道不病人知己

子曰君子疾沒世而名不稱焉　沒世謂身沒以後也身沒而名譽不稱揚爲人所知是君子所疾也故江熙曰匠終年運斤不能成器匠者病之君子終年爲善不能成名亦君子病之也

疾猶病也

子曰君子求諸己小人求諸人　求責也君子自責己德行之不足不責人

也小人不自責己而責人之也

君子責己小人責人也

子曰君子矜而不爭　矜々莊也君子自矜莊己身而己不与人爭也故江熙曰君子不使其身傀焉若不終日自敬而已非与人爭勝之也　苞氏曰矜々莊也

群而不黨　君子乃朋群義聚而不相阿黨為私也故江熙曰君子以道相聚々則為群々則似黨群居所以如磋成德非於私也

孔安國曰黨助也君子雖衆不相私助義之与比也

子曰君子不以言舉人　々々必須知其德行不可聽言而薦舉之故君子不為也

苞氏曰有言者不必有德故不可以言舉人也

不以人廢言　々又不可以彼人之卑賤而廢其美言而不用也故李充曰諭于蒭蕘不恥下

問也子貢問曰有一言而可以終身行者乎問求善事欲以終身

奉行之也子曰其恕乎此是可終身行之一言也恕謂內忖己心外以恕物言人在世當終

身行於恕也故云其恕也己所不欲勿施於人也此釋恕事也夫事非己所欲者

不可施度与人也既己所不欲亦必人所不欲也子曰吾之於人誰毀誰譽

孔子言我之於世平等如一无有增愛毀譽之心故云誰毀誰譽也如有可譽者其

有所試矣既平等一心不有毀譽然君子掩惡揚善々則宜揚而我從來若有所稱譽者皆不

虛妄必先試驗其德而後乃譽之耳故云其有所試矣

苞氏曰所譽輒試以事不空譽而已矣注意如向說又通云

我乃无毀譽若民人百姓有相稱譽者則我亦不虛信而美之其必以事試之也

斯民也三代之所以直道而行也斯民者謂若此養民也三代夏殷周

也言養民如此无私毀譽者是三代聖王治天下用直道而行之時也郭象曰无心而付之天下者直道也有心而使天下從已者曲法故直道而行者毀譽不出於區々之身善与不善信之百姓故曰吾之於人誰毀誰譽如有所譽必試之斯民也

馬融曰三代夏殷周也用民如此无所阿私所以云直道而行也

子曰吾猶及史之闕文也孔子此歎世澆流迅速時異一時也夫者掌書之官也古史為書若於字有不識者則懸而闕之以俟知者不敢擅造為者也孔子自云已及見昔史有此時闕文也矣

苞氏曰古之史於書字有疑則闕之以待知者也

有馬者借人乘之（孔子又曰亦見此時也馬難調御者不能調則借人乘服之也）今則已矣夫（已无也當孔子未年時史不識字輒擅而不闕有馬不調則耻云其不能必自乘之以致傾覆故云今已也矣夫）

苞氏曰有馬不能調良則借人使乘習之孔子自謂及見其人如此至今无有矣言此者以俗多穿鑿也

子曰巧言乱德（辞達而已不須巧辨々々文多更於德為乱之也）小不忍則乱大謀（人須容忍則大事乃成若不能忍小則大事之謀乱也又一通云凡為人諸當依事以断事无大小皆便未了若小々不忍有所慈為則大謀不成也）

孔安國曰巧言利口則乱德義小不忍則乱大謀也

子曰衆惡之必察焉設有一人為衆所增惡者必當察其德不可從衆雷同而惡之也所以然者此人或特立不群為衆佞共所陷害故必察之也衆好之必察焉又設有一人為衆所好愛者亦當以察不可隨衆而崇重之也所以然者或此人行惡為群惡之所黨愛故亦必察也衛瓘曰賢人不与俗争則莫不好愛也俗人与時同好亦則見好也凶邪害善則莫不惡之行高志遠与俗違將忤俗亦惡之皆不可不察也王肅曰或衆阿黨比周或其人持立不群故好惡不可不察也

子曰人能弘道非道弘人也道者通物之妙也通物之法本通於可通不通於不可通若人才大則道隨之而大是人能弘道也若人才小則道小不能使大是非道弘人之也材大者道隨大材小者道隨小故不能弘人也故蔡

謨曰道者寂然不動行之由人々可適道故
曰人能弘道々不適人故云非道弘人之也
子曰過而不改是謂過矣人有過能改如日食反明人皆仰之所以非過々而
不改則成過也江熙曰一過容恕又大則成罪也子曰吾嘗終日不食終夜
不寢以思無益不如學也勸人学也終猶竟也寢眠也言我嘗竟日終夕不食
不眠以思天下之理唯学益人餘事皆无益故云不
如学也郭象曰聖人无詭教而云不寢不食以思者
何夫思而後通習而後能者百姓皆然也聖人无事
而不与百姓同事々同則形同是以見形以為己唯
故謂聖人亦必勤思而力学此百姓之情也故用
其情教之則聖人之教因被以教被安容詭哉
子曰君子謀道不謀食謀猶圖也人情非道不立故必謀道也自古皆有死不食
亦死々而後已而道不可遺故謀道不謀食之也
耕也餒在其中矣餒餓也唯知耕

而不学是無知之人也雖有穀必他人
所奪而不得自食是餓在于其中也 学也祿在其
中矣 虽不耕而学則昭識斯明為四方所重縱不為
乱君之所祿則門人亦共貢贍故云祿在其中
矣故子路使門人為臣孔子云与其死 君子憂道不
於臣之手无寧死二三子之手是也
憂貧 学道以祿在其中所以憂已无道而已
也若必有道祿在其中故不憂貧也

鄭玄曰餒餓也言人雖念耕而不学故飢餓学則
得祿虽不耕而不飢餓・勸人学也 江熈曰董仲舒
曰遑々求仁義
常患不能化民者大人之意也遑々求財利常患
匱乏之者小人之意也此君子小人謀之不同者也
慮匱乏故懃耕恐道闕故勤学耕未必无餓学亦
未必得祿々在其中垣有之勢是未必君子且當
存大而遺細故憂
道不憂於貧也

子曰知及之仁不能守之謂人有知識能仁得及為官位者故云知及之也雖

謀智能及不能用仁守官位故云仁不能守之也此皆謂中人不脩德者也雖得之必失

之祿位雖由智而得為之无仁以持之必失祿位苞氏曰知能及治

其官而仁不能守雖得之必失之也

知及之仁能守之不莊以莅之則民不敬莅臨也又言若雖能

知及仁守若臨民不用在嚴則不為民所敬

苞氏曰不嚴以臨之則民不敬從其上也

知及之仁能守之莊以莅之動之不以礼未善也雖智

及仁守莅莊而動靜必須礼以將之若動靜不用礼則為未尽善也

王肅曰動必以礼然後善也李充曰夫智及以智惠其失也蕩仁守以靜其失也寬莊莅以威其失也猛故必須礼然後和之以礼制智則精而不蕩以礼輔仁則溫而不寬以礼御莊則威而不猛故安上治民莫善於礼也顏特進曰智以通其變仁以安其性莊以安其下礼以安其晴化民之善必倫此四者也必有大成量也

子曰君子不可小知而可大受也君子之道深遠不与凡人可知故云不可小知也德能深潤物々受之深故云而可大受也張憑曰謂之君子必有大成之量不必能為小善也故宜推誠閣信虛以將受之不可求備責以細行之也小人不可大受而可小知也小人道淺故曰不可大受淺則易為物所見故可以小知也

君子之道深遠不可以小了知而可大受小人之

道淺近可以小了知而不可大受也

子曰民之於仁也甚於水火（甚猶勝也仁水火三事皆民人所仰以生者也水火是人朝夕所須仁是万行之首故非水火則无以食非仁則无有思義若无恩及飲食則必死无以立世三者並為民人所急也然就三事之中仁最為勝故云甚於水火也）馬融曰水火与仁皆民所仰而生者也仁最為甚也

水火吾見蹈而死者矣未見蹈仁而死者也（此明仁所以勝水火事也水火乃能治民人々々若誤履蹈之則必殺人故云水火吾見蹈而死者也而仁是恩愛政行之故宜為美若誤履蹈而則未嘗殺人故云未見蹈仁而死者之也）

馬融曰蹈水火或時殺人蹈仁未嘗殺人者也（王弼

曰氏之遠於仁甚於水火也見有蹈水火死者不嘗見蹈仁死者也

子曰當仁不讓於師仁者周窮濟急之謂也弟子每事則宜讓師唯行仁宜急不得讓師也

孔安國曰當行仁之事不復讓於師行仁急也張憑曰先入後已外身愛物履謙处畀所以為仁非不好讓此道非所以讓也

子曰君子貞而不諒貞正也諒信也君子權變无常若為事局合道得理之正君子為之不必存於小信自經於溝瀆也

孔安國曰貞正也諒信也君子之人正矣道耳言不必有信也一云君子道无不正不能使人信之也

子曰事君敬其事而後其食國家之事知无不為是敬其事也必有經勲績

乃受錄當是後其食也江熈曰恪居官次以違其道事君之意也蓋傷時利祿以事君之也

孔安國曰先尽力後食祿也

子曰有教無類人乃有貴賤同宜資教不可以其種類庶鄙而不教之也教之則善无本類也

馬融曰言人在見教无有種類繆播曰世咸知斯者之崇教未信斯理之諒深生々之類同稟一極雖下愚不移然化所遷者其万倍也若生而闻道長而見教処之以仁道養之以德与道終始為乃非道者余所不能論之

子曰道不同不相為謀人之為事必須先謀若道同者共謀則精審不誤若道不同而与共謀則方圓儀鑿枘事不成也

子曰辭達而已矣言語之法使辭足宜達其事而已不須義奇其言以過事実也

孔安國曰凡事莫過於実足

也辭達則足矣不煩文艶之辭也

師冕見師冕魯之樂師也是未見孔子也

孔安國曰師樂人盲者也名冕也

及階及至也階孔子家堂階也師冕來見至孔子家階也子曰階也師冕盲未見至階孔子語之曰階也使之知而登之也及席也冕已外階至孔子堂上席也子曰席也孔子語之曰至席令其登席而坐皆俱也孔子見瞽者必起師既起則弟子亦隨而起冕至席皆坐已坐故孔子亦弟子並坐故云皆坐也子謂之曰某在斯々々々某席中人也冕无自不識座上人故孔子歷其告之以座上人之姓名也既多人故再曰某在斯某々々也隨人百十每一々告之云子張在此子貢在此

孔安國曰歷告以座中人姓字及所在処也

師冕出見孔子事畢而出去也子張問曰与師言之道与道猶礼也

子張見孔子告之皆階席人姓名字故冕出而問孔子而与師冕之言是礼不与也子曰然荅曰是礼者也固相師之道也又云冕既无目故主人宜為之導相所以歷告也

馬融曰相導也

論語季子第十六　何晏集解

疏季氏者魯國上卿豪族僭濫者也所以次前者次前明君惡故抑臣画故以季氏次衛靈公也○曷曰此篇論天下无道政在大夫故孔子陳其正道揚其德夫称損益以教人挙詩礼以訓子明君子之行正夫人之名以前篇首章記衛君靈公失礼此篇首言魯臣季氏專恣故以次之

季氏將伐顓臾此章明季氏專征濫伐之惡也顓臾魯之附魯也其地与季氏菜邑相近故季氏欲伐而并之也故云季氏將伐顓臾也

冉有季路見於孔子二人時仕季氏為臣見季氏欲濫伐故未見孔子告道之也

曰季氏將有事於顓臾此冉有告孔子之辭也有事謂有征伐之事也

孔安國曰顓臾宓犧之後風姓之國本魯之附庸當時臣屬魯季氏貪其地欲

璩而有之冉有与季路為季氏臣来告孔子也

孔子曰未無乃尓是過与求冉有名也尓汝也雖二人倶来而告冉有独告嫌冉有人為季氏有聚斂之失故孔子独呼其名而問云此征伐之事无乃是汝之罪過与言是其教道季氏為之也

孔安國曰冉求為季氏宰相其室為之聚斂故孔子獨疑求教也

夫顓臾昔者先王以為東蒙主孔子拒冉有不聴伐之也言顓臾是昔先王聖人之所立以主蒙山之祭蒙山在東故云東蒙主也既是先王所立又為祭祀之主故不可伐也

孔安國曰使主祭蒙山也

且在邦域之中矣言且顓臾在魯七百里封内故云在邦域中也

孔安國曰魯七百里之邦顓臾為附庸在其域中也

是社稷之臣也國主社稷顓臾既屬魯國故是社稷之臣也何以為伐也

孔安國曰已屬魯為社稷之臣何用滅之為也鄭注詩云諸侯不臣附庸而此云是社稷臣者當尒時已臣屬魯故也

冉有曰夫子欲之夫子指季氏也冉有言伐顓臾之事是季氏所欲故云夫子欲之也

吾二臣者皆不欲也稱吾二臣是冉有自謂及子路也言我二臣皆不欲伐之也冉有恐孔子不独信也故引子路為傳證也

孔子曰求孔子不許冉有歸咎於季氏故云又乎求名語之也周任有言曰陳

力就列不能者止此諸之辭也周任古之良史也周任有言曰人生事君當先量後入若計陳我才力所堪乃後就其列治其次職任可若自量才不堪則當止而不為也

馬融曰周任古之良史也言當陳其才力度己所任以就其位不能則當止也

危而不扶顛而不持則將焉用彼相矣既量而就汝今為人之臣々之為用正至匡弼持危扶顛今假季氏欲為盜伐此是危顛之事汝宜諫止而汝不諫止乃云夫子欲之吾未不欲則何用汝為彼之輔相乎若以不能是不量而就之也

苞氏曰言輔相人者當能持危扶顛若不能何用相為也

且尒言過矣虎兕出押龜玉毀櫝中是誰之過与又罵

之而設辟也兕如牛而色青押檻也檻貯於虎兕之
器也櫝函也函貯龜玉之匣也言汝云吾二臣皆不
欲也此是汝之罪也汝為人輔相當立諫君失辟如
為人掌虎兕龜玉若使虎兕破檻而逸出及龜玉毀
碎於函匱之中此是誰過則豈非守檻函者過乎今
季氏盜伐此是誰過則豈非汝輔相之過乎何得言
吾二臣
不欲耶**馬融曰柙檻也櫝櫃也失毀非典守者**
之過耶也匱即函也奕肇曰陽虎家臣而外叛是出虎兕於檻也伐顓臾於邦內是毀龜
玉於櫝中也張憑曰虎兕出柙喻兵擅用於
外也龜玉毀於櫃中喻仁義廢於內之也

冉有曰今夫顓臾固而近於費固謂城郭甲兵堅利費季氏采邑名也冉
有既得孔子罵及辟喻而輸誠服罪更說顓臾宜伐
之意也言所以我顓臾者城郭甲兵堅利後与季氏
邑相
近也
馬融曰固謂城郭完堅兵甲利也費季氏

之邑也兵刃也甲鎧也

今不取後世必爲子孫憂子孫季氏之子孫也冉有又言顓臾既城郭堅甲兵利又与費邑相近其勢力方豪及其今日猶可撲滅若今日不伐取則其後世必伐於費所以爲後世子孫之憂也

孔子曰求君子疾夫孔子聞冉有言知其虛妄故更呼而語之也夫々冉有之言也季氏欲伐実是貪顓臾之地今汝不言李孫是貪顓臾欲取之而假云顓臾固而近費恐爲子孫憂如汝此言是君子之所謂疾也故云君子疾夫也

孔安國曰疾如汝之言也

舍曰欲之而必更爲之辭此是君子所疾者也捨猶除也冉有不道李氏貪欲濫伐是捨曰欲之而假称顓臾固近費是々而必爲之辭

孔安國曰舍其貪利之説而更作他辞是所疾也

丘也聞有國有家者不患寡而患不均孔子罵冉有既竟而更自称名爲其説季氏子孫之憂不顓臾也將欲言之故先廣陳其理也不敢云出己故曰聞也有國謂諸侯也有家謂卿大夫也言夫爲諸侯及卿大夫者不患土地人民寡少所患故之不能均平耳今季氏爲政不能均平則何用盪伐欲多土地人民爲也

孔安國曰國諸侯也家卿大夫也不患土地人民之寡少患政治之不均平也

不患貧而患不安爲國家者何患民貧乏耶政患不能使民安

孔安國曰憂不能安民耳民安則國冨百姓足君孰与不足是也

蓋均無貧結前事也此結前不貧之事也若為政均平則國家自冨故无貧乏也和無寡此結不寡也言政若能和則四方来至故土地民人不寡少也安無傾若能安民則君不傾危也然上云不患寡患不均不患貧患不安則下應云均无寡安无傾今云均无貧和无寡又長云安无傾者並相互為義由均和故安无傾也

上下和同不患寡矣小大安寧不傾危也

苞氏曰政教均平則不貧

夫如是故遠人不服則修文德以來也此明不患寡少之由也如是猶如此也若國家之政能如此安不傾者若遠人猶有不服化者則我廣修文德於朝使彼慕德而来至也故舜舞干羽於而階而苗民至既來之則安之遠方既至則又用德澤撫安之今由与求也相夫子々々李氏也言今汝及由二人相於李氏无思德也遠人不

服而不能來也言汝二人為季氏相不能修文德以來服遠人也邦分崩離

析而不能守也言汝二人相季氏々々治魯既外不來遠人而內又離析不能守國也

孔安國曰民有異心曰分欲去曰崩不可會聚

離析々曰

而謀動干戈於邦內汝二人既不能來遠安近而唯知与動干戈以自伐邦國內地

孔安國曰干楯也戈戟也

何也

吾恐季孫之憂不在顓臾冉有曰顓臾近費恐為後世子孫憂孔子廣陳事理己竟故此改容答也言我之所思恐異於汝也汝恐顓臾而我恐季孫後世之憂不在於顓臾也而

在蕭牆之內也此季孫所憂者也蕭肅也牆屏也人君於門樹屏臣來至屏而起肅敬故

謂屏為蕭墻也臣朝君之位在蕭墻之内也今王季孫憂在蕭墻内謂季孫之臣必作乱也然天子外屏諸侯内屏大夫以簾士以帷季氏是大夫應无屏而云蕭墻者季氏皆僭為之也蔡謨曰冉有季路並以王佐之姿処彼相之任豈有不諫季孫以成其悪所以同其諫謀者將有以也量己揆勢不能制其悖心於外順其意以告夫子実欲致大聖之言以救斯弊是以夫子發明大義以來感弘举治躰自救時難引喻虎兕為以罪相者雖文識二子而旨在季孫既示安危之理又抑强臣擅命二者兼着以寧社稷斯乃聖賢同符相為表裏者也然守文者衆達微者寡也觀其見軌而味其玄致但釈其辞不釈所以辞懼二子之見出將長淪於腐学是以正之以莅來旨也

鄭玄曰蕭之言粛也蕭墻謂屏君臣相見之礼至屏而加粛敬焉是以謂之蕭墻後季氏之家臣陽

虎果囚季桓子也證是在蕭牆也

孔子曰天下有道則禮樂征伐自天子出礼樂先王所以謌喜鈇鉞先王所以謌怒故有道世則礼樂征伐並由天子而出也天下无道則禮樂征伐自諸侯出若天下无道天子微弱不得任自由故禮樂征伐從諸侯出也自諸侯出蓋十世希不失矣希少也若礼楽征代從諸侯出非其所故僭濫之國十世少有不失國者也諸侯是南面之君故至全數之年而失之也

孔安國曰希少也周幽王為犬戎所殺平王東迁周始微弱諸侯自作禮樂專征伐始於隱公至昭公十世失政死軋侯證十世為濫失國之君也國幽王无道為犬戎所殺其子

平王東迁雒邑於是周始微弱不能制諸侯故子時魯隱公始專征盪伐至昭公十世而昭公為季氏所出此於軋侯之地已十世者隱一桓二莊三閔四僖五文六宣七成八襄九昭十也

自大夫出五世希不失矣若礼樂征伐從大夫而專盪則五世此矣夫廿有不失政者也其非南面之君道從勢匯故半諸侯之年所以五世而失之也

孔安國曰季文子初得政至桓子五世為家臣陽虎所囚也此證大夫專盪五世而失家者季文子始得政而專盪至五世桓子為臣所囚也五世者文子一武子二悼子三平子四桓子五是也

陪臣執國命三世希不失矣陪重也其為臣之臣故云陪重也是大夫家臣僣執邦國教令此至三世必失也既卑故不至五世則半十而五三亦半五大者誰傾故至十々極數也小

者易危故轉相半理勢使然己國喪家其數皆然未有過此而不失者也按此但云執國命不云禮樂征伐出者其不能僭禮樂征伐也繆播曰大夫五世陪臣三世者苟得之有由則失之有漸大者難傾小者易滅近本罪輕亦遠罪重難故禍遲重則敗速二理同致自然之差也

馬融曰陪重也謂家臣也陽虎爲季氏家臣至虎三世而出奔齊也 證陪臣執政三世而失者也

天下有道則政不在大夫 政由於君故不在大夫在大夫由天下失道故也

孔安國曰制之由君也

天下有道則庶人不議 君有道則頌之邑與載路有時雍之義則庶人民下无所衖群巷聚以評議天下四方之得失也若无道則庶人共有所非議也

孔安國曰无所非議也非猶鄙也鄙議風政之不是

孔子曰祿之去公室五世矣禮樂征代自大夫出五世希有不失于時孔子見其數將亦知季氏必亡故發斯旨也公君也祿去君室謂制爵祿出於大夫不復關君也制爵祿不關君于時已五世也故云去公室五世也

鄭玄曰言此之時魯定公之初也魯自東門襄仲殺文公之子赤而立宣公於是政在大夫爵祿不從君出至定公為五世矣襄仲既殺赤立宣公〻〻雖立而微弱不敢自尊故爵祿不復關己也宣公一成二襄三昭四定五也

政逮於大夫四世矣逮及也制祿不由君故及大夫也季文子初得政至武子悼子

平子四世是孔子時所見故云四世

鄭玄曰文子武子悼子平子也

故夫三桓之子孫微矣大夫執政五世必失而季氏已四世故三桓子孫轉以弱也謂為三桓者仲孫叔孫季孫三家同出桓公故云三桓也初三家皆豪盛至尓時並衰故云微也

孔安國曰三桓者謂仲孫叔孫季孫也三卿皆出桓公故曰三桓也仲孫氏改其氏稱孟氏至哀公皆衰也後改仲孫氏改其氏稱孟氏故多云孟孫氏也

孔子曰益者三友明与明友益者有三事故云益者三友損者三友又明与明友損者尺有三事故云損者三友友直一益也所友得正直之人也友諒二益也所

友得有信之人也諒信也友多聞益矣三益也所友得能多所聞解之人也益矣上所言三事皆是有益之明友也友便辟此一損也謂与便辟之人為明友者

馬融曰便辟巧避之人所忌以求容媚者也謂語乃能為人所忌者為便辟也

友善柔二損也謂所友者善柔者也善柔謂面從而背毀者也

馬融曰面柔者也

友便佞三損也謂与便佞為友也便佞謂辨而巧也損矣上三事皆是為損之朋友也

鄭玄曰便辨也謂佞而辨也

孔子曰益者三樂謂以心中有所愛樂之事三者為益人者也損者三樂

又謂以心中所愛樂有三事爲損人者也樂節禮樂一益也謂心中所愛樂々得於礼樂之節也動靜得於禮樂之節也動靜樂得礼樂之道節也樂導人之善二益也心中所愛樂々道說揚人之善事也樂多賢友三益也心中所愛樂々得多賢爲朋友也益矣此上三樂皆是爲益之樂樂驕樂此明一損也心中所愛樂爲驕慠以自樂也孔安國曰恃尊貴以自恣也樂佚遊此二損也心中所愛樂恣於自逸忿々而遨遊不用節度

王肅曰佚遊出入不知節也

樂宴樂三損也心中所愛樂宴飲酖湎以爲樂也損矣此上三樂皆是爲損之樂也

孔安國曰宴樂沈荒滛瀆也三者自損之道也

孔子曰侍於君子有三愆（〻過也卑侍於尊有三事為過失也）

孔安國曰愆過也

言未及之而言謂之躁（一過也侍君子之坐君子言語以第義之未及其抄次而言此是輕動捋躁之者）

鄭玄曰躁不安靜也

言及之不言謂之隱（二過也言語次第已應及其人忽君之不肯出言此是情心不盡有所隱匿之者也）

孔安國曰隱匿不盡情實也

未見顏色而言謂之瞽（〻者盲人也盲人目不見人顏色而只言人之是非今若不盲侍坐未見君子顏色趣向而便逆言之此是與盲者无異質故謂之為瞽也）

周生烈曰未見君子顏色所趣向而便逆先意語

者猶瞽者也

孔子曰君子有三戒（君子自戒其事有三故云有三戒也）少之時血氣未足戒之在色（一戒也少謂三十以前也尔時血氣猶自薄少不可過慾々々則為自損故戒之也）及其壯也血氣方剛戒之在闘（二戒也壯謂三十以上也礼三十壯而為室故不復戒色也但年齒已壯血氣方剛性力雄猛者无所与讓好為闘爭故戒之也）及其老也血氣既衰戒之在得（三戒也老謂年五十以上也年五十始衰无復闘爭之勢而戒之在得也得貪得也老人好貪故戒之也老人所以好貪者夫年少象春夏々々為陽々々法主施々々故少年時明怡也年老象秋冬々々為陰々々躰斂藏故老耆好斂聚多貪也）

孔安國曰得貪得也

孔子曰君子有三畏心服曰畏君子所畏有三事也畏天命一畏也天命謂作善降百祥作不善降百殃從吉逆凶是天之命故君子畏之不敢逆之也順吉逆凶天之命也

畏大人二畏也大人聖人也見其含容而曰大人見其作教正物而曰聖人也今云長大人謂居位為君者也聖人在上含容覆燾一切不察〻而君子長云也大人即聖人與天地合其德者也

畏聖人之言三畏也聖人之言謂五經典籍聖人遺文也其理深遠故君子畏之也深遠不可易知則聖人之言也理皆深遠不可及易也

小人不知天命而不畏也既小人与君子反並不畏君子之所畏者也小人見

天道恢疏而不信從吉逆凶故不畏之而造為惡逆之也

恢疏故不知畏也天網恢々疏而不失小人見天命不切々之急謂之不足畏也

押大人見大人含容故褻押慢而不敬也江熈曰小人不懼德故媟慢也

直而不肆故押之也肆猶經威毒也大人但用行不邪而不加威毒也

侮聖人之言謂經籍為虛妄故輕侮之也江熈曰以典籍為妄作也

不可小知故侮之也經籍深妙小人非所知故云不可小知也

孔子曰生而知之者上也此章勸學也故先從聖人始也若生而自有知識者此明是上智聖人故云上也

學而知之者次也謂上賢也上賢既不生知資学以滿分故次生知者也

困而學之又其次也謂中賢以下也本不好学特以已有所用

於理困憤不通故憤而學之此只次前上賢人也

孔安國曰困謂有所不通也

困而不學民斯為下矣謂下愚也既不好學而困又不学此是下愚之民也故云民斯為下也

孔子曰君子有九思言君子所宜思之事其條有九边

視思明一也若自瞻視万事不得孟浪唯思分明也

聽思聰二也為耳聽万理不得落漠唯思聰了也

色思溫三也若顏色平常不得嚴切唯思溫和也李充曰靜容謂之和柔暢謂之溫也

皃思恭四也若容皃接物不得違逆唯思遜恭也李充曰動容謂之皃謙接謂之恭也

言思忠五也若有所言語不得虛偽唯思盡於忠心也

事思敬六也凡行万事不得懈慢唯思於敬也故曲禮云无不敬也

疑思問七也心有所疑不得輒自斷次當思諮問於事有識者也

忿思

難八也彼有違理之事來觸於我々心忿怨於彼雖然不得案此忿心以報於彼當思於忽有急難日也一朝之忿忘其身以及其親是謂難也見得思義九也不義而富且貴於我如浮雲若見己意有所得當思其義取也江熙曰義然後取也孔子曰見善如不及見有善者當慕而齊之恒恐己不能相及也袁氏曰恒恐失之故馳而及之也見不善如探湯若見彼不善者則己急宜畏避不相染入譬如人使己以手探於沸湯為也吾見其人矣吾聞其語矣孔子自曰此上二事吾嘗見其人亦嘗聞有其語也孔安國曰探湯喻去惡疾也去猶避疾違也謂避惡之速顏特進曰好善如所慕惡々如可畏合義之情可傳之理既見其人又聞其語也隱居以求其志行義以達其道志達昏亂故顧隱遁言幽居以求其志也行

義以達其道常願道申故
躬行仁義以達其道也

吾聞其語矣未見其人也

唯聞昔有夷齊能然是聞有其語也而今世无復此
人故云未見其人也顏特進曰隱居所以求志於義
以達其道常願道居所以求志於世表行義所以達
道於古人无立之高難能之行徒聞其語未見語人也

齊景公有馬千駟〻〻四千
匹馬也

死之日民無得稱焉生
時

无德而多馬一死身名
俱消故民无所称舉也

孔安國曰千駟四千匹也

伯夷叔齊餓于首陽之下夷齊是孤竹君之二子也
兄弟讓國遂入隱于首陽

之山武王伐紂夷齊和武王馬諫曰為臣伐君豈得
忠乎橫尸不葬豈得孝乎武王左右欲殺之太公曰
此孤竹君之子兄弟讓國大王不然制也隱於首陽
山合方立義不可殺賢人即止也夷齊反首陽山責

周不食周粟唯食艸木而已後遠西今支縣祐家白張石虎往蒲坂採枕謂夷齊曰汝不食周粟何食周草木夷齊聞言即遂不食七日餓死云首陽下者在山邊側者也

馬融曰首陽山在河東蒲坂華山之北河曲之中也

民到于今稱之雖无馬而餓死而民到孔子之時相傳猶揄揚前盛也

其斯之謂與斯此也言多馬而无德亦死即消雖餓而有德稱義无息言有德不可不重具此謂之也

王肅曰此所謂以德為稱者也

陳亢問於伯魚曰子亦有異聞乎陳亢即子禽也伯魚即鯉也亢言伯魚是孔子之子孔子或私教伯魚有異門徒聞故云子亦有異聞不也呼伯魚而為子也

馬融曰以為伯魚孔子之子所聞當有異也對曰未也伯魚對陳亢曰我未嘗有異聞也嘗獨立此述己生平事得孔子見語之時也言孔子嘗独立左右无人也孔安國曰獨立謂孔子也鯉趨而過庭孔子独立在堂而己趨從中庭過也曰學詩乎孔子見伯魚從庭過呼而問之曰汝嘗学詩不乎對曰未之伯魚述己答孔子言未嘗学之詩乎曰不學詩无以言也孔子問伯魚未嘗学詩故以此語之言詩有比興答對酬酢人若不学詩則无以與人言語也鯉退而學詩伯魚得孔子之旨故退退己舍而学詩之也他日又獨立他日又別日也孔子又在堂独立也鯉趨而過庭伯魚又從中庭過也曰学禮乎孔子又問伯魚学禮不也對曰未也亦答曰未学礼也不學禮无以

立孔子又語伯魚曰禮是恭儉莊敬立身之本人有禮則安无禮則危若不學禮則无以自立身也

鯉退而學禮鯉從礼旨退而学礼也聞斯二者又答陳亢言己為孔子之子唯私聞學詩學礼二事也

陳亢退而喜曰問一得三陳亢得伯魚荅己二事故退而歡喜也言我問異聞之一事而今得聞三事也聞詩聞禮又聞君子之遠其子也伯魚二也又君子遠其子三也伯魚是孔子之子一生之中唯知聞二事即是君子不獨親子故相疎遠是陳亢今得聞君子遠於其子也范寗曰孟子曰君子不教子何也勢不行也教者必以正〻〻不行繼之以忿則反夷矣父子相夷惡也

邦君之妻稱之曰夫人當時禮私稱謂不明故此正之也邦君自稱呼其妻曰夫人也

夫人自稱曰小童此夫人向夫自稱則曰小童〻〻幼少之目也謙不敢自以比於成人也

邦人稱之曰君夫人

邦人其國民人也若其國之民呼君妻則曰君夫人也君自称云單曰夫人故夫人民人称帯君言之也

称諸異邦曰寡小君自我國臣民向佗邦人称我君妻則曰寡小君ゝ自称曰寡人故臣民称君為寡君称君妻為寡小君之也異邦人称之亦曰君夫人也若異邦臣來即称主國君之妻則亦同曰君夫人也

孔安國曰小君ゝ夫人之称也對異邦謙故曰寡小君當此之時諸侯嫡妾不正称号不審故孔子正言其禮也

論語義疏卷第八

52392

論語義疏卷第九 陽貨 微子 梁國子助教吳郡皇侃撰

睦子

論語陽貨第十七 何晏集解

疏陽貨者季氏家臣亦凶惡者也所以次前者明於時凶乱非唯国君无道至於陪臣賤亦並凶愚故陽貨次季氏也　冩曰此篇論陪臣專恣因明性習知愚礼樂本末六蔽之悪二南之義君子小人為行各異今之与古其疾不同以前篇首章言夫夫之悪此篇首章記家臣之乱尊卑之差故以相次也

陽貨欲見孔子 陽貨者季氏家臣陽虎也于時季氏稍微陽氏為季氏宰專魯国政欲使孔子仕己故使人召孔子欲與孔子相見也 孔子不見 孔子悪其專濫故不与之相見也

孔安國曰陽貨陽虎也季氏家臣而專魯國之政

欲見孔子使仕也

歸孔子豚 皈猶餉也既召孔子々々不与相見故又遺人餉孔子豚也所以召不來而餉豚者礼得敵己以下餉但於己家拜餉而已賸己以上見餉先既拜於已家明日又往之室也陽虎乃不賸孔子然己交專魯政期度孔子必來拜謝己曰得與相見也得相見而勸之欲仕也

孔安國曰欲使往謝故遺孔子豚也

孔子時其亡也而往拜之 亡无也无謂虎不在家時也孔子曉虎見餉之意故往拜謝也若往謝必與相見々々於家支或盤桓故何取虎不在家時而往拜於其家也矣

遇諸塗 々道路也既伺其子在而往拜々竟而还與之相逢遇於路中也孔子聖人所以不計避之而在路與相逢者其有所以也若遂不相見則陽虎求召不己既得相見則其意畢耳但不欲久與相對故造次

在塗路也所以知是已拜室还與相逢者既先云時於亡也後云遇塗故知已至其家也其若未至室則於礼未畢或有更随其至己家之理故先伺不在而往々畢还而相逢也

孔安國曰塗道也於道路與相逢也一家道云餉豚之時孔子不在故往謝之也然於玉藻中為便而不賸此集解通也

謂孔子曰来貨於路見孔子而呼孔子令来孔子趍就已也予與尓言予我也尓汝也貨先呼孔子来而又云我与汝言也曰懷其宝而迷其邦可謂仁乎此是貨与孔子所言之辭也[illegible]令仕已故先發此言也此罵孔子不仁也宝猶道也言仁人之行當惻隱救世以安天下而汝懷藏优時之道不肯出仕使邦国迷乱為此之事豈可謂為仁乎曰不可孔子曉虎之言故遜辭求免而荅已不可也言不可謂此為仁人也馬融曰言孔

子不仕是懷宝也知國不治而不為政是迷邦也好從事而亟失時可謂智乎此亦罵孔子不知也好從事謂好周流東西從於世事也亟數也言智者以照了為用動无失時而孔子数栖々遑々東西從亦而既失時不為時用此豈可謂汝為智人乎曰不可又遜辭云不可孔安國曰言孔子栖々好從事而數不遇失時不為有智也

日月逝矣歲不我與此罵孔子々々辭既畢故貨又以辭勸孔子出仕也逝速也言日月不停速不待人豈得懷宝至老而不仕呼我々孔子也馬融曰年老歲月已往當急仕也

孔子曰諾吾將仕矣孔子得勸故遜辭荅之曰諾吾將仕也郭象曰聖人无心仕與

不仕隨世耳陽虎勸仕理无不諾不能用我則无自用此直道而應者也然免遜之理亦在其中也

孔安國曰次順辭免害也

子曰性相近也習相遠也性者人所稟以生也習者謂生後百儀常所行習云事也人俱稟天地之氣以生雖復厚薄有殊而同是稟氣故曰相近也及至識若値善友則相効為善若逢惡友則相効為惡々善既殊故云相遠也故范寧曰人生而静天之性也感於物而動性之欲也斯相近也習洙泗之教為君子習伯申鞅（商）之術為小人斯相遠也

孔安國曰君子慎所習也然性之義說者不且依一家旧釈云性者生也情者成也性是生而有之故曰生也情是起欲動彰事故曰成也然性无善惡而有濃薄情是有欲之心而有邪正性既是全生而有未涉乎用非唯不可名為惡亦不可目為善故性无善惡也

所以知然者夫善惡之名恒就事而顯故老子曰
天下以知美之為美斯惡已以知善之為善斯不
善已此皆據事而談情有邪正者情既是事若逐
欲流遷其事則邪若欲當於理其事則正故情不
得不有邪有正也故易曰利貞者性情也王弼曰
不性其情焉能久行其正此是情之正也若心心
流蕩失真此是情之邪也若以情近性故云性其
情々近性者何妨是有欲若逐欲遷故云遠也若
欲而不遷故曰近但近性者正而即性非正雖即
性非正而能使之正辟如近火者熱而即火非熱
雖即火非熱而能使之熱能使之熱者何氣也熱
也能使之正者何儀也靜也又知其有濃薄者孔
子曰性相近也若全同也相近之辭不生若全異
也相近之辭亦不得立今云近者有同有異取其
共是无善无惡則同也有濃有薄
則異也雖異而未相遠故曰近也

子曰惟上智與下愚不移前既曰性近習遠而又有異此則明之也夫降聖以

還賢愚万品若大而言之且分為三上分是聖下分是愚〻人以上聖人以下其中階品不同而共為一此之共一則有推移今云上智謂聖人下愚〻人也夫人不生則已若有生之始便禀天地陰陽氤氳之氣〻有清濁若禀得淳清者則為聖人若得淳濁者則為愚人〻〻淳濁虽澄亦不清聖人淳清攪之不濁故上聖遇昏乱之世不能撓其真下愚值重尭疊舜不能变其悪故云唯上知與下愚不移也而上知以下〻愚以上二者中間顔閔以下一豪以上其中亦多清少濁或多濁少清或半清半濁澄之則清攪之則濁如此之徒以随世变改若遇善則清外逢悪則滞淪所以別云性相近習相遠也

孔安國曰上智不可使強為悪下愚不可使強賢也

子游（无）之武城聞絃歌之聲之往也于時子游為武城宰而孔子往焉既入其邑

聞絃歌之聲也但解聞絃歌之聲其則有二一云孔子入武城堺聞邑中人家々有絃歌之響由子游正化知尔故也繆播曰子游宰小邑能令民得其可絃欲以条也又一云謂孔子入城聞子游身自絃歌以教民也故江熙曰小邑但當令足衣食教敬而已反教歌詠先王之道也

孔安國曰子游為武城宰也

夫子莞爾而笑孔子聞絃歌聲而笑之也莞尔小笑皃也

曰割雞焉用牛刀孔子說可笑之意也牛刀大刀也割雞宜用雞刀割牛宜用牛刀若割雞而用牛刀々大而雞小所用之過也譬如武城小邑之攻可用小々才而已用子游之大才是才大而用小也故繆播曰惜其不得導千乘之国如牛刀割雞不尽其才也江熙曰如牛刀割雞非其宜也

孔安國曰言治小何須用大道也

子游對曰昔者偃也聞諸夫子曰君子學道則愛人
小人學道則易使也子游得孔子咲已故對所以絃歌云意也先抛聞之於孔子言
曰若君子学礼楽則必以愛人為用小人学道則易
使為樂業而優今日所以有此絃歌之化也一云子
游既学道於孔子今日之化改是小人易使故繆播
曰夫博学之言亦可進退也夫子閔鄉黨之人言便
引得射御子游閔牛刀之喻且取非宜以曰小人学
道則易使也其不知之者以為戲也其知之者以為
賢聖之
謙意也
孔安國曰道謂礼樂也樂以和人々和則易使也就如注意言子游對所以絃歌化民者欲使邑中君子学之則愛人邑中小人学之則易使也
子曰二三子々々々從孔子行者也孔子將欲美偃之是故先呼從行之二三子

孔安國曰從行者也

偃之言是也言子游之言所以用絃歌之化是也前言戲之耳言我前云割雞焉用牛刀是戲是治小而才大也　孔安國曰戲以治小而用大道也

公山不擾姓公山名不擾也以費畔也責季氏采邑也畔背叛也不擾當時為季氏邑宰而作乱与陽虎共執季氏是背畔於季氏也召子欲往既背畔使人召孔子々欲往應召也　孔安國曰不擾為季氏宰與陽虎共執季桓子而召孔子也

子路不悅子路見孔子欲往故已不欣悅也曰末之也已何必公山氏

之也子路不說而復說此辭也末無也之適也已止也中之語助也下之亦適也子路曰雖貶不我用若無所適往則乃當止耳何必公山氏之適也孔安國曰之適也無可之則止耳何必公山氏之適者也

子曰夫召我者而豈徒哉孔子荅子路所以欲往之意也徒空也言夫欲召我者豈容无事空然而召我乎必有以也如有復用我者吾其為東周乎若必不空然而用我時則我當為興周道也魯在東周在西云東周者欲於魯而興周道故云吾其為東周也一云周室東遷洛邑故曰東周王弼曰言如能用我者不擇地而興周室道也興周道於東方故曰東周也

子張問仁於孔子孔子對曰能行五者於天下為仁

矣言若能行五事於天下則可謂之仁人也矣請問之子張不曉五者之事故又請問其目

也曰恭寬信敏惠答五者之目也恭則不侮又為歷解五事所以為仁之義也言人若行己能恭則人以敬己不敢見輕侮也故江熙曰自敬者人亦敬己也

孔安國曰不見侮慢也

寬則得衆人君所行寬弘則衆附歸之是故得衆也信則人任焉人君立言必信則為人物所見委任也一云人思任其事故不見嗔也敏則有功敏疾也人居行事不懈而能進疾則事以成而多功也

孔安國曰應事疾則多成功也

惠則足以使人々君有恩惠加民々則以不憚勞役也故江熙曰有恩惠則民忘勞也

胇肸召胇肸使人召於孔子子欲往孔子欲應召使而往

孔安國曰晉大夫趙簡子之邑宰也

子路曰昔者由也聞諸夫子曰親於其身為不善者君子不入子路見孔子欲應肸肸云召故擬昔聞孔子之言而諫止之也子路曰由昔親聞孔子之言曰若有人自親行不善之事者則君子不入其家也

孔安國曰不入其國也

肸肸以中牟畔擬肸肸身自為不善之事也肸肸經為中牟邑宰而遂背畔此是不善云事也子之往也如之何弗兮身為不善而今夫子若為往之故云如之何也子曰然有是言也然如此也孔子善曰有如此所說也我昔者有此君子不入於不善云国之言不曰堅乎磨而不磷不曰白乎涅而不緇孔子既然之而更廣

述我從來所言非一或云君子不入不善之国亦云君子入不善之國故君子入不善之国而不為害經為之設二辟々天下至堅之物磨之不薄至白之物涅之不黑是我昔亦有此二言汝今那唯憶不入而不憶亦入乎故曰不曰堅乎磨而不磷不曰白乎涅而不緇言我昔亦經有曰也故云不曰乎以問之

孔安國曰磷薄也涅可以染皁者言至堅者磨之而不薄至白者染之涅不黑喻君子雖在濁乱々々不能污也然孔子所以有此二說不同者或其不入是為賢人々々以下易染故不許入也若許入者是聖人々々不為世俗染累如至堅至白之物也子路不欲往孔子欲往故其告也

吾豈匏瓜也哉焉能繫而不食孔子亦為說我所以一應召之意也言人

非匏苽々々係滯一処不須飲食而自然生長乃得
不得何通乎而我是須食之人自應東西求覓豈得
如匏瓜係而不食耶一通云匏苽星名也言人有才
智聖佐時理務為人所用豈得如匏瓜係天而不可
食耶王弼曰孔子機發後應事形乃視擇地以処身
資教以全度者也故不入乱人之邦聖人道遠慮微
應變神化濁乱不能污其潔凶悪不能害其性所以
避難不藏身絶物不以形也有是言者言名有所施
也苟不得係而不食舍
此適彼相云何若也

匏瓠也言匏瓜得繫一処者不食故也吾自食物
當東西南北不得如不食之物繫滯一処也江熙曰夫
子豈実之公山胇肹乎故欲往之意耶汎尔无係
以觀門人之情如欲居九夷乘桴浮於海耳子路
見形而不及道故聞乘桴而喜聞之公山
而不悅升堂而未入室安測聖人之趣哉

子曰由呼子路名而問之也汝聞六言六蔽矣乎夫所欲問子路汝曾聞六言而每言以有蔽塞之事乎言既有六故蔽亦有六故云六言六蔽之事在下文王弼曰不自見其過也

六言六蔽下六事謂仁智信直勇剛也

對曰未也子路對曰未曾聞之曰居吾語汝居猶復坐也子路得孔子問避席而對曰未也故孔子呼之使復座也吾當語汝也

孔安國曰子路起對故使還座也

好仁不好學其蔽也愚一也然此以下六事以謂中人也夫事得中適莫不資学若不学而行事猶无燭夜行也仁者博施周急是德之盛也唯学者能裁其中若不学而施々必矣所是與愚人同故其蔽塞在於愚也江熙曰好仁者謂聞其風而悅之者也不学不能深源乎其道知其一而

未識其二所以蔽也自非聖人必有所偏々才雖美必有所蔽學者假教以節其性覩教知變則見所過也

孔安國曰仁有愛物不知所以裁之則愚也

好智不好學其弊也蕩二也智以運動為用若学而裁之則智動會理若不学而運動則弊塞在於蕩无所的守也

孔安國曰蕩无所適守也

好信不好学其弊也賊三也信者不欺為用若学而為信々則合宜不学而信々不合宜々々則弊塞在於賊害其身也江熈曰尾生与女子期死於梁下宋襄与楚人期傷泓不及信之害也

孔安國曰父子不知相為隠之輩也

好直不好学其弊也絞四也直者不曲為用若学而行之得中道若不学而直則弊塞在於絞々猶刺也好譏刺人之非以成已之直也

好勇不好學其弊也乱

五也勇是多力々々若學則能用勇敬拜於廟廊捍難於辺壇若勇不学則必弊塞在於作乱也好剛不好學其弊也狂六也剛者无欲不為曲求也若復学而剛則中適為善若剛而不学則必弊在於狂々謂抵觸於人无廻避者也孔安國曰狂妄抵觸人也

子曰小子呼諸弟子欲語之也何莫學夫詩莫无也夫語助也門弟子汝等何無学夫詩者也苞氏曰小子門人也詩可以興又為說所以宜学之由也與謂譬喻也言若能学詩々可令人能為辟喻也孔安國曰興引辟連類也可以觀詩有諸国之風々俗盛衰可以觀見以知之也

鄭玄曰觀〻風俗之盛衰也

可以群詩有如切如磋如琢如磨是朋友之道可以群居也

孔安國曰群居相切磋也

可以怨詩可以怨刺諷諫之法言之者无罪聞之者足以戒故可以怨也

孔安國曰怨刺上政也

迩之事父遠之事君迩近也詩有凱風白華相戒以養是近有事父之道也又雅頌君臣之法是有遠事君之道也江熈曰言事父与事君以有其道也

孔安國曰迩近也

多識於鳥獸草木之名關雎鵲巢是有鳥也騶虞狼跋是有獸也采蘩葛覃是有

艸也甘棠棫樸是有木也詩並載其名学詩者則多識之也子曰謂伯魚曰汝為周南邵南矣乎伯魚孔子之子也為猶学也周南関雎以下詩也邵南鵲巢以下詩也孔子見伯魚而時之曰汝已曾学周召二南之詩乎然此問即是伯魚趨過庭孔子問之学詩乎時也人而不為周南邵南其猶正牆面而立也與先問之而更為說周召二南所以宜学之意也牆面々向牆也言周召二南既多所合載讀之則多識艸木鳥獸及可叓君親故若不学詩者則如人面正向牆而倚立終无所瞻見也然此語亦是伯魚過庭時對曰未学詩而孔子曰不学詩无以言也

馬融曰周南邵南國風之始得淑女以配君子三綱之首王教之端故人而不為如向墻而立也

子曰礼云〻〻玉帛云乎哉此章弁礼条之本也夫礼所貴在安上治民但安上治民不因於玉帛而不達故行礼必用玉帛耳當乎周季末之君唯知崇尚玉帛而不能安上治民故孔子歎之云也故重言礼云〻〻玉帛云乎哉明礼之所云不玉帛也

鄭玄曰玉珪璋之屬帛束帛之屬言礼非但崇此玉帛而已所貴者乃貴其安上治民也

樂云〻〻鐘鼓云乎哉樂云所貴在移風易俗因於鐘鼓而宜改行条必假鐘鼓可當澆季之主唯知崇尚鐘鼓而不能移風易俗孔子重言樂云〻〻鐘鼓云乎哉明樂之所云不在鐘鼓也

馬融曰樂之所貴者移風易俗也非謂鐘鼓而已也王弼曰礼以敬為主玉帛者敬之用飾也条主於和鐘鼓者条之器也于時所謂礼条

者厚贄幣而所簡於敬盛鐘鼓而不合雅頌故正言其義也繆播曰玉帛礼之用非礼之本鐘鼓者樂之器也非樂之主假玉帛以達礼々達則玉帛可忘借鐘鼓以顯樂々顯則鐘鼓可遺以礼假玉帛於求礼非深乎礼者也以樂託鐘鼓於求樂非遵乎樂者也苟能禮正則无持於玉帛而上安民治矣苟能暢和則无借於鐘鼓而移風易俗也

子曰色厲而内荏厲務正也荏柔佞也言人有顔色矜正於外而心柔佞於内者也

孔安國曰荏柔也謂外自矜厲而内柔佞者也

辟諸小人其猶穿窬之盜也與此為色厲内荏作譬也言其辟如小人為偷盜之用也小人為盜或穿人屋壁或踰人垣墻當此之時外形垣欲進為取物而心恒長人當懷退立之路是形進心退内外相乖如色外矜正而心内柔佞者也

孔安國曰為人如

此猶小人之有盜心穿々壁窬々牆也江熙曰田文之客能
為狗盜穿壁如踰而入盜之密也外為務厉而實
柔佞之密也峻其墻宇謂之免盜而狗盜者狂焉
高其抗厉謂之无佞而色厉者入焉古聖難於從
人今夫子又若為之喻明免者鮮矣傳云華門珪
窬竇也

子曰鄉原德之賊鄉々里也原々本也言人君凡往
所至之鄉輒憶度逆用意原本其
人情而待之者此是德之賊也言賊害其德也又一
云鄉向也謂人不能剛毅而好面從見人輒媚向而
原趣求合此
是賊行也周生烈曰所至之鄉輒原其人情
而為己意以待之是賊乱德者也一曰鄉向也古
字同謂人不能剛毅而見人輒原其趣向容媚而

合之言此所以賊德也如前二釋也張憑曰鄉原々壞也孔子鄉人故曰鄉原也被遊方之外也行不應規矩不可以訓故每抑其迹所以弘德也

子曰道聽而塗說德之棄道々路也塗亦道路也記問之学不足以為人師々必當温故而知新研精久習然後乃可為人傳説耳若聽之於道路々々仍即為人傳説必多謬妄所以為有德者所弃也亦自弃其德也江凞曰今之学者不為已者也況乎道聽者哉逐末愈甚弃德弥深也

馬融曰聞之於道路則傳而說之也

子曰鄙夫可與事君也與哉言凡鄙之人不可與之叓君故云可与叓君哉

孔安國曰言不可與事君也

其未得之也患得之此以下明鄙夫不可与叓君之由也患得之謂患不能得也言初未

得事君之時恒懃々患己不能得叓君也患得之者患不能得之也楚俗言也楚之風俗其言語如此呼患不得為患得之也既得之患失之々々々患不失之也既得叓君而生厭心故患己不遺失之也苟患失之无所不至矣既患得失在於不定則此鄙心迴邪无所不至或為乱也鄭玄曰无所不至者言邪媚无所不為也

子曰古者民有三疾古謂淳時也疾謂病也其叓有三條在下文也今也或是之亡也今謂澆時也亡無也言今之澆民无復三疾之叓也苞氏曰言古者民疾与今時異也江熙曰今之民无古者之疾而疾遇之也矣古之狂也肆一也古之狂者恒肆意所為好在抵觸以此為疾者也

苞氏曰肆極意敢言之也

今之狂也蕩（々無所拠也猶動也今之狂不復肆直而皆用意澆競流動也復无得拠狀也）

孔安國曰蕩無所拠也

古之矜也廉（二也矜莊也廉隅也古人自矜莊者好大有廉隅以此爲病也李充曰矜厉其行向廉潔也）

馬融曰有廉隅也

今之矜也忿戾（今世之人自矜莊者不能廉隅而回之爲忿戾怒物也）

孔安國曰惡理多怒也（言今人既惡則理自多怒物也李充曰矜善上人物所以不與則及之者至故怒以戾與忿激也）

古之愚也直（三也古之愚者不用其智不知俯仰病在直情恒行故云直也）今之愚

也詐而已矣今之世愚不識可否唯欲欺詐自利者也又一通云古之狂者唯肆情而病於蕩今之狂則不復病蕩故蕩不肆也又古之矜者有廉隅而病於忿戾今之矜者則不復病忿戾而不廉也又古之愚者唯直而病詐今之愚者則不復病詐故云詐而不直也

子曰悪紫之奪朱也紫是間色朱是正色々々宜行間色宜除不得用間色之物以妨奪正色之用也言此者為時多以邪人奪正人故孔子記云悪之者也

孔安國曰朱正色紫間色之好者悪其邪好而奪正色也

悪鄭聲之乱雅樂鄭声者鄭国之音也其音淫也雅糸者其声正也時人多淫声以廢雅樂故孔子悪之者也

苞氏曰鄭声淫声之哀者悪其奪雅樂也

悪利口之覆邦家也利口弁佞之口也邦語侯也家卿大夫也君子辞達而已不用弁佞无実而傾覆國家故為孔子所悪也孔安國曰利口之人多言少實茍能悦媚時君傾覆其國家也

子曰予欲无言孔子怨世不用其言々々為益之少故欲无所復言也子貢曰子如不言則小子何述焉小子弟子也子貢聞孔子欲不復言故疑而問之也言夫子若遂不復言則弟子等輩何所復傳述也言之為益少故欲无言也

子曰天何言哉四時行焉百物生焉天何言哉孔子既以有言无益遂欲不言而子貢怨若遂不言則門徒无述故孔子遂曰天亦不言而四時匝行百物互生此

豈是天之有言使之然乎故云天何言哉也天既不言而更行故我亦欲不言而教行是欲則天以行化也王弼曰子欲无言蓋欲明本举本統末而未物於極者也夫立言垂教将以通性而弊至於湮寄旨傳辞将以正邪而勢至於繁既求道中不可勝御是以修本廢言則天而行化以淳而觀則天地之心見於不言寒暑代為則不言之令行乎四時天豈諄々者哉

孺悲欲見孔子

使人召孔子欲与孔子相見也孺悲魯人也

孔子辭亦以疾

孔子不欲應孺悲之召故辭云有疾不堪往也

将命者出戸

将命者謂孺悲所使之人也出戸謂受孔子疾辭畢而出孔子之戸以去也

取瑟而歌使之聞之

孺悲使者去裁出戸而孔子取瑟以歌欲使孺悲使者聞之也所以然者辭唯有疾而不往悲孺悲聞疾差又召已不止也故孔瑟而歌使々者聞之知孔子辭疾非実病以还白孺悲令孺悲知故不来耳非為疾不来也

孺悲魯人也孔子不

欲見故辭以疾為其將命者不知己故歌令將命者悟所以令孺悲思也李充曰孔子曰不潔己以進与其潔不保其往所以不逆乎互鄉也今不見孺悲者何明非崇道故聖發其蒙矣苟不崇道必有舛寫之心則非教之所崇言之所喻將欲化之未若不見也聖人不顯物短使无日新之塗故辭之以疾猶未足以誘之故絃歌以表旨使抑之而不彰挫之而不絶則矜鄙之心頹而思善之咯長也

宰我問三年之喪期已久矣礼為至親之服至三年宰我嫌其為重故問至期則久不假三年也君子三年不為礼々必壞三年不為樂々必崩宰我又説喪不宜三年之義也君子人君也人君化物必資礼樂若有喪三年則廢於礼楽々々崩壞則无以化民為此之故云宜期而不三年礼云壞楽云崩者礼是形化々々故云壞々是漸敗之

名樂々是氣化々々无形云崩々是隧失之称也故旧穀既没新穀既升宰予又說一期為足意也言夫人情之変本依天道々々一期則方物莫不悉易故旧穀既没尽又新穀已熟則人情亦宜法之而奪也鑽燧改火鑽燧者鑽木取火之名也内則云小觿木燧是也改火者年有四時々々所鑽之木不同若年則鑽之一周変改已遍也一期可已矣宰我断之也穀没又升火鑽已遍故有喪者一期亦為可矣

馬融曰周書月令有更火春取榆柳之火夏取棗杏之火季夏取桑柘之火秋取柞楢之火冬取槐檀之火一年之中鑽火各異木故曰改火也引國語周書中月令之語有改火之事来為詔也更猶改也改火之木随五行之色而変也榆柳色青春是木

々色青故春用楡柳也棗杏色赤夏是火々色赤
故夏用棗杏也桒柘色黄季夏是土々色黄故季
夏用桒柘也柞楢色白秋是金々色白故秋用柞
楢也槐檀色黑冬是水々色黑故冬用槐檀也所
以一年必改火者人若依時而食
其火則得氣又宜令人无灾厉也

子曰食夫稻也衣夫錦也於汝安乎孔子問宰予曰一期為足故舉
問之也夫語助也稻是穀之美者錦是衣中之文華者若一期除喪々々畢便食美衣華在三年之內為
此変於汝之心以此為安不乎也曰安宰我荅孔子也云期而食稻衣錦以為安也曰汝
安則為之孔子聞宰我之荅云安故孔子云汝言此為安則汝自為之也夫君子之
居喪食旨不甘聞樂不樂居處不安故不為也孔子又為
宰我說三年內不可安於食稻衣錦也言夫君子之人居親喪有心如斬截故无食美衣錦之理假令食

於美食亦不甘以為甘聞於韶樂亦不為雅樂設居
処華麗亦非身所安故聖人依人情而制苴廉之礼
不設美糸之具故
云不為糸也音岳
今汝安則為之
陳旧吏既竟又更
語之也昔君子之
所不為今汝若以一期猶此為安
則自為之再言之此者責之深也
孔安國曰旨
美也責其无仁恩於親故再言汝安則為之
或問曰喪
服傳曰既練及素食鄭玄曰謂復平生時食也若
如彼傳及注則期外食稲非嫌孔子何以怙耶答
曰北人重稲々為嘉食唯盛饌乃食之耳平常
所食々黍稷之屬也云及素食則謂此也
宰我出
宰我得孔子之
罵竟而出去也
子曰予之不仁也
仁猶恩也
言宰我无
恩愛之心故曰予之不
仁也予宰我之名也
子生三年然後免於父母之
懐
又解所刃不仁之吏也宗聖人為礼制以三年有
二義一是抑賢一是引愚抑賢者言夫人子於父

母有終身之恩昊天罔極之報但聖人爲三年冝理
人倫超施故因而裁之以爲限節者也所以者何夫
人是三才之一天地資人而成人之生世誰无父母
〻〻若喪必使人子滅性乃身服長凶人〻以尒則二
儀便廢爲是不可故斷以年月使送死有已復生有
節尋制服致節本應斷期〻〻是天道一變人情亦
冝隨之而易但故改火促期不可權終天之性鑽燧
過隙無消創鉅之文故隆倍以再變〻〻是二十五
月始末三年之中此是抑也一是引愚者言子生三
年之前未有知㒸父母養之㝡鍾懷袍及至三年以
後与人相闚飢渴痛癢有須能言則父母之懷稍得
寛免今既終身難遂故報以極時改必至三年此是
引也而宰予既爲其父母所生亦必爲其父
母所懷矣將欲罷之故先發此言引之也

馬融曰子生未三歲爲父母所懷抱也

夫三年之喪天下之通喪也人虽貴賤不同以爲父母懷抱故制喪服不以尊卑

致殊因以三年為極上自天子下至庶人故云天下
通喪也且汝是四科之限豈宜不及无儀之庶人乎
故言通喪
引之也
孔安國曰自天子達於庶人也
予也有三年之愛於其父母乎予宰我名也為父母愛也故限三年今宰
我欲不服三年是其誰有三年之愛於其父母不乎
一云愛惜也言宰我何忽愛惜三年於其父母也
孔安國曰言子之於父母欲報之德昊天罔極而
予也有三年之愛也依注亦不得為前兩通也繆播曰尒時禮壞樂崩云三年
不行宰我大懼其性以為聖人无微旨以戒將來
故假時人云謂俗情於夫子哉在屈己以明道也
予之不仁者荅曰時人夫礼人失礼而予謂為然
是不仁矣言不仁於万物又仁者施与之名非奉
上之絲若予安稻錦處此三年乃不孝之甚不得
直云不仁李充曰子之於親終身莫已而今不過

三年者示民有終也而予也何忍三年而云久乎余謂孔子目四科則宰我冠言語之先安有知言之人而發違情犯礼之問乎將以喪礼漸衰孝道稍薄故起斯問以發其責則所益者弘多也

子曰飽食終日無所用心難矣哉夫人若飢寒不足則心情所期於衣食々々々々則无暇思慮它叓若无事而飽衣食終日則必思計為非法之事故云難矣哉言難以為処也

不有博奕者乎為之猶賢乎已博者十二棊對而擲采者也奕囲棊也賢猶勝也已止也言若飽食而无叓則必思為非法若曽是无業而能有棊奕以消食余日則猶勝无事而直止住者也

馬融曰為其無所拠樂善生淫慾也

子路曰君子尚勇乎子路既有勇常言勇可崇尚故問於孔子君子之人常尚勇乎袁氏曰見世尚須勇故謂可尚乎

子曰君子義以為上孔子荅曰君子唯所尚於

義以為上也

君子有勇而无義為乱君子既尚義若元義必作乱也李充曰既称君子又謂職為乱階也若遇君親失道国家昏乱其於赴患致命而不知居正顧義者則亦畏蹈乎為乱而受不義之責也

小人有勇而無義為盜異於君子不敢作乱乃為盜竊而已

子貢問曰君子亦有惡乎惡謂憎疾也旧說子貢問孔子曰天下君子之道有所憎疾以不乎江熙曰君子即夫子也礼記云昔者仲尼与於蜡賓叓畢出喟然而歎言偃曰君子何歎乎

子曰有惡孔子荅言君子亦有所憎惡也

惡称人之惡者此以下並是君子所憎惡之事也君子掩惡揚善故憎人称揚他人之惡事者也

苞氏曰好称說人之惡所也為惡也

惡居下流而訕上者訕猶謗毀也又憎惡為人臣下而毀謗其君上者也故礼記云

君臣之礼有諫而无訕是也孔安國曰訕謗毀也

惡勇而无礼者勇而无礼則乱故君子亦憎惡之也惡果敢而窒者窒々塞也又憎好為果敢而塞人道理者也若果敢不塞人道理者則亦所不惡也

馬融曰窒々塞也

曰賜也亦有惡也子貢聞孔子說有惡已竟故云賜亦有所憎惡也故江熙曰已亦有所賤惡也惡徼以為智者此子貢說已所憎惡之事也徼抄也言人生發謀出計必當出己心儀乃得為善若抄他人之意以為己有則子貢所憎惡也

孔安國曰徼抄也惡抄人之意以為己有之

惡不遜以為勇者勇須遜從若不遜而勇者子貢所憎惡也然孔子曰惡不遜為勇者

二叓人相似但孔子所明々々体先自有勇而後行之无礼者子貢所言本自无勇故假於孔子不遜以為勇也

惡訐以為直者訐謂面發人之陰私也人生為直當自已不犯觸他人則乃是善若對面發人陰私欲成己直者亦子貢所憎惡也然孔子所惡者有四子貢有三亦亦滅師也

苞氏曰訐謂攻發人之陰私也

子曰唯女子與小人為難養也女子小人並稟陰閑氣多故其意淺促所以難可美立也

近之則不遜此難美之事也君子之人々愈近愈敬而女子小人近之則其羕抑而為不遜從也

遠之則有怨君子之交如水亦相忘江湖而女子小人々若遠之則生怨恨言人不接己也

子曰年四十而見惡焉其終也已人年未四十則德行猶進當時雖未能善猶望可及若年四十已在不惑之時猶為眾人共所見憎惡者則當終其生

无復有善理故云其終也已

鄭玄曰年在不惑而爲人所悪終无善行也

論語微子第十八　何晏集解　凡十一章

疏微子者殷紂庶兄也明其觀紂凶惡必喪天
位故先拂衣歸周以存宗祀也所以次前者明
天下並惡則賢宜遠避故以微子次陽貨也曷曰
此篇論天下无道礼壞樂崩君子仁人或死或去
否則隱淪岩野周流四方因記周公戒魯公之語
四乱生八士之名以前篇言群小在位則必致仁
人失处故以
篇次之也

微子去之微子者名啓是殷王帝乙之元子紂之庶
兄也殷紂暴虐残酷百姓日月滋甚不從
諫争微子觀國必亡社稷顛殞己身是元長宜存
係嗣故先去殷投周早為宗廟之計故是云去之

箕子為之奴箕子者紂之諸父也時為父師是三公之
財屢諫不從知国必殞己身非長不能輒
去財任寄重人不可死故佯狂而受因為奴故云為
之奴也鄭巨尚書曰父師者三公也時箕子為奴

比干諫而死比干亦紂之諸父也時為小師〻是三孤之職也進非長適无存宗之去退非台輔不俟佯狂之留且生難死易故正言極諫以至割心而死故云諫而死也鄭注尚書云少師者大師之佐孤卿也時比干為之死也

馬融曰微箕二國名是殷家畿內菜地名也子爵也殷家畿外三等之爵公侯伯也畿內唯子爵而箕微二人並食箕微之地而子爵也微子紂之庶兄鄭云注尚書云微子与紂同母當生微子母猶未正及生紂時已得正為妻也故微子大而庶紂小而嫡也箕子比干紂之諸父也二人皆是帝乙之弟也微子見紂無道早去之故尚書云微子乃告父師少師曰王子弗出我乃顛躋是遂去敢飯周後封微子於宋以為殷後也箕子佯狂為奴比干以諫而見殺

也故武王勝紂釈箕子因以箕子皈作洪範而彝倫攸叙封比干墓天下悅服也

孔子曰殷有三仁焉孔子評微子箕子比干其迹虽異而同為仁故云有三仁焉所以然者仁以憂世忘己身為用而此三人変迹虽異俱是為憂世民也然若易地而処則三人皆互能耳但若不有去者則誰保宗祀耶不有佯狂者則誰為親寄耶不有死者則誰為亮臣節耶各尽其所宜俱為臣法於教有益故称仁也仁者愛人三人行各異而同称仁以其俱在憂乱寧民也

柳下恵為士師柳下恵展禽也士師獄官也恵時為獄官也孔安國曰士師典獄之官也

三黜黜々退也恵為獄官无罷而三過被黜退也人曰子未可以去乎人或也

去謂更出國往他邦也或人見惠无罪而三被見逐故問之云子為何吏未可以去此乎欲令其去也

曰直道而事人焉往而不三黜 柳荅或人云已所以不去之意也言時人世皆邪曲而我独用直道々々事曲故无罪而三黜耳若用直吏不正非唯我國見黜假令至彼々國復曲則亦當必復見黜故云焉徃而不三黜也禽是三黜故不假去也故李充曰舉世喪乱不容正直以国觀国何徃不黜也

孔安國曰苟直道以事人所至之國俱當復三黜也

枉道而吏人何必去父母之邦 枉曲也又對或人也父母邦謂今旧居桑梓之国也言我若能捨直為世々則是地皆合既徃必皆合亦何必遠離我之旧邦而更他適耶故曲直

並不須去也孫綽曰言以不枉道而求留也若道而可枉雖九生不足以易一死柳下惠之无此心明矣故每仕必直々必不用所以三黜也

齊景公待孔子々々往齊而景公初欲処待孔子共為政化也曰若季氏則吾不能景公慕聖不篤初雖欲待而未又生悔發此言也季氏者尊之上卿也揔知魯政專任一国今景公曰若使我以國政委任孔子如魯之任季氏則可不触也以季孟之間待之孟者魯之下卿也不被任用者也景公言我不能用孔子如魯処季氏又不容令之无叓如魯之処孟氏也我當以有事无叓之間処之故云以季孟之間待之也

孔安國曰魯三卿季氏為上卿最貴孟氏為下卿不用叓言待之以二者之間也

曰吾老矣不能用也景公初雖云待之於季孟之間而求又悔故自託吾老不能復

用孔子也。孔子行。孔子聞不能用己故行去也江熈麟不能為豺步鳳不能為集摯夫子所陳必也正道也景云不能用故託吾老可合則往於離則去聖人无常者也

以聖道難成故云老矣不能用也

齊人歸女樂。皈猶餉也女樂女伎也齊餉魯定公女伎致時孔子在魯齊畏魯強故餉魯於女条欲使孔子去也季桓子受之。季子使定公受斉之餉也三日不朝。桓子既受之仍与定公奏之三日廢於朝礼者也孔子行。既君臣淫樂故孔子遂行也江熈曰夫子色此举矣无礼之朝安可以処乎

孔安國曰桓子季孫斯也使定公受斉之女樂君臣相与觀之廢朝礼三日也

楚狂接輿歌而過孔子之門。接輿楚人也姓陸名通字接輿昭王時政令无

常乃被髮佯狂不仕時人謂之為楚狂也時孔子適楚而接輿行歌從孔子边過欲感切孔子也

孔安國曰接輿楚人也佯狂而来歌欲以感切孔子也

曰鳳兮々々何德之衰也此接輿歌曲也知孔子有聖德故以比鳳但鳳鳥待聖君乃見今孔子周行屢適不合所以是鳳德之衰也

孔安國曰比孔子於鳳鳥也鳳鳥待聖君而乃見非孔子周行求合故曰衰之也

往者不可諫也言屢適不合是已示往事不復可諫是既往不咎也

孔安國曰已往所行不可復諫止也

来者猶可追也来者謂未至之事也未至之事可追正而使莫復周流天下也

孔安國曰自今以来可追自止避乱隱居也

已而已而今之從政者殆而已而者言今世乱已甚也殆而者言今從政者皆危殆不可復教治之者也

孔安國已而者言世乱已甚不可復治再言之者傷之甚也

孔子下欲与之言下々車也孔子初在車上聞接輿之歌感切於已々故下車欲与之趨而避之不得与之言也趨疾走也共語也江熈曰言下車明在道聞其言也接輿見孔子下車欲与已言已故急趨避之所以令孔子不得与之言也江熈曰若接輿与夫子對共情言則非狂也達其懷於議者修其狂迹故疾行而去也

苞氏曰下々車也

長沮桀溺二人皆隱士也耦而耕二人既隱山野故耦而共耕也孔子過之孔子行從沮溺二人所耕之处過之使子路問津焉津渡水处也時子路從孔子行故孔子使子路訪問於沮溺覓渡水津之处也究外曰欲顕之故使問也

鄭玄曰長沮桀溺隱者也耜廣五寸二耜為耦耕用耒是今之鈎轉耜是今之釵廣五寸〻〻則不成伐故二人並耕兩耜並得廣一尺〻〻則成伐也故云二耜為耦也津濟渡处也

長沮曰夫執輿者為誰乎子路行問津先問長沮〻〻不善津处而先反問子路也執輿猶執轡也子路初在車上即与御〻〻者執凄今既下車而往問津渡則廢凄与孔〻〻時執凄故長沮問子路曰夫在車中執凄者是為誰子乎子路曰為孔丘子路荅曰車中執凄

者是孔丘也然子路問長沮稱師名者聖師欲令天下而知之也

曰是魯孔丘歟

長沮更定之也此是魯国孔丘不乎

對曰是也

荅曰是魯孔丘也

曰是知津矣

沮閔魯孔丘故不語津處也言若是魯之孔丘此人數周流天下无所不至必知津處也无俟我今復告也

馬融曰言数周流自知津處也

問於桀溺

長沮不荅子路又問桀溺

桀溺曰子為誰

又問子路汝是誰也

曰為仲由

子路荅言我是姓仲名由也

曰是魯孔丘之徒歟

又問言汝名由是孔丘之門徒不乎

對曰然

子路荅曰是也

曰滔々者天下皆是也而誰以易之

滔々者猶周流也天下皆是謂一切皆悪也桀溺又云孔子何支周流者乎當今天下治乱如一捨此適波定誰可易之者乎言皆悪也

孔安國曰滔々者周流之皃也言當今天下治乱同空舍此適彼故曰誰以易之也

且而與其從避人之士也豈若從避世之士哉桀溺又微以此言招子路使從已隱也故謂孔子為避人之士則其自謂已為避世之士也言汝今從於避人之士豈如從於避世之士乎

士有避人之法有避世之法長沮桀溺謂孔子為士從避人之法也已為士則從避世之法也若如注意則非但令子路從已亦謂孔子從已也

耰而不輟耰覆種也輟止也二人与子路且語且耕覆種不止也覆種者植穀之法先散後覆

鄭玄曰耰覆種也輟止也覆種不止不以津処告

也

子路行以告子路問二人々々皆不告反於倚問而覆種不止故子路備以此事还車上以

夫子撫然々々猶驚愕也孔子聞子路告故愕怪彼不達己意而說己也

為其不達己意而便非己也

曰鳥獸不可與同群也孔子既撫然而必曰隱山林者則鳥獸同群出世者則与世人為徒旅我今應出世自不得居於山林故曰鳥獸不可与同群也

孔安國曰隱居於山林是與鳥獸同群也

吾非斯人之徒與而誰與言必与人為徒也亦云我既出世應与人為徒旅故云吾非斯人徒与誰与言必与人為徒也

孔安國曰吾自當與此天

下人同群安能去人從鳥獸居乎

天下有道丘不與易也言凡我道雖不行於天下〻〻有道者而我道皆不至与彼易之是我道大彼道小故也

孔安國曰言凡天下有道者丘皆不與易之已大而人小故也江淵曰易稱天下同飯而殊塗一致而百慮君子之道或出或處或默或語所以為飯致者期於內順生從外援教旨也惟此而已乎凡教或即我以導物或報彼以明節以救急疾猶當年而發逸操於沮溺排披抗言於子路知非問津之求也于時風政日昏彼此无以相易良所以猶然斯可已矣彼故不屠[illegible]就不轂其業不酌栖々之問所以遂節於世而[illegible]以於聖教者存矣道喪于茲感以叀叉是以夫子抗然曰鳥獸不可与同群也明夫理有大師吾所不獲[illegible]也

若欲潔其身韜其蹤同群鳥獸不可与斯民則所
以居大倫者廢矣此即戊以致言不可以秉彼者
也丘不与易蓋物之有道故大湯武不行夷斉由
管仲而无説邵忽今彼有其道我有乙道不執我
以求彼不係彼以易我夫可滯哉沈居士曰世乱
賢者宜隱而全生要人宜出以弘物故自明我道
以救大倫彼之絕迹隱世実由世乱我之蒙世栖
遑亦以道喪此即彼与我同患世也彼実中塵无
道宜隱不達教者也我則至往宜理大倫不賢已
者也我既不失彼亦无達无非可相非且沮得是
視子路亦不視夫子謂子路宜従己不言仲溺也
自我道不可復与鳥獸同群宜与人従本非尼彼
也彼居林野居然不得不群鳥獸々々避言外
以為高行初不為鄙也但我自得耳以体大世正
宜弘世也下云天下有道丘不与易也々々天居人
自名有道我不以我道易大亦不易彼言我下名
処其宜也如江瀷所云説湯武而
亦賢夷斉義管仲亦不説召忽也

子路從而後孔子与子路同行孔子先發子路在後隨之求得相及故云從而後也遇

丈人以杖荷篠遇者不期而會之也丈人者長宿之称也荷擔揚也篠竹器名子路在孔子後未及孔子而与此丈人相遇見此丈人以杖擔一器籮簏之屬故云以杖荷篠也

苞氏曰丈人老者也篠竹器名也

子路問曰子見夫子乎子路既見在後故借問丈人見夫子不乎丈人曰

四體不勤五穀不分孰為夫子四体足手也勤々勞也五穀黍稷之屬也分播種也孰誰也子路既借問丈人々々故荅子路也言當今乱世汝不勤勞四体以播五穀而周流遠走問誰為汝之夫子而問我索之手懐人曰其人已委曲識孔子故譏之四体不勤不能如禹稷躬殖五穀誰為夫子而索耶

苞氏曰丈人曰不勤勞四体不分殖

五穀誰為夫子而索之耶

植其杖而芸植豎也芸除艸也丈人荅子路竟至中田而豎其所荷篠之杖當挂篠於杖頭而植豎之竟而芸除田中穢艸也

孔安國曰植倚也除艸曰芸杖以為力以一手芸艸故云植其杖而芸也

子路拱而立拱沓手也子路未知所以荅故沓手而高立以觀丈人之芸也

未知所以荅也

止子路宿子路住倚當久已至日暮故丈人留止子路停宿也殺雞為黍

而食之子路停宿故丈人家殺雞為臛作黍飯而食子路也見其二子焉丈人知子路是賢故又以丈人兒見於子路也

明日子路行至明日之旦子路得行逐孔子也

以告子路行及孔子而具以昨丈人所言及雞黍見子之事告孔子道之也子曰隱者也孔子聞子路告丈人之事故云此丈人是隱處之士也使子路反見之孔子既曰丈人是隱者而又使子路反還丈人家須与丈人相見以己吏說之也其吏在下文至則行矣子路及至丈人家而丈人己復出行不在也孔安國曰子路及至其家丈人出行不在也

子路曰不仕无義丈人既不在而子路留此語以与丈人之二子令其父還述之也此以下之言悉是孔子使子路語丈人之言也言人不生則己既生便有在三之義父母之恩君臣之義人若仕則職於義故云不仕无義也鄭玄曰留言以語丈人之二子也

長幼之節不可廢也君臣之義如之何其可廢也既長幼之恩又有君臣之義汝知見汝二々識長幼之節不可廢闕而如何廢於君臣之善而不仕乎孔安國曰言汝知父子相養不可廢及可廢君臣之義耶

欲潔其身而乱大倫々々謂君臣之道理也又言汝不仕濁世乃是欲自清潔汝身耳如為乱君臣之大倫可也苞氏曰倫道也理也

君子之仕也行其義也又言君子所以仕者非貪榮祿富貴政是欲行大義故也

道之不行也已知之矣為行義故仕耳濁世不用我道而我亦亥自知之也

苞氏曰言君子之仕所以行君臣之義也不自必

道得行孔子道不見用自已知之也

逸民逸々民々者謂民中節行超逸不拘於世者也其人在下伯夷一人名也叔齊二人也虞仲三人也夷逸四人也朱長五人也柳下惠六人也小連七人也

逸民者節行超逸者也范氏曰此七人皆逸民之賢者也

子曰不降其志不辱其身者伯夷叔齊與逸民雖同而其行支有異故孔子評之也夷齊隱居餓死是不降志也不仕乱朝是不辱身也是心迹俱超逸也

鄭玄曰言其直已之心不入庸君之朝直已之心不降志也不入庸君之朝是不辱身也

謂柳下恵少連降志辱身矣此二人心逸而迹不逸也並仕魯朝而柳下恵三黜則是降志辱身也言中倫行中慮其斯而已矣雖降志辱身而言行必中於倫慮故云其斯而已矣

孔安國曰但能言應倫理行應思慮若此而已張憑曰彼被禄仕者乎其処朝也唯言不廢大倫行不犯色思慮而已豈以世務嬰其心哉所以為逸民也

謂虞仲夷逸隱居放言放置也隱居幽処廢置世務々々不須及言之者也矣

苞氏曰放置也不復言世務也

身中清廢中權身不仕乱朝是中清潔也廢免於世患是合於權智也故江熙曰超然

出於埃塵之表身中清也晦明以遠害發動中權也

馬融曰清純潔也遭世乱自廢弃以免患合於權也

我則異於是无可無不可我則退不拘於世故与物无異所以是无可无不可也江濈曰夫迹有相明教有相資若數子者支既不同而我亦有以異矣然聖賢致訓相為内外彼協契於注載我極溺於此世末以我異而抑物不以彼異而通帶此吾所謂無可无不可者耳豈以此自々也已所以異哉我迹之異蓋著于當時彼數子者亦不宜各滿於所執矣故舉其往行而存其會通將以導夫方類所挹仰乎

馬融曰亦不必進亦不必退唯義所在也或問曰前七人而此唯評於六人不見未度何乎荅曰王弼曰朱張字子弓荀卿以比孔

子今序六人而闕朱張者明趣舍与己合同也

大師摯適齊

自此以下皆魯之樂人名也日君无道礼乐崩壞樂人散走所不向也大師乐師也名摯其散逸適往於齊国也

亞飯干適楚

亜次也飯飡也干其名也古天子諸侯飡必共奏乐每食各有乐人亜飯干是第二飡奏樂人也其奔逸適於楚国然周礼大司樂王朔望食乃奏乐日食不奏也夏殷則日奏也故王制及玉藻皆云然也

苞氏曰亞次也次飯樂師摯干皆名也

三飯繚適蔡

繚名也第三飡奏樂人散逸入蔡国也

四飯缺適秦

缺名也第四飡奏乐人奔散入秦国也

苞氏曰三飯四飯樂章名也各異師繚缺皆名也

鼓方叔入于河鼓能擊鼓者也方叔名也亦散逸入河内之地居也

苞氏曰鼓擊鼓者方叔名也入謂居其河内也

播鞀武入于漢播猶搖也鞀々鼓也其人能搖鞉鼓者也名武亦散奔入漢水内之地居也

孔安國曰播猶搖也武名也

少師陽擊磬襄入于海小師名陽又擊磬人名襄二人俱散奔入海内居也

孔安國曰魯哀公時礼毀樂崩条人皆去陽襄皆名也

周公謂魯公周公旦也魯公周公之子伯禽也周公欲教之故云　謂魯公也孫綽曰此是周公顧命魯公所此之辞也

孔安國曰魯公周公之子伯禽封於魯也

曰君子不施其親此周公所命之辞也施猶易也言君子之人不以他人易己之親是固不失其親也

孔安國曰施易也不以他人親易其親也孫綽曰不施猶不偏也謂人以不惠偏所親使魯心崇至公也張憑曰君子於人義之与比无偏施於親々然後九族与庸勳並隆仁心与至公俱著也

不使大臣怨乎不以々々用也為君之道當委用大臣々若怨君不用則是君之失也

孔安國曰以用也怨不見聽用也

故旧无大故則不弃也故旧朋友也大故謂悪逆也朋友之道若无大悪逆之叓則不得相速弃也

无求備於一人无具足不得責必備是君子易叓之徳也

孔安國曰大故謂悪逆之事也

周有八士旧云周世有一母身四乳而生於此八子々々並賢故記録之也伯達伯适仲突仲忽叔夜叔夏季隨季騧侃案師説曰非謂一人四乳々猶俱生也有一母四過生々輙双二子四生故八子也何以知其然就其名兩々相隨似是双生者也

苞氏曰周時四乳得八生皆為顕士故記之耳

論語義疏巻第九

論語義疏卷第十

論語子張第十九

梁國子助教吳郡皇侃撰　睦子

何晏集解

疏子張者弟子也明其君若有難臣必致死也所以次前者既明君惡臣宜拂衣而即去若人〻皆去則誰為匡輔故此次明若未得去者必宜致身故以子張次微子也○曷曰此篇記士行交情仁人勉學或接聞夫子之語或弁揚聖師之德以其皆弟子所言故差次諸篇之後也　正義曰訖此篇凡有二十四章大分為五段統明弟子稟仰記言行皆可軌則第一先述子張語第二明子夏記語小德出入可也第三子遊語第四曾參語第五子貢語就子張語自有二章也

子張曰士見危致命此是第一此一篇皆是弟子語无孔子語也士者知義理之名是語外朝之士也並若見國有危難必不愛其　當以死救之是見危致命也士既如此則大夫以上可

如也

孔安國曰致命不愛其身也

見得思義此以下並是士行也得々祿也必不素飡義然後取是見得思義也祭思敬士始得立廟守其祭祀祭神如神在是祭思敬也喪思哀方喪三年如為君如父母必窮苴斬是喪思哀也其可已矣如上四事為士如此則為可也江熈曰但言若是自可也

子張曰執德不弘信道不篤焉能為有焉能為亡弘大也篤厚也亡无也人執德能至弘大信道必使篤厚此人於世乃為可重若雖執德而不弘雖信道而不厚此人於世不足可重如有如无故云焉能為有焉能為亡也江熈曰有能不能弘大仁道不務厚至雖有其懷道德淺然不能然為損益也

孔安國曰言無所輕重也世无此人則不足為輕世有此人亦不足為重故云无所輕重之也二章訖此是子張語是苐一

子夏之門人問交於子張此下是第二是子交語自有上一章子夏弟子問子張求交友之道也孔安國曰問與人交接之道也子張曰子夏云何子張反問子夏之門人云汝師所導故曰云何也對曰子夏曰可者與之其不可者距之子夏弟子對子張述子夏言也言子夏云結交之道若彼人可者則與之若彼人不可者則距而不交也子張曰異乎吾所聞子張聞子夏之交与己異故云異乎吾所聞也君子尊賢而容衆嘉善而矜不能彼所異我々故更說我所聞也言君子取交之法若見賢者則尊重之衆來皈我々則容之々中有善者則嘉而美之有不善不能者則矜而不責不得可者與不可者距之我之大賢與於人何所不容更說不宜不可者距之也該他人欲与我交我若是大賢則他

人必与我故云於人何所不容也我之不賢與人將距我又云若我設不賢而他人必亦距我而不矜也如之何其距人也我若矜人々必矜我々若距人々必距我故云如之何其距人也

苞氏曰友交當如子夏疏欲与為友故宜可者与之不可者距也汎交當如子張若德悠々汎交則嘉善矜不能也明二子各一是也鄭玄曰子夏所云倫黨之交也子張所云尊卑之交也王肅曰子夏所云敵躰交子張所云覆蓋交也欒肇曰聖人体備賢者或偏以偏師備學不能同也故準其所資而立業焉猶易云仁者見其仁智者見其智寬則得衆而過濫偏則寡合而身孤明各出二子之偏性亦未能兼弘夫子度也

子夏曰雖小道必有可觀者焉小道謂諸子百家之書也一往看覽亦徹

有片理故云必
有可觀者焉
小道謂異端也
致遠恐泥
致至也遠久也泥謂泥難也小道雖一往
可觀若持行事至遠徑也則恐泥難不能
通也
苞氏曰泥難不通也
是以君子不為也
為稽學也既致遠必恐泥故君子
之人康持正典不學百家也江
熈曰聖人所以訓世軌物者遠有体趣故文質可
改而処无及也至夫百家競説非无其理然家人之
規模不及於経国應止於為身无
貽厥孫謀是以君子舍彼取此也
子夏曰日知其所亡
此勸人学也亡无也无謂從來未
經所識者也今人日新其德日
日知所未識者
今識録之也
孔安國曰日知其所未聞也
月无忘其所能
〻〻謂己識在心者也旣自日〻識
所未知又月〻无忘其所能故云識

之也可謂好學也已矣能如上事故可謂好學者也然此即是溫故而知新也日知其所亡是知新也月无忘所能是溫故也可謂好學是謂爲師也

子夏曰博學而篤志亦勸學也博廣也篤厚也志識也言人當廣學經典而深厚識錄之不忘也

孔安國曰廣學而厚識之也

切問而近思切猶急也若有所未達之事宜急諮問取解故云切問巳近思者若有所思則宜思己所已學者故曰近思也

切問者切問於己所學而未悟之事也近思者近思於己所能及之事也若汎問所未學遠思所未達則於所學者不精於所思者不解也

仁在其中矣能如上事雖未是仁而方可能為仁故云仁在其中矣子夏曰百工居肆以成其事亦勸學也先為設譬百工者巧師也言百者舉全數也居肆者其居常所作物器之処也言百工由日々居其常業之処則其業乃成也君子學以致其道致々至也君子由學以至於道如工居肆以成事也苞氏曰言百工処其肆則事成猶君子學以立其道也江熙曰亦非生巧也居肆則是見廣々々而巧成君子未能躰足也學以廣其思々々廣而道成也

子夏曰小人之過也必則文君子有過是已誤行非故為之也故知之則改而小人有過是知而故為故愈文飾之不肯言已非也故繆播曰君子過由不及々々而失之非心之病務在改行故无吝也其失之理明然後能之理着得失既辨政過可改也小人之過生於情僞故不能不飾々

則跡張乃是謂過也

孔安國曰文飾其過不言其情實也

子夏曰君子有三變〻者有三其事但在一時也望之嚴然十也君子其衣冠嚴然人望而畏之也即之也溫二也即就也就近而視則其体溫〻潤也而人不憎之也袁氏注曰溫和潤也聽其言也厲三也厲嚴正也雖見其和潤而出言其嚴正也所以前卷云君子溫而厲是也

鄭玄曰厲嚴正也李充曰厲清正之謂也君子敬以直內義以方外辭正体直而德容自然發人謂之變耳君子无變也

子夏曰君子信而後勞其民君子謂國君也國君若能行信素著則民知其非私故勞役不憚故云信而後勞其民也未信則以為厲己也厲病也君若信未素

著而動役使民〻則惡君行私而横見病役於已也江熙曰君子克厉德也故民素信之服劳役故知非私信不素立民動以為病已而奉其私也

王肅曰厉病也

信而後諫此謂臣下也臣下信若素著則可諫君〻乃知其惜或非虛故從之也未信則以為謗己也臣若信未素立而忽諫君〻則不信其言〻〻其所諫之事是謗於已也江熙云人非忠誠相与未能諫也然投人夜光鮮不案劍易曰貴孚在道明无素信不可輕致諫之也

子夏曰大德不踰閑大德上賢以上也閑猶法也上德之人常不踰越於法則也

孔安國曰閑猶法也

小德出入可也小德中賢以下也其立德不能恒全有時蹔至有時不及故曰出入也不素具備故曰可也

孔安國曰小德不能不踰法故曰出

入可也子夏語十章訖此也

子遊曰子夏之門人小子當洒掃應對進退則可矣此下弟三子遊語自有二章門人小子謂子夏之弟子也子遊言子夏諸弟子不能廣学先正之道唯可洒掃字當對賓客進退威儀之禮於此乃則為可也耳矣抑末也本之則无如之何抑助語也洒掃以下之事抑但是末事耳若本事則无如之何也本謂先王之道也

苞氏曰言子夏弟子但於當對賓客修威儀禮節之事則可然此但是人之末事可不可无具本也故云本之無則如之何也

子夏聞之曰噫噫不平之声也子夏聞子遊鄙已門人故為不平之声也

孔安國曰噫不平之聲也

言游過矣既不平之而又云言游之說實爲過矣君子之道孰先傳焉孰後倦焉既云子游之說是過故更說我所以先教以小事之由也君子之道謂先王之道也孰誰也言先王大道即既深且遠而我知誰先能傳而後能倦懈者故云孰先傳焉孰後倦焉既不知誰故先歷試小事然後乃教以大道也張憑曰人性不同也先習者或早懈晚学者或後倦當要功於歲終不可以限也

苞氏曰言先傳大業者必厭倦故我門人先教以小事後將教以大道也熊埋曰凡童蒙初學固宜闇漸日進階麁入妙故先且啓之以小事後將教之以大道也

譬諸草木區以別矣言大道与小道殊異譬如艸木異類區別学者當以次不可一

往學致生猒倦也
馬融曰言大道與小道殊異譬如草
木異類區別言學當以次也
君子之道焉可誣也君子大道既深故傳學有次豈可發初使誣罔其儀而并學之
乎　馬融曰君子之道焉可使誣言我門人但能
洒掃而已也
有始有終者其唯聖人乎唯聖人有始有終學能不倦故可先學大道耳自非
聖人則不可不先從小起也張憑曰譬諸艸木或
春花而夙落或秋榮而早實君子之道亦有遲速焉
可誣也唯聖人始終如一
可謂永无先後之異也
孔安國曰始終如一唯聖人耳也

子夏曰仕而優則學亦勸學也優謂行有餘力也若仕官治官々法而已力有優餘則更可研學先王典訓也馬融曰行有餘力則可以學文也子游曰

學而優則仕學既无當於立官々々不得不治故學業優足則必進仕也

喪致乎哀而止致猶至也雖喪禮主哀然孝子不得過哀以滅性故使各至極哀而止也

孔安國曰毀不滅性也

子游曰吾友張也為難能也張子張也子游言吾同志之友有於子張容皃堂偉難爲人所能及故云為難能也

苞氏曰言子張之容儀之難及者也

然而未仁袁氏曰子張容皃難及但未能体仁也曾子曰堂々乎張也

此以下是第四曾參語自有四章堂々儀容可怜也而仁行淺薄故云難並爲仁並竝也難與並爲仁矣言子張盛容皃堂々

鄭玄曰言子張容儀盛而於仁道薄也江熙曰堂々德宇廣也仁行之極也難與並仁蔭人上也然江熙之意是子張仁勝於人故難與並也

曾子曰吾聞諸夫子曾子挹有所聞於孔子也其事在下人未有自致者也必也親喪乎此所聞於孔子之事也致極也言人於他行乃可有時不得自極然及君親喪則必宜自極其哀故云必也親喪乎也

馬融曰言人雖未能自致盡於他事至於親喪必自致盡也

曾子曰吾聞諸夫子孟莊子之孝也其他可能也人子

為孝皆以愛敬而為躰而孟莊子為孝非唯
愛敬〻〻之外别又有事故云其他可能也其不改
父之臣與父之政是難也此是其他可能之事也時
人有喪三年之内皆改易
其父平生時臣及於政事而莊子居喪父臣父政雖
有不善者而莊子猶不忍改這之能如此者所以是
難也
馬融曰孟莊子魯大夫仲孫速也謂在諒闇
之中父臣及父政雖不善者不忍改之也
孟氏使陽膚為士師孟氏魯下卿也陽膚曾子之弟
子也士師獄官也孟氏使陽膚
為己家
獄官也
苞氏曰陽膚曾子弟子也士師典獄官
也
問於曾子〻〻曾參也陽膚將為獄官
而還問師求其法術也曾子曰上失

其道民散久矣曾子荅之使為法也言君上若善則民下不犯罪故堯舜之民比屋可封君上若惡則民下多犯罪故桀紂之民比屋可誅當于今時君上失道既久故民下犯罪離散者衆故云久也

如得其情則哀矜而勿喜如猶若也若得其情謂責覈得其罪狀也言汝為獄官職之所司不得不辨覈雖然若得罪狀則當哀矜隱念之慎勿自喜言汝能得人之罪也所以必須哀矜者民之犯罪非其本懷政是由從君上故耳罪既非本所以宜哀矜也

馬融曰民之離散為輕漂犯法乃上之所為也非民之過也當哀矜之勿自喜能得其情也

子貢曰紂之不善也不如是之甚也此以下是第五子貢語自有五章紂者殷家无道君也无道失國而後世經是惡事皆云是紂昔所為然紂昔者為惡實不甚頓如此之

甚故云不如是之甚也

是以君子惡居下流天下之惡皆歸焉　下流謂為惡行而処人下者也言紂不遍為衆惡而天下之惡事皆云是紂所為故君子立身悪為居人下流若一居下流則天下之罪并歸之也

孔安國曰紂為不善以喪天下後世憎甚之皆以天下之惡歸之於紂也

蔡謨曰聖人之化由群賢之輔闇主之乱由衆悪之常是以有君元臣宋襄以敗衛靈无道夫奚其喪言一紂之不善其乱不淂如是之甚身居下流天下悪人皆皈之是故亡也若如蔡謨意是天下悪人皆助紂為悪故失天下耳若直置一紂則不能如此甚也

子貢曰君子之過也如日月之蝕也　日月蝕非日月故為君子之過非君子故為故云如日月之蝕也

過也人皆見之　日月之蝕人並見之如君子有過不

隱人亦見之也

更也人皆仰之 更改也日月蝕罷改闇更明則天下皆並瞻仰君子之德亦不以先過為累也 孔安國曰更改也

衛公孫朝 馬融曰朝衛大夫也

問於子貢曰仲尼焉學 公孫問意政嫌孔子无師故問云仲尼焉学也 子貢 子貢荅稱仲尼必學也將荅道學故先廣引道理也文武

曰文武之道未墜於地 之道謂先王之道也未墜於地謂未廢落在於地也 在人 既猶未廢(落)墜地而在於人所行也

賢者識其大者不賢者識其小者 既猶在人所行人有賢否若大賢者則學識文武之道大若不賢者則学識文武之道小者

莫不有文武之道焉 大雖小有異而人皆有之故曰莫不有文武之道也

夫子焉不學 大人学識大者孔子是人之大

者豈得猶不学識之乎

孔安國曰文武之道未墜落於地賢與不賢各有所識夫子無所不從學也而亦何常師之有言孔子識大所学者多端々故无常師也孔安國曰无所不從學故无常師也

叔孫武叔語大夫於朝武叔身是大夫又語他大夫於朝廷以毁孔子也馬融曰魯大夫叔孫州仇也武謚也曰子貢賢於仲尼此所語之事也言子貢人身識量賢於孔子也子服景伯以告子貢景伯亦魯大夫當是子時在朝聞叔孫之語故來告子貢道之也子貢曰譬諸宮墻子貢聞景伯之告亦不驚距仍為之設譬也言人之器量各有深淺深者難見淺者

（易覩辟如居家之有宫墻〻高則非闚闞所測墻下闚闞易了故云辟之宫墻也）賜之墻也及肩（賜子貢名也子貢自言賜之識量短淺如及肩之墻也）闚見室家之好（墻既及肩故他人從墻外行得闚見墻内室家之好也）夫子之墻數仞（七尺曰仞言孔子聖量之深如數仞之高墻也）不得其門而入者不見宗廟之美百官之富（墻既高峻不可闚闞唯從門入者乃得見内若其不入門則不見其所内之美也然墻短下者其内止有室家墻高深者故廣有容宗廟百官也）得其門者或寡矣（富貴之門非賤者輕入〻者唯富貴人耳孔子聖人器量之門非凡鄙可至〻者唯顔子耳故云得門或寡〻少也）苞氏曰七尺曰仞也

夫子云不亦宜乎（子貢呼武叔為夫子也賤者不得入富貴之門愚人不得入聖人之

奧室武叔凡愚云賜賢於孔子是其不入聖門而有此言故是其宜也袁氏曰武叔凡人應不達聖也

苞氏曰夫子謂武叔也

叔孫武叔毀仲尼猶是前之武叔又訾毀孔子也子貢曰无以為也子貢聞武叔之言故抑止之使无以為訾毀仲尼不可毀也又明言語之云仲尼聖人不可輕毀也佗人之賢者丘陵也猶可踰也更喻之說仲尼不可毀之辟也言佗人賢者雖有才智々々之高止如丘陵々々雖高而人猶得踰越其上既猶可踰故可毀也仲尼如日月也無得而踰焉言仲尼聖如高如日月々々麗天豈有人得踰踐者乎既不可踰故亦不可毀也人雖欲自絕也其何傷於日月乎世人踰丘陵而望下便謂丘陵為高未曾踰踐日月不竟日月之高既不竟高故訾毀日月謂便不勝丘陵是自

絶日月也日月虽得人之見絶而未曾傷減其明故言何傷於日月也辟凡人見小才智便謂之高而不識聖人之奥故毁絶之虽復毁絶亦何傷聖人德乎

多見其不知量也

不測聖人德之深而毁絶之如不知日月之明而弃絶之若有識之士視觀於汝則多見汝愚闇不知聖人之度量也

言人雖欲自絶弃於日月其何能傷乎適自見其不知量也

陳子禽謂子貢曰子為恭也仲尼豈賢於子乎

此子禽必非陳亢當是同姓名之子禽也其見子貢每事称師故謂子貢云汝何怨事々崇述仲尼乎故政當是汝為人性多恭敬故尓耳而仲尼才德豈賢勝於汝乎子貢以為子也

子貢曰君子一言以為智一言以為不智

子貢聞子禽之言故方便荅距之也言智与不智由

於一言耳今汝出此言是不智也言不可不慎也智否既寄由一言故宜慎之耳夫子之不可及也猶天之不可階而升也此出子禽不知之事也夫物之高者莫峻嵩岳〻〻雖峻而人猶得為階梯以升上之也今孔子聖德其高如天〻之懸絕既非人可得階升而孔子聖德豈可謂我之賢勝之子汝謂不勝為勝即是一言為不智故不可不慎也夫子之得邦家者子禽當是見孔子栖遑不彼時用故發此不智之言子貢抑之既竟故此更廣為陳孔子聖德不与世人同也邦謂作諸侯也家謂作卿大夫也言孔子若為時所用得為諸侯及卿大夫之日則其風化与堯舜元殊故先張本云夫子之得邦家者也

孔安國曰謂為諸侯若卿大夫也

所謂立之斯立言夫子若得為政則立教无不立故云所謂立之斯立也導之斯

行又若導民以德則民莫不與行也故云導之斯行也綏之斯來綏安也遠人不服修文德安之遠者莫大繈負而來也動之斯和〻動謂勞役之也悅以使民忘其勞故役使之莫不和睦也其生也榮孔子生時則物皆賴之得性尊崇於孔子是其生也榮也其死也哀如之何其可及也孔子之死則曰海遏密如喪考妣是其死也哀也袁氏曰生則時物皆榮死則時物咸哀也

孔安國曰綏安也言孔子為政其立教則无不立導之則莫不興行安之則遠者來至動之則莫不和睦故能生則見榮顯死則見哀痛也

論語堯曰卷第二十　何晏集解　凡三章

疏　堯曰者古聖天子所言也其言天下太平禪位与舜之事也所以次前者事君之道若宜去者拱衣宜留者致命去留當理事迹無虧則太平可覩揖讓如堯故堯曰最後次子張也禹曰此篇記二帝三王及孔子之語兼明天命政化之美皆是聖人之道可以垂訓將來故以殿諸篇非所次也

堯曰　云堯曰者稱堯之言教也此篇凡有三章雖初稱堯曰而寬通衆聖故其章内并陳二帝三王之道也就此一章中凡有五重自篇首至天祿永終為第一是堯命授舜之辭又下云舜亦以命禹為第二是記者序舜之命禹亦同堯命舜之辭也又自予小子履至万方有罪在朕躬為第三是湯伐桀告天之辭又自周有大賚至在予一人為第四是明周武伐紂之文也又自謹權量至章末為第五明二帝三

王金有揖讓与干戈之異而安民取治之法則同也又下次子張問孔子章明孔子之德同於堯舜諸聖也上章謂聖所以能安民者不出尊五美屏四惡而孔子非不能為之而時不值耳故師資殷勤往反論之也下又一章不知命无以為君子也此章以明孔子非不能為而不為者知天命故也

咨尒舜

自此以下堯命舜以天位之辭也咨〻嗟也尒汝也汝〻於舜也舜者諡也堯名放勳諡云堯也舜名重華諡云舜也諡法云翼善傳聖曰堯仁盛聖明曰舜也堯將命舜故先咨嗟歎而命之故云咨汝舜也所以歎而命之者言舜之德美兼合用我命也

天之曆數在尒躬

天〻位也曆數謂天位列次也尒汝也躬身也堯命舜曰天位列次〻在汝身故我今命授与汝也

曆數謂列次也

列次者謂五行金木水火土更王之次也

允執其中

允信也執持也中謂中正之道也言天位運次既在汝身則汝宜信執持中正之道

也

四海困窮四海謂四方蠻夷戎狄之國也困極也窮盡也若内執中正之道則德敎外被四海一切服化莫不極盡也天祿永終永長也終猶卒竟也若内正中國外被四海則天祚祿位長卒汝身也執其中則能窮極四海天祿所以長終也

苞氏曰允信也困極也永長也言為政信執其中則能窮極四海天祿所以長終也

舜亦以命禹此第二重明舜讓禹也舜受堯禪在位年老而讓与禹亦用堯命己之辭以命於禹也故云舜亦以命禹也所以不別爲辭者明同是揖讓而授也當云舜曰咨尒禹天之曆數以下之言也

孔安國曰舜亦以堯命己之辭命禹也

曰予小子履此第三重明湯伐桀也伐与授異故不因前揖讓之辭也澆淳既異揖讓之道

不行禹受人禪而不禪人乃傳位與其子孫至末孫
桀无道為天下苦患湯有聖德應天從民告天而伐
之此以下是其辭也予我也小子湯自稱謙也**敢用**
履湯名也將告天故自稱我小子而又稱名也
玄牡敢果也玄黑也牡雄也夏尚黑亦時湯猶未改
夏色故猶用黑牡以告天故云果敢用於玄牡
也**敢昭告于皇々后帝**照明也皇大也后君也帝天
帝也用玄牡告天而云敢明
告于大君
天帝也
孔安國曰履殷湯名也此伐桀告天文也殷家尚
白未變夏禮故用玄牡也皇大也后君也大々君
帝謂天帝也墨子引湯誓其辭若此也此伐桀告
天辭是墨
子之書所言也然易說云湯名乙而此言名履者
白虎通云夲湯名履尅夏以後欲從殷家生子以

日為名故改履名乙々以為殷家法也

有罪不敢赦湯既應天々不殺罪故凡有罪者則湯亦不敢擅赦也

苞氏曰從天奉法有罪者不敢擅赦也

帝臣不蔽簡在帝心此明有罪之人也帝臣謂桀也桀是天子々々事天猶臣事君故謂桀為帝臣也不蔽者言桀罪顯著天地共知不可鄣蔽也

言桀居帝臣之位也有罪過不可隱蔽已簡在天心故也

朕躬有罪無以萬方朕我也万方猶天下也湯言我身若自有罪則我自有當之不敢閔預於天下万方也

万方有罪在朕躬若万方百姓有罪則由我身也我為民主我欲善而民善故有罪則歸責於我也

孔安國曰无以万方々々不

預也万方有罪我身過也

周有大賚善人是富此第四重明周家法也此以下是周伐紂誓民之辞也舜与堯同是揖讓謙共用一辞武与湯同是干戈故不為別言天之文而即用湯之告天文也而此述周誓民之文而不述湯誓民文者尚書亦有湯誓也今記者欲牙以相明故下挙周誓則湯其可知也周〻家也賚賜也言周家受天大賜故富足於善人也或云周家大賜財帛於天下之善人〻〻故是富也

周〻家也賚賜也言周家受天大賜富於善人也

有乱臣十人是也如此前通也

雖有周親不如仁人已上尚書第六泰誓中文言雖与周有親而不為善則被罪黜不如雖无親而仁者必有禄爵也

孔安國曰親而不賢不忠則誅之管蔡是也仁人箕子微子來則用之也

管蔡謂周公之弟管叔蔡叔也流言作亂周公誅之是有親而不仁所以被誅也箕子是紂叔父為紂因奴武王誅紂而叔箕子因用為官爵使之行商容微子是紂庶兄也見紂惡而先投周武王用之為殷後於宋並是仁人於周无親而周用之也

百姓有過在予一人

此武王引咎自責辭也江熙曰自此以上至大賚周告天之文也自此以下所修之政也禪者有命无告舜之命禹一準於堯周告天文少具異如般所異者如此存具体不録修也侃棄湯伐桀辭皆云天故知是告天也周伐紂文句云称人故知是誓人也

謹權量

此以下第五重明二帝三王所修之政同也不為國則已既為便當然也謹猶慎也權称也量斗斛也當謹慎於称尺斗斛也

審法度

審猶諦也法度謂可治國之制典也宜審諦分明之也

修廢官

治故曰修若旧官有廢者則更修立之也

四方之政行矣

自謹權若皆得法則曰方風政並服行也

苞氏曰權秤也量斗斛也

興滅國

若有國為前人非理而滅之者新王當更為與起之也

繼絕世

若賢人之世被絕不祀者當為立後係之使得仍享祀也

舉逸民

若民中有才行超逸不仕者則躬舉之於朝廷為官爵也

天下之民歸心焉

既能與繼舉逸故為天下之民皆歸心繈負而至也

所重民食喪祭

此四事並又治天下所宜重者也國以民為本故重民為先也民以食為治故次重食也有生必有死故次重於喪也喪畢為之宗廟以鬼享之故次重祭也

孔安國曰重民國之本也重食民之命也重喪所以盡其哀重祭所以致敬也

寬則得衆為君上若能寬則衆所共歸故云得衆也敏則有功君行事若儀用敏疾則功必易成故云有功也公則説君若為事公平則百姓皆歡悅也

孔安國曰言政教公平則民悅矣凡此二帝三王所以治也故傳以示後世也

子張問政於孔子曰何如斯可以從政矣此章第二明孔子同於堯舜諸聖之義也子張問於孔子求為政之法也子曰尊五美尊崇重也孔子荅曰若欲從政當尊崇於五事之美者也屛四惡屛除也又除於四事之悪者也斯可以從政矣若尊五除四則此可以從政也

孔安國曰屛除也

子張曰何謂五美也子張曰何謂五美也子張并不曉五美四惡未敢并問今且分

諮五美故云何謂五美也

子曰君子惠而不費歷荅於五此其一也言為政之道能令民下荷於潤惠而我无所費損故云惠而不費也

勞而不怨二也君使民勞苦而民其心无怨故云勞而不怨也

欲而不貪三也君能遂己所欲而非貪吝也

泰而不驕四也君能恒寬泰而不驕傲也

威而不猛五也君能有威嚴而不猛厲傷物也

子張曰何謂惠而不費子張亦并未曉五事故且先從第一而更諮也

子曰因民之所利而利之斯不亦惠而不費乎荅之也曰民所利而利之謂民水居者利在魚鹽蜃蛤山居者利於果實材木明君為政即而安之不使水者居山渚者居中原是因民所利而利之而於君无所損費也

王肅曰利民在政无費於財也

擇其可勞而勞之又誰怨孔子知子張並疑故并歷荅也言凡使民之法各有

等差擇其可應勞役者而勞役之則民各服其勞而不敢怨也欲仁而得仁又焉貪欲有多塗有欲財色之欲有欲仁義之欲〻仁義者為廉欲財色者為貪言人君當欲於仁〻義使仁義事顯不為欲財色之貪故云欲仁而得仁又焉貪也江熙曰我欲仁則仁至非貪也君子无衆寡言不以我富財之衆而陵彼之寡少也無小大又不得以我貴勢之大加彼之小也无敢慢我雖衆大而愈欲敬寡小故无所敢慢也孔安國曰言君子不以寡小而慢之也斯不亦泰而不驕乎能衆能大是我之泰不敢慢於寡小是不驕也故云泰而不驕也殷仲湛曰君子處心以虛接物以為敬不以衆寡異情大小改意无所敢慢斯不驕也君子正其衣冠衣无撥冠无免也尊其瞻視〻〻瞻无回邪也儼然若思以若容也人

望而畏之望之儼然即之也温聽其言也厲故服而畏之也斯不亦威而不猛乎望而畏之是其威也即之也温是不猛也子張曰何謂四惡已圖五美故次更語四惡也子曰不教而殺謂之虐一惡也為政之道必先施教教若不從然後乃殺若不先行教而即用殺則是酷虐之君也不戒視成謂之暴二惡也為若上見民不善當宿戒誥之戒若不從然後可責若不先戒勗而急卒就責目前視之取成此是風化无漸故為暴卒之君也暴淺於虐也馬融曰不宿戒而責目前成為視成也責目前之成故謂之視成也慢令致期謂之賊三惡也与民无信而虛期々不申勑下寧是慢令致期也期若不至而行誅罰此是賊害之君也袁氏曰令之不明而急期之也

孔安國曰與民无信而虛刻期也

猶之与人也四惡也猶之与人謂以物猷与彼人必不得止者也出內之吝雖々惜之也猶會應与人而其吝惜於出入之屬故云出內之吝也謂之有司々々謂主與物者也猶庫吏之屬也庫吏雖有官物而不得自由故物應出入者必有所諮問不敢擅易人君若物与人而不即與庫吏无異故云謂之有司也

孔安國曰謂財物也俱當與人而吝嗇於出內惜難之此有司之任耳非人君之道也

孔子曰不知命无以為君子也此章第三明若不知命无以為君子所以更明孔子知命故不為政也命謂窮通夭壽也人生而有命受之由天故不可不知也若不知而強求則

不成為君子之德故云无以為君子也

孔安國曰命謂窮達之分也窮謂貧賤達謂富貴並稟之於天如天之見命為之者也

不知禮無以立也禮主恭儉莊敬為立身之本人若不知禮者无以得立其身於世也故禮運云得之者生失之者死詩云人而无禮不死何俟是也不知言无以知人也江熙曰不知言則不能賞言〻〻〻〻則不能量彼猶短綆不可測於深井故无以知人也

馬融曰聽言則別其是非也

論語義疏卷第十

附録一

影山輝國

《論語義疏》鈔本與根本刻本的底本

梁國子助教皇侃（488—545）撰寫的《論語義疏》十卷是邢昺（932—1010）撰寫《論語正義》的重要依據。《論語義疏》在晁公武《郡齋讀書志》（初成於1151年，終成於1187年）以及尤袤（1127—1194）《遂初堂書目》中均有著録，但在陳振孫《直齋書録解題》（1250年以後成書）中卻没有著録，由此可以推斷《論語義疏》在中國是在南宋的某一時期亡失的。此書何時傳到日本雖尚未弄清，但在藤原佐世寬平三年（891）撰著的《日本國見在書目録》曾被著録。傳到日本的原本現在雖無下落，但流傳至今的鈔本爲數甚多。

現在有下落的《論語義疏》鈔本有以下36種。

慶應義塾大學附屬研究所斯道文庫藏

1. 大槻本　十卷五册　文明十九年（1487）鈔　周防國明倫館舊藏　大槻文彦舊藏　安田善次郎舊藏　9 行 20 字

2. 寶勝院本　十卷十册　室町鈔　寶勝院芳卿光璘舊藏　森立之舊藏　大槻文彦舊藏　安田善次郎舊藏　9 行 20 字

3. 林本　十卷七册（卷第五、第六缺）室町鈔　小嶋寶素舊藏　林泰輔舊藏　第一至第四册 9 行 16 字　第七至第九册 8 行 20 字

4. 江風本　十卷五册　室町鈔　江風山月莊稻田福堂舊藏　安田善次郎舊藏　9 行 20 字

慶應義塾大學圖書館藏

5. 天文本　十卷八册（卷第九、第十缺）天文十年（1541）、十四年（1545）鈔　岡田真舊藏　9 行 20 字

大東急記念文庫藏

6. 延德本　十卷九册（卷第十缺）延德二年（1490）鈔　江風山月莊稻田福堂舊藏　9 行 20 字

7. 久原文庫本　十卷十册（卷第四缺）室町鈔　江風山月莊稻田福堂舊藏　久原文庫舊藏　9 行 20 字

8. 江户本（久原文庫一本）十卷五册　江户鈔　久原文庫舊藏　9 行 20 字

京都大學附屬圖書館藏

9. 重文本　存卷第二、第四至第八　六册　清原良兼手鈔　船橋家舊藏　重要文化財　9 行 20 字

10. 京大本　十卷九册（卷第四缺）　江户初期鈔　清原宣條舊藏　8 行 20 字

前田育德會尊經閣文庫藏

11. 應永本　十卷十册　應永三十四年（1427）鈔　與謝郡金谷寺舊藏　9 行 20 字

12. 三宅本　十卷五册　明治末鈔　據三宅氏舊藏本鈔　10 行 20 字

東洋文庫藏

13. 上原本　十卷十册　室町江户間鈔　上原氏舊藏 木村正辭舊藏　8 行 20 字

14. 米澤本　十卷十册　江户鈔　米澤藩上杉家舊藏　8 行 20 字

御茶之水圖書館藏

15. 寶德本　十卷五册　第一、第四册係寶德三年（1451）鈔　第二、第三、第五册係慶長、元和間（1596—1624）補鈔　德富蘇峰成簣堂文庫舊藏　第一、第四册 10 行 25 字　第二、第三、第五册 8 行 19 字

龍谷大學大宫圖書館藏

16. 文明本　十卷五册　文明九年（1477）鈔　西本願寺寫字臺舊藏　6 行 20 字

國立國會圖書館藏

17. 國會圖書本　十卷五册　據文明十四年（1482）鈔本鈔　鹿島則文舊藏　9 行 20 字

足利學校遺蹟圖書館藏

18. 足利本　十卷十册　室町鈔　足利學校舊藏　重要文化財（又有一册存第四卷，係明治時期影鈔本）9 行 20 字

天理大學附屬天理圖書館藏

19. 清熙園本　十卷五册　室町鈔　清熙園阪本準平舊藏　積翠軒石井光雄舊藏　9行24字

神宮文庫藏

20. 神宮本　十卷十册　室町鈔　磯淳舊藏　江藤正澄舊藏　8行20字

宮内廳書陵部藏

21. 圖書寮本　十卷五册　室町鈔　宮内省圖書寮舊藏　9行20字

蓬左文庫藏

22. 蓬左本　十卷五册　室町鈔　神村忠貞舊藏（又有一册存第一卷，係江户時期轉鈔本）　9行20字

都立中央圖書館藏

23. 青淵本　十卷六册　室町鈔　青淵澀澤榮一舊藏　9行20字

東京大學總合圖書館藏

24. 東大本　十卷五册　江户鈔　青洲渡邊信舊藏　9行20字

關西大學圖書館藏

25. 泊園書院本　十卷十册　江户鈔　泊園書院藤澤南岳舊藏　9行26字

静嘉堂文庫藏

26. 静嘉堂本　存卷第二　江户鈔　伊澤蘭軒舊藏　9行20字

新潟縣新發田市市島酒造藏

27. 市島本　十卷五册　弘化二年（1845）鈔　10行18字

萩市立萩圖書館藏

28. 萩圖書館本　十卷五册　江户後期鈔　繁澤寅之助舊藏　9行20字

拙藏

29. 桃華齋本　十卷五册　桃華齋富岡謙藏舊藏　積翠軒石井光雄舊藏　9行20字

臺北故宫博物院圖書文獻處藏

30. 寺田本　十卷十册　室町鈔　讀杜草堂寺田望南舊藏　楊守敬舊藏　9行20字

31. 塙本　十卷五册　室町鈔　和學講談所塙保己一舊藏　黄村向山榮舊藏　楊守敬舊藏　9行20字

32. 溯源堂本　存卷第一、第四、第七、第八　三册　卷第一室町鈔　卷第四、第七、第八江户鈔　有馬氏溯源堂舊藏　楊守敬舊藏　8行20字

33. 故宫本　存述而篇　一册　室町江户間鈔　楊守敬舊藏　7行21字

34. 九折堂本　十卷五册　江户鈔　九折堂山田業廣舊藏　楊守敬舊藏　9行20字

35. 盈進齋本　十卷五册　江户後期鈔　盈進齋舊藏　楊守敬舊藏　9行20字

36. 新井本　十卷四册　江户末明治初鈔　新井氏舊藏　楊守敬舊藏　卷第一至第三、卷第七至第十10行20字

卷第四至第六8行20字

在這些鈔本中最有名的是第 18 的足利本。根本武夷（名遜志，字伯修。1699—1764）從享保五年（1720）至享保九年（1724）在足利學校，校對、鈔寫足利本，並於寬延三年（1750）以《論語集解義疏》（十卷）爲題出版發行。迄今爲止的定論認爲根本出版的《論語集解義疏》是以足利學校所藏室町時代（1392—1493）的鈔本「足利本」爲唯一底本。但是這裏却出現了不可思議的事情，即「足利本」没有皇侃自序，而「根本本」卻附有皇侃自序。這樣就出現了兩種可能：一種可能是根本參照時，足利本附有皇侃自序，之後，因爲什麽原因而遺失了；另一種可能是根本還參照了别的鈔本。

我在查找足利本和根本本字句異同時，發現根本除了足利本以外還參照了别的鈔本。現將依據分四點陳述如下：

第一，《八佾》篇的「子曰：射不主皮」章中，集解爲「馬融曰：……天子有三侯，以熊虎豹皮爲之」。關於這段集解的義疏，足利本爲：

> 三獸之皮，各爲一侯，故有三侯也。所以用此三獸者，三獸雄猛，今取射之，示能伏服猛也。天子大射張此三侯，天子射猛虎，諸侯射熊，卿大夫射豹也。此注先言熊者，隨語便，無别義也。

根本本爲：

> 三獸之皮，各爲一侯，故有三侯也。所以用此三獸者，三獸雄猛，今取射之，示能伏服猛也。天子大射張此三侯，天子射猛虎，諸侯射熊，卿大夫射豹也。然此注先言熊者，隨語便，無别義也。

根本本多了一個「然」字。没有「然」字，意思完全可以通，可爲什麽根本本有「然」字呢？其他鈔本中，無「然」字的：

大槻本 1、足利本 18。

有「然」字的：

寶勝院本 2、林本 3、江風本 4、天文本 5、延德本 6、久原文庫本 7、江户本 8、重文本 9、京大本 10、應永本 11、三宅本 12、上原本 13、米澤本 14、寶德本 15、文明本 16、國會圖書本 17、清熙園本 19、神宫本 20、圖書寮本 21、蓬左本 22、青淵本 23、東大本 24、泊園書院本 25、靜嘉堂本 26、市島本 27、萩圖書館本 28、桃華齋本 29、寺田本 30、塙本 31、九折堂本 34、盈進齋本 35、新井本 36。

（溯源堂本 32、故宫本 33，該章遺失）

由此可見根本還參照了足利本以外的鈔本，因而加了一個「然」字。這可以算作一個依據吧。

第二，《泰伯》篇的「子曰：興於詩，立於禮，成於樂」章中，集解爲「孔安國曰：樂所以成性也」。

關於這段集解的義疏，足利本爲：

王弼曰：……若不採民詩，則無以觀風，風背亦俗異，則禮無所立；禮若不設，則樂無所樂；樂非禮，則功無所濟。故三體相扶，而用有先後也……

根本本爲：

王弼曰：……若不採民詩，則無以觀風，風乖俗異，則禮無所立；禮若不設，則樂無所樂；樂非禮，則功無所濟。故三體相扶，而用有先後也。

我們可以看到畫線的部分不一樣，「風背亦俗異」與「風乖俗異」没有太大的不同。可是根本本爲什麽换了字了呢？

我們再對照一下其他鈔本，會發現：

作「風背亦俗異」的：

寶勝院本2、林本3、江風本4、天文本5、延德本6、米澤本14、文明本16、國會圖書本17、足利本18、清熙園本19、神宮本20、蓬左本22、青淵本23、泊園書院本25、市島本27、寺田本30、塙本31、九折堂本34、盈進齋本35。

作「風乖俗異」的：

大槻本1、應永本11、上原本13、寶德本15、圖書寮本21、東大本24、桃華齋本29、溯源堂本32、新井本36。

作「風乖亦俗異」的：

江户本8、三宅本12、萩圖書館本28。

作「風亦俗異」的：

重文本9。

（久原文庫本7、京大本10、静嘉堂本26、故宮本33，該章遺失）

與根本本同作「風乖俗異」的有大槻本1、應永本11、上原本13、寶德本15、圖書寮本21、東大本24、桃華齋本29、溯源堂本32、新井本36。由此我們可以推斷根本還參照了這些系列的鈔本的可能性很大。

第三，《憲問》篇「子曰：古之學者爲己，今之學者爲人」章中，集解爲「孔安國曰：爲己，履道而行之也[1]。爲人，徒能言之也」。關於這段集解的義疏，足利本爲：

徒，空也。爲人言之而已，無其行也。一云，徒則圖也，言徒爲人説也。

根本本爲：

徒，空也。外空爲人言之而已，無其行也。一云，徒則圖也，言徒爲人説也。

根本本多了「外空」兩個字。没有「外空」二字，意思也可以通，但是前面有「徒，空也」，後面若有「外空」二字，

① 足利本無「道」字，根本本有「道」字。

意思更加清楚。

其他鈔本，無「外空」二字的：

大槻本1、林本3、延德本6、江户本8、重文本9、京大本10、應永本11、上原本13、寶德本15、文明本16、足利本18、清熙園本19、青淵本23、東大本24、新井本36。

有「外空」二字的：

寶勝院本2、江風本4、天文本5、久原文庫本7、三宅本12、米澤本14、國會圖書本17、神宫本20、圖書寮本21、蓬左本22、泊園書院本25、市島本27、萩圖書館本28、桃華齋本29、寺田本30、塙本31、溯源堂本32、九折堂本34、盈進齋本35。

（静嘉堂本26、故宫本33，該章遺失）

我認爲「外空」二字並不是根本本即興所作，大概是參照了有「外空」二字的鈔本而加上去的吧。

第四，關於《衛靈公》篇的篇題疏，足利本爲：

衛靈公者，衛國無道之君也。所以次前者，憲既問仕，故舉不可仕之君，故以衛靈公次憲問也。

根本本爲：

衛靈公者，衛國無道之君也。所以次前者，憲既問仕，故舉時不可仕之君，故以衛靈公次憲問也。

根本本多了一個「時」字。有了「時」字，意思更加明確，沒有也可以通。那麼根本爲什麼加了「時」字呢？

其他鈔本，無「時」字的：

延德本6、京大本10、足利本18、清熙園本19、青淵本23、東大本24。

有「時」字的：

大槻本1、寶勝院本2、林本3、江風本4、天文本5、久原文庫本7、江户本8、應永本11、三宅本12、上原本13、米澤本14、寶德本15、文明本16、國會圖書本17、神宫本20、圖書寮本21、蓬左本22、泊園書院本25、市島本27、萩圖書館本28、桃華齋本29、寺田本30、塙本31、溯源堂本32、九折堂本34、盈進齋本35、新井本36。

（重文本9，無篇題疏。静嘉堂本26、故宫本33，該章遺失）

這也是根本參照有「時」字的鈔本補充上去的。

在以上四個問題的查對中，得知與根本本一致的鈔本有圖書寮本 21、桃華齋本 29、溯源堂本 32。溯源堂本的第二卷已經遺失，已經遺失的第二卷中是否有本文在「第二」中所述《八佾》篇的「然」字，現在無法得知，但不排除有「然」字的可能性。然而圖書寮本、桃華齋本、溯源堂本這三個鈔本均沒有皇侃自序。對此我們如何考慮呢？《論語義疏》的鈔本除了上述有下落的 36 種以外，未知的鈔本肯定還有很多[①]。如果説這三個鈔本本來就沒有皇侃自序，那麽根本很可能是除了足利本之外，還參照了下列鈔本：

（1）圖書寮本、桃華齋本、溯源堂本這三個鈔本系列的附有皇侃自序的一個未知的鈔本；

（2）圖書寮本、桃華齋本、溯源堂本這三個鈔本，或者除了這三個鈔本系列的沒有皇侃自序的未知的鈔本之外，還有附有皇侃自序的第三鈔本。

應該説上述的（1）或者（2）的可能性比較大。也就是説根本參照了複數的鈔本。我認爲有很多地方是根本本還參照了其他的鈔本加以訂正的，但是不能否認這些地方根本本未參照其他鈔本，而是按照自己的考慮加以訂正的可能性，所以這些地方我一律從略。

原載《從鈔本到刻本——中日〈論語〉文獻研究》（劉玉才主編），北京大學出版社，2013 年。

① 請參照拙稿《尚未找到的〈論語義疏〉鈔本（一）》（《實踐國文學》第 78 號，2010 年 10 月）、《尚未找到的〈論語義疏〉鈔本（二）》（《實踐國文學》第 80 號，2011 年 10 月）。

附録二

關於清駐日公使館借鈔日本足利學校藏《論語義疏》古鈔本的交涉

陳捷

公元5世紀以來，通過外交使節、留學生、僧侶和商人等各種途徑，大量的中國典籍被帶到日本。在歷代積累並傳承下來的中國典籍中，有一些在中國反而已經亡佚。雖然清代以前並非没有中國學者對流傳日本的古籍表示關注，但是真正的系統收集則開始於清末以後。清末到民國時期對日本收藏的中國典籍的調查、搜集及覆刻影印等努力與當時的社會文化背景緊密相關，其成果給中國近現代的古典研究帶來了巨大影響。中日兩國學者在這一時期圍繞中國典籍的調查、收集、覆刻影印與整理研究等進行了各種形式的交流，特別是在近代中日兩國間相互往來的初期，尋訪收集流傳在日本的中國典籍是中國學者赴日時的重要內容。從這個意義上説，中國人的日本訪書活動可稱是近代中日學術交流的一個出發點。但是，由於長年的戰争和各種歷史、政治的原因，這段歷史在很長時期内幾乎被人遺忘。在近代學術史研究領域中，還缺乏關於清末以來日藏漢籍回歸中國歷史的系統而實證性的研究。因此，在時隔一百多年後的今天，有必要深入發掘中日雙方有關史料，闡明日藏漢籍在清末以後回流中國的歷史，並對這一時期中日兩國學者圍繞漢籍的收集、翻印、整理、研究等所進行的各種交流進行分析，通過這一研究，對中日兩國從傳統社會向近代社會變遷的過程中古代典籍的命運以及與其相關的古典研究的發展歷史進行考察。筆者的研究「清駐日公使館的文化活動」即是與這一研究目標相關的一個課題。

1877 年 11 月，以何如璋爲公使、張斯桂爲副使的中國近代最初的駐日公使團到達日本東京。到 1894 年甲午戰争之前，何如璋、黎庶昌（兩任）、徐承祖、李經方、汪鳳藻等先後擔任駐日公使。歷任公使團在執行外交事務的同時與日本朝野各界人士展開各種形式的文化交流，搜訪、收集流傳日本的中國典籍也是公使館人員的文化活動的重要一環。初任公使何如璋雖然被人指爲「搜訪佚書無所獲」①，但當時文獻中卻可以找到他回國後將從日本帶回的古書、寫經等作爲禮物送人的記録②。第二任公使黎庶昌不僅支持公使館隨員楊守敬搜訪古籍，還在楊守敬的協助下編刻了以收録中國

① 姚文棟《答東洋近出古書問》，《讀海外奇書室雜著》，光緒乙酉活字本。

② 如《翁同龢日記》光緒九年（1883）十月七日記：「何子峨來辭，以唐人寫經一卷爲贈。並日本洋照余仁仲《穀梁注》，皆妙。惜照書字皆反耳。」同月十日也有相同内容曰：「何子峨贈唐人寫經一卷，日本所藏也。又宋本《穀梁注》余仁仲本，首尾完好。」又光緒十一年（1885）七月十二日記：「何子峨將赴戍所，過此，以唐人寫《長壽經》一卷見贈。卷細一指耳，尚是古裝池。蓋日本秘笈也，平生未見。」北京：中華書局，1992 年，第 4 册，1779—1780 頁，1954 頁。

亡佚而日本尚存的古籍爲主的《古逸叢書》。爲了借用日本政府藏書，他曾數次親自撰寫公函給日本太政官三條實美[①]。第三任公使徐承祖自云「予銜命東來，公暇訪蒐古籍」，到日本不久便出版了日本學者撰寫的著名版本學著作《經籍訪古志》[②]。1879年刊行的黄遵憲《日本雜事詩》第62（定本67）、第63（定本68）、第64（定本69）、第73（定本無）四首及初刊本没有的定本第68、第78、第79三首都是題詠日本所藏古籍善本的，其中初刊本第62首註中有「余來東後，遍搜群籍」之語[③]。1880年到日本的楊守敬在日四年期間傾注大部分精力搜求古籍，他具體負責協助黎庶昌編刻的《古逸叢書》在近代中國的古文獻研究史上具有重要影響。此外，公使館隨員姚文棟、陳矩等都曾在訪求日藏漢籍方面有所貢獻。

關於歷任駐日公使及公使館人員的訪書活動及其意義，筆者將另做系統研究[④]。本稿擬利用中日兩國現存的檔案資料，對1887年、1888年清公使館爲借鈔日本足利學校所藏日本古鈔本《論語義疏》而與日本外務省、足利學校所在地的地方政府和足利學校之間的交涉進行考察。

---

① 《古逸叢書》第二十六《影宋本太平寰宇記補闕》末附《致日本太政大臣公函》及《太政大臣覆函》。該函原件現存東京大學史料編纂所。關於這一史料，可參看太田晶二郎《日本漢籍史劄記·五·古逸叢書の一資料》，見《前田育德會尊經閣文庫小刊》9，1980年10月。

② 徐承祖《經籍訪古志序》，《經籍訪古志》卷首，光緒十一年（1885）清國公使館鉛印本。

③ 《日本雜事詩》最初於黄遵憲尚在日本期間的光緒五年（1879）由同文館鉛印出版，後來經由王韜由香港《循環日報》再版。光緒十六年（1890），黄遵憲在倫敦期間對初刊本内容做了修訂，删去7首，增加53首，於光緒二十四年（1898）交長沙富文堂出版。黄遵憲自己稱此本爲「定本」。本文的「初刊本」指同文堂刊本，「定本」指富文堂本。

④ 補注：筆者在撰寫本文之後關於這一課題的研究，可參看拙著《明治前期中日學術交流研究》（《明治前期日中學術交流の研究——清國公使館の文化活動》，東京：汲古書院，2003年2月）。

一、《論語義疏》回傳中國與清代學者對《論語義疏》的研究

在考察清末駐日公使館關於借鈔《論語義疏》的交涉之前，先要介紹一下皇侃《論語義疏》回傳中國的歷史以及清代學者對《論語義疏》的研究情況①。

黄遵憲《日本雜事詩》有詩題詠日本保存中國已經亡佚的經書云：

> 論語皇疏久代薪，海神呵護尚如新。
> 孝經亦有康成註，合付編摩鄭志人。②

詩中「論語皇疏」指梁代皇侃《論語義疏》。黄遵憲在該詩注中云：

> 逸《書》固無存，惟皇侃《論語義疏》日本尚有流傳。乾隆中開《四庫》館，既得之市舶，獻於天禄矣。③

皇侃《論語義疏》乃六朝《論語》注疏的集大成，隋唐時代的《論語》研究中經常引用，隋陸德明撰《經典釋文》

---

① 關於《論語義疏》的回傳及清代學者關於《論語義疏》的研究，可參看藤塚鄰《論語總説》第三章《皇侃の論語義疏と其の日本刻本の清朝經學に及ぼせる影響》（弘文堂，昭和二十七年（1952）再版本，167—219頁），本節亦受其裨益頗多。

② 黄遵憲《日本雜事詩》同文館聚珍本第63首，長沙富文堂本第68首。

③ 同前注。「逸《書》」指《尚書》逸篇。宋歐陽脩詩《日本刀歌》中有「徐福行時書未焚，逸《書》百篇今尚存」之句。《日本雜事詩》通行標點本作「逸書」，容易被誤解爲泛指一般的佚書。

及宋邢昺撰《論語正義》時均以其做爲重要的參考資料。日本平安時代藤原佐世《日本國見在書目録》著録其書名，可知在唐代已經傳到日本。該書在南宋時期散佚，而日本則有十幾部古鈔本流傳後世①，其中最著名的是栃木縣足利學校傳存本的一部（圖1）。江户時代，荻生徂徠的弟子根本遜志與同門山井鼎一起到足利學校研讀該校收藏的古代典籍。山井鼎利用該校藏書編撰了《七經孟子考文》，根本遜志則鈔録了該校收藏的古鈔本《論語義疏》。以後，荻生徂徠之弟荻生北溪在山井鼎《七經孟子考文》基礎上撰《七經孟子考文補遺》，此書於日本享和十六年（1731）刊刻，並由長崎奉行奉幕府將軍德川吉宗之命寄往中國②。中國學

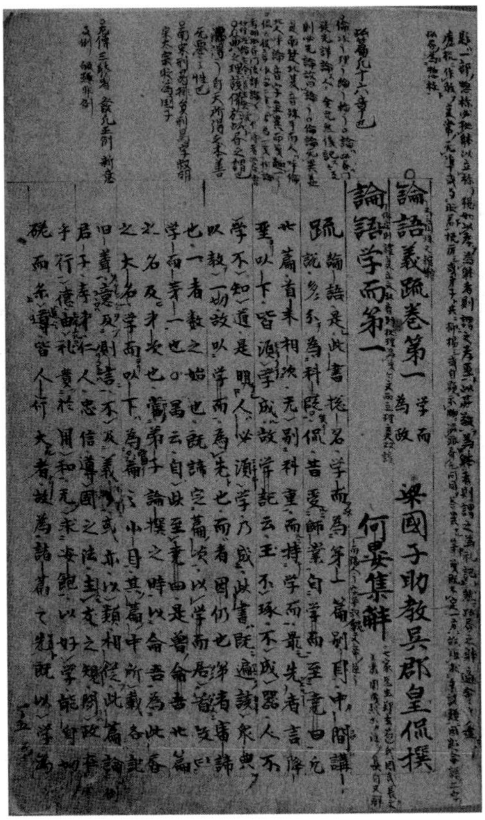
論語義疏卷第一 學而 為政 梁國子助教吳郡皇侃撰
論語學而第一 何晏集解

圖1 足利學校所藏古鈔本《論語義疏》

① 武内義雄《論語義疏校勘記序》及《條例》，《論語義疏》校本，大正十二年（1923）懷德堂刊。

② 關於《七經孟子考文補遺》傳入中國的過程，可參看狩野直喜《山井鼎と七經孟子考文補遺》（《支那學文藪》，東京：みすず書房，1973年4月）。

者就是通過《七經孟子考文補遺》纔知道皇侃《論語義疏》在日本還有傳本的①。日本寬延三年（1750），根本遜志依據邢昺《論語正義》對足利學校本《論語義疏》的體例加以改訂後在江户刊印（圖2）。根本遜志的友人服部元喬（號南郭）在其序言中云：

> 此舉也，余惟非獨海以内行既弘矣，即傳之海外，而俾知吾邦厚固有關文明，則伯修之勤，有功於國華哉。

此處「海以内」指日本，「海外」指中國，「伯修」是根本遜志的字。由此言可見，根本遜志在將此書付刻時，已經意識到將其傳到中國之後的影響。

果然，此後不久，清朝商人汪鵬因貿易渡海到長崎，在長

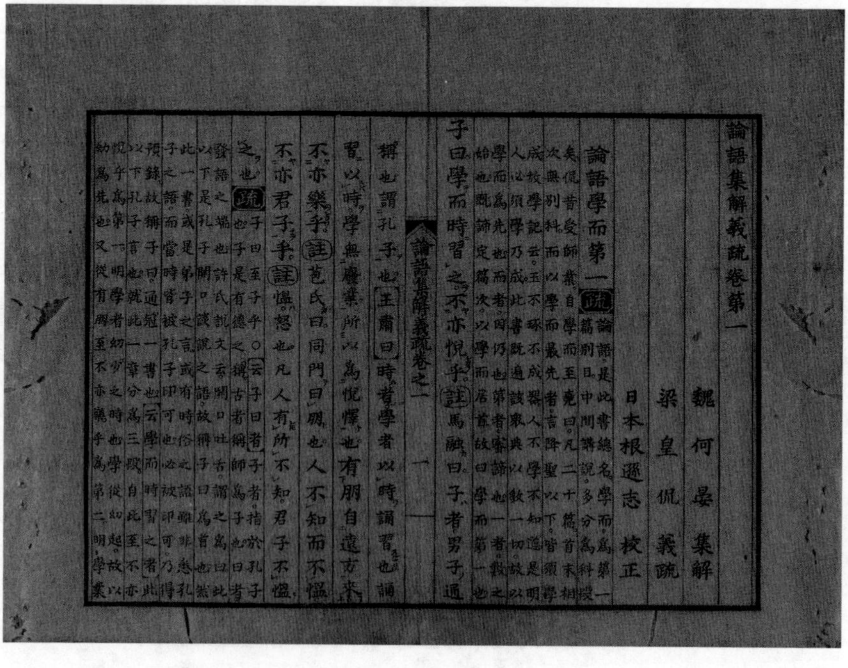

圖2　根本本《論語義疏》

① 翟灝《四書考異·總考》三十二《前人考異本》中「七經孟子考文補遺」條云：「愚於乾隆辛巳從堇浦杭先生向小粉場汪氏借閱此書，知彼國尚有皇侃《義疏》。語於杭，杭初不深信，反覆諦觀，乃相與東望太息。逡巡十年，衆友互相傳説。」堇浦杭先生即杭世駿，小粉場汪氏即藏書家汪啓淑。據此，翟灝於乾隆二十六年（1761）見到汪啓淑收藏的《七經孟子考文補遺》，由此得知《論語義疏》尚存於日本。

崎得到根本遜志所刊《論語義疏》並帶回中國①。這大約是清朝考證學者最早見到的《論語義疏》。

本來被認爲早在南宋時代就已經亡佚的《論語義疏》在六百年之後忽然再次出現，這對清代學者是一個非常大的刺激。乾隆三十七年（1772），乾隆皇帝下令遍訪天下遺書，纂修《四庫全書》，汪鵬即將《論語義疏》獻給在浙江設置的遺書局，遺書局總裁王亶望大爲高興，一方面將該書進呈四庫館，一方面將其翻刻爲巾箱本。上文引用黄遵憲詩注中「既得之市舶」云云，就是指汪鵬在日本得到《論語義疏》並將其進呈四庫館之事。

中國第一歷史檔案館藏有乾隆四十四年（1779）九月浙江巡撫王亶望進呈《論語義疏》時的奏摺②。根據這一奏摺可知，進呈《論語義疏》一事發生在乾隆四十四年。由此也可以知道，《浙江採集遺書總録》中不載《論語義疏》，是因爲該目録出版於乾隆三十九年（1774），此時《論語義疏》尚未被進獻到遺書局③。此外，從奏摺中「竊照浙省商人認辦銅斤，前赴東洋貿易。有商夥仁和縣監生汪鵬，其人通曉文義，從前曾在臣衙門管理筆墨」的文辭可知，汪鵬是浙江仁和縣監生，曾在王亶望手下管理文書，是爲購銅前往日本。關於《論語義疏》，奏摺中云：

謹按：侃爲六朝梁時人，國子助教，見《梁書·武帝紀》。所著《義疏》見晁公武《郡齋讀書志》、馬端臨《文

---

① 汪鵬字翼滄，號竹里山人。因貿易多次渡海到日本長崎，著有《袖海編》（一名《日本碎語》）。《昭代叢書》戊集、《小方壺館輿地叢鈔》第十帙收録。梁玉繩《瞥記》引用《日本碎語》有「余購得古文《孝經》、《孔氏傳》及《七經孟子考文補遺》，傳之士林焉」。日本江户時代學者吉田篁墩《近聞寓筆》卷一亦謂汪鵬購得的是古文《孝經》。

② 中國第一歷史檔案館所藏《硃批奏摺》外交類。

③ 崔富章《四庫提要補正》（杭州大學出版社，1990年）云：「據《簡明目録》，四庫底本爲日本寬延三年原刊本（每葉十八行，行二十字）。遍檢《四庫採進書目》無是書，《浙江採集遺書總録》亦未見著録。《總目》注浙江巡撫採進本，誤。」這一批評是因爲忽略了《浙江採集遺書總録》刊刻之後，浙江並未停止進呈書籍。

> 獻通考》。其書在今所行《論語疏》之前，朱子謂之《疏》即侃之本。至明焦竑《經籍志》尚列其名，明末諸藏書家書目始無著録者，朱彝尊《經義考》亦云未見。不知何以流傳該國，尚有其書。相應呈進，伏候我皇上裁定，或可備《四庫全書》採擇。

六朝梁皇侃《論語義疏》，明以後藏書目録已無著録，卻不知爲何流傳日本。現將此書進呈，以備皇上裁定，或許可供《四庫全書》採擇。由此可以窺見清朝官員對從日本傳回的《論語義疏》的看法。

這一奏摺還有一處有趣的内容，是對上文所引服部元喬序文的議論。文中云：

> 至該國此本係庚午年所刊，其國服元喬作序文中以中土爲海外，議程朱爲經生，蓋蟄蟲閉户封己見少之説，自應撤去。謹粘簽另册，一並恭呈御覽。

服部序文「足利之藏（中略）海外後世所不傳異書猶多矣」「皇侃《論語義疏》即亦海外後世蓋無傳焉」及前面引用過的文辭中，均將中國稱爲「海外」，將日本稱爲「海以内」，還有「程朱諸氏經生之學紛紛輩出」等語句，王亶望在進呈時均謹慎地一一指摘，並加上簽條。這在當時或許是理所當然的處理方法。

進呈四庫館的《論語義疏》不僅被收入《四庫全書》，乾隆五十二年（1787）還根據文淵閣本刊印了武英殿本。刊行時改訂了一些被認爲有犯清朝忌諱之處。後來，王亶望因其他事情觸法被殺，當初幫他校訂刊刻《論語義疏》巾箱本的鮑廷博得到該書版片，按照《四庫全書》本對其中文字加以修改後付印，收入《知不足齋叢書》（第七集）。《知不足齋叢書》所收《論語義疏》卷首盧文弨序文中引用鮑廷博之語云：

> 夫是書入中國之首功則汪君也，使天下學者得以家置一編則大府之爲之也。《春秋》褒毫毛之善，今國法已伸，而此一編也，其功要不容没。

「大府」即指王亶望。有趣的是，《知不足齋叢書》本卷末以《皇侃論語義疏新刻序附存日本元文》附有日本刊本卷前所附服部元喬序文，但是王亶望奏摺中指出的「海外」一詞改爲「中華」，「海以内」改爲「海以外」。《知不足齋叢書》影響極大，翟灝《四書考異》、吴騫《皇氏論語義疏參訂》、盧文弨《經典釋文考證》中的《論語釋文考證》、陳鱣《論語古訓》、阮元《十三經注疏校勘記》等都是利用《知不足齋叢書》本完成的重要著作①。同治十二年（1873），粵東書局以桂文燦爲中心新刻《古經解彙函》時，以《知不足齋叢書》本爲底本重刊《論語義疏》，收入該叢書第二十一。就這樣，《論語義疏》通過鈔寫及翻刻的形式流傳漸廣。

隨著《論語義疏》研究的進展，對該書的疑問也開始出現。《論語義疏》的確保存了許多六朝時代的《論語》解釋，其中的經文和對何晏《集解》的解説也頗具參考價值，但是其文本也存在以下一些問題：

一，《論語義疏》經文與今本或古書引用者文字不同：

例1：《論語・述而》：「子温而厲。」

> 《經典釋文》：「皇本作君子。」
>
> 今本《論語義疏》經文：「子温而厲。」

① 參見翟灝《四書考異》、吴騫《皇氏論語義疏參訂》、盧文弨《經典釋文考證》、陳鱣《論語古訓》、阮元《十三經注疏校勘記》等。

今本《論語義疏》疏文：「孔子温而能厲也。」

二，今本《論語義疏》疏文與《經典釋文》《論語正義》等引用《論語義疏》不同。

例2：《論語・述而》：「子行三軍則誰與。」

《經典釋文》：「與，皇音余。」

今本《論語義疏》疏文：「若行三軍，必當與己，己有勇故也，故問則誰與之。」

三，《論語義疏》的經文與解釋有相互矛盾之處。

例3：《論語・公冶長》：「願車馬衣輕裘。」

今本《論語義疏》經文：「願車馬衣輕裘。」

今本《論語義疏》疏文：「言朋友有通財，車馬衣裘共乘服而無所憾恨也。」

例1中根據《經典釋文》的引文，《皇疏》本應作「君子」，但今本《論語義疏》的解釋不是「君子」而是「孔子」，與《經典釋文》所引不同。例2中今本《論語義疏》的解釋是「必當與己，己有勇故也，故問則誰與之」，與《經典釋文》引文「皇音余」的解釋不一致。例3中今本《論語義疏》經文作「願車馬衣輕裘」，但是從皇侃「車馬衣裘共乘服」的解釋看，《論語義疏》原來的經文應當沒有「輕」字。

關於這些問題，前文列舉的研究著作中提出了各種意見。當然，出現這些矛盾的原因之一也可能是做爲校勘材料的《經典釋文》等書的通行本文字有訛誤，但是學者們很自然地對《論語義疏》文本的可信性也産生了疑問。例如，對於例2的問題，翟灝《四書考異·條考》九云：「《義疏》久淪海國，近方從市舶購到，其中或有被竄，亦未可知。」孫志祖《讀書脞録》卷二則列舉例1、例2指出：「吾不能無疑焉。好古之士當分別觀之，而不徒震爲異域之秘書，斯可矣。」陳澧《東塾讀書記》卷二也批評説：「蓋《皇疏》殘闕，而足利人妄補之也。」①

就這樣，越到後來，對《論語義疏》文本的懷疑就越加强烈。桂文燦之子桂坫在《皇氏論語義疏真僞考》中認爲，孫志祖指出的例1不是僞改而是傳寫脱漏，例2中陸德明《經典釋文》所引有可能是皇侃的别説，但是關於例3，他主張：「皇本本無輕字，今本有輕字者，蓋淺人據誤本增入。」桂坫在肯定《論語義疏》價值的同時提出：「至於增改僞文，更加釐正，以傳來學，則序所謂泯焉可知者，亦何難昭然復明哉。」指出有必要對傳本《論語義疏》的文本加以訂正②。

光緒二十八年（1902）年僅三十九歲就去世的傅維森（1864—1902）的《皇氏論語義疏真僞考》及祁永膺《皇氏論語義疏真僞考》等均曾試圖根據《知不足齋叢書》本對皇疏進行考證。祁永膺《皇氏論語義疏真僞考》云：

今考其書引漢晉六朝經師之説不下數十家，標新領異，不惟可以考先哲遺文，亦可以廣後人聞見，決非唐以後之儒所能依託者也。惜其文義多經日本人所羼亂，是以美惡雜糅，瑕瑜互見，讀者不可不考其真僞焉。

可見，他在承認《論語義疏》價值的同時，確信其文本已經被日本人羼亂。不過他認爲，《論語義疏》的經文雖有

① 翟灝《四書考異·條考》九，孫志祖《讀書脞録》卷二，陳澧《東塾讀書記》卷二。

② 桂坫《皇氏論語義疏真僞考》，《晉專宋瓦室類稿》卷四，光緒二十四年版。

難以置信之處，但是可以用其中的皇疏與《經典釋文》《論語正義》所引皇疏對比來校訂今本經文。他在具體列舉有關例證後指出：「凡若此類，皆可見今本或增或損，而賴疏以考其竄改之僞也。」因此，他的結論是：「然則是書也，雖爲藝苑之鴻寶，倘不深考焉，將真僞紛雜，其蔽也昧，亦爰貴乎讀此書哉。」①

但是，被學者們懷疑可能有增損、錯亂、竄改的部分究竟是刊本的問題還是古鈔本原本就有的問題？如果是刊刻時出現的問題，那麼古鈔本原本的面貌如何？如果是古鈔本原有的問題，那麼這些問題是經過怎樣的傳承過程形成的？——遺憾的是，這些有關文本的疑問，在見不到古鈔本原本的情況下，無論再精密的考證，也仍然無法解決。

傅維森《皇氏論語義疏真僞考》最後有一段附注云：

近姚文棟云：「文棟東渡，訪求日本足利學校中所藏《論語義疏》寫本，與鮑氏所刻《知不足齋叢書》本體例絶不相類，文字亦間有異同。復博訪耆儒，知隋唐舊傳惟存寫本一部。山井鼎等作《七經孟子考文》時，尚無副本。其後有日本人根遜者，始以此書付梓。然倣邢疏，變更體例，並以己意增删文字，非復皇氏之舊。鮑所據者即此刻本。盧抱經序稱其扶微舉墜之意，懇懇欲大其傳，而不爲一邦之私秘，而不知其淆亂舊章，已失廬山真面」云云。據此，則今所傳《皇疏》實足利人所改之本。《東塾讀書記》疑其略於禮制，非真《皇疏》，自非無見。但所謂隋唐寫本尚存彼國，不獲共覩，則其體例何若，亦不可知。近聞已與彼國借鈔，是又參訂之資矣。②

這段文字引用姚文棟的話説：日本足利學校所藏《論語義疏》寫本體式與《知不足齋叢書》本相異，文字有不同。

① 祁永膺《皇氏論語義疏真僞考》，《勉勉鉏室類稿》卷四，光緒三十年完成，光緒三十一年出版。

② 傅維森《皇氏論語義疏真僞考》，《缺齋遺稿》卷一，民國十一年（1922）活字本。

根本刊本不僅依據邢疏改變寫本的體式，還根據己意增刪文字，已經不是《皇疏》的舊貌。而鮑廷博《知不足齋叢書》本根據的卻是這個根本刊本。姚文棟傳回國内的這一訊息對當時學者來説顯然是很大的刺激。因爲，如果根本本與日本所藏古鈔本不同，那麽就必須對迄今爲止的所有根據以根本本系統的版本爲底本的《四庫全書》本、《知不足齋叢書》本、《古經解彙函》本等所作的研究重新進行考察。從傅維森「但所謂隋唐寫本尚存彼國，不獲共覩，則其體例何若，亦不可知」的感歎可以看出，此時的中國學者是多麽殷切地期待能夠盡早看到足利學校古鈔本的面貌。

二、關於借鈔日本足利學校藏《論語義疏》古鈔本的交涉

（一）姚文棟關於足利學校藏《論語義疏》的報告

從傅維森的文章中可以看出，姚文棟傳達的關於《論語義疏》的消息給當時的中國學者帶來很大刺激和新的期待。但是時過一百多年，關於姚文棟的報告，除了在傅維森文章的附注中可以看到一些端倪之外，幾乎再没有人提起。這裏，我們根據姚文棟之子姚明輝編撰的《景憲府君年譜》，對姚文棟關於足利學校藏《論語義疏》古鈔本的報告進行考察。

姚明輝《景憲府君年譜》對姚文棟與借鈔足利學校藏古鈔本《論語義疏》一事的關係有以下記述：

> 先府君奉總理衙門堂官孫子授侍郎書云：「皇氏《論語義疏》，查《經籍訪古志》共有五本，不知以何本爲最善。同人擬請足下借鈔善本，寄交弟處，由敝署撥款刊行，俾皇氏此書咸識廬山真面，亦談經者一大快事。其借鈔紙筆費用若干，乞即示悉，亦由敝署撥款奉繳。想足下嗜古成癖，必不忍使古本終湮没於海隅也。」先府君奉書而後

覓得日本舊鈔本一部呈進。①

也就是説，姚文棟接到總理衙門堂官孫詔經的來信，請其調查《論語義疏》的善本，擬由總理衙門撥款借鈔，並計劃刊刻出版，使學者得識其「廬山真面」。如上所述，清代學者已經注意到傳入中國的《論語義疏》刊本有增損、錯亂或經竄改之處，爲究明真相，非常期待能夠見到日本收藏的古鈔本的面貌。第三任駐日公使徐承祖與公使館隨員姚文棟在日本印行的《經籍訪古志》傳到國内之後，這一期待更加强烈。孫詔經的來信正反映了當時學者的這一期待。

事實上，姚文棟自己對流傳日本的中國古籍也十分關心，曾經向公使徐承祖建議刊印《經籍訪古志》並承擔了刊印過程中的具體事務。收録他在日期間所撰文章的《讀海外奇書室雜著》中有一篇題爲《答東洋近出古書問》的文章，專門向國内友人介紹日本收藏中國古籍的基本情況②。根據姚明輝《景憲府君年譜》，除了《讀海外奇書室雜著》之外，姚文棟還有另一部未刊文集《東槎續著》，其中《上總署堂憲請傳鈔足利學論語皇疏真本》《請影刊朝鮮板慧琳希麟一切經音義説》《請摹刊佚存唐人醫書本草三種説》等三篇文章，内容均有關建議刊刻國内不存而日本尚有傳本的中國古籍。就中《上總署堂憲請傳鈔足利學論語皇疏真本》一文，應當與孫詔經來函請其借鈔《論語義疏》善本有關。《東槎續著》一書現在不知所在，但是根據《景憲府君年譜》中的引文，可以窺知姚文棟調查足利學校藏《論語義疏》古鈔本的經過以及他對《論語義疏》的認識。下面即據《景憲府君年譜》的引文對此進行考察。

《上總署堂憲請傳鈔足利學論語皇疏真本》一文首先敘述了《論語義疏》在乾隆時代回傳中國的過程，然後對他到

---

① 姚明輝《景憲府君年譜》稿本，上海圖書館藏。參見陳捷《姚文棟の日本における古籍蒐集活動について》，《汲古》第40號（東京·汲古書院，2001年12月）。

② 見姚文棟《讀海外奇書室雜著》（又名《東槎雜著》），光緒十八年活字本。

日本之後獲知的情況做了以下介紹：

文棟東渡後，訪其足利學所藏寫本，乃與鮑本體例絶不相類，文字亦間有異同。因復博詢耆儒，始知隋唐舊傳惟存寫本一部，山井鼎作《考文》時尚無副本。其後有根本遜志者，始將此書授梓，然做邢疏，變更體例，並以己意增删文字，非復皇氏之舊。鮑所據者即此刻本，盧抱經序稱其扶微舉墜之意，懇懇欲大其傳，不爲一邦之私秘，而不知其淆亂舊章，已盡失廬山真面也。

由此可見，前文引述的傅維森《皇氏論語義疏真僞考》文末的附注正是對姚文棟此文所述内容的概括。文章稱盧抱經序推重根本刊本「而不知其淆亂舊章，已盡失廬山真面也」，與孫詒經來函中「俾皇氏此書咸識廬山真面，亦談經者一大快事」的説法相對應，據此推測，應當是姚文棟的這篇呈文在前，而孫詒經來函實際上是對其呈文的回應。在這段文字之後，姚文棟寫道：

文棟竊按：皇氏此疏採引衛瓘等十家之説，漢晉經學託以綿一線之可傳。《宋國史志》已稱其博極群言，補諸書之未至，爲後學所宗。況六朝經書傳于今者幾無完帙，獨賴此疏巋然爲靈光之存。乃僞本流傳百有餘年，而真本猶晦藏于滄溟五千里之外。

他盛讚《論語義疏》在保存漢晉時代經説和傳達六朝經學著作面貌方面的價值，批評根本刊本系統爲「僞本」，强調日本足利學校所藏古鈔本方爲「真本」，對此本在經學研究上的價值給予高度評價。更值得注意的是以下文字：

近來日本崇西學，蔑棄漢籍，誠有如服元喬所云，足利之藏不可保，今而不傳，後世恐復散失者。一髮千鈞，危亦甚矣。我國家懷柔丕冒，海隅日出，罔不率俾。文棟得附使槎，覩兹瑰寶。竊伏念我皇上衝齡典學，經籍道昌。今當親政之年，忽呈其奇于輶軒採風之餘，若有神物撝訶，應運而出者。我高宗純皇帝發其光于先，我皇上集其成于後。聖聖相承，表章經術，信非有前代所能及者矣。

概括其大意是：近來日本崇拜西方學術，輕視漢籍，正如服部元喬在序文中所云，足利學校自古珍藏至今的善本很可能再次遭遇散失厄運。其勢如千鈞一髮，十分危急。反觀我國，皇上年幼好學，經籍之道愈益昌明。正當皇帝親理朝政之始，忽然在日本發現了這樣重要的書籍，宛若有神靈保護，爲顯示世運而出現。文章在介紹日本所藏《論語義疏》的基本情況的同時，强調了日本傳世的漢籍在崇拜西學的社會環境下面臨著散失的危險，並借光緒皇帝親政與《論語義疏》復出這一時間上的重合，將所謂「真本」《論語義疏》的發現賦予了重大的政治意義。這段文字可以視爲這篇呈文的點睛之處。這説明，除了學術研究上的需求之外，這裏所强調的理由也是姚文棟以及總理事務衙門爲何如此積極、迫切地希望傳鈔足利學校藏《論語義疏》古鈔本的重要動機之一。

（二）關於借鈔日本足利學校藏《論語義疏》古鈔本交涉的記録

因爲《景憲府君年譜》只摘録了《上總署堂憲請傳鈔足利學論語皇疏真本》的一部分内容，故據此無法得知姚文棟請求傳鈔足利學校藏本的具體提案。但是，通過其他有關記録，我們了解到，在光緒十三年（1887）到光緒十四年之間，爲了鈔録足利學校藏《論語義疏》古鈔本，清駐日公使館曾經通過外交途徑，與日本外務省、足利學校所在地的栃木縣知事、足利梁田郡郡長、足利學校遺跡保護委員之間進行多次交涉。以下對這一交涉的情況進行考察。

先看足利學校和地方檔案中的有關記録。足利學校遺跡圖書館編《足利學校沿革》中《沿革》項記載：

明治十八（原文如此，1885）年，清國公使館書記官徐致遠以其國命來請謄寫清國絶板古書，寄付金錢若干。①

須永弘《足利學校年譜》明治二十年（1887）八月記：

清國公使經伊藤外務大臣聯繫鈔寫學校所藏古書皇侃《論語義疏》，折衝數十回之後，我方終於於十二月答應鈔寫。

明治二十一年（1888）又記：

一月二十九日，爲校對上述《論語義疏》，清國派徐致遠來校。校對結束後於足利學校舉辦日中交歡之宴。②

此外，《足利市史》下卷以《關於鈔寫皇侃〈論語義疏〉的交涉文書》爲題，收録了當時外務省、栃木縣知事之間往來書函的摘録22條，並做了以下説明：

① 原文爲日文。《足利學校ノ沿革》，足利學校遺跡圖書館編，明治四十二年（1909）五月鉛印本。

② 原文爲日文。須永弘《足利學校年譜》，昭和十三年一月，足利學校遺跡圖書館刊行。又，參與實際交涉的外務大臣爲井上馨、伊藤博文和大隈重信三人。詳下文。

明治二十年清國公使除（原文如此）承祖經伊藤外務大臣聯繫足利學校所藏皇侃《論語義疏》鈔寫之事。①

《近代足利市史》第5卷《史料編》第4編第3章也以《關於鈔寫、校勘〈論語義疏〉的文書》爲題收録了足利郡長、足利學校保護委員之間的往來書函以及包括爲校對鈔本前往足利學校的徐致遠的感謝信、清公使館在東京舉辦的答謝宴會的菜單等在内的相關資料11種②。

通過以上記録，可以窺見一些當時交涉的細節，但是因爲均是片段的資料，文字亦有明顯錯誤，對把握交涉的整體過程還嫌資料不足。

有幸的是，日本外務省外交史料館尚保存著一卷當時清公使館、栃木縣知事、足利學校遺跡保護委員給外務省的公函以及外務省發送各方公函的底稿（致公使館公函包括日文信稿及漢文譯文）。此份檔案題爲《在本邦清國公使請求謄寫足利學校所藏皇侃〈論語義疏〉之件》，收録了自明治二十年（1887）到明治二十一年清國駐日公使館爲借覽傳鈔足利學校所藏皇侃《論語義疏》古鈔本與日方（外務省、栃木縣知事、栃木縣足利郡郡長、足利學校）之間往來交涉的信函（圖3）③。將這一檔案與上述栃木縣地方及足利學校等方面的記録合在一起，大體可以明瞭這一交涉的基本過程。

下面，我們就利用這份檔案和《足利市史》《近代足利市史》等史料記載，並參考與此事有關的當事人留下的一些

---

①《皇侃〈論語義疏〉鈔寫に關する交涉文書》，原注「西村編纂長所藏」。《足利市史》下卷，第119頁，足利市市役所編，昭和四年一月二十五日發行。

②《〈論語義疏〉鈔寫·校勘に關する文書》《近代足利市史》第5卷《史料編》第4編《文化》第3章《文化財の保存》195，第1004—1011頁，近現代足利市史編纂委員會，昭和五十四年二月二十日發行。

③《在本邦清國公使ヨリ足利學校所藏書皇侃〈論語義疏〉謄寫方依頼一件》，日本外務省外交記録第7門第1類第6項第2番，日本外務省外交史料館藏。

記録，對這次爲傳鈔足利學校藏《論語義疏》古鈔本而進行的外交交涉的前後經過進行考察。

（三）從外交記録看關於借鈔足利學校藏《論語義疏》古鈔本的交涉

1887年（明治二十年）8月16日，日本外務省接到了清駐日公使徐承祖致外務大臣井上馨的信函①。信中寫道：根據清國總理衙門的指示，公使館準備向足利學校商借該校所藏皇侃《論語義疏》古鈔本並計劃加以出版，但是公使館隨員姚文棟前往該校聯繫時，該校以没有栃木縣的指示不能出借爲理由表示拒絶。故此希望外務大臣與栃木縣知事、足利學校聯繫，能夠提供方便。信函中還附有除《論語義疏》之外希望借覽的包括古鈔本、宋版在內共13種古籍的書目②。接到來信的第二天，外務大臣秘書官鮫島武之助便給栃木縣知事樺山資雄寫信轉達了清公使館的請求。

根據《近代足利市史》，足利學校遺跡圖書館收藏的《日誌》記

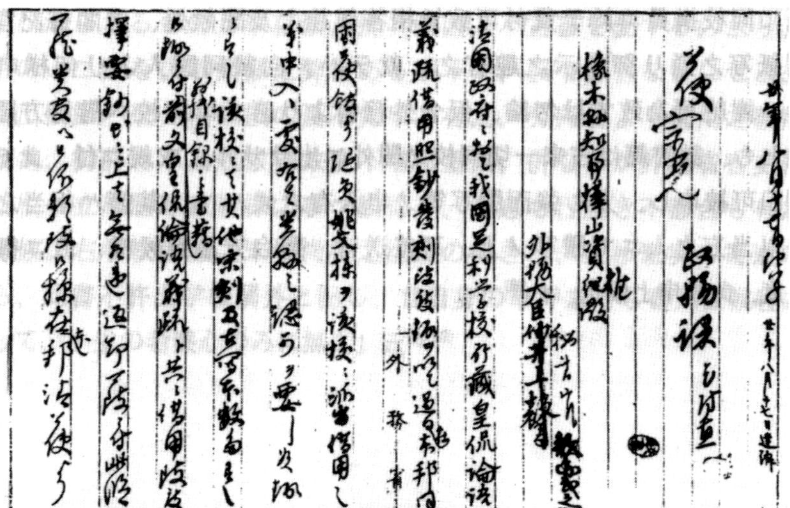

圖3　日本外務省爲清公使館借鈔《論語義疏》事給栃木縣知事的公文底稿

① 又見於《足利市史》第119頁，但誤記爲「伊藤博文」。

② 外務省外交記録。本節以下未注出處者均據此檔案。原文整理稿見本文文末《補記》所記小林節太郎記念基金1996年印行單行本及《中國文化論叢》第六號收録拙稿附録。

録了樺山知事在收到外務省來函的當天寫給足利梁田郡郡長樺山喜平次的信函。

> 關於借用足利學校宋板書籍之事，聞日前清國人往遊其地，提出申請，同校主管人員曾以可以出借作答。根據內閣書記官長別紙之指示，此後無論該國人提出何種申請，均當謝絶。即便外務省直接向該校照會借用，亦請以該校自古以來不許將書籍帶出學校閫外爲理由斷然拒絶。如對方强烈要求謄寫，則可答應在交付相當謄寫費之後由我方人員代爲謄寫寄送。特此通報。①

根據徐承祖來函中「當派隨員姚文棟前赴該學校商借，據該學校幹事委員面稱：須請橡木縣②之命方可借出」的内容可知，樺山知事信中提到的清人應當就是姚文棟。從徐承祖與樺山知事的信函看，姚文棟曾專門到足利學校交涉此事，當時校方回答如要借書，需要得到栃木縣的許可。公使館按其所言通過外務省進行交涉，但是這一消息同時也傳到内閣。幾乎與外務省發出的書信同時，内閣書記長官已經指示栃木縣知事及足利郡郡長，準備好了應對的策略。足利郡長樺山喜平次收到此信後，在與足利學校保護委員相場朋厚商議之後給縣知事回信。信中寫道：

> 已收到清國公使館照會外務省言欲借用傳鈔足利學校宋板書籍的通知。然此種書籍不僅爲該校之寶典，且爲宇内無比之至珍，除陛下御用之外，決不可帶出學校之外。況清國人因過於愛好古書，往往有抽取册中一二葉之

①《近代足利市史》第 5 卷《史料编》第 4 编《文化》第 3 章《文化財の保存》195，第 1005 頁，原文爲日文。筆者曾向史跡足利學校管理事務所詢問該《日誌》的下落，得到的答覆是現已不存。

② 橡木縣，即栃木縣。當時公使館文書中栃木縣均寫作橡木縣，下同。

弊害，即便無此弊害，如借至他所，亦不免有破損之憂。故雖有同省請求借用之照會，仍希不許其請。然如外務省官吏隨同前往該校謄寫，可以予以充分注意，當不會有注意不周之處。上述學校所藏之宋板《尚書注疏》等書，上杉憲實寄進時便有此書不許出學校闔外之記，且有其親筆花押，並非爲小生之杞憂。①

經過這樣種種商議和計劃之後，樺山知事於19日按商定的對策給鮫島武之助回信，以該校古書自古以來一切不出門外的規定爲理由表示不能答應清國公使的請求。

22日，外務省以井上馨的名義起草給徐承祖的回信，告知栃木縣的答覆。此信翻譯爲漢文之後，於26日寄出，第二天便又接到徐承祖的來信。信中强調此次借鈔《論語義疏》之事乃奉本國總理衙門之命，自己將對此事承擔責任，希望外務省再次設法斡旋。28日起草的以井上大臣名義致徐承祖回信中答覆説：外務省已將公使館來函之意轉達栃木縣知事，但因爲不能違反足利學校的規定，所以是否可以考慮請公使館人員親自到足利學校鈔寫。31日，徐承祖回信表示同意外務省的建議，將按照來函的指示派公使館隨員姚文棟與鈔寫人員一起前往足利學校。

9月3日，鮫島武之助再次致信樺山知事，轉達了公使館將派姚文棟和鈔手一起前往足利學校的願望，信中還談到該書籍乃稀有古書，雖然借覽者不會有不正當的行爲，但還是要充分注意，以免古書散逸。

9月7日，樺山知事給鮫島武之助回信答覆説：該古書乃稀有之物，即便是在校内，如果開啟允許校外人員觸摸之先例，恐今後不斷有人提出類似要求，則難免有斷篇錯簡之患，因此難以允許來訪者親自鈔録。但是如果對方支付

①《近代足利市史》第1004頁。同書第1卷《通史编》第5编第3章亦引用此書簡（第1393頁，昭和五十二年3月1日發行），但文字略有出入。此外，該書簡所署日期兩書均作8月16日，但《近代足利市史》此書簡前附有説明云：「明治二十年八月二十六日郡衙來函相邀，相場朋厚前往，郡長商議之後交付此書狀。」但是，清公使館照會外務省是在8月16日。此書簡中言及公使館給外務省的照會，故應當在16日以後，疑所署「八月十六日」日期有誤。

謄寫費，可由學校看守者代爲鈔寫。9月8日，也就是樺山知事回函寄到外務省的當天，外務省便以井上大臣的名義起草給徐承祖的書函，轉達了樺山知事來函的内容，此函翻譯爲漢文之後，於10日寄送公使館，與此前迅速回信的情況不同，兩週之後的9月26日，徐承祖纔給外務省回信。由於外務大臣井上馨因條約改正案遭到日本國民的反對，於9月16日辭職，所以此信的收信人由井上馨變爲當時臨時兼任外務大臣的伊藤博文。徐承祖回信的遲緩，或許與顧忌到日本外務大臣更換之事有關。徐承祖信中表示同意井上大臣轉達的樺山知事的提議，但是要求在鈔寫結束時由公使館派人前往校閲。鮫島武之助當天便致信栃木縣樺山知事，在轉達公使意見的同時指示説：如果公使館員來校亦違反校規，請迅速拒絶，如並不違反校規，則請嚴格管理。此外，根據此信可知，公使館譯員曾爲此事專門到外務省聯繫。根據《足利市史》收録的檔案記録看，徐承祖來函的鈔件也同時寄給了樺山知事①。

與此相關的外務省記録中没有署有10月日期的文件，似乎此事暫無進展。但是根據《近代足利市史》的記録，則可以窺見這期間的經過。該書收録的樺山知事致樺山足利梁田郡長的書函云：

清國公使有借用足利學校所藏古書計劃之事，前已告知該校主管人員知曉。其後果有外務省照會，轉達清國公使欲借用皇侃《論語義疏》及其他拾餘部古書之意。雖當即以該書有不出校外之規定謝絶，然又有派公使館員鈔寫之請。此請雖亦謝絶，然恐如一直拒絶其再三懇請，或有礙於國際關係。故思或以適當時機，以可由該校看守者代爲謄寫作答。現又有外務省照會，謂該公使願爲皇侃《論語義疏》一部支付相當費用，請精選鈔手紙張，從速開始謄寫。此事勢難再加謝絶，故擬以代爲謄寫相允，但仍謝絶其派館員校閲。請通告該校，望能承諾此事，

①《足利市史》下卷，第121頁。

從速選擇善書者，精選紙張，並估算所需謄寫費用，儘快報來。

另，謄寫完成所需日數亦請估算上報爲荷。

明治二十年十月十二日

樺山知事

樺山足利梁田郡長殿①

根據這一記録可知，樺山知事在接到鮫島秘書官指示之後，通過樺山郡長與足利學校商議，傳達了外務省的照會，爲了不影響國際關係，希望足利學校同意代爲謄寫《論語義疏》一部。但是如果重讀樺山知事最初給樺山郡長的信函就會發現，事情的進展和他們原來的設想幾乎完全相同。

10月14日，也就是聽取樺山郡長説明的翌日，足利學校遺跡保護委員們提出了鈔寫《論語義疏》所需費用的預算。《近代足利市史》收録的檔案資料中有一份當時的估價單②，據此可知，他們上報的《論語義疏》古鈔本的謄寫費用是：10冊用紙360張，土佐紙半紙，半面9行，有小字註，由保護委員親自鈔寫，計劃50天内完成，謄寫費及校對費、紙張費、各項雜費等合計金75圓。

但是，11月11日樺山知事給鮫島秘書官回信的説法又有了新的變化：足利學校遺跡能夠保存至今的一個重要原因是因其中收藏的珍貴古籍，如果該書傳鈔本落入他人之手，恐對將來維持學校遺跡有所不利。校員集議的結果，決

---

①《近代足利市史》在此書函前有説明云：「十月十三日奉郡衙來函之招前往，樺山郡長有一事相商如下。」《近代足利市史》第5卷《史料編》第4編《文化》第3章《文化財の保存》195，第1005頁。

②《近代足利市史》第5卷《史料編》第4編《文化》第3章《文化財の保存》195，第1006頁。

定不收謄寫費用，但希望公使館捐助金1000圓做爲鈔寫該書的報酬。這封回信還附有樺山郡長10月28日來函和足利學校保護委員於同日向樺山郡長提出的《關於謄寫古書的意見書》(《古書謄寫之儀ニ付御伺》)的鈔件。保護委員在這份意見書中對他們的意圖有更詳細的解釋，可據以了解樺山知事書簡的真意。意見書中説：如果收繳謄寫費便將珍貴古書鈔録給別人，一旦謄寫本在世間廣泛流傳，不僅會影響原本的價值，到足利學校來閲覽原本的人也會減少，「參觀人數驟減，存在千有餘年之遺跡或恐毀於一旦。」出於這一擔心，爲避免今後有人倣照此例提出同樣請求，希望對方能夠交付相當於與原本同樣價值的報酬金以代替謄寫費。此外，如果以鈔本爲底本出版了翻刻本，或許世間將無法分辨何爲原本，故希望清國公使或清國官府事先出具一份證明，寫明此絶世古書乃出自足利學校，足利學校藏本纔是原本。從内容分析，足利學校保護委員們在10月14日向樺山郡長提交估價單之後，可能又經過再三考慮，希望借這一難得的機會爲保護、維持學校籌集更多的資金，所以纔在大約一個月之後再次提出這一要求。

由於這段時間鮫島秘書官有事不在，11月17日，外務省秘書官大山綱介代其寫信給樺山知事。信中表示：根據樺山知事9月7日的來函，外務省已經通知清國公使館同意在收繳謄寫費的條件下由該校看守者代爲鈔録，因此不方便再向公使館轉達足利學校的要求。清國公使希望派人校勘的要求是合理的，學校方面應該予以同意。此外，因爲清國公使已經多次催促，希望能將開始鈔寫的日期見告。

收到此信的樺山知事於12月11日給大山秘書官回信，答應在收繳謄寫費的條件下代爲鈔寫。回信附上了足利學校在10月14日就已經提交的估價單的鈔件，只是將日期改爲11月30日。信中表示，如果公使館對價格没有異議，學校方將很快開始鈔寫。此外，樺山知事還代足利學校方面對捐款的要求進行了辯解，提出在謄寫工作完成之後，希望公使給他們寫一封鄭重的謝詞。

這一交涉經過三個月的往復，終於達成了協議。

但是，12月7日，大山秘書官給樺山知事發出電報，通知他清國公使很快要回國，很想在動身之前能夠見到《皇疏》的謄寫本，因此希望在三星期以内鈔完。電報中稱，公使館實際上將會支付200圓的謄寫費，如果三星期以内鈔不完的話，至少請在以前約定的日期内完成。電報中還特别叮囑樺山知事用電報而不是書信回覆，可見外務省和公使館的要求相當急切。樺山知事翌日便給大山秘書官回電云：「將按來電所示金額充分安排，三週左右當可完成。」

果然，鈔寫工作似乎進行得非常順利，在年末之前便結束了。12月27日，足利學校遺跡保護委員連名向樺山郡長報告了這一消息，翌日，樺山知事致電外務省云：「《論語義疏》本日完成」，同日又寫信給外務省做了更爲詳細的説明。大約是因爲到了西曆新年，外務省收到此信時已經是1888年（明治二十一年）1月4日。

1888年1月6日，外務省向公使館通告了鈔寫工作已經完成的消息。徐承祖回信表示感謝，同時再次提出希望能夠派專家前往校勘。他還表示，自己即將回國，不能繼續處理此事，但將委託繼任的公使黎庶昌辦理，包括向足利學校支付謝禮洋銀300圓。

徐承祖不久之後便離開了日本，但是從他的這封書函中可見，直到離日前最後一刻，他還在期待能夠得到皇侃《論語義疏》的完善的文本。

1月9日，大山秘書官寫信給栃木縣知事，通知他去年12月28日來信和《論語義疏》鈔本1部10册已經收到，因爲正好趕在公使出發之前，所以已經馬上給公使送去。《論語義疏》鈔本能夠趕在徐承祖回國之前完成並交到公使館，大山秘書官似乎終於鬆了一口氣。

1月16日，外務省將公使館支付的謄寫費洋銀300圓寄給栃木縣知事，同時希望當地能夠接待公使館向足利學校派遣校勘人員。信中還附有徐承祖來函中相關内容的摘録。謄寫費和外務省的書函於18日寄到栃木縣，但是在收到此信之前，樺山知事已經寫信給大山秘書官説：學校方面精選紙張和鈔録者鈔寫《論語義疏》，並趕在清國公使回國前完成，希望報酬的支付也能及時。

收到大山書記官來信之後，樺山知事於21日與樺山喜平次郡長商量公使館員來校校勘之事，同日，奉宮前内閣書記官的内命，川合鱗三書記官也來信指示要參照校規回答此事[①]。下午兩點，大山秘書官致電知事，希望盡可能允許公使館員到足利學校校對《論語義疏》，並要求他迅速答覆[②]。

1月26日，樺山郡長寫信給知事表示，關於公使館派員到足利學校校對一事，在管理上没有問題[③]。同一天，樺山知事答覆外務省説：日前寄去的鈔本在鈔寫之後已經經過了仔細校對，但如果公使館堅持要到學校來校對的話，請事先通知來訪日期。此外，爲了留作紀念，希望能夠將徐承祖公使來函的原本交給足利學校保存。

28日，外務省以伊藤博文的名義致函清公使黎庶昌，轉達了樺山知事來函的内容，並詢問公使館員去足利學校的日期。公使館方面大約一直在期待這一天的到來，所以立刻確定了出發日期，並於當天答覆外務省。大山秘書官在同一天寫信通知樺山知事，公使館的人將於30日從東京出發，準備在足利學校滯留兩個星期。

公使館派往足利學校的是公使館員徐致遠和學生張文成。在考察他們在足利學校的活動之前，我們先繼續看公使館、外務省和足利學校所在地的地方官員之間的交涉。

---

①《足利市史》下卷，第125頁。據《明治過去帳》，川合鱗三明治十八年任栃木縣大書記官，明治二十一年任第一部長。見該書第593頁。

②《足利市史》下卷，第125頁。

③《足利市史》下卷，第125頁。

外務省2月21日起草的致樺山知事的信函中通知他説，清國公使爲感謝栃木縣和足利學校在公使館員前往校對時所給予的厚遇，已經寄來了感謝信和親筆書寫的題詞。此時，加藤高明接替大山書記官具體承辦此事。黎庶昌的感謝信和題詞現在尚完好地保存在該校（圖4），其中有云：

> 且自變法以來，周孔之學日就衰廢，獨足利舊藏書籍篤守弗失，誠爲吾道千鈞一髮之寄。

從中可以窺見黎庶昌對日本明治維新以後學術狀況的看法。

2月27日，樺山知事給外務省發出了兩封書函。第一封的内容是報告已將鈔寫費轉交所管郡長並附寄收據，同時詢問以前要求將徐承祖公使書函交給足利學校一事的結果①。另一封的内容是通知外務省21日的書信及清國公使的親筆題詞已經收到。

根據《足利市史》，2月27日，川合書記官寫信給樺山郡長，以將會影響對《論語義疏》的尊崇爲理由，要求不要讓公使館員閲覽該書的《來歷書》②。筆者曾向足利學校遺跡圖書館詢問這份《來歷書》的所在，該館的答覆是「本館没有該資料」。關於這一《來歷書》的内容以及川合書記官爲何會擔心公使館員閲覽該書將影響對《論語義疏》的尊崇，現已不明。

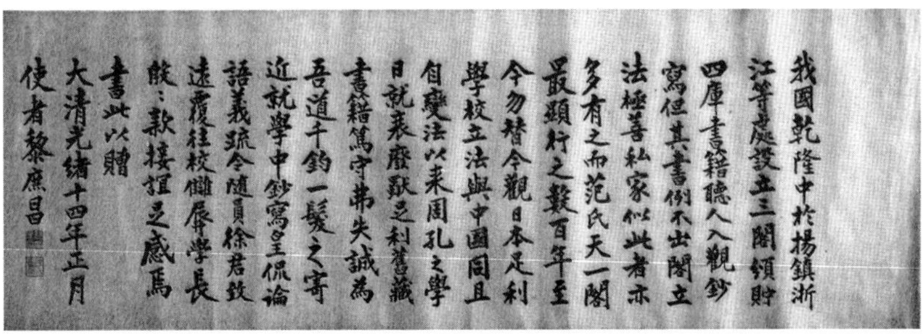

圖4　足利學校藏
黎庶昌題詞

① 據外交記録。《足利市史》亦載，但日期爲25日。見該書第125頁。

② 原題《論語義疏由來書》，見《足利市史》下卷，第126頁。

2月28日，加藤秘書官寫信給樺山知事，通知他收到300圓的收據已經轉交清國公使，並告訴他，清國公使書簡原本涉及其他事件，不能交給足利學校保存。轉寄收據的書信是以外務大臣大隈重信的名義寫給黎庶昌的，收據的鈔件、清公使館收到收據時的回函以及同時退回的1月16日外務省出具的臨時收據也保存在日本外交史料館的相關檔案中。

（四）公使館館員徐致遠訪問足利學校與清公使館的宴會

1888年1月30日，在得到足利學校的同意之後，清公使館館員徐致遠和擔任翻譯的學生張文成一起前往栃木縣。他們在足利學校時的行動不見於外務省記録，但是從《近代足利市史》所引用的《日誌》中可以略知當時的情形：

二十一年一月二十九日①

舊臘應清國公使之需，將《論語義疏》謄寫後寄贈，爲校考該本，

清國公使隨員　除（原文如此）致遠

此人投宿於二丁目林鶩五郎處，爲上述之事即夜與相場朋厚相會，於一月三十一日徐致遠等兩人前往學校從事《論語義疏》校考之事，由郡役所書記壹名並本校人員壹名陪同。

同七日　上述校對全部完成

同八日一日　停留②

---

①「二十九日」：原文如此，疑當作三十日。

②《近代足利市史》第5卷《史料編》第4編《文化》第3章《文化財の保存》195，第1007頁。原文爲日文。

根據這一記録，基本上可以了解徐致遠等二人在足利學校停留的大約十天左右時間中的安排。

2月8日，足利學校在五丁目的相模屋舉辦宴會招待徐致遠和張文成①。郡長樺山喜平次，足利學校保護委員8人，監守人善野秀，當地名士、畫家田崎芸以及爲徐致遠等提供住處的林鷲五郎等出席。足利學校保護委員致歡迎詞云：「忝（原文如此，當爲「恭」之誤）迎佳客，不堪欣荷。聊呈薄酒，以酬數日之老（原文如此，當爲「勞」之誤）。請安座寬禮，把滿酬。」徐致遠亦致辭向足利學校和相關人員表達感謝之情云：

此來得讀鄴架古籍，已深欣幸。連日勞諸君屈陪，更抱不安。今日盛會，足見諸君多情。特擾（原文如此，當作騷）甚大耳。

做爲謝禮，徐致遠向足利學校贈送了六合徐鼒所著《讀書雜釋》四卷。關於《讀書雜釋》此書作者，《足利市史》及《近代足利市史》均作「徐才鼎」，當爲「鼒」字之誤。徐鼒字彝舟，江蘇六合人，道光二十五年（1845）進士，是剛剛回國的公使徐承祖之父。徐鼒的文集《未灰齋文集》有光緒十二年（1886）扶桑使署活字本，是徐承祖在東京期間印刷的。該《日誌》中另有付箋曰：「又，右書三部行筐未拂（原文如此，疑爲「攜」之誤），乃中曆明年自□國取來亦寄存。」由此可見徐致遠還答應另外將從國内帶來三部其他書籍贈送給足利學校②。徐致遠還揮筆賦詩一首邀校方人員唱和：

① 《近代足利市史》第5卷《史料編》第4編《文化》第3章《文化財の保存》195，第1007頁。原文爲日文。不過，此處記載作「清國公使隋（當爲「隨」字之誤）員徐致遠他二名」，與外交記録中1月28日大山書記官致栃木縣知事書函中所云「清國公使館隨員徐致遠及學生張文成共二人前往貴縣」的通知有所不同。

② 《近代足利市史》第5卷史料編第4編《文化》第3章《文化財の保存》195，第1009頁。原文爲日文。

足利名區比魯東，我來得謁素王宮。
詩書能守先王道，冠佩猶留太古風。
羈旅漫然鄉有異，論文翻喜字相同。
慰懷更得逢賢尹，與論争傳製錦工。①

同席的畫家田崎芸也爲徐致遠作《寒山行旅圖》一幅。

爲了感謝栃木縣官員及足利學校的接待，不僅徐致遠寫信表示感謝，如上文所述，公使黎庶昌也特意爲足利學校題詞。收到感謝信之後，足利學校方面派相場朋厚爲代表，於3月13日專程到東京訪問清公使館。當時被清政府派往國外遊歷考察的傅雲龍、顧厚焜及公使館隨員孫點（記録中誤作煕）、徐致遠以及其他五人一起與相場朋厚見面，公使館譯員澤村警太郎擔任翻譯。此日，公使館舉行的答謝宴會一直持續到晚上9點。在座的還有日報社員荻野國三和稻垣真郎。足利學校遺跡圖書館的《日誌》對當時的情況有詳細的記録，甚至還記載了宴會上的菜單②。在公務日記中如此詳細地記載當時的細節，一方面顯示出足利學校保護委員們對此事的重視；一方面也説明，這次與清公使館的交往給足利學校保護委員們留下了深刻的印象。這種强烈的印象從其他事例中可以看到。例如，相場朋厚後來在修復足利學校遺跡時曾經撰漢詩云：

---

① 據《足利市史》第127頁。《近代足利市史》第1007頁亦有記載，但誤字更多。

②《近代足利市史》第1011頁。此日宴會的菜單是：「西瓜籽、杏仁、紹興酒、燻魚、雞雜、蟹、清口、落花生、糖胡桃、燕窩、筍片炒雞、蜇皮、曝肚皮」，又：「蟹、筍片鯛、八寶飯、擦柑汁、肉饅頭、紫菜湯、米飯、廣東豚炙肉、黑鯛加筍、雞肉」。

禹域每羨珍書富，請官依本整殘編。

千鈞（原文如此，當作「鈞」）一髮喜受賜，厚謝殊恩呈尺箋。①

所詠正是清公使館借鈔《論語義疏》之事。其中「千鈞一髮」之語借用了黎庶昌題詞中的典故。

日本東京大學總合圖書館收藏的一册江户時代《論語義疏》鈔本中，夾有兩封關於此書底本的信函②。其中一封署有10月21日的是渡邊信寫給野州足利町一位名叫荒井久次郎的人的信札底稿，在鈔寫該鈔本第一、二册卷首格式後云：

如右所示者究竟爲宋版抑或古寫本，請查明之後回覆爲盼。

信的末尾有朱筆註云：「此荒井氏爲足利學校所在地人，乃該地著名望族。請荒井氏代爲詢問足利學校，得回信如左。」另一封是署有10月22日日期的回信，同樣用朱筆註云：「是乃詢問足利學校時所得該校回信也。」這封回信在「上述古寫本乃御寫也」的回答之前有以下文字：

論語義疏　古寫本　十册

此書乃根本遜志據以鈔寫刊行之原本，《不知足齋叢書》（原文如此，當爲《知不足齋叢書》之誤）中所收録者。其後明治十八年（原文如此，當爲明治二十年之誤）依清國公使之請騰（原文如此，當作「謄」）寫寄上，彼喜於一髮千鈞之危機中得此，鄭重寄來感謝狀，别存於此。

① 《足利市史》，第6篇第2章《明治前後の人物》，第892頁。

② 友人橋本秀美、古勝隆一賜教。兩封信均爲日文。

信中也引用黎庶昌感謝信中「千鈞一髮」之語，對清國公使特意要求謄寫一事表現出自豪之感。

近代以來包括《足利學校之沿革》在内的數種關於足利學校歷史的著作中都曾言及清公使鈔寫《論語義疏》一事，由此可見此事對明治時期的足利學校來説是一件大事。爲了更好地理解足利學校方面在這次交涉中的立場，需要對明治時期足利學校的狀況有一個基本了解。

（五）明治時期的足利學校和與借鈔《論語義疏》交涉相關的人物

足利學校是日本室町時代由足利氏一門設立的研修漢學的施設。該校收藏有包括上杉憲實捐贈的宋版經史、室町時代與學校有關的人物捐贈的書籍等珍貴古籍。該校在明治維新時屬於足利藩藩主户田忠行的管轄，但是隨著明治新政府廢藩置縣的改革，足利學校也面臨著重大的變化。1872年（明治五年），隨著縣治改定，足利學校及其藏書劃歸栃木縣所有，1873年（明治六年），舊足利學校的一部分建築被用來做小學校舍。1876年（明治九年），在足利居民的要求下，栃木縣將學校舊藏書籍退還，但是在此期間有若干古籍下落不明①。1880年（明治十三年），足利地方興起了要求保存足利學校遺跡的運動。上文提到的相場朋厚作爲這一運動的領袖之一，曾經募集了大約2000圓的捐款。在這一運動中，足利學校新建了足利文庫，並恢復了釋奠儀式②。1881年（明治十四年）5月，又從内務省争取到1000圓的「聖廟保存金」，同年7月，第一次任命了足利學校保護委員。保護委員們向栃木縣提交了《關於著手保護足利學校遺跡的意見書》，在闡述保護足利學校的必要性和緊迫性之後，表達了對自己的責任的認識。其中云：

① 須永弘《足利學校年譜》，明治九年，第30頁。又見長澤規矩也《足利學校藏書の集散について》（下ノ二），《書誌學》復刊新9號，《長澤規矩也著作集》第2卷所收，第339—354頁。

② 須永弘《足利學校年譜》，明治十三、十四年，第30—31頁。

某等一直擔心足利學校遺跡化爲荒蕪之地，所藏古書徒飽蠹魚，其情慨切。然學校非某等所有，無可如何。唯有朝説暮歎，反復申述，此千有餘年之文物如歸爲塵芥烏有，實爲可惜。現終於得到官府關注，自去年以來開始修繕，又將其事相委任，此實爲某等汲汲盡力之秋也。

《意見書》在談到學校收藏的珍貴古籍的現狀時云：

學校書籍之類隨便散亂在倉庫之内，珍本書、普通書、廢紙類等皆捆扎堆積於一處，均需一一調查，編製現存書目。懇請將往年藩制改革之際縣廳上交文部省之學校藏書退還，破損者修補之，凡珍貴古書、罕見新書與普通書籍，均一一區别，加以保護。

提出調查、整理學校的古籍並編寫書目應該是今後需要著手的重要工作之一①。從這份《請求書》可以窺見學校保護委員們對保存這一重要文化遺産的熱心。1882年（明治十五年）3月，東京大學教授、明治時期的重要歷史學家重野安繹等人專門到足利學校調查古書。11月，宫内省下賜了聖廟保存資金100圓（原文作金百兩）。1884年（明治十七年），學校保護委員編寫提交了遺跡調查報告，同年6月13日，日本政府出版的《官報》在學事報告欄中刊載了足利學校沿革的概略②。但是，僅靠有限的捐款和政府「下賜金」，很難將學校維持下去。特别是要對遺跡、古書進行保

①《足利學校遺跡保護著手に付御窺書》《近代足利市史》第1卷《通史編》第5編第6章《文化の動き》，第1390頁，近現代足利市史編纂委員會，昭和五十二年3月1日發行。

②須永弘《足利學校年譜》，明治十七年，第32頁。

護和修復，需要有比較固定的收入，1886年（明治十九年）9月，爲了保證古籍修復的費用，學校提出徵收「聖廟及古籍拜觀費」的方針，並得到栃木縣的承認。當時學校提出的《關於將足利學校參觀費用於保存費的申請書》中陳述當時情況云：

同處所藏最爲貴重之古書籍均不能充分修繕，如此下去，數年之後，千載遺物將大受傷損，實令人焦慮。

爲了保證有一定收入做爲修復古籍、古物的費用，他們提出：

擬請徵收手續費：聖廟參拜者壹名金貳錢，申請觀覽古書籍、什物者壹名金五錢，以此做爲修繕古書籍之補助。爲保存古跡多有此種傳承，故請格外寬容，予以考慮。①

1895年（明治二十八年），足利學校製定了《足利學校遺跡管理暫時規定》，以管理委員代替以前的保護委員②。爲了募集保存資金，管理委員們繼續不斷努力。1897年（明治三十年）12月，他們提出的包括募集捐款和出版珍貴藏書等内容在内的《關於保存足利學校遺跡的建議案》終於在縣議會得到通過。1902年（明治三十五年），爲了徹底解決資金問題，足利町長向縣知事提出了將足利遺跡做爲町有財産加以保存的申請，並於同年5月得到認可。此後又製定了足利遺跡及足利遺跡圖書館管理規則，1903年（明治三十六年），繼足利郡決定從郡費中支出補助金之後，文部大臣也同意設立足利遺跡圖書館。在長年以來存在的資金問題得到解決的同時，足利學校圖書館做爲「以廣泛收集保存

① 《足利學校参觀料金を保存費にあてる許可願》，《近代足利市史》第5卷《史料編》第2章《人民の願書・届書》236，第1158頁。
② 《近代足利市史》第1卷《通史編》第5編第6章《文化の動き》，第1394頁。

國內外古今圖書，提供民衆閲覽參考爲目的」的公共圖書館，開始爲普通讀者提供服務①。

以上我們簡單回顧了明治時期足利學校的衰退與復興的歷史，由此可知，足利學校遺跡保護委員們當時是在多麼困難的狀況下爲維持、復興足利學校而不斷地努力的。清公使館關於借鈔《論語義疏》古鈔本的請求恰恰是在這一時期提出的。了解這一歷史背景，或許有助於我們理解保護委員們對公使館的要求所持的那種極爲慎重的態度以及在謄寫費和捐款方面的計較。

這裏特別值得一提的是當時的保護委員相場朋厚（1834—1911，天保五年—明治四十四年）。相場原爲足利藩的藩士，1868年以藩命駐扎京都。從這時起開始關注足利學校的保護。他自從擔任足利學校遺跡保護委員到病故，爲足利學校的保護和復興做了四十年的努力。負責鈔寫《論語義疏》的善野秀（1825—1896，文政八年—明治二十九年）也是爲保護足利學校做出貢獻的人物之一。善野也是舊足利藩的藩士，1882年（明治十五年）足利學校設立管理事務所時成爲學校的看守人②。

此外，在有關檔案中頻頻出現的樺山資雄是鹿兒島縣人，栃木縣第四任縣知事。1885年1月從栃木縣大書記官升任縣知事，1889年轉任佐賀縣知事③。

足利梁田郡郡長樺山喜平治是足利郡第五任郡長，1885年到1895年在任。任期中熱心於足利學校的保護和復興。據須永弘《足利學校年譜》，在公使館借鈔古書交涉四年之後的1892年2月28日，足利學校附近的足利富町失火，居

---

①《近代足利市史》第1卷《通史編》第5編第6章《文化の動き》，第1395—1396頁。

②《足利市史》下卷第6篇第2章《明治前後の人物》，第881頁。又見《近代足利市史》第1卷《通史編》第4編第5章《近代文化の萌芽》，第123頁。

③據《栃木縣史》通史編6近現代附録2《歷代知事一覽》，昭和五十七年8月31日發行，第1014頁。

民房屋燒毀三百餘户。當時火勢蔓延到學校門前，足利郡長樺山喜平次最早趕到學校，親自將學校的聖像放在人力車上運到鑁阿寺避難①。從這一行動也可以看出樺山郡長對足利學校的高度重視。

公使館與外務省之間的信函往來基本上是以清國公使徐承祖、黎庶昌與日本外務大臣的名義進行，在這次交涉期間，日本外務大臣先後從井上馨變爲伊藤博文、大隈重信。如前所述，於1885年12月22日擔任第一次伊藤内閣外務大臣的井上馨因他主持製訂的井上條約改正案遭到反對，於1887年9月16日辭職，從這時起到1888年2月1日，伊藤博文臨時兼任外務大臣，以後接替伊藤的是1888年2月1日到1889年12月24日擔任伊藤·黑田内閣外務大臣的大隈重信。

此外，在外務省具體處理有關事務的是外務大臣的秘書官鮫島武之助等三人，他們後來都成爲著名人物，故在此對其經歷簡單加以介紹。

鮫島武之助（1848—1931，嘉永元年—昭和六年）出身於鹿兒島，是曾經擔任巴黎特命全權公使的鮫島尚信的弟弟。他從慶應義塾畢業之後，做爲開拓使官費留學生到美國學習礦山學，以後成爲外務省書記生，在美國工作過數年。在擔任外務大臣秘書官、參事官等職之後赴羅馬擔任公使館書記生，1890年12月任臨時代理公使。以後曾擔任内閣大臣秘書官、鐵道界議員、貴族院議員，並擔任過四届内閣書記官長。

大山綱介（1856—1911，安政三年—明治四十四年）也是鹿兒島人。他1878年曾在日本駐羅馬公使館工作，歷經日本駐巴黎公使館書記生，於1887年擔任外務省書記官，翌年任外務省取調局次長心得。

加藤高明（1860—1936，安政七年—大正十五年）出身於尾張，從大學法學部畢業後入三菱會社，明治十六年做爲三菱派遣留學生到英國留學。1887年1月應陸奥宗光之邀到外務省工作，在總務局政務課工作之後擔任取調局長。

---

① 須永弘《足利學校年譜》，第33頁。

1890年擔任大藏省銀行局長，1894年和1908年兩次做爲特命全權大使出使倫敦，曾擔任外務大臣和内閣總理大臣。在第一次世界大戰時積極主張日本參戰，並逼迫袁世凱政府承認對華《二十一條》。

三、公使館鈔本的去向

以上我們對駐日公使館傳鈔足利學校所藏皇侃《論語義疏》古鈔本的經過進行了考察。但是還有一個問題是：這個費盡周折終於得到的鈔本後來去向如何？徐承祖最初致外務省的書函稱，總理衙門來文要求公使館設法傳鈔足利學校藏《論語義疏》古鈔本並計劃將其翻刻，後來的交涉中也多次提到總理衙門的要求。但是從結果來看，翻刻《論語義疏》古鈔本的計劃並未實現。

對於總理衙門没有按計劃將其刊刻的原因，從參與這一交涉的公使館隨員姚文棟《海外同人集》卷下中收録的稻垣天真《重鈔論語皇侃疏真本書後》一文中可以看出一些端倪。稻垣天真即上文敘述清公使館宴請足利學校代表時曾經提到的與日報社記者荻野國三一起作陪的稻垣真郎。從這篇《書後》可知，公使館請稻垣作陪並非偶然。實際上，在借鈔足利學校藏《論語義疏》古鈔本的過程中，他也曾經起到過一些作用。稻垣的文章中有一些不見於上文引用的檔案史料的細節，故不避繁瑣，將其鈔録如下：

清國姚君志樑癖耽古籍，訪知我足利學藏有皇侃論語疏真本，上其事於總理衙門，欲請奏聞朝廷，刊頒黌者，誠表章經學，發潛闡幽之盛事也。天真爲君購得松本家所藏古鈔本，而君猶未慊於意，函商橡木縣廳，遣人就足利學借鈔。未及蕆事而君奉簡書敦促，有太西之行。會某星使新抵日本，讒君於朝，謂足利學校本非古書，君言不可信。由是，此書雖上之總理衙門，而罷刊頒之議。君之志卒亦未能達也。天真謹按：澀江全善、森立之所撰《經籍訪古志》云：「《論語皇侃義疏》十卷，古鈔本。此書今有刻本，乃係寬延中根本伯修倣邢昺疏例改換體式，不足爲據。此本真爲皇氏原本，《考文》所引《義疏》，即指此也。」《訪古志》又載市野光彦跋云：「古鈔本《論語義疏》十卷，審其筆跡，係應永前後所傳寫。寬延中根本伯修刻此書，變亂舊章，亦可痛惜矣。此後人所爲也。削而去之，皇氏之舊可復矣。」蓋諸家之説頒頒可考。疑此書者，直不知古耳。天真又按：《訪古志》云：「世傳舊鈔《義疏》每篇首皆引邢疏文，不能無疑焉。比見星野家所藏本第二卷《八佾》『子曰射不主皮』章，馬融註『射有五善』及『以熊虎豹皮爲之』下引邢疏文，俱冠以『裏云』二字，乃知舊鈔《義疏》原於唐卷子本，承學者以邢疏文之背紙，而後人傳寫，誤混之正文，遂又記『裏云』二字爲識別。」①聞某星使因足利學校寫本亦夾引邢疏，遂疑古鈔本皆出於邢疏之後，是又考古之疏也。噫，皇氏真本晦藏已閱千年，得姚文棟君表章之，而阨於某星使之訾説，是尤可痛惜者也。天真不揣謭陋，謹舉其所聞，書以貽姚君，俾録於重鈔本之後，以破耳食者之疑云。②

根據稻垣的説法，借鈔足利學校所藏《論語義疏》最初出於姚文棟的提議，總理衙門在一定時期也確實計劃覆刻此書。姚文棟在稻垣的幫助下購得松本家舊藏的古鈔本，但是仍不能滿意，所以設法到足利學校借鈔。但是，姚文棟在鈔寫工作未完成之前就離開日本前往歐洲，新公使認爲該本並非古本，不肯相信姚文棟的意見，因此鈔本雖然進呈總理衙門，但覆刻計劃卻未能實現。從時間上看，文中「某星使新抵日本」應該是指在徐承祖之後第二次出使日本的黎庶昌。

① 以上所引三段引文均出自《經籍訪古志》卷二經部下《論語義疏》解題，但文字略有出入。

② 姚文棟《海外同人集》卷下，《讀海外奇書室叢書》本。

黎庶昌雖然爲鈔寫《論語義疏》一事給足利學校題詞表示感謝，但是從稻垣的文章看，他對得到的鈔本的價值實際上是持否定意見的。根據稻垣的説法，黎庶昌認爲足利學校古鈔本並非真正古本的理由是因爲其中仍然混有邢昺疏。因此，稻垣爲姚文棟抱不平，特意引用《經籍訪古志》論證足利學校古鈔本的價值，責備黎庶昌的意見是「考古之疏」。

但是，關於此事還有另外一種與稻垣完全不同的説法，這就是曾在駐日公使館工作了四年的楊守敬在他自己購買的《論語義疏》江户鈔本卷首寫下的四葉題跋。關於這一題跋的分析可參照下文，這裏先看一下他在言及公使館得到的傳鈔本時的意見：

光緒甲申余歸後，總理衙門致書日本公使，索皇氏此疏原本。使署中隨員姚君子良以根本刊本進，且稱其古鈔本多僞字不足據。是真買櫝還珠矣。

姚文棟字子樑，此處的「子良」即指姚文棟。根據這一説法，總理衙門向公使索求《論語義疏》原本時，姚文棟主張古鈔本多誤，所以仍以根本刊本進呈。也就是説，公使館向總理衙門進呈的不是據古鈔本傳鈔的鈔本，而是根本刊本。

稻垣與楊守敬二人的記録之間顯然存在明顯的矛盾。

1. 是誰向總理衙門進呈《論語義疏》？

按照稻垣的説法，在姚文棟出發前往歐洲之後，由黎庶昌進呈給總理衙門。而楊守敬則認爲是由姚文棟進呈的。

2. 進呈總理衙門的究爲何本？

按照稻垣的説法，進呈總理衙門的是據足利學校藏古鈔本鈔寫的鈔本。但是楊守敬則認爲是根本刊本。

從稻垣的文章可知，他與姚文棟本來交往密切，又參與了借鈔《論語義疏》的交涉。另一方面，楊守敬曾經是黎庶昌的部下、姚文棟的同事，和他們一起在公使館共同工作三年。兩人都有可能從當事者那裏聽到確實的訊息，但是另一方面，又都可能帶有强烈的個人傾向①。

關於以上兩個疑問，我們可以做以下兩種分析：

關於第一個疑問，姚文棟於1887年（明治二十年）秋受洪鈞推薦做爲出使俄國、德國等國的隨員離開日本前往歐洲②。1887年8月31日公使館致外務省信函曾提到將由姚文棟帶鈔書手前往足利學校，但後來卻未參與此事，其原因正在於此。因此，1888年初足利學校《論語義疏》鈔本完成的時候，姚文棟已經不在日本，不可能由他向總理衙門進呈此書。

關於第二個疑問，上文曾經提到傅維森是通過姚文棟的報告纔知道足利學校尚保存有與根本刊本不同的古鈔本。姚文棟《上總署堂憲請傳鈔足利學論語皇疏真本》中也批評根本刊本「然倣邢疏，變更體例，並以己意增刪文字，非

---

① 受何如璋之邀到日本的楊守敬經張裕釗介紹，在黎庶昌接任之後留在公使館做隨員。在以後數年間，他具體負責幫助黎庶昌刊刻了《古逸叢書》，但是在底本選擇等問題上也曾與黎庶昌有過不同意見。另一方面，他對姚文棟古籍方面的知識頗有微詞。例如，清公使館出版《經籍訪古志》時，姚文棟不理解楊守敬刻《古逸叢書》時只是從日本所藏宋刻殘本《太平寰宇記》中選擇了中國國内不存的六卷，在《經籍訪古志》的《太平寰宇記》解題中增入「光緒癸未楊守敬在日本東京之日影刻以收於《古逸叢書》中」等原書没有的内容，又將原文中著録的卷數改爲「六卷」，讓讀者誤以爲日本所藏的宋刻殘本《太平寰宇記》只存六卷（《經籍訪古志》卷三史部）。對此，楊守敬批評説：「豈非讀首不讀尾者乎。」他又指出姚文棟在《經籍訪古志》中《禮記注疏》條也誤改原文，並予以酷評云：「姚君刻《訪古志》只改此二處，乃皆大謬。」（《日本訪書志》卷六）。此外，楊守敬手批《經籍訪古志》中針對森立之跋中「此書曩者守敬楊氏以重價得一本，甚愛之，余曰：此本係偷鈔，其誤不少」的批評有批註云：「此書即據守敬故得鈔本，迺假森氏言係偷鈔，此段日人甚笑之。」顯然楊守敬對森立之本人並無異詞，只是對有人借森立之之言對他進行揶揄感到不滿。從這些批評看，楊守敬與姚文棟的關係十分微妙。關於楊守敬手批本《經籍訪古志》，請參看長澤規矩也《楊惺吾日本訪書考》（《長澤規矩也著作集》第2卷）。

② 姚文棟1881年冬隨黎庶昌到日本擔任公使館隨員，黎庶昌回國時繼續留在公使館工作，1887年前往歐洲。丸山鑽《送姚君志梁西使歐州序》，姚文棟《海外同人集》卷下，《讀海外奇書室叢書》本。

復皇氏之舊」，「淆亂舊章，已盡失廬山真面也」。從他的這些認識看，很難想象他會否定自己多方努力纔得到的足利學校古鈔本的鈔本而向總理衙門進呈他所批評的根本本。

另一個難以理解的問題是：楊守敬跋文的最後題有「光緒乙酉夏楊守敬記于黄岡學舍」。光緒乙酉乃光緒十一年，即明治十八年（1885），也就是楊守敬回國的翌年，比公使館向外務省提出希望協助借鈔足利學校《論語義疏》古鈔本早兩年。當然對此最簡單的解釋是題識時將年代寫錯。如果不是這樣，可以考慮有以下兩種可能性：一種可能性是，1884年到1885年間，姚文棟曾應總理衙門之請，將根本本進呈。以後了解到古鈔本的價值，纔決定要鈔寫足利學校藏古鈔本。這樣的分析雖然與楊説相合，但是問題在於，做爲駐外公使館的隨員，姚文棟恐怕不會在時過三年之後纔來完成總理衙門交給的任務。另一個可能性是，楊守敬撰寫這篇《論語義疏》鈔本跋文的時間確實是光緒十一年（1885），但上文引用的有關姚文棟的部分是後來謄寫時加上去的。從筆者所見楊守敬舊藏書看，他爲自己藏書所作的跋文有直接寫在書上和寫在另外的紙張加到卷中的兩種情況。其中也有一些於日後在初次題跋之後加入新内容的例子。這篇《論語義疏》的跋文很可能是後來謄鈔的（具體理由請參看下文），有可能是在謄寫時將以前題跋時所署的時間也同時照録了。

判斷稻垣、楊守敬意見之是非的關鍵是：公使館費盡周折得到的《論語義疏》鈔本是不是足利學校藏古鈔本的忠實的傳鈔本？此本後來去向如何？根據稻垣跋語，據足利學校本傳鈔的本子雖然未能付刻，但畢竟還是進呈給總理衙門。此外姚文棟自己也還有另外一部鈔本。但是，我們在中國國家圖書館、故宫博物院圖書館及臺北故宫博物院圖書館等處多次查詢，一直找不到這個鈔本的下落。

上文引用的桂坫《晉專宋瓦室類稿》作於光緒十四年（1888）至光緒十七年（1891），出版於光緒二十四年（1898）。收録祁永膺《皇氏論語義疏真僞考》的《勉勉鉏室類稿》完成於光緒三十年（1904），出版於光緒三十一年（1905）。

收録傅維森《皇氏論語義疏真僞考》的《缺齋遺稿》問世更晚，是到了民國十一年（1922）纔鉛印出版。但是，除了傅維森引用了來自姚文棟的訊息之外，他們都没有機會利用足利學校古鈔本的資料。從各種跡象看，公使館甚至使用了外交手段纔終於得到的《論語義疏》鈔本，對清末以來的《論語義疏》研究幾乎没有發生任何影響。

四、楊守敬對《論語義疏》的收集和研究——《論語義疏》回傳中國的另一個渠道

（一）楊守敬對《論語義疏》的收集

上文我們對1887年到1888年清駐日公使館爲傳鈔足利學校藏《論語義疏》古鈔本而進行的交涉進行了考察。但實際上在此之前已經有中國學者開始在日本搜求皇侃《論語義疏》古鈔本。當徐承祖、姚文棟等人爲鈔書之事開始與外務省、足利學校等方面交涉的三年前即1884年，清公使館隨員楊守敬已經攜帶他收集到的日本室町、江户時代的寫本回到中國。

在楊守敬和對他搜訪中國古籍幫助最大的日本漢方醫生、考證學家森立之的筆談録《清客筆話》中，曾經有兩次提到皇侃《論語義疏》[①]。同書卷六明治十五年（1882）的記録中貼有楊守敬向森立之借用《皇疏》二册時的借據，筆談

① 關於《清客筆話》，請參見拙稿《關於〈清客筆話〉及其價值》（《原學》第5輯，北京：中國廣播電視出版社，1996年）和筆者整理的《清客筆話》解題、原文（收入《楊守敬集》第13卷，武漢：湖北人民出版社、湖北教育出版社，1997年）。

中談論過該書爲何被稱爲「圓珠經」。另一次是在同年十二月末，楊守敬爲校書再次借用《皇疏》五册①。從這些記録看，楊守敬在日期間已經開始著手搜集和校勘《論語義疏》。楊守敬自己曾説他得到了四部《論語義疏》②。楊守敬藏書在其生前已有出讓或散失者，經後人之手編成的《故宫所藏觀海堂書目》已經不是他藏書的總目，但其中仍著録有包括六部日本鈔本、兩部根本刊本和一部《知不足齋叢書》本在内的共十部《論語義疏》③。根據阿部隆一先生的調查，臺北故宫博物院圖書館所藏楊氏觀海堂舊藏書中現在尚有八部《論語義疏》④。

① ［室町］鈔本　十册（有「嵯峨藏」「讀杜草堂」印）

② ［江户末明治初期］影鈔本　四册（有「新井□次作之」「あら新井次郎」墨書）

③ ［室町］鈔本　五册（有「和學講談所」「向黄邨珍藏印」，楊守敬《留真譜二編》有書影）

④ ［近世初］鈔本　五册（有「杉垣簃珍藏記」「慧極」印，《經籍訪古志》著録）

⑤ 零本存卷一　［室町］鈔本

卷四、七、八［江户］鈔本（有「有馬氏遡源堂圖書記」印）

⑥ 零本存卷四［室町末近世初間］鈔本　一册

---

① 楊守敬向森立之借閲的本子是賓勝院釋芳卿光鄰的手澤本，現藏日本慶應大學附屬研究所斯道文庫。楊守敬曾根據此本在根本本上做過批注，該批校本現藏臺北故宫博物院圖書館，即下文第⑧種。參看阿部隆一《（增訂）中國訪書志》第48頁，東京：汲古書院，1983年3月。

② 楊守敬手批《經籍訪古志》在《論語義疏》條欄上有「《義疏》與刻本大異，飛青閣凡得四部」批注。該本乃橋川時雄在北京購得，後歸長澤規矩也。此處據日本慶應義塾大學附屬研究所斯道文庫藏膠片。又可參看長澤規矩也《楊惺吾日本訪書考》（《長澤規矩也著作集》第二卷）。

③ 《故宫所藏觀海堂書目》卷一，何澄一編，民國二十一年刊。

④ 據阿部隆一《（增訂）中國訪書志》，第46—48頁。

⑦ 附《論語發題》[江户]鈔本　五册（有楊氏手書題跋四葉）

⑧ 根本遜志刊本　有楊守敬據森氏舊藏寶勝院本批校　十册

（有「安政元年孟春　佐久間象山」墨書朱印、「野之國學」藏印）

（二）從跋文看楊守敬的《論語義疏》研究

爲了解楊守敬對《論語義疏》的認識，我們再看一下上文引文未録的觀海堂舊藏江户鈔本《論語義疏》卷首所附楊守敬跋文的前一半内容。

《論語皇疏》自日本根本遜志刊本流傳入中國，鮑氏刻之《知不足齋叢書》中，有深信爲古本者，有異議者。其信爲古本者以其中佚事舊聞往往而在，如公冶長通鳥語之類，獨見於此書。其有異議者則據《經典釋文》「子行三軍則誰與」云「皇音余」，又「子温而厲」云「皇本作君子」，今此書二條皆不相應。余謂以《釋文》勘《皇疏》誠爲切證，但通讀《皇疏》無爲經作音者。按《釋文》敍録有徐邈《論語音》，「又不易得也」下《釋文》云「孫音亦」，蓋指孫興公《論語集注》。然則此音餘之説或是孫、徐之本，傳寫者誤爲皇與？若子温章皇本云「明孔子德也，亦有云子曰者」，是皇本明同今本，别無可解説。亦恐《釋文》皇字有誤。大抵欲勘此書，當知此十三家之注雖純駁不一，而義訓自古。又六朝人聲口與唐代不同，今以他經舊疏照之，其語言如合符契。如果日本人有此手眼，是與《孟子》孫奭僞疏何啻天淵。考日本自源氏以來荒滅已甚，其崇尚經學，在德川氏中葉。而彼土今存此書鈔本，有在四五百年前者。則謂即根本僞作者，未核其實也。余獨怪根本所刊《義疏》體式全同閩、監、毛之邢疏本。按合注於疏始於南宋，今所見十行本注疏及黄唐本《尚書注疏》《周易注疏》《禮記注疏》及元元貞本刊本《論語》

邢疏皆注文雙行，安得《皇疏》舊本一同明刊之式？此懷疑未釋者。及來日本，得見《皇疏》古鈔本數通，乃知其體式迥異刊本。每章分段，以雙行先釋經文，提行處皆頂格，注文則别行，低一格，大字居中（亦有不跳行者，則空數字，疑鈔胥爲之）。其有所疏者，亦以雙行釋之，提行處並低一格，俱不標起止。足知刊本之妄。且其文字爲根本以他本及邢本校改者，亦失多得少。此本無鈔書年月，相其紙質，亦二百年前之物。後有重刊此書者，當據此正之。

又按六朝《義疏》既有此式，何以唐人《五經正義》皆不循此轍？余疑《皇疏》古原本亦必標起止，别爲單疏。今此式亦日本人合注於疏者之所爲，而删其所標起止與？惜日本所傳古鈔本皆不出元明之世，無從實證之耳。①

楊守敬首先舉出清代學者對《皇疏》的兩種看法：相信《皇疏》爲古本（真本）者認爲其中保存了許多佚事舊聞，懷疑論者則指出其中的文字與《經典釋文》等書引用的《皇疏》不盡一致。楊守敬一方面承認用《經典釋文》校《皇疏》這一方法的有效性，一方面指出，與《釋文》引用《皇疏》的相異之處也有可能是由於《論語義疏》的傳寫之誤或《釋文》傳本的訛誤。他還從六朝經注的特徵與唐代以後不同的角度分析，認爲《皇疏》的價值不僅在於保存逸文舊事，其中所引十三家注釋雖然「純駁不一」，但畢竟是古代義訓。他根據自己的見聞指出，日本所傳舊鈔本有些是四五百年前傳寫，對懷疑《皇疏》乃根本遜志僞作的看法提出了反駁。他對《論語義疏》的體例也談了自己的看法，指出將注、疏合在一起始自南宋，如果《論語義疏》依據的是南宋以前的古本，則其體例也應當是注、疏别行的。根本刊本《論語義疏》

① 據臺北故宫博物院圖書館所藏該書卷前題跋。此跋阿部隆一《增訂中國訪書志》第47—48頁著録。

根據他本及邢本改變了足利本原來注文雙行的體例，結果變得與閩、監、毛本體例相同。楊守敬原來已經注意到這一點，懷疑《皇疏》體例不應該與明刊本相同。在日本見到若干種《論語義疏》古鈔本之後，纔知道其原來的體例與刊本完全不同。

接著，楊守敬又提出了新的懷疑。如果《論語義疏》古鈔本的體例即是六朝時的舊貌，爲什麽唐代《五經正義》的體例與此不同？他的推論是：現存《論語義疏》古鈔本不標起止的體例仍然是將注疏合在一起的日本人所爲，更早的《論語義疏》的體例一定是標記起止，别爲單疏。

由於題跋這一文體的制限，這篇跋文或許不能算是精密的、具有全新意義的《論語義疏》研究，不過從其中的觀點和分析方法——如認爲《論語義疏》引用古注雖不免駁雜，但保存的古代義訓仍有其價值的意見，用六朝經疏的語言特徵（「聲口」）和日本經學史的知識判斷《論語義疏》不可能是根本氏僞作等——仍能看出楊守敬的見識。特别是關於《論語義疏》體例的分析，顯示出楊守敬做爲一位文獻學家的敏鋭的洞察力。

與這篇跋文相關，光緒二十七年（1901）出版的《留真譜初編》卷二《論語義疏》有一篇與上文引用的跋文内容相近的題跋：

《論語皇侃義疏》爲海外逸書真本，無庸擬議。獨怪根本遜志所刊《義疏》，其體式全同閩、監、毛之邢疏本。按合注於疏始於南宋，今所見十行本邢疏及元元貞刊本邢疏皆注文雙行，安得《皇疏》舊本一同明刊之式？此懷疑未釋者。及來此，得見《皇疏》古鈔本數通，乃知其體式迥異刊本。每章分段，以雙行先釋經文，提行處皆頂格，注文則別行，低一格，大字居中（亦有不跳行者，則空數字，疑是鈔胥爲之）。其有所疏者，亦以雙行釋之，提行處並低一格，俱不標起止。足知刊本之妄。且其文字爲根本以他本及邢本校改者，亦失多得少，後有重刊此書者，當據此正之。又按六朝《義疏》既有此式，何以唐人《五經正義》皆不循此轍？余疑《皇疏》原本亦必標起止，別爲單疏，今此式亦日本人合注於疏者之所爲，而刪其所標起止與？惜此間鈔本，審其紙墨筆勢，皆不出元明之世，無從實證之耳。①

此外，静嘉堂文庫所藏黑木欽堂舊藏楊守敬手批初印本《留真譜》中《論語義疏》在這篇題跋的書眉及行間有楊守敬墨筆批注曰：

> 余所得《皇疏》舊鈔數通，然皆不及此本之古。此本藏森立之，余屢求之未得。
>
> 或據《經典釋文》「子行三軍則誰與」云「皇音余」，又「子温而厲」，「皇本作君子」，今此書皆不相應，疑爲日本人疑②作。余謂以此勘《皇疏》誠不可解。然十三家之注雖純駁不一，而義訓自古，並江熙《集解》，豈能妄斷。且疏中佚聞舊事亦往往而在。如公冶長通鳥語之類，獨見於此書。又古義別解詳贍，覺邢疏已有不應刪略之恨。如果僞作，以視僞孫奭《孟子音義》何如。日本經學自源氏以來荒減已甚，安得有如斯人。余疑行三軍章之音「余」本非《皇疏》。蓋《皇疏》通部無爲作音者。按《釋文》敘録有徐邈音，「又不易得也」《釋文》云「孫

① 楊守敬《留真譜初編》卷二經部，光緒二十七年三月宜都楊氏刊。
② 原文如此，疑有誤。

音亦」，所云孫者蓋孫輿公，有《論語集注》十卷。此音余之本，或是孫、徐，傳寫誤爲皇與？若子温章皇本云「明孔子德也，亦有云子曰者」，是皇本明同今本，此無可解説。亦恐《釋文》皇字有誤。大抵欲勘定此書非□，余讀皇氏書，與他經舊疏比例，其提解聲口，決是六朝人語。明知此真六朝元本，斷非淺學者所能僞造。

這兩段題跋與前面引用的跋語内容幾乎相同，但從文章看，觀海堂舊藏江户鈔本《論語義疏》卷前的跋語文章最有條理，字句有經過斟酌的痕跡。手批本《留真譜》批注中「如公冶長通鳥語之類獨見於此書」等是做爲自己的意見闡述的，在觀海堂舊藏江户鈔本跋語中則將其歸納爲相信《皇疏》爲古本者的意見。此外，手批本中「余謂以此勘《皇疏》誠不可解」在觀海堂舊藏江户鈔本跋語中已改爲「余謂以《釋文》勘《皇疏》誠爲切證」。《留真譜初編》跋文中的「及來此」「此間鈔本」，在觀海堂舊藏江户鈔本跋語中分别改爲「及來日本」「日本所傳古鈔本」；「《皇疏》原本」也改爲「皇疏古原本」，以便更準確地表達比現存古鈔本更古的文本的意思。從這些例證看，觀海堂舊藏江户鈔本的題跋應當是楊守敬在回國之後根據在日本時寫下跋語重新整理、謄清而成的。

結語

本文以清駐日公使館借鈔足利學校藏《論議義疏》古鈔本的交涉爲中心，對清末駐日外交官試圖將日本藏《論語義疏》古鈔本介紹回中國的努力及相關情況進行了考察。關於借鈔《論語義疏》古鈔本的交涉是近代日中學術交流史上一段幾乎被遺忘的往事，但卻不應該僅僅被視爲一個簡單的借書藏書的故事。因爲從似乎單純的借書交涉中，我們可以窺見當時中日兩國文化交流的一個側面。

本文第二部分曾經提及，與清公使館員特别是黎庶昌有密切交往的日本歷史學家重野安繹曾於1882年到足利學校調查該校收藏的古書。之後，爲了籌集修補、保護古籍的資金，足利學校自1886年9月開始徵收聖廟與古書拜觀費。從這些情況可知，當時足利學校的古籍並非絶對不提供外部人員閲覽。按照常理，清公使館希望借鈔《論語義疏》的要求是對足利學校藏書價值的承認，在足利學校謀求復興的時期，這樣的申請有利於校方論證所藏古書的重要性。但是足利學校不僅以學校藏書自古不出門外的規定爲理由堅決拒絶，而且連公使館員帶鈔手前往學校鈔寫的建議也加以拒絶，其理由是，一旦有外部人員接觸到學校古書，其他人也有可能隨之提出類似請求，這樣就難免會出現對古書的損害。從各種記録綜合分析，這種對應的態度一方面表現出保護委員愛護學校古書的心情，但另一方面也可以理解爲在交涉初始階段，學校一方就有在多次謝絶之後徵收高額謄寫費的打算。此外，清人看書時有從中抽掉一、二葉的惡習這一傳聞也增加了保護委員們的擔心，從這一點也可以看出他們對清人的戒心。

在提交《關於謄寫古書的意見書》的階段，保護委員們提出希望清公使館捐贈與内務省下賜金相同數額的巨額捐款，理由是如果根據謄寫本覆刻的本子流傳於世，有可能會影響原本的存在價值，甚至不再有人到學校來看原本，最終會對保存學校遺跡造成不良影響。這一理由從今天看來有些牽强附會，但是也真實地反映出保護委員們爲保護學校遺跡而想盡一切辦法的努力。

另一方面，足利學校有關人員多次要求外務省將清公使的書函、感謝信等交給足利學校保管，又爲得到清公使的題詞而欣喜。他們對到足利學校訪問的公使館員的熱情招待以及相場朋厚等人到清公使館的訪問都充滿了温暖和諧的氣氛。學校人員不僅在當時對清公使館借鈔《論語義疏》的交涉有詳細記録，而且在十多年之後談及《論語義疏》時仍然舊事重提（渡邊、荒井往來書信），顯示出此事給他們留下的强烈印象。

從清公使館方面看，經過持續不懈的交涉，終於得到了足利學校代爲鈔寫的《論語義疏》鈔本，並且與足利學校保護委員們建立了友好的關係。在與外務省之間的交涉中公函往來頻繁，對應迅速而有效率，反映出公使館極力要將《論語義疏》的更完備的文本傳回中國的熱情和決心。但是遺憾的是，在此之後，由於公使館内部對鈔本的價值出現了不同意見，兩届公使和多位公使館員參與的這次交涉最後以徒勞無功而告終。在學術與文化的發展過程中，曾經有過無數失敗的嘗試和由於種種原因没有留下成果的努力，清公使館借鈔《論語義疏》的交涉也是其中一個典型事例。

清公使館進行借鈔《論語義疏》交涉的1887年、1888年是在甲午戰爭六七年之前，這一時期，中日兩國雖然在琉球、朝鮮等問題上存在爭端，但兩國關係與後來相比還處在相對平静的時期。在公使館反復提出要求和足利學校等方面反復拒絶的過程中，足利學校及其所在地方政府的有關人員表現出一些十分微妙的心理。近代中日兩國間的文化往來往往被單純地用友好或對抗、不友好的模式簡單處理，但實際情形顯然要複雜得多。

與公使館在藉助日本外務省的協助、利用外交手段的情況下還幾經反復纔鈔得《論語義疏》的情況相比較，更能夠讓我們理解楊守敬以個人之力搜集到大量珍貴典籍時所付出的心力。楊守敬在《論語義疏》跋語中曾希望「後有重刊此書者，當據此正之」，但是，他搜集到的幾種古鈔本系統的《論語義疏》也和他帶回國的許多其他善本書一樣，最終並未得到充分利用。

《論語義疏》做爲失而復得的佚存書，在清代回傳中國之後廣爲人知。根本氏刊本傳到中國以後，除了作爲《四庫全書》底本之外，還出現了以其爲底本的武英殿刊本、《知不足齋叢書》本等多種刊本。近代以後，楊守敬、姚文楝等學者爲了得到未經後人改動的古鈔本，曾經進行各種努力，付出了許多心血。但是，或許是由於對日本古鈔本資料把握不夠，在此之後，中國學界對《論語義疏》一直缺乏深入的研究。在日本，1923年由懷德堂出版的武内義雄的校正本對包括足利學校本在内的多種室町時代古鈔本進行校勘，對這些古鈔本的情況進行了揭示。另一方面，正如長澤規矩也先生在其論文《關於論語義疏承傳的疑問》中指出的那樣，現存室町時代的古鈔本幾乎都不是單疏本，而且其中混有邢昺疏，所以還不能認爲這些鈔本完全反映了唐鈔本的面貌①。

本文最後要提到的是，在公使館借鈔古書申請之後，仍陸續有中國人到足利學校看書或希望影印該校古籍。筆者在這次調查中了解到，該校除收藏有本文介紹的清公使黎庶昌的題詞之外，還藏有清公使館員在參觀足利學校之後於宣統二年（1910）三月四日撰寫的感謝信、1918年中國人題寫的卷軸等②。《足利學校年譜》中也載有這些中國人到足利學校參觀的事實。特别值得指出的是中國近現代著名出版家張元濟的訪問。根據《足利學校年譜》，1928年11月，張元濟曾經訪問足利學校。1929年2月，他爲了出版《中華學藝叢書》，向足利學校提出希望複製該校藏書的申請，但被學校拒絶。同年5月，張元濟再次寫信提出希望影印該校藏書，結果仍然被拒絶③。這讓人不由得聯想到當年清公使館申請借鈔《論語義疏》的舊事。中華學藝社的《中華學藝叢書》以及商務印書館的《四部叢刊》《續古逸叢書》中影印了一批日本公私收藏的中國善本古籍，至今仍在中國古代文獻研究中發揮作用，但遺憾的是，其中没有一部足利學校的藏書。

① 長澤規矩也《論語義疏傳來に關する疑問》，收入《長澤規矩也著作集》第7卷。

② 據1996年11月5日足利學校遺跡圖書館事務局來函。

③ 須永弘《足利學校年譜》，昭和三、四年，第42頁。

【補記】本文爲富士ゼロックス小林節太郎記念基金 1995 年助成論文。日文稿題爲《足利學校所藏〈論語義疏〉の借鈔をめぐって——明治前期清國駐日公使館の文化活動に關する一考察》由小林節太郎記念基金於 1996 年印行，後刊於《中國文化論叢》第六號（日本，帝塚山學院中國文化研究會，1997 年 4 月）。中文稿曾發表於《版本目録學研究》第二輯（北京：國家圖書館出版社，2010 年），後收入陳捷《人物往來與書籍流轉》（北京：中華書局，2012 年 4 月）。文中所引日本外務省外交史料館藏外交記録的整理稿見小林節太郎記念基金 1996 年印行單行本及《中國文化論叢》第六號論文附録。

圖書在版編目(CIP)數據

論語義疏：上下/劉玉才編. —北京：北京大學出版社，2019.11
（東亞古典研究會叢刊. 甲編）
ISBN 978-7-301-30932-2

Ⅰ. ①論… Ⅱ. ①劉… Ⅲ. ①儒家②《論語》—注釋 Ⅳ. ①B222.22

中國版本圖書館CIP數據核字(2019)第258985號

書　　名	論語義疏（上下） LUNYU YISHU（SHANG XIA）
著作責任者	劉玉才　編
責 任 編 輯	武　芳　吴遠琴
標 準 書 號	ISBN 978-7-301-30932-2
出 版 發 行	北京大學出版社
地　　址	北京市海淀區成府路205號　100871
網　　址	http://www.pup.cn　新浪微博：@北京大學出版社
電 子 信 箱	zpup@pup.cn
電　　話	郵購部010-62752015　發行部010-62750672　編輯部010-62756449
印 刷 者	涿州市星河印刷有限公司
經 銷 者	新華書店
	720毫米×1020毫米　16開本　100印張　516千字
	2019年11月第1版　2019年11月第1次印刷
定　　價	460.00元（上下）